초대교회 역사

F. F. 브루스 지음   서 영 일 옮김

기독교문서선교회

기독교문서선교회(Christian Literature Crusade: 약칭 CLC)는
1941년 영국 콜체스터에서 켄 아담스에 의해 시작되었으며
국제 본부는 영국의 쉐필드에 있습니다.
현재 약 650여명의 선교사들이 59개 나라에서 180개의 본부를 두고,
이동도서차량 40대를 이용하여 문서 보급에 힘쓰고 있으며
이메일 주문을 통해 130여국으로 책을 공급하고 있습니다.
CLC는 청교도적 복음주의 신학과 신앙을 선포하는
국제적, 초교파적, 비영리 문서선교기관으로서, 하나님의 뜻에 합당한 책을 만들고
이 책을 통해 단 한 영혼이라도 구원되길 소망하며
이를 위해 주님이 오시는 그날까지 최선을 다할 것입니다.

THE SPREADING FLAME

*The Rise and Progress of Christianity
from Its First Beginnings to
the Conversion of the English*

by
F. F. Bruce, D. D. , F. B. A.

translated by
Young-il Seo

Copyright © 1976 by The Paternoster Press

Originally published in Great Britain under the title
as *The Spreading Flame* by The Paternoster Press.

Translated by permission of The Paternoster House,
3 Mount Radford Crescent Exeter, Devon, England

All rights reserved

Korean Edition
Copyright © 2011 by Christian Literature Crusade
Seoul, Korea

추천사

심창섭 박사
총신대학교 신학대학원 역사신학 교수

　본서의 저자인 F. F. 브루스는 초대교회의 성경신학과 역사적 배경에 대한 풍부한 지식을 가진 석학으로 그의 저술들을 통해 이미 알려져 있다. 그는 『예수의 난해한 말씀』, 『예수와 기독교 기원』, 『바울신학』, 『데살로니가전후서』, 『요한복음』, 『사도행전』 등을 저술하였다. 그는 독일의 역사성경학자인 반 하르낙처럼 성경신학에 대한 해박한 지식을 가진 자로서 초대교회의 역사를 조명하였기 때문에 그의 역사적 저술들은 학문적 깊이와 넓이에 있어서 탁월한 통찰력을 갖고 있다.

　이번에 출판된 『초대교회 역사』도 바로 이런 점을 대표하는 역작이다. 『초대교회 역사』는 초대 기독교의 발생(제1부)과 성장(제2부)에서부터 기독교가 영국에 들어온 이야기(제3부)까지, 그 역사를 담고 있다. 본서는 최근의 역사적 연구의 방향과 어깨를 나란히 하는 가장 근면한 학자의 작품으로서, 방대하고도 심도있게 연구한 수많은 증거를 보여준다. 특히, 저자는 이 저서를 통하여 단순한 사실의 기록자가 아닌 진정한 의미에서의 역사가로서의 자신의 진면목을 여실히 발휘하고 있다. 기독교 교회의 기원과 전파, 이단에 대한 상세하면서도 재미있는 설명을 하기에, 교회사를 공부해야할 신학생들과 열심 있는 일반 성도들에게 아주 값어치 있는 안내서가 될 것이다.

저자서문

　이 책의 초판은 런던에 있는 파터노스터 출판사(The Paternoster Press)의 Second Thoughts Library에 포함된 3권으로서 세상에 나왔다. 나는 이 저술들을 통해 팔레스타인에서 시작한 초기 기독교가 영국을 정복하게 되기까지의 과정을 추적해 보고자 하였는데, 곧 3부작으로 된 기독교의 여명기(1950), 성장기(1951), 서방에서의 빛(1952) 등이 그것이다. 1953년에는 미국 그랜드 래피즈(Grand Rapids)의 어드만사에서 이들을 한데 묶어 단권으로 출판하게 되었는데, 바로 이때 『복음은 불꽃같이』(The Spreading Flame)라는 제목을 붙이게 된다. 또한 파터노스터 출판사의 주인인 친구 하워드 묻디트(B. Howard Muddit)씨도 영국에서 이를 단권으로 출판하도록 하자는 제안을 해왔다. 이 기회를 통해 책 전체를 수정, 보완하고 몇 군데 실수들을 바로잡을 수 있게 되어 좀 더 낫다고 생각되는 표현을 시도하였을 뿐 아니라 당시 최근의 연구 및 발견 사항 등에 발맞출 수 있게 하였다.

　나는 서로 여러 가지 다른 의견을 가진 학파들의 독자들이 이 책들에 보내준 너그러운 평가와 환영에 참으로 깊은 감사를 표현하지 않을 수 없다. 또한 신학대학들이 이 책을 교회사 분야의 교재로 쓰리라고는 미처 기대하지 않았었는데, 실제 그러한 용도로서 사용되었으니 이 또한 감사한 일이다.

이 분야의 다른 저자들에게 진 빚은 다 말할 수조차 없으며, 또한 지식의 면에서 내가 무슨 새로운 기여를 했다고는 생각지 않는다. 그러나 사진 및 자료들에 대한 평가 및 판단은 본인 스스로의 독자적인 것이며, 이제까지 충분한 근거 없이 비합리적으로 주장되어 왔던 학설들을 고집하지는 않고자 하였다. 광범위한 분야를 취급하다 보니 결국은 취사선택의 과정을 거칠 수밖에 없었다. 아마 나 개인의 선호가 이 과정에 크게 작용하였을 것 같다.

누구보다도, 이 저술의 모든 과정에 수고를 아끼지 않은 아내에게 감사를 드린다.

1958년
F. F. 브루스

역자서문

이 책(원제: *The Spreading Flame-The Rise and Progress of Christianity from its First Beginnings to the Conversion of the English*)의 저자 F. F. 브루스 교수는 세계적 복음주의 신약학자로서 우리나라에서도 널리 알려진 인물이니 새삼스레 소개할 필요가 없을 줄 압니다.

복음은 본질상 국경을 초월하는 것이지만 신앙인들에게는 조국이 있습니다. 이는 소박한 민족주의나 혹은 배타적 국수주의를 고집하기 위해서가 아니라 각기 독특한 신앙의 특징과 장점과 전통을 찾아 마침내는 세계 교회, 보다 정확하게는 하나님의 한 교회에 공헌해야 할 의무를 감당하기 위한 것이라고 생각해 봅니다. 브루스 교수가 신약 기독교의 시초부터 영국 복음화까지의 흐름을 더듬은 것도 결국 이러한 의미에서 이해되어야 할 것입니다.

저는 금년(1985) 9월에 서울을 방문할 기회를 가졌습니다. 특히 이 어려운 상황 속에서 하나님을 알고 사랑하기 위한 지식을 추구하는 신학생들과 대화를 가질 기회가 있었습니다. 이를 통해 많은 도전과 아울러 깊은 충격들도 받았습니다.

그러나 칠흑같은 시대의 긴 어둠을 건너서도 새벽은 기어코 찾아온다는 것이 하나님께서 주관하시는 역사가 우리에게 증명해 주는 교훈이요, 확신입니다. 또한 암흑 속에 앉아 불평과 자기 연민을 즐기는 대신, 자기 주위의 회랑(回廊)이나마 밝힐 촛불을 켜드는 것이 진정한 신앙인의 모습이요, 새벽을 기다리는 자의 자세입니다. 우리는 궁극적 승리가 보장된 전쟁에 임하고 있는 사람들임을 애써 기억할 필요가 있습니다.

제가 저술하지도 않은 책을 누구에게 헌정한다는 것은 우스운 일이겠지요. 단지 이 책을 읽고 번역하면서, 한인 필라델피아교회의 여러 고마우신 형제자매들, 선한 뜻을 품고 고국으로 돌아가는 오광만 교수를 기억했습니다. 그리고 여러 가지 어려움과 시련 속에서도 불씨를 살려보고자 애쓰시는 총신대학의 김인환, 박희석 교수를 생각했습니다. 두 사람은 모두 신앙과 인격에서 저를 앞서가는 선배들입니다.

Theologia a Deo docetut, Deum, ad Deum ducit.

1985년 12월
하버드대학에서
서 영 일

차 례

추 천 사   심 창 섭 ● 4
저자 서문   F. F. 브루스 ● 5
역자 서문   서 영 일 ● 7

제1부 기독교의 여명기

제1장 고린도의 방문객 ● 14
제2장 때가 차매 ● 28
제3장 열국을 비추는 빛 ● 40
제4장 빛은 어둠 속에서 반짝이고 ● 58
제5장 어둠도 이 빛을 꺼뜨리진 못하리 ● 73
제6장 새로운 공동사회 ● 90
제7장 다소의 랍비 ● 104
제8장 오론테스 강 유역의 안디옥 ● 115
제9장 팔레스타인에서의 발전 ● 124
제10장 예루살렘 공회 ● 133
제11장 유럽 안으로 ● 141
제12장 바울과 새 신자들 ● 150
제13장 에베소인의 디아나 ● 164
제14장 로마의 기독교 ● 173
제15장 팔레스타인: 시작의 끝 ● 190

 제2부 기독교의 성장기

제16장 가이사에게 속하지 않은 것 ● **206**
제17장 불같은 시련 ● **225**
제18장 그리스도인의 생활과 예배 ● **240**
제19장 교회의 조직체계 ● **255**
제20장 교회 사이의 관계 ● **269**
제21장 선지자와 몬타누스주의자 ● **275**
제22장 신약성경 ● **285**
제23장 말시온과 그 이후 ● **293**
제24장 최초의 기독교 신경 ● **307**
제25장 초기 기독교 이단 ● **318**
제26장 신앙의 정의 ● **329**
제27장 주후 70년 이후의 유대인 ● **340**
제28장 서부 아시아의 유대인과 그리스도인 ● **355**
제29장 보다 동부의 기독교 ● **370**

제3부 기독교의 서방에서의 빛

제30장 콘스탄틴과 기독교 ● **382**
제31장 니케아 종교회의 ● **393**
제32장 니케아에서 칼케돈까지 ● **403**
제33장 제국의 몰락 ● **412**
제34장 5인의 교회 지도자 ● **428**
제35장 수도생활 ● **445**
제36장 초기의 영국 기독교 ● **458**
제37장 로마의 성벽을 넘어서 ● **471**
제38장 아일랜드의 사도 ● **480**
제39장 이오나 공동사회 ● **497**
제40장 잉글랜드인에의 선교 ● **512**
제41장 잉글랜드가 횃불을 들다 ● **522**

저자 후기 ● **541**

제 1 부

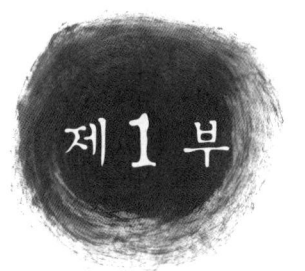

기독교의 여명기

시초부터 예루살렘 멸망까지의 기독교의 발생과 발전(주후 1~70)

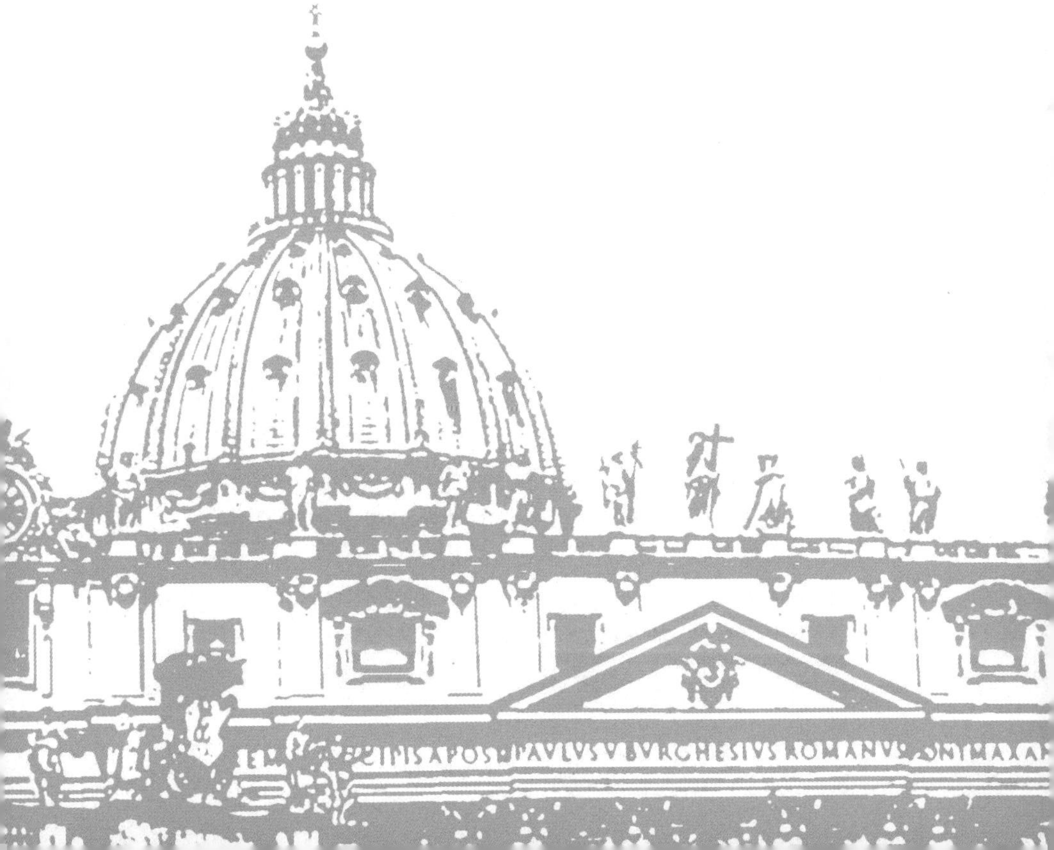

제1장

고린도의 방문객

고린도(코린트, Corinth)는 고린도 지협에 위치한 그리스(헬라)의 옛 도시로서 상업적인 요충지라 할 수 있다. 이 도시는 육로로는 남북을 연결하고, 해로로서는 동서를 연결하는 교차점에 자리 잡고 있다. 서쪽에는(이오니아 해와 서부 지중해로 연결되는) 고린도 만이 펼쳐져 있었는데 이곳에는 레케움 항이 열려져 있고, 동쪽에는(에게 해와 동부 지중해로 연결되는) 사로닉 만이 있는데 이곳에는 센크레 항이 붙어 있다.

수백 년을 두고 고린도는 상업 요충지로서 또한 군항으로서의 번영을 누렸다. 그런데 대규모의 항구도시가 의례 그러하듯이 도덕적인 면에서의 평판은 그다지 좋지 못하였다. 실제로 헬라인들은 정신을 잃은 채 쾌락에 탐닉하는 것을 가리켜 코린디아즈다이(korinthiazesthai) 즉 "고린도에서 행동하듯 한다"고 하였다.[1]

그런데 주전 146년에 이 고린도에 큰 환난이 닥쳐왔다. 당시 로마 제국이 그리스 영토들을 지배하고 있었는데, 고린도가 이러한 로마의 압제로부터 해방을 꾀하는 반란을 주도하였던 것이다. 이에 대한 로마의 복수는 가혹했다.

---

1) 세익스피어의 작품 중 『헨리 4세』 제2막 제4장 제13행에는 "나는 마치 팔스타프처럼 오만 무례한 멍청이가 아니라 고린도인이니, 곧 기개있는 청년, 훌륭한 젊은이이다"라는 대사가 나온다.

로마의 장군 뭄미우스(Mummius)는 고린도를 황폐화시켰으며, 그 후 백 년간 이러한 상태로 내버려 두었다. 그 후 이 도시의 운은 다시 회복된다. 즉 주전 46년 줄리우스 시저(Julius Cæsar)가 고린도를 로마 식민지의 위치로서 다시 건설하고 "줄리우스의 찬양 고린도"(Laus Iulia Corinthus)라는 자랑스런 칭호를 부여하였다. 로마 식민지는 비로마인들의 영토 한가운데 세워진, 로마식 생활을 중심으로 로마식의 평화를 유지하기 위한 작은 로마(little Rome)라고 할 수 있다. 로마에서 시작하여 제국의 여러 국경들을 잇는 군용도로인 대규모의 로마가도를 따라, 지리적 요충지를 택하고 로마 시민들이 거주하도록 하였으며 이들은 제국의 조직에 중요한 역할들을 담당하도록 하였다.

고린도는 시저에 의해 재건된 지 19년 만에 테살리(Thessaly) 이남의 그리스를 점유한 로마의 속주 아가야의 수도가 된다. 도시는 다시 부흥하였고, 오래 전 나온 평판인 코린디아즈다이즘(korinthiazesthaisms)은 성적 타락을 묘사하는 단어로서 묘사된다. 그러나 실제로 이러한 부도덕 행위는 고린도에서 공식적, 종교적 허가를 근거로 한 것이다. 고린도의 아크로폴리스(아크로코린투스, the Acrocorithus)라 불리는 언덕의 꼭대기에는 그리스의 미의 여신인 아프로디테(Aphrodite) 여신에 대한 숭배 양식을 그저 그리스화시킨 아스타르테 여신이 있었는데, 이것은 구약에서는 아스다롯(Ashtoreth)이라는 명칭으로 등장한다. 이 여신은 고린도에서도 또한 시리아 출신의 배우자를 동반한 모습으로 알려지고 있다. 아크로코린투스의 언덕 아래에서는 항해의 신인 멜리세르테스(Melicertes)에 대한 숭배가 진행되었던 것이다. 그런데 이 멜리세르테스는 멜카르트(Melkart)[2]를 헬라식으로 발음한데 불과한 바, 이는 곧 두로(Tyre)의 주신, 즉 "바알"(Baal)을 가리키는 것이다. 이스라엘에서는 주전 9세기경 아합(Ahab) 왕이 두로와 시돈(Sidon)의 왕의 딸 이세벨(Jezebel)을 아내로 맞을 때부터 바알 숭배가 시작된다.

고린도에는 이외에도 여러 신들을 섬기는 사당이 있다. 그러나 성교를 제사의 일부로 생각했던 아프로디테 숭배와 가장 큰 대조를 이루는 모습을 보기 위하여 주후 50년경, 이 거대한 상업도시에 모여 살던 유대인들이 안식일(sabbath)에 모여 자기들의 경전을 낭독하고 강해하던 모습들을 살펴보아야

---

[2] 멜카르트(Melkart)는 페니키아어로는 melk-qart(멜크-쿼르트), 즉 "도시의 왕"이라는 의미이다.

할 것이다. 바로 여기에 양식 있는 이들이 납득할 수 있는 교리와 건전한 생활양식이 조화된 예배의 형식이 존재한다. 하나님은 여럿이 아니라 오직 하나이며, 도덕적으로 중립이 아니며 거룩하다. 또한 인간에게 알려준 그의 율법은 그를 따르는 인간이 생활 가운데 자비와 정의를 실현하여 하나님의 특성을 드러내 보이도록 요구하고 있다. 물론, 그 하나님은 특히 유대인들을 특별한 자기 백성으로 선택하여, 이들에게만 특별히 자기의 뜻을 계시해 주었다고 전해지고 있다. 그러나 하나님이 다른 이방인들에게 전혀 관심이 없는 것이 아니었다. 이들은 스스로 "천국의 굴레"(the yoke of the kingdom of heaven)를 짐으로 하나님의 계시의 유익을 충분히 누릴 수 있었는데, 이는 즉 유대교로 개종하여 유대인들 사회 속에 참여하는 것을 의미한다.

개종자(proselyte)가 되고 싶은 이방인들은(만약 남자일 경우에는) 할례를 받고, 정결케 하는 세례를 거치고, 율법에 규정된 제물을 바쳐야만 한다. 그들은 이 방법을 통해 유대인들의 율법을 온전히 준행할 의무를 가지며, 이스라엘 공동사회의 모든 사회적, 종교적 특권을 향유할 수 있게 되는 것이다.

이 과정 가운데 특히 받아들이기 힘들었던 것은 할례였는데, 이를 잘 생각해 보면 과연 왜 이방 여인들 가운데 남자들보다 개종하는 숫자가 많았는지 알 수 있다. 유대교의 유일신 신앙과 근엄한 도덕기준에 호감을 지니고 있던 이방 남자들은 대부분 회당(synagogue)과 약간의 관계를 갖는 것으로서 만족하였다. 이들은 그곳에서 예배에 참여하고, 안식일 날은 일을 하지 않는다든가, 특정한 음식은 입에 대지 않는다든가하는 풍속의 유대교 규율을 엄격하게, 혹은 완화하여 지키곤 하였다. 특히 이들은 유대교의 선생(랍비)들이 보기에는 하나님이 노아와 그의 아들들에게 요구하였으므로 모든 인류들에게 해당된다고 해석하였던 여러 가지 윤리적 준수사항들 - 즉 우상숭배, 살인, 간음의 금지 - 를 지키도록 요구받았다. 이처럼 개종의 과정은 거치지 않은 채, 보다 자유스럽게 회당에 소속되어 있는 이들은 흔히 "하나님을 경외하는 자들"(God-fearers)이라는 명칭으로 불렸다.

당시에 고린도에서 사용되었던 회당의 일부가 실제로 발굴된다. 이는 문위에 새겨져 있던 글귀의 일부였는데, 완전히 그 조각들을 맞추어 복원시키자, "히브리인들의 회당"(Syngogue of the Hebrews)이라고 되어 있다.[3] 이는 혹

---

3) 디이스만(A. Deissmann), *Light from the Ancient East* (1927), 15.ff.

시 당시의 고린도에 존재하던 유일한 회당인지도 모른다. 만일 그렇다면 우리들이 얘기하려는 사건은 바로 이 회당에서 발생한 것이 되는데, 사실 문헌상에는 1개의 회당만이 언급되고 있다.

전 세계에서 고린도에 들렀던 모든 유대인들은 이 회당에 몰려들었다. 그들은 이곳에서 동족들에게 따스한 환영을 받을 수 있다. 그들은 이곳에서 오염에 가득한 이교의 대도시로부터 피해 안식처를 발견할 수 있다. 또한 그들은 고향의 회당에서 귀를 기울였던 경전의 낭독과 해석을 이곳에서 다시 들을 수 있다.

그런데 50년 초기에 어느 유대인 부부 한 쌍이 바로 이 고린도의 회당에 나왔다. 이들은 원래 로마에서 한동안 거주하고 있었는데, 죄는 그곳의 일부 유대인들이 난동을 일으키는 사태가 발생하자, 그렇지 않아도 이런 기회를 기다리고 있던 글라우디오(클로디우스, Claudius) 황제가 유대인 사회에 칙령을 발하여 이들의 행동을 제한하였는데, 사실 이 조처는 곧 유대인들을 로마시로부터 축출해 버리는 효과를 가져왔다. 이러한 추방령은 그 후 장기간의 세월 동안 영향을 미치지는 못하였다. 그러나 로마에 거주하던 수많은 유대인들은 잠시나마 다른 지방, 도시들로 이주할 수밖에 없었다. 바로 이들 가운데 한 부부가 고린도까지 흘러온 것인데, 즉 이들은 가죽제품을 만드는 아굴라(아킬라, Aquila)와 그의 아내 브리스가(프리스카, Prisca)였다. 아굴라는 본래 출생지로 볼 때 로마 유대인이 아니었다. 그는 소아시아의 흑해 연안에 자리 잡은 본도(폰투스, Pontus) 태생이다. 친구들 사이에서는 흔히 브리스길라(프리스킬라, Priscilla) 알려졌던 그의 아내는 남편보다 높은 사회적 신분의 출생인 듯하다. 그녀는 브리스가 집안(gens Prisca)이라 알려졌던 로마의 어느 귀족 가문과 관련이 있는지도 모른다. 이 부부는 이미 언급한 로마에서의 난동을 초래했던 유대교의 어떤 새로운 움직임과도 관련이 있었던 것처럼 보인다. 이에 관하여는 곧 좀 더 얘기를 하도록 하겠다.

아굴라와 브리스길라는 고린도에 머문지 얼마 안 되어, 서쪽이 아니라 동부의 길리기아 지방에서부터 흘러들어온 또 다른 유대인 가죽공을 만났다. 이는 곧 동업자인 아굴라와 친교를 맺게 된다. 이들은 함께 일하기 시작하였는데, 이러한 동안 서로가 단지 동업자라는 사실 외에도 다른 공통점들이 있음을 알게 된다. 왜냐하면 이 인물은 아굴라와 그의 아내가 연관되어 있던 바로 그 새로운 운동에서 중요한 위치를 차지하고 있었기 때문이다. 그는 이들과 함께 고린도의 회당에 출석하였는데, 얼마 시일이 지나지 않아 자기의 이야기를 할 수 있는 기회를 갖게 된다.

알고 보니, 이 신참자는 단순한 가족공일 뿐만 아니라 뛰어난 랍비, 즉 율법 선생이기도 하였다. 그는 당시의 나이가 40에서 50세 사이였는데, 젊었을 때 예루살렘에서 당대의 가장 위대한 율법학자이던 장로 가말리엘(Gamaliel the Elder) 문하에서 유대교의 율법 및 각종 학문에 통달하도록 공부한 바가 있다. 당시에는 랍비들이 생계를 위해 또 다른 직업을 갖거나, 기술을 배우는 것을 당연하게 생각하고 권장하고 있었다. 왜냐하면 신성한 경전으로부터 비롯된 지식을 전달하고, 대신 금전을 받는 것은 옳지 못하다고들 생각하였기 때문이다. 이보다 앞서 가말리엘의 선생이던 위대한 랍비 힐렐(Hillel)은 일찍이 선언하였다. "하나님의 법의 정수를 세속적 목적을 위해 사용하는 자는 멸망하고야 말리라." 그 후의 어느 랍비는 다시 말하였다. "하나님이 주신 율법을 가지고 스스로의 영예를 높이기 위한 왕관으로 만들지도 말고 흙을 파는 삽으로 만들지도 말라." 또 다른 랍비들도 말하였다. "그러므로 누구든지 하나님의 율법을 이용하여 자기의 이익을 구하는 자는 그것이 스스로의 멸망을 재촉하는 것임을 알 수 있다."[4] 그러나 아무리 하나님의 율법을 가르치는 이들이라도 생존을 위해서는 먹고 마셔야만 하였다. 이 문제를 해결하기 위한 방도로서 생계유지를 위한 기술을 습득하도록 추천되고 있다.[5] 바로 고린도에 찾아온 새로운 방문객도 이러한 사람이다.[6]

이처럼 학식 있는 방문객을 회당에서 그냥 내버려둘 리가 없었다. 이들은 곧 모든 이들을 위해 가르침을 주도록 그에게 부탁하였는데, 그는 한편으로는 무언가 불안해하면서도 주저하지 않고 이러한 요청에 즉각 응하였다. 그런데 회당에서의 그의 가르침은 색다른 것이었다. 그는 성스러운 경전을 읽거나 혹은 남들이 낭독하는 것을 들으면서, 두루마리에서는 직접 찾아볼 수

---

4) 펄크 아보스(Pirqe Aboth: 교부들의 교훈 부분) I, 13 ; IV, 7. 제 3장의 각주 1을 보라.
5) Pirqe Aboth II, 2.
6) 그의 직업을 가리키는 헬라어는 문자적으로는 "천막 만들기"를 의미한다. 그러나 제 1세기에는 보다 널리 "가죽을 다루는 일"을 의미하기도 하였다(현재 영어의 안장쟁이 <saddler>가 단지 안장만을 제조하는 것은 아닌 것과 마찬가지이다). 그의 직업은 고향인 길리기아 지방의 주산품과 밀접한 관계가 있었으니, 이는 곧 외투, 커튼 등을 제조하는데 재료로 쓰이던 염소의 털이었다.

없는 구절들을 본문에 덧붙이곤 하였다. 경전 가운데는 장래 하나님께서 누군가를 통해 유대인들을 위하여, 또한 인류 전체를 위해 위대한 사역을 베푸시리라는 내용들이 포함되어 있다. 이러한 내용이 나타날 때면, 이 새로운 방문객은 설명을 달곤 하였는데, 실제로 나타났다. 만약 이것이 사실이라고만 한다면, 참으로 최고의 복음이 아닐 수 없었다. 그러나 이 최근에 나타났었다는 인물의 생애를 들어본즉 그 내용이 기괴하였으므로 많은 이들은 점차 깊은 의심을 품게 된다. 그런데 어떤 이들은 점점 더 큰 기쁨을 가지고 이 사나이가 하는 이야기에 귀를 기울였으며, 그가 전하는 소식이야말로 진실이라는 확신을 갖기 시작한다. 특히 이방인 출신의 "하나님을 경외하는 자들"로서 회당에 출석하던 이들 가운데 그런 사람들이 더 많이 있다.

이러는 동안 안식일들이 지났다. 몇 주가 지나자 보다 북쪽의 마게도냐(마케도니아, Macedonia) 지방에 떨어져 있던 두 사람의 친구가 고린도에 와서 그와 합류하였다. 이들은 약간의 금품과 물자들을 함께 가져왔으므로 이 랍비는 생계를 위해 가죽제품에 손댈 필요 없이 이제는 가르침에 전념할 수 있게 된다. 결국 회당 측에서는 그에게 더 이상 회당 내에서 그의 새로운 가르침을 계속할 수 없다고 통고하였다. 이들 생각에 그의 주장은 거룩하신 하나님을 모독하는 신성모독의 헛소리로 밖에 들리지 않았다.

이에 따라 그 랍비는 계속 자기의 가르침을 전할 수 있는 다른 장소를 찾을 수밖에 없었다. 그런데 마침 멀리 찾을 필요가 없게 된다. 왜냐하면 기쁘게 그의 전하는 가르침을 듣던 가이우스 디도 유스도(Gaius Titus Justus)라는, 로마 시민으로서 하나님을 경외하는 자(God fearer)들 중 하나가 회당 바로 옆에 있던 자기 저택을 랍비가 마음대로 쓸 수 있도록 내어주었기 때문이다. 이에 따라 회당에 대적하는 집회소가 하나 생기게 되었는데, 이전에 회당에서 이 랍비의 교훈에 귀를 기울이던 많은 이들이 이곳으로 모여들어 계속 그의 가르침에 참여하였다. 그 뿐 아니라 수많은 다른 고린도인들도 그의 교훈을 듣고자 모여들었다. 그가 전하는 메시지를 받아들인 이들은 바로 옆 건물에서 계속 모이는 이들과 어느 면에서는 비슷하면서도, 또 어느 면에서는 상이한 공동사회를 형성하기 시작한다. 이 새로운 공동체에서는 유대인과 이방인들 사이에 아무런 구별을 하지 않았다. 양측 모두가 똑같은 조건으로 받아들여졌다. 할례도, 제물도, 유대교의 율법들에 대한 준수도 요구되지 않았던 것이다. 유대인이나 이방인들을 막론하고 이 공동체에 가입하는 이들은 일종의 신입식으로서 물로 세례를 주었다. 이들은 또한 공동체 내의 구성원들이 공동으로 교제를 표현하는 의식을 거행한다. 이는 빵과 포도주로써 구성되는 소박한 식사로서, 이에 특별한 의미를 부여하고 있다. 회당에서와 마찬가지로 신성한 경전을 계속 읽고 강해하였는데, 특히 강해할 때(랍비가 계속 주장하였듯이) 이 경전의 예언들을 최근 성취시켰다는 인물에 대해 특별한 의미를 부여하였다. 또한 계속 높은 윤리적 규범을 지키기를 요구하였는데, 특히 노아의 아들들에게 하나님께서 명령하신 것으로 알려진 도덕적 준수사항들은 엄격하게 시행된다. 우상숭배, 살인, 간음을 범하는 이들은 공동체에서 쫓겨났다. 그런데 이 랍비가 내세운 도덕적 규범의 기준들은 글로 쓰인 율법들이 아니라 하나님께서 그를 통해 약속들을 성취시키셨다는 인물의 생애와 성격에 기초하고 있다.

그런데 마침 회당장이던 인물까지 이 공동체에 가입하게 되자, 회당측 인사들은 무언가 보다 극단적인 행동을 취해야 할 단계가 왔다고 생각하였다. 이들은 곧 이 지방의 로마 총독에게 대표들을 파견하였다. 사실 이들은 자기들이 이와 같은 문제에 부딪친 첫 번째 인물들은 아니라는 것을 잘 알고 있다. 그리스 내의 다른 유대인 사회들과의 서신 왕래를 통해 바로 이 랍비는 다른 지방에서도 똑같은 문제를 일으킨 장본인이며, 그는 이 때문에 수많은 곤경을 겪었다는 사실이 밝혀졌다. 만약 고린도에서 다시 이 인물을 박해한다 해도 별로 큰 문제가 생길 것 같지는 않았다. 따라서 이들은 로마 총독 앞에 몰려가서, 이 랍비가 법에 의해 허락되지 않은 종교를 전하고 있다고 고소하였다. 당시에는 로마의 법에 의해 허가를 받지 않은 종교들은 불법으로 다스려지고 있다. 만약 충분한 증거만 가질 수 있다면, 이 고발은 상당히 심각한 문제였다. 그러나 이 고발의 결과를 보기 전에 우선 이 랍비와 그의 교훈에 대해 보다 구체적으로 알아볼 필요가 있다.

고린도의 유대인 사회에서 이러한 소동을 일으킨 랍비는 소아시아 남부에 위치한 그리스 도시인 다소(Tarsus) 출신이다. 그는 전통 유대교 가정에서 출생하였으며, 그의 아버지가 로마 시민이라서 그 지위를 그냥 계승하였는데, 이는 동부지방 유대인들 가운데서는 드문 일이다. 유대인들은 보통 그를 사울(Saul)이라 불렀으며, 이방인들 사이에서는 로마식 이름으로 파울루스(Paullus)로 알려졌는데, 이를 영어식으로는 바울(Paul)이라고 부른다.[7] 과연 그가 33년에, 어떻게 하여 가말리엘 수하의 뛰어난 제자로서 마땅히 바라볼 수 있는 유망한 장래를 포기해버리고, 고린도 및 여러 지방에서 회당들을 분열시킨 새로운 운동의 지도자가 되었는지에 대하여는 다음에 설명하기로 한다. 우선은 소식을 전하는 이들보다 이 소식의 내용에 보다 관심을 가져야 한다. 과연 그의 메시지는 무슨 내용이었기에 이토록 큰 소동을 빚었는가?

다행스럽게도 우리들은 그의 가르침의 대강을 능히 짐작할 수 있는 자료들을 가지고 있다. 그는 고린도를 떠난 지 2년 후 이곳에 그가 남겨둔 공동체에 편지를 띄웠는데, 그는 이 편지에 이들에게 무엇을 가르쳤는가에 대한 내용들을 기록하고 있다.

이들을 통해 볼 때, 우리들은 적어도 아래와 같은 점들을 알 수 있다. 그의 메시지는 유대인들의 경전 가운데 예언된 구세주에 초점을 맞추고 있다. 기독교 초기, 이 구세주는 주로 "메시아"(Messiah)라는 이름으로 불리고 있었는데, 즉 이 구세주는 그의 사명을 완수하기 위해 특별히 구별되어 성결함을 받은 존재임을 가리키고 있다. 즉 왕이 그의 주권을 행사하기 위해 기름부음으로 특별히 성별되는 것과 비교해 볼 수 있다. 그런데 그리스어(헬라어) 사용권에서는 셈 족속의 명칭인 메시아가 일반적으로 사용되지는 않았다. 그 대신 동사적 형용사인 그리스도(크리스토스, Christos)라는 단어가 통용되었는데, 이 역시 "기름부음을 받았다"라는 의미를 가진다.

바울은 바로 이 구세주 메시아가 이미 이 땅에 왔다는 소식을 전하였다. 그는 이 구세주를 예수(Jesus)라는 이름의 인물과 동일시하면서 이 선생의 말씀을 지상 최고의 권위를 지닌 것으로 간주한다. 그러나 바울은 이 인물을 주로 선생으로만 취급하지 않았다. 만약 그렇게 했더라면 고린도나 기타 지방의 유대교 사회에서 바울의 교훈에 대해 그토록 강렬하게 반발하지는 않았을 것이다. 가장 거리낌이 되었던 것은 바울이 가리켜 소위 메시아라고 하는 이 예수가 매우 특이한 최후를 맞았는데, 곧 십자가에 매달려 처형당했다는 것이다. 바울은 이러한 치욕스런 사실을 감추거나 혹은 변명하기는커녕 오히려 강조한다. 그는 이 때문에 이방인들이나 유대인들을 막론하고 많

---

[7] 제 7장을 참조할 것.

은 이들로부터 배척을 받을 위험성이 있음을 분명히 알면서도 이러한 행동을 취하였다. 스스로 지고의 선생이라 하면서 이와 같은 참혹하고 치욕스런 죽음으로부터 자기를 구해내지 못했다면, 이는 헬라인들이 볼 때 변명할 수 없는 어리석은 것이다. 그러나 십자가에 매달려 죽은 인물이 스스로 메시아임을 주장한다면, 이는 유대인들의 가슴 속에는 단순하게 어리석음이나 거짓의 단계를 벗어난 문제인데, 곧 신성모독(blasphemy)이다. 당시 유대 사상으로 볼 때 고난받는 메시아는 낯선 개념이다. 십자가에 달려 죽은 메시아는 그 용어 자체가 모순이다. 메시아란 하나님의 축복을 무한히 받은 존재를 의미하기 때문이다. 그런데 예수가 죽은 모습을 살펴보면 이는 하나님이 그를 저주하셨다는 명백한 증거를 보여주고 있다. 왜냐하면 성스런 율법에 "나무에 달린 자는 하나님께 저주를 받았음이니라"[8]라고 분명하게 기록하고 있기 때문이다. 그러나 바울은 이러한 모순을 회피하지 아니하고 이를 자기 설교의 중심 요지의 하나로서 삼았을 뿐 아니라, 메시아가 자기 죄가 아니라 다른 이들의 죄를 위해 이러한 죽음을 감수하였다고 말한다. 그리고 바로 이러한 사실들이 히브리어 경전에 주어진 메시아에 관한 내용과 일치하는 것이라 주장한다. 이러한 주장은 유대인 청중들에게 충격과 혼란을 던져주었을 것이 틀림없다(우리가 다음에 다시 살펴보는 바와 같이, 이러한 주장은 바로 예수 자신이 히브리어 경전에 등장하는 메시아와 스스로를 동일시한 데서 비롯되었다).

그러나 이것이 바울의 이야기의 끝이 아니다. 이 메시아는 장사지낸 후 사흘 만에(히브리어 경전이 이미 예언했던 바와 같이) 죽음으로부터 부활하였으며, 수많은 사람들에게 여러 장소에 걸쳐 살아 있는 모습으로 나타났다. 바울은 2년 후 고린도에 있는 추종자들에게 보낸 편지로써, 예수가 죽은 후에 다시 살아난 모습을 직접 목격한 이들을 상기시키고 있다. 이들 가운데는 예수의 가장 가까운 이들 가운데 지도적 위치를 차지했던 베드로(Peter)와 베드로가 속했던 12명의 집단과 5백명 이상이나 되던 예수의 추종자들이 포함되어 있다(바울은 또한 이들 가운데 아직 반수 이상이 살아 있었는데 이를 증언할 수 있다고 주장한다). 예수의 친형제이던 야고보(James) 역시 이러한 모습을 본 자였다. 그 후는 특별한 사명을 받은 사도들과 "마지막으로는 내게도 나타나셨고"라

---

8) 신 21:23.

고 바울은 기록한다.[9]

이는 실로 믿기 힘든 이야기였다. 만약 이 이야기를 듣는 이들이 믿어주기를 바란다면, 가장 고도의 증거들에 의해 완전한 증명을 구비해야 한다. 바울은 과연 어디서 이러한 이야기를 얻었는가? 단지 그의 내부의식으로부터 이를 꾸며내었는가? 혹은 히브리 신화나 전설로부터 어떤 존재를 발굴하여, 이를 적당히 각색해서 여기에 예수라는 이름을 붙이고 구세주라는 직함을 주어 새로운 신비종교를 일으키고자 하는 것인가? 그리하여 세라피스 신(Lord Serapis)이나 기타 다른 신들에 대항하는 또 다른 주 예수를 만들어내고 있는가? 바울이 부활하신 메시아를 다시 만난 사건에 대하여는 스스로가 유일한 증인이다. 그러나 바울처럼 유사하게 그리스도를 본 이들은 모두 같은 이야기를 전하고 있다고 주장하는 것이 바울을 확증한다. 사실(바울 자신이 직접 경험한 사건을 제외하고는) 고린도 교인들에게 전한 이야기도 다른 이들로부터 전해들은 이야기라고 밝혔다. 따라서 그는 일련의 증언들에 있어서 하나의 연결고리 였다. 우리가 앞으로 살펴보는 바대로 바울에게 처음 이러한 부활의 이야기를 제공한 인물들 가운데 가장 중요한 이들은 베드로와 야고보(Peter and James)였다.[10]

바울은 고린도 사람들에게 보낸 편지 가운데 자기가 받고 전한 또 다른 사건에 대해 언급하는데 이 사건 역시 메시아와 직접 연관된 사건이다. 주 예수(바울은 메시아를 보통 이 이름으로 불렀다)는 음모의 희생이다. 바로 이 음모가 그 절정을 이루던 밤, 그는 가장 가까운 이들과 만찬을 나누고 있었는데, 갑자기 상 위에 있던 빵과 포도주를 주면서 이 빵과 포도주는 각각 그들을 위해 찢는 그의 몸과 하나님이 그들과 다시 맺는 새로운 언약(covenant)을 인증하는 표가 된다고 선언하신다. 또한 이들에게 자기를 기념하기 위해 똑같이 행하도록 명령하신다. (바울은 덧붙여서) "언제든지 이 빵을 먹고 이 잔을 마실 때마다 그가 다시 돌아오시기까지 주님의 죽음을 선포하는 것"이라 하였다. 바로 이것이 고린도에 있는 새로운 공동체, 기타 지방과 도시들에 산재해 있던 비슷한 모임들의 생활과 교제의 중심을 이루는 식사의 기원이 된다. 그 뿐 아니라 바로 이 식사를 설명하는 바울의 용어를 살펴보면 이 식사

---

[9] 고전 15:1 이하.
[10] 제7장을 참조할 것.

를 통해 새로운 공동체의 생활은 단지 메시아의 죽음과 이 죽음을 극복하신 승리를 바라볼 뿐 아니라 또한 장래의 사건을 기다리는 것이다. "그가 다시 돌아오시기까지 주님의 죽음을 선포한다"는 것은, 즉 언젠가 그가 다시 돌아오기를 기대한다는 의미이다.[11]

바울은 이러한 새 공동체의 교제의 의식뿐만 아니라 신입예식이라고 할 수 있는 의식도 그의 편지 가운데서 언급한다. 이 예식은 아마도 메시아의 이름으로 거행하는 세례의 형식이었을 것이다. 그런데 교인들이 바울의 이름, 혹은 다른 선생들의 이름으로 파벌을 가르기 시작하자, 바울은 다음과 같이 날카로운 의문을 던지고 있다. "바울이 너희들을 위해 십자가에 달렸더냐? 너희들이 바울의 이름으로 세례를 받았더냐?"[12] 그리스도가 십자가에 못 박혔듯이, 세례의 경우도 동일했던 것으로 짐작할 수 있다.

지금까지 우리들은 바울의 대적들이 불법으로 보았던 그의 가르침과 실제 행동에 관하여 생각해 보았다. 이것은 유대교의 한 형태라고는 인정할 수 없다. 그러나 막상 고발을 접수한 아가야(Achaia) 총독은 이 문제가 유대인들 내부 사정이라고 판결해 버린다. 그는 바울이 새로운 종교가 아니라 단지 유대교의 약간 변형된 형태로 주장하는 것에 지나지 않는다고 생각하여, 이 문제에 대하여 판단하기를 거부한다. 이는 바울의 입장에서 볼 때 매우 만족할 만한 결정이다. 왜냐하면 바울이 법으로 금지된 종교를 전파하고 있는 것이 아니라는 의미가 되기 때문이다. 바울의 관점에서는 그가 주장하던 신앙은 "이스라엘의 소망"의 진정한 성취였으며, 이미 로마법의 보호를 누리고 있던 유대교가 때에 따라 이루어야 할 결실이었다.

우리들의 흥미를 돕기 위해 덧붙인다면, 이러한 판결을 내린 로마 총독은 유명한 철학자 세네카(Seneca)의 형제가 되는 루시우스 쥬니우스 갈리오(Lucius Junius Gallio)이다. 중앙 그리스에 자리 잡은 델피(Delphi)에 있는 명문(銘文)을 보면, 주후 51년 말에서 다음 해 8월 사이에 글라우디오 황제가 내린 칙령이 새겨져 있는데, 그 내용을 해석해 보면 갈리오가 주후 51년 7월 초에 아가야의 지방총독(proconsul)에 임명된 것으로 나타난다.[13] 그는 1년간

---

11) 고전 11:23 이하.
12) 고전 1:13 이하.
13) 이곳에 나타난 총독(proconsul)이란 명칭은 상비군 없이 명목상 로마 원로원의 통솔을 받던 지방에 주재했던 행정관을 가리키는데 사용되었다. 아가야(Achaia)는 주전 27년부

재직한 후 열병 때문에 이 지방을 떠나 건강을 위해 배를 타고 유람을 시작한다. 아마도 그의 총독직 재직 초기에 바울의 재판 사건을 취급했던 것으로 보인다.

바울은 갈리오의 판결에 용기를 얻고 그 후 수개월 더 고린도에 머물렀다. 전체 1년 6개월 가량을 이곳에서 유한 후, 바울은 아굴라와 브리스길라를 거느리고 이곳을 떠나 팔레스타인으로 가는 길에 에베소(Ephesus)를 방문했다. 아굴라와 브리스길라는 에베소에 그냥 머물렀다. 그들은 고린도를 향해 가는 또 다른 유대인을 이곳에서 만나게 된다. 이 사람은 이집트의 알렉산드리아 출생인 아볼로(아폴로스, Apollos)라는 인물이다. 아볼로는 바울과 마찬가지로 학식이 뛰어난 인물이다. 그는 또한 경전에 의거하여 예수님이야말로 메시아라고 주장함으로써 회당들에서 큰 소동을 일으켰다는 점도 바울과 동일하였다. 그도 역시 예수님에 관해 정확한 지식을 소유하고 있었는데, 단지 그는 바울과는 다른 경로를 통해 이러한 지식을 얻게 되었던 것으로 보인다. 한 가지 예를 들어, 그는 아직 예수님의 이름으로 베푸는 세례를 알지 못하고 있다. 그는 예수님께서 공생애를 시작하기 이전 팔레스타인에서 많은 이들에게 세례를 베풀었던 요한(John)이라는 인물과 관련된 형태의 세례만을 알고 있다. 이 세례는 새로운 공동체로의 가입이라기보다는 회개의 상징으로서의 의미를 지니고 있을 뿐이다. 그러나 아볼로가 에베소를 떠나 고린도로 가기 이전 그를 만난 아굴라와 브리스길라는 그에게 부족한 지식을 채워 주었다(이들의 가르침은 분명히 바울에게서 들은 사항들이 그 대부분 이루고 있었을 것이다). 또한 아볼로가 에게 해(Aegan)를 건너 길을 떠날 때 고린도의 새로운 공동체에서 보내는 소개장까지 써주었다.

아볼로는 바울이 고린도를 떠난 지 수개월 후에 이곳에 도착하였으며, 그는 이곳의 새로운 공동체와 접촉했을 뿐 아니라 유대인들과 논쟁하였는데, 즉 메시아에 관한 예부터의 주장들은 결국 예수 안에서 완전히 성취되었다는 것이다.

알렉산드리아의 융성한 문화의 자취를 간직한 듯 보이는 아볼로의 학식에 고린도 새 공동체의 일부 사람들은 깊은 인상을 받았다. 그들은 말하기를,

---

터 주후 15년까지, 그리고 주후 44년 이후 이러한 원로원의 통제 구역이었다. 상비군을 배치했던 지방들은 황제 직속으로 그가 직접 파견한 대리인의 통치를 받았다.

"여기 바울보다도 훨씬 풍부한 지식을 지닌 인물이 있다. 우리가 아볼로에게 배운 것에 비하면 바울은 겨우 기초만을 가르쳤을 뿐이다. 바울의 가르침에 만족할 자들은 만족해도 좋다. 그러나 우리들은 아볼로 학파의 생도가 되겠다." 그러나 정작 바울과 아볼로 사이에는 아무런 경쟁의식이 존재하지 않는다. 특히 바울은 고린도인들 사이의 파벌의식을 개탄하면서도, 자기가 뿌린 씨를 아볼로는 물을 주어 키우고 있다고 생각하여 그를 권위있는 메시아의 사절로서 인정하였을 뿐 아니라 계속 고린도에 머물러 많은 도움을 주도록 하라고 격려하고 있다.

그러나 고린도의 새 공동체에는 선생들이 부족할 일은 없었다. 왜냐하면 바울과 아볼로의 뒤를 이어 예수님께서 세상에 계실 때 개인적으로 밀접한 접촉을 가졌던 팔레스타인인들이 고린도를 방문하였기 때문이다. 아마 이들 가운데는 수제자격이던 베드로까지 섞여 있었는지도 모른다. 어쨌든 이 팔레스타인 사람들이 고린도를 방문함으로써 이곳에는 다시 세 번째 파벌이 발생하게 되었다. 이들은 물론 바울과 아볼로도 예수님의 제자임에는 틀림없으나, 결국 초기부터의 제자들의 위치에는 결코 미칠 수 없었을 것이라고 생각하였다. "자, 이제 우리는 바로 메시아 자신께서 직접 선출하시고 사명을 맡기신 '사도들'(apostles)과 관련을 맺게 된다. 다른 이들은 바울이나 아볼로의 제자 위치로 만족해도 좋다. 그러나 우리들은 사도들 가운데서도 수장인 베드로의 파에 속했었는데, 이 베드로야말로 그가 땅에서 내리는 결정들은 하늘에서도 인정받는다는 특별한 권위를 메시아에게서 받은 인물이 아닌가?"

당시 팔레스타인으로부터 돌아와 고린도에서 바로 에게 해를 건너 에베소에서 활동하고 있던 바울은 이 모든 파벌들 간의 대립 소식을 듣고 자기 귀를 의심하지 않을 수 없었다. 일부 사람들이 특히 바울 자신에게 속한 제자들이라고 자처하는 것도, 아볼로나 베드로를 가리켜 특히 자기들의 지도자라고 내세우는 행위만큼이나 역겹게 생각된다. 바울은 자신이나 아볼로나 베드로가 모두 사람들에게 평등하게 속해 있다고 편지하였다. 만약 너희들을 가리켜 부르고 싶은 이름이 꼭 필요하다면, 너희들이 세례를 받은 바로 그 이름을 사용하는 것이 마땅하지 않은가? 그리스도는 나뉠 수 없는 것이다. 그의 이름은 어느 특정 파벌이나 파당을 위해 사용될 수 없는 것이다. 오직 그만이 너희들의 지도자가 되게 하고 그 외에는 아무도 인정치 말라!

이러한 일련의 사건들은 모두 우리들의 흥미를 끌기에 충분하다. 그러나 이 모든 방문객들이 과연 어디로부터 왔는가를 생각해 보라. 우선 로마로부터 온 부부가 한 쌍, 다소의 랍비, 알렉산드리아의 학자, 그리고 팔레스타인으로부터의 방문객들이 있다. 이들은 50년에서 54년 사이에 사방에서 고린도를 향해 모여들었으며, 모두 로마 제국 전체에 걸쳐 유대인 사회들을 뒤집어엎고 있던 새로운 운동에 관련되어 있었을 뿐만 아니라 이교도 세계에 이르기까지 그 혁명적 영향을 미치고 있다.

도대체 이 새로운 움직임, 새로운 운동은 무엇이며, 이는 어떻게 시작되었는가? 이 운동은 도대체 어디서 원동력을 얻었는가? 이 모든 격동과 화제의 중심에 자리 잡고 있는 예수는 어떤 인물이었는가? 그는 진정 고린도의 방문객들이 주장한 바대로 하나님이 약속하신 이스라엘의 메시아였는가? 혹은 전통적인 유대 회당의 당국자들이 주장한 대로 잘못 해석된 오해에 지나지 않는가? 그는 과연 무엇을 잘못했기에 그러한 비극적 죽음을 맞아야만 했던가? 또한 다른 이들의 죄를 위해 대신 죽는다는 것은 무슨 의미를 지니는가? 그리고 무엇보다도 죽은 후 사흘 만에 다시 살아나서 그토록 수많은 증인들 앞에 나타나 보였다는 것이 과연 사실인가? 이 모든 의문들에 대답하기 위해서는 역사를 한참 되돌아가서 살펴보아야만 하겠다.

제2장

때가 차매

바울은 그의 유명한 편지 가운데 한 구절에서, 시기가 꼭 알맞았을 때 기독교는 이 세상에 등장하였다고 선언한다. "… 때가 차매(비로소) 하나님께서는 그의 아들을 보내셨다."[1]

주후 1세기경의 유대 민족들이나, 혹은 헬라-로마세계(the Greco-Roman World)를 살펴보면, 이것이 무슨 의미였는지 약간 짐작할 수 있다. 즉 전 세계는 정치적으로나 종교적으로 이전과는 비교할 수 없이 복음을 받아들이기 좋은 준비가 되어 있었던 것이다. 문명세계의 대부분은 정치적으로 연합되어 있었으나, 고대로부터의 종교들은 이미 그 권위를 상실하고 있다. 악의 세력으로부터의 해방과 내세의 복락을 추구하는 수많은 사람들이 대중들을 상대로 하는 신비주의적 사교들(밀교, mystery cults)에 빠져들고 있다. 일부 다른 이들은 이미 우리들이 살펴본 바와 같이 유대교에 매력을 느끼기도 하였는데, 유대교는 특히 배타적으로 한 국가에만 매달려 있다는 불리한 점이 있다. 로마 제국 안에 그리스도의 복음이 울려 퍼지기 시작했을 때, 바로 이 복음이야말로 신비주의 사교들이 제공한다던 구원 뿐 아니라 많은 이방인들이 유대인들의 생활 속에서 발견하였던 고상한 윤리 규범까지 동시에 포함하고 있다. 이러한 윤리 규범은 당시 유행하던 스토아 철학보다도 오히려 월등

---

1) 갈 4:4.

하게 뛰어난 점이 있다.2) 특히 신약기자들 가운데서도 당시의 역사 안에서 기독교의 기원을 논하고자 하였던 한 사람은 이 사실을 명백하게 깨닫고 있다. 그리하여 그는 예수님의 생애의 기록을 다음과 같이 시작하고 있다. "이 때 가이사 아구스도가 영을 내려 천하로 다 호적하라 하였는데…"3) 아구스도(아우구스투스, Augustus) 황제는 오랫동안에 걸친 내외의 전쟁과 분란을 종식시키고 로마 제국의 절대 권력을 장악한 후 전쟁에 지친 세계에 로마의 평화(the Roman Peace)를 안겨주었다. 그가 내린 칙령의 결과, 그리고 이 칙령이 시행된 특별한 과정의 결과 저 먼 아시아의 변경에서 제국의 지배 아래 놓여 있던 조그만 왕국의 영토 안에 베들레헴이라는 유대인들의 마을에서 예수님은 탄생하였다. 아구스도는 생전 예수님의 이름을 들어본 일조차 없었는데, 그는 예수님이 겨우 10대의 문턱에 들어섰을 때 숨을 거두었다. 그러나 아구스도가 이룩한 업적은 예수님 및 그의 추종자들이 활동하는데 알맞은 환경을 마련하는 데에 큰 공헌을 한 것이다. 그 후 아구스도의 후계자들은 점점 더 예수님에 대해 더욱 많이 듣게 될 수밖에는 없었으며, 3세기가 지난 후에는 아구스도의 후계자 가운데 하나가 예수님의 절대적 주권을 인정할 수밖에 없었다. "이 지구의 모형이 십자가 아래 놓인 것을 볼 때마다 기억하라. 전 세계가 우리의 구세주 그리스도의 주권과 지배 아래 놓여 있다는 사실을…"(When you see this orb set under the cross, remember that the whole world is subject to the power and empire of Christ, our Redeemer).4)

그러나 예수님의 탄생은 다른 많은 평범한 인간처럼 확실치 않은 점이 많거나, 그의 성장이 세상의 이목을 집중시킨 것은 아니었다. 그는 제국의 변경, 그다지 중요하지 않은 촌락에서 거주하였고, 그 지경을 떠나는 일이 거의 드물었다. 그는 세상의 관심을 얻고자 특별히 노력하지도 않았다. 주로 팔레스타인 지방에 사는 유대인들에게 자기의 활동을 집중시켰는데, 그것도 생애의 겨우 마지막 2, 3년 동안만 이들 가운데서 공인(公人)으로서의 위치를 누

---

2) 스토아 철학은 사이프러스 출신의 철학자 제노(Zeno: 주전 336~264)에 의해 처음 교수되었다. 제노는 아테네로 이주하여 이곳의 시장 안에 있던 한 회당에서 오랫동안 가르쳤다. 스토아 철학은 특히 이성에 의해 열정(passion)을 억제하는데 중점을 두어 고상한 윤리적 규범을 역설하였다. 로마 시대의 주요한 스토아 학파 지도자들에는 철학자 세네카, 노예 출신의 에픽테투스, 마르쿠스 아우렐리우스 황제 등이 있었다.
3) 눅 2:1.
4) 영국의 제왕 즉위 예식문.

렸을 뿐이다.

그렇다면, 그의 존재는 왜 세계적으로 중요한 것일까? 어떻게 그가 주창한 신앙과 그가 세운 공동체가 그토록 신속하게 전 세계로 퍼져 나갔을까? 이에 대한 대답을 얻기 위해서는 아브라함(Abraham)이라는 인물에까지 거슬러 올라가야 한다. 왜냐하면 어떤 의미에서는 그로부터 기독교의 시초를 찾아야 하기 때문이다. 바울은 말하였다. "(하나님이)… 아브라함에게 먼저 복음을 전하되…"5) 주후 4세기의 유세비우스(Eusebius)로부터 최근에 이르기까지 역사가들은 교회사(敎會史, Church History)라고 불리는 분야가 실제로는 그로부터 시작한다고 이해하였다. 1856년 12월 옥스퍼드(Oxford)의 교회사(Ecclesiastical History) 부분 흠정 교수직(Regius Chair)에 지명된 아더 펜린 스탠리(Arthur Penrhyn Stanley)는 지명을 수락한 그 다음날 아침 자기 어머니의 방문을 열고 뛰어들면서 소리질렀다. "우선 처음에 어떻게 가르쳐야 할지 결정했어요. 저는 아브라함으로부터 시작하려고 해요. 그야말로 교회사의 진정한 시작이거든요."6) 브레스티드(Breasted) 교수가 비옥한 초승달(Fertile Crescent)이라 부른 바 있는 소아시아 남서부의 지역은 페르시아 만으로부터 이집트 국경에까지 펼쳐져 있었는데, 북부와 동부는 산들, 남부는 사막이며, 서부는 지중해로 둘러싸여 있는데 주전 2000년 이후 수많은 민족들이 이곳으로 이주하였다. 북쪽과 동쪽에서는 산지인들이, 남쪽에서는 사막의 유목민들이, 서쪽에서는 해양인들이 떼를 지어 몰려들었던 것이다. 이러한 혼란 가운데 주전 1700년경, 수 명의 가족들을 거느리고 메소포타미아를 떠나 팔레스타인 남부 지방에 정착한 사람이 하나 있다. 우리가 가진 기록에 의하면, 이 인물의 이주 경로는 좀 특이한 점이 있다. 즉 그의 움직임은 종교적인 색채를 강하게 띠고 있었던 것이다. 즉 "영광의 하나님"(the God of glory)께서 스스로를 이 사람에게 계시하셨는데, 그는 이 계시에 의존하여 고향과 조상 숭배를 등지고 이 새로운 땅에 정착하게 되었다는 것이다. "… 땅의 모든 족

---

5) 갈 3:8.
6) 사 51:1 이후에 대한 유대교 랍비들의 주석은 다음과 같이 되어 있다. "어느 왕이 건물의 기초를 놓기 위해 깊이 팠으나 단지 수렁을 발견하였을 뿐이다. 수많은 노력 끝에 그는 암석(페트라<petra>)을 발견하였다. 그는 말하기를, '나는 이곳에 건물을 세우기 위해 기초를 놓겠다'고 하였다"(Yalqut 1:766-이 구절이 신약 마 16:18과 너무도 흡사하다는 것은 구태여 지적할 필요도 없으리라).

속이 너를 인하여 복을 얻을 것이니라.” "… 네 씨로 말미암아 천하 만민이 복을 얻을 것이라" 함이 곧 그가 받은 약속이다.7)

이 아브라함의 자손 3대에는 기근을 피해 팔레스타인을 떠나 애굽으로 가서 현재 우리들이 운하지대(Canal Zone)라고 부르는 와디 투밀랏(Wadi Tumilat) 지구에서 유목생활을 하였다. 그러나 각종 토목공사에 열을 올렸던 애굽 왕 람세스 2세(Rameses II: 주전 1301~1234)는 이들을 평원에서 끌어다가 강제 노역에 동원하였다. 이들은 수십 년간 이러한 핍박 생활을 감수할 수밖에 없었다. 그 후 모세(Moses)가 나타나 이들을 애굽으로부터 탈출시켰었는데, 이들로서는 모든 희망을 잃고 있을 때 조상들의 하나님께서 기적적으로 역사하셔서 구원하셨다고 밖에 생각할 수 없었다. 북서 아라비아 지방에서의 유랑생활이 한동안 그 뒤를 이었다. 그들은 이 기간 동안 하나의 국가 이스라엘로서 구성되었으며 그들을 자기의 백성으로 특별히 택하여 애굽의 노예생활에서 구원해 내신 조상들의 하나님과 굳은 언약(covenant)을 맺은바 된다. 이 언약의 내용은 특히 엄격한 윤리적 성격을 띠고 있었는데, 이스라엘 하나님의 의로우시고 자비스러움 같이, 그의 백성 이스라엘도 그래야만 한다고 하였다.

애굽을 떠날 때만 해도 도대체 규율이라고는 없던 일단의 노예들이었던 이들이 그 다음 세대에 북서 아라비아를 벗어날 때, 그들의 조상 아브라함이 나그네로서 살던 팔레스타인을 다시 정복하고 점령하기를 꿈꾸는 막강한 조직을 정비한 부족 동맹체로 변모해 있다. 정복과 점령을 실현하는 데에는 오랜 기간이 소요된다. 이 작업은 주전 1000년경 다윗 왕(King David) 때 겨우 완성되었는데, 그는 때마침 메소포타미아와 애굽 등의 제국들의 세력이 쇠약해진 틈을 타 남쪽의 아카바만(Gulf of Akaba)으로부터 북쪽으로는 유프라테스 강(Euphrates) 상류에까지 이르는 이스라엘 제국을 건설하였다. 그러나 이 제국의 생명은 그다지 길지 못했었는데, 다윗의 아들 솔로몬 왕(Solomon) 말기에는 다시 무너지게 된다. 원래의 본토마저도 두 개로 나누어지게 되었는데, 양쪽 왕국은 모두(최소한 명목상으로) 이스라엘의 하나님을 섬겼다. 이 두 소왕국은 모두 비극적인 최후를 맞았는데 한쪽은 주전 721년 앗수르 제국(앗시리아, Assylian Empire)에게, 다른 한쪽은 주전 587년 바벨론 제국(바빌로니아,

---

7) 창 12:3; 22:18.

Babylonians)에게 멸망하였다.

정치적으로 볼 때 이스라엘의 역사란 비참하기 짝이 없다. 그러나 아브라함과 모세의 시절에 뿌려진 종교적인 씨앗은 그냥 멸절되어 버리지 않았다. 2개의 왕국이 공존할 때도 이스라엘의 하나님, 야훼(Yahweh)[8])의 대변자인 선지자들이 줄이어 나타났다. 이들은 이스라엘 백성에게 하나님과 맺은 언약을 기억하도록 상기시키는 한편, 모세와 선지자들을 통해 이스라엘에게 주어진 하나님에 대한 지식이 이스라엘을 통해 전 세계에 퍼짐으로써 아브라함의 후손들을 통해 온 인류를 복 주시겠다는 하나님의 약속이 실현될 영광스런 미래를 바라보도록 촉구하였다. 이들 왕국이 그 주권을 상실한 후에도 이러한 소망들은 계속 선포된다.

이러한 이스라엘의 소망이 특히 강렬하게 표현된 곳은 이사야서의 후반부인데, 이곳에는 다른 어느 히브리어 경전에서 찾아볼 수 있는 것보다 세계에 복음을 전파해야 하는 이스라엘의 사명이 뚜렷하게 드러나고 있다. 이곳의 기록을 보면 이스라엘을 가리켜 세상에 하나님을 알려야 할 사명을 지닌 "야훼의 종"(servant of Yahweh)으로서 지칭하고 있다.

그러나 이스라엘은 순종하지 못하는 종이다. 따라서 다른 나라들에게 하나님의 지식을 전하는 사명은 또 다른 "야훼의 종"에게 맡기웠다. 이 종은 이방인들에게 하나님의 율법을 전하고 지구상에서 하나님의 공의를 세워야 할 사명을 갖고 있다. 그는 이스라엘을 다시 하나님께 회복시키고, 전 인류에게 하나님의 빛을 가져다 줄 것이다.

> 그는 가라사대, 네가 나의 종이 되어
> 야곱의 지파들을 일으키며
> 이스라엘 중에 보전된 자들을
> 돌아오게 할 것은 오히려 경한 일이라

---

[8] 비전문적인 서적들 가운데서도 야웨(Yahweh)라는 형태가 오늘날에는 널리 사용되고 있다. 하나님의 이름을 성스럽다 하여 발음하지 않았던 시대에 이 이름의 모음들은 상실, 망각되고 말았다. 그러나 그 발음이 "야웨" 혹은 이와 극히 유사하리라는 것은 거의 확실하다. 전통적인 영어 발음인 "제호바"(Jehovah: 여호와)는 히브리어 성경을 대중들 앞에서 낭독할 때 사용되던 또 다른 단어의 모음들에 야웨(Yahweh, Jahveh)의 자음들을 통합시킨 결과이다.

내가 또 너로 이방의 빛을 삼아
나의 구원을 베풀어서
땅 끝까지 이르게 하리라.9)

　여기를 보면 이스라엘의 사명을 이어받은 이 종은 이스라엘과 밀접한 관련이 있으나 한편으로는 이스라엘 국가와는 구별되고 있다. 이스라엘의 신실한 남은 자들(faithful remnant of Israel)은 그 안에서 한 개인으로서 축소되고 있다. 그는 이 사명을 성취시키기 위해 멸시와 모욕을 감수하고, 공평하지 못한 재판을 받으며, 죽음까지도 인내해야 할 것이다. 그러나 그는 이러한 고난을 통해 그의 목적을 이루며, 그의 죽음을 통해 만민들에게 축복과 해방을 전하게 된 것이다.
　그러나 이것만이 장래의 소망이 이룩되는 유일한 모습은 아니었다. 이러한 야훼의 종이라는 사상과 함께 병행하여 우리는 메시아사상을 다루지 않으면 안 된다.10) 이스라엘의 왕들은 절대 권력을 휘두르는 전제군주들은 아니었다. 이들은 하나님의 대리로서 통치하였다. 각 왕들은 주님께 기름부음을 받은 자(야훼의 메시야, the Messiah of Yahweh)였었는데, 이들의 주권은 곧 하늘에 계신 왕으로부터 비롯되는 것이었으며, 그는 하나님으로부터 권한을 위임받은 입장에서 다스리고, 또한 어떻게 이 권한을 행사했는가에 대해 하나님 앞에서 책임을 져야만 했다. 주전 587년 다윗의 왕가가 멸망하게 되자 당시의 예레미야(Jeremiah) 및 에스겔(Ezekiel) 선지자들은 "마땅히 (그 왕관을) 얻어야 할 자가 오기까지" 왕관이 주인 없이 남겨져 있는 것으로 표현하고 있다.11) 마땅히 그 왕관을 얻어야 할 자는, 먼 훗날의 보다 위대한 다윗 왕이요, 진정한 의미에서 이스라엘의 하나님께 기름부음을 받아야 할 자요, 이전에 쇠락한

---

9) 사 49:6.
10) 아마도 이는 두 개의 서로 다른 사상이 아니라, 한 사상을 표현하는 두 가지 방법으로 보인다. 노르스(C. R. North)는 그 작품 *The Suffering in Deutero-Isaiah* 가운데서 사 52:13~53:12에 나타는 고난받는 종의 모습은 원래 다윗의 후손 가운데 태어나는 사 11:1~10의 메시야로서의 왕과 동일한 인물로서 설정되었다고 주장하고 있다. 필자는 이 이론에 수긍하는 바이다. 어쨌든 이러한 동일성은 그 후 망각되었으므로 예수님께서 이를 다시 부활시키셨을 때에는 전혀 새로운 사상으로 받아들여져 혼란을 가져왔다.
11) 겔 2:27.

영화를 능가하는 영광과 존귀를 다시 회복해야만 할 인물이다.[12)]

다니엘이 환상으로 본 국가적 소망은 또 다른 모습을 띠고 있다. 즉 그는 이교도들에 의한 압제가 언제까지나 계속되진 않을 것이라는 약속을 받았다. 이들의 압제는 곧 지나가고 그 자리에는 "하늘의 하나님이 한 나라를 세우시리니, 이것은 영원히 망하지도 아니할 것이요, 도리어 이 모든 나라를 쳐서 영원히 설 것이라"는 약속이다.[13)] 비록 이스라엘 왕들은 넘어졌으나, 이스라엘의 하나님은 그의 주권을 상실하지 않으신 것이다. 바벨론의 느부갓네살(Nebuchadnezzar) 같은 이교도의 군주들도 하나님의 허용에 의해 권력을 잡은 것이다. 즉 "지극히 높으신 자가 인간 나라를 다스리시며 자기의 뜻대로 그것을 누구에게든지 주신다"하였다.[14)] 이교의 왕국들은 마치 들짐승들과 같은 모습으로 나타났는데, 영원한 왕국이 세워질 때 이들은 "인자와 같은 이"의 손에 다 넘어가게 될 것이며, 이들의 주권은 가장 높으신 이가 선택한 성도들에 의해 누려지게 되리라 하였다.[15)]

주전의 시대가 거의 끝나갈 무렵 유대인들은 이러한 미래의 왕국을 간절히 고대하고 앙망하고 있다. 이때쯤에는 이미, 바벨론과 바사(페르시아, Persia)의 뒤를 이은 그리스의 마게도냐(Greco-Macedonian)측에서 절대적인 권한을 누리고 있다. 당시 마게도냐 출신의 시리아왕이던 안티오쿠스 4세(Antiochus IV)가 유대교를 멸망시키고자 하는 광기에 찬 시도를 함으로써 유대인들의 열망은 더욱 뜨거워지게 된다. 안티오쿠스는 3년 동안(주전 167~164) 예루살렘의 성전에서 제사드리는 것을 폐지하는데 성공하였으며, 그는 이 자리에 이교의 신인 올림푸스의 제우스(Olympian Zeus)를 섬기는 신당을 건축하였다. 유대인들은 이 사건을 가리켜 "황제의 오욕"(the abomination of desolation)이라 불렀다.[16)] 그러나 제사장의 집안이던 하스모니안 가(Hasmonean family)에 속한 유다 막카비우스(Judas Maccabæus)를 비롯한 그의 형제들이 침입자들에 대항하여 무장 반란을 일으켜 독립을 쟁취함으로써, 그 후 80년 후인 주전 63년 로마가 팔레스타인을 정복하기까지 국권을 회복하였다. 많은 이들은 이

---

12) 렘 23:5; 30:9, 겔 34:23f; 37:24f.
13) 단 2:44.
14) 단 4:17.
15) 단 7:13f, 18,27.
16) 막카비 상 1:54(제9장을 참조할 것).

때의 하스모니안 왕조 아래서의 유대 독립기를 새로운 황금기의 새벽으로 생각한다. 그러나 하스모니안 왕조의 통치는 다른 외국 세력의 압제와 다름없이 강압적이었으므로 로마의 정복은 어떤 면에서는, 이스라엘의 경건한 이들에게 해방이기도 했다.

안티오쿠스의 압제 아래 신음하는 동안 이스라엘의 경건한 이들은 부활의 사상을 대단히 중요하게 여겼다. 당시 하나님의 율법에 순종한다고 하여 장수를 누릴 수 있는 것은 아니었다. 오히려 이 때문에 자기의 수명을 재촉하게 되는 경우가 비일비재 하였다. 물론 일찍이 구약성경들 가운데도 부활의 개념이 전혀 없는 것은 아니었다(예를 들어, 예수님은 아브라함과 이삭과 야곱의 하나님이라는 칭호 가운데, 이러한 사상이 내포되어 있음을 발견할 수 있다).[17] 그러나 역시 이 시기를 기점으로 하여 이 부활에 대하여 보다 지속적이고 직접적인 주장들이 계속되는 것을 발견하게 된다. 특히 막카비 하(2 Maccabees) 제7장에 있는 7형제와 그들의 모친의 순교 장면은 이러한 소망을 보다 여실하게 드러내 보여주고 있다. 형제들 가운데 하나는 폭군에게 다음과 같이 외친다. "너, 더러운 악당은 우리들을 이승에서부터 해방시켜 주고 있다. 그러나 우리들은 그의 율법을 위해 목숨을 바치고 있었는데, 전 우주의 왕께서 우리들을 새로운 생명으로 다시 재생시켜 주실 것이다." 또 다른 형제 하나는 손들을 잘리기 위해 앞으로 내밀면서 말하기를, "나는 원래 하늘로부터 이들을 받았었는데… 하늘로부터 이들을 다시 받아 가지기를 소망한다"고 하였다. 기독교 초기의 성경 기자 중 한 명은 이 사건들을 포함하여 다른 순교자들을 칭하면서 "… 또 어떤 이들은 더 좋은 부활을 얻고자 하여 악형을 받되 구차히 면하지 않았으며…"[18]라고 하였다. 이때부터 부활과 하나님의 왕국의 도래는 서로 밀접하게 관련되어 있다.

기독교가 시작되기 직전의 시대에 살고 있던 사람들의 마음속에는 이 모든 개념들이 깊이 자리 잡고 있다. 한 가지 예를 들면, 주전 100년경에 쓰인 에녹서의 일절을 보면 이곳에는 "인자"(사람의 아들)라 불리는 위대한 존재가 메시아의 영광을 가득 입은 채, 이 세상에 임하여 세상을 심판하고, 우주를 지배한다는 내용이 기록되어 있다. 또한 로마인들이 하스모니안 왕조를 멸망

---

17) 막 12:26f, 출애굽이 3:6과도 연관성이 있음.
18) 히 11:35.

시켰을 때도 이와 비슷한 내용의 시가가 존재했던 것을 알 수 있는데, 이는 솔로몬의 시편(Psalms of Solomon)이라 알려진 시가집에서 다윗의 혈통에서 나타난 메시아가 이스라엘의 모든 압제자들을 물리치고 그 백성의 영광을 다시 회복시킨다는 데에 모든 초점을 맞추고 있다.

> 그는 열국을 그의 멍에 아래 복종시키고
> 그는 온 세상의 찬양을 돌려 주를 영화롭게 만들리라
> 그는 마치 태초에처럼 예루살렘을 활력있게 하시리니,
> 세상 끝으로부터 이방들이 몰려와
> 그의 영광을 보고자 하리라
> 이들은 쇠약해진 자기 자녀들을 위해
> 선물을 가져올 것이며
> 하나님께서 주를 영화롭게 하신
> 그 영광을 보고자 하리라
> 또한 주는 하나님의 교훈대로
> 이들 위에 공의를 베푸는 왕으로 서리라
> 모든 이들은 다 거룩하고
> 이들의 왕은 주님께 기름부은바 되리니
> 세세토록 그들 가운데 불의가 없으리로다.[19]

어떤 이들은 이제까지 여러 세대를 두고 하나님의 법을 전통적으로 해석된 그대로 지키는 것만이 이스라엘의 소망을 성취하는 것이라 믿기도 하였다. 즉 이스라엘 모든 국민들이 단 하루만 하나님의 모든 법을 완전하게 지킨다면 메시아가 오시리라는 신념이다. 이들 가운데 일부는 각 지방 단위로 집단을 이루어 하나님의 율례들을 함께 공부하고 지키도록 서로를 격려하고 힘을 주었다. 어떤 이들은 이를 위해서는 이 문제에 대해 별로 관심이 없는 다른 이스라엘인들을 떠나 자기들끼리 뭉치는 것이 가장 좋은 방법이라 생각

---

19) 솔로몬의 시 17:32~36. 마지막 구절인 "기름부음을 받으신 주"(헬라어도 Christos Kyrios)는 우리가 잘 아는 바대로 예수님 탄생 시에 베들레헴 근처에서 천사들이 목동들에게 전한 바 "구세주, 즉 주 그리스도"와 같은 의미이다(눅 2:11).

하였으므로, 광야에 나가 집단을 이루어 살면서 자기들끼리 지켜야 하는 엄격한 공동사회의 규율을 제정하고 새로운 시대의 도래를 준비하고 있다. 얼마 전 "사해 사본"(Dead Sea Scrolls)들이 발견되어 우리에게 잘 알려진 쿰란 공동체도 이러한 분파들 가운데 하나이다.[20] 그러나 무력만이 구원을 가져오는 유일한 수단이라 생각하는 이들도 있다. 따라서 폭력을 사용하여 하나님의 왕국을 이룰 수 있는 기회들을 호시탐탐 노리고 있다.

이러한 온갖 사상의 흐름들, 이에 역류하는 반발들이 대기에 충만해 있다. 그리하여, 새로운 기독교 시대가 그 막을 열게 되었을 때 많은 이들은 하나님의 왕국(the kingdom of God), 이스라엘의 위로(the consolation of Israel), 예루살렘의 구속(the redemptiom of Israel) 등으로 표현되던 국가적 소망의 성취를 갈구하고 있다. 따라서 디베료 황제(티베리우스, Tiberius) 15년[21] 세례 요한이 예언자의 모습으로 갑자기 요단계곡에 나타나 "앞으로 오실 이"(The Coming One)가 곧 오실 것이라 말하며, 즉각적인 회개를 촉구하였을 때 이스라엘 전체가 경험한 흥분의 정도를 대개 짐작할 수 있다. 이때는 거의 4백년 동안이나 선지자가 끊어지고 나타나지 않았을 때였다. 그런데 바로 여기 그 옛날 선지자들의 모습을 그대로 갖추고, 보기 드문 확신과 권위로 외치는 인물이 나타난 것이다.

요한은 단지 회개를 촉구하였을 뿐 아니라 자기의 말을 듣는 이들은 그 순종의 증거로서 세례를 받아야 한다고 요구한다. 그는 근처의 강에서 세례식을 베풀었으며 이 모습은 구약의 경전에 익숙한 자들에게 새로운 시대의 예언에 관한 말씀들을 상기시켰을 것이다. 즉 "그 날에 죄와 더러움을 씻는 샘이 다윗의 족속과 예루살렘 거민을 위하여 열리리라."[22] 또한 "맑은 물로 너희에게 뿌려서 너희로 정결케 하되 곧 너희 모든 더러운 것에서와 모든 우상을 섬김에서 너희를 정결케 할 것이며…"[23] 그뿐 아니라 요한의 세례를 보고 이보다 더 중대한 의미를 찾는 이들도 물론 있었을 것이다. 원래, 이방인들 가운데 유대교로 개종하는 이들은 정결케 하는 의미의 세례를 받고는 하였다. 그런데 왜 유대인의 혈통에서 태어난 이들도 다시 세례를 받아야 한단

---

20) 본 저자의 *Second Thoughts on the Dead Sea Scrolls* (1966), 110ff를 보라.
21) 주후 28년경.
22) 슥 13:1.
23) 겔 36:25.

말인가? 요한은 자연적 탄생 자체, 혈통 자체는 그다지 중요하지 않다고 대답하였다.

"아브라함이 우리의 조상"이라는 자랑은 아무런 소용도 없다는 것이다. 만약 하나님께서 원하신다면, 길 위의 돌들도 아브라함의 자손으로 만드실 수 있다 하였다. 무언가 새로운 시대가 열리고 있다. 요한은 직접적으로 새로운 탄생(new birth)에 대해서는 언급하지 않았으나, 그의 말과 행동 가운데 충분히 시사되고 있다. 그는 무엇보다도 시간이 급하다고 재촉한다. 그는 스스로를 가리켜 단지 앞으로 진정 오실 이를 예비하는 역할을 맡은 인물에 지나지 않는다고 했었는데, 앞으로 오실 이는 마치 타작마당에서 알곡과 쭉정이를 가려내어, 알곡만을 창고 안에 거둬들이고 쭉정이는 불을 질러버리는 농부와 같이, 나라 전체를 정화시켜 거짓되고 가치없는 것들은 모두 쓸어버리실 것이라 하였다. 이러한 알곡을 가리는 작업이 곧 시작될 것이니 듣는 자들은 스스로가 과연 알곡에 속해 있는지 돌이켜보라 하였다.

요한의 선지자로서의 활동은 강렬하기는 했으나 몹시도 짧았다. 겨우 수개월 활동한 후에는 주전 4년에서 주후 39년까지 갈릴리(Galilee) 및 남부 요단 지방을 다스리던 헤롯 안디바(헤롯 안티파스, Herod Antipas)의 마수에 떨어지게 된다. 헤롯 안디바는 주전 37년에서 주전 4년까지 로마의 속국의 왕(vassal)으로서 팔레스타인 모든 지역을 다스리던 헤롯 대왕(Herod the Great)의 아들이다. 아구스도 황제는(예수께서 탄생하신 1~2년 후에) 헤롯 대왕이 죽자, 그의 아들들에게 나라를 나누어 주었는데 안디바는 이들 가운데 하나이다. 안디바는 정치적인 측면에서 요한의 활동에 관심을 가지고 있었을 것이다. 즉 누구든지 많은 대중들의 인기를 얻기 시작하면, 그는 곧 반란을 일으킬 가능성이 있다. 근래에도 이러한 상황은 물론 계속되고 있다. 요한이 만약 그러한 사태를 야기할 경우 안디바는 로마에게 자기 영내에서 제대로 질서를 유지하지 못한 책임을 져야 할 판이다. 그러나 요한은 인기가 있었을 뿐 아니라, 많은 이들이 그를 선지자로 받들고 있다. 따라서 경솔하게 요한을 처치하는 경우, 원래 겁내던 폭동을 야기하게 될 가능성이 있었으므로 안디바는 조심스럽게 행동할 수밖에 없었다. 그런데 곧 그는 보다 절박한 이유 때문에 요한을 구금해야만 할 형편이 된다. 수 년 전 안디바는 자기 이복형의 아내인 헤로디아(Herodias)와 사랑에 빠졌는데, 그는 이 때문에 정실 아내였던 시리아(수리아, Syria) 및 요단 지방의 동부에 자리 잡은 나바티안 아라비아(Nabatæan Arabia)의 왕의 딸과 이혼하였다. 이와 같은 상류계급들의 방탕을 선지자가 보고 그냥 묵과하지 않았다. 요한은 공개적으로 왕실의 불법적인 결합을 비난하였다. 이를 보고, 헤로디아는 오히려 헤롯보다 더 분노를 터뜨렸고, 요한은 곧 체포되어 요단 지방에 있는 마케루스(Machærus) 요새에 갇히는 몸이 된다. 그는 결국 수개월 동안 갇혀 있다가 처형된다.

요한의 죽음을 보고 많은 이들은 경악과 공포를 금치 못하였으며, 수년 후 안디바가 분노에 찬 전 장인에게 전투에서 참패하였을 때 많은 이들은 이를 요한의 처형에 대한 하나님의 심판이라 생각하였다.[24)]

그러나 요한의 투옥과 죽음이 곧 그의 사역의 종말을 의미하는 것은 아니었다. 그는 아마도 스스로가 의식했던 것보다 "앞으로 오실 이"를 위한 준비 작업을 훨씬 더 잘 이루어 놓았다. 왜냐하면 요한이 감옥에 갇힌 후부터 예수님은 갈릴리에 나타나 하나님으로부터의 복음을 전하기 시작하였기 때문이다. "요한이 잡힌 후 예수께서 갈릴리에 오셔서 하나님의 복음을 전파하여 가라사대 때가 찼고 하나님 나라가 가까왔으니 회개하고 복음을 믿으라 하시더라."[25)]

---

24) 신약에 나타난 요한의 생애는 제1세기 유대 출신의 역사가 요세푸스의 저술 중 *Jewish Antiquities* XVIII. 5, 2에 의해 보완될 수 있다.
25) 막 1:14f.

열국을 비추는 빛

런던에 있는 세인트 폴(St. Paul)의 학장이던 잉게(W.R. Inge) 박사는 유명한 출판사에서 예수님의 생애를 일련의 핸드북(Hand Book)으로 저술해 달라는 부탁을 받고, 다음과 같은 답변을 엽서로 보냈다. "그리스도의 생애를 쓰는 데 필요한 자료들이 없으므로, 요청을 들어드릴 수 없습니다."[1]

사실 그의 답변은 우리가 언뜻 생각하듯이 그렇게 엉뚱한 것은 아니다. 그리스도의 생애는 30년 이상이나 계속된다. 그러나 마태복음과 누가복음에 있는 탄생 시의 사건 기록, 누가복음에 있는바 열두 살 때 성전에 올라갔던 이야기 등을 제외하면, 신약은 그의 생애의 마지막 2, 3년을 빼놓고는 거의 아무런 세부적 사실도 전해주지 않고 있다. 또한 성경에 기록된 사건들도 그 기간이 사실은 40일 이상이 되지 못할 것이다. 물론 마지막 주일, 특히 돌아가시기 전 이틀 동안의 이야기는 상당히 상세하다. 그러나 겨우 이 정도의 자료를 가지고 역사적 인물의 전기를 쓰라 한다면, 누구라도 잉게 학장과 같은 부정적 답변을 줄 수밖에 없을 것이다.

사실 사복음서 기자들은 엄밀한 의미에서의 전기 작가들은 아니었다. 그러나 많은 독자들은 이 기록들만을 읽은 후에 자기들이 그리스도에 대해 상

---

[1] Douglas Jerrold, *Georgian Adventure* (1937), 309. 잉게 학장 역시 1944년 8월 14일자 "Evening Standard"에서 이와 비슷한 이야기를 전하고 있다.

당히 잘 알게 되었다는 느낌을 갖게 된다. 또한 그렇게 느끼는 것이 당연한지도 모른다. 왜냐하면 사복음서 기자들은 우리들에게 정상적인 의미에서의 그리스도의 전기를 제공하고 있지는 않으나, 4명이 각자 특색있는 기록들을 통하여 독자들에게 잊을 수 없이 생생한 인상들을 심어주기 때문이다. 또한 이러한 그리스도의 모습은 4개의 복음을 한데 묶어 서로 비교해 가며 한꺼번에 읽을 수 있도록 한 하모니(공관서, harmony)[2]를 사용할 때보다도 오히려 각 복음서들을 따로 따로 읽어서 사복음서 하나하나가 서로의 개성을 발휘할 수 있도록 허용하여, 그 후 이들을 종합할 때 더욱 잘 드러난다.

그러나 어쨌든 이러한 자료의 부족에도 불구하고 잉게 박사와는 달리, 예수님의 생애를 저술하고자 시도한 이들은 그치지 않았다. 계속 이러한 책들이 출판되는 것을 보면, 첫째, 이러한 시도들이 얼마나 보잘 것 없는 성과를 거두었는가, 둘째로는 예수님의 생애가 얼마나 사람들의 깊은 관심의 대상이 되고 있는가를 알 수 있다. 그러나 이러한 책들은 결국 예수님이 어떠한 분이었는가 보다는 그 저자들이 어떠한 인물들이었는가를 더욱 밝히 보여주고는 하였다. 즉 맨슨(T. W. Manson) 교수가 지적한 대로 "그들의 '예수님의 생애들'을 통해 우리들은 그들을 알 수 있다."[3] 비록 예수님의 전기를 작성하기 위한 자료들은 너무도 부족하지만, 그렇다고 예수님에 대해 아무것도 알 수 없다고 설명할 필요는 없다. 근래에 들어 특히 이 방면에 관해 쓸데없는 비관주의가 팽배하고 있는데, 이들은 주로 현대주의자들(modernists) 보다는 신정통주의(neo-orthoxy)의 대표자를 표방하는 이들이 대부분이다. 이러한 비관론자들을 예로 들어보기로 하자. 우선 말부르그(Marburg) 출신의 루돌프 불트만(Rudolf Bultman)이 있다.

> 우리들이 한 가지 인정하고 넘어가야 할 것은 예수님의 성격, 그의 성품과 생애를 오늘날 우리들이 더 이상 확실히 아는 것은 불가능하다는 사실이다. 그러나 이보다 더욱 중요한 것은, 혹은 보다 더 중요해지고 있는 것은 그의 메시지의 내용이 더욱 확실하게 이해되어지고 있다는 사실이다.[4]

---

2) 이러한 종류의 공관서 형식은 흔히 디아테싸론(Diatessaron)이라 불리우는 것으로서 주후 170년경, 앗시리아 출신의 신자 타티안(Tatian)에 의해 처음 제작되었다.
3) *The Interpretation of the Bible* (ed. C. W. Dugmore, 1944), 92.
4) Erforschung der synoptischen Evangelien (1930), 32f.

또한 같은 불트만의 말로서,

> 초기의 기독교에 관한 자료들은 예수님의 생애와 그의 성품에 대해 아무런 관심을 갖지 않고 있으므로, 오늘날의 우리들은 이 분야에 관해 거의 아무것도 알 수 없다 하겠다. 또한 설혹 남아있는 자료들도 단편적이고 허구적인 요소들이 많다. 그런데 이것들 외에는 예수님에 관한 자료들을 찾아볼 수 없는 것이다.[5]

1934년, 옥스퍼드(Oxford)에서 뱀프턴(Bampton) 강좌를 끝맺음하는 라이트풋(R.H. Lightfoot) 교수의 말을 들어보자.

> … 그러므로 천국에서의 그리스도 뿐만 아니라 지상에서의 그의 모습도 대부분 우리들의 눈으로부터는 감추어진 듯하다. 복음서들의 측량할 길 없는 가치들에도 불구하고, 이들은 겨우 그의 속삭이는 목소리를 들려주고 있을 뿐이다. 우리는 이 가운데를 더듬어보지만 정곡을 찌르지는 못하는 것이다.[6]

그런데 이 뱀프턴 강좌가 끝난지 15년 후에 발간된 저서 ―『성 마가의 복음 메시지』(The Gospel Message of St. Mark, 1950) ― 를 통해 라이트풋 교수는 보다 긍정적인 결론에 도달하고 있는데, 바로 위에 인용한 말들은 큰 오해를 받고 있다고 주장하고 있는 것이다. 욥기 26:14의 구절을 시사한 그의 발언은 사실 인간의 능력으로 도저히 파악할 수 없는 경계와 비교해 볼 때, 실상 인간이 취득할 수 있는 지식이란 얼마나 보잘 것 없는가를 대조한다는 의미

---

5) *Jesus and the Word* (1935), 8. 또한 N. B. Stonehouse의 "Rudolf Bultmann's Jesus"를 보라. *Paul before the Areopagus and other N. T. Studies* (1957), 109ff에 수록되어 있다.

6) *History and Interpretation in the Gospels* (1935), 225. 고(故) C. J. Cadoux와 같은 극단적 자유주의자까지도 다음과 같은 논평을 남기고 있는 것은 흥미로운 사실이다. "나는 복음서들에 기록된 사건들이 단지 예수의 행적의 주변만을 전달하고 있거나, 혹은 그의 언행의 한 두 파편만을 보여주고 있다고 단언할 자신은 없다. 보편적으로 드러나고 있는 가식 없는 일관성은 이 기록의 저자들이 채택한 방법론이 전반적으로 건전했음을 결과적으로 과시해 주고 있다… 나는 역사적 사실을 이로부터 추적해낼 수 없다는 주장들을 거부한다. 나는 누구든지 진지한 학자라면 스스로 판단할 수 있는 역사적 근거들에 의지하여 이를 거부한다"(*Life of Jesus* [Pelican Books, 1948], 209, 211). 이것을 보다 방대한 그의 작품, *The Historic Mission of Jesus* (1941), 10f와 비교해 보라.

에서 받아들여져야 한다는 것이다(p.150). 그러나 어쨌든 오늘날 많은 신학자들의 표현과 관점을 액면 그대로 받아들이면서, 만약 천상의 모습도, 지상의 모습도 아니라면 복음서를 통해 우리들이 너무도 명확하게, 너무도 생생하게 이해하는 예수님의 모습은 도대체 누구의 모습이냐 하는 의문을 던지게 된다. 몇몇 사람들은 이는 곧 초대교회의 신앙의 그리스도(...it is the Christ of the early Church)라고 답하였다. 물론 그러하다. 그러나 초대교회의 신앙의 그리스도는(이제까지 우리들이 익히 들어온 창조적 공동체<creative community>의 이론에도 불구하고) 그 신앙에 의해 창조된 것은 아니다. 그 신앙에 의해 복음서들에 나타난 그리스도를 창조해낼 수 있는 것은 아니다. 그 신앙에 의해 복음서들에 나타난 그리스도를 창조해낼 수 있는 교회라면, 이는 가장 오래된 기독교의 기록들이 우리들에게 보여주는 것보다도 훨씬 위대하고, 훨씬 더 불가해한 기적이라 할 수 있는데, 이 교회가 바로 복음서에서 그리고 있는 그리스도에 의해 창조된 존재이기 때문이다. 예수님의 이야기와 초대교회의 사이에는 진공이 존재하지 않는다. 이 새로운 집단의 원래 구성원들은 예수님을 잘 알았고, 직접 그와 함께 많은 시간을 보낸 인물들이다. 만약 오늘날 우리들의 귀에 들리는바 기독교의 기원에 관한 몇몇 학설들이 사실이라 한다면 예수님의 직계 제자들은 "부활 직후에 천국으로 다 옮겨져버린 것이 틀림없다."[7] 왜냐하면 이 학설들은 예수님과 교회 사이의 상관관계를 완전히 절연시켜 버리고 있기 때문이다. 현재 우리들이 가지고 있는 당시로부터의 기록들을 아무리 뒤져보아도 이러한 절연관계를 발견할 수는 없다.

이 기록들은 모두 주후 30년 이후 예수님의 제자들에 의해 전파된 기독교 복음에 기초하고 있다. 예수님을 직접 볼 줄 알았던 세대들이 사라지게 되어서야 비로소 이들이 전하는 메시지들을 기록해 둘 필요가 생기기 시작한다. 우리들이 소유한 복음서들은 곧 사도들의 설교와 교훈의 필사본들이라 할 수 있다.[8] 또한 이것이야말로 과연 왜 이것들이 전기가 아닌가 하는 설명이 된다. 왜냐하면 원래의 기독교 메시지들은 예수님의 생애의 전기적 측면에 초점을 둔 것이 아니라 도대체 어떤 특이한 사건들을 통해 과연 하나님의 구원을 남

---

[7] 빈센트 테일러(Vincent Taylor), *The Formation of the Gospel Tradition* (1935), 41.
[8] 도드(C. H. Dodd), *The Apostolic Preaching and its Developments* (1936); *History and the Gospel* (1938) 등을 보라.

녀 인간이 누릴 수 있게 되었는가 하는 데에 관심을 두고 있었기 때문이다.

일부 작가들은 자기들의 상상력을 동원하여, 우리들에게 자료가 부족한 예수님의 처음 30년의 생애의 세부 사건들을 채워 넣기도 하였다. 이러한 재구성은 이미 오래 전부터 익히 행해지고 있었는데, 곧 외경에 포함된 복음서들이 그 예라 할 수 있다.9) 그러나 신약의 기록들만을 보더라도 우리는 이를 기초로 하여 몇 가지 가능한 추측들을 내릴 수 있다. 한 가지 예로서, 그가 4명의 형제들과 수 명의 자매들과 더불어 성장하였을 것이라 짐작할 수 있으며, 요셉이 죽은 후에는 아마도 가족들의 생계를 꾸려 나갔을 것이라고도 볼 수 있다. 사람들은 "이 사람이 목수가 아니냐?"고 물었다.10) 그는 안식일마다 정기적으로 회당에 출석하는 경건한 유대인의 생활을 영위하였다. 누가는 이를 가리켜 그의 "규례"(custom)라 하였다.11)

또한 당시의 역사적 배경에 비추어 이때의 상황들을 살펴볼 수 있다. 사실 헤롯 대왕의 재위 말기 팔레스타인에서 태어난 어린이들은 밀톤(Milton)이 지은 『그리스도가 탄생하신 아침에 붙이는 송가』(Ode on the Morning of Christ's Nativity)에 묘사된 것과 같은 평화 가운데서 자라날 수 없었다. 전국적으로 사람들의 가슴 속에는 불만이 가득했다. 요세푸스(Josephus)가 전하는 바에 의하면12) 주전 4년 헤롯이 죽자마자 유대(Judæa)와 갈릴리 지방에서는 곧 걷잡을 수 없는 혼란이 일어났으며, 로마는 이들을 무자비하게 진압하였다. 그 후 9년이 지난 다음 "호적할 때"는 갈릴리 유다가 반란을 일으켰다.13) 그러나 이 역시 로마의 무력에 의해 분쇄되어 버리고 말았다. 하지만, 언제 다시 유혈 반란으로 번질지 모르는 긴장감은 항상 존재하였으며, 결국에는 이것이 주후 66~70년의 유대인 대반란(Jewish War)으로 터지고 말았는데, 이 때문에 예루살렘의 멸망과 성전의 파괴가 발생한다. 예수님의 고향이라 할 수 있는 나사렛 마을은 저 먼 산골에 들어박힌 한적한 마을이 아니라 이집트와 시리아를 연결하는 주요한 로마가도를 내려다보는 위치에 자리 잡고 있다. 로마

---

9) 이에 관한 자료들을 M. R. James의 *Aporyphal New Testament* (1924), 1ff에 가장 잘 나타나고 있다.
10) 막 6:3.
11) 눅 4:16.
12) *Antiquities* XVII, 10:4.
13) 행 5:37, 요세푸스, *Jewish War*, II, 8:1, *Antiquities*, XVIII, 1:1.

군인들은 이러한 반란들의 진압을 비롯한 각종 임무들을 수행하기 위해 바로 이 길을 따라 왕래하였다. 예수님께서 제자들에게 십자가를 지고 자기를 따르라고 명령하셨을 때, 이는 현재 우리들이 생각하듯 단순한 상징이나 문학적인 수식이 아니다. 당시 팔레스타인 사람들에게 십자가는 너무도 구체적인 현실의 모습이다. 시리아 총독이던 퀸틸리우스 바루스(Quintilius Varus)가 주전 4년에 발생한 유대 지방의 반란을 집압할 때만 해도 2천명을 십자가에 못 박아 죽였다.14) 갈릴리인 유다가 반란을 일으키기 시작한 것은 예수님께서 열두 살쯤 되어 성전에 올라갔을 때쯤의 시기였다. 이 반란의 명목은 바로 다음과 같은 의문으로 집약될 수 있다 하겠다. "가이사(Cæsar, 로마의 황제)에게 세를 바치는 것이 옳은가, 그른가?" 유다와 그의 추종자들은 "절대로 안 된다!"(No!)고 대답하였다. 이들이 그 후 열심당(Zealots)이라는 결사조직으로 발전하였다. 이들은 감히 '우리들에게는 하나님 외에는 왕이 없다'고 외쳤고, 민중들도 실제 공개적 반란에 참여한 이들은 드물었으나, 내심 이들을 지지할 수밖에는 없었다. 따라서 그 후 과연 세금을 내야 할 것인가, 말 것인가 예수님에게 물었을 때 이는 단순한 학문적인 의문은 아니었다. 그가 당면하였던 딜레마는 매우 실제적인 것이다. 만약 가이사에게 세를 바쳐야 한다고 응답한다면 민중들에게는 인기를 상실하게 될 것이며 만약 안 된다고 응답한다면 곧 로마 총독에게 체포당할 것이다.

예루살렘에 있던 대제사장들은 로마의 권력과 좋은 관계를 유지하기 위해 최선을 다했다. 이들은 이를 위해 거액의 재산을 아끼지 않았다. 특히 가야바(Caiaphas) 같은 이는 18년간이나 대제사장직을 차지하였는데, 마지막 십년 동안은 바로 빌라도(Pilate)가 유대 총독으로 있는 기간이다. 이 양자들 간에는 서로 정치적인 협상이 체결되어 있었던 것이다.

대제사장들이 속한 사두개파(Sadducees)가 유대인들의 최고 법원인 산헤드린(Sanhedrin) 공회의 다수를 점하고 있었다. 바리새파(Pharises)들이 소수이기는 하였는데, 일반 국민들 사이에 너무도 큰 영향력을 미치고 있었으므로 이들의 의견도 무시할 수는 없었다. 하나님의 율법을 해석하는 "서기관들"(Scribles)은 대부분 바리새파에 속해 있었다. 당시 서기관들은 그 전세대의 유명한 랍비들의 이름을 따서 붙인 두 개의 파벌로 나누어져 있었는데, 각각

---

14) 요세푸스, *Antiquities*, XVII, 10:10.

"샴마이 학파"(house of Sjammai)와 "힐렐 학파"(house of Hillel)로 불렸다. 이들 가운데, 힐렐 학파가 샴마이 학파보다 율법을 보다 자유스럽게, 너그럽게 해석하는 관용주의적 입장을 취하고 있다. 예수님께서 점차 사람들 사이에 이름이 알려지게 될 때, 예수님 역시 랍비로서 불렸으나, 당시의 기존 학파들 가운데는 어느 쪽에도 분류될 수 없는 입장을 취하셨다.

예수님의 공생애는 세례를 받으심으로써 시작된다. 세례 요한이 요단 강가에서 회개의 메시지를 선포하고 있을 때 예수님은 그에게 세례를 받기 위하여 나사렛으로부터 오셨다. 그 후의 사태 발전을 본다면, 이 세례를 받고자 하는 예수님의 의도 가운데서 스스로의 사명에 대한 자각과 자기 백성과의 유대를 갖고자 하는 의지를 찾아볼 수 있다. 복음서에 보면 그가 세례를 받고 물에서 나아올 때 하늘로부터 목소리가 들렸다고 기록되어 있다.[15] "너는 내 사랑하는 아들이라 내가 너를 기뻐하노라."[16] 예수님의 메시아적 자각과 사명을 이해하기 위해서는 이 목소리가 가지는 중대한 의미를 아무리 강조해도 부족하다 할 수 있다. 신적 사명에 대한 자각과 하나님을 향한 효심은 그가 열두 살 때 성전에서 마리아에게 준 대답 가운데서도 찾아볼 수가 있다.[17] 그러나 이때로부터 세례를 받으시기까지에 대해서는 우리들이 전혀 아는 바가 없으므로 이 "숨겨진 기간" 동안의 메시아적 자각에 대하여는 아마 아무런 주장도 펴지 않는 것이 오히려 현명하겠다. 그런데 예수님께서 세례를 받으실 때 들은 하나님의 음성은 두 군데의 구약성경―시편 2:7, "너는 내 아들이라 오늘날 내가 너를 낳았도다"와 이사야 42:1, "내가 붙드는 나의 종, 내 마음에 기뻐하는 나의 택한 사람을 보라"[18]를 한데 종합한 것이다. 우리들은 예수님 당시 시편 제2편이 메시아를 가리키는 구절로서 해석되고 있음을 알고 있다. 즉 "너는 내 아들이라"는 지칭을 받는 인물은 다윗의 혈통에서 태어나실 장래의 메시아라는 것이다.[19] 스스로 다윗의 혈통에 속해 있

---

15) 이러한 종류의 천상으로부터의 음성은 Echo 혹은 Bath Qol 등의 랍비 문학 속에도 언급되어 있다. 이러한 목소리들은 선지자들의 존재가 종식된 후 하나님의 뜻을 전달하는 수단으로 간주되었다.
16) 막 1:11.
17) 눅 2:49.
18) 마 12:18에 인용된 이사야서 구절의 한 헬라어 번역판은 다음과 같이 이를 표현하였다. "내가 선택한 나의 종을 보라. 나의 사랑하는 자 안에서 내 영이 기뻐하는도다."
19) "솔로몬의 시편"(약 주전 50) 가운데 이처럼 해석되었다.

음을 알고 있던 예수님에게[20] 이 말씀이야말로 그가 메시아임을 다시 확인하는 인증이 된다. 그러나 그 뒤를 이은 말씀들은 과연 그의 메시아로서의 생애가 어떠해야 할 것인가를 또한 보여주고 있다. 즉 이들은 이사야서에 있는 "종의 노래들"(Servant songs) 가운데 가장 처음 부분인데, 이를 살펴보면 예수님은 유대인과 이방인들 모두의 소망이 되실 순종하고 고난 받는 종에 관한 예언의 성취라는 것이 명백히 나타난다.[21] 동시에 마가는 "그가 하늘이 열리는 것을 보았으며,"[22] "비둘기와 같은 모습의 성령이 그 위에 임하셨다"고[23] 기록한다. 이들은 또한 이사야서와 더욱 밀접한 연관을 갖고 비교해 볼 수 있는 근거가 된다. 이사야 42:1 이후에는 즉시 다음과 같은 내용이 뒤따라오는 것이다. "내가 나의 신을 그에게 주었은즉… "

이사야서에 나오는 야훼의 종의 모습이 그 이전에도 이미 메시아로서 해석되었는지는 확실하지 않다. (일반적인 학설을 따르면) 비록 이사야서보다 수세기 후에 글로 쓰이기는 하였는데, 기나긴 구전의 전통을 지니고 있는 탈굼(Targum), 즉 히브리어 경전에 아람어로 주석을 붙인 것을 보면, 종의 영화를 누리는 부분은 메시아로서 해석하였는데 고난을 받는 부분은 이스라엘을 가르치는 것으로서 해석한다.[24] 그러나 종의 고난에 관해 얘기하는 부분까지도 메시아에 해당하는 것으로 해석한 랍비들도 있다. 또한 쿰란에서 발견된 이사야서 사본들을 보면 이와 비슷한 해석의 흔적들을 찾아볼 수 있다. 그러나 무엇보다 중요한 것은 하늘로부터 울려온 목소리가 종과 시편 제2편의 메시아를 동일시하고 있으며, 또한 예수님도 종의 고난과 죽음을 다룬 부분들을 제외하지 않은 채, 자신의 메시아로서의 역할을 종에 관한 예언에 비추

---

20) Cf. 롬 1:3, 복음서의 계보와는 그 근원이 다른 부분이다.
21) 이는 노령의 시므온이 아직 어린 예수님을 품에 안고 읊은 *Nunc Dimittisi* 찬가 속에서 더욱 아름답게 표현되었다 즉 "내 눈이 주의 구원을 보았사오니… 이방을 비추는 빛이요, 주의 백성 이스라엘의 영광이옵니다"는 구절은 곧 이사야서에 나오는 종의 노래를 반영하고 있다(눅 2:30, 32). 이사야서에서는 4개의 "종의 노래"(Servant songs)를 찾아볼 수 있다. (a) 42:1~4 ,(b) 49:1~6, (c) 50:4~9, (d) 52:13~53:12.
22) 이는 아마도 사 49:1을 언급하는 듯하다. 즉 "오, 하늘을 찢으신 자시여, 그가 강림하셨나이다."
23) 막 1:10.
24) 기독교 시대 이전 알렉산드리아에서 제작된 구약의 헬라어판인 셉투아진트(Septuagint: 70인역)에서도 사 42:1은 다음과 같이 첨부, 번역되어 있다. "나의 종 야곱 내가 그를 후원하리라 나의 택자 이스라엘 내 영이 그를 받아들였도다."

어 일관성 있게 이해하고 해석하고 있다는 사실이다.

이 사실을 마음속에 잘 기억한다면, 예수님이 자기의 고난과 죽음을 공생애의 말기에 가서야 깨닫기 시작했다는 일부 학자들의 오해를 피할 수 있을 것이다. 가이사랴 빌립보(Cæsarea Philippi)에서의 고백 후에 비로소 예수님께서 제자들에게 이에 관해 언급했다는 것은, 그때까지 제자들이 채 이에 대한 준비가 없었다는 증거는 될지 모르나, 예수님 자신도 오래 전에 이를 미처 알지 못하였다는 증거는 되지 못한다.

그는 세례를 받은 후 수 주간 유대 광야로 나아가서, 자기의 사명에 대한 충실성을 시험받으셨다. "만약 네가 진정 하나님의 아들이라면"이라는 후렴이 붙은 시험들은 "너는 내 아들이라"는 메시아로서의 지위를 훼손하고자 뜻한 것이 분명하다. 과연 그는 하늘에서의 목소리가 지적한 부르심에 미치지는 못하지만 당시 대부분의 일반인들이 생각하고 있던 전통적인 방법을 통하여 그의 메시아로서의 사명을 성취하고자 했던가?[25] 아니었다. 하나님의 뜻은 이미 명백히 드러난바 되었는데,[26] 그는 이것이 비록 고난의 길이라 해도 이 뜻을 끝까지 순종하는 것이다.

그 후 수개월간은 주로 남부 팔레스타인에서 지내면서, 세례 요한과 그의 제자들과 접촉을 갖고 가끔 갈릴리 지방을 방문하기도 하였다.[27] 주후 28년 가을, 세례 요한이 투옥당하게 되자 예수님은 북쪽의 갈릴리로 가서 그곳에서 공생애를 시작한다. 그는 이제 요단 강가에서 요한의 제자들로서 이미 만난 바 있었던 몇몇 갈릴리인들을 부르기 시작한다. 바로 이들이 열두 제자의 핵심을 이루게 된다. 사도들의 숫자가 늘어남에 따라, 서로 대조가 되는 인물들이 한데 섞이게 된다. 로마 제국을 위해, 혹은 봉신(vassal)인 헤롯 안디바를 위해 세금을 걷던 인물이 가입하는 것을 보고 눈살을 찌푸리는

---

25) 예를 들어 성전 꼭대기에서 뛰어내리라는 유혹은 다음과 같은 미드라쉬(midrash), 즉 랍비들의 주석서의 한 구절과도 비교되어 왔다. "왕이신 메시야께서 거룩한 곳의 지붕 위에 서셔서 그 모습을 드러내셨을 때 그는 이스라엘 백성들에게 다음과 같이 말씀하시리라 '너희 가난한 백성들아 드디어 그대들의 구속의 시간이 왔도다'"(Pesiqta Rabbati, 162a).
26) 그 배경을 이루는 하늘로부터의 목소리와 일련의 예언들뿐만 아니라 또한 일반적으로 구약의 여러 구절들 역시, 예수님께서 그 시험을 물리치신 신의 성구들을 뒷받침하고 있다.
27) 이 초기의 사건들을 위해서는 "요한이 아직 옥에 갇히지 않았던"(요 3:24) 시기를 다루는 귀중한 자료들이 제4복음서 첫 부분에 나타나고 있다.

이들도 있다. 또한 폭력을 통해 하나님의 왕국을 실현하고, 로마 제국에 한 푼의 세금도 바치기를 거부하던 열심당원이 포함되어 있는 것도 특기할 만한 일이다. 마태(Matthew)가 들어오는 것을 보고 일행들 가운데 어부 출신들은 상당한 인내심을 발휘하지 않으면 안 되었을 것이다(이미 크리스티 박사<Dr. Christie>가 논평하였듯이 혹시 욕설이 정당화될 수 있는 기회가 있다면 이는 아마도 어부 베드로가 세리 마태를 향한 경우였을 것이다).[28] 어쨌든 세리 마태와 열심 당원이던 시몬(Simon)이 한데 어울릴 수 있다는 것은 기적이라 할 수 있다. 열두 사도들 가운데 오직 가룟 출신의 유다(Judas the man of Kerioth)[29]만이 유대 지방 출신이었던 듯하다.

각지를 순방하면서 드디어 메시아의 때가 찼음을 선포하고, 병자들을 고치고, 귀신들을 쫓아내던 예수님의 갈릴리 초기사역은 일반 백성들에게 큰 환영을 받았다. 갈릴리 바다 근처의 회당들은 기꺼이 예수님을 받아들였으며, 민중들은 열심히 그의 교훈에 귀를 기울였다.

예수님의 교훈은 "기적, 기사들"(mighty works), 즉 사람들에게 알려진 자연법칙으로는 설명할 수 없는 현상들을 동반하고 있다고 복음서에는 기록되어 있다. 이러한 초자연적인 현상들의 기록이 많은 독자들에게는 거침돌이 된다. 클라우스너 박사(Dr. Klausner) 같은 이는 예수님의 윤리학이 "모든 기적들과 신비주의들의 쓸데없는 포장지를 벗어버리고, 이스라엘 문학의 보물로서 모든 사람들에게 받아지게 되는 날을 앙망한다"고 하였다.[30] 클라우스너 박사는 물론 유대인 학자이다. 그러나 그리스도인들이라 불리는 이들 가운데서도 그와 의견을 같이하여, 바로 이러한 쓸데없는 "부가물들"(accretions) 때문에 사람들이 오히려 예수님의 말씀의 진정한 아름다움을 맛보지 못한다고 주장하는 이들이 있다. 그들은 예수님의 병 고친 사건들 가운데 일부는 그냥 받아들일 수도 있지만, 이들까지도 지나치게 과장되어 있다고 주장한다.

그러나 우리들은 오늘날 우리들의 성향을 기준으로 하여 제1세기 그리스도

---

28) 크리스티(W. M. Christie), *Palestine Calling* (1939), 39.
29) 가룟(헬라어로 Iskariotes)은 아마도 히브리어의 Ish-Kerioth, "케리오스 출신"을 의미하는 듯하다. 이곳은 유대 남부 지방에 소재하였다(cf. 수 15:25). 시내티쿠스 사본(Codex Bezæ)은 제4복음서 전체를 통해 Iskariotes 대신 apo Karyotou("케리오스 출신의")를 사용하고 있다.
30) J. Klausner, *Jesus of Nazareth* (1929), 414.

인들의 기록들을 판단해서는 안 된다. 예수님 당시 사람들의 안목으로 볼 때 그의 사역은 곧 그의 교훈의 진위를 증명하는 역할을 하였다. 예수님께서 가버나움에서 그의 역사를 시작하실 때 사람들은 "대체 이게 무슨 일인가?"고 물었다. "다 놀라 서로 물어 가로되 이는 어찜이뇨 권세있는 새 교훈이로다. 더러운 귀신들을 명한즉 순종하는도다."³¹⁾ 이 기적들은 단지 기적 자체를 위한 기적들은 아니었다. 이들은 하나님의 왕국이 임재하고 계심을 증거하는 표식이었으며, 앞으로 도래할 시대의 능력이 현재 이미 역사하고 있음을 보여주는 단서이기도 하다. 복음서에 특히 귀신들린 이야기들이 많이 등장하는 것은 당연하다 할 수 있었는데, 이는 곧 하나님의 왕국이 임재하여 악의 세력을 쳐부수고 승리하고 있음을 보여주는 사건들이기 때문이다.³²⁾ 그 옛날 선지자들의 가르침에 익숙하던 이들은 예수님의 사역을 보면서 선지자들이 메시아의 시대에 성취되리라고 예언한 사건들이 실제 벌어지는 것을 목격하였다.

따라서 예수님의 사후 복음의 선포들 가운데 하나는 예수님을 묘사하기를, "이미 너희들이 너무도 잘 알고 있듯이, 그를 통하여 각종 기적과 기사들을 하나님이 행하심으로써 하나님으로부터 확증을 받은 이"라 하고 있다. 예수님의 추종자들이 이러한 사건들을 조작해내고 있던 것이 결코 아니었다. 그럴 수 없었던 것이 독자들과 청중들 가운데는 예수님의 사역을 직접 겪고 기억하고 있는 이들이 많이 있었기 때문이다. 예수님을 메시아로서 인정하기를 거부한 자들도 그의 기적들을 부인하지는 않았다. 이 사실들이 너무도 잘 알려져 있었기 때문이다. 틀림없이 초인간적 능력에 의해 이루어졌다는 것을 의심할 수가 없었다. 그러나 그의 제자들을 비롯한 많은 사람들이 이 기적, 기사들은 하나님의 능력의 소산이라고 생각한데 반해서, 그를 대적하는 종교가들은 이를 악마들의 괴수인 바알세불(Baal-Zebul)의 역사라고 간주하였다.³³⁾ 그 후 기독교인에 대항하여 논쟁을 벌인 유대인들도 똑같은 주장을 고

---
31) 막 1:27.
32) 귀신들린 현상에 관해서는 네비우스(J. L. Nevius), *Demon Possession and Other Themes* (1897) ; 알렉산더(W. M. Alexander), M. D., *Demonic Possession in the New Testament* (1902) ; A. R. Short, M. D., F.R.C.S., *Modern Discovery and the Bible* (1943), 89ft ; *The Bible and Modern Medicine* (1953), 109ff 등을 참조하라.
33) 바알세불(Baal-Zebul)은 원래 고대 가나안 지방의 신으로서 라스 샤므라(Ras Shamra) 판 가운데 나타나고 있다(주전 15세기경). 그 이름은 "높은 곳의 왕자"라는 의미였다. 바알세불(Baal-Zebul) 혹은 벨제붑(Beelzebub)이라는 형태는 곧 "파리들의 왕자"라는 의미

수하였다. 즉 예수님에 의해 기적이 행해졌다는 사실 자체는 부정하지 못한 채 이들이 마술, 즉 악령들에 의해 행해졌다고 주장하였다.34) 2세기경, 철학적으로 기독교를 비판하였던 셀수스(켈수스, Celsus)도 이들을 마술로서 설명하였다.35)

주후 133년경에 활동한 기독교 변증가 쿼드라투스(Quadratus) 같은 이도 하드리안 황제(Emperor Hadraian)를 상대로 기독교를 변호하는 글을 쓰면서, 예수님의 기적들은 원수들도 부인하지 못하는 사실이라고 주장하며, 예수님께서 죽음에서 다시 일으키신 이들 가운데 일부는 아직도 살아 있다고 언급한다.36)

정경 안에 포함된 복음서들에 기록된 예수님의 기적들은 아무렇게나 우연히 일어난 사건들이 아니다. 이들은 외경의 복음서에 기록된 기적들과는 달리 모두가 예수님의 생애와 사역들과 일관성을 지니고 있다.37) 그 이유가 정경의 복음서들은 다른 전설들과는 달리, 예수님에 대한 사도들의 증언의 기록이기 때문이다. 기적, 기사의 이야기들은 원래의 기독교 메시지의 본질적인 부분을 차지하였다. 베드로가 오순절 날 일어난 기적과 표적 등을 통하여 하나님이 예수님의 권위를 증거하셨다고 부르짖은 것이나,38) 혹은 그 후 고넬료(코넬리우스, Cornellius)의 집에 가서 "저가 두루 다니시며 착한 일을 행하시고 마귀에게 눌린 모든 자를 고치셨다"고 예수님을 묘사한 것 등39)을 볼 때 복음서 가운데 기록되어 있는 종류의 기적들이야말로 베드로가 염두에 두고 있었던 사건들임을 알 수 있다.40)

예수님께서 그의 사역을 계속하심에 따라, 그에 대한 불만들도 점차 드러나기 시작한다. 평범한 백성들은 기쁘게 그의 말씀을 들었으나, 다른 이들은 이제까지 오랜 세월을 두고 형성된 랍비로서의 행실과 언행의 기준에 맞지 않는 그의 생활에 불안을 느끼기 시작한다. 특히 예수님께서 가까이 지내는

이니, 이는 경멸적인 동음이어로 사용된 듯하다.
34) 랍비들의 자료에 관해서는 Klausner, op. cit., 18ff
35) 오리겐, *Against Celsus*, I,38 ; II,48.
36) 유세비우스, 『교회사』, IV, 3.
37) 저자의 *Are the NT Documents Reliable?* (1950), 72f를 참조하라.
38) 행 2:22.
39) 행 10:38.
40) 복음서에 나타난 기적들을 다루는 주요한 저서들은 케언스(D. S. Cairns, *The Faith that Rebels* (1929), 앨런 리챠드슨(Alan Richardson), *The Miracle-Stories of the Gospels* (1941); 루이스(C. S. Lewis), *Miracles* (1947) 등이 있다.

인물들의 성격이야말로 충격적인 것이다. 그는 도대체 당시의 사회적, 도덕적 규범에 맞지 않는 이들과 어울리는 데에 아무런 거리낌도 느끼지 못하는 듯하였다. 또한 그의 교훈들을 들어보아도 전통적인 율법의 해석자들로서는 용납할 수 없는 면들이 있다. 그는 사람들에게 높이 평가를 받던 이전의 율법 선생들을 인용하는 대신 "그는 권세있는 자와 같이 가르치고 서기관들과 같지 않았으며,"[41] 다른 어떤 유명한 선생들의 해석보다도 자기 자신의 해석을 우선적으로 주장한다. "옛 사람에게 말한 바… 것을 너희가 들었으나 나는 너희에게 이르노니…"[42]

당시의 주유한 랍비들의 학파는 샴마이와 힐렐이었다고 이미 언급한 바 있다. 이 유명한 두 사람의 차이점을 보여주는 여러 가지 일화들이 많이 전해지고 있다. 이들 가운데 가장 유명한 것은 아래와 같다. 즉 유대교로 개종하고자 하던 이방인 하나가 먼저 샴마이를 찾아왔다. 그는 샴마이에게 자기가 한쪽 발을 들고 있는 동안에 모든 율법을 요약해서 얘기해 달라고 요청하였다. 엄격한 샴마이는 화를 내면서 이 사람을 쫓아내버렸다. 그러나 보다 온건한 힐렐을 찾아갔을 때 그는 답변을 얻을 수 있다. "무엇이든지 자기가 싫어하는 것은 이웃에게도 행하지 말라. 이것이 모든 법의 전부이니, 나머지는 모두 이를 위한 주석에 지나지 않는다. 이제 가서 배우도록 하라."[43]

사람들이 예수님의 가르침을 샴마이와 힐렐 등의 가르침과 비교하고자 했던 것은 당연한 일이다. 물론 힐렐이 주장한 율법의 요약은 예수님이 말씀하신 "황금률"을 상기시키기도 한다.[44] 그리고 사실 우리들이 짐작할 수 있듯이 예수님의 교훈들은 샴마이 보다는 오히려 보다 자유주의적이던 힐렐의 가르침에 가깝다고 생각할 수 있다. 예수님 당시에는 힐렐 보다도 샴마이 학

---

41) 막 1:22.
42) 마 5:21, 27, 31, 33, 38, 43.
43) Babylonian Talmud, tractate *Shabbath*, 31a. 예수님의 황금률이 긍정적인데 반해 힐렐(Hillel)의 황금률은 부정적 형식을 펴고 있다는 점이 자주 언급되곤 하였다. 특히 유대인인 Ahad Ha-Am은 이를 중요하게 취급하고 있다. 그는 긍정적 형식은 유대주의의 본모습에 어긋나는 것이라 주장한다(*Essays in Zionism and Judaism* [1922], 235). 그러나 실제로 마이모니데스(Maimonides)에게서 긍정적 모습을 찾아볼 수 있는 반면, 행 15:20, 29의 Western Text와 제2세기 초의 『12사도들의 교훈』(*Teaching of the Twelve Apostles*), I, 2에서는 부정적 형식을 찾아볼 수 있다.
44) "무엇이든 다른 이들이 네게 해주기 원하는 그것을 그들에게 해주라. 왜냐하면 이것이 곧 율법이요, 선지자들의 가르침이기 때문이다"(마 7:12).

파가 주류를 이루고 있었고, 또한 자기들은 짐을 덜어주기 위해 손가락 하나 까딱하지 않으면서 다른 이들의 어깨에 무거운 짐을 지우는 바리새인들을 향한 예수님의 매서운 질책을 듣노라면, 우리들은 샴마이의 추종자들을 연상하게 된다.[45]

그렇다고 해서, 예수님과 힐렐 사이의 유사점을 지나치게 강조하는 것도 또한 위험한 일이다. 어떤 경우에는 예수님께서 샴마이의 입장에 오히려 가까운 것처럼 보이는 때도 있다. 힐렐은 이혼을 쉽게 만들었다. 예수님은 이를 불가능하게 가르치셨다.[46]

그러나 이혼을 금지하신 예수님의 이유를 잘 보면, 그의 전체 교훈의 기본적 원리를 알 수 있다. 아는 바와 같이 모세의 율법은 이혼을 허락하고 있다. 예수님은 그 이유가 인간의 심정이 강퍅한 때문이라 하셨다. 그는 그렇다고 해서 모세를 비난하지는 아니하셨다. 모세는 또한 자기가 처한 상황을 위해 규칙을 마련해야 했기 때문이다. 그러나 이는 하나님께서 보실 때 이상적인 모습은 아니었으며, 새로운 왕국의 시민들인 예수님의 추종자들은 하나님께서 바라시는 완전한 이상의 상태를 추구해야 할 것이다. 하나님께서 원하시는 이상적인 모습을 찾기 위해서는 가장 기본적인 원칙들을 알아내야 하고, 이를 위해서는 결혼제도를 만드신 하나님의 근본 동기가 어디 있었는지 찾아볼 필요가 있다. 이는 태초에 하나님께서 아내와 남편이 "한 몸"이 되게 하기 위하여 남자와 여자로 지으셨다는 창세기의 기록 가운데서 확실히 드러나고 있다. 더구나, 유대의 이혼법은 여자 쪽에 불리하게 되어 있다. 남편은 갖가지 이유를 들어서 아내를 내보낼 수 있으나, 아내는 이에 대해 제대로 항변할 수도 없으며 아내가 원해서는 이혼을 할 수 없도록 되어 있다. 이를 생각해 볼 때 예수님의 말씀은 또한 압제받는 자들을 항상 옹호하였던 그의 입장의 표현인지도 모른다.

수 세기를 두고 계속 쌓아온 "장로들의 전통," 즉 구전법(口傳法, oral law)에 대해 예수님은 하나님께서 자기 백성들에게 주신 교훈들의 원래 목적을 훼손시킨다는 이유로써 한쪽으로 쓸어버리셨다. 예수님은 그 근본적 접근방법에 있어서, 랍비들의 궤변적 방법과는 판이하게 달랐다. 이는 특히 안식일

---

45) 제 6장의 각주 7을 참조하라.
46) 막 10:11f, 눅 16:18. 간음을 이혼의 조건으로 인정하는 듯 한 마 5:32; 19:9의 "예외 구절"에 나타난 단어(fornication)는 결혼이 금지된 인척간의 혼인관계를 나타낼 수도 있다.

법에 관한 그의 태도에서 뚜렷하게 나타났다고 볼 수 있다.

예수님께서 안식일 날 가버나움의 회당에서 병자를 고쳤을 때 그의 위력에 눌리어 아무도 의문을 제기하지 못하였다. 그러나 예수님께서 이제까지의 전통적인 안식일의 입장을 지키시지 않는 것이 점차 확실해지기 시작하면서 전통적 율법을 수호하는 이들의 반대가 표면에 나타나기 시작한다. 사실 모세의 성문 율법을 상세하게 해석하여 "울타리"(hedge)를 치는 행위는 그 자체가 모두 나쁜 것은 아니었다. 특히 변화하는 생활양식에 적응하기 위한다는 의미에서는 바람직한 것인지도 몰랐다. 그런데 성문법, 혹은 구전법들을 그냥 문자적으로만 해석하고자 하는 경향이 있다. 즉 박하(mint)와 회향(anise)과 근채(cummin)의 십일조를 (실제에 있어서) 보다 중대한 정의와 자비보다 중요하게 여기기도 하였다. 후기의 랍비 하나는 "중대한"(heavy) 규칙뿐만 아니라 "가벼운"(light) 규칙에도 똑같은 주의를 기울이라고 하였다. "왜냐하면 도대체 어느 쪽의 규칙이 상벌이 클지 모르기 때문"이라는 설명이다.[47] 반면 예수님께서는 주어진 율법을 통해 이루시고자 하는 하나님의 뜻을 먼저 찾았으며, 만약 율법을 지키는 것이 그 뜻을 이루는데 아무런 도움이 되지 않거나, 혹은 오히려 방해가 될 때 이를 무시해 버리는 것이다. 안식일의 법에 관해 볼 때 "안식일이 사람을 위해 만들어졌지, 사람이 안식일을 위해 만들어지지는" 않았으므로[48] 혹시 그 다음날 기다렸다가 고칠 수 없는 것은 아니었으나, 안식일 날 바로 고치는 것도 아무런 잘못이 아니었다. 곡식을 거두고 찧는 것이라고 비난을 받았던 바, 제자들이 이삭을 까서 손으로 비볐던 사건에 대하여도 똑같은 원칙이 적용된다. 즉 하나님께서 그의 백성들에게 안식일을 거룩하게 지키라고 요구하였던 것은 결코 이러한 종류의 일들을 금지시키고자 함은 아니었다.

예수님께서 사람들에게 그들의 죄가 사해졌다고 말씀하셨다는 이야기가 들리자 안식일 문제로 시작된 논란은 점점 더 커지기만 하였다. 회개하는 자들을 하나님께서 기꺼이 용서하신다는 사실은 이미 널리 알려진 일이다. 예수님께서는 몬테피오르(Montefiore)가 지적하였듯이 "오직 하나님께만 속한 특

---

47) *Pirqe Aboth*, II, I. *Pirqe Aboth*(교부들의 교훈 부분)은 미쉬나의 tractate로서 주전 3세기와 주후 3세기 사이 여러 랍비들이 작성했다고 하는 금언집이다.
48) 막 2:27.

권을 자기의 것으로 주장하셨기 때문에" 비판을 받았다.[49] 안식일 법의 해석과 마찬가지로 예수님은 이를 통해서도 은근히 스스로가 메시아이심을 선언하고 계시는 것이다. "인자가 곧 안식일의 주인"[50]이었으며, 심판을 행하도록 하나님으로부터 직접 위임을 받은 인자는 또한 당연히 죄를 사할 수 있는 권한을 가지고 있다.[51] 그의 제자들이 종교적 금식을 하지 않는다고 트집을 잡는 이들에게 던진 답변 속에서도 역시 메시아로서의 모습을 찾아볼 수 있다. "신랑이 아직 그들과 함께 있을 때 축하객들이 금식을 할 수 있겠느냐?"[52]

얼마 되지 않아, 예수님의 명성은 갈릴리 지방을 훨씬 뛰어넘어 퍼져갔으며, 예루살렘으로부터 일부의 서기관들이 그의 행동을 살펴보기 위해 파견된다. 이들은 갈릴리 지방의 랍비들보다 훨씬 빨리 적대감정을 드러내었다. 예수님은 이들과의 논쟁을 통해 또 하나의 전통적인 율법을 깨셨는데, 이는 즉 모든 종류의 음식들이 그 자체로서는 깨끗하다는 원칙을 내세우셨을 때였다.[53] 그는 자기의 대적들에게 이사야 29:13의 말씀을 던지심으로써, 양측의 적대관계를 더욱 격화시켰다. "이 백성이 입으로는 나를 가까이 하며 입술로는 나를 존경하나 그 마음은 내게서 멀리 떠났나니 그들이 나를 경외함은 사람의 계명으로 가르침을 받았을 뿐이라."

반면 서기관들은 예수님께서 귀신을 쫓아내는 것은 사단의 도움을 받은 연고라고 선언함으로써 양측 사이의 근본적인 공존 불가능성을 밝혔다. "어떻게 사단이 사단을 쫓아내겠느냐?"고 예수님께서는 반문하셨다. 그리고는 곧 성령을 거스른 죄에 대한 엄중한 경고를 하셨는데, 이 죄는 곧 하나님의 역사를 사단의 능력의 산물로 판단해 버림으로써 의식적으로 빛으로부터 자기의 눈을 가리는 행위이니, 이러한 행위는 그 본질상 고침을 받을 수 없는 성격을 띠고 있다.

---

49) 몬티피오레(C. G. Montefiore), *The Synoptic Gospels* (1927), I, 78.
50) 막 2:28.
51) 단 7:13f(I Enoch 69:27: "그리고 그는 영광의 위에 앉으실 것이며, 심판의 권세가 인자에게 주어지리라"), 막 2:10.
52) 막 2:19.
53) 막 7:19. 이미 내외의 여러 증거들에 의해 마가의 복음서는 베드로의 직접 증언에 의해 기록되었다는 전통적 견해의 정당성이 입증되고 있는 만큼 우리는 이 문제에 관한 베드로의 언급을 예수님의 교훈을 배경삼아 이해해야 할 것이다. 물론 베드로는 행 10:9ff에 나타난 욥바에서의 경험 이전에는 이 문제에 관한 기독교적 입장을 온전히 이해하지 못하고 있었다.

이처럼 서기관들과의 적대관계가 노골화되자 예수님은 더 이상 회당에서 말씀을 전파하실 수 없게 된다. 그러므로 그를 따르는 무리들을 이끌고 산기슭이나 호숫가를 찾으셔야만 했다.

바로 이즈음에 예수님께서는 가장 가까운 열두 제자들 – 그의 사도, 즉 전령들 – 을 둘씩 짝을 지어 보다 먼 지방인 유대 팔레스타인까지 보내셨는데, 이들 역시 천국의 도래를 선언하면서 악귀들을 내어 쫓고, 병을 고치는 이적들을 행한다. 바로 이러한 가운데 헤롯 안디바는 예수님에게 깊은 관심을 갖기 시작한다. 그는 자기가 목을 베어 죽인 세례 요한이 바로 이 예수라는 선생의 몸을 빌려 다시 살아났다고 생각하였다. 그러므로 예수님은 돌아온 사도들을 한적한 곳 갈릴리 바닷가로 이끌어 갔으나 군중들은 그곳에까지 예수님을 쫓아왔으며, 그들을 빵과 물고기로 먹이자, 군중들은 억지로 예수님을 왕으로 삼고자 하였다. 이들에게 예수님은 진정 하나님의 왕국은 무엇을 의미하는가를 분명히 가르쳐 주셨고, 이 왕국의 성격이 자기들이 바라던 것과는 다르다는 것을 깨달은 많은 이들은 발걸음을 돌리기 시작한다. 사도 요한은 이를 "이러므로 제자 중에 많이 물러가고 다시 그와 함께 다니지 아니하더라"고 표현한다.[54]

갈릴리에서 6개월의 공적 사역이 끝난 주후 29년 4월에는[55] 보다 은밀한 가운데서 제자들을 집중 훈련시키는 시간이 필요했다. 이는 곧 앞으로 닥치게 될 사건들을 대비시키기 위함이다. 그들은 이를 위해서는 그다지 사람들의 눈에 띄지 않는 곳을 찾아야만 했다. 그리하여, 팔레스타인을 떠나 북쪽의 페니키아 령을 향해서, 헤롯 대왕의 아들 가운데 하나인 빌립의 분봉국의 수도이자, 요단강의 수원지 근처에 자리 잡은 가이샤라 빌립보(Cæsarea Philippi, 현재의 베니아스<Benias>)에 도달했다. 12사도들의 대변인 격으로 활약하던 베드로가 예수님을 메시아라고 고백한 곳이 바로 이곳이다. 이때 안드레가 자기 형이던 시몬을 불러다가 예수님께로 데려오면서 "우리가 드디어 메시아를 발견하였다"고 외친 후 1년이나 지났을 때였다.[56] 그러나 이때 그들이 아직도 세례 요한의 증언에 의지하고 있을 때였다. 지금은 그 어느 인

---

54) 요 6:60ff.
55) 연대에 관한 문제들은 죠지 오그(George Ogg)박사의 *The Chronology of the Public Ministry of Jesus* (1940)를 참조할 것.
56) 요 1:41.

간이 아니라 하나님께서 직접 이 진리를 베드로에게 가르쳐주신 것이다. 예수님께서 여러 가지 면에서 일반 대다수 대중들의 기대는 충족시켜주지 않았으나, 그 제자들이 그의 메시아이심을 깊이 확신한 사실은 예수님께 큰 기쁨을 가져다주었음이 틀림없다.

그는 계속하여 제자들은 미처 생각하지도 못하던 형태의 메시아로서의 사명에 대해 설명하셨다. 즉 고난을 받고 사람들에게 배척당하고 죽었다가 다시 살아나시겠다는 이해할 수 없는 내용이다. 만약 이것이 사실이라면 제자로서 예수님을 따르는 것은 이들이 일찍이 생각했던 것보다 훨씬 심각한 문제이다. 그러나 예수님께서는 아주 솔직 담백하게 제자의 길을 설명한다. "만약 누구든지 나를 따라 오려거든 자기를 부정하고 – 모든 개인적인 소망이나 야망을 포기한 후 – 자기의 십자가를 지고 나를 따르라." 우리가 이미 살펴보았듯이 "십자가를 지고"라고 말씀하신 것은 단순한 문학적 표현이 아니다. 사실 십자가를 지기 위해 나선 인물을 쫓는 이들은 자기들도 십자가를 지는 것을 당연하게 생각해야만 할 것이다. 그러나 이러한 고난 뒤에는 또한 그 뒤를 이을 만한 말할 수 없는 영광이 함께 예언되고 있다. 이는 곧 세 명의 제자들이 변화산에 올랐을 때 "하나님의 나라가 권능으로 임하는 것"을 본 것이다.[57]

주후 29년 가을의 초막절이 가까웠다. 예수님께서는 군중들을 거느리지 않고 조용히, 축제가 이미 시작된 후에 예루살렘을 향해 올라가셨다. 그는 성전 마당에 모인 군중들에게 말씀을 전하셨으며, 12월까지 인근에 머물러 계시다가, 봉헌절 때 다시 공개적으로 외치기 시작한다.[58] 서기관들은 예수님을 신성 모독죄로써 고발하였다. 왜냐하면 "네가 사람이 되어 자칭 하나님이라 일컬었기 때문"이다.[59] 예수님께서 곧 예루살렘으로 떠나셨으므로, 그를 체포할 수는 없었다. 예수님은 제자들을 거느리시고 일찍이 세례 요한이 세례를 베풀었던 곳에 머물고 계셨다. 그러나 곧 결정적인 중놀이 기다리고 있다.

---

57) 막 9:1. 이 요절을 통해 변화산상의 사건이 도입되는 것은 결코 우연한 일이 아니다.
58) 봉헌절(The Feast of Dedication: 차누카<Chanukkah>)은 Antiochus Epiphanes에 의한 성전의 오염이 있은 후 주전 164년 예루살렘 성전이 다시 봉헌된 사건을 기념하고 있다.
59) 요 10:33. 주님은 공관복음서들을 통해서도 인간들은 마지막 때에 주님과 주님의 가르침에 어떻게 반응했는가에 의해 심판을 받게 될 것이라고 다짐하고 계신다(cf. 막 8:38, 마 7:21ff ; 10:32f, etc).

제4장

빛은 어둠 속에서 반짝이고

언젠가 윌리엄 템플(William Temple) 대주교가 말하기를, "도대체 왜 자유주의적인 프로테스탄트주의를 외친 그리스도를 구태여 십자가에 못 박아야만 했는지, 참으로 알 수 없는 일이다"[1]고 하였다. 그런데 이는 실로 그냥 수긍하기는 곤란한 이야기이다. 이제까지 사람들이 들어보지 못했던 정도의 보다 순수한 윤리적 유일신론을 가르치는 선생이며, 하나님이 자기 아버지임을 주장하고, 산상복음을 전파하였으며, 성전을 깨끗이 하기도 했던 이 인물이야말로, 당시 권세를 잡은 이들, 특히 종교계급이 볼 때 그냥 참고 보기 어려운 존재임이 틀림없다. 우리는 역시 이 또한 약간 과장되었다고 볼 수 있는 잉게 박사의 말을 가지고 템플 박사의 의견에 일침을 가할 수도 있다. "(자기 생각에) 돌을 맞을 만한 선지자가 있을 때 제사장은 마음이 편할 수 없는 법이다."[2] 그러나 템플 박사의 논평도 전혀 근거 없다고 볼 수는 없는데 그 이유는 현대의 자유주의 신교도들에게 특히 매력적인 것으로 보이는 것 때문에 예수님께서 십자가에 못 박히시지는 않았다는 사실 때문이다.

철저한 종말론자들의 눈에 보이는 예수님은, 그가 생각한 시기에 하나님의 왕국이 도래하지 않자, 시간을 보다 앞당기기 위해 역사의 수레바퀴 위

---

1) *Readings in St. John's Gospel* (1940), 24.
2) 잉게(W. R. Inge), *Things New and Old* (1933), 48.

에 자기의 몸을 던져 그 위에서 죽고만 존재이다.3) 그는 하나님의 간섭을 기어코 초래하도록 만들기 위한 동기에서 권세를 가진 당국자들이 결코 무시할 수 없는 도전을 던졌던 인물이다. 그러나 결국 하나님의 간섭은 실행되지 않았으며, 하나님께 버림을 받았다고 외치면서 십자가에서 최후를 마치고야 말았다. 물론, 이러한 실패를 통해서, 그가 미처 꿈도 꾸지 못했던 승리가 왔으나, 사실 그는 이러한 소망을 가지지는 못한 채 최후를 마치고야 말았다는 것이다.

혁명 이론가들이 생각하는 예수님의 죽음은, 당시의 로마 점령군들과 이들에게 조국을 팔았던 매국노들인 사두개인들의 손에 어쩔 수 없이 당할 수밖에 없었던 처형이다.4) 그의 추종자들은 그의 대의를 무력을 동원하여 최선을 다해 지원했으나, 결국은 상대방의 강한 무력에 이기지 못하고 흩어지고야 말았다. 그러나 우리들이 복음서 가운데 발견하는 숨길 수 없는 사실 한 가지는, 바로 외국 침략자들로부터 자기들을 해방시켜 주리라고 믿고 예수님을 따랐던 이들이, 예수님이 이를 거부함으로써 실망한 채 그의 곁을 떠났다는 사실이다. 그는 의식적으로 폭력의 길을 반대하고, 순종과 고난의 길을 택하셨다. 바라바가 예수님보다 더욱 인기가 있었던 것은 다름 아니라 바라바야말로 군중들이 원하는 종류의 인간 – 즉 민족을 위해서는 폭력을 사용하는 반란에 기꺼이 참여하는 종류의 인간이었기 때문이다.

예수님은 물론, 자유주의 신교도들이 주장하는 모든 면들을 소유하고 계셨으나, 또한 그러한 범위를 뛰어넘는 분이셨다. 그는 또한 하나님의 왕국이 도래할 것을 예기하고 계시고, 일관적 종말론자들이 주장하듯 스스로 이 왕국의 성립을 선언해야 할 임무를 띤 인자(사람의 아들, Son of man)임을 자각하고 계셨으나, 그는 하나님의 손길을 억지로 앞당길 생각은 하신 적이 없었다. 그는 스스로 원해서 십자가로 이르는 길을 택하셨는데, 이는 바로 그 길이 그를 위한 성부 하나님의 뜻임을 아셨기 때문이었으며, 오직 이러한 죽음을

---

3) 슈바이쳐(A. Schweitzer), *Quest of the Historical Jesus* (1911), 368f와 비교해 보라.
4) 이러한 기발한 착상을 했으나, 오류에 가득찬 로버트 아이슬러(Robert Eisler)와 *The Messiah Hesus and John the Baptist* (1931)를 비교 검토해 보라. 보다 보수적인 입장에서 쓰이기는 하였으나, 정치적 혁명의 요소를 특히 강조하고 있는 것은 콘라드 노엘(Conrad Noel)의 *Life of Jesus* (1937)이다. 칼 카우츠스키(Karl Kautsky)는 *Foundations of Christianity* (1925)를 통해 마르크스주의적 해석을 시도하고 있다.

통해서만이 비로소 이 왕국을 온전히 실현시키고, 인간이 이러한 축복을 받을 수 있도록 만들 수 있었기 때문이다. 그는 군사적, 정치적 이상들을 거부하시면서, 경우에 따라 필요할 때 바로 자기가 메시아이며, 하나님의 백성들의 해방자이며, 이미 예언된 왕이시라는 사실을 인정하셨다. 그러나 그가 의미하는 메시아는 인간이 기대하던 메시아와는 약간 차이가 있는 존재였는데, 즉 굴욕과 죽음을 통해 메시아로서의 임무를 완성시켜야 하는 그러한 메시아였다.

주후 30년 초, 예루살렘에서 그다지 멀지 않은 곳에서 예수님은 사람들의 주목을 끌기에 충분한 기적을 베푸셨는데, 이는 곧 베다니의 나사로를 죽음 가운데서 다시 부활시키신 사건이다. 이 때문에 온 유대 땅이 떠들썩하였으며, 산헤드린 공회 역시 깊은 우려를 금치 못하였다. 이 상황을 토론하기 위하여 최고 법원이 소집된다. 이들은 "무언가 조치를 내려야 한다"고 수군거렸다. "도대체 이러한 기적들을 너무도 많이 베풀고 있는데, 만약 이대로 내버려두면 자기를 중심으로 전국을 통일시키지 않겠는가? 그러면 무슨 사태가 벌어지겠는가? 물론 로마가 전 국토를 다시 무력으로 짓밟을 테니, 우리들까지도 진멸을 면치 못하게 될 것이 분명하지."

산헤드린 공회의 의장이던 대제사장이 자기 동료들의 분분한 의논들에 씁쓸한 표정으로 귀를 기울이고 있다. 이들의 이야기가 끝나자 그는 간단명료하고 단도직입적으로 말했다. 원래 사두개인들은 의례적인 예의를 무시하기로 유명하다.[5] 가야바(Caiaphas) 역시 그 예외는 아니었다. 그는 선언하기를, "도대체 무슨 탁상공론들을 하고 있는 게야? 그대들이 그토록 두려워하는 전 국민의 멸망을 예방할 수 있는 방책을 강구하는 것이 시급하지 않아? 온 나라가 멸망하는 것 보다야 사람 하나가 죽는 것이 오히려 바람직한 일이라는 것은 뻔하지 않아?" 이러한 그의 제안은 곧 과실을 맺게 된다. 이 문제에 대한 해결 방안이란 명백하다. 만약 예수의 지속적인 존재가 다른 소중한 것들의 존재에 위협이 된다면 그는 당연히 제거되어야만 했다. 그러나 혹시 이를 통해 그들이 방지하고자 하는 바로 그 민란이 발생하지 않도록 세심한 주의를 기울일 필요가 있다. 따라서 적당한 기회가 오기까지 기다리거나, 혹은 가능하면 그러한 기회를 만들 필요가 있다.

---

5) cf. 요세푸스, *Jewish War*, II, 8:14.

그러나 당시 예수님께서는 임박한 유월절을 기다리시면서, 한적한 곳을 찾아 제자들과 함께 머물고 계셨다. 그 후, 성스러운 명절을 일주일가량 남겨두고 예루살렘을 향해 오셨다. 여리고(Jericho) 근처에 이르렀을 때 때마침 성도(聖都, Holy City) 예루살렘에서 명절을 지내고자 갈릴리 지방으로부터 모여드는 수많은 인파들과 만나게 된다. 이들은 감격에 차서 예수님을 찬양하였으며, 이들의 찬양은 여행의 끝에 가까워지면 질수록 더욱 높아가기만 하였다.

그러자, 예루살렘을 겨우 수 마일 남겨두고 예수님께서는 이상한 행동을 하셨다. 즉 미리 생각하신 계획에 따라 자기를 따르는 제자들 가운데 둘을 베다니에 보내어, 나귀를 빌려 오게 하신 것이다. 예수님은 이 나귀 위에 타시고 예루살렘 성에 들어가시게 되었다.

언젠가 옛날에는 이스라엘의 사사들과 왕들이 나귀들을 타던 시절이 있었다. 그러나 솔로몬의 시대부터는 나귀 대신 말을 사용하게 되었다. 그러나 그 후의 선지자들이 앞으로 오실 왕을 묘사할 때 그 옛날 이스라엘의 법도가 단순하고 소박하던 그 시절처럼 말이 아닌 나귀를 타고 백성들에게 나아오는 것으로 그렸다.[6]

>시온의 딸아, 크게 기뻐할지어다
>예루살렘의 딸아, 즐거이 부를지어다
>보라, 네 왕이 네게 임하나니
>그는 공의로우시며, 구원을 베풀며
>겸손하여서 나귀를 타나니
>나귀의 작은 것
>곧 나귀 새끼니라.

그러므로 당시 예수님은 예루살렘의 시민들에게 스스로를 왕으로서 나타내었는데, 동시에 어떤 종류의 왕인가를 보여주고 계셨다. 그는 늠름한 전마(戰馬)에 높이 올라앉은 강력한 정복자도 아니었으며, 찬란한 병거에 몸을 실은 황제도 아니었다. 겸손과 평화 속에 시온에게 나아오시는, 시온에게 약속된 메시아였다. 시온에게 진정한 해방을 가져다주시는 메시아였다.

---

6) 슥 9:9.

그러나 군중들은 이런 진정한 내적 의미를 깨닫지 못한 채 단지 그의 행동의 메시아적 암시만을 받아들이다. 이들은 그를 왕으로서 높이 찬양하였는데, 그의 왕권의 진정한 성격은 파악하지 못하고 있다. 또한 이미 예루살렘에 도착하여 성 안에 머물고 있다가, 그가 가까이 오신다는 소식을 듣고 성 밖에 나아가 그를 "위대하신 왕의 도시"로 맞아들이는 수많은 순례자들의 경우도 마찬가지였다. 그들은 옛날 행렬할 때 사용된 시편들을 사용하여 예수님을 맞아들였다. "주의 이름으로 오시는 이여 복이 있도다." 이는 곧 옛날 개선하고 돌아오는 왕들을 맞아들일 때 사용하던 구절들이다. 그러나 막상 자기의 백성들에게 나아오는 왕은, 이러한 민중들의 환호에 별로 기쁨을 느끼지 못하고 계셨다. 감람산(Mount Olivet) 꼭대기에 도달하여 그의 눈앞에 펼쳐진 도시를 보시고, 그는 눈물을 흘리셨다. 만약 지금이라도 예루살렘이 유일한 평화의 길을 택하게 된다면 아직도 구원의 희망이 있었으나, 이 역시 무시당하고 만 것이다. 그를 당연히 만왕의 왕으로서 맞아들이는 대신 예루살렘은 폭력과 멸망을 택할 것이었으며, 이 도시와 이 도시의 시민들은 바로 그 안에서 최후를 마치게 될 것이었다.

예수님께서 수도를 향해 들어오시는 행렬을 바라보던 산헤드린 공회의 지도자들은 왕의 슬픔은 보지 못하고, 그 수행원들의 희열만을 보았다. "온 세상이 이 인물을 따르고 있는데, 도대체 무슨 수를 쓸 수가 없구나!"라고 이들은 말을 주고받고 있다. 그러나 그 다음날 예수님께서 성전 안에 들어오셨을 때, 그를 제거해 버리고자 하는 이들의 마음은 더욱 굳어지게 된다. 예수님은 가장 바깥에 있는 성전 마당 – 이방인들의 뜰(the Court of the Gentiles) – 에 들어오셔서 제사용 짐승들을 매매하는 장사들과 돈을 바꾸는 자들을 몰아내셨다. 성전 내에서는 아무런 형상이 새겨지지 않은 동전들만을 사용하게 되어 있었으므로, 이곳에는 돈을 바꾸어주는 환전상들이 함께 자리 잡고 있다. 예수님은 이러한 충격적인 자기의 행동을 설명하시기를, 이 거룩한 구역에서 상품을 매매하는 것이 이 성전의 원래 목적 – "내 집은 만민의 기도하는 집이라" – 에 위배되기 때문이라고 하셨다.[7] 그러나 성전 당국자들로서는 그 어느 때보다도 크게 분노할 수밖에는 없었다. 도대체 어떻게 그를 처치할 수 있단 말인가?

---

7) 막 11:15ff 역시 마찬가지이다.

그런데 이들이 생각했던 것보다도 더욱 빨리 기회가 왔다.

유월절 2, 3일 전에 예수님께서는 베다니에서 어떤 잔치에 참석하셨는데, 어느 여인이 이 자리에서 아주 값비싼 향유를 가져다가 그의 머리에 부었다. (일부 사람들이 볼 때) 이러한 엄청난 사치는 곧 몇몇 사람들의 경악을 자아냈으며, 이에 대해 비판의 소리가 일어날 수밖에 없었다. 예수님께서는 따스하게 이 여인의 행동을 변호하셨다. 만약 그녀가 이 향유를 잘 간수해 두었다가, 그가 죽은 후 시체에 부었다면 아무도 불평하지 않았을 것이다. 그렇다면, 그가 살아 있을 동안에 똑같은 방법으로써 그녀의 사랑을 표현했을 뿐인데, 도대체 무슨 불평이 있을 수 있겠는가? 바로 이 여인이 요한이 전하는 바, 예수님께서 죽음에서 부활시킨 나사로의 동생과 동일인물이라 한다면 우리들은 이러한 행동을 불러일으키게 된 그 감사한 마음을 보다 잘 이해할 수 있을 것이다. 그러나 예수님께서는 그녀의 행동 가운데서 그 이상을 보셨다. 이는 곧 그의 장례를 예비하는 상징적인 의미를 지니는 행동이었으며, 참으로 중대한 사건일 수밖에 없었다. 예수님은 곧 스스로의 죽음이 다가오고 있음을 이미 알고 계셨다.

그러나 이곳 저녁 식사 자리에 함께 모인 이들 가운데 일부는 이와 전혀 다른 반응을 보였다. 요한은 특히 이들 가운데서도 가룟 유다(Judas Iscariot)가 이 향유의 낭비를 보고, 가장 크게 화를 내었다고 전하고 있다. 그러나 유다의 눈에 비친 그것은 단순한 낭비가 아니었다. 즉 이 여인은 의식적으로 예수님을 왕으로서 기름부은 것이며 – 마치 사무엘이 사울과 다윗에게 기름부었듯이 – 예수님은 이러한 그녀의 행동의 의미를 십분 깨닫고 받아들이신 것이다.

이제까지 복음서를 연구하는 많은 이들은 유다의 존재에 대해 큰 호기심을 금치 못하였다. 이제까지 가장 흔하게는 유다를 열심당에 가까운 인물로서 분류하였다. 즉 예수님께서 무력을 통해 이 땅 위에 왕국을 건설하실 의사가 전혀 없으신 것을 보고는 이에 원한을 품고, 혹은 억지로라도 무력을 사용하도록 만들기 위해 적들에게 팔아넘겼다는 색다른 주장을 내세운다. 즉 유다는 정치적–폭력적인 메시아주의를 부정하고 있었으며, 혹시 예수님께서 그를 정치적인 목적으로 이용하고자 하는 인물들의 농간에 넘어갈까 우려하고 있었다는 것이다. 그 진정한 동기가 어디 있었던 지간에, 유다는 대제사장들에게 나아가 예수를 넘겨주기로 하였다.

　산헤드린 공회의 지도자들은 가능한 한 조속한 시일 안에 예수님을 체포하기로 결정을 내리고 있었으나, 단지 유월절은 피하기로 하였다. 왜냐하면 민중들이 이에 자극을 받고 난동을 일으킬까 우려했기 때문이다. 그러나 마침 유다가 이들 앞에 나타나 민심을 자극함이 없이 그를 체포할 수 있는 방도를 보여주었으므로 즉각 계획을 바꾸기로 하였다. 즉 유다는 그 다음날 늦게 예수님께서 계실 한적한 곳으로 일단의 성전 경비병(temple police)들을 인도해 주기로 작정하였던 것이다.

　결국 모든 일은 계획대로 진행된다. 예수님께서는 예루살렘에 있는 친구의 자택에서 제자들과 함께 최후의 만찬을 드셨다.[8] 식사가 다 끝나기 전, 예수님께서는 특히 유다를 지적하여, 그가 무슨 계획을 지니고 있는지 이미 알고 계심을 분명히 보여주셨으며, 유다는 식사를 다 마치기 전에 그 자리를 슬며시 빠져나왔다.

　예수님께서도 유다가 그 자리를 떠난 후 제자들과 가진 대화를 통해, 곧 이들에게 닥칠 위기를 이겨나갈 힘을 줄 수 있는 말씀을 주시고자 하였다. 이러한 예수님의 말씀 가운데, 무언가 선생의 생명에 위험이 닥칠 것을 예기한 이들은 필요하다면 자기들의 목숨을 바쳐서라도 그를 보호하겠노라고 다짐하였다. 그러나 예수님께서는 이들이 아직 얼마나 준비되지 못한 상태에 처해 있는가를 잘 알고 계셨다.

　어두움이 깊어질 때, 그는 이들을 거느리고 감람산 기슭을 향해 올라가셨는데, 그로부터 이곳을 가리켜 겟세마네(garden of Gethemane)라고 부르고 있다. 그는 이곳에서 제자들과 떨어져 홀로 기도하셨는데, 이를 통하여 곧 닥칠 시련에 영적으로 직면하셨으며, 이미 오래 전에 그렇게 하셨듯이 이러한 시련들을 아버지의 뜻으로 알고 받아들이셨다. 기도를 마치신 후, 제자들은 곧 도망쳤으며, 그는 급히 대제사장의 저택으로 인도된다.

　우선 안나스(Annas)의 집에서 예비심문이 개최된다. 안나스는 일찍이 주후 6~15년까지 대제사장직을 지낸 인물이다. 그는 대제사장직에서 물러난 후에도 계속 막강한 특권을 누리고 있다. 그는 현직 대제사장인 가야바의 장인이

---

[8] 예수님과 제자들은 성전 예식을 위한 월력과는 다른 유월절을 지키셨을 가능성이 상당히 크다. 대제사장들은 금요일 저녁(cf. 요 18:28) 유월절 만찬을 들었다.

었으며 가장 순위가 우선인 증경 대제사장(senior ex-high priest)이다. 예수님은 안나스의 집에서 가야바의 집으로 옮겨졌는데, 이곳에서도 급히 산헤드린 공회가 특별히 소집되었다.

학자들 간에는 이러한 집회가 불법이라는 이론이 대두되기도 하였는데, 사실 그러한지는 의심스럽다. 원래, 비상시에는 산헤드린 공회가 급히 소집되어야 할 경우가 있었을 것이다. 또한 산헤드린 공회가 밤에 모이는 것은 불법이라는 이론은 미쉬나(Mishnah)의 소책자인 『산헤드린』(Sanhedrin)에 의거한 것인데, 이 책자는 주후 70년대 이전의 모습을 이상화시켜 주후 200년경에 성문화시킨 것이다.9) 또한 이 소책자에 보면 사형에 해당하는 죄목은 23명으로 구성된 재판인단에 의해 심리된다고 하였는데, 만약 예수님 당시에도 이러한 규칙이 실행되고 있다 하면, 예수님의 재판을 위해 산헤드린 공회의 전체 회원 71명이 모두 출석할 필요도 없을 것이다.10)

산헤드린 공회 및 재판의 진정한 불법, 무법성은 집회가 모이기도 이전에 공회 지도자들은 이미 예수님을 죽이기로 결정하고 있다는 데에 있다. 미처 예기치 못했던 유다가 좋은 기회를 만들어줌으로써 이를 놓칠 수 없었던 공회 당국에서는 곧 비상집회를 소집하고 필요한 증인들을 조작하는 수밖에 없었다. 성전을 헐고 사흘 만에 이를 다시 짓겠다는 예수님의 말씀을 기억했던 증인들은 그 증언조차 제대로 진술하지 못하여 말들이 서로 맞지 않음으로, 아예 증언으로서 성립조차 못할 정도였다. 따라서 재판의 사회를 맡고 있던 대제사장은 무언가 교묘한 계책을 써서 피고로 하여금 자기 스스로의 올무에 걸리게 할 심산이었다. 그는 다음과 같은 질문에 답하도록 강요하였다. "네가 과연 축복받은 이의 아들인 메시아인가?"

사실 이러한 질문을 던지면서도 반드시 대답을 기대하지 못했을지도 모른다. 그러나 막상 주어진 답변은 대제사장이 미처 기대조차 못했던 만족스런 것이다. 예수님은 분명하게 "그렇다(내가 그니라)"고 답변하셨다.11) 그뿐 아니

---

9) "사형에 해당하는 중범죄의 경우, 재판은 밝은 날에 행해지고, 판결 역시 낮 동안에 행해진다… 사형에 해당하는 중범죄 심리의 경우, 무죄 판결은 같은 날 내려질 수 있으나, 유죄 판결은 다음 날에 비로소 내려진다. 따라서 이러한 심리는 안식일 혹은 축제 절기에 수행될 수 없다"(미쉬나, *Sanhedrin*, IV, 1).
10) Mishnah, *Sanhedrin*, IV, 1.
11) 막 14:62.

라 계속 말씀하시기를, "인자가 권능자의 우편에 앉은 것과 하늘 구름을 타고 오는 것을 너희가 보리라"고 하셨다. 이야말로, 하나님의 오른편에 앉으라는 초청을 수락하는 시편 110:1의 메시아의 모습과, 다니엘 7:12f에 등장하는 인자의 모습이 바로 자기를 가리키고 있음을 명백하게 주장하는 선언이다. 이곳에서 인자는 전 우주적인 영원한 왕권을 받기 위하여 하나님의 보좌에 나아가는 것이다. 이제 죄목은 분명히 확정된다. 신성모독죄가 분명하였다. 이에 대한 형벌은 오직 하나 죽음 밖에는 없었는데, 법원은 즉각 이를 가결하였다.

미쉬나에 의하면,[12] 신성모독죄에 해당하기 위해서는 차마 황송하여 입에 올릴 수 없는 하나님의 이름 - 지금 짐작하기에는 아마도 야훼(Yahewh)라고 발음되었던 것으로 보인다 - 을 일컫는 행위가 연관되어야 했다. 그러나 예수님께서 실제로 이러한 행동을 범하였다고는 기록되어 있지 않다. 우리는 여기서 그의 "내가 그니라"(I am)라는 답변을 반드시 신적 호칭의 의미에서 해석할 수는 없다.[13] 이는 단지 긍정적 답변을 표현하고 있는 것이라 생각되는데, 마태의 기록을 보면 이와 비슷한 "네가 말하였느니라"(Thou hast said)라는 구절로서 표현되고 있다.[14] 실제로 예수님께서는 당시의 풍속들과 같이, "권능"(The Power-히브리어로는 ha-geburah)이라는 단어로써 하나님의 거룩하신 명칭을 대신했던 것처럼 보인다.[15] 그러나 주후 70년 이전에는 단지 하나님의 신성한 이름을 부르는 행위 이외에도 신성모독죄에 걸리는 행위들이 많이 있었던 것 같다. 다니엘의 환상에 나타나는 사람의 아들, 즉 인자의 모습을 일부 유대학파에서는 신적 존재, 혹은 지극히 높은 존재와 동격(the peer the Most High)으로 해석하고 있다.[16] 따라서 자기가 이러한 "인자"라고

---

12) "신성모독법은 구체적으로 그 이름을 내뱉기까지는 유죄가 아니다… 재판이 끝난 후… 주증인을 제외하고는 모두 방에서 물러나게 된다. 그 후 증인에게 '네가 구체적으로 들은 그대로를 반복해 보라'는 명령이 떨어진다. 증인이 그대로 하면 판관들은 자리에서 일어나 그 옷들을 찢는다"(미쉬나, *Sanhedrin*, VII, 5).
13) 출 3:13ff, 야웨의 이름이 모세에게 계시되었을 때 이는 히브리어 ehyeh, 즉 "나니라"(I am)하는 단어와 연관되어 있었다.
14) 마 26:64.
15) 대제사장에 의해 사용된 표현인 "복 받은 자"(The Blessed One) 역시 이러한 호칭이라 할 수 있다. 이를 후대의 표현인 "거룩한 자여, 부디 복 받으시라"(The holy one, blessed be He)와 비교해 보라.
16) 단 7:13을 기록한 최초의 헬라어 판은 "인자와 같은 이가… 마치 옛날처럼 거기 계셨다"

주장했다면, 이는 충분히 신성모독죄에 해당할 수 있다. 한 가지 재판과정 가운데 완전히 무시되었던 점은, 혹시 피고의 주장이 근거있는 것일 수도 있다는 가능성에 대한 고려 내지는 참작이다. 물론 재판관들은 이 주장이 아무런 근거가 없다고 확신하고 있다. 그러나 이들 가운데 – 특히 가장 영향력이 컸던 – 일부는 단지 예수님을 어떻게 해야 제거해 버릴 수 있겠는가 하는 데에만 정신을 빼앗기고 있었을 뿐, 진정한 진리를 찾아내는 데에는 아예 관심이 없었다.

그런데 이 판관들은 과연 어떠한 인물들이었을까? 이 당시 두 개의 산헤드린 공회가 공존하고 있었다는 학설이 나오기도 하였는데, 즉 친 로마적인 대제사장 덩파에서 이끄는 정치기구와 지도적 위치의 랍비들이 이끄는 종교기구의 두 가지였다.[17] 미쉬나를 보면 주후 70년 이전에도 당시 최고 수준의 랍비가 영도하는 종교적 실재로 공회가 존재하고 있음을 가정하고 있다.[18] 만약 두 개의 산헤드린 공회들이 있음이 사실이라 한다면 이들 가운데 정치기구의 역할을 하던 산헤드린 공회가 예수님을 재판하였음이 확실하다. 그런데 이 미쉬나의 기록은 예루살렘 멸망 후에 비로소 요하난 벤 쟈카이(Johanan Ben Zakkai)가 창설한 신 산헤드린 공회를 실제의 시기 이전으로 옮겨놓았다고 생각할 수 있다. 신약에서는 그 시기 이전에 존재하던 산헤드린 공회를 가리킬 때 그 구성 인원들, 즉 대제사장들과 장로들과 서기관들이라 표현하고 있다.

고 되어 있다. 이는 단순한 아람어 원어의 번역이 아니라 해석이므로 현재 제기된 문제로 볼 때 보다 주요한 의미를 지니게 된다(이와 비슷하게 제1:13ff의 "인자와 같은 이" – 물론 영광의 자리에 서신 예수님을 가리킴이 분명하다 – 라는 표현 역시 옛날에 관한 단의 용어로 묘사되었다).

17) 한편 아돌프 뷔클러(*Das Sanhedrin in Jerusalem* [Vienna, 1902]), 또한 최근의 솔로몬 자이틀린(*Who Crucified Jesus?* [Philadelphia, 1942]) 등은 친 로마적이던 정치적 산헤드린 공회가 예수님의 처형을 책임져야 할 유일한 기관이라고 주장하였다. 한편 자이틀린의 이론에 대해서는 스톤-하우스(N. B. Stone-house)가 *Paul before the Areopagus and Other N.T. Studies* (1957), 41ff에서 면밀한 평가를 내리고 있다. 라우터바흐(J. Z. Lauterbach) 역시 *Jewish Encyclopedia*에서 두 개의 산헤드린 공회가 존재했다고 주장한다. 한편 바허(W. Bacher)는 Hastings' *Dictionary of the Bible* 속에서 그 견해들에 반대하고 있다. 이스라엘 아브라함스(Israel Abrahams)는 *Encyclopedia of Religion and Ethics*에서 어느 한편에 치우침이 없이 양쪽의 견해를 설명하고 있다(art. *Sanhedrin* in all three works).

18) Mishna, *Chagigah*, II,2.

그렇다면 예수님의 재판에 관련된 산헤드린 내의 여러 가지 요인들이 어떻게 움직였는지 짐작해 볼 수 있을까? 요한은 그가 남긴 기록으로 보아서, 그 후 예수님의 장례를 치렀던 두 사람의 공회원들 - 즉 아리마대 요셉(Joseph of Arimathaea)과 니고데모(Nicodemus)와 가까운 친교가 있었던 것으로 보인다. 누가는 요셉이 판결에 참여하지 않았다고 기록하고 있으며, 요한도 니고데모에 관하여 같은 사실을 암시하고 있는 듯하다. 그러나 우리들은 과연 이들이 그 운명적인 새벽의 모임에 참석했었는지는 확실히 알 수 없다. 예수님께서는 이 사건에 연루된 가장 큰 죄를 가야바에게 돌리셨다("나를 네게 넘겨 준 자의 죄는 더 크니라"고 빌라도에게 말씀하셨다).[19] 또한 가야바 스스로도 국가와 교회의 가장 큰 이익을 위해 행동한다고 생각하였을지 모르나, 법 집행 절차야 어찌됐든 자기가 가장 중대한 역할을 담당하였음을 인정하였을 것이다. 또한 판결을 위해 필요한 법관들의 숫자가 23인에 지나지 않는다면, 반드시 가야바의 계획에 동조하리라고 믿을 수 없는 인사들은 통지조차 받지 못했을지도 모른다. 어쨌든, 대제사장파에서 예수님을 정죄하는 과정에서 지도적 위치를 담당하고 있을 때, 이곳에 참석하였던 바리새 측의 장로들이 반대 의견을 내세웠을지도 모른다는 증거는 찾아볼 수 없다. 예수님이 실제 메시아라는 사실을 인정하지 않는 이상 어떻게 그런 행동을 취할 수 있겠는가? 대제사장의 심문에 그가 답변하셨을 때, 이 답변을 진실로 받아들이지 못하는 이상 이를 신성 모독적이라 인정할 수밖에 없었을 것이며, 따라서 사형은 당연한 조처로서 생각하였을 것이다. 물론 예수님의 답변을 진실로 받아들인다는 것은 생각조차 할 수 없는 터무니없는 것이다. 그러나 이때까지도 대제사장의 복안은 확실히 드러나지 않았다. 당시 유대 종교법이 로마 제국의 보호 아래 있었던 만큼, 신성모독죄를 걸어 로마 총독으로부터 사형집행을 비준받을 수도 있다.[20] 그러나 로마 총독이 이러한 대수롭지 않은 죄목 - 로마인의 입장에서 볼 때 - 때문에 곧 행동을 취해 주리라고는 생각할 수 없었다. 대제사장으로 볼 때 가능한 빠른 시간 안에 이 문제를 일단락지어야 할 필요성이 있다. 로마 총독이 신성모독죄에는 별다른 흥미를 갖지 않았

---

19) 요 19:11.
20) 랍비들이 남긴 전통은 신약이 주장하는 바대로(요 18:31), 당시 산헤드린 공회는 사형을 집행할 권리가 없었음을 지적하고 있다(Babylonian Talmud, *Sanhedrin* 41a ; Jerusalem Talmud, *Sanhedrin* I, 1; VII, 2).

지만, 반란죄를 무시할 수는 없는 입장이다. 이미, 그곳에는 반란의 분위기가 사람들 간에 가득차 있었다. 실은 바로 그 날, 최근에 벌어졌던 난동의 주모자들 두세 명을 처형할 예정이다. 로마인들은 공공 축제일을 이용하여 이들을 공개 처형하는 것도 좋은 의견이라고 생각하고 있다. 즉 혹시 순례객들 가운데 반란을 꿈꾸는 자들이 섞여 있다면, 이들에게 주는 좋은 경고의 역할을 하게 되리라는 계산이다.

따라서 예수님은 빌라도(Pilate)에게 끌려가게 되었다(물론 이를 위해 대제사장과 총독 사이에 급한 연락이 이루어졌을 것은 틀림이 없다).[21] 유대인들의 귀에 메시아를 자칭하는 것은 신성모독으로서 들릴 수 있다. 그러나 로마 총독의 귀에는 전혀 다른 의미를 지니게 될 수도 있는 것이다. 그들이 "이 자가 스스로를 가리켜 유대인의 왕이라 합니다"고 하면, 빌라도는 곧 그를 잡아 지체 없이 십자가로 보내버리기를 유대인들은 원하고 있다. 그런데 빌라도가 망설이기 시작한다. 우리는 빌라도의 망설임을 보고서 호기심을 금할 수 없다. 공관복음서 기자들이 기록하는 바, 빌라도와 예수님 사이에 벌어졌던 대화를 되새겨 보지 않을 수 없다. 빌라도는 이 대화를 통해 예수님이 사용하시는 "왕"이나 "왕국" 등의 용어가 보통 평범하게 해석될 수 있는 의미가 아님을 감지하게 된다. 빌라도가 볼 때 이 청년은 분명히 몽상가요 이상주의자였었는데, 그가 전하는 바 "진리의 왕국"의 원칙에 의해 추종자들은 폭력의 사용 자체를 포기하고 있다. 그러나 몽상가들도 얼마든지 위험스런 일을 저지를 수 있는 존재들이다. 우리들은 또한 빌라도가 태도를 결정하지 못하고 주저했던 또 다른 이유와 마태가 전했던 빌라도의 아내의 꿈과 경고에 대해서도 좀 더 심각하게 고려해 볼 필요가 이다. 꿈이란 신비스런 현상이며, 함부로 무시할 수 없는 것이다. 만약 기록들을 믿는다면, 줄리어스 시저(Julius Cæsar)는 그 전날 밤 나타난 아내의 꿈을 무시했기 때문에 주전 44년 3월 15일 불의의 최후를 맞게 되었던 것이다. 또한 대제사장의 당파가 이 기묘한 몽상가에 대해 무언가 원한을 품고 있다는 사실이 분명히 드러나고 있다. 빌라도는 이에 따라 무죄를 선언하였다. 그러나 이 판결은 받아들여질 수 없는 성질의 것이었으며, 또한 이 때문에 유대인 지도자들의 감정을 지나치게 상하게 할 수도 있다. 만약 로마 총독이 스스로를 가리켜 왕이라 한 자를 유대 지방에서 놓아주었다

---

21) Cf. Frank Morrison, *Who Moved the Stone?* (1944년 판), 36ff.

는 소식을 듣는다면 디베료(티베리우스, Tiberius) 황제가 그다지 달가워하지 않을 것이라는 사실도 고려해야만 했다. 빌라도의 주저는 끝내 아무런 효력도 발하지 못하였다. 자기의 관저 밖에 모인 군중들 앞에까지 나아가 무언가 타협책을 찾아보고자 하였을 때, 유대인들은 예수님 대신, 최근의 난동에 가담했다가 체포되어 처형을 기다리고 있던 인물 – 바라바(Barabbas)를 살려주기를 요구하였다. 그들은 이미 예수는 자기들이 원하던 메시아가 결코 아니라는 사실을 깨닫고 있다. 그러한 수동적인 메시아를 받아들이고 싶어 하는 자들은 아무도 없었다. 결국 빌라도는 대제사장 당파의 요구에 굴복하고, 군중들의 요청대로 예수를 죽이도록 내어줄 수밖에 없었다.

바로 이 금요일 날, "그를 십자가에 못 박으라"고 외치던 군중들이 그전 일요일 날(Palm Sunday) "호산나"를 외치던 이들과 반드시 동일한 집단이라고 생각할 필요는 없다. "호산나"를 외쳤던 이들은 주로 갈릴리 지방에서 온 순례자들이었으며, 그를 죽이라고 고함지르던 자들은 대제사장의 선동을 받은 성내의 주민들이다. 물론, 갈릴리에서 온 순례자들도 예수님께 실망을 느꼈을 것이라는 것은 분명한 일이나, 그렇다고해서 꼭 이처럼 태도를 돌변시켰다는 증거는 찾아볼 수 없다. 성내 주민들에게 있어서 성전은 곧 생계의 가장 중요한 수단이다. 따라서 예수님처럼 성전에 대해 "함부로" 얘기하는 인물들은 이들의 적개심을 불러일으킬 수밖에 없었다.[22]

사실 높은 위치에 있는 자들의 이해관계를 거슬렸기에 죽음을 당한 이들은 예수님 이전이나 이후에도 찾아볼 수 있다. 역사가 전해주는 이야기들 가운데 예수님의 죽음에 가장 비슷한 면모를 보여주는 것은 아마도 소크라테스(Socrates)의 경우일 것이다. 그러나 이 양자 사이에도 십자가 위에서의 형

---

22) 마태복음은 특히 예수님의 핍박자들의 사주를 받은 예루살렘의 군중들이 "그의 피를 우리들과 우리들의 후손들에게 돌리소서"라고 말했다고 명백하게 기록하고 있다.
몬테피오레(C. G. Montefiore)는 바로 이 때문에 인간들의 피가 바다처럼 흐르고, 슬픔과 파괴가 그칠 줄 모르고 계속되었다고 전한다. 그러나 이는 분명히 반유대주의적일 뿐 아니라 반기독교적인 판단이다. 그렇지만 이 구절은 물론 몬테피오레가 생각하는 것처럼 (*The Synoptic Gospels*, II, 346), "마태가 극도에 달한 증오심을 이기지 못해 조작해낸 허구"는 아니다. 마태는 군중들의 발언에 대해 주후 70년 이후까지 비추어보지는 못하고 있었다. 그의 기록 가운데 전체 유대 민족을 그 대상으로 삼고 있다는 증거를 찾아볼 수는 없다.
주후 30년의 모든 유대인들, 그리고 그 이후의 모든 유대인들에게 그리스도의 죽음의 책임을 씌워 이를 영속화시키는 것은 비극적이고 범죄적인 우둔함의 결과이다.

언할 수 없는 고통의 죽음과 독을 마실 시간까지 친구들과 대화를 즐기다가 조용히 고통 없이 죽음을 맞는 모습 사이에는 서로 건널 수 없는 큰 거리가 놓여 있는 것이다.

예수님은 스스로의 죽음을 자기의 대적들이 저지른 어리석음과 불의한 행동의 산물이라고만 생각하지 않으셨다. 이는 물론 그러했으나, 또한 그 이상의 의미가 있다. 그는 이미 오래 전부터 이 죽음을 순종으로써 받아들이고 계셨다. 이러한 순종의 죽음은 이미 세례와 광야에서 당하신 시험에의 반응 가운데 암시되고 있다. 그가 감당하셔야 할 사명은 바로 고난받는 종의 모습이며, 죽음에 이르기까지 하나님께 충성하며, 이 죽음을 통해 많은 이들의 죄와 허물을 감당하고 이들을 위해서 해방과 승리를 쟁취하고자 함이다.

언젠가, 그의 제자들이 앞으로 도래할 왕국을 바라보며, 그 안에서 차지할 위치와 명예를 의논한 적이 있는데, 그는 그의 왕국 안에서는 남을 위한 봉사가 명예와 지위를 위한 유일무이한 자격임을 특별히 강조하셨다. "인자의 온 것은 섬김을 받으려 함이 아니라 도리어 섬기려하고 자기 목숨을 많은 사람의 대속물로 주려 함이니라."[23] 또한 그가 죽으시기 전날 밤, 제자들과 함께 저녁 식사를 나누게 되었을 때도 그는 떡을 떼시며 이를 그들을 위해 바치는 자기의 몸의 표로서 주었고, 그를 기억하여 포도주를 나누도록 말씀하심으로써 앞으로 곧 닥칠 고난과 죽음이 무슨 의미를 지니는가를 명백하게 보여 주었다. 예수님은 "이것은 많은 사람을 위하여 흘리는바 나의 피 곧 언약의 피니라"고 말씀하셨다.[24]

오래전, 모세는 피로써 하나님과 이스라엘 사이에 맺은 언약을 확인한 바 있었는데, 이 언약(covenant)은 곧 이스라엘이 하나님의 택하신 백성이 된다는 약속이다. 그러나 이제 하나님의 백성이 새로이 다시 구성되어야 하는데, 이 새로운 언약은 더 큰 제물로써 확인되어야만 하였다. 선지자도 일찍이 이러한 고난받는 종의 모습을 선언한 바 있다.

    우리는 다 양 같아서
    그릇 행하여 각기 제 길로 갔거늘

---

23) 막 10:45.
24) 막 14:24.

여호와께서는 우리 무리의 죄악을
그에게 담당시키셨도다.
그 영혼을 속건제물로 드리기에 이르면
그가 그 씨를 보게 되며, 그 날은 길 것이요
또 그의 손으로 여호와의 뜻을 성취하리로다.
그가 자기 영혼의 수고 후에 빛을 보고 만족히 여길 것이라
나의 의로운 종이 자기 지식으로 많은 사람을 의롭게 하며
또 그들의 죄악을 친히 담당하리라.[25]

그리하여 예수님은 그의 특별한 사역을 감당하셨다. 그는 고난을 통해 그의 백성들의 죄악들을 위해 자신의 목숨을 바치셨고, 곧 그의 죽음에 의해 이들에게 구원을 가져다주기 위함이다.

그러나 그가 자기를 따르던 자들에게 버림받은 채 십자가에 매달리어 "나의 하나님, 왜 나를 버리셨나이까?"라고 외쳤을 때, 그 자리에 서 있던 자들 가운데 아무도 그 선지자가 미리 내다보았던 축복, 이 종의 죽음이 불러오는 그 결과를 예측할 수 있는 자들은 없었다. 이는 이 모든 사건들의 끝이다. 예수의 대적들은 만족에 차서, 예수의 친구들은 슬픔에 차서 이 순간을 맞고 있었다. 그러나 이는 진정한 종말은 아니었다. 오히려 새로운 시작이었다.

---

25) 사 53:6, 10f. 11절을 "빛을 보고"라고 읽는 것은 70인역의 영향으로서 Qumran Cave I 에서 발견된 두 개의 히브리어 사본들에 의해 확인되었다. 이는 또한 "그는 빛이 나타나도록 할 것이다"라고 해설할 수도 있다.

제5장

어둠도 이 빛을 꺼뜨리진 못하리

예수님은 주후 30년 유월절 절기에 십자가에 못 박히셨다. 그를 따르던 이들 가운데 그 누구도 그의 죽음에 동참하기 위해 따라간 자들은 없었다. 바로 얼마 전 자신있게 주를 버리지 않겠다던 그들의 약속은 한갓 물거품이었다. 가장 큰 목소리로 자기의 변치 않은 충성심을 주장하던 제자, 즉 예수를 가장 처음 메시아로서 고백했던 그 수제자도 막상 시련을 당했을 때 완전히 실패하고야 말았다. 그는 대제사장 저택의 마당에까지 따라가 도대체 자기의 선생에게 무슨 일이 벌어지는가 살펴보고자 하였다. 거기 있는 군중들 틈에 섞여들어 몸을 감추고 있었다. 그러나 자기의 갈릴리 지방 사투리로 말미암아 사람들의 주의를 끌게 되고, 예수가 잡힐 때 그곳에 함께 있었다고 알아보는 이가 나타나게 되자 자기는 예수가 누구인지 그를 본적조차 없노라고 강력히 부정하였다.

만약 예수님께서 죽으신 후, 바로 이러한 인간으로 하여금 사명을 계속 감당시키고자 하셨다면 우리들의 눈으로 볼 때 한심한 상황이다. 이들은 마치 꺾인 갈대들과도 같은 참담한 몰골들이었다.

유월절로부터 7주가 지나면 오순절 축제(The Feast of Pentecost)가 다가온다. 이는 예부터 전해오는 바, 밀의 첫 수확을 기념하는 명절이다. 이는 유대인들의 달력으로 볼 때 1년 중 가장 중대한 세 가지 순례 - 명절들(그 다른 두 가지는 무교절<Unleavend Bread>과 초막절<Tabernacles>)[1] 가운데 하나로서, 이때 쯤이면 바로 이 명절을 지내기 위해 수많은 유대인들이 팔레스타인 땅으로부터 예루살렘으로 모여들어 머물고 있었다. 그런데 바로 이 축제일(주후 30년 5월 28일, 주일)날, 예루살렘 주민들과 또한 외부에서 온 순례객들은 성전 근처에서 일단의 색다른 사람들을 만나게 된다. 이들은 평소에 자기들이 사용하지 않던 언어로 하나님을 찬양하였는데, 특히 다른 지방에서 온 유대인들은 이들의 언어를 각각 자기들 지방에서 사용하는 말로 알아듣기도 하였다. 현대의 심리학자들은 이러한 모습을 "글로쏘랄리아"(glossolalia), 즉 개인이 자기의 의식으로써 전혀 혹은 일부를 제대로 통솔할 수 없는 발음현상으로 분석한 것이다.[2] 오순절날 발생하였던 현상의 신약 기록을 현대어로 옮겨본다면, 이는 곧 그들의 언어가 일시적으로 무의식 세계의 통솔 아래 놓여 있었으며, 이 무의식 세계는 또한 그 순간 신적 능력에 좌우되고 있다고 할 수 있다. 그러나 사실 신약 자체의 기록이 가장 정확할 뿐 아니라 동시에 우리들 대부분이 충분히 이해할 수 있는 것이기도 하다. "저희가 다 성령의 충만함을 받고 성령이 말하게 하심을 따라 다른 방언으로 말하기를 시작하니라."[3]

이러한 모습을 구경하던 이들은 도대체 무슨 영문인지 알 수 없었다. 이들 가운데 하나가 주위에 둘러선 구경꾼들을 상대로 말문을 열자, 군중들 가운데 일부는 그가 독한 술에 취했다고 수군거리기도 하였다. 그러자 그는 자기와 자기 일행의 이상스런 행동이 절대로 술에 취했기 때문이 아니라 이미 구약에 예언되어 있던 바대로, "말세에" 물 붓듯 쏟아지는 하나님의 영이 자기들과 함께 하기 때문이라고 주장한다. 즉 그러한 말세, 성취의 순간이 그 자리에 도래하고 있다는 것이다. "이스라엘 사람들아 이 말을 들으라. 너희도 아는 바에 하나님께서 나사렛 예수로 큰 권능과 기사와 표적으로 너희 가운데서 베푸사 너희 앞에서 그를 증거하셨느니라 그가 하나님의 정하신 뜻과 미리 아신 대로 내어준 바 되었거든 너희가 법 없는 자들의 손을 빌려 못 박아 죽였거늘…" 그의 이러한 비난은 참으로 용기있는 것이었는데, 특히 나사렛의 예수가 "하나님의 정하신 뜻과 미리 아신 대로…"[4] 내어준 바 되었다는

---

1) (유월절과 관련된) 무교절은 봄에 소재한다. 오순절은 그 7주 후이며, 초막절은 가을이다.
2) 물론 성경에 나타난 예언과 방언을 서로 다른 현상으로 구분하는 입장을 따른 것이다.
3) 행 2:4.
4) 행 2:23. "하나님의 미리 정하신 뜻과 미리 아신 대로"는 구약성경 가운데 표현되고 있다.

대목은 더욱 그러하였다.

　그러나 무엇보다도 진정 놀라운 사실은 이와 같이 용기있게 말을 전하는 이들이 다름 아니라 예수님이 체포당하던 현장에서 그를 버리고 도망쳤던 바로 그 사람들이었으며, 이들의 대변인 격으로 부르짖는 베드로 역시 대제사장의 집 마당에서 그토록 비굴하게 자기의 선생을 배반했던 바로 그 인물이었다는 사실이다. 이들은 다시 자기들의 용기를 완전 회복한 것이 분명하였다. 과연 무엇이 이러한 변화를 가져왔던 것일까?

　베드로 스스로가 이에 대한 해답을 제시하였다. 군중들에게 예수님의 처형을 상기시킨 후 그는 계속 말을 이었다. 즉 "하나님께서 사망의 고통을 풀어 살리셨는데 이는 그가 사망에 매여 있을 수 없었기 때문이라"고 하였다.

　이야말로 놀랄만한 주장이다. 그러나 과연 이러한 엄청난 주장을 뒷받침할 수 있는 증거들을 제시할 수 있을까? 베드로는 구약성경 구절들을 인용하였는데, 즉 메시아는 사망(음부<陰部>)에 버림을 받지 않고, 썩음을 당하지도 않을 것이며, 전 우주를 소유하게 되기까지 하나님의 우편에 앉아 있게 된다는 내용의 예언이다.[5] 이러한 예언이 기록되어 있는 것은 사실이라 하자. 그러나 이러한 메시아에 관한 예언과 나사렛 예수가 과연 무슨 상관이 있단 말인가? 베드로는 바로 이 예수님이야말로 메시아로서의 모든 조건들을 충족시키고 있다고 주장한다. 그와 그의 일행들이 예수님이 무덤에서부터 살아나셔서 죽음을 이기고 승리를 거두었다고 했을 때, 이는 단순히 자기들의 믿음을 피력하는 것이 아니라 개인들의 경험에 기초한 증언들이었다는 데에 문제의 심각성이 있다. 즉 이들 모두가 예수님이 십자가에 달려 죽어서 무덤에 장사 지낸 후, 다시 살아계신 예수님을 보았다고 주장하는 것이다. "하나님께서 이 예수를 죽음으로부터 살리셨는데 우리 모두가 이 사실에 대한 증인이니라… 그러므로 바로 너희들이 십자가에 못 박은 이 예수야말로 하나님께서 정하신 주(Lord)요 메시아라는 사실을 온 이스라엘 모든 이들에게 알릴지어다."

　예수님의 죽음 이후 제일 처음 울려퍼진 복음의 선포는 그가 죽음으로부터 다시 살아나셨다는 데에 기초를 두고 있다. 베드로나 그의 일당들에게 예수님께서 이처럼 다시 부활하셨다는 확신이 없었다면, 이들은 예수님을 주

---

5) 시 16:10; 110:1.

요 메시아로서 선포할 수 없을 것이다. 죽은 주님? 십자가에 달린 메시아? 이러한 모습들은 다른 유대인들뿐만 아니라 베드로나 그의 친구들도 받아 들일 수 없는 이율배반이요, 모순이다. 그러나 주님은 부활하셨으며 더 이상 죽음의 상태에 있지는 않았다. 십자가에 못 박혔던 메시아는 이제 온 우주 만물 위에 군림하고 계신다. 바로 이와 같은 예수님의 영광을 통해 이들은 예수님께서 그 때문에 죽어야 했던 바로 그 주장이 사실이라는 하나님의 증명을 목격한 것이다. 가야바가 그에게, 네가 진정 메시아냐고 물었을 때 예수님께서 그렇다고 답변하셨다. 이러한 그의 답변이 허위요, 신성모독으로 판결을 받았기에 그는 죽음을 당할 수밖에 없었다. 그러나 이제 그의 제자들은 주장하고 있는 것이다. 예수님의 답변은 진실이었으며, 하나님께서는 이 사실을 알고 계셨기에 예수님을 죽음으로부터 다시 일으켜 살리심으로써 산헤드린 공회의 판결과 집행을 번복시켜 버리셨다는 것이다.

따라서 처음부터 사도들의 복음전파는 예수님의 부활과 뗄 수 없는 관계를 지니고 있다. 또한 이렇게 시작하여 이렇게 계속된다. 그리스도를 따르던 추종자들 사이에 그 후 어떠한 차이점이 발생하였는가를 막론하고, 이 한 가지 점에 있어서만은 완전한 일치를 유지하였는데, 이는 사도들의 리더격인 베드로나 예수님의 형제였던 야고보나 이방인들의 사도인 바울이나 다 마찬가지였다. 예수님의 죽음과 장례, 그리고 부활로 연결되는 복음서의 기본적인 사건들을 반추하면서, 바울은 다음과 같이 외친다. "그러므로 나나 저희나(베드로, 야고보, 기타) 이같이 전파하매 너희도 이같이 믿었느니라."[6] 그뿐 아니라 바울은 더 나아가서(또한 베드로나 야고보, 나머지들도 이에 동의하였을 것이다) 만약 부활의 증거가 거짓이라면, 기독교의 복음이나, 구원이나 장래의 소망이 존재할 수조차 없다 하였다. 우리들의 신앙은 전적으로 헛된 것이며, 우리들의 모든 것을 쓸데없이 허비하였으니, 바로 우리들이야말로 처량한 인간들이라 하였다.

실제로, 기독교의 진리는 십자가에 달려 죽은 예수님이 죽음으로부터 다시 살아나셨다는 사도들의 주장과 분리할 수 없다. 따라서 이 주장은 보다 면밀히 검토해 볼 필요가 있다.

어떤 인간이 죽은 지 사흘 후에 다시 살아난다는 것은 물론 믿기 어려운

---

6) 고전 15:11.

이야기이다. 그러나 예수님을 가까이서 본 이들의 생각으로는 그가 다시 살아나지 않았다는 주장이 오히려 불가능한 것이다. 따라서 의문은 단순히 "인간이 죽은 후 과연 다시 살아날 수 있겠느냐?"(Can a man rise from the dead?)하는 것이 아니라, "과연 예수님께서 죽음으로부터 살아나셨느냐?"(Did Jesus rise from the dead?)라는 것이다. 그의 생애는 이 부활사건 이외에도 일찍이 다른 데서 그 전례를 찾아볼 수 없는 사건들로 점철되어 있었고, 그가 지상에서의 생애를 마치는 순간 역시 무언가 색다르리라는 것을 기대할 수는 있지 않은가?

그러나 이 한 가지 사실은 다시 한 번 강조해야만 하겠다. 원래 제자들이 자기들의 선생님은 죽음의 세력 아래 잡혀 있지 않을 것이라는 확신을 가지고 있었기에, 예수님이 다시 부활했다는 것을 도저히 부인할 수 없는 증거들에 의해 확신을 얻은 후에야, 그가 사실 죽음 속에 남아 있는 것이 얼마나 불가능한 일인가, 이러한 사실을 일찍이 깨닫지 못한 것이 얼마나 어리석은 것인가를 확실히 알게 되었다는 것이다.

그리스도의 부활을 최초로 목격한 이들은 이미 그를 잘 알고 사랑하던 남녀들이다. 이들은 그를 신뢰하고 있었으나, 막상 그가 아무 저항도 없이 십자가로 끌려가 못 박히는 것을 목격하고는 커다란 충격을 받을 수밖에 없었다. 이제 그가 죽음을 정복하셨다는 확신으로 말미암아 이들의 신앙은 더욱 새롭고 강하게 다시 살아났다. 물론 이 사건에 대하여는 신약의 여러 부분, 특히 사도행전에 보존된 초기 그리스도인들의 증언들 가운데 갖가지 재미있는 측면들이 나타나고 있으나, 주된 증거는 사복음서와, 고린도전서 15장 서두에 바울이 열거한 부활의 증인들의 목록을 통해서 수집할 수 있다. 이들 여러 가지 흩어진 증언들을 이어 맞추는 것은 마치 어떤 사건에 대한 목격자들의 증언들을 각각 종합하여 한 가지 사건의 기록을 작성하는 것이나 마찬가지이다. 그러나 이제까지 보존되어 있는 기록들만을 한데 합쳐도 우리들이 쉽게 납득할 수 있는 일관성 있는 이야기를 구성할 수가 있는데 이 사실은 이미 헨리 라탐(Henry Latham)의 『부활하신 주님』(The Risen Master, 1901)이라는 책 속에 잘 나타난다.

최초의 증거들은 특히 두 가지 사실을 강조하고 있다. ① 금요일 밤, 십자가에서 죽으신 예수님의 몸을 뉘었던 무덤이 주일날 아침에 비어 있었으며,

② 그 후 유대와 갈릴리 지방에서 수많은 증인들이 직접 그의 살아있는 모습을 목격하였다는 것이다.

어떤 이들은 무덤이 비었다는 것을 그다지 중요치 않게 생각하지만, 사실은 그렇게 쉽게 지나칠 성질의 문제가 아니다. 만약 그의 몸이 계속 자리에 누워 있다면, 그의 부활한 모습은 단지 환상으로 밖에 분류될 수 없을 것이다. 카도오(C.J. Cadoux) 박사는 "그의 십자가상에서의 죽음에도 불구하고 일단 그의 제자들이 환상을 통해 예수가 살아났고, 실제로 다시 행동하고 있다고 확신하게 되자, 따라서 그의 무덤이 비었을 것이라는 생각이 마치 밤이 낮을 쫓듯이 당연히 생기게 되었다. 실제로 이에 관한 증거가 있고 없고 한 것은 별 문제가 되지 않았다"[7]고 하였다. 그러나 이는 당시의 실제적인 상황을 제대로 파악하지 못한 데서 나온 말이다. 그 주일날 아침, 무덤에서 무언가 신비스런 사건이 벌어졌다는 이야기가 나기가 무섭게 많은 사람들이 이 사실을 확인하기 위하여 그곳까지 직접 가보았을 것이다. 제자들이 시체를 도둑질했다는 대제사장들의 조작극 자체가 이미 무덤이 비어 있다는 사실을 뒷받침해 주고 있는 것이다.

그러나 빈 무덤 자체가 부활을 증명하는 것은 아니다. 무덤이 빈 것을 처음 발견한 여인은 단지 누군가 시체를 다른 데로 옮겨갔다고만 생각하였다.[8] 최근 한 미국 학자의 말을 빌린다면 "초대 그리스도인들이 그리스도의 부활을 믿는 것은 그의 시체를 발견하지 못했기 때문이 아니라 살아계신 그리스도를 만났기 때문이다."[9] 최초의 사도들의 설교 내용은 "우리들은 그의 무덤이 비어있음을 목격하였다"가 아니라 "그가 살아계심을 보았다"는 것이다. 그러면서, 무덤이 비었음을 시사하였다(imply). 베드로는 오순절날 군중들에게 외치며 "다윗의 무덤은 오늘날까지도 우리들과 함께 있다" 하였는데, 이는 곧 다윗의 뼈가 아직도 무덤 속에 자리 잡고 있다는 의미이다. 이를 대조시켜 볼 때 예수님의 유골은 그의 무덤 속에 남아 있지 않다는 주장이다. 또한 바울 역시, 예수님의 죽음과 부활 사이에 자리 잡은 기본적 복음서 사건들 가운데 하나로서 그리스도의 장례(혹은 매장)를 얘기하였을 때, 이는 무덤에

---

7) *The Historic Mission of Jesus* (1941), 284.
8) 어쨌든, 무덤 속의 내용물은 더욱 명백한 이야기를 우리들에게 보여준다. 사랑하는 제자는 수의와 머리를 싼 두건을 "보고 믿더라"(요 20:8).
9) 크레이그(C. T. Craig), *The Beginning of Christianity* (1943), 135.

놓인 몸과 다시 부활한 몸 사이에 진정한 연결성이 있음을 주장하고 있다. 물론 바울은 양자 사이에 차이가 있음을 인정하였다. 즉 "육의 몸으로 심었다가 영의 몸으로서 다시 살아났다"는 것이다.[10]

오늘날에는 예수님께서 죽음을 이기고 승리하신 사건을 단지 영적인 부활로만 이해하여 그의 실제 몸이야 어찌되었건 그의 추종자들의 생활 속에서 부활이 어떤 의미를 갖는가에 대해서만 중요성을 부여하는 이들이 있다. 대표적으로, 잉게 박사를 예로 들어보자. "내부의 빛은 오직 영적 진리들에 관하여만 증언할 수 있다. 이는 언제나 현재 시제로만 이야기한다. 이는 과거나 미래를 막론하고 아무런 역사적 사실로 보장할 수 없는 것이다. 즉 복음의 역사성이나 내래의 심판을 보상해 줄 수는 없다. 이는 그리스도가 부활하였고 또한 계속 살아있음을 우리들에게 말해 줄 수는 있다. 그러나 그가 사흘만에 다시 살아나셨음을 의미하지는 않는다"(The innerlight can only testify to spiritual truths. It always speaks in the present tense ; it cannot gurrantee any historical event, past of future. It cannot gurrantee either the gospel history or a future judgment. It can tell us that Christ is risen, and that He is alive for evermore ; but not that he rose again the third dau).[11] 그러나 주후 1세기의 유대 사회에서 이러한 주장들이 별로 가치를 인정받지 못했을 것이라는 것은 틀림없는 사실이다. 또한 사도들이 내세운 주장들도 이러한 성질이 아니다. 그리스도의 다시 살아나신 생명에 의해 힘을 얻었음을 주장하며, 대중들에게 외친 설교를 통해 강조한 사실은 그리스도께서 제3일에 다시 살아나셨으며, 그들이 직접 살아있는 모습을 보았다는 것이다. 우호적이거나 또는 적대적이거나를 막론하고 청중들에게 십자가에서 죽어 무덤에 누워 있던 나사렛 예수님이 그로부터 사흘 후에 다시 살아나서 무덤을 비웠다는 것을 의미한다. 이것이 곧 그들의 기본적인 입장이다. 이러한 입장은 얼마 안가서 마치 그가 육체로서 이들 사이에 살아 있을 때와 다름없이 그의 제자들을 통해 이적과 기사들을 성취시킴으로써 예수님의 이름이 아직도 여전한 능력을 지니고 있다는 증거를 제시하였다.[12]

복음서를 보면 맨 처음 무덤이 빈 것과 다시 부활하신 주님을 목격한 것

---

10) 고전 15:44. 바울은 여기서 헬라어로 "영"(psyche)과 "정신"(pneuma)에서 파생된 형용사를 사용하고 있다.
11) *Christian Mysticism*(1899), 326.
12) 행 3:6,16; 4:10~12.

이 여자들이라고 분명히 나타나 있다. 그러나 사도행전에 나타난 사도들의 설교나 서신들에는 이 사실이 그다지 명확하게 드러나 있지는 않다. 이는 우리가 능히 기대할 수 있는 문제이다. 일단 그리스도인들 사이를 벗어나면, 여인들의 증언은 별로 인정을 받지 못하였을 것이다. 만약 이를 완강히 주장했다 하면, 아마 쉽게 흥분하기 잘하는 여인들의 환상에 불과하다고 취급받았을 것이다.[13] 그러나 이제 태동하기 시작하는 기독교 운동의 지도자들 역시 몇 번이고 강조하여 예수님의 고난 이후 다시 살아나신 것을 목격하였으며, 그것도 몇 주의 기간에 걸쳐 여러 번 보았다고 주장한다. 또한 이들만이 그를 목격한 것이 아니었다. 5백 명 이상에 달하는 이들이 같은 경험을 하였는데, 이들 가운데 반 이상이 4반세기나 지난 이후에도 계속 생존해 있으면서 이 부활사건의 증인 역할을 하였다.

우리들은 도대체 이 주장을 어떻게 받아들여야 할 것인가? 기독교 초창기에 그 증인들은 사기꾼들이란 혐의를 받기도 하였으며, 이러한 혐의는 그 후에도 자주 반복되었는데,[14] 오히려 요즈음은 이러한 비난이 뜸해지고 있다.[15] 도덕적으로나 심리학적으로 우리들이 생각해 볼 때 사도들이나, 그에 가까운 이들이 일부러 거짓을 유포시켰다고는 판단하기 힘들다. 그들의 믿는 바를 위해 기꺼이 목숨을 바치고자 하는 이들은 그들 스스로 혹시 어떤 사실을 오해하고 있는 경우가 있을망정, 신념 자체는 진실한 법이다. "부활의 사실"(resurrection fact)을 부정하는 이들도 일반적으로 "부활의 신앙"(resurrection faith)은 진실한 것으로 인정하고 있다. 이들은 즉 자기들은 예수님이 다시 살아났다는 사실을 믿지 못하지만, 초대 사도들은 이를 실제로 믿었다는 사실을 인정하고 있다.

그런데 만약 "부활의 사실"이 아니면, 과연 그 무엇이 "부활의 신앙"을 불

---

13) 이러한 반대의견은 이미 제2세기에 Celsus에 의해 제시되었다(See Origen, *Against Celsus*, II, 55).
14) 1778년경 레이마러스(H. S. Reimarus)는 *Wolfenbüttel Fragments*라는 저서를 통해, 이미 설교를 통해 돈 맛을 알게 된 제자들이 다시 옛날의 직업으로 돌아가기 싫어 예수님의 시체를 훔쳤으며, 시체가 완전 부패하여 형태를 알아볼 수 없게 되기까지 50일을 기다린 후, 그의 재림을 전파하기 시작하였다고 주장하고 있다.
15) 유대인 출신의 학자 클라우스너(J. Klausner)는 "의도적인 사기가 수백만의 신자들을 발생시킨 종교의 본질이 될 수는 없다"고 언급하였다. 그는 아리마대 요셉이 자신의 무덤으로부터 예수님의 시체를 비밀리에 옮겼으며, 이를 아무도 모르는 무덤으로 옮겨두었다고 주장한다(*Jesus of Nazareth*, 357).

러 일으켰단 말인가? 만약, 예수님의 부활 출현을 단지 주관적 경험의 사실로서만 분류해 버린다면, 당시의 상황들은 보통 이러한 경험들을 발생시키는 데에 필요한 조건들을 결여하고 있는 것만 같다. 우선 제자들은 다시 예수님을 볼 수 있기를 기대조차 하지 않았다. 보통 우리가 환상을 보기 위해서는 무언가 다른 목적물을 보면서, 이를 자기의 관심이 집중되고 있는 사물, 혹은 꼭 보고 싶은 인물 등으로 잘못 착각하는 경우가 일반적인데 반해서, 복음서의 기록을 보면 오히려 그 반대로 제자들이 부활하신 주님을 보고는 정원사, 혹은 또 다른 여행객 등으로 착각했다고 되어 있다.[16] 체포와 부활 사이의 기간 동안 그들이 경험하였던 실망과 우울의 분위기는 이러한 현상을 발생시킬 수 있는 경우가 결코 아니었다. 또한 40일간에 걸쳐 점차 많은 숫자의 사람들에게 이러한 경험이 계속되다가 중단되었다는 사실에 주의할 필요가 있다.[17] 만약 이러한 경험들이 순전히 주관적이었다면 이는 무한정 계속되면서 더 많은 숫자의 사람들에게 영향을 미쳤을 것이다.

누가가 복음서를 기록하는 가운데 40일의 기간을 언급하였기에,[18] 그리스도인들은 승천일을 부활절 40일 이후로 보고 있다. 그러나 승천의 진정한 의미라고 볼 수 있는 하나님의 우편에 앉게 되신 예수님의 높아지심(exaltation)은 그가 죽음을 이기고 승리하신 40일 후까지 연기되지는 않았다("하나님의 우편"이란, 제1세기경의 그리스도인들에게는 마치 20세기의 현대인들이 생각하는 전 우주적인 지존의 위치 – 명예와 권위에 있어서 최고의 위치라는 표현으로서 받아들여지고 있다). 원래 사도들의 설교들을 살펴보면 그리스도의 부활과 승천은 서로 뗄 수 없는 하나의 계속적인 사건으로서, 이 두 가지가 함께 그의 높아지심을 구성하고 있다(요한의 기록을 보면, 실제로 그리스도의 높아지심은 십자가의 처형으로부터 시작된다). 그가 부활하셔서 나타나신 후 추종자들의 눈으로부터 사라지신 것은 40일째 되던 날이 그 최초의 경우는 아니었다. 또한 신약 기자들도, 그의 부활 후 나타나신 사건들 사이의 공백 기간들이 어떤 지상에 묶인 상태로 보내어졌을 것이라는 방향으로 표현하지는 않고 있다. 그의 부활 후

---

16) 이 점은 낙스(R. A. Knox)에 의해 제대로 갈파되었으며, 룬(Arnold Lunn)의 *The Third Day* (1945), 75에 인용되었다.
17) 바울이 그 스스로를 "채 달을 채우지 못한 자"라고 부르고 있듯이, 바울의 회심에 관련된 그리스도의 헌신은 예외적 경우라고 볼 수 있다.
18) 행 1:3.

나타나신 예들은 모두가 이미 영원히 높아지신 상태에서 "영광에 가득한 그의 몸"(body of glory)이 일시적인 인간이 처한 상태에 맞추어 "방문"하신 것이라 볼 수 있다. 그러므로 40일째 되는 날 "구름이 저를 가려 보이지 않게 된" 사건은[19] 그와 같은 잠정적인 방문들이 끝났음을 의미하고 있다.

과연 예수님의 몸에 무슨 일이 벌어졌는가 하는 질문에 대하여 보다 성실하게 답변해 주어야 할 필요가 있다. 만약 사도들의 경험이 순전히 주관적이었다면, 그의 육체는 어딘가 사람들이 알 수 있는 곳에 자리 잡고 있었어야 한다. 예수님이 다시 살아났다고 사도들이 부르짖기 시작했을 때, 산헤드린 공회의 입장으로서는 바로 이 시체를 공개하는 것이 절대적으로 유리했을 것이며, 또한 일반적인 상황 아래서는 그렇게 할 능력이 분명히 있다. 혹시 시체 자체를 내놓지 못한다면, 최소한 그 시체를 분명히 어떻게 처리하였다는 믿을만한 증명이라도 제출해야 했을 것이다. 그러나 예수님이 다시 살아나셨다는 제자들의 주장에 대한 이들의 최초의 반박 - 즉 바로 이 제자들이 시체를 도둑질해 갔다는 주장 - 은 곧 시체를 내놓지 못했다는 사실에 대한 증거가 된다. 예수님의 시체가 일반 범죄자들의 시체 구덩이였던 힌놈 골짜기(the Vally of Hinnom)나 또 다른 장소에 던져졌을 것이라는 로이지(Loisy)의 아무 근거없는 이론은 뚜렷한 기록이 있는 증거(즉 요셉의 무덤에 장사 지내어졌다는 것)에 대한 아무런 반박도 될 수 없다.[20] 이것이야말로 올바르게 역사를 대하는 태도가 못된다. 또한 이러한 방법으로써 시체를 처리했던 것이 사실이라 한다면, 제자들이 시체를 도둑질해 갔다는 주장을 펼 필요도 없을 것이다. 산헤드린 공회에서는 장례 후에 시체가 어떻게 되었는지에 대해 전혀 모르고 있다. 만약, 왜 그들은 제자들의 도둑질 같은 유치한 이야기 대신 보다 그럴듯한 이야기를 만들어내지 않았는가하고 누가 묻는다면(이미 아놀드 룬<Arnold Lunn>이 지적하였듯이) 당시의 여러 가지 상황으로 보아 그 정도의 얘기가 사람들에게 들키지 않을 가장 무난한 것이었기 때문이었을 것이

---

19) 이 표현은 변화산상의 사건에 관해 나타난 것과 너무도 흡사하므로(눅 9:34ff) 두 개의 이야기를 잘 비교한다면 이는 양쪽 모두를 보다 잘 이해할 수 있게 될 것이다.
20) 로이시(A. Loisy), *The Birth of the Christian Religion* (1948), 90. 그러나 눈(H. P. V. Nunn)이 *What is Modernism?* (1932), 108f에서 지적하고 있듯이 이러한 생각은 이미 스트라우스(D. F. Strauss)에 의해 주창되고 있었다.

다.21) 만약, 산헤드린 공회 안에서도 존경받는 바리새파의 지도자였던 가말리엘(Gamaliel)까지도 그리스도인들의 움직임이 실제로 하나님으로부터 왔을 이론적 가능성이 존재한다고 인정했을 정도였다면, 산헤드린 공회에서는 실제로 그리스도가 부활했다는 사도들의 주장을 결정적으로 뒤집을만한 아무런 증거를 갖고 있지 못했다고 결론을 지을 수 있는 것이다.

만약 이들이 진정 사도들이 시체를 도둑질해 갔다고 믿고 있다면, 왜 이를 다시 찾기 위한 법적 조치를 취하지 않았겠는가? 이미 역사상 많은 범죄자들이 이 때문에 결국은 체포되었듯이 그 어느 시대에나 시체란 그다지 쉽사리 없애버릴 수 있는 성질의 물건이 아니지 않는가?

또한 커어숍 레이크(Kirsopp Lake)가 주장했듯이 만약 여인들이 무덤을 잘못 찾아가서는 이를 빈 것으로 알았다면22) 사도들이 예수님의 부활을 전파하기 시작했을 때, 왜 산헤드린은 사람들을 바로 이 무덤으로 데려가서 그 안의 시체를 보여주는 아주 간단하기 짝이 없는 조치를 취하지 않았는가? 또 다른 이들의 이론처럼 산헤드린 공회나, 정원사나, 아리마대 요셉 등이 시체를 치웠다면, 왜 다시 시체를 사람들에게 보여주거나, 이를 처리했다는 증명을 제시하지 못했겠는가? 그러나 역사의 기록들을 아무리 살펴봐도 이러한 조치가 뒤따랐다는 이야기는 찾아볼 수 없다.

우리들은 물론, 이미 시체가 부패하여 아무도 알아볼 수 없게 되었을 때, 즉 예수님이 사망하신지 50일이 지난 후에야 사도들이 대중들에게 외치기를 시작하지 않았느냐는 레이마루스(Reimrus)의 지적을 염두에 둘 필요는 있다. 그런데 제4복음서 기자는, 아리마대 요셉과 니고데모가 시체를 무덤에 집어넣기 이전에 방부제를 사용했다고 기록하고 있다.23) 요한 레이마루스의 주장을 미리 알고 막기 위해 이를 일부러 기록했다고는 상상하기 힘들다.

그렇다면, 예수님이 진짜로 죽지는 않았었는지도 모른다는 주장을 펴는 이들도 있다. 즉 그때나 지금이나 일찍 끌어내리기만 하면 십자가에 매달렸다가도 죽지 않은 예가 있다는 것이다.24) 따라서 예수님이 십자가 위에서 일

---

21) *The Third Day*, 89.
22) *The Resurrection of Jesus Christ* (1907), 251ff.
23) 요 19:39f.
24) 요세푸스(*Life*, 75)는 그의 요청에 의해 디도(Titus)가 요세푸스의 세 친구들을 십자가에서 내려오도록 했다고 전하고 있다. "이들 중 둘은 의사의 손에서 숨을 거두었으나, 하

단 정신을 잃었다가 무덤의 찬 공기 속에서 다시 소생한 것은 아니었을까? 그러나 이런 경우를 예방하기 위해, 병사들은 죽음을 철저히 확인하였으므로 그들이 당시에 실수를 저질렀을 가능성은 거의 없다 하겠다. 그뿐 아니라 예수님께서 십자가 위에서 완전히 죽으셨음을 특히 강조하기 위해, 그의 옆구리를 창으로 찌르니, 물과 피가 함께 섞여서 쏟아졌다는 증언이 분명히 나와 있다.[25] 이 기록을 주의깊게 읽어보면 요한복음 19장에 나타난 사건의 묘사는 남을 통해 들은 이야기가 아니라 실제 목격자가 직접 자기 눈으로 본 기록임을 깨달을 수 있다.[26] 그의 옆구리를 창으로 찌른 것은, 예수님께서 그 모습처럼 실제로 사망했는가를 확인하기 위한 작업이다.

또한 위의 주장이 혹시 사실이라면 이처럼 처절한 십자가형의 고문을 겪고 요행히 목숨을 건진 예수님의 모습을 제자들이 보았을 때, 과연 성경에서 기록되어 있는 것 같은 그러한 제자들의 반응 - 즉 실제 부활하신 예수님이 아니라면 도저히 만들어낼 수 없었던 그 효과가 과연 일어났겠는가 하는 것, 역시 의문이 아닐 수 없다. 예수님께서 십자가 위에서 죽지 않았다는 이야기는 풍부한 상상력의 산물인 소설의 좋은 소재는 될지 모르나(조오지 무어<George Moore>가 쓴 『브룩 케리스』<Brook Kerith>의 독자들은 이미 이 사실을 잘 알고 있을 것이다), 실제 기독교의 기원을 이루고 있는 역사적 사실들과는 아무런 상관이 없는 것이다.[27] 스트라우쓰(D. F. Strauss)가 이 문제에 대해서는

나는 다시 생명을 회복하였다." 또한 나는 부다페스트 대학교의 의학교수인 키스(Ferenc Kiss)로부터 제1차 세계대전 중 적군에 의해 십자가에 못 박혔으나 적시에 구출되어 다시 소생한 헝가리인의 이야기를 들었다.

25) 요 19:34f.

26) 사복음서 기자들 가운데 오직 요한만이 직접 목격자로서의 기록을 남기고 있다는 점을 명심해야 할 것이다. 또한 누구든지 자기 마음대로 이 기록들을 재해석하고자 하는 인물들은 기록 자체에서 드러난 증거들이 그러한 시도들을 배제하고 있음을 깨달아야 하겠다(도로시 세이어즈<Dorothy L. Sayers>, *The Man Born to be King*, 33; 위 구절을 인용한 전체 본문을 읽어볼 것. 또한 그녀의 *Unpopular Opinions* [1946], 25~28도 읽어볼 것).

27) 이 이론의 가장 유명한 대표자로는 무어(George Moor)를 꼽을 수 있으나, 원래는 이미 바르트(K. F. Bahrdt, 1741~1792)가 주장한 바 있다. Bahrdt가 남긴 몇몇 작품들은 Schweitzer의 *Quest of the Historical Jesus* (1911), 38~44에 잘 요약되었다. Bahrdt는 엣센인들이 당시 민중들간에 유행하던 잘못된 메시야관을 바로잡기 위해 예수님의 죽음과 부활을 연출시켰다고 주장하였다. 이 이야기는 다시 19세기 초에 벤투리비(K. H. Venturivi)에 의해 더욱 발전되었다.

이미 잘 다루어 준 바 있다. 그러나 사실은 부활 신앙은 제자들의 마음속에서 점차 생성된 것이라는 그가 내세운 의견도 역시 사실에 부합되지는 못한다.[28] 부활의 복음은 예수님이 죽은 이후 채 두 달이 되지 못해 개시된 가장 오래된 사도들의 설교의 중심이자 또한 관건이다. 초기 기독교 사상에 있어서 공통 분모를 이루고 있는 이 이야기의 대강은 교회의 시초에서까지도 찾아볼 수 있으며, 사실 이 부활 신앙이야말로 주후 30년 초 여름에 교회를 탄생(혹은 재생)시킨 주역이다. 부활 사실 자체의 문제는 차치하고라도, 신약에 나와 있는 사건들의 기록을 주의깊게 읽어보면 이 사실이 명백해진다. 예수님의 고난과 부활의 이야기야말로 사도들의 메시지 가운데서 제일 처음 자리잡기 시작한 사건들이며, 실제 예수님의 죽음이 얼마 지나지 않아 곧 이루어진 현상들이다. 고린도전서 15:4~7에 나와 있는 바울의 부활사건 요약은 십자가의 죽음이 있은 지 5년이 채 지나지 않아서 그가 베드로 및 예수님의 형제 야고보로부터 무엇을 배웠는가를 대표적으로 우리에게 보여주고 있다.

베드로는 부활하신 예수님을 가장 처음 만난 사도였다. 후에 그가 쓴 글을 보면 과연 이 경험이 그에게 얼마나 큰 충격을 주었나 짐작할 수 있다. "찬송하리로다 우리 주 예수 그리스도의 아버지 하나님이 그 많으신 긍휼대로 예수 그리스도의 죽은 자 가운데서 부활하심으로 말미암아 우리를 거듭나게 하사 산 소망이 있게 하시며"[29] 그런데 베드로 말고도 우리가 방금 언급한 두 사람의 경우도 특히 흥미있는데, 왜냐하면 이들은 이전에는 예수님을 믿지 않았으나 같은 경험을 했기 때문이다. 부활한 그리스도를 만난 모든 이들은 이로 말미암아 그들의 옛 신앙을 회복하고 더욱 강한 신앙을 갖게 된다. 그런데 바울과 야고보(사도가 아닌 예수님의 형제)는 부활하신 예수님을 만난 때부터 그를 따르는 제자가 되었던 것이다.

고린도전서 9:5을 보면 "주의 형제들"이 다른 교회 지도자들과 나란히 열거되어 있으며, 이들이 제자가 된 것은 최초의 기독교 오순절 사건 이전으로 거슬러 올라간다.[30] 그런데 예수님께서 아직 살아계셨던 그의 공생애 기간에는 이들은 제자가 아니었다. 요한은 이에 대해 "그 형제들이라도 예수를

---

28) 버틀러(Samuel Butler)의 *The Fair Haven*을 보라.
29) 벧전 1:3.
30) 행 1:14.

믿지 않았다"31)고 기록하고 있다. 그러나 예수님께서 그래도 사람들 사이에 비교적 인기를 누리시던 때 전혀 그를 따르지 않던 이들이, 오히려 그가 고난을 받고 패배한 후에 따르기 시작한 것은 참으로 신기한 일이 아닌가? 이들 주님의 형제들 가운데서도 특히 뛰어난 인물은 야고보였다. 그는 후에 예루살렘의 기독교 공동체 내에서 모든 이들이 다 공인하는 지도자로서의 위치를 차지하였으며, 또한 거룩한 생활의 모범을 보임으로써 믿지 않는 예루살렘 주민들로부터까지도 "의로운 야고보"(James the Just)라는 이름으로 불리게 된다. 이러한 성품과 인격의 소유자가 거짓을 꾀하리라고는 생각하기 힘들며, 그는 또한 일부 사람들이 예수님의 제자들을 평가하는 것과는 달리 예수님이 부활하리라고 기대하지도 않았을 것이 분명한 것이다. 왜냐하면 예수님의 메시아적 행동과 주장을 전혀 신뢰하지 않았기 때문이다. 실제 주님의 형제들은 예수님이 쓸데없는 짓을 하다가 권력층들로부터 오해를 받아서 처형당하지나 않을까 항상 우려하고 있다. 그런데 이와 같은 최악의 사태가 막상 발생하였을 때 왜 야고보는 홀연히 예수님에 대한 태도를 바꾸었는가? 바로 바울이 야고보로부터 직접 들은 이야기를 우리들에게 전하고 있다. "그는 야고보에게도 나타나셨다."32)

바울은 계속하여 "채 만삭을 채우지 못하고 난 자 같은 나에게도 역시 나타나셨다"고 기록한다.33) 바울의 이전 생애에 대해서는 사람들이 너무도 잘 알고 있다. 자기가 하나님의 아들이라는 예수님의 주장을 믿지 않았을 뿐 아니라 그를 다시 부활시키심으로써 하나님께서는 예수님이 메시아임을 증명하셨다는 사도들의 주장까지도 전적으로 부정하는 인물이다. 주후 30년경 다메섹(Damascus) 성문 밖에서 바울의 생애에 벌어졌던 획기적인 사건은 이미 역사의 범주에 속한다. 이러한 바울의 회심의 이유에 대해서는 구구한 학설들을 늘어놓을 수 있다. 그러나 바울은 그가 그때 거기서 다시 부활하신 그리스도를 보았다고 주장하고 있다. 이러한 그의 주장은 믿을만한 것이며, 당시의 여러 가지 상황들을 깊이 연구해 보면 볼수록 결국은 그의 주장

---

31) 요 7:5.
32) 고전 15:7.
33) 바울이 사용한 ektröma라는 단어는 유산 혹은 조산을 의미한다. 바울이 구태여 이 단어를 사용한 것은 순식간에 암흑으로부터 벗어나 광명을 찾게 된 급작스런 경험을 묘사하기 위한 것인지도 모른다.

을 그대로 받아들이는 것이 유일하게 타당한 해결책을 찾을 수 있는 길임을 알게 될 것이다. 그 자체로서 중대한 역사적 사건으로서의 가치가 충분히 있는 바울의 회심(이에 대하여는 후의 장에서 다시 살펴보기로 하자)은 또한 그리스도의 부활의 진실성을 증명하는 강력한 간증이 된다. 생각해 보라. 바울처럼 강인하고도 섬세하고 치밀한 성품의 인간이 자기가 이전에 지녔던 뜨거운 신념을 포기하고, 그 뿐만 아니라 자기의 생애를 바쳐 방해하고 박해했던 바로 그 집단과 이념을 위해, 또한 자기의 전 생명을 바칠 수 있도록 만들었던 그 증거야말로 누구든지 심사숙고해 볼 가치가 있는 것이다. 약 200년 전 죠오지 릿틀톤(George Lyttelton)이 남긴 말은 우리 시대에는 변함없는 진리가 되는 것이다. "우리가 정확하게 평가만 한다면, 사도 바울의 회심과 사도직만 가지고도 기독교가 진정 하나님의 계시라는 사실을 증명하기에 충분하다"(The conversion and apostleship of St. Paul alone, duly considered, was of itself a demonstration sufficient to prove Christianity to be a divine revelation).[34]

물론 인간이 죽음의 손아귀를 벗어나 다시 살아났다는 사실은 참으로 믿기 어려운 일이다. 현대에도 가끔 잠시 동안 - 수 분간, 혹은 길게는 30분가량 - 죽었다가 다시 살아났다는 기록들이 있기는 하다. 복음서에서는 이보다 오랜 기간 동안 죽었던 자들을 다시 살려내는 기적들이 기록되어 있는데, 이들은 물론 진정한 부활(resurrection)이 아니라 잠정적인 재생들(resuscitations)에 불과하였다. 즉 이때 다시 살아났던 인간도 다시 정상적인 인간으로서의 질서 아래 놓여 있다가 결국은 죽음을 통해 생을 마쳤던 것이다. 겨우 제한된 의미 안에서만 이러한 재생을 가리켜 죽음을 이긴 승리라고 볼 수 있다. 그러나 그리스도의 부활은 단순한 시체의 재생과는 근본적으로 달랐다. 이는 죽음을 향한 결정적 정복의 선언이다. "그리스도께서 죽은 자 가운데서 사셨으며 다시 죽지 아니하시고 사망이 다시 그를 주장하지 못할 줄을 앎이로다."[35]

도대체 무슨 사건이 벌어졌는가? 만약 그리스도의 부활은 곧 그의 몸이 완전히 새로운 질서와 체제로서 변화해버린 사건이라 한다면,[36] 우리들은

---

34) *Observation on the Conversion of St. Paul* (1749); 또한 존슨(Samuel Johnson)의 *Lives of the Poets* 가운데 Lyttleton에 관한 부분.
35) 롬 6:9.
36) 레이크(K. Lake), *The Resurrection of Jesus Christ* (1909), 18ff에 있는 그리스도의 부

우리의 경험의 범위를 벗어난 현상을 다루고 있는 것이다. 그러나 또한 우리 인간은 아직도 세상의 모든 비밀을 깨닫지 못하고 있다는 진실을 깊이 기억하는 것이 우리들의 온전한 건강을 위해 좋을 것이다. 실제 우리들의 지식의 범위란 미지(未知)의 아주 미소한 일부분에 지나지 않는 것이다. 복음서의 기록에 보면, 예수님의 부활하신 몸은 우리들이 경험하는 보통의 물리적 상황에 적응할 수 있는 동시에 이에 얽매이지는 않는다고 되어 있다. 즉 자유자재로 물질화, 비물질화 될 수 있는 것이다. 또한 이러한 묘사는 "죽을 것이 생명에게 삼킨바 되었을 때" 우리들의 자연적 신체를 대체하는 영적인 신체를 주장하는 바울의 교리와도 일치한다.37)

이미 얘기하였듯이, 인간이 죽은 후 사흘이나 지나서 무덤으로부터 다시 살아난다는 것은 물론 그럴듯하지 않은 이야기다. 그런데 우리는 여기서 보통 인간이 아니라 특히 "이 사람"(this man)에 대해 이야기하고 있음을 명심해야 하겠다. 그밖에도 이 사람에 관한 사건들을 하나하나 자체로서만 살펴볼 때 믿기 힘든 것들이 많이 있다. 동정녀 수태, 그의 생애와 사역들 - 그러나 바로 이 사람 안에서 이 모든 불확실성들이 합일점을 찾는 것이다. 그럴듯하지 못한 사건들을 한데 더하였을 때, 우리들은 이를 보고 불가능하다고 결론지어야 할까? 그리하여, 이 모든 이야기가 교묘한 창작에 불과하다고 평가해야 할까? 그렇지 않으면, 이야말로 진정 성육신(成肉身)하신 하나님(God incarnate)의 모습으로서, 그 안에서 일치하는 "불확실성들"(혹은 더욱 정확하게는 그럴듯하지 못함들, improbabilities)이 오히려 쉽게 끊기 힘든 삼겹줄 한데 매듭을 짓는가? 생각해 보라. 진정 하나님이 인간이 되신 것이라면, 무언가 특이한 길을 통하여(그 옛날 신경이 말하듯이 성령으로 잉태하사 동정녀 마리아에게 나시어) 이 인간 세계 안으로 들어오시는 것이 그럴듯하지 않은 것이 아니라 오히려 당연한 일이다. 바로 이 성육신하신 하나님께서, 기적을 이루시는 능력과 특출하신 지혜의 가르침으로 점철된 완전히 성스러우신 생애를 보내시는 것은, 그럴듯하지 못한 것이 아니라 오히려 당연한 일이다. 성육신하신 하나님께서 죽어야 한다면-이는 무언가 우리들의 지혜로써는 상상하기조차 힘든

활에 관한 바울의 견해에 대한 부분을 보라. 레이크는 물론 저자의 결론과 그 견해를 달리한다. 그러나 이 문제에 관한 바울의 취급을 다룬 그의 해석은 대학자 레이크답게 뛰어난 것이다.

37) 고후 5:4.

일이다. 그럼에도 불구하고 그는 돌아가셨으나, 이것이 곧 모든 이야기의 종말이 될 수는 없었다. 우리들의 구속사 가운데서 이 사건을 목격하였을 때, 우리들은 숨을 죽이고 그 후 이어질 속편을 기다려야 한다. 그리하여 참으로 자연스럽게 그 다음의 사건을 맞이하게 될 것이다. 이사람이야말로 "죽음의 사슬을 풀고 하나님께서 다시 일으켜 살리셨는데, 왜냐하면 사망이 감히 그를 얽맬 수 없었기 때문이다."

제6장

새로운 공동사회

일반인들이 얼핏 보기에 기독교는 마치 유대교의 한 분파인 것처럼 시작된다. 주전 70년 이전의 유대교는 그 이후보다 훨씬 다양한 당파와 학파들로 나뉘어져 있었으며, 유일신 사상과 전통적인 유대교의 생활양식에 충실하기만 하다면 그 존재가 보장된다.

따라서 나사렛당(나자렌, Nazarenes)도 다른 파벌들과 나란히 공존하게 되었다. 왜 이들이 처음 나사렛당이라고 불리우게 되었는지에 대하여는 아직도 의견이 분분하다. 이 단어는 어근이 "지키다"(to observe)라는 의미인데, 이는 아마도 일정한 생활양식을 지키는 이들을 지칭하기 위해 사용되기 시작하였는지도 모른다(이를 감리교단의 시초 "Methodists"들과 비교해 보라). 아마 일반인들은 이러한 의미로 이들을 가리켜 "나자렌"이라고 불렀을 것이다. 그러나 실상 이 명칭은 원래 예수님의 고향이던 나사렛, 즉 갈릴리의 한 동네의 이름에서부터 비롯되었을 가능성이 보다 짙다고 할 수 있다. 예수님 자신도 "나자렌 예수"(Jesus the Nazarene)라고 불렸으며 이에 대해 여러 가지 설명들이 있지만, "나자렌 예수"는 곧 "나사렛 출신의 예수"(Jesus of Nazarene)와 같은 의미라는 전통적인 설명이 가장 그럴 듯하다.[1]

---

1) 제스크슨(Foakes Jaskson)과 레이크(Kirsopp Lake)가 편집한 *The Beginnings of Christianity*, Vol. I (1920), 426ff에 있는 G. F. Moore의 연구논문 "Nazarene and

그러나 "나자렌"은, 비록 오늘날까지도 히브리어를 비롯한 몇몇 셈족 계통의 언어들에 있어서 "그리스도인들"을 일반적으로 부르는 단어지만, 그리스도인들 스스로가 선택한 단어는 아니었을 것이다. 실제 "그리스도인들"(Christians)이라는 명칭은 약간 시간이 흐른 후 이방인들 사이에서 생기기 시작한 명칭이다. 그러나 초기 예수님의 제자들은 여러 가지 이름들로 스스로를 지칭하였다. 이들 가운데는 구약의 용어들을 그냥 빌려 온 경우들도 많이 있다. "성도" 혹은 "성스런 사람들"등은 그 중에서도 많이 통용되던 명칭이었는데, 이는 곧 이들이 진정한 이스라엘의 경건한 남은 자들로 자처했음을 보여준다. 또한 "가난한 자들"(the poor)[2] 이라는 이름도 사용되었는데, 이는 당시 경제적으로도 부합되는 단어였을 뿐 아니라(실제 예루살렘 교회는 1세기에 극도로 빈곤한 상태에 처해 있었다), 시편에 등장하는 "성도들"의 수식어인 "가난하고 곤란한"과 "심령이 가난한"이라는 구절이 등장하는 산상보훈을 연상시키기 때문이다. 그들의 공동체 안에서는 (예수님의) "제자들," "형제들," "친구들," 등의 명칭들도 흔히 사용된다. 이들은 자기들의 운동을 가리켜 "도"(道, The Way)라는 이름으로 불렀다. 이들은 보다 큰 유대교의 범주 안에서 스스로의 독자적인 "회당"으로서의 공동체를 구성하였다. 이 "회당"이라는 명칭이 수십 년간 계속 쓰이기는 하였으나, 점차 "에클레시아"(ekklesia)라는 동의어에 의해 대치되기 시작하였는데, 영어 성경으로는 이를 보통 "교회"(church)라 번역한다.

이 에클레시아라는 헬라어는 히브리어 "케네셋," 아람어로는 "케니쉬타"와 같은 뜻, 즉 회당이라 할 수 있다. 그러나 에클레시아라는 단어는 헬라어 뿐 아니라 유대교적 배경을 가지고 있는 단어이다. 몇몇 헬라 도시들의 경우 에클레시아는 입법기능을 담당하는 시민들의 기구를 의미하고 있다(따라서 사도행전 19:39에 등장하는 에베소서의 시민기구는 에클레시아였는데, 이는 "민회"라고 번역되었다). 그러나 주전 시대가 끝나갈 무렵 알렉산드리아에서 제작된 히브

Nazareth"에는 상당히 만족할 만한 내용이 게재되어 있다. 또한 올브라이트(W. F. Albrignt), "The Names 'Nazareth' and 'Nazoræn'" in the *Journal of Biblical Literature*, LXV(1946), 399ff 역시 이에 비견할 만하다.

2) 일부 이방인 신자들에 의해 이단이라는 혐의를 받았던 유대인 기독교 신자들을 가리키는 "에비온인들"(Ebionites)이라는 명칭은 히브리어 ha-ebyonim에서 유래하였다. 신약에 나타난 이 용어의 사용을 이해하기 위해서는 갈 2:10을 보라. 여기서는 "가난한 자"라는 명칭이 실질적으로 예루살렘교회를 가리키고 있다.

리어 경전의 헬라어 판인 셉투아진트(Septuagint), 즉 70인역에 나타난 에클레시아는 히브리어의 콰할(qahal), 즉 이스라엘 전체의 "회중"을 가리키고 있었는데, 이는 곧 종교적 공동체로서 조직된 신정정치 아래서의 국가를 가리킨다.[3] 바로 이러한 용어를 초기 그리스도인들이 선택하였다는 사실은 이들이 자기들이야말로 처음 이스라엘이 건국될 때부터 하나님과의 언약관계에 매여있던 진정한 이스라엘의 후계자들이라고 생각하고 있다는 사실을 시사해 주고 있다.

이 나사렛당은 초기에 예루살렘에서는 상당한 인기를 누리고 있었다. 처음 사도들이 예수님을 메시아로서 선포하고 인간의 손에 못 박혀 죽었으나, 다시 살아나 하나님 우편에 앉아 계신다고 외치기 시작하였을 때, 사람들은 이에 귀를 기울였으며 이들에게 합세하는 사람들도 나날이 증가하였다.

유대교의 다른 파벌들 가운데는 오직 하나만이 이들에게 적대적인 행동을 취하는 것처럼 보였는데, 이들은 곧 사두개인들로서 대제사장의 가족들과 밀접한 관련을 맺고 있었다. 대제사장들로 하여금 예수님을 처형할 수밖에 없도록 만들었던 이들의 메시아 운동에 대한 반대는 이때도 계속되고 있었다. 또한 신학적 측면에서 보더라도 사두개인들은 육체의 부활은 말도 안 되는 헛소리로 여기고 있었는데, 바로 이 부활에 기초를 둔 기독교 신앙은 배척의 대상이 될 수밖에 없었다.

이에 따라 사두개인들은 이 초기 상태의 공동체를 파괴하고자 하였는데, 이들의 노력은 완전 수포로 돌아갈 수밖에 없었다. 나사렛당을 따르는 이들

---

3) 구약에서 이러한 의미로 사용된 또 다른 히브리어 단어에는 'edah가 있다. 70인역에서는 'edah를 항상 synagogé라고 번역한다. qahal은 어떤 때는 ekklesia, 어떤 때는 synagogé 라고 번역한다. 원래 "교회"와 "회당"이라는 단어는 언어학적 중요성 이상을 내포하고 있다. 아람어 kenishta는 넓은 의미로 이스라엘 전체를 가리키는 회중(congregation)을, 좁은 의미로는 각 지방의 이스라엘인들의 한정된 집단을 가리켰다. 따라서 이에 상응하는 헬라어의 ekklesia 역시 기독교인들 간에 두 가지 의미를 다 내포하게 되었으니, 즉 우주적 보편교회와 각 지교회를 모두 가리키게 되었던 것이다. 헬라어 신약성경에 나오는 첫 번째와 두 번째의 ekklesia는(마 16:18; 18:17) 각각 보편적 의미와 개별적 의미로 사용되었다. 헬라어 synagogé는 야고보서 2:2(그리고 히 10:25에서는 복합형 episynagogé)에서 신약의 기독교 신자들의 모임을 가리키고 있다. 그리고 일부 제2세기 저자들의 경우에도 (허마스, 로마의 저스틴, 안디옥의 이그나티우스, 알렉산드리아의 디오니시우스) 마찬가지 의미로 사용되었다. 그러나 역시 ekklesia가 점차 그에 상응하는 기독교적 의미로 사용되면서 synagogé는 유대인 신자들, 혹은 유대인들의 모임만을 지칭하게 되었다.

의 수가 급히 증가했기 때문에 박해가 어려웠을 뿐 아니라 이들의 인기가 굉장하였으며, 제사장들 가운데 상당 숫자가 나사렛당과 유대를 맺고 있다(대제사장들을 선출시키던 막강한 세력과 부를 소유했던 귀족 가문들 외에도 물론 제사장들이 배출되던 가문들이 다수 존재하고 있었다). 산헤드린 공회 안에도 이들 나사렛 당을 옹호하는 인물들이 존재하였다. 대제사장들 측에서 산헤드린에 발의하여, 공식적으로 나사렛당을 금지시키고자 하였을 때, 이에 반대하고 나선 인물은 다름 아닌 명망을 떨치던 바리새인들의 지도자이던 유명한 랍비 장로 가말리엘(Rabbi Gamaliel the Elder) 이었다. 그는 전형적인 바리새 스타일의 논리를 전개하였는데, 만약 진정 하나님으로부터 근원된 운동이라면 기필코 성공하고 말 것이며,[4] 이에 내항한 반대는 곧 하나님에 대한 적대행위가 되리라는 것이었다. 반면 대제사장 일파에서 주장하는 대로, 이 운동이 일종의 반란에 불과한 것이라면, 최근의 기타 메시아 운동들처럼 저절로 사그라지고 말리라고 주장하였다.

사실 바리새인들의 입장에서는 나사렛당을 별로 트집잡을 일들이 없었다. 왜냐하면 이들에게서 특별히 잘못된 점들을 찾아볼 수 없었기 때문이었다. 이들은 경건한 유대인들로서 성심성의껏 율법을 준수하고 있었다. 물론 예수님을 가리켜 메시아라고 믿는 것은 많은 바리새인들의 눈으로 볼 때 경망된 행동임이 사실이었다. 그러나 최소한 이러한 이들의 신앙은 죽음으로부터의 예수님의 부활에 근거를 둔 것이었으며, 부활에 대한 강조는 곧 은혜의 상징이었다. 일부 바리새인들이 다 호의적인 태도를 취하지는 않았다. 특히 가말리엘의 제자이던 한 젊은 바리새인은 바로 이 운동이 장래 전체 유대교를 붕괴시킬 수 있는 소지를 안고 있음을 꿰뚫어 보고 있었다. 그러나 이 운동의 초기에 이를 깨달은 이들은 나사렛당 자신들을 포함해서 거의 없었다. 사람들은 예수님의 말씀 가운데 당시 존재하던 성전을 중심으로 한 종교 체제의 종말을 시사하던 부분들을 이 시기에는 그냥 무심코 간과하고 있었다.

당시 나사렛당은 팔레스타인 유대교 안에 자리잡은 작은 집단으로서 다른 당파들과 공통점을 가지고 있었다. 이들은 에세네파(Essenes)들과 마찬가지

---

[4] 이러한 생각은 유명한 랍비들의 금언집이라 할 수 있는 *Pirqe Ahoth*(IV, 14)에도 잘 나타난다. "하나님이 역사하시는 모든 단체들은 결국 굳건히 서고야 말 것이다. 그러나 하나님이 원하시지 않는 모든 단체들은 마침내 존속되지 못할 것이다"(제2세기의 샌달 제화공이던 랍비 요하난의 말이라 전해진다).

로 생활의 성결을 특히 강조하였으며, 초기에는 자발적 공산사회로서의 면모를 보이기도 하였다. 그러나 이들은 에세네파들의 금욕주의나 수도사적 생활과는 그 모습을 달리하였다. 의인이라 불리던 야고보(James the Just, 제15장을 참조할 것)의 금욕생활은 특히 예외적인 경우였기에 기록에 남게 된다. 초기 그리스도인들과 일부 에세네파들 – 쿰란 공동체 – 사이에 몇몇 놀랍도록 흡사한 점이 있음이 밝혀지기도 하였는데, 유사점들 보다는 오히려 근본적인 차이점들이 더 많았다.[5] 또한 나사렛당은 하나님의 왕국의 건설을 깊이 믿었다는 점에 있어서 열심당(Zealots)과도 흡사하였다. 그러나 열심당원들이 로마 정부 및 이에 속한 하속들을 상대로 폭력투쟁을 벌이는 것을 그 수단으로 삼은데 반해, 나사렛인들은 예수님께서 권능과 영광에 싸여서 구름을 타고 다시 재림하여 새로운 시대를 열리라는 것을 확신하고 있었다. 따라서 아이슬러 박사(Dr. Eisler) 등이 나사렛당을 열심당과 동일시한 학설은 오류라고 할 수밖에 없다. 물론 당시 메시아의 재림을 대망하던 움직임들 가운데는 폭력에 호소하고자 했던 인물들도 존재하였을 것이다. 그러나 여러 가지 증거들을 통합해 볼 때 초기 그리스도교도들이 이런 방법을 사용하고자 하지 않았다는 것은 자명한 일이다.[6] 이들은 또한 종말론적 종파들과도 유사한 점들이 있기는 하였다. 그러나 종말론에 나타나는 모든 현상들을 이해하는 부문에서 완전히 달랐으며, 또한 종말을 바라는 대망은 오직 예수님을 메시아로서 그 중심에 두고 있었으며, 모든 해석은 그의 생애와 죽음과 가르침을 기본으로 하여 이루어지고 있었다. 이들은 예수님의 탄생과 함께 최후의 시대(말세)가 이미 그 막을 열었으며, 이제 구속사는 그 마지막 시대의 완성을 남기고 있을 뿐이라 믿고 있었다.

   이 나사렛당은 당시의 평민들에게 큰 주목을 끌었다. 그러나 사두개인들과 제사장들의 명문대가들은 민중들에게 암암리에 배척을 받고 있었다. 바리새인들은 오직 종교적 엘리트들이나 겨우 성취하기를 바라볼 수 있는 규범들을 제시하고 있었기 때문이다. 그러나 나사렛당은 주로 평범한 민중들로

---

5) 본 저자의 *Second Thoughts on the Dead Sea Scrolls*, 123ff를 보라.
6) 이는 아마도 예수님의 십자가 처형 전 발생하여 실패로 돌아갔던 몇몇 반란들 때문에 더욱 고조되었던 경향인 듯하다. 성경 내에 거듭 사용된 정관사의 용법들을 살펴보면, 바라바(Barabbas)가 석방되기 전 "민란을 꾸미고 이 민란때 살인하고 포박된 자들" 가운데 함께 묶여 있었다(막 15:7).

구성되어 있었는데, 이들은 바리새인들의 눈으로 볼 때 실제로 진정 율법을 지킬 능력이 없는 자들이 모인 것처럼 보이기도 하였다.[7] 열심당이나, 호전적 메시아주의자들은 모두 로마 정부군들에게 큰 박해를 받고 있었으며, 이들이 난동을 부리고 난 후에는 의례 내쫓은 민중들만이 앙갚음을 당하기 마련이었다. 종말주의자들은 곧 임박한 하나님의 행동을 고대하고 있었다. 그러나 예수님의 제자들은 이미 그리스도를 통해 하나님은 그 행동을 개시하였으며, 이 행동의 마지막 장이 겨우 남아 있을 뿐이라 하였다. 또한 진정한 회개를 한 자들은 바로 이 예수님 안에서 죄 사함의 확신을 얻을 수 있다 하였는데, 바리새인들의 규범에 의하면 이러한 확신이란 일반 대중들에게는 거의 불가능한 것이었다.

이 나사렛당은 거의 매일 이들의 가정에 모여 함께 식사를 나누었는데, 특히 빵과 포도주를 함께 들면서 감사로써 예수님을 기억하곤 하였다. 이러한

---

7) 바리새인들의 전체를 한 가지로 규정해버리는 것은 매우 위험한 행위이다. 탈무드(Babylonian Talmud, *Sota* 22b; Palestinian Talmud, *Berakhoth*, IX, 14b, and *Sota*, V, 20c)에 나타난 바에 의하면 7종류의 서로 다른 바리새인들이 있었으니, 이들 가운데 오직 "사랑의 바리새인들"(Pharisee from Love)의 경우만 우리들의 존경을 받을 만하다. 그러나 이들의 비율은 그다지 많지 않았다. 보다 개방적이던 랍비 힐렐(Hillel)조차도 "무지한 자들은 경건할 수 없다"고 했으니(*Pirqe Ahoth*, II, 6), 이는 곧 요 7:49의 산헤드린 공회 바리새인들의 발언, "율법을 알지 못하는 이 무리는 저주를 받은 자로다"와 비견할 수 있는 것이다. 당시 일반 대중들의 바리새인들을 향한 태도는 행 15:10에 베드로가 "우리 조상과 우리는 능히 메지 못하던 멍에를 제자들의 목에 두려느냐?"고 한 데서 미루어 알 수 있다. 댄비(H. Danby)교수에 의하면(*Studies in Judaism* [1922], 19), 구전법의 일점일획을 완전히 지킬 것을 고집했던 극단적인 입장은 Shammai파의 것으로서 이는 Hillel 학파에 대조되는 것이라 한다. 그러나 제1세기, 특히 주후 70년 이전의 상황을 반영하는 랍비 문학들은 극히 희귀한 형편이며, 또한 전체 율법을 대하는 개인들의 책임에 관한 개념이 제1세기 말 경 크게 변화했음을 보여주는 증거가 있음을 명심해야 하겠다. 이러한 변화는 아마도 랍비 아키바(Rabbi Akiba)에 의해 주도된 것으로 보인다. 아키바는 "세상은 자비에 따라 심판을 받고, 모든 운명은 행위의 양에 달려 있다"는 말을 남겼는데, 이는 곧 개개인의 행동들 중 선·악 어느 편이 더욱 우세한가 하는데 달려 있다는 의미이다"(*Pirqe Ahoth*, III, 19). "그는 어떤 경우에는 인간들의 행위를 극히 강조하여 단 하나의 선행이 인간을 내세에 들어갈 수 있도록 만드는 듯이 표현하기도 하였다"(L. Finkelstein, *Akiba*, 185). 즉, 이는 곧 인간의 선·악행이 거의 비등한 상태에 있을 경우, 선행이 하나 더 추가될 수만 있다면—다시 말해 선행이 51%만 된다면 낙원에 들어갈 수 있다는 의미이다. 이는 제1세기 중반의 선행에 관한 사조를 보여주는 야고보서(2:10)의 견해 "누구든지 온 율법을 지키다가 그 하나에 거치면 모두 범한 자나 되나니…"와는 좋은 대조를 이루고 있다. 그러나 기독교 역사의 초기 70년 동안의 시대에 있어서 신약이야말로 팔레스타인 지방에서의 율법에 관한 태도를 가장 잘 보여주고 있는 책이다.

모임들을 통해 일찍이 그의 사역에 동참했던 자들은 예수님의 행적을 기리고, 다른 자들에게 그의 교훈을 가르치곤 하였다. 대중 앞에 나서서는 메시아를 통해 이루어진 하나님의 크신 역사의 복음을 전하였다. 이 새로운 공동체에 가입하기 위해서는 "주 예수의 이름"으로 행해지는 엄숙한 세례식을 거쳐야만 했다. 이 세례를 통해 곧 하나님의 백성으로 성별되었다. 이들은 자기들끼리만 모여 기도를 드리는 외에도, 정해진 시각에는 성전에 함께 모여 기도하였다. 초기에는 재산들을 함께 모아 공유하고 필요한 자들은 이 공동재산으로부터 분배를 받았다.

바로 이러한 교제를 통하여 일반 민중들 - 마치 목자 없이 헤매는 양떼 같은 모습을 보고 예수님께서 동정을 금치 못했던 바로 그 사람들 - 은 새로운 생명과 새로운 소망을 찾게 된다. 이들은 더 이상 목자 없는 양떼들이 아니었다. 왜냐하면 나사렛당들에게 무엇보다도 현실감이 있었던 것은 다름 아니라 그들 가운데서 움직이는 예수님의 존재와 그의 능력이었기 때문이었다. 그는 더 이상 눈에 보이는 모습으로는 그들과 함께 하지 않았으나, 이들이 함께 모일 때면 함께 하시는 그의 존재를 깨달을 수 있었으며, 또한 일찍이 그가 지상에 있을 때 베푸셨던 바로 그 기적들이 계속 그의 이름으로 그의 제자들을 통해 나타나고 있었다. 보다 정확하게 표현한다면, 그가 하늘에서 계속 그의 제자들을 통하여 역사하고 계시는 중이었다. 이러한 예수님의 이름 아래 보이는 그의 능력은 모든 예루살렘 시민들의 가슴 속에 깊은 인상을 새겨주었으며, 이 공동체가 양적으로 자라는데 큰 역할을 했다.

이 새로운 공동체에 가입한 사람들은 비단 팔레스타인에 거주하는 유대인들뿐만이 아니었다. 이방에 흩어져 살며 헬라어를 사용하던 유대인들도 이에 가입하기 시작하였다. 실제로 클라우스너 박사 같은 이들은 이방에 살던 유대인들의 경우, 이미 이방인들의 생활양식에 물들어 있었기 때문에 오히려 기독교를 받아들이기 쉬웠다는 주장을 하기도 한다. 그러나 이 주장은 언뜻 받아들이기 힘든 점이 있다. 우선 예루살렘 교회의 경우를 두고 볼 경우 헬라어를 사용하던 유대인들(헬라파 유대인들)은 끝내 완전히 동화되지는 못하였다. 후에 다시 살펴보겠으나, 일단 문제가 생기자, 주로 헬라파들이 예루살렘을 떠났으며, 이들이 떠난 후 2세기 초기에 이르기까지 유대 지방의 나사렛당은 거의 완전히 히브리파 유대인들 - 즉 본토 아람어를 사용하는 유대인들로 이루어지게 되었다.

　이 공동체를 유지시키기 위한 조직이 처음 생기게 된 이유도 헬라파 유대인들로 말미암았다. 12명의 사도들(가룟 유다 대신 사도의 직분에 선출된 맛디아를 포함하여)은 모두 자연적으로 지도자로서의 위치를 차지하고 있었다. 후에 이 공동사회의 지도적 위치를 담당한 예수님의 가족들이 초기에는 그다지 존재가 드러나지 않은 상태였다. 얼마 안 되어 사도들이 여기 저기 옮겨 다니게 되었을 때 특히 이들의 권한은 더욱 증대되었다. 그러나 우선 제일 시급했던 문제는 공동의 재산으로부터 공동체 내의 보다 빈곤한 사람들을 매일 구제하는데 필요한 조직체제의 정비였다. 히브리파 과부들에 비해 헬라파의 과부들이 제대로 대접을 받지 못한다는 불평이 생김으로써, 특별히 이를 담당하기 위해 일곱 사람들이 선출되었다. 이 일곱 사람들은 모두 헬라식의 이름을 가지고 있었으며, 최소한 그 가운데 하나인 안디옥의 니골라(Nicolas Antioch)는 출생조차도 유대인이 아닌 개종자였다. 이는 아마도 헬라파 유대인들의 불만을 해소시켜 주기 위해 취했던 조치로 보이는데, 이 일곱 사람들은 공동체 내의 헬라파 구성원들 가운데 지도적 위치를 차지했던 것으로 생각된다. 이들 가운데 특히 스데반(Stephen)과 빌립(Phillip)은 단지 구제만을 담당하지 않고, 설교가요 교사이기도 했음이 확실하다.

　이들 나사렛당은 처음 어떤 종류의 서적들을 가지고 있었을까? 구약은 물론 성스러운 경전으로서 중시되고 있다. 예수님 자신께서 지상에 계실 때 이를 사용하셨고, 여기서 근거를 찾으셨고, 이를 경외하는 태도로써 대하셨으니, 이는 당연한 일이다. 히브리파 유대인들은 구약을 히브리어 원어로 알거나 혹은 구전되어 오는 아람어 해설판("Targums")으로 알았을 텐데, 회당에서는 보통 이 두 가지를 모두 사용하였기 때문이다. 회당에서는 우선 히브리어로써 경전을 읽고 또한 그 후 팔레스타인 및 그 인근 지방에서 보통 사용하던 언어인 아람어로써 다시 부연하여 낭송하였다. 헬라파 유대인들은 주로 헬라어인 70인역을 통해 구약을 사용하고 있다.

　그러나 모든 사람들이 다 경전을 가질 수 있을 만큼 성경의 숫자가 충분치 못한 상태였다. 구약들 가운데 일부는 특히 복음을 선포하기 위해 꼭 필요했다. 이것들은, 즉 앞으로 오실 메시아에 관한 구절들이었는데, 예수님께서 메시아에 관한 예언을 다 성취하셨으므로 그가 곧 이 예언들의 주인공이라는 주장을 펴기 위해 자주 인용되곤 하였다. 복음서들 및 기타 신약성경에 인용된 구약들과 특히 사도행전에 기록된 설교들을 분석해 보면 바로 이 구절들 가운데 일부들이 뚜렷하게 드러나고 있다.

기독교의 아주 초기에 이미 이러한 "증언들"(testimonies), 혹은 증거문들은 이미 수집되어 성문화된 것이 분명하다. 고(故) 렌델 해리스(Rendel Harris) 씨가 주장하는 바와 같이 바로 이러한 문집들이 기독교 최초의 서적이었다는 주장은 일단 접어두더라도[8] 신약성경들을 주의깊게 살펴보면 바로 이러한 "증언집"의 영향을 받았다고 느낄 수 있는 부분들이 드러난다. 예를 들어, 마태복음의 경우를 보자. 마태복음 27:9 이후에, 스가랴 11:13에 나오는 바 은전 삼십에 토기장이의 밭을 산 구절을 예레미야의 예언으로 기록하고 있는 것을 본다면, 다름 아닌 이 "증언집"이 스가랴서의 해당 본문을 예레미야 18:1 이후에 나오는 토기장이의 집을 방문했다는 이야기와 통합했었다는 사실을 미루어 알 수 있다. 또한 마가가 세례 요한의 사역을 소개하는 부분에서 "선지자 이사야의 글에"라고 시작하면서 정작 이사야서로부터 해당 본문 ("외치는 자의 소리여 가로되 너희는 광야에서 여호와의 길을 예비하라... "<40:3>)을 인용하기 이전에 말라기서로부터의 구절을 인용한 것을 볼 수 있다("... 보라 내가 내 사자를 보내리니 그가 내 앞에서 길을 예비할 것이요"<3:1>). 이를 보면 이미 증언집 가운데 세례 요한에 관한 부분에서는 이 두 가지 성경구절들이 함께 배열되어 있음을 알 수 있다.

그리스도의 고난에 관해 이사야 53장을 인용하였을 때나, 유대인들의 대다수가 예수님을 메시아로서 받아들이기를 거부했음을 설명하기 위해 이사야 6:9 이하를 인용하였을 때나, 혹은 부활에 관한 시편 16:10, 하나님의 오른편에 앉으신 시편 110:1 등을 살펴보아서도 우리들은 원래 증언집들의 모습을 짐작해 볼 수 있다. "돌"에 관해 상징적으로 지적한 갖가지 구약 구절들이 어떻게 배열되어 사용되었는가를 보아서도 증언집이 어떠한 식으로 사용되었는지 알 수 있다. "건축자의 버린 돌"(시 118:22), "사람의 손으로 하지 아니하고 뜨인 돌"(단 2:34f, 44f), "거치는 돌, 걸리는 반석"(사 8:14), 하나님께서 시온에 두신 "시험한 돌, 귀하고 견고한 돌"(사 8:14)등 신약에서는 서로 함께

---

8) 해리스(J. R. Harris), *Testimonies*, I (1916); II (1920). 해리스와 서로 다른 의견을 주장하고 있는 학자로는 도드(C. H. Dodd), *According to the Scriptures* (1952)가 있다.

쓰여 메시아를 가리키고 있는데, 이 모습을 잘 분석해 보면, 이미 증언집 가운데 함께 공존하고 있음을 짐작할 수 있다.[9]

이러한 증언집의 근원을 찾아 거슬러 올라가면 우리들은 결국 기독교 자체의 근원, 예수님 자신에까지 닿게 된다. 그가 "모세와 모든 선지자들"로부터 시작하여 성경 안의 스스로를 가리키는 모든 예언들을 제자들에게 해석해 주신 그 사건이 바로 그 시초가 되는 것이다.[10] 초기 그리스도교도들이 사용한 구약의 메시아 예언들은 다름아닌 주님(Master) 자신으로부터 배운 것들이다. 그 중에서도 주님이 직접 선택한 구절들과, 그의 해석을 아마도 사도 마태가 기록으로 남긴 것이 최초의 성문 증언집이 될 것이다. 구약 예언들의 모음과 메시아적 해석들은 세월이 흐를수록 더욱 증가해 가기만 하였는데(그 숫자만 증가하였을 뿐 아니라 내용 역시 더욱 다양해져 갔다고 할 수 있다), 저스틴 마터(Justin Martyr)의 『유대인 트뤼포와의 대화』(Dialogue with Trypho the Jew, 약 주후 135)와 이전에는 흔히 카르타고의 시프리안의 저술로 알려졌던 『유대인들에 대항한 증언들』(Testimonies against the Jew)을 통해 그 풍부하게 발전된 모습들을 볼 수 있다. 그러나 최초의 이러한 증언집들은 기독교의 다른 모습들과 마찬가지로 단순 소박하기 이를 데 없었다. 교회 안에서 점차 헬라어를 사용하는 인구들이 증가하자, 이러한 증언들은 70인역을 주로 기초로 하게 되었는데, 어떤 경우에는 히브리어 원서의 내용을 잘못 왜곡하거나 오역한 70인역의 문구들을 그냥 받아들여 사용하게 된 경우들도 있다. 그 후 이러한 증언집들의 주 표적이 된 유대인들은 (마치 트뤼포가 저스틴에게 한 것처럼) 히브리어 원서의 내용은 다르다고 대꾸하였다. 그러나 헬라 출신 그리스도인들은 자기들 나름대로 반박할 말을 가지고 있었는데, 즉 유대인들이 메시아에 대한 예언들의 그 의미를 모호하게 만들기 위해서 일부러 히브리어 본문을 변경시켰다는 것이다.[11]

그러나 기독교 조기에 글로써 성문화된 것들은 비단 메시아에 대한 예언

---

9) Cf. 막 12:10(또한 마 22:42, 44, 눅 20:17f), 행 4:11, 롬 9:32f, 벧전 2:4~8.
10) Cf. 눅 24:25~27, 44~47.
11) 이에 따라 저스틴은 십자가에 관한 예언을 시편의 70인역으로서 시편 96:10, "주께서 나무에서 통치하신다고 이방인들에게 전할지니라"고 인용하고 있다. 물론 "나무로부터"라는 구절은 히브리어 원본은 물론 70인역의 사본들로부터도 찾아볼 수 없다. 이는 아마도 후대 기독교인들이 자기들 마음대로 삽입시킨 구절들인 듯하다. 그러나 저스틴은 오히려 유대인들이 이를 성경 본문에서 삭제했다고 주장하고 있다(Dialogue with Trypho, 73).

들뿐만이 아니었다. 예수님의 교훈들 역시 쉽게 기억될 수 있는 형식으로써 전달되었으며, 그가 죽기 이전에 이미 성문화된 것으로 보인다. 이스톤(B. S. Easton) 교수는 다음과 같이 주장한다. "예수님의 교훈들과 비유들은 그가 아직 살아계실 때 그의 직접적인 감독 아래 그 양식들이 고정되었다고 믿을 만한 증거들이 충분히 있다. 최초의 내용들은 그가 직접 제자들에게 암기시켰다고 할 수 있다."12) 만약 이러한 과정은 당시 랍비들이 사용하던 방법과는 다르다는 반론이 생긴다면, 우리들은 예수님이 예사 랍비가 아니었음에 주의할 필요가 있다. 그의 직계 제자들 이외의 많은 사람들에게 있어서 그는 "말과 행실에서 능력이 뛰어난 선지자"였으며, 그의 제자들에게는 그 이상의 존재, 다름 아닌 메시아였던 것이다. 오직 예언에 있어서만 성문 형식(written form)이 적당하였기에 랍비들은 이를 사용하지 않았다. 그러나 그를 좇는 이들에게는 "모세보다 더 큰 선지자"였던 예수님에게는 해당될 수 없는 제한사항이었다.13)

급속히 성장하는 공동체에게 예수님의 교훈을 전달해야 하는 필요성은 곧 그의 교훈을 요약해서 유포시키도록 만들었다. 또한 많은 사람들을 교육시키고 훈련시키기 위해서는 교사들과 선생들을 시급히 양성해야 할 필요가 있었다. 특히 안디옥 교회 및 그 자(子) 교회들 사이에 유포되었던 예수님의 교훈집들 가운데 하나가 현재 정경 안에 들어 있는 복음서들의 기초가 되었다고 널리 믿어지고 있다. 누가가 쓴 복음서의 서문을 보면 예수님의 교훈과 행적의 기록들이 당시에 이미 유포되고 있음을 명백히 알 수 있다.

그렇다면 이 공동체의 매우 초기에 이미 복음서의 내용과 그 모습이 상당히 구체적인 양상을 띠고 있음을 알 수 있다. 사도들의 설교들을 주의깊게 살펴보면 이미 상당히 일정한 형태가 존재하고 있음을 알 수 있는데, 바로 이 형식이 현재 우리가 사용하는 복음서들, 특히 마가와 누가의 복음서의 기초를 제공했다고 볼 수 있다. 특히 고난 사건의 진술은 그 시초부터 이미 일정한 개요가 성립되어 있다. 이에 대해 도드(C. H. Dodd) 교수는 다음과 같이 말한다. "모든 증거와 상황들을 종합해 볼 때 고난 사건의 기록은 원래의 상황과 근사하다고 할 수 있다. 이 이야기는 초대교회의 가르침을 통해서나, 어

---

12) *Christ in the Gospels* (1930), 41.
13) 신 18:15ff, 이는 예수님에 의해 행 3:22f ; 7:37에 인용되었다(cf. 요 1:21,24 ; 6:14).

떤 신학적 반추를 통해 만들어진 산물이 아니다. 이는 곧 케리그마(Kerygma)의 저변을 흐르는 이야기이며,[14] 또한 서신서들의 신학의 기초를 제공한 근본이기도 하다."[15] 현재 우리가 가진 복음서들은 그리스도인들 제1세대가 거의 종말을 고할 때, 원래 예수님의 행적을 직접 눈으로 본 증인들이 얼마 더 살아있지 못할 것이 확실시 될 때 비로소 쓰이기 시작한다.[16] 그러나 이 복음서들 가운데 포함된 자료들은 이미 처음부터 그리스도인들 간에 구전의 형식으로, 혹은 일부 성문화된 형식으로[17] 존재하고 있다.

이러한 기독교 초기에 신자들이 누렸던 기쁨과 희열은 곧 하나님을 향한 찬양으로서 표현된다. 초기 그리스도인들은 찬양을 위해선 구약 시편이 안성맞춤임을 깨달았으며, 일부 시편들 가운데서는 메시아의 도래와 사역이 미리 암시되어 있음을 발견하기도 하였다. 헬라어를 사용하는 그리스도인들은 일찍부터 세례식을 위해 시편 34편을 사용하였다고 믿을만한 근거들이 있다. 70인역이 "그에게 와서 밝히 깨달으라"고 번역하고 있는 5절의 초구는 베드로전서 2:4에 다시 반영되고 있으며, 아마도 신약 시대에 이미 "깨달음"은 세례와 동일시되었던 것 같다.

그런데 신약 서신문들에 나타나고 있는 "신령한 노래"에 관한 언급을 보면, 수많은 그리스도교도들은 이들 가운데 임재하시는 그리스도의 영의 능력으로 말미암아 저절로 찬양이 솟아나고 있음을 짐작할 수 있다. 바울이 고린도전서를 쓸 때도 바로 이러한 경험을 했던 것으로 보인다. 즉 그는 12장과 14장의 사무적인 교회 정치규례를 논하는 중에 신적 사랑을 찬양하는 극적 시가를 삽입한 것이다. 또한 그의 다른 편지를 보아도 초기 그리스도교도들의 찬송으로부터 빌려 온 구절들을 사용하고 있음을 감지할 수 있다. 에베소서 5:14에 있는 세례문도 이중 하나이다.

> 잠자는 이여, 깨어라
> 죽음으로부터 일어나라
> 그리하면 그리스도께서 그대 위에 빛나시리라.

---

14) "선포"를 의미하는 헬라어로서 흔히 사도들의 메시지를 가리키는데 사용되었다.
15) *History and the Gospel* (1938), 84.
16) 제14장을 참조할 것.
17) Cf. 눅 1:1.

또한 빌립보서 2:6 이후에 나타나는 그리스도의 낮아지심, 그리고 디모데전서 3:16("그는 육신으로 나타나신바 되시고...")에 요약된 기독교의 근본 교리 등을 살펴보면 초대 교인들에게 있어서 기독교의 위대한 신조들은 단순히 신학적인 추상개념들이 아니라 영감이 가득한 기쁨이었음을 알 수 있다.[18] 제4복음서의 서문 역시("태초에 말씀이 계시니라...") 초대 기독교의 찬송으로 알려지고 있다.[19] 또한 신기하게도 "솔로몬의 송시(頌時)"라고 알려진 제2세기경의 기독교 찬송가집들을 보면 제4복음서에 나타나는 바와 같은 고도의 기독론과 특색있는 스타일은 팔레스타인 부근의 교회들에도 유포되어 있음을 볼 수 있다.[20] 고도의 기독론(High Chirstology)과 "요한적" 스타일은 이미 마태복음 11:25~27과 누가복음 10:21 이후에 기록된 예수님의 말씀 가운데 나타나고 있으며, 흔히 "Q"라고 불린 문서의 일부로서 알려지고 있다.

> 하늘과 땅의 주재이신
> 성부께 감사하나이다
> 이 일들을 지혜로운 자들에게서는 감추시고
> 어린 아이들에게 드러내 보여주셨나이다
> 진정, 아버지께 감사하나이다
> 모든 이들이 아버지로부터 내게 주어져서
> 아버지가 아니면 아들을 알 수 없고
> 아들이 아니면 아버지를 아는 자가 없었는데
> 아들이 그들에게 아버지를 보여주겠나이다.[21]

---

18) Quicunque Vult(흔히 "아타나시우스 신경"이라 불리는 것)가 사실은 신경이 아니라 영창이었음을 기억해 보면 좋다. 대니(James Denny)는 "교회의 신앙고백은 노래로 불려야지, 서명의 대상이어서는 안된다"고 하였다.

19) Cf. 해리스, *The Prologue to St. John's Gospel* (1917); 버니(C. F. Burney), *The Aramaic Origin of the Fourth Gospel* (1922), 28ff.

20) 이러한 송가들은 아직도 시리아어로 남아 있다. 1909년 해리스(Rendel Harris)가 이들을 발견하여 제1세기 때부터 존재했었다고 주장하자, 독일 학자인 율리허(Adolf Jülicher)는 "그렇다면 제4복음서에 관한 우리들의 모든 비판은 Kaput이다"라고 논평하였다.

21) 버니, *The Poetry of Our Lord* (1925), 171f에는 이 구절을 다시 아람어로 재복원한 모습이 나타나고 있다. 이 가운데는 시적 운율뿐 아니라, 각운까지 들어 있다. 버니와 그보다 이전 Bishop John Jebb of Limerick이 *Sacred Literature* (1820)에서 이미 주장한 바와 같이 예수님의 교훈의 많은 부분에서는 그러한 특색을 찾아볼 수 있다. "예수님은 동

이는 또한(비슷한 각운을 가진) 마태의 "위로의 시"로 우리들을 이끈다.

지치고, 무거운 짐에 허덕이는
모든 이들이여, 다 내게로 나아오라
내가 너희들을 소생시키리라
나의 멍에를 메고 내게 배우라
나는 온유하고, 성품이 겸손하니
그대들의 영혼을 편히 쉬게 하리라
나의 멍에는 쉽고
나의 짐은 가벼우니라.
Come unto me, all ye weary and burdened,
And I will refresh you.
Take my yoke upon you
And learn of me.
For meek am I, and lowly of heart,
And ye shall rest your souls
For my yoke is easy,
And my burden, light.[22]

그러나 이는 물론 예루살렘 교회 초기의 시절을 벗어난 때의 이야기이다. 나사렛당은 매일 그 수가 늘고, 그리스도 안에서 베푸신 하나님의 은혜를 찬양하며, 사도들의 교훈을 행하며, 기쁨에 넘쳐 교제하고, 그 외부에까지 복음을 전하며, 널리 퍼진 사람들의 호의를 누리고 있다.

시대인들에게 선지자로서 나아가셨으며, 선지자들은 흔히 운문으로 예언을 행했으므로, 우리들은 이를 통해 그의 회상의 말 곧 예수님이 친히 하신 말 가까이 접근하고 있다고 볼 수 있겠다"(C. H. Dodd, *History and the Gospel*, 89f).
22) 버니, op. cit,. 144f.

다소의 랍비

 탈무드의 일절이 전하는 바에 의하면 위대한 랍비 가말리엘의 제자들 가운데는 "학문에 있어서의 거만"을 보이며, 스승에게 상당한 골칫거리를 주는 자가 있다. 그러나 이 제자의 이름은 기록되지 않은 채 단지 "학생"이라고만 언급되어 있을 뿐이다. 클라우스너 박사는 바로 이 사람이 그 후 기독교의 움직임 가운데 사도 바울로서 이름을 떨친 바로 그 이라고 보고 있다.[1] 만약 이 추측이 사실이라 한다면, 이 "학생"이 스승에게 보인 "교만"은 (정통 유대교의 입장에서 볼 때) 그 후기 생애의 모습이 초기에도 엿보인 것이라 할 수 있다.
 길리기아 지방 다소의 주민이던 이 젊은 유대인은 제1세기 20년대 후기에 예루살렘에 찾아와 가말리엘의 문하에 그 적을 두었다. 이 청년의 이름은 사울(Saul)이었는데, 이는 아마도 베냐민 족속인 그의 부모들이 같은 베냐민 지파 출신으로서 이스라엘 고대사 가운데 초대왕의 위치를 차지하였던 사울 왕의 이름을 붙여주었기 때문으로 보인다. 사울의 아버지가 로마 시민이었기에, 그의 가족은 다소에서도 엘리트 계급에 속하였다. 그가 과연 어떤 경로로써 로마의 시민권을 차지하고 있었는지 우리들은 확실히 알 수 없다. 그러

---

 1) 클라우스너(J. Klausner), *From Jesus to Paul* (1944), 310f를 보라. 이곳에는 Babylonian Talmud, *Shabbath* 30b에 관한 각종 참고문헌들을 열거하고 있다.

나 아마도 폼페이(Pompey)나 안토니(Antony) 같은 로마의 장군들 아래서 봉사한 공으로 받지 않았겠는가 짐작해 볼 수 있다. 어쨌든 사울은 그 태생이 로마 시민으로서 개인명(praenomen), 족명(族名, nomen gentile), 가명(家名, cognomen) 등, 3개의 부분으로 이루어진 이름을 가지고 있었을 것이다.[2] 그의 개인명과 족명은 우리들이 확실히 알 수 없으나, 가명은 파울루스(Paulls)였었는데, 우리는 이를 영어화시켜 흔히 바울(Paul)이라 부르고 있다. 그러나 어쨌든 가족들은 그를 유대식으로 사울이라 부르고 있다. 다소는 대규모의 헬라 도시였으나, 그의 가족들은 집안에서는 헬라어를 쓰지 않고, 당시 팔레스타인 지방의 상용어이던 아람어(Aramaic)를 사용하고 있다. 그러니, 이들은 민족적으로나 인이적으로 볼 때 "헬라피"가 아닌 "히브리피" 유대인들이었디 (바울은 스스로를 가리켜 "히브리인의 부모에게서 태어난 히브리인 아들"이라 부르고 있다).[3] 바울은 자기가 다소의 주민이요(그가 말한대로 다소는 "허술한"<mean>도시가 아니었다), 로마의 시민임을 자랑스럽게 평가하였다. 그가 젊은 시절에 이미 다소를 떠나 예루살렘까지 나가서 당시 최고의 랍비 가말리엘에게 배우고자 한 것은, 즉 유대교에 관한 전문적인 지식과 전통에 있어서 다른 이들을 능가해 버리고자 하는 그의 열심을 명백하게 보여주는 사실이라 할 수 있다. 그는 이러한 야심을 충족시키기에 부족함이 없는 생활을 영위할 수 있다. 가말리엘이 가르치는 학문을 힘써 습득하였으며, 이러한 율법을 공부하는 이외에도, 가말리엘의 문하에 있으면서 다소에 있을 때보다 더욱 헬라식 문화에도 깊이 접촉할 수 있었을 것이다.[4] 이스라엘의 선생으로서의 화려한 장래가 그의 발 앞에 놓여 있었다. 그의 위대한 스승이 강론해 주는 바리새 학파의 신조들을 그는 마음 속 깊이 공감하며 받아들였다. 특히 부활의 소망은 큰 감명을 주었다. 바울이 후에 남긴 서신들 가운데 아직 남아 있는 것들을 보면 그가 랍비들의 사고방식과 경전 해석에 통달한 인물임을 알 수 있

---

[2] Gaius Julius Cæsar, Marcus Tullius Cicero, Lucius Cornelius Scipio 등, 유명한 로마인들의 이름을 살펴보면 로마식 이름이 3부분으로 이루어졌음을 쉽게 이해할 수 있다. 만약 바울의 이름이(예를 들어) Lucius Aemilius Paullus라면 그가 유명한 로마의 귀족 가문과 연결되어 있다고 추측할 수 있다. 그러나 그의 로마식 이름 중 앞의 두 부분을 알아낼 길이 없다.
[3] 이것이 바로 영어의 Authorized Version에서 "an Hebrew of the Hebrews"라고 번역하고 있는 빌 3:5의 정확한 의미이다.
[4] 낙스(W. L. Knox), *Some Hellenistic Elements in Primitive Christianity* (1944), 33을 보라.

었다.5) 만약 전통적 해석에 따라 율법을 학습하고 준수하는 것이 신으로부터 인정을 받고 내세에 중요한 위치를 누릴 수 있는 길이라면 바울은 이를 차지할 가능성이 상당히 높은 인물이었다고 할 수 있었다. 그는 타고난 강한 의지를 가진 인물로서 옳다는 신념을 가지면, 그 신념대로 살아야 직성이 풀리는 인물이기도 하였다. 스스로가 후에 증언하였듯이 구전법에 의해 규정된 기준으로 볼 때 그는 흠잡을 수 없는 인물이다. 하나님과 이웃들에 대해서도 깨끗한 양심을 유지하는 데에 성공하였다. 그러나 이처럼 깨끗한 양심과 율법을 세심하게 준수하였음에도 불구하고, 그 자신도 아직 완전히 깨닫지 못하고 있었으나, 내심 무언가 불안이 움트고 있다. 그의 가슴 속에는 스스로의 뜻을 좇고자 하는 마음이 하나님의 뜻만을 좇고자 하는 의지와 갈등하고 있었다. 비록 외면에 드러난 행동으로만 볼 때 하나님의 의지가 항상 이기곤 하였는데, 그는 가슴 속에 점차 증가해 가는 불만을 어찌할 수 없었으며 랍비들에게서 배운 그 어떤 지식도 그의 젊은 고민을 다스려 주지 못하였다.

그런데 마침, 이러한 내면의 의문과 갈등에 초조해 하는 대신 다른 곳에 혼신의 힘을 바쳐 정력을 쏟아버릴 수 있는 기회가 출현하였다. 산헤드린 공회 측에서 그 지도자들을 겁주고자 했던 시도들에도 불구하고, 이미 우리들이 살펴본 바와 같이 나사렛당은 30년과 33년 사이 예루살렘에서 일반인들의 호응을 받는 가운데 착착 그 기반을 갖추어가고 있었다. 이 문제에 대해 가말리엘은 우물쭈물하고 있었으나, 그의 제자는 신학적이기보다는 정치적인 이유에서 사두개인들과 의견을 같이 하였다. 우선 바울이 생각해 볼 때, 나사렛당의 주장이란 너무도 불합리하여 심각하게 고려해 볼 가치도 없었다. 그들이 메시아로서 신봉한다는 자가 십자가에 매달려 죽지 않았는가. 그 작자가 과연 죽을만한 짓을 했는지의 여부는 그다지 중대한 문제가 아니었다. 단지 그가 그런 식으로 잡혀 죽었다는 사실이 중요하였는데, 왜냐하면 이는 그가 곧 메시아가 될 수 없다는 것을 결정적으로 증명하기 때문이다. 나무에 달린 자는 하나님으로부터 저주를 받은 자라고 분명히 경전에 나타나 있지 아니한가?6) 예수는 나무에 달려 죽었는데 이는 신의 저주를 받은 증거이다.

---

5) 데이비스(W .D. Davies), *Paul and Rabbinic Judaism* (1948), 샌더스(E. P. Sanders), *Paul and Palestinian Judaism* (1977)을 보라.

6) Cf. 신 21:22f, 행 5:30 ; 10:39, 그리고 특히 갈 3:10~14.

따라서 신의 특별한 은혜의 대상인 메시아가 될 수는 없는 것이다.

그런데 그냥 무시해버리기에는 나사렛당이 너무도 급속히 성장하고 있었다. 무식한 갈릴리인들만이 이러한 신성모독을 전파하는 것이 아니라 제사장들과 학자들까지도 휩쓸려 들어가고 있었다. 주로 길리기아 출신 유대인들이 모이는 예루살렘의 한 회당에서는 헬라파의 유대인 청년이 전하는 교훈이 큰 소동을 빚고 있었다. 즉 그는 십자가에 달려 죽은 예수가 메시아라고 반복하여 강조할 뿐 아니라 바로 그가 당시 이스라엘의 종교체제의 기반이 되고 있던 성전 및 제사의식을 뒤이을 새로운 질서의 창시자라는 것이다. 즉 일시적 성격을 띠고 있던 이 제도와 습속들은 이제 폐지되어야 한다는 주장이었다. 십자가에 달려 죽은 예수님이 왕이 되시는 새로운 시대의 동이 트고 있었다. 갈릴리 출신 제자들은 계속 성전에 올라가는 등, 다른 경건한 유대인들과 동일하게 행동하고 있다. 그러나 이 젊은 헬라파 유대인 청년은 이 두 종교가 결국은 공존할 수 없음을 간파하고 있었다. 새로운 질서는 수립되고, 옛 질서는 사라져야만 했다.

이 젊은이는 곧 스데반이었는데, 이미 예루살렘 교회 헬라파의 일곱 지도자들 가운데 하나였다. 바울은 그의 열변에 귀를 기울이면서, 이 새로운 운동이 신성모독일 뿐 아니라 위험하기조차 하다는 것을 깨달았다. 스데반은 무식한 갈릴리 출신의 농부나 어부가 아니라 진정 설득력이 있는 논증가였다. 그의 논리를 반박하기 힘들었을 뿐 아니라 그의 말을 듣고 있으면 과연 스데반이 외치는 바, 이전에 선지자들을 통해 진리를 말씀하였던 하나님의 영이 이 시대에는 그를 통해 역사하셨다는 바로 그 인물의 존재가 어쩌면 진실일지도 모른다는 생각이 들게 하는 매력을 지니고 있었다. 그러나 절대 그럴 수는 없는 노릇이다. 스데반이 그토록 부르짖는 나사렛 예수는 죽은 모습으로 보아 하나님의 저주 아래 있었으며, 따라서 메시아일 수 없다는 것은 자명한 노릇이다. 그가 죽음으로부터 다시 부활하였다고 이들이 떠들고 다니는 것은 명백한 속임수에 불과하였다. 어쨌든 이 새로운 운동은 이제까지 바울이 신봉하던 모든 신조에 대한 중대한 위협이었는데, 무슨 일이 있어도 저지시켜야만 하였다. 바울이 곰곰이 이러한 상황들을 분석하여 볼 때, 가말리엘이 주장하는 온건과 인내는 결코 바람직한 대응책이 되지 못하였다. 이 새로운 운동이 옛 전통과 결코 공존할 수 없다는 점에서만은 스데반이 전적으로 옳은 것이었다. 조국의 조상들이 전해준 전통에 열심이던 바울로서는 그의 스승이 지혜로운 길이라고 생각했던 것보다는 보다 극단적인 방향을 택할 수밖에 없었다.

스데반은 결국, 성전과 제사장 제도, 그리고 이에 연관된 모든 관습들은 결국 폐기될 수밖에는 없다는 주장 때문에 신성모독죄의 혐의를 받고 산헤드린 공회에서 재판을 받게 된다. 스스로를 변호할 기회가 주어지자 그는 이미 회당에서 주장한 교훈을 다시 되풀이하였으며,[7] 결국 공회당에서 밀려나가 돌에 맞아 죽고야 말았다. 바울은 이 모든 과정을 참으로 당연하게 여겼으며, (유대 전통에 의하면) 주 사형집행인으로서의 역할을 담당하는 이 사건의 증인들의 옷을 간수해 줌으로써 이러한 찬성의 뜻을 표시하였다.

이 스데반의 처형을 계기로 산헤드린 공회는 대중들의 지지를 등에 업은 채 나사렛당을 박해할 수 있는 기회를 얻게 되었다(왜냐하면 예루살렘 주민들은 성전에 대한 위협을 묵과할 수 없었기 때문이다). 바울은 전력을 다해 이 박해에 참여하였다. 이 박해의 영향은 참으로 심대하였는데, 나사렛당의 다수는 예루살렘을 떠나 유대의 다른 지방으로 떠나가고, 일부는 아예 팔레스타인을 등지고 시리아, 페니키아, 기타 인근 제국들로 흩어져 갔다. 그러나 바울은 이렇게 멀리까지 도피해 간 자들 가운데서도 지도자급들은 반드시 체포하여 예루살렘으로 압송해서 법의 처단을 받게 해야 한다고 결심하고 있다. 그리하여 그는 회당과 회당들을 전전하면서 이들을 적발해내서는 공개석상에서 예수를 욕하게 해서 그들의 신앙을 저버리도록 만들었다. 회당 지도자들은 충실하게 규칙을 따르지 않는 자들을 대상으로 강제권을 발동할 수 있었는데, 바울은 바로 이 권력을 이용하고자 하였다.

대제사장이 발행하는 영장은 팔레스타인 영외에서도 회당들에게 존경을 받고 있다. 따라서 바울은 가야바 명의의 편지를 소지하고서는 다메섹(다마스커스, Damascus)에 숨어 있는 나사렛당 지도자들을 체포하여 예루살렘으로

---

7) (행 7장에 기록되어 있는) 스데반의 변론의 주제 두 가지는 다음과 같다. ① 구약의 제사제도는 처음부터 영구적 성격을 띤 것이 아니었다. 그 이유 때문에 하나님은 국가적 성소로서의 장막을 옮길 수 있도록 모세에게 지시하셨다. 솔로몬이 건축한 바와 같이 돌과 석회로 지어진 건축물은 이러한 하나님의 의도와는 일치하지 못하는 것이었다. ② 이스라엘은 항상 하나님의 사자들을 거부해 왔는데 이러한 행위는 최근 진정한 메시야마저 거부함으로써 그 절정에 달하였다.

압송하기 위해 수리아(시리아, Syria)를 향해 떠났다. 대제사장의 종교적 권위에 의하여 로마 제국 내의 유대인들은 그 평화가 유지되고 있었으므로, 로마 정부도 대제사장은 존중할 수밖에 없었다. 특히 이 새로운 운동은 제국 법에 의해 보호를 받던 회당의 특권에 대항하고 있다는 방향으로 로마인들에게 설명할 수도 있다. 그런데 사울로 하여금 이 운동의 완강한 배척자로부터 가장 열렬한 지도자요, 옹호자로서 변화시킨 혁명적인 사건이 바로 이 도상에서 발생한다. 물론 심리학적 용어들을 구사하여 그의 회심을 설명하는 자들도 있을 것이다. 그러나 바울 자신이 전하는 바에 의하면 눈을 멀게하는 밝은 빛이 그와 그의 동행들 위에 비추었으며, 바울은 바로 그 순간 이 광채의 한가운데서 살아있는 나사렛 예수를 만났고 그의 목소리를 들었다는 것이다. 그의 동행들도 실제 빛을 함께 보았으며, 바울의 이야기하는 소리도 들었다. 그런데 바울이 본 그 사람을 보지는 못했으며, 바울이 들은 그 목소리도 듣지는 못하였다. 그러나 바울만이 그 목소리를 똑똑히 들었는데, 이는 그가 항상 집에서 사용하던 아람어 방언이다. "사울아 사울아 네가 왜 나를 핍박하느냐? 가시채를 맨발로 계속 차는 것이 고통스럽지도 않느냐?"[8] 경이에 찬 바울이 누구냐고 물었을 때 그는 대답하는 목소리를 들었다. "나는 나사렛의 예수니, 네가 핍박하는 바로 그이니라."

지나친 광휘에 의해 눈이 먼 바울은 일행들의 손에 이끌려 도시 안으로 들어가게 된다. 사흘째 되던 날 다메섹의 한 경건한 유대인이 바울을 찾아왔는데, 그의 이름은 아나니아(Ananias)로 이미 예수님을 '주님'이라 부르는 이였다. 그의 방문을 통해 바울은 다시 시력을 회복하게 되었으며, 그는 자연적 시력을 다시 회복함과 아울러 자기의 현재 상태와 최근의 경험들을 새로이 깨닫게 된다. 마치 예수님의 대변인 역할을 하던 아나니아는 바울에게 세례받기를 명하였고, 바울이야말로 유대인들과 이방인들에게 아울러 복음을 전해야 할 사명을 띤 인물로서 선택된다.

---

[8] 현대인들에게 주어진 바, 사도 바울의 회심 경험에 가장 비슷한 것은 일찍이 그리스도를 적대했던 Sadhu Sunear Singh의 경험이다. "새벽 4시 반경… 나는 강렬한 빛을 보았다… 나는 그리스도의 모습을 보았다… 힌두어로 다음과 같은 목소리를 들었다. '앞으로 언제까지 네가 나를 핍박하겠느냐?' 그러자, '예수 그리스도는 죽지 않고 살아 계시며, 바로 그가 내게 나타나셨구나'하고 깨닫게 되었다"(스트리터<B. H. Streeter>와 어파새미<A. J. Appasamy>, *The Sadhu*, 5~7). 그가 기억하는 한 그때까지 그는 바울의 회심 이야기를 전혀 알지 못하고 있었다.

바울은 이 사건의 육체적 충격으로부터 회복하면서 이 모든 된 일들의 의미를 곰곰이 생각해 본 후에 곧 이에 따른 행동을 시작한다. 그는 대제사장의 추천장이 지적한 회당으로 가기는 하였는데, 사람들이 기대했던 바와는 전혀 다른 역할을 수행하기 시작한다. 그는 용기와 확신에 충만한 채 나사렛 예수야말로 메시아이시며 하나님의 아들이라고 선포하기 시작했던 것이다.

그렇다면, "나무에 달려 죽은" 예수는 하나님의 저주를 받아 죽었다는 원래 바울의 주장은 더 이상 맞지 않는단 말인가? 그것은 아니었다. 그러나 이외에도 또 다른 요소들을 감안해야 할 필요가 있다고 바울은 주장한다. 이제 죽음에서 부활하신 예수님을 직접 만나 그의 음성을 들은 바울은, 이전에 예수님이 죽음으로부터 다시 살아나셨다는 증인들의 증언을 진실로 받아들일 수밖에는 없었다. 죽음으로부터 다시 부활한 예수님은 하나님의 인정을 받는 존재임에 틀림없었다. 하나님께서는 그의 죽음에 관련된 저주를 이제 거꾸로 역행시키신 것이다. 그렇다면, 그는 과연 무슨 이유로 하나님의 저주를 받는 형태의 죽음을 당할 수밖에 없었던가? 바울은 그가 후에 갈라디아 지방의 교회에 보낸 편지에서 자세하게 설명한 그러한 해답을 이때 이미 찾았음이 틀림없다. 율법은 이를 온전히 지키지 못하는 자들을 저주한다. "율법 책에 기록된 그 모든 사항들을 계속 그대로 준행하지 못하는 자들은 모두 저주를 받아야 한다." 그러나 예수님은 완전히 율법에 순종하셨으므로 그럴 필요가 없는데도 불구하고 스스로 이러한 저주를 짊어지셨다. "'나무에 달린 자마다 저주를 받았음이니라'고 기록된 바와 같이 그리스도는 우리 대신 죄를 짊어지시고 우리들을 율법의 저주로부터 대속하시었다."[9] 일찍이 율법 해석에 통달한 바울로서는 이러한 양식의 논리에 이미 익숙해 있었다. 그러나 이제까지 그 어느 율법선생들도 이러한 논리를 전개할 정도로 용기가 있지는 못하였다. 즉 저주 아래 있는 이들을 해방시키기 위해서 하나님의 율법을 어긴 자들 위에 놓인 그 저주를 메시아가 대신 짊어지신다는 논법이다. 그러나 바울의 결론은 움직일 수 없는 것이다. 예수님께서 메시아인 것은 이제 절대로 부정할 수 없었다. 그러나 이 예수님께서 저주스런 죽음을 당한 것 역시 사실이다. 바울이 그토록 오랫동안 풀지 못해 고민해 왔던 십자가의 모욕은 이제 하나님의 구원의 역사 속에서 해결을 보게 된다.

---

9) 갈 3:10~13, 신 27:26과 21:23을 인용.

바울이 이 시점에서 이미 종이 속죄제의 희생제물이 된다는 이사야 53:10에 나타난 주제를 메시아의 죽음과 연관시키고 있었는지는 확실하지 않다. 그러나 이러한 생각 역시 그 후 바울이 기록한 서신들 가운데 드러나고 있다. 즉 그리스도께서는 우리가 하나님의 의를 얻게 하고자 죄인들 대신 "죄가 되셨다"(즉 "속죄제가 되셨다")는 논리인 것이다.[10] 이는 또한 종이 "많은 이들을 의롭게 한다"는 이사야의 예언의 성취가 되는 것이다.

어쨌든 한 가지 확실한 것은, 그의 내심 깊은 곳에서 만족을 찾지 못한 채 억제되어 있는 의문과 불만들이 드디어 표면으로 떠올라 그리스도 안에서 해답을 찾을 수 있게 되었다는 사실이다. 바울은 이제까지 율법의 요구하는 바를 정확하게 준수하고 있다. 그러나 이는 한갓 외면에 나타난 모습에 불과할 따름이다. 바로 "탐심을 품지 말라"와 같은 인간의 내심을 규범하는 명령들을 준행하고자 할 때 율법의 한계성은 명확히 드러나고 있다. 일단 그가 주의깊게 생각해 보니, 바로 이러한 율법의 존재 자체가 금지하고 있는 탐심에의 경향을 불러일으키는 것이다. 율법은 좋았으나, 이는 율법을 지키는 데에는 아무런 도움을 주지 못하고 있다. 그러나 바울은 이제 인간의 약한 본성으로 말미암아 율법이 이룰 수 없는 것을, 하나님께서는 그의 아들을 인간의 모습으로 보내시어 인간을 위한 속죄제로 삼으심으로써 이룩하셨다는 사실을 깨닫게 된다. 믿음을 통해 그에게 연합하는 자에게 그리스도는 율법의 요구사항들을 준행할 수 있는 능력을 주시나니, 이는 단지 고통스럽게 외면적 율법을 준수하는 행위를 통해서가 아니라 그들 내부에서 살아있는 그리스도의 성령의 역사를 통해서였다.

바울이 과연 그의 회심 직후 어느 정도 이러한 깨달음을 얻고 정리했는지는 확실하지 않다. 그가 후에 전파한 교훈들의 주된 개요들은 곧 구체화되었던 것처럼 보인다. 바울은 다메섹 및 근처 아라비아 왕 아레타스 4세(Areta IV)의 구역에서 그가 새로이 발견한 신앙을 전파했는데, 이에 대한 반대가 너무도 거세게 일어나서 생명의 위협까지 받게 된다. 그의 가르침에 크게 반발한 다메섹의 유대인들은 다메섹에 있는 아레타스의 부하들의 힘을 빌려 이 말썽꾼을 체포하기 위해 밤낮 성문을 지키게 된다. 그러므로 바울이 기록한 바와 같이 그는 "성벽에 있는 창을 통해 광주리를 타고 내려와 그들의 손

---

10) 고후 5:21.

을 피하게 된다."[11]

그는 다메섹을 향해 떠난 지 3년 만에 예루살렘으로 돌아가면서 예수님의 추종자들과 연락을 취하고자 하였다. 그러나 아직도 바울의 전력을 기억하고 있던 이들이 있었던 만큼, 이는 상당히 미묘한 문제였다. 바울을 두고 자기들을 내부로부터 붕괴시키고자 하는 첩자라고 의심하는 이들도 물론 있었다. 그런데 구브로(사이프러스, Cyprus) 출신의 레위인으로서 나사렛당의 지도적 위치를 차지하고 있었으며, 바울과의 이전 친교를 통해 그의 성품을 어느 정도 알고 있었던 바나바가 바울을 적극 추천하였으며, 베드로 역시 바울을 너그러이 받아들여 주었다. 바울 자신의 기록을 볼 것 같으면, 그가 이때 예루살렘으로 돌아갔던 가장 큰 이유는 베드로와 친교를 맺고 그로부터 예수님에 대해 좀 더 많이 배우고자 했던 것으로 보인다.[12] 그때의 2주일간 두 사람이 나눈 대화의 기록은 상당한 흥미를 불러일으킨다. 도드 교수(professor Dodd)가 논평하였듯이 "이들이 날씨에 대해서만 이야기를 나누었다고는 볼 수 없다."[13] 또한 바울은 이때 만난 야고보와도 상당히 흥미있는 대화를 나누었을 것이라고 짐작된다. 그는 이때 다른 사도들을 만나지 않았다. 바울이 또한 부활한 예수님의 나타나심을 전하는 자리에서도 이름을 지적하여 언급한 것은 베드로, 야고보, 그리고 자기 자신에 국한되어 있다. 바울에게 있어서 이때 베드로와 야고보와 가진 회견은 무엇보다도 중대한 의미가 있다. 바울은 그 기회를 통해 오순절 이후에 선포되었던 사도들의 교훈의 요점들을 확실히 알게 되었으며, 따라서 그 후부터는 독자들과 청중들에게 자기가 전하는 메시지가 이미 처음부터 전해졌던 내용들과 동일함을 자신있게 외칠 수 있다. 복음이 베드로를 통해서 전해지거나, 야고보를 통하거나, 혹은 바울을 통해 전해지더라도 그 내용은 동일한 것이다. 그 후 바울과 다른 이들 사이에 어떤 차이점들이 있는지를 불문하고 이들은 모두 복음을 구성하는 근본적인 사실들에 관하여는 의견의 일치를 보고 있다.[14]

---

11) 고후 11:32f.
12) 갈 1:18.
13) *The Apostolic Preaching and its Developments* (1936), 26.
14) 바울이 다른 사도들과는 다른 경로를 통해 복음을 받았다고 주장하였을 때(갈 1:11ff) 그는 구원을 가져오는 사건 자체보다도, 복음 구속사에 있어서 이방인들의 위치를 생각하고 있었던 듯하다(cf. 엡 2:3).

바울은 스스로의 가장 큰 임무가 우선은 스데반을 함께 박해하였던 자기의 동료들에게 예수님이 진정한 메시아이심을 전하는 것이라고 믿고 있었다. 그러나 이들이 보여준 반발은 참으로 드세고 험악하였다. 이들의 눈으로 볼 때 바울은 진리를 배반한 변절자에 불과하였다. 즉 바울이 이러한 변절을 통해 이제는 이전에 자기를 지도자로 믿고 따르면서 나사렛당을 함께 억압하였던 자들을 정죄하고 있는 것으로 보일 수밖에 없었다. 바울 스스로가 이때의 상황을 설명하기를, 자기가 성전에서 기도하는 중에 환상을 보았는데, 그때 예수님의 모습이 나타나서 바울의 교훈이 받아들여지지 않을 것이니 예루살렘을 떠나라고 명령하셨다고 전하고 있다.[15] 바울은 이때 예수님께 반론을 제기하기를, 예루살렘의 시민들이 박해사로서의 자기의 과거를 잘 알고 있으니만큼 특별히 귀중한 증인으로서의 가치가 있지 않겠느냐고 하였다. 그러나 예수님은 계속 그곳을 떠나라고 되풀이하여 명령하시면서 "내가 너를 멀리 이방인들에게로 보내겠다"고 하셨다.

이처럼 바울에게 주신 부활하신 주님의 말씀을 통해 우리는 구약에 나타나는 종의 임무의 메아리를 듣는다. "나는 너를 또한 이방인들의 빛으로 만들겠다"고 이사야 선지자는 기록하였다. 바울은 이제 이 종의 임무 중 바로 이 직책을 수행해야 하는 가장 중요한 도구가 된 셈이다.

바울의 증언이 예루살렘에서 그다지 쉽게 받아들여질 수 없을 것이라는 사실은 곧 그를 죽이고자 하는 살해음모가 결성됨으로써 더욱 명백해졌다. 바울의 친구들은 그를 안전하게 해안도시 가이사랴까지 옮겨갔으며 바울은 거기서부터 고향 다소에까지 가는 배를 탔다. 바울을 보내고 나서 나사렛 당원들은 비로소 안도의 한숨을 쉬었으리라. 그는 이전에는 박해자로서 이들을 괴롭히더니, 이제 예수님의 추종자가 된 후에도 역시 이로 말미암아 또 다른 적들에게 괴로움을 경험하게 되었던 것이다.

그 후 바울이 수년간 다소와 그 인근 시리아-길리기아 지방에서 보낸 세월들은 여기저기 흩어져 있는 단편적 기록들을 제외하고는 베일에 싸여 있다. 그는 아마 가족들로부터 절연을 당했던 것으로 보이며,[16] 회당을 주관하는 이들로부터 "사십에 하나를 감한 매"를 여러 번 맞는 수치를 감수해야 했

---

15) 행 22:17~21.
16) Cf. 빌 3:8.

다.17) 그는 이 시기의 말기에는 마치 낙원에 올라가 표현할 수조차 없이 황홀한 말소리를 듣는 경험("그가 몸 안에 있었는지 몸 밖에 있었는지 나는 모르거니와 하나님은 아시느니라")18)을 맛보기도 하였다. 그는 이 때문에 계속 견뎌야 하는 육체적 고통을 몸에 지니게도 되었으나 오히려 영적으로는 자신에게 이로움을 깨닫게 된다. 이 고통의 내용이 과연 정확하게 무엇이었는가에 대해서는 여러 가지 추측들이 분분하다(말라리아, 간질, 말더듬, 안질 등이 제안되었다). 그러나 바로 이러한 고통 때문에 그 후 고린도교회 교인들이 바울을 가리켜 직접 대해보면 힘이 없고 말이 시원치 못하다고 멸시했다고 생각해 보는 것도 지나친 추측은 아닐 것이다.19) 그러나 바울은 이 모든 경험들을 통하여 그가 진정 감당해야 할 귀한 과업을 준비하고 있다. 그가 45세쯤 되었을 때 옛 친구 바나바가 다소에 나타나 바울을 발견하였다. 바나바는 특별히 바울을 찾기 위해 안디옥으로부터 시리아까지 왔었는데, 이는 무언가 안디옥에서 꼭 해야만 할 일이 있기 때문이었고, 바울이야말로 그 일을 맡아 해야 할 인물이었다.

---

17) 고후 11:24.
18) 고후 12:1~10.
19) 고후 10:10.

제8장

오론테스 강 유역의 안디옥

시리아 북부, 오론테스 강으로부터 15마일 떨어진 지점에 안디옥이 자리 잡고 있었다.[1] 이 도시는 알렉산더 대왕 휘하의 셀루쿠스 니카토르(Seleucus Nicator)에 의해 건설되었는데, 셀루쿠스가 시리아에 건설한 마게도냐 왕조의 수도 역할을 담당하였다. 주전 64년 시리아가 로마 제국에 합병되자 안디옥은 자유도시로서의 위치를 차지하였으며, 로마령 시리아의 수도가 된다. 마게도냐 제국의 다른 주요 도시들처럼 이곳에는 수많은 유대인들이 모여 살고 있었다. 이곳에서 유대인들과 이방인들의 접촉이 이루어졌으며, 해안지방에 주로 거주하던 세련된 헬라인들이 내륙지방에 살던 유목민들을 만나기도 하였다. 서로 다른 민족과 종교들이 이 도시에서 함께 어울려 서로 영향을 주고받고는 하였다. 또한 예루살렘에서 새로운 공동사회가 이루어진지 10년 후에는 이곳에서도 기독교가 든든히 뿌리를 내리고 눈부신 진보를 이루고 있었다.

이러한 움직임은 곧 스데반의 죽음 후 발생한 핍박이 몰고 온 결과라고 할 수 있었다. 일부 헬라파 신자들은 이때 예루살렘을 떠나 근처에 있는 헬라파 유대인들이 모여 살던 곳으로 이주하였는데, 구브로(Cyprus), 페니키

---

[1] 1932년부터 1939년 사이 행해진 안디옥 발굴의 결과는 엘더킨(G. W. Elderkin), 스틸웰(R. Stillwell), 와지(F. O. Waage) 등에 의해 4권으로 정리되었으니, 곧 *Antioch-on-the-Orontes* (Princeton, 1934~48)이다. 또한 *The Biblical Archeologist*, 1948년 12월호에 실린 메츠거(B. M. Metzger)의 "Antioch-on-the-Orontes"를 보라.

아, 시리아 지방 등이었으며, 이들 중 일부는 안디옥까지 흘러온 것이었다. 그런데 구브로와 구레네(사이렌, Cyrene) 출신 중 일부 용기있는 인물들이 보다 한걸음 앞으로 내딛게 되었다. 만약 복음이 유대인들에게 그토록 좋은 것이라면 이방인들을 위해서도 역시 좋지 않을까 하는 것이었다. 이에 따라 그들은 이방인들에게도 복음을 전하기 시작했다. 이러한 시도는 곧 놀라운 성공을 불러 일으켰다. 이방인들은 이러한 복음이야말로 자기들에게 꼭 맞는 것이라 받아들였으며, 그 결과 많은 이들이 예수님을 믿기 시작했다.

이러한 혁명적인 움직임은 곧 일반인들의 주목을 끌게 됐다. 이러한 이방인들의 반응에 관한 소식은 곧 예루살렘에 있는 사도들의 귀에까지 들어가게 되었다. 아마도 당시 베드로가 가이사랴의 한 이방인 가정에서 가진 경험으로 말미암아 그 충격은 상당히 완화되었을 것으로 보인다.[2] 그러나 당시 안디옥에서 벌어진 사태의 규모는 이들이 미처 상상하지 못했던 정도였으므로 이들은 곧 진상을 규명하기 위해 믿을만한 사절을 파견하였다. 이들이 보낸 인물이 곧 바나바였었는데, 그야말로 안성맞춤의 선택이라 할 수 있었다. 그는 안디옥에 도착하였을 때 당시 벌어지던 사건들이 곧 하나님의 역사이심을 깨달았다. 그리하여 이러한 움직임을 보고 기쁨을 금치 못하였다. 바나바는 동향 출신의 구브로인들과 구레네 사람들에게 계속 이러한 복음의 전파에 힘쓰도록 격려하였으며, 이에 따라 사역은 보다 신속하게 발전하였다. 계속 증가해 가는 규모를 감당하기 위해 바나바는 함께 이를 감독할 동역자의 필요를 절실하게 느끼게 되었다. 바나바의 가슴 속에는 한 사람의 모습이 자리 잡고 있었다. 그는 곧 이 사람을 수소문하여 그의 도움을 받기 위해 나서게 되었다. 이는 곧 다소 출신인 바울이었는데, 바울은 당시 고향에 돌아와 인근 지방을 무대로 이방인들에게 복음을 전하고 있었다.

이리하여 바울은 바나바와 함께 안디옥으로 돌아갔으며, 그곳에서 보다 강력한 기독교회를 세우기에 노력하였다. 이에 안디옥에 있는 이방인들 나사렛당을 가리켜 "그리스도인"이라는 이름으로 불리기 시작하고 있다. 유대인들은 이들을 "그리스도"(메시아의 헬라 상응어)라는 명칭을 이용하여 부르지는 않았을 것이다. 왜냐하면 이는 곧 나사렛당들이 좇은 예수가 그리스도임을

---

[2] 다음 장을 보라. 바울은 이때쯤 다소에 돌아와 길리기아 지방에서 이방인 전도를 행하고 있었다는 증거가 있다. 그러나 이때에는 안디옥에 머물 때와는 달리 예루살렘의 성직자들과 직접 교류가 없었다.

인정하는 결과가 되기 때문이다. 반면 이방인들이 생각할 때 그리스도는 (약간 이상하기는 했으나) 단지 하나의 이름에 지나지 않았다. 따라서 이방인들은 이들이 그들의 주님과 구세주가 "그리스도"(크리스토스, Christos)라고 주장하는 것을 보고는 이들을 크리스티아노이(Christianoi), 즉 "그리스도의 사람들"이라는 명칭으로 불렀다.

당시 안디옥교회의 지도자들 가운데는 또한 루기오(루키우스, Lucius)라는 구레네인과, 라틴어로 니게르(Niger), 즉 "검다"고 불리던 시몬(일부인들은 그를 예수님의 십자가를 메고 간 시몬과 동일시하기도 한다)과, 헤롯 대왕의 궁정에서 자라났으며 헤롯 안디바(헤롯 안티파스, Herod Antipas)의 어린 시절 친구이던 마나엔(Manaen, Menahem의 헬라형) 등이 있다. 바로 이즈음에 누가(루카스<영어식으로 Luke>, Lucas)라는 이름의 헬라인 의사가 안디옥교회의 교인이 된다.[3] 초기 기독교 역사가들은 참으로 그에게 큰 빚을 지고 있다. 왜냐하면 그가 현재 신약성경 중 누가복음과 사도행전으로 알려진 두 권의 기독교 초기 역사서를 저술하지 않았다면 역사가들은 큰 곤란을 겪었을 것이기 때문이다.[4]

이 당시에는 기독교 사회 안에 흔히 선지자(혹은 예언자, prophets)라고 불리던 이들이 있었다. 이들은 집회 중에 일어서서 직접 하나님으로부터 받은 계시를 전하고는 하였다. 그러나 시간이 흐름에 따라 이들의 존재는 점차 희귀해졌다. 그 이유는, 우선 자기들에게 예언의 은사가 있다고 주장하는 선지자들의 진위가 의심스러운 경우가 많았으며, 점차 교회조직이 정비됨에 따라 이들과 같은 비정규적 목회의 방법이 설 자리를 잃게 되었기 때문이다. 그러나 초기에는 이런 자들이 상당수 존재하였으며, 이러한 현상은 대규모의 종교운동과 병렬적으로 나타나고 있었다.[5]

---

3) 누가가 안디옥 출신이라는 것은 주후 170년경 그의 복음서에 붙여진 반 말시온주의 서문과 제4세기 초반 유세비우스(『교회사』, III, 4)의 기록에 나타나고 있다. 이러한 전통은 그의 기록 가운데 내적 증서에 의해 지원을 받고 있으니, 특히 사도행전의 "Western" 사본에는 11:28을 "우리들(we)이 함께 모였을 때"라고 기록하였다.
4) 제1세기 말 경 사복음서가 한데 수집됨에 따라 누가의 역사서는 내용을 따라 2부로 나누게 되었다. 이전에는 그의 기록에 "데오빌로에게(Luke to Theophilus)-제1부, 제2부"로 한데 붙어있었던 것으로 보인다.
5) 이러한 예언의 은사는 방언의 은사와 비슷했으나, 동일한 것은 아니었다. 이는 제1세기 말까지 시리아 교회들 속에 잔존하고 있었으니, "Didache"라 불리는 논문은 어떻게 이 은사를 통제하고자 했는지 보여준다. 이 현상은 제2세기 소아시아 지방에서 몬타누스파들 가운데 다시 부활되었으며, 그 후 교회의 역사를 통해 여러 기간 중 나타났다.

이러한 선지자들 가운데 예루살렘에서 온 아가보(아가부스, Agabus)가 곧 대규모의 기근이 발생할 것이라고 안디옥 교회의 집회 중에 선포하였다. 실제로 로마 역사가 수에토니우스(Suetonius)의 기록에 의하면 글라우디오 (Claudius, 주후 41~54) 황제 재위 시절에 계속 흉년이 겹쳐 들었다 한다.[6] 또한 요세푸스(Josephus)가 전하는 바에 의하면 주후 46년경 팔레스타인에 큰 흉년이 들어, 티그리스강 유역 아디아벤(Adiabene) 왕국의 유대인 출신 태후가 팔레스타인의 유대인들을 구제하기 위해 애굽으로부터 옥수수를, 구브로로부터 무화과 열매를 구입했다 한다.[7] 바로 이때쯤 안디옥 교회들은 아가보의 예언을 좇아 팔레스타인에 있는 형제들을 구제하기 위해 돈을 마련하고 바나바와 바울을 시켜 이 선물들을 예루살렘교회에 보내도록 하였다.

바나바와 바울은 이 기회를 통하여 예루살렘 모교회의 지도자들과 더불어 이방인들을 위한 선교문제를 의논하였다. 이 의논은 같은 형제들 사이의 화기애애한 분위기 가운데 이루어졌다. 베드로, 요한 등 사도들과 예수님 형제 야고보는 분명히 하나님께서 바나바와 바울을 불러 이방인들에게 복음을 전하도록 사명을 맡기셨다고 인정하였다. 이들이 생각해 볼 때 바나바와 바울의 사역의 성공은 틀림없는 하나님의 승인을 증명하는 증거였다. 반면 예루살렘 교회의 지도자들은 자기들의 주 임무는 우선 유대인들을 복음화하는 것이라고 생각하였다. 그들은 이에 따라 이 문제에 관한 상호 이해와 인정의 표시로 악수를 나누었다. 예루살렘의 지도자들은 단지 "가난한 자"들을 계속 기억해 달라고 부탁하였으며, 바나바와 바울은 이에 대해 진심으로 동의하였다. 바울은 이때의 상황을 기록하면서 "바로 이 문제야말로 본래 내가 깊이 신경을 쓰고 있던 것"이라 하였다.[8] 사실 바울이 당시 예루살렘교회 지도자들은 혹시 예루살렘교회가 이방 그리스도인들로부터 헌금을 마땅히 받아야 할 권리가 있는 것으로 믿지는 않았는가 하는 의문이 생길 수도 있다(마치 예루살렘의 성전이 매년 전 세계의 유대인들로부터 세금을 거두어들였듯이). 바울은 이 구제를 자발적인 사랑의 선물인 성도의 교제의 결과라고 생각하였다. 어쨌든 당시 양측은 기록에 나타난 합의에 도달하는데 아무런 문제가 없었다. 안디옥교회 대표들

---

6) Suetonius, *Life of Claudius*, XVIII, 2.
7) *Antiquities*, XX, 2:5.
8) 갈 2:10.

은 안디옥으로 돌아가는 길에 예루살렘에서 바나바의 젊은 조카 요한을 대동하였는데, 그는 또한 로마식으로 마가(마르쿠스<영어식으로 Mark>, Marcus)라는 이름을 지니고 있다.

이제 바나바와 바울은 예루살렘의 지도자들로부터 아무런 오해도 받지 않고 마음 놓고 이방인들에게 복음을 전할 수 있는 보장을 받은 셈이다. 그로부터 얼마 지나지 않아 이들은 자기들의 맡은 사명을 보다 멀리 전할 수 있는 기회를 얻게 된다. 하루는 안디옥교회의 집회 중에 한 선지자가 일어서서 청중들에게 하나님으로부터의 지시를 전달하였다. "내가 맡긴 사명을 감당하기 위해 바나바와 바울을 특별히 구별하라." 이는 성령의 목소리였는데, 아무도 불복할 수 없었다. 이 두 지도자들의 사명이란 물론 이방인들의 복음화였다. 이를 보다 광대한 규모로 수행해야 할 것이었다. 이에 따라 이들은 지교회 목회의 책임이 면제되었다.

시리아 해안 서부에는 로마의 속령인 구브로 섬이 자리 잡고 있다. 우리는 바나바의 심정을 생각하면 이 섬을 복음화하고자 한 결정을 쉽사리 이해할 수 있다. 이들은 요한 마가를 데리고 떠났다. 그는 특별히 예수님이 십자가에 달리시기 전후의 사건을 잘 알고 있다는 점에서 유용한 조력자였다.

그러나 이방인의 복음화란 결코 주먹구구식으로 생각할 수 없는 중대한 문제였다. 이들 선교사들에게는 뚜렷한 작전이 마련되어 있었다. 우선 제국의 큰 도로상에 놓여있는 대도시들을 주요 목표로 삼아야 했다. 일단 이 지점들의 복음화가 이루어지면 곧 주변 지역들로 전파될 것이다. 그러나 과연 어디서 이방인 청중들을 찾아낼 수 있을까? 우선 이방인들 가운데 매 안식일마다 유대 회당에 참석하는 이들이 있음에 주목하였다. 당시 로마 제국 안에는 다른 이교들에서는 찾아볼 수 없는 순수하고 매력적인 유대교의 유일신 사상에 이끌리어 회당에 출석하는 이들이 많았던 것이다. 이들 이방인들 가운데 대부분은 개종까지 하지는 않았다. 즉 유대인 사회에 정식으로 가입하는데 필요한 할례를 받거나, 모든 유대교의 율법들(도덕 및 의식법들까지)을 지킨다는 서약을 하지는 않은 경우가 대부분이다. 그러나 이들은 유대인 회당에 참석하였으며, 안식일을 지키고 유대인들의 음식법을 준수하였다. 이들은 흔히 "하나님을 경외하는 자들"이라 불렸다. 이들은 매주 회당에서 낭독되는 예언서들과 율법서들을 들었으므로 아마도 복음에 대한 구약의 배경을 이해하고 있었을 것이라고 짐작할 수 있다.

그뿐 아니라(바나바와 바울의 입장에서 볼 때) 어느 도시를 복음화시키고자 하든지 우선 회당을 중심으로 삼는 것은 당연한 일이다. 왜냐하면 하나님의 선민으로서 유대인들은 누구보다도 복음을 먼저 들어야 하는 것이 당연하였기 때문이다. 단지 유대인 자신들의 구원을 위해서 뿐만 아니라 이방인들에게까지 복음을 전해야 하는 유대인들의 맡겨진바 사명을 적극적으로 감당하기 위해서였다. 바나바와 바울은 이방인 복음화를 성취하는데 있어서 유대인들의 협력을 배제하지는 않았다. 오히려 이들의 협조를 간절히 바라고 있다. 그러나 이들의 갈망이 채워지는 경우는 극히 드물었다. 대부분의 경우, 이방인들은 열렬히 복음을 받아들이는 반면 유대인들은 복음을 거부한다.

바나바, 바울과 요한 마가는 구브로를 동부에서 서부로 관통하였다. 서부의 수도인 바보(파포스, Paphos)에서 그들은 이곳의 지방 총독(proconsul)이던 서기오 바울(루시우스 세르기우스 파울루스, Lucius Sergius Paullus)과 흥미로운 대면의 시간을 갖게 된다. 윌리암 램지 경(Sir. William Ramsey)은 그 후 이 사람의 가족들 가운데 그리스도인들이 있다는 증거들을 제시하였다.9) 이는 세르기우스가 이 선교사들의 메시지를 믿었다는 누가의 기록을 뒷받침하는 것이라 할 수 있다.10)

선교사들은 바보에서 다시 배를 타고 소아시아의 남해안에 있는 항구인 버가(퍼어가, Perga)에 다다랐다. 만약 바나바가 구브로에 특히 애착을 지니고 있다면 바울은 같은 이유로써 소아시아를 중요시하였다. 또한 소아시아에서는 바울이 지도적 위치를 담당했던 것으로 보인다. 요한 마가가 그들을 떠나 예루살렘으로 돌아가버린 것도 이러한 이유가 있지 않았나 추측된다. 그는 아마 전도여행이 이렇게 길어질 것을 미처 모르고 따라 나섰다가 사촌 바나바가 종속적인 위치로 떨어지는 것을 불만스레 생각하였는지도 모른다.11)

---

9) *The Bearing of Recent Discovery of the Trustworthiness of the New Testament* (1915), 150ff.
10) 행 13:12.
11) 카펜터(S. C. Carpenter) 박사는 1948년 10월 2일자 *Daily Telegraph* 속에서 Exeter Cathedral 참사회원 가운데 하나가 아마도 마가가 다음과 같은 내용의 소식을 받았을 것이라고 추론하는 대답을 했노라고 전한다. 즉 "예루살렘 출신의 요한 마가는 어머니 마리아 마가가 위독하니, 곧 귀향할 것." 그러나 이런 상황이라면 바울은 보다 너그러운 태도를 보였을 것이 틀림없다.

그러나 바울은 이러한 마가의 이탈을 불만스럽게 생각하였으며 사명을 유기한 것으로 간주하였다. 그 후 두 선교사들은 로마의 속령 갈라디아까지 갔으며, 안디옥을 방문하였다. 이 안디옥은 물론 비시디아 안디옥이라 불리던 지점으로서 시리아의 안디옥과는 다른 곳이다(이 도시는 비시디아 경계에 가까운 곳에 위치했으므로 이러한 이름으로 불린 것이지, 흠정판 성경<Authorized Version>의 사도행전 13:14에 있는 것처럼 비시디아<피시디아, Pisidia> 안에 자리 잡고 있는 것은 아니다). 비시디아 안디옥은 로마 식민지로서 소아시아를 관통하는 로마의 대로 위에 자리 잡고 있다. 로마의 식민지들은 특히 전략적 요충에 위치하여 수많은 로마 시민들이 모여 살고 있다. 선교사로서의 바울은 하나님의 왕국을 이 땅 위에 건설하고 확장시키는 데에도 바로 이러한 전략적 요충지들을 우선 점령해야 한다는 것을 날카롭게 깨닫고 있다. 따라서 그 후 바울의 전도 계획에 있어 로마의 식민지들은 중요한 몫을 차지하게 된다.

비시디아 안디옥의 회당에는 수많은 이방인들이 출석하고 있다. 바나바와 바울도 이곳에 도착한 첫 안식일 날 회당을 찾았다. 경전 교훈의 낭송이 끝난 후 회당 지도자들은 바나바와 바울더러 회중들에게 말씀을 전하도록 부탁하였다. 바울은 곧 일어서서 발표했는데, 유대인 회당에서 행한 그의 설교들의 내용은 역사가들에 의해 이미 요약된 바 있다. 그는 우선 출애굽 사건 때 하나님께서 그의 백성들을 구원하신 역사를 요약하여 다윗 왕의 치세 때까지 기술한다. 다음에는 이스라엘을 구원할 메시아가 다윗의 계보를 통해 탄생하시리라는 예언을 인용한다. 그 후는 바로 이 메시아가 예수님으로서 이 땅에 태어나셨으며, 수많은 증인들이 생존하고 있는 부활과 승천의 사건들을 통해 바로 그가 히브리어 경전에서 예언된 메시아임을 증언하는 것이다. 바울의 설교는 두 가지 주제, 즉 누구든지 그를 믿는 만인들에게 주어지는 용서와, 이러한 구원의 복음을 받지 않는 자들이 받을 재난을 예고하는 것으로써 끝을 맺는다.

이러한 말씀이 선포는 회중들 가운데서 특히 하나님을 경외하는 자들에게서 큰 반응을 불러일으켰다. 이들은 자기 친구들에게 새로운 소식을 전했으며, 그 다음 안식일에는 이방인들이 너무 많이 몰려들었기에 유대인들이 밀려날 지경이다. 유대인들은 이를 보고 불만을 금치 못하였다. 바울은 또한 유대인들이 그가 전한 내세의 복음을 받아들이지 않았는데 앞으로는 이방인들에게 복음전파를 집중하겠다고 선언하였다. 그는 실제로 그렇게 하였는데, 상당수가 예수님을 주요, 구세주로서 받아들이자 이들을 조직하여 새로운 공동체 - 즉 기독교회로서 구성하였다. 바울은 그 후 도시에서마다 이러한 행태를 되풀이하였다. 유대인들은 물론 이러한 행동을 싫어할 수밖에는 없었다. 이들은 "하나님을 경외하는 자들"이 따로 분리되어 나가는 것을 보고는 자기들의 재산이 도둑맞는 것처럼 생각하였다. 이들은 원래 이 "하나님을 경외하는 자들"이 언젠가는 개종하여 유대 사회의 일부로서 종속되기를 기대하고 있었다. 그런데 바울의 출현으로 말미암아 이러한 계획이 무너져버린 것이다. 바울은 이러한 유대인들에게, 만약 그들이 복음을 받아들였다면 이 하나님을 경외하던 자들과 다른 이방인들까지도 복음화시킬 수 있는 시대적 사명을 감당할 수 있었지 않았겠느냐고 대꾸하였다. 이스라엘의 소망의 성육신이던 구세주야말로 바로 이러한 목적으로 세상에 오신 것이다. 그러나 만약 유대인들이 이러한 사명을 감당하지 않는다면 다른 수단들을 사용해서라도 이 과업을 성취할 수밖에는 없었다. 왜냐하면 종의 사명은 너무도 명확하게 드러나 있었기 때문이다.

> 나는 너를 이방인들의
> 빛을 삼을 것이다
> 나의 구원이 세상의 끝까지
> 전파될 수 있도록.

분노에 찬 유대인들이 곧 말썽을 일으켜서 바나바와 바울은 이곳을 떠날 수밖에 없었다. 이들은 이고니움(이코니움, Iconium: 현재는 철도의 교착지인 코냐 <Konya>)에까지 가서 다시 이곳에서도 복음을 받아들인 유대인들과 하나님을 경외하는 자들로서 새로운 공동체를 마련하였다. 그러나 이들은 곧 비시디아 안디옥을 떠나야 했던 것과 같은 상황 속에 이고니움을 떠나야만 했다. 그리하여 브리기아 지방(프리기아, Phrygian region)을 떠나 리고니아(라이코니아, Lycaonia) 지방으로 옮겨 왔다. 이들은 이곳에서 또 다른 로마의 식민지이던 루스드라(리스트라, Lystra)시에 도착하였다. 여기서 바울은 앉은뱅이를 고침으로써 비로마 시민들 간에 큰 소동을 일으키게 된다. 신화를 통해 이곳에는 일찍이 헬라의 최고신인 제우스(유스, Zeus)와 그의 사절인 헤르메스(허메,

Hermes)가 다녀갔다고 전해지고 있다. 그때 빌레몬(필레몬, Philemon)과 바우키스(Baucis)라는 노부부가 부지중에 이들을 접대하여 큰 복을 받았다고 한다. 루스드라 사람들은 제우스와 헤르메스 신들이 다시 한 번 그곳을 방문했다고 생각하였다. 즉 재차 신들의 특별한 은혜를 입은 셈이다. 실제 루스드라 지방을 탐사했던 고고학자들의 연구 결과에 의하면 이곳에서는 제우스와 헤르메스를 함께 숭배했던 사실이 있다고 한다.[12] 주민들은 리고니아 방언을 사용하고 있었기에 사도들은 처음에는 사태의 내용을 제대로 파악치 못하고 있었다. 그러나 제사의 준비가 행해졌을 때 무슨 일이 벌어지는지 깨달은 바울과 바나바는 공포에 질려 이들을 말릴 수밖에는 없었다. 이러한 이교 신자들에게 아브라함에게 주신 하나님의 언약이나 다윗에게 주신 약속들에 대해 설명할 필요는 없었다. 그러나 이들은 창조와 섭리를 통해 스스로를 드러내신 살아계신 유일하고 참되신 하나님을 전하였다.

그들은 루스드라에 머무는 동안 이고니움과 비시디아 안디옥에서 온 대적들과 만나게 되었다. 이로 인해 곧 폭동이 발생했으며, 신의 사자로 불렸던 바울은 이 와중에서 거의 사형(私刑, lynch)의 제물이 될 뻔하였다. 이들은 루스드라로부터 동쪽으로 60마일 가량 떨어진 더베(Derbe)로 가서 교회를 세웠다. 그런데 더베는 로마 국경선의 동단에 위치하고 있었으므로 이곳에서 발걸음을 돌려 루스드라, 이고니움, 비시디아 안디옥 등을 거꾸로 밟아오면서 아직 신생기의 교회들의 용기를 붙돋아주고, 이들을 지도할 장로들을 지명하였다. 로마 제국 전역의 유대인 사회들은 이들을 지도하고 이끌어가는 장로들을 가지고 있었는데, 교회에서는 이러한 행정을 담당하기 위해 필요한 요건들을 갖춘 자들을 뽑아 장로를 세우는 것이 필요하였다.

그리하여 이들은 계속 복음을 전하면서 해안지방에 도달했다. 그들은 앗탈리아(Attalia: 현재의 안타랴<Antalya>)에서 배를 타고 오론테스 강 입구의 셀루치아(Seleucia)에 도달했다. 그리하여 이들은 모험에 가득한 일주 여행을 마치고 다시 시리아의 안디옥에 도착하였다. 이곳에 있던 그리스도인들에게 여행 중 일어난 모든 사건들을 전해주고, 이제 안디옥교회는 소아시아에 여러 개의 자녀 교회들(daughter-churches)을 거느리게 되었음을 보고하였다.[13]

---

12) 저자의 *Are the NT Documents Reliable?* (1960), 92f.
13) 구브로(Cyprus)에도 교회들이 설립되었는지는 확실치 않다.

팔레스타인에서의 발전

　스데반의 죽음에 잇달아 발생한 교회의 확산으로 영향을 받은 것은 단지 팔레스타인 밖의 지역들만은 아니었다. 예루살렘교회 내의 헬라파 지도자들 가운데 빌립(Phillip)이 전도자로서의 상당한 자질을 보이고 있었다. 유대와 갈릴리의 양 지방 사이에는 사마리아가 자리 잡고 있었다. 이곳에는 유대인들과는 다른 예배와 교훈의 전통을 유지하는 이스라엘인들이 거주하고 있었다. 이스라엘과 유다 사이의 구약 시대의 차별은 신약 시대에는 사마리아와 유대 사이의 구별로 계속되었다. 이러한 구별은 히브리인들이 가나안을 정복한 직후부터 계속되어, 다윗과 솔로몬의 연합왕국 시대에도 완전히 종식되지 못한 채 남아 있다가 솔로몬의 사망 후, 이스라엘 왕국이 분열하였을 때 다시 표면화되었다.
　이러한 분열은 바사(페르시아, Persia) 왕들이 이스라엘과 유대 백성들을 다시 팔레스타인에 귀환하도록 허락한 후에도 계속되고 있었다. 사마리아에 거주하던 이스라엘인들은 귀환하는 유대인들에게 협조를 자청하였으나, 유대인들은 이를 받아들이지 않았다. 그 주된 이유는 이스라엘인들이 혼혈이었기 때문이었다. 왜냐하면 주전 7~8세기에 앗수르(앗시리아, Assyria) 왕들은 이곳 주민들 중 상류계급들을 축출해버리고 대신 제국 다른 지방의 주민들을 식민화하였다. 이들은 곧 자기들의 원래 이방종교들을 포기하고는 자기들이 섞여 살던 이스라엘인들의 종교를 받아들이게 되었다. 그러나 유대인들은 계속 사마리아인들을 인종적, 종교적 혼혈로서 취급하였다.

사마리아인들은 예루살렘에 성전을 쌓는 사역에 자기들의 협력이 거부되자 고대 이스라엘 시대로부터 거룩히 여김을 받았던 그리심 산(Mount Gerizim)에 자기들의 성전을 쌓았다. 그 후 하스모니안 왕조의 통치자들은 사마리아인들을 정복하고 이들의 성전을 파괴하였는데 양측의 관계가 좋을 수 없었다. 로마인들이 팔레스타인을 자기들 왕국에 귀속시키자 사마리아인들은 유대인의 압제에서 벗어나게 되었다. 그러나 복음서들의 기록에서 볼 수 있듯이 이들 사이에 불화는 계속되었다.

스데반의 죽음 후 박해기 발생하자 빌립은 사마리아의 도시들 가운데 하나를 찾아가서 복음을 전파한다. 사마리아인들 역시 메시아를 기다리고 있었다. 이들의 소망은 특히 신명기 18:15에 있는 "모세와 같은 선지자"에 집중되어 있었는데, 그들은 이 선지자를 가리켜 "타엡," 즉 "복원자"(Restorer)라 불렀다. 이제 빌립은 이 복원자가 다름 아닌 나사렛 예수, 즉 유대 종교 지도자들에게 배척받고 로마인들에 의해 사형을 받은 그 사람이라고 전하였다. 그의 전파하는 복음은 널리 받아들여지게 되었다. 많은 이들이 복음을 믿고 따르기 시작하였다.

아직 예루살렘에 남아있던 사도들은 빌립의 성공적인 사역 소식에 접하였다. 이들은 복음이 어느 곳에 전해지든 이를 감독해야 한다는 책임감을 느끼고 있었으므로 이들 가운데 베드로와 요한 두 사람의 지도자들을 사마리아에 보내어 이들의 신앙을 확인하였다. 그들은 이미 예수님 안에서 세례를 받은 공동체를 형성하고 있었다. 그러나 이 두 사건에 연관되어 마술사 시몬(Simon the Sorcerer)이 등장하는데 그는 영적 은사들에 직업적 관심을 보이고 이를 전할 수 있는 능력을 돈을 주고 매입하고자 하였다.[1]

빌립은 그 다음에 누비아 태후의 집사장이던 에디오피아 출신의 개종자

---

1) 시몬 마구(Simon Magus)는 일종의 신의 화신처럼 여겨졌다. 보다 허구적인 *Clementine* 와 *Homilies Clementine Recognitions*에서는 안디옥과 로마에서까지 계속 Paul에 대항하였던 인물로서 등장한다. 보다 유대적이고 반 바울적인 이 작품들은 시몬을 바울에 대한 비난의 구실로 사용하고 있다. 로마인들이 시몬을 신으로서 숭배했다는 저스틴 마터의 기록은 아마도 고대 Sabine 지방의 신 Seom를 위한 명문을 잘못 읽었기 때문으로 보인다. 그러나 시몬의 추종자들인 시몬파(Simonians)들은 최소한 제3세기까지 남아 있었다.

를 만났는데, 그는 예루살렘에서 고향으로 돌아가던 길이었다. 빌립은 가사 근처에서 그를 만났는데, 이 환관은 마침 수레에 앉아 이사야서에 나타난 고난받는 종에 대한 부분을 읽고 있었다. 빌립은 바로 그 부분을 이용하여 예수님이 그리스도임을 증거한다. 집사장은 이 복음을 믿고 길가에서 즉각 세례를 받은 후 계속 고향을 향해 남쪽으로 길을 재촉했다. 빌립은 그 후 북쪽으로 팔레스타인 해안을 따라 발걸음을 옮겼다. 그리하여 이 지방의 수도인 가이사랴에까지 도달하였는데, 아마도 가이사랴에 교회를 세운 이는 다름 아닌 빌립이었을 것이 틀림없었다.

그러나 이 지방을 방문한 인물은 단지 빌립만은 아니었다. 베드로 역시 일부 그리스도인들이 진출하였던 팔레스타인 서부 지방 샤론 평원의 반(半) 이방인들의 도시(Semi-Gentile towns)에까지 복음전파의 범위를 넓혀가기 시작했다. 베드로가 주로 활동한 중심지들은 릿다(Lydda)와 욥바(Joppa 혹은 Joffa)였다. 그는 특히 욥바에 머무는 동안 가이사랴의 로마 백부장으로부터 자기 집을 방문해 달라는 부탁을 받게 된다. 고넬료(코넬리우스, Cornellius)라는 이름의 이 백부장은 바로 "하나님을 경외하는 자들" 가운데 하나였다. 유대인이 이방인들의 집에 발을 들여놓은 것은 의식법에 의하면 몸이 더럽혀지는 것이다. 베드로가 바로 그 초청이 닿는 그 날 하나님께서 보여주신 환상의 경험을 통해 음식법이나 인간 사이에 "깨끗하고," "깨끗하지 않음"의 구별이 없다는 깨달음을 받지 못했다면 이 초청을 받아들이지조차 않았을 것이다. 베드로는 이러한 준비과정을 통해 초청을 수락한 후 욥바에 있던 다른 6명의 유대인 기독교 지도자들과 함께 가이사랴를 향해 떠났다. 그곳에 도달해 보니 고넬료의 집에는 다수의 이방인들이 모여 앉아 베드로의 가르침을 받기를 원하고 있다. 당시의 사건의 광경은 다음과 같이 기록에 남아 있다.

하나님께서는 이스라엘 자손들에게 그의 메시지를 전해주셨다. 이 메시지 내용은 곧 전 우주의 주님이신 메시아 예수를 통한 평화이다. 세례 요한이 전파한 세례의 뒤를 이어 이 소식은 갈릴리로부터 시작하여 유대인들이 거주하는 모든 지방으로 전파되어 나간 것을 당신들도 익히 알고 있을 것이다. 이는 즉 하나님과 성령님과 그 능력에 의해 메시아로서 기름부음을 받은 나사렛 예수에 관한 소식이다. 하나님께서 그와 함께 하셨기에 그는 여기

저기 다니시면서 선행을 행하시고 사단의 압박 아래 있던 자들을 모두 고치셨다. 우리들 사도들은 그가 팔레스타인과 예루살렘에서 이루신 사역을 직접 목격한 증인들이다. 그들은 그곳에서 예수님을 붙잡아 형틀에 못 박았다. 그러나 하나님께서는 3일 만에 그를 다시 살리시어 이미 예정하여 구별해 두셨던 증인들의 앞에 다시 나타나게 하시었다. 그가 다시 살아나신 후에 우리들은 진실로 그와 함께 먹고 마시고 하였다. 그리고 그는 우리들에게 명령하시기를, 바로 그야말로 산 자와 죽은 자를 함께 심판할 수 있는 재판관으로서 하나님으로부터 지명받은 자임을 온 세상 사람들에게 전하라고 하셨다. 그야말로 예부터 선지자들이 예언했던 자요, 그를 믿는 자들은 누구라도 그의 이름을 통해 죄의 용서를 받게 되기 때문이다.

물론 보통의 이교도인들 가운데는 이러한 기록의 의미를 제대로 깨닫지 못하는 자들이 태반이었을 것이다. 왜냐하면 이러한 가르침 뒤에 있는 배경을 제대로 알지 못했을 것이기 때문이다. 그러나 이러한 복음에 접했던 이들은 보통 이교도들은 아니었다. 이들은 하나님을 경외하는 자들로서 히브리어 경전 및 메시아의 소망에 대해 익히 알고 있었다. 베드로가 전하는 바대로 이들은 베드로의 가르침을 진실로서 받아들였으며, 오순절 때 주어졌던 특징적인 성령의 은사를 나타내면서 일찍이 사도들이 그러하였듯이 하나님의 위대하신 역사에 대해 새로운 방언으로 증거한다. 베드로와 그 일행들은 내심 경악을 금치 못했으나 동시에 하나님의 주권적인 은혜가 이방인들의 가슴 속에서도 역사하심을 인정하게 된다. 베드로는 주님이 승천하신 후 처음 예루살렘에서 유대인들에게 복음을 전했던 그때와 마찬가지로 이방인들도 세례를 받아야 한다고 전하였다.

이방인 고넬료의 집에서 베드로가 복음을 전한 사건은 시간적으로 볼 때 안디옥의 이방인들에게 복음을 전한 것보다 약간 앞섰을지도 모르나, 아마 그다지 큰 시차는 없었을 것이라고 짐작된다. 그 후 베드로는 예루살렘 공회 석상에서 자기가 최초로 이방인들에게 복음을 전한 장본인임을 주장하고 있다.

예루살렘에 돌아온 베드로는 동료들에게 이러한 전례없던 현상을 설명하지 않으면 안 되었다. 이방인의 집에 들어가 함께 식사한 것은 쉽게 넘길 일이 아니었다. 그러나 베드로는 단지 자기가 이러한 조처를 취하게 되었던 배경에 있는 하나님으로부터의 환상을 재연해 주는 것으로서 그 설명을 대신하였다. 이러한 특이한 계시가 없었다면 베드로 스스로도 역시 이러한 혁명적 조처를 취하지는 않았을 것이다. 그가 또한 이방인들에게 나타난 성령의 놀라우신 역사를 전하자 듣는 이들 역시 확실히 드러난 하나님의 기쁘신 뜻을 좇는 외에 다른 길이 없음을 느끼게 되었다. 그러나 유대 전통을 벗어난 베드로의 행동과 다른 사도들이 이에 보여준 동조행위는 곧 교회의 안팎에서 여러 가지 반향을 일으키게 되었다. 그러나 당시 팔레스타인에서는 유대인들이나 그리스도인들이거나를 막론하고 우선 생각해야 할 보다 시급한 당면 문제가 있었다. 40년 말에는 전 유대 사회를 뒤흔든 큰 사건이 발생했다. 아구스도(아우구스투스, Augustus) 황제 시절부터 예루살렘 성전에서는 황제들을 위해 제물이 바쳐지는 것이 관습처럼 되어 있었다. 황제 자신이 이를 위해 경비를 부담하였다. 그런데 37년 디베료(티베리우스, Tiberius)를 계승한 가이우스(Gaius: 칼리굴라<Caligula>라는 이름으로 더 널리 알려지고 있음) 황제는 이로써 만족하지 못했다. 그는 스스로의 지위에 대해 과대망상증을 일으킨 정신병자였다. 자기가 신(神, Divinity) 임을 주장하면서 이에 합당한 예우를 하라고 요구하고 나섰다. 황제들은 이미 동방의 신민들로부터 각종 신적인 명예와 칭호를 받아 누리고 있었다. 그러나 유대인들은 당연히도 이러한 숭배를 거부하였는데, 가이우스는 이 때문에 신경이 거슬리는 중이었다. 그는 제물이 자기를 "위하여"(for) 바쳐지는 것으로는 만족하지 못했다. 제물을 자기 "에게"(to) 바치라고 명령하였다.[2] 서부 유대 지방의 쟘니아(Jamnia)라는 곳에서는 이방인들이 황제 앞으로 제단을 쌓았다. 이곳에서 다수를 점하고 있던 유대인들은 즉각 이를 철거해 버렸다. 이 소식에 접한 가이우스는 예루살렘 성전 안에 자기의 동상을 세우라고 엄명하였다. 유대인들이 죽음을 각오하고라도 자기의 명에 거역할 것을 익히 알고 있던 가이우스는 무력으로 이를 강행시키기 위해 시리아 총독 페트로니우스(Petronius)에게 2개 군단을 주어 예루살렘으로 진군시킨다.

이러한 사태는 일반 유대인들뿐만 아니라 팔레스타인에 거주하던 그리스

---

[2] 예루살렘의 성전에서 자기를 위해 제물과 기도를 올리고 있다는 알렉산드리아 거주 유대인들의 사절들을 향한 황제의 반박을 비교해 보라. "나를 위해 희생을 드렸다 해도 어쨌든 다른 대상에게 제물을 바친 것이 아니냐? 나에게 제사 드리지 않았는데 무슨 소용이 있단 말이냐?"(Philo, Embassy to Gaius, 357).

도인들에게도 영향을 미쳤을 것이 분명하다. 페트로니우스는 프톨레메이스 (Ptolemais: 현재 아크레<Acre>)에까지 진군하였다. 유대인들은 이곳에서 페트로니우스에게 빗발치는 항의를 하며 이러한 굴욕을 감수하느니 차라리 최후의 일인까지 항거하겠다는 결의를 분명히 밝혔다. 페트로니우스는 자기에게는 아무런 결정권이 없으니 황제의 명령을 수행할 수밖에 없노라고 답하였다.

아마 이때쯤 팔레스타인의 그리스도인들은 예수님께서 생전에 특히 이러한 경우를 대비하여 주신 것 같은 말씀을 생각하였다. 그의 말씀은 성전의 파괴와 이에 따른 대박해를 예언하시는 말씀이다. 이때를 당해 그리스도인들은 유대를 떠나 도망하라고 말씀하고 계셨다. 즉 "멸망의 가증한 것이 서지 못할 곳에 선 것을 보거든 그때 유대에 있는 자들은 산으로 도망할지어다"[3] 라는 마가복음의 말씀이다. 이 성경 구절이 이때쯤 기록되었다는 사실과 마치 격문이나 포스터처럼 널리 유포되었을 것이라는 것은 괄호 안에 들어 있는 인용문 "듣는 자는 깨달을진저"(즉 독자들은 여기서 무슨 사건을 가리키고 있는지 이해할지어다)를 보아 서로 가히 짐작할 수 있다.

결과적으로 이때의 위기는 예수님의 예언이 실제로 가리키는 사건은 아니었다. 위험은 중간에 사라지게 된다. 실제로 예루살렘 시와 성전이 완전히 파괴된 것은 그로부터 30년이 더 지난 후였다. 그러나 당시의 위기는 초대교회에 큰 영향을 남기게 되었는데, 이는 비단 그 후의 요한계시록뿐만 아니라 바울 서신들을 통해서도 알 수 있다. 한 가지 예를 들어, 바울은 데살로니가 교회에 보낸 두 번째 서신 가운데서 "누가 아무렇게 하여도 너희는 미혹하지 말라 먼저 배도하는 일이 있고 저 불법의 사람, 곧 멸망의 아들이 나타나기 전에는 (주 예수 그리스도의 강림하심이) 이르지 아니하리니 저는 대적하는 자라 범사에 일컫는 하나님이나 숭배함을 받는 자 위에 뛰어나 자존하여 하나님 성전에 앉아 자기를 보여 하나님이라 하느니라."[4] 바울은 수개월 전 이들과 함께 있을 때 이 말을 하였음을 상기시키고 있다. 이러한 내용들 가운데는 하나님의 성전에 자리잡은 무법의 화신과 그 이전에 언급한 바, 서지 못

---

[3] 단 9:27; 11:31; 12:11에서 처음 나타나는 표현은 주전 167년 안티오쿠스 에피파네스에 의해 세워진 제우스의 제단에 적용되었다(막카비 상 1:54). (본문의 그리스도의 말씀이 인용된) 막 13:14의 헬라어 본문을 보면 문제의 가증한 것이 남성형으로 되어 있음을 알 수 있다.

[4] 살후 2:3f.

할 자리에 선 "멸망의 가증한 것" 사이에의 연관이 뚜렷이 나타난다.

그러나 주후 40년 페트로니우스는 내심 황제의 미친 명령을 수행하고 싶은 마음이 없었기에 계속 머뭇거리면서 시간을 보내고 있었다. 이러한 틈을 타서 헤롯 대왕(예수님 탄생시의 헤롯 왕)의 손자 헤롯 아그립바는 신속히 가이우스에게 명령을 취소해 달라는 사절들을 파송하였다. 가이우스는 아그립바와 특히 교분이 두터워, 그를 빌립, 리사니아스와 안디바가 다스리던 요단강 이동 지방과 갈릴리 지방의 왕으로 임명한 바 있었다. 가이우스는 아그립바의 우정을 기억했음인지 페트로니우스에게 다시 명령을 내려 만약 동상이 이미 세워졌으면 그냥 내버려두고, 아직 세워지지 않았다면 억지로 세울 필요가 없다고 하였다.

그러나 이때 페트로니우스는 이미 유대인들을 전멸시키지 않고는 황제의 명령을 수행할 수 없다는 편지를 보낸 터였다. 따라서 가이우스는 페트로니우스에게 다시 두 번째 편지를 보내어, 명령 불복종죄로 자결하도록 명령하였다. 그런데 페트로니우스에게 이 두 번째 편지가 미처 전해지기도 전에 그는 황제 가이우스가 암살당했다는 소식을 먼저 들었다.

가이우스를 계승한 글라우디오(Glaudius, 41~54)도 계속 아그립바에게 호의를 보여 유대 지방을 그의 영토에 첨가하였다. 따라서 41년부터 아그립바가 죽은 44년까지 유대 지방은 로마 총독 뿐만 아니라 유대인 왕의 통치를 받았다. 비록 그는 헤롯의 일족(헤롯 가는 원래 에돔 족속임)이기는 하였는데 또한 (할머니 매리암<Mariamme>을 통해) 유대인 혈통인 하스모니안 왕조의 혈통을 이어받기도 한 인물이었으며, 아그립바 역시 유대인들로부터 인기를 끌기 위해 노력하였다.

미쉬나(Mishanah)의 기록을 보면 그가 안식년(아마 주후 40년 10월)을 맞아 초막절에 "왕국의 법도"[5]를 (모든 유대 왕들의 의무의 하나로서) 낭독하다가 "너희 형제가 아닌 타국인을 너희 위에 세우지 말 것이며…"하는 구절에서 눈물을 흘렸다는 모습이 기록되어 있다. 그러나 이를 본 국민들은 계속 소리지르기를 "절대 근심하지 말라. 그대는 진실로 우리들의 형제이니!"라고 하였다. 아그립바는 사도행전 12:1에 등장하는 "교회 중 몇 사람을 해하려 하여" 손을

---

5) 신 17:14~20.

들었던 바로 그 헤롯왕이다.[6] 약 10년 전 스데반의 죽음 직후 발생하였던 박해에서 사도들은 큰 해를 받지 않았다. 그러나 이제는 사도들이 바로 주된 박해 대상이었다. 유대 지방 주민들의 찬성 아래 세베대의 아들 야고보는 목이 잘렸으며, 베드로는 투옥 당하였다. 그러나 일반 대중들이 나사렛당 전체를 무조건 미워한 것은 아니다. 예수님의 형제 야고보와 그를 좇았던 추종자들은 그 후 20년 이상이나 별다른 피해를 입지 않았다. 이 당시 왜 사도들이 특히 박해의 대상이 되었는가 하는 이유는 베드로가 가이사랴에 사는 이방인 고넬료의 집을 방문한 것을 계기로 사도들의 행동반경이 넓어진 데서 찾을 수 있다. 비록 사도들은 베드로의 행위를 묵인하였지만 이러한 사실은 곧 외부에 알려지게 되었다. 유대인 그리스도인들은 베드로의 행동을 뭔가 꺼림칙하게 여겼을 것이고, 비기독교도 유대인들은 완전히 이를 적대시하였을 것이다.

어쨌든 베드로는 주후 44년의 유월절 축제 기간 중 감옥을 탈출하는데 성공하였다. 그 후는 안디옥으로 가서 한동안 잠적한 것으로 보인다. 아그립바는 그 해 여름 갑자기 사망하였다.[7] 그가 황제를 위해 가이사랴에서 주최했던 축제가 진행되는 도중이었다. 이에 따라 유대 지방은 다시 총독들의 손에 의해 다스려지게 되었다. 글라우디오는 아그립바의 아들(소<小> 아그립바, Agrippa the younger)을 후계자로 지명할까도 고려하였는데, 아들의 나이가 너무 어리다고 판단하여 그대로 실행하지는 않았다(그는 당시 열일곱 살이었다).[8] 따라서 베드로는 비로소 안전하게 예루살렘으로 돌아올 수 있게 되었다. 그러나 이때쯤부터 시작하여 예루살렘교회의 지도권은 점차 예수님의 형제 야고보의 손으로 옮겨가기 시작하였다.

베드로가 감옥에 갇혀 있을 당시에는 이미 야고보는 특별한 위치를 차지하고 있었던 것처럼 보인다. 전해지는 바에 의하면 베드로는 탈출하였을 때 (전도자 요한 마가의 어머니) 마리아의 집으로 갔다고 한다. 당시 그녀의 집은 그리스도인들의 집회소처럼 사용되고 있던 것으로 보인다. 베드로의 구출을 위해 그곳에 모여 기도하고 있던 신도들에게 베드로는 자신의 탈출을 알리고 다른 곳으로 떠나기 전 "야고보 및 형제들에게"가 소식을 전해주도록 부

---

6) 미쉬나, *Sotah*, VII, 8.
7) Cf. 행 12:20~23. 요세푸스, *Antiquities*, XIX, 8:2.
8) 수 년 후 아그립바는 그의 부친이 41년 이전에 다스리던 지역을 자기의 왕국으로 하사받았다. 그는 누가의 역사서 가운데(행 25:13~26) 아그립바 왕으로 등장하고 있다.

탁하였다. 이를 보면 주후 44년경 야고보는 이미 지도적 위치를 점유하고 있었으며, 자기의 추종자들을 거느리고 있음을 알 수 있다.

그로부터 2년 후, 바나바와 바울은 당시 기근으로 시달리고 있던 예루살렘 모교회를 위한 구제품을 지니고 안디옥으로부터 도착하였다. 바울은 그 후 이때의 회견을 회상하는 가운데 당시 예루살렘교회의 "기둥들"을 언급하면서 야고보, 베드로, 요한(세베대의 아들)들의 이름을 이 순서대로 열거하고 있다.9) 야고보는 당시 베드로와 요한과 함께 바울과 바나바에게 "우의의 오른손"(the right hand of fellowship)을 주고, 다른 이들이 유대인들의 복음화를 위해 전력을 다하는 반면 바울과 바나바는 이방인들의 전도를 위해 주력하도록 인정하였다.

그뿐 아니라 40년대 중반 이후 베드로를 비롯하여 다른 사도들의 모습은 점차 예루살렘으로부터 사라져가는 것을 알 수 있다. 그러나 야고보는 항상 그곳에 자리 잡고 있다. 야고보는 아마 일단의 장로들과의 협의 아래 점차 증가해 가는 예루살렘의 나사렛당 공동체를 이끄는 행정을 책임지고 있었던 것으로 보인다. 기독교의 장로제 조직은 유대인들의 산헤드린(Sanhedrin) 공회들을 모방한 것이 거의 확실하다고 볼 수 있다.

따라서 그 후 수년이 지났을 때, 기독교 공동체 내의 이방인 회심자들의 위치에 관한 중대한 결정을 내려야 했던 자리에서 야고보는 중심적 위치를 차지하고 있다. 안디옥교회의 선교로 말미암아 곧 세계에는 유대인 그리스도인들 보다 이방인 그리스도인들의 숫자가 더욱 많아질 것이 분명해졌으므로 이러한 결정이 시급하게 된다. 또한 사실 이 문제에 관해 야고보가 실제적 지혜를 발휘함으로써 원시 기독교 사회에 다시 지울 수 없는 상처를 남길 수도 있었던 위기가 화해와 이해의 정신 속에서 해결된다.

---

9) 갈 2:9.

예루살렘 공회

    기독교 공동체 안에 이방인 신자들이 계속 들어옴으로써 다수의 전통적인 유대인 그리스도인들은 많은 문제에 직면하게 되었다. 뚜렷한 해결 방안을 즉시 제시한다는 것은 결코 쉬운 일이 아니었다. 베드로가 이방인 고넬료의 집을 방문하여 그의 가족들에게 그리스도의 지식을 전했을 때 발생한 사태처럼 사도들 간에도 이견과 의혹이 생길 지경이었다. 이러한 문제들은 잠정적으로 가라 앉았다가도 안디옥교회에 이방인들이 대규모로 찾아왔고 바나바와 바울 등이 선교여행을 통해 세운 자(子) 교회들에도 다수 이방인들이 출석하기 시작함으로써 다시 심각하게 제기되었다.

    일부 예루살렘 교인들 가운데는 특히 "율법에 열심인 자들"(Zealots for the law)[1]이라 불리던 바리새인들에 가까운 자들이 있었다. 이들에게 있어서 교회란, 물론 온 유대인들이 고대하던 소망의 실천을 구체화시킨 기관이기는 하나, 역시 이스라엘 전체 국가 안에 자리 잡은 분파들 가운데 하나에 불과하였다. 따라서 이들이 주장한 해결책 역시 단순하였다. 이들은 우선 그토록 많은 숫자의 유대인들이 예수님을 메시아로서 맞아들이기를 거부했으니만큼 필요한 숫자를 충족시키기 위해서 이방인들도 받아들일 수 있다는 데에 찬성하였다. 그러나 이 이방인들은 개종자(proselyte)의 신분으로 가입되어야 한

---

1) 행 15:5; 21:20.

다고 생각하였다. 이들 역시 할례를 받고 모세의 율법 전체를 지켜야만 한다는 주장이다.

그러나 예루살렘 밖의 그리스도인들은 이러한 주장을 펴지 않은 것이 분명하다. 베드로는 이미 수 년 전에 인간을 구별하여 "속되거나 불결하다"고 부르는 것이 옳지 않음을 배웠다. 그는 신앙을 소유한 자면 유대인이나 이방인이거나를 막론하고 하나님께서는 받아들이신다는 사실을 확인했다. 따라서 베드로는 고넬료가 할례를 받는 것이 필요하다고 주장하지 않았으며, 이를 원치도 않았다. 그뿐 아니라 주후 46년경 바울과 바나바가 안디옥교회로부터의 구제품을 가지고 예루살렘을 방문하였을 때[2] 이들은 안디옥교회의 젊은 헬라인 신도를 함께 대동하였는데, 이 청년의 이름은 디도(티투스, Titus)였다.[3] 비록 디도가 이방인으로서 할례를 받지 않은 것이 분명하였지만 당시에는 아무도 그가 할례를 받아야 한다고는 주장하지 않았다. 안디옥교회는 처음부터 이처럼 자유스런 분위기를 유지했던 것 같다. 또한 새로이 소아시아 지방에 형성된 교회들은 단지 유대인들뿐만 아니라 이들보다 더 많은 숫자의 이방인들을 포함하고 있었는데, 아무도 할례를 받거나 혹은 유대교의 의식법을 지키도록 요구하지 않았다. 실제로 당시에는 영적 중요성만 인식한다면 실제 할례식을 거행하지 않아도 무방하다는 유대인들도 있었다. 그러나 그처럼 유식하였던 알렉사드리아의 필로(Philo of Alexandria)같은 진보주의자를 포함한 대부분의 유대인들은 역시 할례를 필수적인 의식으로 생각하였다.[4] 예루살렘에 있는 대부분의 나사렛 당원들 역시 이러한 의견이었을 것은 분명한 일이다. 따라서 충분한 토의와 의견 교환을 거쳐 이 문제를 우선 해결하지 않는 한 예루살렘 및 유대 지방에 있는 교회들과 안디옥 및 그 자녀 교회들 사이에는 분열이 생길 요인을 안고 있는 셈이었다.

이러한 위험은 안디옥교회에 파견된 몇몇 사절들로 인해 더욱 가중되었

---

2) 제8장을 참조할 것.
3) 갈 2:3. 디도는 누가의 형제였는지도 모른다.
4) 필로는 단지 영적인 교훈을 깨닫고 실행하는 것으로 충분하다고 주장하여 제사법을 문자적으로 지키기를 포기한 자들을 비판하고 있다(*On the Migration of Abraham*, 89~94). Cf. 또한 요세푸스의 *Antiquities*, XX, 2:4를 보면 아디아벤느의 이자헤스 국왕을 보좌하던 유대인 교사가 할례를 받지 않고 유대교의 가르침을 좇아 하나님을 섬기도록 충고하는 장면이 나온다.

다.[5] 이들은 자기들의 권한을 초과하여 구원을 받기 위해서는 할례를 받고 모세의 율법을 지켜야 한다고 주장했다. 물론 이들은 할례 받지 않은 자들과는 가능한 한 접촉을 피하고자 하는 것이 당연하였다. 따라서 "성만찬," 혹은 "유카리스트"(Lord's Supper or the Eucharist)라고 불린 엄숙한 식사에 할례 받지 못한 자들과 함께 하지 않는 것은 당연한 처사였다. 그들은 이에 따라 구원의 방도에 대한 근본적 문제와 유대인과 이방인 그리스도인들 사이의 친교의 실제적 문제에 대해 곤란한 상황을 안디옥교회에 발생시키게 되었다. 이에 따라 기본적 문제에 대해 타협하기를 거부한 이들은 무언가 양자택일을 할 수밖에 없는 국면에 이르게 된다.

이러한 방문객들이 예루살렘에서 왔을 때 베드로는 마침 안디옥에 머무르고 있었다. 그는 처음 안디옥에 도착했을 때 우리가 능히 짐작할 수 있듯이 자유스럽게 이방인 그리스도교도들과 함께 식사를 나누었다. 그러나 이들 방문객이 도착하자(이들 가운데 하나는 야고보에게서 특별한 메시지를 가져온 듯하다) 이방인들로부터 떨어져 유대인들과만 식사하기 시작했다. 베드로는 아마도 예루살렘 사절들의 연약한 양심에 상처를 주지 않기 위함이라고 주장했을지도 모른다.

그러나 사람들의 눈에는 사도들 가운데 수장격인 베드로가 욥바에서 깨달아 가이사랴에서 실천에 옮기기 시작했던 바로 그 교훈을 잊기 시작한 것처럼밖에 보이지 않았다. 그의 이러한 양보는 유대인, 이방인을 막론하고 기독교사회에 큰 부정적 영향을 줄 수밖에 없었다. 최근 바울과 동행했던 전도여행에서 돌아온 바나바 역시 이러한 본보기를 좇고자 하는 지경이었다. 그러나 바울은 만약 이 문제에서 약간이라도 양보할 경우, 장기적 안목으로 볼 때 구원은 믿음을 통해 받아들이는 그리스도 안에서의 하나님의 선물이라는 기본적 원칙을 포기하게 된다는 사실을 냉철하게 깨닫고 있었다. 왜냐하면 이 새로운 공동체에 참여하기 위해서 반드시 할례를 받아야 한다는 이론은, 즉 구원을 위해서는 할례가 필수적이라는 것과 동일한 의미이기 때문이다. 베드로에게는 의식적으로 이러한 동기가 없었다 할지라도 베드로의 양보야말로 앞으로의 분열을 은연 중 일으키는 쐐기의 가는 끝과 같은 역할을 하고 있었다. 할례 받지 않은 그리스도인들과 같은 식탁에 앉지 않을 경우, 곧

---
5) 행 15:1, 갈 2:12.

할례 받지 않은 자들과는 성도의 교제를 나누지 않거나, 그리스도 안에서 하나님의 구원을 받지 못한 자들로 여기는 사태가 뒤따를 것이 뻔하였다. 따라서 바울이 (그의 표현을 빌리면) "면책"한 것은 당연한 처사였다.[6] 왜냐하면 베드로의 행동은 비록 할례가 기독교 공동체에 가입하는 공식적 조건이라고는 주장하지 않는다 할지라도, 실제적으로 필요하다는 입장을 인정한 셈이기 때문이다. 사실 베드로 자신은 할례를 아무런 조건이라고 생각지 않았다. 따라서 바울은 그의 행동을 가리켜 "히포크리시스"(hypokrisis), 즉 외식이라고 표현하고 있다.[7] 베드로는 순순히 바울의 책망을 받아들인 것이 분명하다. 양자 모두 그 후는 이때의 사건을 재론하지 않고 있다.

그런데 문제는 안디옥에만 국한된 것이 아니었다. 멀지 않아 갈라디아 지방에 새로이 세워진 교회들에서 같은 문제가 계속 발생한다. 즉 비시디아의 안디옥, 이고니움, 루스드라, 더베 등이다. 유대파 그리스도인들이 이 교회들을 찾아가서는 (바나바와 바울이 가르친 교훈과는 달리) 그리스도를 향한 신앙 외에도 할례를 받고, 유대교의 의식법들을 다 지켜야 한다고 역설하였다. 아직 순진했던 이들 어린 교회들은 그자들의 가르침에 쉽사리 미혹되는 것이 보통이었다. 그러나 안디옥에 있던 바울의 귀에 이러한 소식이 들리자 그는 곧 갈라디아 지방의 교인들 앞으로 급한 편지를 보내었다.[8] "그리스도의 은혜로 너희를 부르신 이를 이같이 속히 떠나 다른 복음 좇는 것을 내가 이상히 여기노라." 바울이 볼 때 이들의 교훈이야말로 오직 그리스도 안에서의 믿음으로 죄로부터 구원하고, 하나님의 백성으로 인정하심을 얻는 복음의 본질에 정면으로 상치되는 것이다. 복음은 오직 믿음을 요구하지, 그 어떤 율법에의 순종을 구원의 조건으로서 요구하지는 않았다. 따라서 이들의 복음은 다른 복음—다시 말하면, 전혀 복음이라고조차 생각할 수 없는 내용이다. 분노와 안타까움 속에서 쓰인 바울의 이 서신 가운데는 그가 "갓난 아기"들이라 일컬었던 새로운 신자들을 향한 사랑과 걱정, 그리고 이들을 미혹

---

6) 갈 2:11.
7) 갈 2:13.
8) 이 문제에 관해 특히 관심이 있는 인사들은 필자가 이미 바울의 갈라디아 서신을 이 시기로 추정하고 있으며, 이를 현재까지 남아 있는 그의 서신들 가운데 최초의 것으로 추정하는 의견에 동조하고 있음을 알 것이다. 이에 관해 보다 자세한 설명을 보기 위해서는 브루스(F. F. Bruce), *The Epistle of Paul to the Galatians*, NICTC (1982)를 보라.

하는 무리들을 향한 정당한 분노가 아로새겨져 있다.

이 문제를 시급히 해결해야 할 필요가 있었기에 안디옥교회는 바울과 바나바를 포함한 사절단을 파견하여 예루살렘교회 지도자들과 신중히 의논하도록 하였다. 그리하여 주후 49년, 역사적인 예루살렘 공회가 열리게 된다. 할례당들은 자기들의 주장을 고집하였는데, 이에 대한 반대의견 역시 거세서 그냥 무시해 버릴 수 없었다. 아마도 최근 바울로부터의 훈계에 자극을 받은 듯, 베드로가 일어나 하나님께서 고넬료와 그의 가정을 부르시고 그와 그의 가족들에게 성령을 부어주셨음을 역설하였다. 바나바와 바울은 그들의 최근 아나토리아 지방의 전도여행 중에 하나님께서 이방인들에게도 유대인들과 아무런 차별 없이 축복을 부어주셨음을 설명하였다. 최종적으로 (아마도 할례당들이 최후의 희망을 걸었던 듯한) 야고보가 일어나, 모든 의논들을 종합하면서 하나님께서는 유대인들뿐만 아니라 이방인들도 평등하게 부르셨음(이미 구약을 통해 예언되었던 바대로)을 인정하고, 하나님께서도 요구하시지 않은 조건들을 인간이 이방인 신자들에게 요구할 수는 없다고 결론을 맺었다. 이러한 야고보의 결론이 문제의 해답을 제공한 셈이다. 이방인들은 구원을 위해서나 혹은 유대인 신자들과의 교제를 위해서나 신앙외의 그 무엇도 필요하지 않다고 결정하였다.

그런데 아직 실제적 문제가 남아 있었다. 대부분의 교회에서는 이방인 신자들이, 특이한 음식법과 가능하면 이방인들과의 교제를 억제하라는 교육 가운데 자라난 유대인 신자들과 함께 동거해야 하는 것이 현실이었다. 따라서 근본적 원칙을 타협하지 않는 한 물론 이방인 신도들이 할례를 받거나 음식법을 지켜야 할 의무는 없더라도, 보다 "약한" 유대인 신도들의 마음의 부담을 덜어주도록 하는 것이 또한 사랑과 존경의 정신으로 보였다. 사실 모든 유대인 신도들이 하루아침에 베드로와 바울처럼 되기를 바라는 것은 무리한 일이다. 이에 따라 공회는 일종의 삼정적 방안을 제시하였다. 이들은 이 이방인들에게 우상숭배를 금지해야 할 것은 물론이거니와 이방 잡신들에게 제사되었던 음식 등, 우상숭배와 관련된 모든 것들을 삼갈 것을 권면하였다. 또한 피를 먹지 않는 유대인들의 계율을 함께 지키고(이는 곧 피를 제대로 제거하지 않은 고기까지도 포함되었다), 구약의 계율에 기본을 둔 유대인들의 결혼법에 따라 성적 질서를 지키기를 요구하였다. 이것이 바로 사도행전

15:23~29에 보존되어 있는바 예루살렘교회의 두 사절들, 유다와 실바누스(Silvanus, 혹은 실라<Silas>)가 안디옥교회에 전해 준 공회의 편지 내용이다.

사도와 장로 된 형제들은 안디옥과 수리아와 길리기아에 있는 이방인 형제들에게 문안하노라. 들은즉 우리 가운데서 어떤 사람들이 우리의 시킨 것도 없이 나가서 말로 너희를 괴롭게 하고 마음을 혹하게 한다 하기로 사람을 택하여 우리 주 예수 그리스도의 이름을 위하여 생명을 아끼지 아니하는 자인 우리의 사랑하는 바나바와 바울과 함께 너희에게 보내기를 일치 가결하였노라. 그리하여 유다와 실라를 보내니 저희도 이 일을 말로 전하리라. 성령과 우리는 이 요긴한 것들 외에 아무 짐도 너희에게 지우지 아니하는 것이 가한 줄 알았노니 우상의 제물과 피와 목매어 죽인 것과 음행을 멀리 할지니라.[9] 이에 스스로 삼가면 잘 되리라. 평안함을 원하노라.

안디옥교회는 이 편지를 받아보고 크게 만족하였다. 이 편지 안에 기록된 금지조항들은 안디옥교회 지도자들이 그렇잖아도 이미 이방인 신도들에게 지키도록 요구하고자 했던 사항들이다.

이 사건을 보면 예루살렘의 모교회가 안디옥 및 소아시아에 있던 교회들을 억지로 강요하는 권한을 가지고 있지는 않았음을 알 수 있다. 호트(Hort)가 이미 지적한 바대로 헬라어에는 명령동사들이 얼마든지 있음에도 불구하고, 전혀 명령형이 사용되지 않았다.[10] 따라서 모든 지교회들이 좇고 따라야 하는 중앙집권 통수의 개념은 존재하지 않았다.

---

9) 여기서 "음행"이라고 번역된 단어는 헬라어로 porneia로서 흔히 "간음"을 의미한다. 비록 당시 이교도들은 각종 성적 범죄들을 과음, 과식과 거의 같이 취급하기는 했으나, 이것이 여기 식이법과 나란히 포함된 것은 이상하게 보일지도 모른다. 그러나 음행을 멀리하는 것은 우상숭배를 멀리하는 것만큼이나 기초적 기독교 윤리, 교리의 필수적인 부분이었다. 이에 관한 유대인들의 율법은 레위기 18장에 근거하고 있다. 이 율법을 어기는 셈이 되는 이방인들과의 결합은 유대인들에 의해 porneia로서 분류될 것이다. 이는 모든 신자들에게 적용되어야 하는 혼인법이었으며, 이미 유대인들 사이에는 시행되고 있었다. 이 서신 가운데 들어 있는 porneia는 그런 의미에서 이해되어야 한다.
10) 호르트(F. J. A. Hort), *The Christian Ecclesia* (1897), 82. 67ff에 나타나는 바, 그의 예루살렘 공회에 관한 설명을 보라. 물론 사도들의 권위는 그들의 위치 때문에 어느 한 지역에 국한되지 않았으나, 예루살렘교회 및 그 장로들까지도 이러한 권위를 누릴 수 있는 것은 아니었다.

일부 학자들은 바울의 입장에서는 이러한 제안들을 받아들일 수 없었을 것이라고 주장한다. 그러나 바울이 반드시 이들을 반대해야 할 이유도 찾아 볼 수 없다. 원칙만 타협하지 않아도 된다면 바울은 그 누구보다도 화해를 추구하는 인물이다.[11] 바울은 자기가 직접 쓴 편지들을 통해서도 강한 믿음을 가지고 이 문제에 확신이 있는 이들이라 할지라도 보다 약한 믿음을 가진 이들의 양심에 거침돌이 되지 않기 위해 스스로 자제해야 한다고 주장한다.[12]

그 모든 논쟁을 일으켰던 상황은 일시적인 것이었다. 주후 70년 이후에는 더 이상 시급한 문제가 되지 못했다.[13] 그리고 주후 135년 이후에는 예루살렘교회 자체가 이방인 교회로 전환되었다. 한 세대가 지난 후에는 사도들의 훈령이 그 의미를 잃어 사도행전의 서부판(western text: 제2세기 초에 작성)에는 전적으로 윤리적 조항들 - 우상숭배, 살상, 간음 등의 금지 - 로 대치되어 있음을 알 수 있다.[14] 이에는 또한 황금률이 부정형으로 첨가되어 있다. "무엇이든 자기가 당하기 싫은 짓은 남에게도 하지 말지니라."[15]

안디옥교회뿐만 아니라 안디옥에 딸린 지교회들에도 사도들의 서신을 전달해 주는 것이 필요했다. 이들 가운데 일부는 특히 서신에 명시된 대로 안디옥이 수도이던 시리아 - 길리기아 지방에 자리 잡고들 있다. 그러나 예루살렘에 있는 사도들과 장로들이 바울과 한가지로 유대주의자 유대인들과는 의견을 달리하고 있다는 사실을 새로 교회들이 설립된 지방 - 저 멀리 갈라디아 일원의 교회들에게까지 전해주어야 할 필요가 있었다.

따라서 사도들의 편지를 휴대한 사신들과 함께 예루살렘으로부터 돌아와 안디옥에 머물고 있던 바나바와 바울은 갈라디아 남부지방의 교회들을 방문하기로 하였다. 그러나 정작 떠날 때가 되었을 때 바나바는 이전의 여행 시와 마찬가지로 마가를 데리고 가자고 주장한다. 바울은 이를 정면으로 반대하였다. 그는 처음 여행 때 마가가 중도에 포기한 사실을 잊지 못하고 있다. 바

---

11) Cf. 행 16:3; 21:26, 고전 9:19~22.
12) 롬 14:1~15, 고전 8장.
13) 이 서신 가운데 나타난 지시들은 제1세기 말, 요한계시록(cf. 2:14, 20)이 쓰이던 제1세기 말에도 수행되고 있었으며, 주후 177년까지도 고올 지방 교회에서 준행되었다(cf. Eusebius, *Ecclesiastical History*, V, I, 26). 고올 지방은 소아시아로부터 복음화되었다.
14) 유대인들도 이들 세 가지 금지조항들을 전체 인류들에게 적용되는 "Noachic" regulation 으로 이해하였다.
15) 제 3장, 각주 43을 보라.

나바도 바울도 이 문제를 끝내 양보하지 않았으므로 안디옥교회는 결국 두 팀의 전도 여행자들을 파송하게 된다. 바나바와 마가는 구브로(Cyprus)로, 바울은 소아시아로 떠나게 된다. 그러나 바울은 단독으로 길을 떠나지는 않았다. 예루살렘에서 편지를 가져온 사람들 가운데 하나이던 실라를 사귀어 보고는 그가 원만한 성품의 소유자임을 발견하였다. 실라는 그뿐 아니라 바울과 마찬가지로 로마 시민권자이기도 하였다.[16] 이는 광대한 로마의 영토를 섭렵하는데 상당히 유리한 조건이다. 따라서 바울은 실라를 예루살렘으로부터 불렀다. 바울과 실라는 길리기아, 남부 갈라디아 지방을 두루 돌아 이 지역에 자리 잡은 기독교 공동체들을 격려하고 사도들로부터 온 편지의 사본들을 배포하였다.

---

16) 행 16:37f를 볼 때, 이는 정당한 추측이다. 실바누스(Silvanus)는 그의 로마식 cognomen 이며, 실라(Silas)는 유대식 이름이다.

유럽 안으로

다음에는 어떻게 됐을까? 소아시아를 서쪽으로 관통하는 대로는 길리기안 게이트로부터 비시디아의 안디옥에 이르기까지 복음화된다. 그 뒤에는 아시아 지방의 수로라 할 수 있는 헬라의 고도(古都)에 에베소(Ephesus)가 자리 잡고 있다. 따라서 바울과 실라가 에베소를 다음 목표로 설정한 것은 당연한 일이라 할 수 있다. 그러나 에베소를 향한 전도의 길이 막힌 것을 발견하였다. 그러나 당분간 아시아 지방 전도의 길이 막혔다면 비시디아 안디옥으로부터 북쪽으로 가는 길을 통해 술탄 다그(Sultan Dagh) 산 주위를 지나 비시디아 지방의 북쪽에까지 도달할 수가 있다. 이 지점에서 길은 다시 나뉘게 된다. 하나는 비시디아의 수도인 바르모라 해에 면한 니코메디아(Nicomedia)의 북쪽으로 이어지고, 다른 한 길은 서부로 구부러져 다르다넬스(Dardanelles) 해협 입구의 바로 남쪽에 있는 에게 해의 항구 드로아(Troas)에 연결된다. 그러나 비시니아로 가는 길은 막혔기에 이들은 드로아로 향하는 길을 택하였다.

바울과 실라는 루스드라에서 디모데(티모테우스, Timotheus)라는 청년을 뽑아 대동하였다. 디모데는 헬라인 아버지와 유대인 어머니 사이에 출생한 혼혈아로서 루스드라의 교회에 속해 있다. 드로아에서는 안디옥 출신의 의사 누가(Luke)와 합류했는데, 바로 이 누가가 누가복음과 사도행전을 기록하였다.

에베소와 니코메디아로 향하는 길을 갈 수 없게 되자, 이들 선교사들은 성령의 인도하심을 간구하였다. 이들은 드로아에 도착하여 이를 확실히 계시로 받았다. 바울은 꿈에 환상을 보았다. 어떤 마게도냐(마케도니아, Macedonia)인이 나타나 "마게도냐로 건너와서 우리들을 도우라"고 간청하고 있었다.[1] 바울이 이 환상을 동행들에게 전하자 세 사람은 모두 이 계시가 하나님으로부터 받은 것임을 인정하고 북부 에게 해를 건너 마게도냐로 가기로 하였다.

그들은 배를 타고 네아폴리스(Neapolis: 현재의 카빌라<Kavalla>)에 도착하였다. 그들은 이곳에서 에그나티안 대로(Engnatian Road)를 따라 로마의 식민지이던 빌립보(필립파이, Phillipi)에 도착하였다. 에그나티안 대로는 에게해 연안 네아폴리스에서 시작하여 마게도냐와 일리리쿰(Illyricum)을 거쳐 아드리아해 연안에 있는 딜라치움(Dyrrhachium: 현대의 두랏조<Durrzzo>)에까지 연결된다. 빌립보는 안토니(Antony)와 옥타비안(Octavian)이 쥴리우스 시저(Julius Cæsar)의 암살자들인 브루투스(Brutus)와 카씨우스(Cassius)를 물리치고 주전 42년에 자기 병사들을 정착시킴으로써 건설되었다. 이곳에서 발생한 일들을 누가가 친히 본 목격으로 남겨 두었다. 이곳에는 유대인들의 숫자가 충분하지 못하여 정식 회당을 운영하지는 못했던 듯하나[2] 유대 여인들과 이방 여인들이 도시 밖의 간지테스(Gangites) 강가에서 모여 기도하고 있었던 것이다. 선교사들은 이들 가운데서 그 후 빌립보교회의 핵심 멤버들을 얻게 된다. 이들 여인들 가운데 지도자적 위치를 차지한 것은 소아시아 두아디라 출신이던 루디아(Lydia)였는데, 그녀는 자주색 물감을 매매하고 있었다. 두아디라는 원래 자주색 물감의 특산지로 알려지고 있었다.

그런데 바울이 이곳에서 점보는 소녀의 귀신을 쫓아냄으로써 바울과 실라는 이 지방 관리들의 손에 잡히게 된다. 왜냐하면 노예소녀 속에 있던 귀신이 쫓겨 나가게 되자 그녀는 미래를 예언하고 점을 치는 능력을 상실하게 되었기 때문이다. 그녀의 소유주는 이들 선교사들이 도시에 들어와 불법으로 사람들을 개종시키고자 한다고 관청에 고발하였다. 로마 및 모든 식민도시들에서처럼 이곳에도 시장 격이 두 명이었는데, 이들은 바울과 실라를 형

---

1) 행 16:9.
2) 회당을 구성할 수 있는 최소 인원은 오늘날도 유대인 남성 10인으로 되어 있다.

리들을 시켜 매질하게 한 후 밤에는 옥에 가두도록 하였다.3) 그러나 다음날 아침 비로소 이들이 로마의 시민권자들임을 발견하고는 잘못된 형벌을 사과한 뒤 이들에게 이곳을 떠나달라고 요청하였다. 이들은 바울과 실라의 안전을 보호할 자신이 없었기 때문이다. 디모데는 이들과 함께 빌립보를 떠나고 누가만이 뒤에 잔류하였다.4)

에그나티안 대로를 따라 여행을 계속한 바울과 실라와 디모데는 다음에 마게도냐 지방의 수도이던 데살로니가에서 체류하였다. 그들은 이곳에서 계속 회당에 세 번이나 참석하면서 구약성경을 근거로 하여 메시아는 고난을 받고 죽음으로부터 다시 살아나도록 예언되었음을 밝히고, 따라서 예수야말로 구약이 주장하는 메시아임을 전파한다. 다른 곳들에서와 마찬가지로 약간의 유대인들과 이보다 많은 숫자의 이방인, 곧 "하나님을 경외하는 자들"이 복음을 받아들여 새로운 기독교 공동체를 구성하였다.

그러나 선교사들이 채 사역을 마치기 이전에 이곳 관리들의 귀에 이들이 메시아를 내세우는 광신자들이라는 제보가 들어갔다. 당시 로마 제국의 영내에는 유대인들이 모여 사는 곳에는 가끔 로마 황제에 대응하는 메시아의 출현을 내세우면서 반란을 꾀하는 자들이 심심찮게 출현하곤 하였다.5) 이러한 자들은 중벌로 다스리지 않으면 안 되었다. 그러나 선교사들이 이곳에서 사귄 친구들이 나서서 이들을 조용히 떠나보내겠다고 보장한 후, 밤을 이용하여 이들을 내보냈다.

그럼에도 불구하고 개척단계의 데살로니가교회는 심한 핍박의 대상이 되

---

3) 숫자로 볼 때 이들 일단의 지도자들은 아마도 duumvirs라고 불리는 것이 정확했을 것이다. 그러나 이들은 보다 고상한 칭호인 "prætors"라고 불리기를 좋아하였다. 이들을 호위하던 릭토르(lictors)들은 막대기와 도끼(fasces et secures)들을 소지하고 있었다. 이들 식민지 관리들의 자만심은 누가에 의해 잘 표현되고 있다. 또한 누가는 시민들의 고발 내용인 "아돌 유대인들은, 우리들이 지킬 수 없는 관습을 가르침으로써 우리 시에 큰 혼란을 초래하고 있다"와 그 다음날 사도들의 반박인 "우리들은 로마인들임에도 불구하고 적정한 절차를 거치지 않은 채 공중들 앞에서 얻어맞았다"는 주장 사이에 유머러스한 대조를 보여주고 있다. 바울과 실라는 이들 일행들의 지도자 격이었을 뿐 아니라 이방인이던 누가와 혼혈이었던 디모데에 비해 특히 유대인의 외모가 두드러지고 있었을 것이다.
4) 누가는 아마도 바울이 빌립보교회에 보낸 편지(빌 4:3)에 나타난 "나와 멍에를 같이한 자"인 것으로 보인다.
5) 이들 관리들은 행 17:6에 "politarchs"로 지칭되고 있다. 이 칭호는 실제서류상에 나타나고 있지는 않으나, 비문들에는 데살로니가 등 주요도시의 가장 중요한 관리들로서 묘사되고 있다.

었으며, 이들의 적대자들, 아마도 교회에 참석했던 여인들의 남편들은 이를 이용하여 온갖 비웃음을 멈추지 않았다. "봐라, 그 따위가 무슨 지도자들이란 말이냐. 괜히 이곳에 나타나 말썽만 일으켜놓고는 사태가 위험해지니까 자기들만 쏜살같이 빠져나가는 꼬락서니로구나!"[6] 그러나 놀라운 것은 데살로니가의 교인들이 굳게 서서 자기들이 받아들인 복음을 스스로 전파하기 시작했다는 점이다. 바울은 수 주 후에 이곳에 쓴 편지로, 데살로니가로부터 온 마게도냐와 헬라 지방에 복음이 전파되었으며 하나님을 향한 이들의 변함없는 신앙이 다른 교회들의 이야깃거리가 되었다고 하였다.[7] 예수님의 재림의 복음을 받은 이들 가운데 일부는 세상이 곧 끝날 것처럼만 생각하여 생업을 등한시하는 일까지 발생하였으므로, 이들에게도 경고해야 했다.[8]

선교사들은 데살로니가를 떠나 남쪽으로 향해 테살리(Thessaly)를 통과하여 베뢰아(Beroea)에 이르렀다. 그들은 이곳에서 다른 곳의 회당들에서 보다는 나은 대접을 받았다. 상당한 숫자가 복음을 받아들이기도 하였다. 그러나 데살로니가에서 말썽을 일으킨 자들이 이곳까지 사람을 보내는 바람에 바울은 베뢰아를 떠날 수밖에 없었다. 베뢰아의 친구들은 바울을 아덴(아테네, Athene)까지 데려다주었다. 바울은 이곳에서 베뢰아에 있던 실라와 디모데에게 편지를 띄워 다시 합류하도록 권고하였다.

일찍이 사람들은 다음과 같은 문장으로 아덴의 전성기를 노래한 바 있다.

> 아테네, 그리스의 눈동자요, 예술의 어머니여
> 웅변과 지혜를 그 누가 당하랴
> 또한 너그러워 나그네들에게는 자비스럽고
> 한적한 교외에서는 열심히 학문을 닦고
> 그늘을 찾아 토론하네.

---

6) 바울은 이를 절실하게 느끼고 있었으나, 이에 관해 아무런 조치도 취할 수 없는 상태에 있었다. 그를 도와주던 야손(제이슨, Jason)이 바울과 의논하지 않고 그의 구명조치를 취했으므로, 야손과 타협하지 않고는 돌아올 수 없는 상태에 있었다. 바울은 이 가운데 무언가 은밀한 사고로 음흉한 계교가 역사하고 있다고 보았다. "나 바울은 한 번 두 번 너희에게 가고자 하였으나 사단이 우리를 막았도다"(살전 2:18).
7) 살전 1:8.
8) 살후 2:1ff ; 3:6ff.

아덴은 비록 전성기는 지났으나, 아직도 문화적으로 명성을 누리고 있었다. 민주주의의 요람으로서의 영광스런 전통을 유지하고 있었으며, 로마 제국 안에서의 "동맹을 맺으나 독립"을 누리고 있었다. 마치 페리클레스(Pericles)와 데모스테네스(Demosthenes)의 시대와 마찬가지로 시민들은 아고라(Agora)에 모여 새로운 사상과 이념을 토론하였다. 이곳에는 각종 유명한 학파 - 아카데믹(Academic), 페리파테스(Peripatetic), 스토익(Stoic), 에피큐리안(Epicurian) 등의 철학들이 성하고 있었으며, 파르테논(Parthenon)을 비롯한 장려한 신전들과 신들의 조각들이 자리 잡고 있었다. 이들은 모두 피아디스(Pheidias)나 프락스텔레스(Praxiteles) 등, 일류 조각가들의 작품이다.

그러나 바울의 눈에는 이방의 잡신들에게 바쳐진 건물과 조각의 아름다움은 아무런 감동도 줄 수 없었다. 반대로 제2계명을 잘 알던 바울은 도시에 가득한 우상숭배의 모습들을 보고는 오히려 그 분노를 금치 못하였다. 이들은 모두가 살아있는 하나님만을 섬기기 위해서는 반드시 내버려야만 할 헛된 것들에 지나지 못했다. 바울은 말할 기회를 얻자마다 이러한 교훈을 전했다. 그러나 청중들은 이를 재미있는 농담쯤으로 받아들였다. 시민들은 바울을 가리켜 아덴에서 사용되던 속어로 스페르모로고스(Spermologos)라고 불렀는데, 이는 여기저기서 주워들은 지식들을 그럴듯하게 끌어모아 팔아먹는 개통 철학자 정도의 의미이다. 바울이 사용했던 중요한 단어들, "예수"(Jesus)와 "아나스타시스"(부활, Anastasis) 등은 아덴인들에게 정확한 의미가 전달되지 못하였으며, 단지 "치료"(healing)나 "복고"(restoration) 정도로 이해되었을 뿐이다. 시민들은 아마 이들이 무슨 새로운 종교에서 조작한 신들의 이름이나 되나 보다고 생각하였다.

아덴에는 도덕적, 종교적으로 중요한 문제를 관장하고, 공공 연설가들을 통제하는 기관이 있다. 이는 흔히 아레오바고(아레오파구스, Areopagus)라는 이름으로 불리던 고대로부터 전해 내려오는 재판소였다. 당시에는 아고라(Agora)에서 이 아레오바고가 회집하고 있었다. 바울은 바로 이곳에서 자신의 입장을 밝힐 수 있는 기회를 얻게 되었다.

바울이 아레오바고에서 행한 가르침의 대부분은 이방종교들을 향한 유대교의 변증과 비슷하였다. 그러나 바울은 이 교훈 속에 무엇인가 새로운 종교의 전파를 위한 실마리를 집어넣고자 하였다. 그는 시내의 한 제단에 새겨진 구절을 자기 교훈의 본문으로 삼았었는데, 이 구절은 곧 "아그노스토 테오" (Agnosto Theo), 즉 "알지 못하는 신에게"라는 것이다. 디오게네스 라에르티우스(Diogenes laërtius)가 지은 『철학자들의 생애』(Lives of the Philosophers)를 보면 아덴인들이 전염병이 돌자 크레테(Crete)의 현인 에피메니데스(Epimenides)에게 사람을 보내는 장면이 나온다. 이 현인은 아덴인들에게 아레오바고 언덕으로부터 양들 몇 마리를 놓아주도록 권고하였다. 그리하여 이 양들이 멈춘 곳마다 해당하는 신들에게 제물을 드리도록 하였다. 디오게네스가 전하는 바에 의하면 그 결과 주후 3세기까지도 앗티카(Attica) 지방 일원에는 특정한 이름을 알 수 없는 신들을 위한 제단들을 볼 수 있다고 한다. 또한 고대의 다른 작가들의 이야기들 가운데도 아덴에는 "이름을 알 수 없는 신들에게" 봉헌된 제단들이 있다는 사실이 기록되어 있다.[9] 바울은 아마 이러한 제단들 가운데 하나를 본 것이 확실하다. 그러나 바울은 이 제단이 결국은 자기가 선포하는 하나님을 위해 바쳐진 것으로서 해석하였다. "너희가 이제까지 알지 못한 채 숭배하던 그것을 나는 너희들에게 알려주겠노라"고 그는 외쳤다. 그 후는 창조와 섭리를 통해 스스로를 계시하신 하나님에 대해 설명하였는데 모든 인류는, 즉 바로 이 하나님으로 말미암아 된 것이다. 아덴인들은 사실 자기들만이 신들의 후손이라 믿고서 자기 민족의 우수성을 주장하였는데, 바울은 모든 인류의 기원이 동일함으로인한 민족적 평등을 역설하였다. 바울 뿐 아니라 그 청중들이 익히 잘 알고 있던 시인들 역시 이 사실을 강조하고 있다. 그의 동향인인 길리기아인 아라투스(Aratus)는 자연 현상에 대한 시 가운데서 지고의 신을 선포하고 "우리들은 모두가 그의 후손들이라"고 읊은 적이 있다. 크레테 출신의 에피메니데스(Epimenides) 역시 미노스가 그의 아버지 제우스(Zeus)에게 주는 대화의 형식을 빌려 다음과 같은 구절을 남기었다.

> 오 거룩하고 높으신 이여
> 그들이 당신을 위해 무덤을 조각하였나이다
> 항상 거짓을 농하고, 악한 짐승이요
> 게으름뱅이인 크레테인들

---

9) Pausanias, *Description of Greece* I, 1~4 ; Philostratus, *Life of Apollonius of Tyana*, VI, 3~5.

그러나 당신은 영원토록 죽지 않으시나니
항상 살아 계시고, 부활하시나니
우리는 당신 안에서 생활하고
움직이고 존재하기 때문이로소이다.
(They carved a tomb thee, O holy and high one-
The Creatns, always liars, evil beasts, slow bellies!
But thou art not dead ; forever thou art living and risen,
For in thee we live and move and have our being).[10]

바울의 교훈들 가운데 일부는 스토익(스토아 학파, 금욕주의자들)과 에피큐리안(쾌락주의자들)들에게 각각 공감을 얻었는지도 모른다. 에피큐리안들은 하나님이 인간으로부터는 아무것도 필요로 하지 않으신다는 데에 찬동하였을 것이고, 스토익들은 하나님이야말로 모든 생명의 근원이라는 데에 찬성하였을 것이다. 그러자, 바울은 이를 배경으로 다시 기독교 특유의 복음으로 되돌아가서 이를 전하기 시작한다. 이제까지 바울은 그대들 스스로가 인정하였듯이, 진정한 하나님은 당신들에게 제대로 알려지지 못하였는데, 당신들이 무지의 소치로 인간이 만든 갖가지 방법들을 동원하여 하나님을 섬기고 있다고 한 설이다. 이제까지는 하나님께서 이들의 무지를 참고 계셨다. 그러나 하나님은 새로운 방법으로 스스로를 드러내셨으며, 이제 무지의 시대는 지나갔다. 그뿐 아니라 전 세계를 공의로 심판하시기로 작정하시고 만인들에게 회개하기를 촉구하고 계셨다. 그의 심판을 맡아 행할 자까지도 이미 지정되었다. 하나님께서는 그를 죽음에서 다시 살리심으로써 그가 높은 자리에 있음을 인간으로 하여금 분명히 깨닫게 하셨다.

아덴의 시민들로서는 이런 내용의 얘기를 심각하게 받아들일 수는 없었다. 다시말해, 에피큐리안들을 동의할만한 사실 곧 인간의 진정한 본질이 죽음을 초월하여 계속 생존한다는 사실이다. 그러나 이들은 육체야말로

---

10) 이 4행시는 시리아의 감독 Isho'dad(약 850년)가 저술한 행 주석 가운데 계속 보존되었다. 그는 아마도 이를 몹수에스티아의 테오도레(Theodore of Mopsuestia, 350~428)에게서 전수받은 듯하다. 이 4행시의 제2행은 신약 디도서 1:12에 인용되었다. 크레테인들은 모든 신들과 인간들의 아버지인 제우스(유스, Zeus) 신의 무덤이 자기들 섬에 있다고 주장했으므로 당시 그레코로망 세계에서는 철면피한 거짓말쟁이들로 알려지고 있었다.

영혼을 가두는 감옥이나 관이라는 관념을 가지고 있었으므로 육체의 소멸을 커다란 축복으로 생각하고 있다. 즉 영생(immortality)은 믿었으나, 부활(resurrection)은 부정하였다. 아덴의 위대한 비극작가 아이스킬루스(Aeschylus)는 아덴의 수호 여신 아덴에 의해 아에라파쿠스가 봉헌되는 장면을 묘사하면서, 아폴로 신의 입을 빌려 다음과 같은 대사를 읊었다.

> 언젠가 대지가 인간의 피를 들이킬 때
> 인간이 한번 죽으면, 부활이 없도다.
> (But when the earth has druck up a man's blood,
> Once he is dead, there is no resurrection).[11]

바울이 전하는 아나스타시스(Anastasis), 즉 부활은 이들이 처음 생각했던 것보다도 더 불합리한 내용이다. 청중들 가운데 그래도 예의를 지키고자 하던 이들은 "오늘은 그만합시다. 감사합니다" 정도로 자리를 떠났고, 보다 예의없는 자들은 조소를 감추지 않았다. 그러나 아레오바고 관리 일부를 비롯하여 깊은 감명을 받은 자들도 몇몇 있다. 그러나 아레오바고의 디오니시우스(Dionysious the Areopagite)라는 이름으로 신(新) 플라톤주의의 경향이 짙은 작품들을 남긴 인물은 아마도 후세의 창작으로 생각된다.

아덴 시의 생활과 역사를 깊이 연구하는 학자들은 바울의 아덴 방문 사건을 실제로 발생한 역사로 받아들이고 있다.[12] 오직 아덴 시에서나 사도행전에 기록된 사건의 발생이 가능했을 것이다. 에드워드 마이어(Edward Meyer)는 "사람들이 이 사건을 완전한 창작으로 돌려버리는 것이야말로, 내가 도저히 이해할 수 없었던 일들 가운데 하나"라고 기술한다.[13]

바울이 며칠 아덴에 머물고 있었는데 그가 요청했던 대로 디모데와 실라가 이곳에 도착하였다. 바울은 이들을 다시 마게도냐 지방으로 보내 교회들의 상황을 살펴보도록 하였다. 그는 특히 데살로니가교회의 새신자들에

---

11) *Eumenides*, 647f, Æchylus가 "부활"의 의미로 사용되는 anastasis는 바울에 의해서도 사용되었다.
12) 행 17:16~34. B. 가트너(Gärtner)의 *The Areopagus Speech and Natural Revelation* (1955)을 보라.
13) *Ursprung und Anfänge des Christentums*, III(1923), 105.

게 깊은 관심을 가지고 디모데를 그곳으로 보내었다. 바울은 고린도(코린트, Corinth)로 가서 아굴라와 브리스길라를 비롯하여 최근 로마에서 도착한 다른 신자들을 만나게 된다. 따라서 실라와 디모데가 좋은 소식들을 가지고 마게도냐에서 도착하였을 때 바울은 좋은 동역자들을 주위에 거느리게 된다. 그리하여, 그는 우리가 첫 장에서 살펴본 바와 같이 1년 반이나 고린도에서 머물면서 상당히 큰 규모의 기독교 공동체를 형성하게 될 것이다.

제12장

바울과 새 신자들

바울이 전도한 고린도교회에는 각양각색의 인물들이 다 모여 있었다. 이들 가운데 일부는 상당한 학벌을 가진 자였다. 예를 들어, 지방 회당의 위원들 중 하나이던 그리스보(크리스푸스, Cripus)가 그러하였다. 그의 친구 소스데네(소스테네스, Sosthenes)도 있다.[1] 또한 기타 유대인들과 하나님을 경외하는 자들이 있었는데, 가이오 디도 유스도(가이우스티투스 저스투스, Gaius Titus Justus) 같은 이는 하나님을 경외하는 이방인이었다. 회당 옆에 살던 유스도는 바울에게 기회를 제공하였다. 역시 하나님을 경외하던 이방인 출신으로 보이는 스데바나(Stephanas)와 그의 가족들도 이에 속해 있었다. 이들이 곧 아가야(아케이아, Achaia) 지방에서의 첫 번째 신자들로서 고린도교회의 지도적 위치에 있던 인물들이다. 이방인 신자들 가운데 시의 재정관이던 에라스도(에라스투스, Erastus)는 특히 뛰어난 인물이다.[2] 그러나 고린도 교인들의 대부분은 별 볼 일 없는 계층의 출신들이다. 바울은 따라서 후에 다음과 같이 편

---

1) 이는 곧 고전 1:1에서 기독교 신자로 언급된 소스데네가 행 18:17에서 고린도 시 폭도들에게 얻어맞은 회당장 소스데네와 같은 인물이라는 의미이다.
2) Cf. 롬 16:23. 1929년 미 고고학자들에 의해 고린도 시에서 ERASTVSPRO :AED:S:P:STRAVIT("에라스투스, 공공건물의 보존자, 개인 재산을 소비해 이 도로를 짓다")는 글이 새겨진 주후 1세기경의 도로가 발견되었다. 이 이름은 아마도 바울이 언급한 에라스도(에라스투스)와 동일 인물로 보인다.

지하였다. "형제들아 너희를 부르심을 보라 육체를 따라 지혜있는 자가 많지 아니하며 능한 자가 많지 아니하며 문벌좋은 자가 많지 아니하도다."

새로운 공동체에 참여한 유대인들과 하나님을 경외하는 자들은 회당에서 훈련받은 덕택에 건전한 윤리적 배경을 소유하고 있다. 그러나 대부분의 다른 이방인 새 신자들의 경우는 그렇지 못하였다. 바울은 그의 서신 가운데 스스로의 악행으로 천국에 들어가기를 거부한 자들의 목록을 적고 있다. "간음하는 자들, 우상숭배자들, 간통자들, 남색자들, 도둑들, 탐욕이 가득한 자들, 술 취한 자들, 더러운 언사를 농하는 자들, 강도들…" 그리고는 덧붙이기를, "바로 너희들 중에도 이와 같은 자들이 있더니 주 예수 그리스도의 이름과 우리 하나님의 성령 안에서 씻음과 거룩함과 의롭다 하심을 얻었느니라."[3]

쉽게 말해서 고린도의 기독교 공동체에 참여한 인물들은, 즉 팔레스타인 지방에서 예수님께로 나아왔던 인물들과 비슷한 이들이었다(물론, 이 두 지방 사이에는 윤리적인 차이가 있다). 바울이 묘사한 고린도교회 교인들의 모습을 보면, 우리는 곧 복음서의 한 구절을 상기하게 된다.

> 모든 버림받은 자들을, 나는 부르노라
> 창기와 세리와 도둑놈들아!
> 그는 너희들을 안아주시려고 팔을 널리 펴신다
> 오직 죄인들만이 그의 은혜를 받을지니라.
> (Outcasts of men, to you I call,
> Harlots, and publicans, and theives!
> He spreads His arms to embrace you all;
> Sinners alone His grace receives.)

비단 고린도뿐만 아니라 대부분의 기독교회들은 이러한 이방인들을 구성원으로 하여 이루어졌다. 다음 세기의 철학자 셀수스(켈수스, Celsus)는 고상한 "신비종교들"과 기독교를 대조시켰다. 전자는 "손이 깨끗하고 말이 올바른 자들"은 오라고 부르나, 기독교는 반대로 "죄인들, 바보들, 어린 아이들은 누

---

[3] 고전 6:9~11.

구든지 오라… 불쌍한 자들은 하나님의 왕국을 받을 것이다"[4]고 외친다.

마치 예수님께서 이런 죄인들을 불러 반갑게 영접하시고 이러한 자들과 함께 자리에 앉으시며, 바로 이러한 행동을 세상에 오신 목적이라고까지 표현하셨던 것과 마찬가지로, 진정한 전도자들은 이러한 비판들을 오히려 자랑스럽게 생각하였다. "의인들이 아니라 죄인들을 부르기 위해 나는 세상에 왔노라."[5] 그러나 복음은 비록 죄인들을 부르지만, 이러한 부르심의 목적은 이들을 죄로부터 구원해내기 위하심이었다. 이러한 사역은 실제 어떻게 이루어졌는가?

바로 이것이 특히 바울이 고린도교회에서 당면한 문제였다. 과연 어떠한 방법을 통해 이러한 자들에게 경건한 윤리를 주입시킬 것인가? 팔레스타인 출신의 교인들은 대부분 다음과 같이 말했을 것이다. "그리스도를 구주로 믿는 것 외에도 유대교의 율법들에 순종하지 않는다면 이들에게는 아무런 소망도 없을 것이다." 그러나 오직 그리스도를 향한 순종적 신앙만이 우리에게 구원을 가져다 줄 뿐, 이 세상의 모든 율법들을 다 지켜도 구원의 확신과 하나님과의 평화를 갖다 줄 수 없음을 익히 깨달았던 바울로서는 도저히 그렇게 가르칠 수는 없었다. 인간이 살아계신 그리스도와 그의 성령의 능력에 생명을 맡기면 그의 내부의 존재가 변화되고, 그리스도 자신 안에서 완전히 보였던 은혜들인 성령의 열매들이 자연스럽게 맺히는 것이다.

이미 도덕법을 알고 경외하고 있던 바울과 같은 이들에게는 위와 같은 관념이 명백히 자리 잡고 있다. 그러나 당시 고린도교회에 밀려들었던 새 신자들처럼 이제까지 부도덕한 이방인들로서 생활하던 자들에게도 이러한 현상이 적용될 수 있겠는가? 바울은 그럴 수 있다고 굳게 믿었으며, 장기적 안목으로 볼 때 그의 확신이 결국은 옳았음이 증명된다. 그러나 대부분의 교인들은 이러한 바울은 지나친 낙관론자라고 생각하였다. 이들은 걱정스러운 눈초리로 (자기들 생각에는) 윤리적 기준이 낮아지는 모습을 바라보았으며, 이는 결국 바울의 무절제에 그 책임이 있다고 생각하였다. 이들은 주장하기를, 만약 오직 믿음에 의한 칭의만을 가르친다면 사람들은 일단 예수님을 믿음으로 받

---

4) Cf. 오리겐(Origen), *Against Celsus*, III, 59. 이는 (셀수스의 다른 반기독교적 논리들과 함께) 그 후 배교자 쥴리안(Julian the Apostate)에 의해 되풀이 되었다.
5) Cf. 막 2:14~17, 눅 15:1f, 기타.

아들인 후에는 어떻게 살든 그 생활에는 별로 관심을 갖지 않을 것이 아니겠냐고 우려하였다. 반대로 바울은 만약 이들이 진실한 신앙 가운데서 그리스도를 받아들였다면 그리스도의 생활과 심정까지도 받아들였음을 의미한다고 주장한다. 진실로 하나님을 사랑하는 자라면 결국 하나님께서 원하시는 뜻대로 행할 것이므로, 자기가 선택한 대로 행할 수 있는 것이다. 바울주의자들(Paulinists)과 율법주의자들(legalists) 사이의 이러한 차이는 오늘날 우리들의 시대에까지 계속 이어져 내려오고 있다. 율법주의자들은 바울주의자들이 경망하고 비실제적이라 생각하였다. 바울주의자들은 율법주의자들이 하나님의 은혜의 복음의 근본적 원칙들을 훼손시키고 있다고 주장한다.

일부 바울의 새 신자들이 율법주의자들의 손아귀에 빠짐으로써 문제는 보다 심각하게 전개된다. 일부 신자들은 이신칭의의 근본교리에 비교해 볼 때, 우리들의 매일 일상생활의 윤리란 부수적 문제에 지나지 않는 것으로 오해하였다. 이들은 그리스도인들은 "그리스도의 법 아래"[6] 거한다는 것과 하나님의 율법의 진정한 성취는(이미 바울이 가르친 바와 같이) 진정 하나님의 영에 의해 좌우되는 신자들의 생활 속에서 이루어진다는 사실을 망각하고 있다.[7]

특히 유대교의 율법의 영향 아래서 자란 신자들에게는 당시 고린도교회에서 자행되고 있던 죄악보다도 더 거슬리는 것은 없었다. 그러나 보통의 고린도 시민들에게는 간음이 죄악이라는 사실을 이해시키는 것조차 힘든 일이다. 일부 고린도교회의 교인들은 이 간음이 자기 이웃을 사랑하라는 기독교의 근본 윤리에 어긋난다는 사실을 깨닫지 못하고 있다. 현재에도 일부 양식 있는 시민조차도 왜 엄격한 그리스도인들이 술이나, 혹은 직업 스포츠 등, 일견 무해하게 보이는 오락들을 마땅치 않게 생각하는지 이해할 수 없어 하는 것과 마찬가지로, 당시 일부 고린도교회 교인들은 바울 등의 염려와 훈계가 단지 상관없는 남의 일에 참견하기 좋아하는 행동에 지나지 않는다는 정도로 성가시게 생각하고 있다. 그런데 또한 고린도교회 안에서 지도적 위치

---

6) 고전 9:21, 참고: 갈 6:2. 기억할 것은 그리스도의 법이 모세의 율법보다 용이하기는 커녕 오히려 더 어려웠다는 사실이다. 산상보훈을 모든 잘못들에 대한 치료법으로서 쉽게 생각하는 자들(예를 들어, "만약 모든 인간들이 산상보훈의 교훈을 그대로 실행하기만 한다면, 이 세상은 얼마나 살기 좋아질까?"라고 꿈꾸는 이들)은 산상보훈이 모세의 십계명보다 훨씬 고상한 인간의 행동 양식을 요구하고 있음을 간과하고 있기 때문이다.

7) 롬 8:4.

를 차지하고자 노리던 인물들이 서로 다른 의견들을 내세움으로써 문제는 한층 복잡해지기 시작한다. 한편에는 간음이 중대한 죄악이라는 사실을 익히 깨닫고 있던 이전 회당 출신의 교인들이 있었던 반면, 다른 한편에는 육체란 인간의 전체를 구성하는데 있어서 별로 중요하지 못한 부분이니만큼, 따라서 우리들 육체에서 비롯되는 행위들은 상대적으로 그다지 중요치 않다는 의견을 가진 이들도 있다.

고린도를 떠난 후 바울은 일부 새 신자들이 이러한 면에서 이교도들의 행실을 좇고자 하는 경향이 있다는 소식에 접하고 곧 이 문제에 관해 편지를 띄웠다.[8] 그는 음행을 행하는 자들에게 그리스도인들은 가까이 해서는 안 된다고 주장한다. 물론, 일상 사회생활에서는 이들과 접촉을 갖는 것이 불가피한 일이나, 그리스도인들은 이 죄악에 있어서는 일반인들과 성별되어야 한다고 교훈하였다. 만약 기독교인이라는 자가 간음을 행하거나 혹은 기독교의 이름을 더럽히는 죄악과 범죄를 저지르는 경우에는 해당자를 교회로부터 출교시키고 교인들은 그 사람과 일체 사회적인 접촉을 유지해서는 안 된다고 주장한다. 이러한 처벌을 받을 때 비로소 제정신을 차리게 될지도 모른다. 기독교인의 육체는 성령께서 거하시는 성전이다. 이러한 육체로 음행 등의 죄악을 행하는 것은 곧 신성모독(sacrilege)에 해당하는 것이다. 하나님은 기독교인의 영적인 면뿐 아니라 육체를 통해서도 영광을 받으셔야 하는 것이다.

바울은 후에 에베소에 머물고 있을 때 이러한 신자들에 관해 더 많은 소식을 알 수 있었다. 글로에(Chloe)라는 고린도교회 여성도의 가족들이 바울을 방문한 것이다. 이들은 교회 안에 분열의 조짐이 있으며, 여러 지도자들의 이름을 따라 분파들이 조직되고 있음을 전하였다. 일부는 바울을 자기들의 지도자로서 간주하고 자기들을 일컬어 바울당이라 칭했다. 어떤 이들은 자기들이 지식에 있어서 보다 뛰어나다고 생각하였는지 아볼로(아폴로스, Apollos)당이라 칭했다. 아볼로는 알렉산드리아 출신의 학식있는 유대인으로서 바울이 고린도를 떠난 얼마 후에 그곳에 도착하여 바울이 시작한 목회와 전도의 사역을 계속하고 있었다. 또 다른 이들은 스스로를 가리켜 베드로당이라 부르기도 하였다. 이들은 누구인가?

---

8) 이 편지는 바울에 의해 고전 5:9에 언급되어 있다. 일부 학자들은 이 편지의 일부분이 고후 6:14~7:1에 보존되었다고 생각하였다.

이들이 과연 자기들을 베드로당이라고 부르기 위해 베드로 본인의 허락을 받았는지조차 의심스럽다. 바울이나 아볼로가 자기들의 이름을 이용한 분파집단의 행위를 인정하지 않았듯이, 베드로 역시 이들의 행동을 옳다 하지 않았을 것이라는 것은 확실하다. 사실 베드로가 고린도를 방문한 적이 있는지조차 의심스럽다.[9] 만약 베드로가 직접 고린도를 방문한 적이 있다면 바울은 아마 그의 편지 속에 그러한 사실을 기록했을 것으로 보인다.

이때 발생한 분파의 문제 역시 바울이 개척한 교회들을 팔레스타인의 권위 아래 예속시켜 이들에게 모세의 율법을 강요하고자 했던 또 하나의 시도라고 생각해도 될 것이다. 일찍이 시리아와 소아시아 지방의 교회들을 표적으로 했던 같은 시도는 야고보의 이름을 빌려 시행되었으나, 결국 별 성과를 거두지 못한 채 종식되고 말았다. 팔레스타인에서는 야고보의 이름이 큰 권위가 있었으나, 이방인들의 교회에서는 그다지 큰 위세를 떨치지 못하였다. 또한 예루살렘 공의회의 석상에서 야고보는 자기 이름을 빌었던 자들의 주장을 부인하였다. 그 후 나타난 위(僞) 클레멘트(pseudo-Clement) 저술들을 보면 속칭 "야고보 류"의 기독교가 그 후의 세기까지도 계속 전해져 내려간 것을 알 수 있다. 그러나 이들은 기독교의 성장에 있어서 아무런 중요한 역할을 담당하지 못하였다.

그러나 베드로의 이름은 야고보의 이름과는 또 다른 의미를 지니고 있다. 베드로는 예수님의 공생애 동안 그를 동행하였던 열두 사도들의 지도자였으며 특히 복음을 온 세상에 전파하라는 소명을 받은 인물이다. 베드로는 또한 속 좁은 유대 국수주의자도 아니었다. 그는 앞장서서 이방인들에게 복음을 전한 인물이다. 따라서 베드로의 이름을 빌리는 일파는 상당히 유리한 위치를 차지하게 되는 것이다. 또한 베드로의 사절을 자처하는 일단의 방문객들이 고린도를 찾아왔다. 그들은 안디옥과 갈라디아에서의 전례와는 달리 할례 및 유대교의 의식법을 지키는 것이 구원에 필요하다고 주장하지는 않았다. 이들은 보다 약삭빠른 방책을 동원, 우선 바울의 권위를 실추시키는 것을 일

---

9) 실제로 에두아르드 메이어(Eduard Meyer) 같은 이는 "과연 왜 어떤 이들은 베드로가 고린도에 갔다는 사실을 부정할 수 있는지 도대체 이해할 수 없다"(*Ursprung und Anfänge des Christentums*, III, 441)라고 하였다. 그러나 그가 고전 1:12과 3:22에서 베드로는 "바울과 아볼로와 같은 차원에 선다"라고 한 것은 맞는 평가이나, 이 구절들에서 베드로의 직접적인 임재는 강조되지 않고 있다.

차 목표로 삼았다. 이들은 바울의 교훈이 틀렸다고 정면으로 반대하지도 않았다. 단지 그의 교훈은 초보적인 수준에 지나지 않는다는 자세를 취하였다. 그러나 이 때문에 바울을 구태여 탓할 필요는 없다 하였다. 바울은 결국 진정한 의미의 사도가 아니지 않은가? 즉 바울은 베드로 및 다른 사도들처럼 직접 예수님으로부터 훈련을 받을 기회조차 없지 않았는가? 바울이 스스로가 사도임을 주장한 사실은 어떻게 되냐고? 그가 무슨 근거에서 그런 주장을 할 수 있단 말인가? 아, 그렇지, 환상을 보았다 했지! 그러나 환상이란 원래 허탄한 것이기 십상이지 않은가? 누구라도 자기가 환상을 보았노라고 주장할 수는 있지만, 과연 누가 이 사건이 진실이라고 보장할 수 있단 말인가?

그러나 베드로와 그의 동료들은 우선 그 위치부터가 다르다. 이들은 그리스도로부터 보다 확실한 방법으로 계시를 받았으며 구태여 환상을 운운할 필요도 없었다. 이들이 갖는 권위야말로 그 근거가 확실한 것이다.

물론 바울이 잘못되었다는 것은 아니다. 바울이 가르친 교훈과 그 내용이 틀렸다는 것이 아니다. 그러나 이보다 더 깊은 가르침을 통해 보다 성숙해야 할 필요성이 있다는 주장을 하는 것이다. 즉 기초는 이미 놓였었는데, 그 위에 정작 건물을 지어야 할 때가 되었으며, 바로 그 시점에서 베드로의 이름을 칭하는 무리들이 도착한 것이었다(이들은 아마 이때쯤 "너는 베드로라 이 반석 위에 나의 교회를 지을 것이다"는 구절을 인용하였을지도 모른다).

(이들은 또한 묻기를) 바울은 과연 어떻게 스스로의 생활을 꾸려나갔는가? 자기 손으로 직접 일을 했다고? 아무렴, 그럴 줄 알았지. 바로 그러한 사실 역시 바울은 스스로가 진정한 사도의 자격이 있는가 확신하지 못하고 있음을 보여주는 증거라고 할 수 있다. 왜냐하면 예수님은 사도들에게 영적으로 돕는 자들로부터는 물질적인 대가를 얻을 수 있다고 확실한 보장을 하셨기 때문이다. 그는 "일군이 그 삯을 얻는 것이 마땅하니라"고 분명히 말씀하셨다.[10] 만약 바울이 스스로 사도의 자격이 있음을 확신하였다면 그는 주저하지 않고 신자들에게 생계를 부담시켰을 것이다. 일부 고린도 교인들은 이러한 주장들을 그럴듯하게 생각하였으며, 이들은 스스로를 "베드로당"에 속한 것으로서 간주하게 된다.

고린도교회에는 이밖에도 네 번째 분파가 있었는데, 스스로를 일컬어 "그

---
10) 눅 10:7.

리스도당"이라 불렸다. 실제로 고린도전서 1:12에 나타난 "나는 그리스도에게 속한 자"라 하는 구절은 바울이 그리스도라는 이름을 빌은 분파 행위자들을 책망하는 표현으로서 받아들여지고 있다. 바울은 이들을 모두 책망하면서 오히려 자기의 입장을 밝히기를, "너희들은 여러 지도자들의 이름을 따서 파벌을 형성하고 있다. 그러나 나는 그리스도에게 속해 있다. 나는 그리스도 외에는 지도자가 없다"라고 하고 있다.[11] 따라서 고린도교회에는 당시 실제로 그리스도의 이름을 제멋대로 붙인 "그리스도당"이 존재했던 것으로 보인다. 아마도 맨슨(T. W. Manson) 교수가 설파하였듯이 이들은 베드로당의 반대의 극단적 위치를 점하고 있었던 것이다. 이들은 아마 그리스도를 "하나님, 자유, 불멸" 등의 의미쯤으로 받아들이고 있었던 것이다. "하나님"은 이들에게 있어서 세련된 철학적 유일신 사상을 의미했으며, "자유"란 팔레스타인의 야만적인 권위자들로부터의 속박을 깨고 좀 더 넓은 의미의 자아의 깨달음을 의미했던 듯하고, "불멸"이란 유대식의 순박한 부활의 개념에 상치되는 의미를 지니고 있었던 것이다.[12] 어떤 이들은 오히려 "그리스도당"이 근본적인 유대주의자들이었을 것으로 해석하기도 하였다.[13] 이러한 해석들이 반드시 정확한지는 확실히 알 수 없다 해도 고린도교회에는 역시 맨슨 교수가 주장한 바대로 영적인 엘리트임을 자처하는 자들이 분명히 존재하고 있었던 것으로 보인다.

따라서 당시 고린도교회의 문제를 해결하기 위해서는 바울은 두 개의 전선에서 싸움을 벌일 수밖에 없었다. 우선 새로운 신자들로부터 기독교인의 자유(Christian liberty)를 박탈하고자 하는 각종 교묘한 음모를 분쇄해야 했으며, 다른 한편으로는 바로 그 자유를 방종으로 바꾸어 도덕법을 무시하고자 하는 자들을 대적해야만 했다. 그리하여 바울은 에베소에서의 바쁜 생활 가운데서도 글로에의 집 사람들이 전해준 문제들을 해결하기 위해 펜을 들었

---

11) 레이크(K. Lake), *The Earlier Epistles of St. Paul* (1911), 127f 역시 같은 의견이다. 이것이, 즉 메이어스(F. W. H. Myers)의 *St. Paul*의 처음 구절 "그리스도! 나는 그리스도의 것이다! 이 이름이 그대들에게 충분하도록 하라"의 뒤에 숨어 있는 배경이다.

12) *St. Paul in Ephesus*, III(Manchester, 1941), 20(reprint from the *Rylands Bulletin*).

13) (고후 10:7에 일부 그 근거를 두고 있는) 이 견해는 *Tübinger Zeitschrift*, 1831, Part IV에 수록된 바우어(F. C. Baur)의 "The Christ Party in the Corinthian Church" (*Div Christuspartei in der Korinthischen Gemeinde*)라는 논문에서도 주장되고 있다. 이를 통해 초대교회사에 관한 튜빙겐 학파의 이론이 시작되었다.

다. 그는 우선 분파주의를 정죄하고, 이를 격한 어조로 비난하였다. 그리스도는 나뉠 수 없으며, 그의 종인 베드로, 아볼로, 바울 등은 모두 평등하게 모든 그리스도인들을 섬겨야 하는 것이며, 어떤 분당들의 지도자로서 선택된 것은 절대로 아니었다. 이 분파주의자들은 사실 자기들 스스로의 영적 생활을 고갈시키고 있는 행위를 자행하고 있었다. 일부 교인들 가운데 지적인 탐구에만 힘을 쏟는 자들에게는 그들의 생명을 구원한 바로 그 복음의 내용 자체가 당시 세상의 지혜로 볼 때 가장 어리석은 것이라는 사실을 기억하게 하자! 십자가에 못 박힌 메시아라니, 그것 참! 그러나 하나님의 지혜와 능력은 인간의 그것과 판이하게 다른 것이다. 누구든지 집을 짓고자 하는 자들은 우선 올바른 기초 위에 건축을 하고 있는지 다시 한 번 분명히 확인하도록 하라. 오직 유일하고 진실한 기초는 다름 아닌 하나님 스스로 놓았음을 인정하신 바로 그 기초였다. 즉 오직 그리스도만이 유일하신 참된 토대였다. 일단 참된 기초임을 확인한 후에는 과연 올바른 재료를 사용하여 건물을 짓고 있는지를 다시 확인해야 할 필요가 있다. 왜냐하면 언젠가 불로써 심판을 받을 때 많은 사람들이 지은 건축물들은 타서 재로 변해 버릴 것이 분명하기 때문이다. 따라서 우리들 모두 – 아볼로나 바울 및 기타 – 를 그리스도의 종이요, 하나님께서 사람들에게 전하도록 우리들에게 맡기신 계시의 청지기들로서 여겨야 할 것이다. 우리들은 모두 충실한 청지기가 되어야 하나, 과연 우리들이 얼마나 진실되었는가 하는 것은 결국 하나님께서만이 판단하실 문제이다. 그 마지막 심판 때까지 나는 인간이 내리는 판단에는 지나치게 큰 관심을 쏟지 않을 것이다. 이제 나는 디모데를 이 편지와 함께 너희들에게 보낸다. 우선 그가 다시 나의 가르침을 너희들에게 상기시켜 줄 것이요, 얼마 후에는 내가 직접 너희들에게 가리라. 내가 과연 어떤 모습으로 너희들을 방문할지는 사실 너희들의 태도에 달린 문제이다.

    그런데 바로 이때쯤 디모데가 편지를 가지고 고린도를 향해 떠나기 직전, 고린도로부터 세 사람의 교인들이 바울에게 주는 편지를 지니고 도착하였다. 이 편지에는 바울의 의견을 구하는 몇 가지 문제들이 기록되어 있다.[14] 그뿐 아니라 이 편지를 가지고 온 스데바나, 브드나도, 아가이고 등은 최근

---

14) *Enthusiasm* (1950), 9ff에 나타난 낙스(R. A. Knox)의 "The Corinthian's Letter to St. Paul"을 보라.

고린도의 사정을 자세하게 전했는데, 그 중 일부는 그냥 두고만 볼 수 없는 성질의 문제들이다. 이에 따라 바울 사도는 일단락되었던 편지를 다시 덧붙여 구술하기 시작한다.

우선, 고린도의 믿지 않는 이교도조차도 경악할 사태가 교회 안에서 행해지고 있다. 어떤 이가 자기 아버지의 아내와 동거한다는 것이다. 이는 일반 사람들에게 기독교인의 이름을 더럽히는 것이니, 즉각 엄중한 처벌을 하는 것이 마땅하였다. 즉시 교회 안에서 모임을 열고(바울은 정신적으로 이 집회에 함께 참여하리라 하였다) 장본인을 파문시키도록 당부하였다. 이는 교회뿐만 아니라 이 행악자의 영혼을 위해서도 필요한 조처였다.

또한 소송을 즐기는 자들도 나타나고 있다. 그리스도인들이 세속 법정에 나아가 서로를 송사하는 추태가 발생하고 있다. 이처럼 세상 사람들 앞에서 교인들 간의 복잡한 분쟁들을 논하는 것이 결국 교회를 위해 득이 될 리가 만무하였다. 이럴 바에야, 믿는 형제가 속인다면 차라리 속아 넘어가는 것이 보다 바람직하지 않은가? 만약 정 그렇게 할 수 없는 경우에는 세속 법정에까지 갈 것이 아니라 우선 교회 안에서 이러한 문제들을 해결하고자 하는 것이 마땅하였다.

또한 기독교인의 자유의 문제를 극단적인 정도에까지 이끌고 가는 초영성주의자(ultra-spiritual)들의 문제도 만만치 않았다. 이들은 "우리는 모든 일을 할 수 있다," 특히 육체에 관해서는 저적인 자유를 누려야 한다고 주장한다. 따라서 그리스도인들에게는 식물(food)이나 성(sex)의 도덕적 규범이 적용되지 못한다고 주장한다. 바울은 이에 대해 반박하였다. 이는 전혀 그렇지 않았는데, 우리의 육체는 영혼과 마찬가지로 그리스도에게 속한 것이다. 성관계는 관련된 남녀들 사이에 영속적이고도 결정적인 유대를 이루는 것이다. "우리에게는 모든 일이 다 가하다고?" 매우 그럴듯한 이야기이나, 모든 일이 다 유익하지 않음을 기억해야 할 것이며, 따라서 우리는 어떤 사물이나 습관의 노예가 되지 않도록 주의해야 할 것이며, 교인 자신들을 위해서나 혹은 주위 사람들을 위해 건전한 기독교인으로서의 성품을 이루는데 있어서 모든 일이 다 도움이 되지는 않음을 지혜롭게 살펴야 할 것이다.

바울은 이를 기반으로 하여 고린도에서 온 서신에 답변을 주기 시작한다. 그리스도인들이 결혼을 하는 것이 가하냐고? 바울은 물론 결혼 할 수 있다고 대답하였다. 그러나 특히 앞으로 멀지 않아 닥쳐올 환난들을 생각할 때 신자들이 바울처럼 독신으로 지내는 것이 더 나을 것이다. 또한 미혼 그리스도인들은 기혼자들에 비해 경제적인 압박과 유혹을 덜 받게 되니, 이 또한 신앙생활을 위해 유리한 조건이라 할 수 있다. 그러나 보다 중요한 원칙들은 역시 주님 자신께서 제시한 바 있다. 아내는 남편을 떠나지 말아야 하며, 남편은 아내와 이혼하지 말아야 한다. 이것이야말로 변경시킬 수 없는 명령이다. 그러나 "나 역시 하나님의 영을 가졌다고 생각하므로" 내가 이에 첨가하는 것들은 좋은 충고와 자문으로서 받아들여야 할 것이다.

우상에게 바쳐진 제물을 그리스도인들이 먹을 수 있겠는가? 바울은 경우에 따라 다르다고 대답하였다. 물론, 지혜로운 너희들이 이미 잘 알고 있다시피, 우상이란 사실 존재하지 않는 것이니, 우상 앞에 바쳐진 제물들도 실제로 오염되는 것은 아니었다. 그러나 그대의 형제들은 그대만큼 잘 알지 못할지도 모른다. 그는 실제 우상이 존재하는 것이고, 이에 따라 제물들이 더럽힘을 받았다고 생각할지도 모른다. 따라서 그냥 당신의 흉내를 내다가 지울 수 없는 양심의 피해를 받을지도 모른다. 보다 약한 형제를 돌아보아, 이들의 양심의 문제를 그대의 자유보다 더욱 중시하는 것이 마땅치 아니한가? 내가 과연 진정한 사도인가 하는 시비가 일어났다고 들었다. 내가 진정 주 예수 그리스도를 직접 보지 않았는가? 다른 이들은 혹시 나의 사도로서의 위치를 의심할 수 있을지도 모른다. 그러나 사실 고린도교회에서만은 이러한 의심이 있어서는 안 된다. 바로 너희들이야말로 나의 사도 직분을 증명해 주는 증거이기 때문이다. 이제까지 내가 이러한 권리들을 누릴 자격이 없었기 때문이 아니다. 나는 오히려 복음의 전파를 위해 이러한 권리들의 향유를 기꺼이 포기했던 것이다. 복음의 전파란 내게 있어 실행 여부의 선택의 여지가 있는 것이 아니라, 절대적인 책임이요 의무인 것이다. 그러나 복음을 듣는 자들에게 아무런 부담도 끼치지 않고 이를 전파하는 것이 바람직하다면 나는 또한 그렇게 하리라. 복음의 중요성은 측량조차 할 수 없는데, 이를 위해서라면 나는 모든 것을 다 희생하리라.

바울은 또한 교회 내의 집회의 모습에 대해서도 언급한다. 교회의 각종 모임은 기독교인의 이름에 합당하도록 질서가 있어야 한다. 성만찬의 성결성이 특히 중요한데, 이는 우상숭배를 위한 제물들과는 엄격히 구별되어야 하며, 또한 이를 빙자하여 과식, 만취하는 일이 있어서는 안 된다. 일부 교인들이 지나치게 혹하고 있는 영감에 의한 발언들 - 예언의 은사 및 방언의 은사들 - 을 절대로 필요 이상 중요시해서는 안 된다. 목회는 교회 전체를 잘 이끌어 나갈 수 있도록 모든 사람이 명확히 알아들을 수 있는 방법으로 행해져야 한다. 가장 고귀한 영적 은사는 역시 사랑이다. 바울은 이 사랑의 위대성을 논하는 도중 갑자기 참으로 아름다운 시적 표현들을 쏟아내었다.[15]

육체의 부활이 너무 유치한 듯하여 이를 받아들이기를 꺼리는 자들은, 기독교가 결국은 부활 - 그리스도의 부활 - 에 기초를 둔 종교임을 다시 기억해야 한다. "만약 그리스도께서 다시 살지 못하셨으면, 우리들의 믿음도 헛된 것이니라." 그러나 동시에 부활은 조잡한 육체적인 의미로서만 받아들여져서는 안 된다. 피와 살은 천국을 기업으로 받지 못한다. 우리들 자연상태의 육체는 죽으나, 영적인 몸이 다시 부활하는 것이다.[16]

그리고는, 바울은 자기가 예루살렘교회를 위해 이방인의 교회들로부터 거둬들이고 있는 구제에 관해 언급한다. 바울은 이 구제문제를 상당히 중요시하였는데, 이를 이방인들의 교회와 팔레스타인의 모교회 사이의 성도의 교제라 판단했기 때문이다. 그는 고린도교회도 이에 적극 참여하도록 촉구하였다. 구체적인 방법으로서는 성도 개개인들이 매주 일정한 금액들을 따로 모아둠으로써 바울이 그곳에 도착할 때 급히 이 때문에 다시 헌금할 필요가 없도록 하는 것이 좋을 것이라고 하였다.

이 모든 것을 기록한 후 바울은 편지를 보냈다. 그러나 이미 바울에게 반감을 품고 있던 이들에게 이 편지는 그다지 큰 효과를 거두지 못한 듯하며, 이 편지를 가지고 갔던 디모데 역시 바울의 지시를 그대도 실행시키기에는 힘이 미흡했던 것 같다. 바울이 직접 그곳을 방문하는 것이 최후로 남은 방법인 듯하였다. 그러나 바울이 막상 그곳을 방문하자, 대적들이 노골적으로 반발하였다. 바울은 고린도를 떠나 다시 편지를 썼다. 이번에는 디도 편으로 서신을 전달하였다. 바울은 이 편지로 그의 대적들을 통렬히 비난하였다. 바울의 권위 - 혹은 그를 사도로서 임명한 그리스도의 권위 - 를 부인하는 자

---

15) 고전 13장. 바울의 사랑의 묘사는 곧 그리스도의 성품을 반영한 것이라는 점이 흔히 지적되어 왔다.
16) 제 5장을 참조할 것.

들을 엄히 치리하도록 교회에 촉구하였다.[17] 편지의 내용이 워낙 가혹하였으므로, 바울은 디도를 보낸 후 자기가 지나치게 엄하지는 않았는가 궁금해 하면서 디도가 편지의 결과에 대한 소식을 전해 주기를 기다리고 있다. 바울은 또한 드로아(트로아스, Troas) 주변을 돌면서 복음을 전했으나(바울은 이때 이미 에베소를 떠나 있다), 한 곳에 정착하지 못한 채 마게도냐를 향해 떠났다. 그곳에서 바울은 디도를 만나게 된다. 디도는 고린도의 상황이 완전히 바뀌어 사람들이 다시 바울의 권위를 전폭적으로 지지하게 되었다고 밝혔다. 엄하게 쓴 편지가 그 목적을 달성한 셈이다. 바울의 반대당들은 큰 수치를 당하는 중이다. 교회 전체가 슬픔과 수치에 잠겨, 이번에는 이전과는 극단적으로 반대편의 입장에 서서 바울을 반대하던 자들에게 가혹한 조처를 준비하는 가운데 있다.

이에 우선 안심한 바울은 즉시 또 다른 편지를 보내었다.[18] 그는 이 가운데 큰 기쁨의 뜻을 표시하고, 과거의 일 때문에 누구에게도 원한을 품지 않음을 천명하고, 곧 그들을 다시 방문하겠노라고 약속했다. 이 편지에 나타난 화해와 관용의 정신은 가히 복음을 전파하는 기독교회에서 보여주어야 할 화해와 용서의 모습을 표현하는 것이라 할만 했다. 그러나 기독교의 이상은 반드시 실제 행동을 통해 구현되어야 한다. 바울은 즉시 가난한 예루살렘교회의 구제문제를 다시 언급했다. 그는 이제까지 아가야 지방의 교회들 – 이는 주로 고린도교회를 의미한다 – 은 이미 일년전에 준비가 되었다는 말로써 다른 교회들을 격려하고 채찍질하고 있다. 바울은 고린도교회 교인들이 절대 자기를 실망시키지 않을 것이라는 사실을 깊이 믿는다고 했다. "이 직무로 증거를 삼아 너희의 그리스도의 복음을 진실히 믿고 복종하는 것과 저희와 모든 사람을 섬기는 너희의 후한 연보를 인하여 하나님께 영광을 돌리고 또 저희가 너희를 위하여 간구하며 하나님의 너희에게 주신 지극한 은혜를 인하여 너희를 사모하느니라. 말할 수 없는 그의 은사를 인하여 하나님께 감사하노라."[19]

아마 고린도교회가 당했던 어려움들은 다른 교회들에 비해 예외적으로

---

17) 이 편지의 일부는 고전 10~13장에 보존되어 있다고 믿는 학자들이 다수 있다.
18) 고전 1~9장.
19) 고후 9:13~15.

더 컸었는지도 모른다. 그러나 대개의 경우 정도의 차이는 있으나 이러한 문제들은 모든 이방인들의 교회에서 다시 재연된다. 따라서 바울과 고린도교회의 새로운 신자들 사이의 관계를 자세히 살펴본 것은 과연 바울이 왜 "이 외의 일은 고사하고 오히려 날마다 내 속에 눌리는 일이 있었는데 곧 모든 교회를 위하여 염려하는 것이라"고 탄식할 수밖에 없었는가를 이해하는데 도움이 되었을 것이다.[20]

---

20) 고후 11:28.

에베소인들의 디아나

에베소인들이 그토록 열렬히 섬기던 여신의 이름은 사실은 디아나(다이아나, Diana)가 아니었다. 디아나는 로마의 여신의 이름이다. 헬라어를 사용하던 에베소인들은 이 여신을 아데미(아르테미스, Artemis)라 불렀다. 로마인들은 헬라의 아르테미스(한글 개역판 성경에는 아데미-역주) 여신을 자기들의 디아나 여신과 동일시하였는데, 영어 성경들은 헬라의 신들에게 라틴식의 이름을 붙이는 우를 범하고 있다.[1] 그러나 에베소와 아시아 지방의 헬라어 상용자들이 생각한 아데미 여신은 우리들이 익히 잘 아는 그리스 신화의 아데미 여신 – 벤 존슨(Ben Jonson)의 시에 등장하는 "순결하고 아름다운 여왕이시요, 여자 사냥꾼"(queen and huntress, chaste and fair)의 모습과는 판이하게 달랐다. 그 여신은 처녀(virgin)의 몸으로서 숭앙을 받은 것이 아니라 태초로부터 모든 신들과 인간의 어머니로 알려진 소아시아 지방의 대모신(大母神: mother goddess)처럼 여겨지고 있다.

어쨌든 에베소에서는 그녀는 아데미라는 이름으로 숭배를 받으며, 특별한 위엄과 위치로 도시 위에 군림하고 있다. 그녀를 위한 신전은 고대 세계에서

---

1) 마찬가지로 우리들이 흔히 쓰는 번역판들은 루스드라인들이 행 14:12에서 바나바와 바울을 쥬피터와 머큐리 신으로 숭배했다고 묘사하고 있다. 그러나 헬라어판에는 제우스와 헤르메스로 되어 있다.

7대 불가사의(seven wonders) 중의 하나로 여겨지고 있다. 예부터 내려오던 신전은 후세에 이름을 남기고 싶었다는 한 청년의 손에 의하여(알렉산더 대왕이 태어나던 날) 소실되었다고 전해진다. 그러나 즉시 오히려 더 웅장한 모습으로 재건된다. 또한 이 신전 안에 봉헌된 여신상은 인간의 손으로 새겨지고 조각된 것이 아니라 하늘에서 직접 떨어진 것이다.[2] 따라서 에베소인들이 특별한 정성으로 여신을 섬기고 성전을 돌보는 것은 전혀 신기할 것이 없는 문제였다. 바로 이 여신을 향한 열렬한 숭배로 말미암아 에베소는 "아데미 신전의 수호자"라는 칭호를 얻고 있을 정도였다.[3] 여신의 명성은 너무도 멀리까지 퍼져 있어서 각처의 수없는 헬라인들과 야만인들까지도 이러한 숭배에 참여히겠다. "모든 아시아 지방과 세계가 그녀를 숭배"[4]하였으며, 이들은 "에베소인들의 위대하신 아데미여!"하는 주문으로 그녀를 불렀다.

그녀의 열렬한 신도들은 신전 안에 다시 조그마한 규모의 사당들을 구입하여 여신에게 바쳤는데, 이 속에는 여신이 그녀를 수종드는 사자들을 대동한 모습으로 조각되어 있다. 이러한 진흙으로 조각한 자그마한 사당(감실)들은 지금까지도 남아 있다. 누가는 또한 은으로 만든 사당에 관한 사실도 기록하고 있다. 얼마 전 에베소의 원형극장에서 발견된 글들을 보면, 에베소 시민들이 다 함께 모이는 자리에서 어떻게 로마 관리들이 은으로 만든 여신상과 다른 조상들을 극장 안에다 헌납하였는가 하는 내용이 기록되어 있다.[5]

에베소의 은장색들은 특히 아데미 여신을 자기들 직업의 수호신으로 생각하고 있었던 것이다. 사실 아데미 여신 때문에 많은 수입을 올리고 있었으니 무리도 아닌 이야기였다. 따라서 에베소에서 아데미 여신의 위치가 흔들릴지도 모르는 사태가 발생하였을 때, 이들은 열화같이 끓어오르는 분노를 금치 못하였다. 이처럼 종교가 경제적 이해관계와 결부될 때 인간이 특히 흥분하게 되는 것은 오늘날도 우리들이 흔히 목격하는 정경이다. 은장색들의 동업

---

2) 행 19:35. 숭배의 대상이 된 비슷한 운석들로는 트로이의 팔라디움(Pallas의 모습), 주전 204년 갈라디아 지방의 페씨누스에서 로마로 옮겨간 대모신(the great mother)의 형상, 흑해 연안에 있는 타우리카의 아르테미스 신상, 시실리 섬 엔나에 있던 케레스 신상 등이 있다. 아마 이러한 운석들은 모두 여체의 모습을 닮고 있었는지도 모른다.
3) 행 19:35에 언급된 이 칭호는 에베소에 관련된 명문(銘文)들에서 또한 나타나고 있다.
4) Pauly와 Wissowa의 *Realencyclopädie*에는 에베소의 아르테미스 여신이 숭배되었던 지역을 33개나 열거하고 있다.
5) 다이스만(Deissmann), *Light from the Ancient East*, 112f.

조합원들은 즉시 데메드리오(데미트리우스, Demetrius)라는 자의 지도 아래 회의를 소집하고 바울을 규탄하기 시작한다. 이러한 분노는 즉각 전 에베소 시민들에까지 퍼져서 시민들은 자기들이 흔히 모이는 공설 연극장에 몰려들어 일대 시위를 감행한다. 현재 발굴된 연극장은 약 2만 5천 명을 수용할 수 있는 규모였다. 이러한 시위는 물론 아데미 여신의 명예를 수호하겠다는 명목이었는데, 이들은 거의 두 시간 동안이나 계속하여 "크다 에베소 사람의 아데미여"(위대하신 에베소 인들의 아르테미스 여신이여!) 하고 외쳤다. 이러한 행위는 자기들처럼 여신을 숭배하지 않는 자들, 특히 유대인들과 그리스도인들을 목표로 한 것이다. 그런데 에베소 시와 로마의 지방정부 사이의 연락을 담당하던 시의 서기장이, 이러한 소요가 계속되는 경우 로마 정부로부터 처벌을 받을 것을 염려하여 무리들을 진정시키고 소란을 멈추게 하였다.

이 특정한 사태는 비록 바울과 그의 동료들의 전도사업이 직접적인 도화선이 되기는 하였는데 에베소인들의 분노는 유대인들과 그리스도인들이 모두 그 대상이 된다. 이 지방의 유대인들은 자기들이 바울 일행과는 입장이 다르다고 호소하였는데 군중들은 일단 이들이 모두 아르테미스 여신을 숭배하지 않는 것이 사실인 이상 자세한 차이점에 관심조차 두려고 하지 않았다. 그러나 이곳에서 기독교 복음의 전파가 상당한 효과를 거둔 것은 틀림없는 사실인 듯하다. 바울은 주후 52년 가을 에베소에 도착하였으며, 연극장에서의 폭동은 주후 55년 봄에 발생한다. 아마도 던칸 교수의 주장대로 이 여신을 위해 해마다 베풀어지던 봄철의 축제(아르테미시아, Artemisia) 기간 중이었던 듯하다.[6] 누가가 기록한 데메드리오의 주장, 즉 아데미 여신의 신봉자들이 감소할 경우 은장색 조합원들은 상당한 수입을 잃게 될 것이다. 그 후, 약 60년이나 지난 후 기독교의 번성으로 말미암아 제사에 쓰이는 짐승들의 숫자가 줄어들었다는 상인들의 불평이 비두니아 지방의 기록에도 남아 있다.[7]

바울이 에베소 지방에서 지낸 2년 반 동안 서부 소아시아 지방에 큰 영향을 미쳤을 것은 분명하다. 이곳에 자리잡은 기독교는 1923년 그리스인들이 그곳에서 쫓겨나기까지 계속된다. 바울은 대부분의 시간을 에베소에서 머물렀으나, 그의 동료들은 아시아의 다른 지방으로 두루 다니면서 복음을 전하

---

6) 던칸(G. S. Duncan), *St. Paul's Ephesian Minis'ry* (1929), 141.
7) Pliny the Younger, *Letters*, x, 96.

였다. 특히 리큐스(에베소 근해에서 바다로 빠지는 메안더 강의 지류, Lycus) 계곡 근처의 도시들이 활동 무대가 된다. 그 후 요한의 계시록에 등장하는 아시아의 일곱 교회들과, 또한 초기 기독교회사에서 중요한 위치를 차지하는 골로새(Coloseæ), 히에라폴리스(Hierapolis) 등의 교회들도 아마 이때 세워진 듯하다.

그런데 바울이 52년 가을, 이곳에 정착하기도 전에 이미 에베소 및 인근 지역에 기독교에 관한 지식이 도달하였다고 생각할 수 있는 증거들이 남아 있다. 그러나 이들은 사도들에 의해 행해진 역사가 아니므로, 이 때문에 다른 사람들의 터 위에 건축하지 않겠다는 바울의 원칙이 깨진 것이라고는 볼 수 없다. 에베소는 주요한 도시였기에 로마의 다른 지방들로부터 계속 방문객들이 그치지 않았으며, 이들 가운데는 복음에 관해 아는 이들도 더러 있다. 바울은 52년 봄, 고린도를 떠나면서 아굴라와 브리스길라를 대동하고 에베소에 도착하였다. 그는 이곳에서도 역시 우선 회당에 출입하는 자들을 상대로 논쟁을 벌였으며 이들은 바울의 복음에 관해 점차 큰 관심을 보였으나, 바울은 마침 다시 팔레스타인을 향해 떠나야만 했으므로 더 이상 그들과의 시간을 가질 수가 없었다. 그러나 바울은 그의 두 친구들을 뒤에 남겨두었으므로, 이들은 다른 이들에게 예수님의 도를 전파하였을 것이다. 그 해 여름, 에베소를 방문한 알렉산드리아 출신의 아볼로를 접한 아굴라 등은 아볼로의 복음의 지식이 자기들에 비해 온전치 못함을 발견하였다. 이들은 아볼로의 부족한 점들을 보충시켜 주었으며, 아볼로는 그 후 에베소와 고린도에서 기독교의 진리를 참으로 힘 있게 전할 수 있게 된다. 그가 후에 고린도에서 남긴 활동이 "… 성경으로써 예수는 그리스도라고 증거하여 공중 앞에서 유력하게 유대인의 말을 이김일러라"라고 기록되어 있다.[8]

그 해 가을, 바울은 다시 에베소로 돌아왔다. 그는 이곳에서 예수님에 대해 부분적인 지식만을 지니고 있는 자들을 만나게 된다. 이들은 아볼로와 마찬가지로 기독교인의 세례나, 혹은 오순절 성령의 은사를 알지 못하고 있다. 이들은(역시 아볼로와 마찬가지로) 세례 요한의 세례만을 알고 그 세례를 받은 사람들이다. 그렇다고 해서 이들을 마치 세례 요한의 제자들과 똑같은 차원으로 취급하는 것은 바람직하지 못할 것 같다.[9] 이들은 아마도 갈릴리 출

---

8) 행 18:28.
9) 이들은 행 19:1에서 단지 "제자들"이라 불리고 있다. 누가가 아무런 설명 없이 이 단어를

신의 예수님의 추종자들로부터 기독교에 대한 이해를 가지기 시작한 것으로 보이며, 이 복음은 예루살렘으로부터 안디옥을 거치는(from Jerusalem via Antioch) 사도들을 통한 통로를 경유하여 전해진 것은 아니었다. 일부 예수님의 추종자들이 예수님을 좇아 예루살렘까지 올라가지 않고 갈릴리에 그냥 남아 있다가 예루살렘에서 발생한 오순절 성령강림의 사건에 직접 참여하지 못했으며, 또한 그 후 오순절을 계기로 개시된 일대 전도운동에도 참여하지 못했던 것이 확실하다. 그러나 그 후 이들의 실제생활이나 움직임이 어떠했는가에 대해서는 역사적인 기록이 없으므로 이들의 정확한 상태를 아는 것은 불가능하다. 그렇지만 역시 이들의 상황을 추측해 보는 것은 가능한 일이다. 또한 알렉산드리아나 에베소 등에 예수님에 관한 이야기들은 알고 있으나 오순절 이후 예루살렘에서 전개된 일대 복음운동의 특징들을 결여하고 있는 "제자들"을 발견할 수 있으므로 이들에 대한 설명이 필요할 것이다.

어쨌든 바울과 그 동행들의 에베소에서의 전도운동은 놀랄만한 속도로 진행된다. 거대한 로마의 공식적인 이교에 위협이 되기 이전에 우선 이보다 소규모의 미신들에게 큰 영향을 미치고 있다. 에베소인들의 생활에서 마술(magic)은 빼놓을 수 없는 것이다. 너무도 마술이 크게 성했기 때문에 당시 사람들은 마술적 효력을 낸다고 알려진 주문들을 가리켜 "에베소인들의 문자들"이라고 부를 정도였다. 누가는 이전 문제들에 관련된 재미있는 마술책자들을 가져와 이들에 불을 지르고, 주문의 숨은 뜻들을 공개하여 이들의 효력을 없이 하기도 했다.[10]

유감스럽게도 바울이 에베소에 2년 반 동안이나 머물면서 어떻게 지냈는지에 관한 자세한 기록들은 남아 있지 않다. 마침 바울과 함께 에베소에 머물지 않았던 누가는 마술에 관련된 상품들의 상인들과 아데미 여신을 숭배하던 자들이 벌인 소동을 제외하고는 거의 기록을 남기지 않고 있다. 어쨌든 누가는 바울이 3개월 동안이나 회당에서 논쟁을 벌인 후에는 너무도 반발이

사용할 때에는 이는 "기독교인"과 비슷한 의미이다. 이들은 아마 아볼로에 의한 개종자들이었는지도 모른다.

10) 이제까지 남아있는 사본들을 살펴보면 감히 인간들이 불러서는 안 되는 이스라엘의 하나님의 이름은 마치 강력한 주문과 같이 인식되고 있었는지도 모른다. 물론, 스케바(Sceva)에 있던 이 인물은 협잡꾼에 지나지 못했다. 만약 그날 이러한 방법이 사용되었다면 누가는 그를 "대제사장"이라고 인용부호에 넣어 기록했을 것이다(이 사기꾼은 아마 자기의 영업장소 앞에 "유대인 대제사장"이라는 간판을 걸어놓고 있었는지도 모른다).

거세어져 결국 두란노(티란누스, Tyrannus)[11]라는 사람의 집을 빌려 그곳에서 계속 복음을 전했다고 사건을 기록하고 있다. 어떤 신약사본은 바울이 그곳에서 오전 11시에서 오후 4시까지 강의했다고 전하기도 한다.[12] 아마도 바울이 강의 전-혹은 강의 후에는 계속 노동을 하여 생활비를 벌었을 것으로 짐작된다.[13] 또한 11시 전에는 두란노가 건물을 사용했을 것이라고도 생각할 수 있다. 아마 바울의 교훈을 듣는 청중들이 그의 강의에 심취해 있던 것 같다. 왜냐하면 당시 에베소에서는 오후 1시 경 대부분이 낮잠을 자는 시간이 었기 때문이다.

그러나 아시아 전역에 복음이 퍼질 정도로 바울의 사역에는 많은 사람들이 모여들었으나, 이들의 수고가 평탄한 것만은 아니었다. 이들 전도자들은 여러 번 위험을 겪었으며, 바울은 한번 이상 거의 죽은 것이나 다름없는 고초를 겪기도 하였다. 아데미 여신의 열렬한 신봉자들과 유대교인들로부터의 반대뿐만 아니었다. 보다 직접적인 위험을 바울은 겪어야만 했다. 그가 쓴 편지들 중에 한 구절에는 "내가 범인처럼 에베소에서 맹수로 더불어 싸웠으면 내게 무슨 유익이 있느뇨 죽은 자가 다시 살지 못할 것이면 내일 죽을 터이니 먹고 마시자 하리라"는 구절이 있다.[14] 이는 물론 문자 그대로 경기장에서 사자들에게 던져진 것이 아니라 수사학적 표현임을 곧 알 수 있다. 그러나 이는 곧 바울이 바로 이러한 정도의 위험에 처했음을 우리들에게 알려 주는 것이라 할 수 있다. 또 다른 구절에는 바울이 아시아 지방에서 당한 또 다른 고난들을 표현하고 있다. "형제들아 우리가 아시아에서 당한 환난을 너희가 알지 못하기를 원치 아니하노니 힘에 지나도록 심한 고생을 받아 살 소망까지 끊어지고 우리 마음에 사형선고를 받은 줄 알았었는데 이는 우리로 자기를 의뢰하지 말고 오직 죽은 자를 다시 살리시는 하나님만 의뢰하게 하심이라 그가 이같이 큰 사망에서 우리를 건지셨고 또 건지시리라 또한 이후에라도 건지시기를 그를 의지하여 바라노라."[15]

---

11) 이것이 과연 그의 실제 이름이었는지, 아니면 그의 학생들이 붙인 이름이었는지는 확실치 않다.
12) western 사본들은 행 19:9 말미에 "제 5시부터 제10시까지"라고 첨부하고 있다(이는 물론 해 뜨는 시각부터 계산한 것이다).
13) Cf. 행 20:34.
14) 고전 15:32.
15) 고후 1:8~10.

바울의 편지들을 읽노라면 마치 스릴에 가득한 전화의 목소리를 듣는 듯한 생생한 현장감을 느끼게 된다. 그런데 바울의 옆에서 그의 목소리를 직접 듣고 있는 이들은 실제의 상황을 잘 알 수 있으나, 현대의 우리들은 그렇지 못하므로 가능한 한 정확한 자료들을 동원하여 당시의 실제 상황을 재구성해 볼 수밖에는 없다. 바울이 에베소에서 당한 고난들에 관해서도 같은 원리를 적용할 수 있다. 바울은 에베소 체재의 말기에 밝히기를 자기는 자주 감옥에 갇혔다고 하였다.16) 따라서 에베소 사역 중 최소한 한번 이상 감옥에 갇혔다고 생각해 보는 것이 당연하리라. 실제로 많은 학자들은 바울이 빌립보교회에 보낸 서신 중에 밝힌 투옥의 경험은 바로 에베소에서 발생한 사건이었다고 결론지었다.17)

바울은 이러한 투옥들이 결국은 복음의 진보를 위한 것이었으므로, 자기는 이로 인해 기뻐할 수 있다고 하였다. 실제로 이 때문에 다른 성도들이 더욱 용기와 믿음을 갖게 되었으며, 또한 시위대 안에까지 복음을 전할 수 있게 되었다는 것이다.18) 그는 곧 석방되기를 기대하고 있으나 혹시 그렇지 못하더라도, 복음의 사역을 위한 제물인 줄로 알고 계속 기뻐하겠다고 밝혔다. 사실 개인적으로만 생각한다면 죽는 것이 차라리 더 낫다고 하였다. 왜냐하면 그 즉시 이미 영광 가운데 계신 그리스도와 함께 있게 될 것이기 때문이다. 그러나 친지들과 성도들을 위해서는 땅 위에서 좀 더 오래 머무는 것도 "나쁘지 않다"라고 하였다.

그러나 어쨌든 빌립보인들에게 보내는 편지의 전체 분위기는, 바울과 그의 일행들이 살아날 모든 소망을 포기한 채, 이 구원을 특별한 부활의 기적처럼 언급한 절대절명의 상황을 반영하는 듯 보이지는 않는다. 이보다 심각한 위기는 당시 아시아 지방에서 벌어졌던 정치적 사건과 보다 밀접한 관계

---

16) 고후 11:23.
17) 빌 1:7, 13.
18) 빌 1:13. 여기서 "관청"이라 번역된 것은 라틴어 prætorium을 헬라형으로 옮긴 것이다. 빌이 로마에서 쓰였다는 일반적인 견해를 따르면 이 "관청"은 로마에 있던 황제친위병의 사령부(the headquarters of the Emperor's Prætorian Guard in Rome)를 가리킨 것이라 볼 수 있다. 그러나 단어 자체는 prætor, 혹은 chief magistrate의 관저를 가리키는 것이다. 이 단어는 예루살렘에 있던 빌라도의 사령부를 의미하는 것으로서 막 15:16과 요 18:28에 사용되었다. 그러나 아시아 지방처럼 proconsul 혹은 senator 직할 구역에 관해서는 이 단어가 사용된 적이 없다.

를 지니고 있었던 것으로 생각된다.

아데미의 숭배자들에 의해 에베소의 극장에서 벌어졌던 소동을 기록한 누가의 글을 기억하는 독자들은, 이곳의 서기가 누구든 불만이 있으면 법원에 가서 해결하라는 말로써 폭도들을 진정시킨 것을 기억할 것이다. 그리고 그는 "이곳에 총독들이 있다"고 부언하였다.[19] 서기는 왜 복수 어미를 사용하였을까? 원래 한 지방에는 총독 하나가 있기 마련이다. 그러나 만약 권력의 과도기가 있을 경우에는 어떻게 될까? 만약 한 총독이 죽고 아직 새 총독이 도착하지 못했다면? 이 경우에 기록자는 보다 모호한 표현으로서 "일반화 복수"(generalizing plural)를 사용하지는 않을까?

네로는 주후 54년에 재위에 올랐다. 그는 황제 아구스도(아우구스투스 황제, Emperor Augustus)의 증손이었는데, 마침 당시 아시아 지방의 총독이던 마르쿠스 유니우스 실라누스(Marcus Junius Silanus) 역시 같은 아구스도의 증손이다. 네로의 어머니 아그립피나(Agriphina)는 실라누스가 아들 네로의 정적으로서 등장할 가능성이 있음을 염려하여 그를 암살하고 말았다. 암살자들은 헬리우스(Helius)라는 로마의 무사와 노예 출신의 켈러(Celer)라는 자였는데, 켈러는 아시아 지방에서 황제의 개인적 업무들을 수행하고 있다.[20] 역사가 타키투스(Tacitus)는 실라누스를 네로의 첫 번째 희생자로서 기록하고 있다.[21]

던칸 박사가 지적하였듯이, 만약 일찍이 바울이 위기에 처했을 때 실라누스가 그를 구출해 준 것이 사실이라면, 실라누스가 제거된 후 헬리우스와 켈러가 과도기에 총독업무를 수행하고 있었을 동안 바울의 입장은 극히 위험스러웠을 것임에 틀림없다.

어쨌든, 바울은 에베소에서의 모든 위기를 뚫고 살아남게 된다. 바울은 에베소 체재 기간을 통해 에게 해 양편 해안 지방을 모두 복음화시켰으며,

---

19) 행 19:38.
20) 던칸 박사는 복수로 나타난 proconsuls가 Helius와 Celer를 가리키는 것으로 본다. 즉 "새로운 총독이 아직 부임하기 이전 이들이 대신 그 권한을 남용하고 있던 것은 아니었을까?" 룩콕(H. M. Luckock) 역시 Footprints of the Apostles as Traced by St. Luke in the Acts, II(1897), 189에서 같은 주장을 편 바 있다. 그러나 이 견해는 램지(W. M. Ramsay)에 의해 The Expositor, VI, 2 (1900), 334에서 호된 비난을 받았다.
21) Tacitus, Annals, XIII, 1. Silanus의 가족들, 다른 많은 이들 역시 황실의 미움을 받게 되었다. 따라서 누가는 바울이 Silanus로부터 받았을지도 모르는 호의를 언급하지 않는 것이 현명하다고 판단했을지도 모른다.

이 지방의 교회들은 바울이 직접 함께 있지 않아도 계속 성장할 수 있는 정도에 이르게 된다. 바울은 그리스도의 왕국을 위해 정복해야 할 새로운 땅들을 바라보게 되었는데, 서방으로 눈을 돌려 아직 복음이 들어가지 못한 서바나(스페인, Spain)를 주목하였다.[22] 이제 지중해 서부도 동부와 마찬가지로 복음화시킬 때가 온 것이다. 그런데 바로 이 시기에 바울은, 이미 우리가 살펴본 바와 같이 에게 해 양쪽 지방에 있는 교회들로부터 예루살렘교회를 돕기 위한 모금에 분주해 있다. 그는 이곳 교회들에 들러 구호금을 전해 받고, 각 교회의 대표들을 대동하여 예루살렘교회를 향해 갈 예정이다. 바울은 이 사명을 완수한 후에 마음 놓고 서바나를 향해 떠나고자 했으며, 도중에 로마에 들러 그곳의 교회를 방문할 수 있기를 간절히 바라고 있다.

---

[22] 아직 복음이 들어가지 못한 미개척지를 대상으로 선교하는 것을 원칙으로 삼았던 바울로서는 이미 로마와 알렉산드리아에 복음이 전파된 그때, 이탈리아나 이집트로 가려 하지는 않았을 것이다.

로마의 기독교

바울은 에베소를 떠나 에게해를 건너서 예루살렘에 가기 전에, 한동안 마게도냐에 머무르게 된다. 그는 주후 56년과 57년 사이의 겨울을 고린도에서 보냈는데, 거기에 머무는 도중 로마에 들를 것을 예비하여 그 곳에 있는 그리스도인들로 하여금 자기의 방문을 준비하게 하는 편지를 보냈다.

나는 이제까지 자주 당신들을 방문하고자 하였는데 여러 가지 사정으로 그렇게 할 수 없었습니다. 우리 서로가 무언가 영적인 축복을 나누기 위해서 당신들을 보기를 간구하고 있습니다. 내가 항상 당신들을 위해서 기도하고 또한 생각하고 있다는 것을 알아주시기 바랍니다. 하나님께서 당신들의 신앙과 변함없는 충성을 전 세계에 걸쳐서 알리신 것을 하나님께 감사합니다. 나는 이제까지 이방 세계에 복음을 전하여 약간의 결과를 보게 되었으며, 또한 여러분 가운데서도 이러한 성과를 얻을 수 있기를 원하고 있습니다. 제가 다른 곳에서 복음을 선포했던 것과 마찬가지로 로마에서도 그리할 수 있기를 바라고 있습니다. 왜냐하면 저는 복음을 부끄러워하지 않기 때문입니다… 나는 물론 선교사로서 로마에 정착하고자 하는 것은 아닙니다. 왜냐하면 이는 다른 사람의 기초 위에 집을 짓는 것으로서 제가 항상 피하고자 했던 것이기 때문입니다. 또한 여러분에게 선생이 되고자 하는 것도 아닙니다.

왜냐하면 당신들은 이미 서로 가르칠 수 있는 능력이 있음을 알고 있기 때문입니다. 그러나 예루살렘부터 일루리곤까지는 복음을 선포하고, 교회를 개척하였습니다. 따라서 이 지방에서의 저의 사역은 완성되었습니다. 저는 다음에는 서바나(스페인)로 가려고 하고 있습니다. 그런데 우선은 예루살렘에 있는 성도들에게 봉사하기 위해서 예루살렘으로 올라가야만 합니다. 그러나 그 일을 마친 후에는 곧 서바나를 향하여 떠날 예정이며, 그 도중에 로마에 잠깐 들르고 싶습니다. 그리하여 성도들 가운데서 새로운 힘을 얻고 이를 통해 여행을 계속하고 싶기 때문입니다.[1]

그리하여 그는 로마의 그리스도인들에게 편지를 썼으며, 이 편지 안에 그가 이해하고 선포하였던 기독교의 복음의 본질에 대해 역설하였다. 이는 그가 실제로 로마 교인들을 만나게 되기 3년 전이었으며, 바울이 어떠한 경로로 자기가 예기치 못했던 상황 속에서 이들을 만나게 되었는가는 후에 다시 보기로 한다.

그러나 바울이 로마 교인들에게 보낸 서신을 통해 그곳의 교회가 방금 시작된 미숙한 상태의 교회가 아닌 것은 확실히 알 수 있다. 그렇다면, 로마의 교회는 언제 시작되었으며, 그 기초를 놓았던 "다른 사람"은 과연 누구인가?

우리는 로마교회의 시초에 대한 확실한 기록을 가지고 있지 않다. 따라서 여러 가지 역사적인 기록과 고고학적인 발견들을 통하여 이때의 사정을 미루어 볼 수밖에 없다. 그러나 이러한 증거들을 종합하여 보면, 생각했던 것보다는 의외로 확실한 모습을 발견하게 된다. 로마기독교에 관한 고고학적 연구는 예루살렘에 관한 것에 비해 월등하다. 또한 사도들의 시대로부터 로마의 기독교는 단절 없이 계속 이어져 내려온 것을 알 수가 있다. 현대로부터 주후 1세기 중반에까지 끊어지지 않고 계속 이어지는 전통이 존재하는 것이다. 물론 이 전통 속에 포함된 여러 요소들은 면밀하게 분석되고 그 진정한 가치들은 재평가 되어야 한다. 그러나 적어도 이런 전통이 존재하는 것만으로도 특기할 만한 일이다.

주후 30년에 오순절을 축하하기 위해 예루살렘에 찾아온 군중들 가운데는 사도행전 2:10에 의하면 "로마로부터 온 나그네 곧 유대인과 유대교에 들

---

1) 롬 1:8~16과 15:14~29의 요약.

어온 사람들"이 있다고 기록되어 있다. 이 사람들 가운데 누군가가 당시 베드로의 설교를 듣고 신앙을 갖게 되어 세례를 받게 되었는지에 대해서는 기록되어 있지 않다. 그러나 이들 로마 출신자들이 방문객들의 목록 가운데 포함되어 있는 유일한 유럽 출신들이었다는 사실은 우리가 흔히 생각하는 것 이상의 중요한 의미를 갖고 있는지도 모른다. 어쨌든 모든 길은 로마로 통했으며, 일단 기독교가 레방의 해안 지방에 정착한 후에는 틀림없이 로마로 유입될 수밖에는 없을 것이다. "예수님이 십자가에서 돌아가신 다음 가을에는 마치 그가 다메섹(Damascus)에서 사람들에게 경배를 받은 것과 마찬가지로 로마에서 로마의 유대인들 사이에서도 같은 정도의 영예를 받은 것이 가능하다."[2]

이미 주전 2세기경에는 로마 시내에 유대인들이 모여 사는 거주지역이 존재하고 있었으며, 또한 주전 62년 폼페이(Pompey)의 승리를 축하하기 위하여 팔레스타인 지방으로부터 포로로 잡혀온 유대인들에 의해 그 수는 더 증가하게 된다. 주전 62년경, 포로로 잡혀온 유대인들은 그 후 자유인으로서 해방된다. 주전 59년경, 키케로는 아시아 지방으로부터 예루살렘으로 보내진 유대인들의 성전세를 금지하여 유대인들에게 미움을 받게 된 한 관리를 변호하면서, 로마 시내에 거주하는 유대인들을 두려워하는 듯 짐짓 목소리를 낮추어 이와 같이 말하였다. "여러분들께서는 그들(유대인들)의 수가 얼마나 많은지, 얼마나 잘 단결되어 있는지, 또한 공적인 집회에서 얼마나 큰 영향력을 발휘하고 있는지 잘 알고 계십니다."[3]

그 후 황제들은 로마 시내 및 제국의 영내에서 유대인들의 특권을 보호하였다. 당시로부터 전해 내려오는 기록을 보면, 로마 시내에 소재하고 있던 유대인들의 회당이 포함되어 있다 – 즉 캄펜세스(Campenses) 회당, 어거스텐세스(Augustenses) 회당, 아그리펜세스(Agrippenses) 회당, 서버렌세스(Suburenses) 회당, 불룸넨세스(Volumneneses) 회당, 그리고 "히브리"(Hebrews) 회당들과 "감람나무"(Olive Tree) 회당 등이다. 일부 학자들은 마지막에 언급된 회당의 이

---

[2] 포크스 잭슨(F. J. Foakes Jackson), Peter, Prince of Apostles (1927), 195. "Ambrosiaster"라는 가명으로 알려진 제4세기의 기독교인은 그의 로마서 주석 서문에서 "이들은 비록 아무런 기사·이적이나 사도들을 본 일이 없으나, 유대교 예식에 따라 그리스도의 신앙을 받아들였다"고 기록하였다.

[3] Cicero, Pro Flacco, 66.

름 가운데서 바울이 로마서 11:16~24에서 언급한 감람나무의 비유가 미친 영향을 찾아볼 수 있다는 주장을 했다. 그러나 당시 로마인들은 동양 출신의 거주자들을 축출함으로써 로마 시내를 정화시키고자 했으며, 물론 이 가운데는 유대인들이 포함되기 마련이다. 로마로부터의 유대인 축출 사건 가운데서 가장 중요한 것은 주후 49년경의 사건인데, 이 때문에 우리가 아는 아굴라와 브리스길라가 로마로부터 쫓겨나 고린도까지 가서 바울을 만나게 된다. 역사가 디오 카시우스(Dio Cassius)는 당시의 칙령이 글라우디오(Claudius) 황제에 의해서 내려졌다고 주장한다.

> 유대인들은 다시 그 수가 급격히 증가하기 시작한다. 그러나 이들의 수가 너무 많아 난동을 거치지 않고는 이들을 시내에서 쫓아낼 수가 없었기 때문에, 그는 이들을 실제로 폭력을 사용하여 축출해내는 대신 그들의 조상적으로부터의 전통에 따른 집회를 갖는 것을 금지시켰다.[4]

만약에 이것이 곧 회당에서의 모임을 금지시키는 것을 의미한다면 이 칙령은 실제적으로 축출과 동일하였다. 또 다른 글라우디오의 전기 작가 수에토니우스(Suetonius)는 "유대인들이 계속 크레스투스(Chrestus)의 선동 아래 난동을 부렸기 때문에 로마로부터 축출되었다"[5]고 기록하고 있다. 이 마지막 기록은 특히 우리의 흥미를 자아낸다. 이 크레스투스는 아마도 당시 로마의 유대인들 사이에서 말썽을 일으켰던 인물을 지칭하는 것으로 보인다. 그러나 수에토니우스가 그의 이름을 기록한 모습을 보면, 이는 아마도 로마 시내의 유대인들에게 최근 전해졌던 기독교로 말미암아 빚어진 말썽을 묘사하는 것처럼 보이기도 하는 것이다. 실제 사건 때보다도 70년이나 후에 글을 쓴 수에토니우스는 아마도 폭동들의 기록을 조사한 후, 이들 기록 가운데 등장하는 크레스투스라는 이름이 실제 글라우디오 시대에 로마에 거주했던 한 개인을 지칭하는 이름으로 오해한 듯하다("크레스투스"<Chrestus>는 이방인들 사이에서 "크리스투스"<Christus>를 지칭하는 또 다른 이름이었다). 현재까지 남아있는 증거들을 약간 뛰어넘어 추론해 본다면, 아굴라와 브리스길라는 고린도에 오기

---

4) *History*, LX, 6.
5) *Life of Claudius*, 25:4.

전에 이미 그리스도인들이었으며, 또한 로마교회의 창립 신도들이었던 것으로 보인다.6)

이로부터 한두 해 후에(주후 52) 탈루스(Thallus) - 원래 디베료 황제에 속한 노예 출신 - 라는 작가는 트로이 전쟁 때로부터 당시까지의 그리스 역사를 아시아와의 관계 속에서 기록하였다. 탈루스는 그의 역사서 제3권 가운데 예수님이 십자가에 달리시던 날, 팔레스타인에 임한 초자연적인 암흑을 언급하고, 이는 일식(solar eclipse) 때문이라고 설명하였다. 물론 보름달에는 일식이 일어날 수 없기 때문에 그의 설명은 잘못된 것이다.7) 그러나 주후 세기 중반기에 이미 그리스도의 죽음에 관한 이야기가 로마의 비그리스도교도들 사이에 알려졌다는 사실은 특기할 만하다.

바울이 로마 교회에 편지 쓴 그 해에(주후 57) 브리튼(Britain)을 정복한 장군 아우루스 플로티우스(Aulus Plautius)의 아내 폼포니아 그레치나(Pomponia Graecina)8)가 "외국으로부터 전래된 미신"9)을 추종했다는 이유로 재판을 받은 일이 있다. 기소의 근거는 그녀가 14년 동안이나 계속 상복을 입고 그녀의 계급에 속하는 여인들이 당연히 추구하는 사교계의 모임을 피해왔다는 것이다. 그녀는 결국 무죄판결을 받았으며 그녀의 남은 생애 동안 이처럼 다른 여성들과는 잘 어울리지 않는 생활 태도에도 불구하고 주위 사람들에게 많은 존경을 받았다. 지금 생각해 볼 때 그녀가 추종한 "외국으로부터 전래된 미신"은 실제로 기독교였는지도 모른다.10)

---

6) 또한 히브리서의 공동 저자들. *Zeitschrift für neutestamentliche Wissenschaft*, I (1990), 16ff를 보라.
7) 예수님이 십자가에 처형되었던 유월절은 춘분 후의 보름날에 해당된다. 기독교 신자 역대가인 줄리우스 아프리카누스(Julius Africanus<주후 221>)는 Thallus의 주장 가운데 이 문제의 오류를 지적하고 있다.
8) 플라우티우스(Plautius)는 주후 43년경, 남부 브리튼을 로마 영토로 귀속시켰다.
9) Tacitus, *Annals*, XIII, 32.
10) 몇몇 로마의 귀부인들에게 영향을 받아 religio licita로 알려졌던 유대교가 이에 해당할 가능성은 거의 없다. "외국으로부터 미신"이라는 묘사는 상당히 일반적인 것이다. 그러나 Tacitus의 기록에 대해 피트만(H. Pitman)은 다음과 같이 논평하고 있다. "방탕한 네로 황제시대에 살던 자들의 입장에서 볼 때, 절제와 금욕을 지켰던 기독교 신자들의 고결한 생활이야말로 '영구적인 장송'의 모습으로 보였을 것이다." 이러한 논평은 가장 오래된 기독교인들의 무덤들 가운데 하나인 루시나 묘지의 납골당에서 발견된 명문(약 140)이 gens Pomponia(폼포니아의 가족)를 추모하는 내용에서도 그 타당성을 발견할 수 있다. 이들 가운데 하나인 Pomponius Græcinus(약 주후 200)란 인물은 바로 이 Pomponia

바울이 그의 편지 맨 마지막에 첨가한 개인적인 안부들에 나타난 이름들을 보면, 당시 로마의 기독교 공동체를 이루고 있던 사람들의 좀 더 세부적인 상황을 짐작할 수도 있다.[11] 이들은 아마도 바울이 전도여행 도중 이곳저곳에서 만난 사람들로서 당시에 로마에 거주하고 있던 사람들이었는지도 모른다. 이 명단 가운데는 기독교 초창기의 신도들의 이름도 포함되어 있다. 예를 들어서, 바울은 안드로니고(Andronichus)와 유니아(Junia)를 가리켜 "저희는 사도에게 유명히 여김을 받고 또 나보다 먼저 그리스도 안에 있는 자라"라고 기록하고 있다.[12] 따라서 이 부부는 아마도 로마교회의 창립 교인들인 것 같다. 이들은 아마도 예루살렘교회의 초창기에 참여했던 헬라파 유대인이었는지도 모른다. 바울이 이들을 가리켜 어떤 의미(부활하신 그리스도를 본 목격자라는 의미)에서 사도들이라고 했는지, 혹은 이들이 사도들에게 잘 알려진 인물들을 의미했는지는 확실치 않다. 바울은 자기의 편지에 쓴 글의 의미를 확실히 알고 있었으며, 그 편지를 받았던 독자들도 그 의미를 잘 알고 있었을 것이나, 바울이 쓴 언어의 의미를 완전히 알고 있지 못한 우리들에게는 불확실할 수밖에 없다. 우리들은 또한 이 명단 가운데 언급된 루포(Ruphus)가 예수님의 십자가를 진 구레네인 시몬의 아들들 가운데 하나가 아닌가 궁금해 할 수도 있다.[13] 만약 그렇다면, 그의 어머니는 아마도 안디옥교회에서 바울을 어머니처럼 보살폈을 것이다. 우리가 아는 바대로 안디옥교회에 있던 바울의 동료들 가운데 하나는 니게르(Niger)라는 별명으로 불린 시므온(Simeon)을 보다 유대인들의 언어에 충실하도록 표현한 것에 불과하다.[14] 따라서 57년 초에는, 세계 각처로부터 여러 종류의 그리스도인들이 로마에 들어와 거주하였던 것으로 보인다.

의 방계 가족일 수 있다.
11) 나는 로마서 마지막 장의 수신지가 로마였다는 사실을 받아들인다. 그러나 많은 이들이 상당히 그럴 듯한 근거를 가지고, 그 수신지가 에베소였다고 주장하고 있다. 도드(C. H. Dodd), *The Epistle to the Romans* (1932), ad loc,; 맨슨, *St. Paul's Letter to the Romans-and Others* (Rylands Bulletin reprint, 1948), 12ff를 보라.
12) 롬 16:7. 바울은 이들을 가리켜, "내 친척이요 나와 함께 갇혔던 자들"이라고 부르고 있다.
13) 롬 16:13, "주 안에서 택하심을 입은 루포와 그 어머니에게 문안하라 그 어머니는 곧 내 어머니니라." (로마에서 기록된) 마가복음은 구레네인 시몬을 "알렉산더와 루포의 아비"라고 밝히고 있다(15:21).
14) 행 13:1.

로마교회에 있어서 다음으로 중요한 사건은 주후 60년 2월경에 발생한 바울의 로마 도착이다. 바울은 아피안 가도(Appian Way)를 따라 프테올리(Puteoli)로부터 로마로 향해 왔으므로, 로마의 기독교 신자들 가운데, 바울의 도착을 미리 알고 있던 일부 교인들은 바울을 만나기 위해 성문 밖에서까지 기다리고 있다가 마치 개선장군처럼 그를 환영했던 것으로 보인다. 로마로부터 40마일 가량 떨어진 곳에서 이러한 친구들을 만날 수 있었던 바울은 아마도 상당한 마음의 위로와 격려를 받았을 것이다.

바울은 예루살렘에서 유대인 적대자들로부터 성전의 거룩함을 더럽혔다는 중대한 죄목으로 고소를 받았기 때문에 이처럼 죄수의 모습으로 로마에 올 수밖에 없었다. 여러 가지 사정으로 말미암아 바울의 재판은 상당히 지연되었으며, 결국 바울을 고소하였던 산헤드린 지도자들의 요청에 의하여 유대 총독에게 넘어갈 것 같은 위기를 깨달은 바울은 자기의 로마 시민권을 주장하여, 로마의 황제에 의해 직접 재판을 받을 수 있도록 항소하였다. 바울은 2년 동안 로마에서 재판을 기다리는 동안 여러 친구와 동역자들 — 즉 로마까지 그를 동행하였던 누가와 아리스타쿠스 — 과 함께 친교를 나눌 수가 있었는데, 이중에서 마가는 특별히 특기할 만한 인물이다.

바울과 실라가 소아시아로 떠나고 바나바와 마가는 구브로(Cyprus)로 헤어졌던 때부터 베드로와 가까이 지내게 된다. 제1세기 50년대에, 베드로는 그때까지 행했던 것보다 지리적으로 널리 사역했던 것으로 보인다. 마가는 그의 통역자인 동시에 비서역으로 함께 여행한다. 믿을만한 기록에 의하면 55년에서 60년 사이 베드로와 마가가 로마를 방문했던 것으로 보인다.[15] 베드로가 이곳을 떠났을 때도, 마가는 그 뒤에 남아 있었으며, 로마의 그리스도인들은 그가 베드로로부터 직접 들은 예수님의 행적을 기록하도록 부탁하였다. 이것이 곧 마가복음의 기원이다. 그 후, 60년경, 누가가 바울과 함께 로마를 방문했을 때, 그는 마가의 기록을 기초로 하여 기독교의 기원과 발전에 대한 스스로의 복음을 기록하였다.

---

15) 맨슨, *The Life of Jesus*, 2. *The Gospel of Mark* (Rylands Bulletin reprint, 1944), 12ff를 보라. 마가복음에 붙인 반(反) 말시온주의적 서문(약 주후 170)은 이 복음서가 베드로가 떠난 후 이탈리아에서 저술되었다고 밝히고 있다. 이 "떠난 후"를 반드시 "죽은 후"로만 해석하는 것은 지나치게 경솔한 것이라는 맨슨의 주장이 일리가 있다(Irenæus 이후에도 거의 모두가 이를 사망한 후로 해석하였다).

61년 말 경, 바울의 소송사건은 그 고소인들에게 불리한 방향으로 흘러간 듯하다. 이미 팔레스타인 지방의 공정한 재판관들에 의해 근거가 없는 것으로 판단된 바울의 고소사건을 보고, 예루살렘의 대제사장들은 바울이 로마16)에서 재판을 받을 경우 자기들에게 더 불리할 것을 깨닫게 된다. 이에 따라 바울은 로마에서 석방된 직후 이곳을 떠났으며,17) 바울이 이곳을 떠난 직후 베드로는 수도 로마를 방문하였다. 그는 이곳에서 주후 63년경 실바누스(Silvanus)의 도움 아래 서북부 소아시아 지방에 소재한 교회들에 보내는 편지를 썼었는데, 이것이 곧 신약에 나타난 베드로전서이다.18) 그는 이 편지 가운데서 "함께 택하심을 입은 바벨론의 교회가 너희에게 문안한다"라고 기록하였는데, 이 문안은 곧 로마의 교회로부터 보내진 것이라 볼 수 있다.19) 그는 같은 문장 말미에 "내 아들 마가"로부터의 문안을 첨가하고 있다.20)

---

16) 그러나 발틀렛(J. V. Bartlet)은 박해자들이 형 집행 이전 18개월 동안 바울을 처형하겠다는 의사를 밝히고 거듭 경고를 발했다고 주장하였다. 이들은 62년 초 로마에 도착하였으며, 그 후 바울을 사회불안을 조성했다는 이유로 처형하는데 성공했다는 것이다. 또한 사도행전의 원래 독자들은 네로의 기록으로부터 이러한 박해의 경과가 어떠하리라는 것을 익히 알 수 있었으므로(특히 Poppæa가 친 유대론적이었다는 사실을 감안해 볼 때), 바울의 유죄판결과 처형 사실을 구태여 기록할 필요성이 없다 하였다(*Expositor*, WIII, V [1913], 464ff).
17) 로마의 클레멘트는 고린도교회에 보낸 서신을 통해(약 주후 95), 바울이 "서쪽의 가장 끝"(5:7)까지 갔다고 기록하였다. 그러나 이 "끝"이 반드시 서바나(Spain)만을 의미하는 것은 아니다(해리슨<P. N. Harrison>, *The Problem of the Pastoral Epistles*<1921>, 107f를 보라). 유세비우스(*Hist. Eccl.*, II,22)는 바울이 2년 동안 갇혀 있다 풀려났으며, 그 후 다시 로마를 방문했을 때 재판을 받고 처형되었다고 기록하였다.
18) 이 서신의 배경에 관해 더 자세히 알기 위해서는 셀윈(E. G. Selwyn), *The First Epistle of St. Peter* (1946)를 보라. 베어(F. W. Beare)는 1947년에 출판된 주석을 통해 이 서신은 주후 112년경 비두니아 총독이던 Pliny가 공식적으로 반기독교적인 박해를 하자 가명으로 조작된 것이라 주장하였다.
19) 유세비우스는 이 구절을 분명히 이렇게 해석하고 있다(*Hist. Eccl.*, II,15). 종교개혁 이전까지는 아무도 이 해석에 이의를 제기하는 이들이 없었으며, 현대의 해석가들도 대부분 이 해석을 추종하고 있다. 이와는 다른 해석들인, 인사가 교회로부터가 아니라 한 여신도(아마도 베드로의 아내, cf. 고전 9:5)로부터 보내진 것이라든가, 혹은 "바벨론"이 유프라테스 강 유역의 도시, 혹은 이집트에 있는 같은 이름의 항구일 것이라는 의견 등은 (특히 고고학적인 관점에서 볼 때) 받아들이기 힘든 것이다.
20) 마가는 베드로의 제1, 2차 로마 방문기간 동안 계속 로마에 남아있지는 않았는지도 모른다. 따라서 이 기간 동안 마가가 이집트를 복음화 시켰으며, 알렉산드리아에 교회를 세웠고, 주후 62년 안니아누스(Annianus)가 이를 계승했다는 유세비우스의 기록은 신빙성이 있다(*Hist. Eccl.*, II, 16,24).

이 가운데는 곧 그리스도인들에게 닥칠 "불같은 시험"(fiery trial)에 관한 경고가 포함되어 있는데, 이 시험은 그리스도인들이 법을 어겼기 때문이 아니라 단지 "기독교인"의 이름을 지키고, 수호하기 위하여 당하는 고난을 가리키고 있다. 이러한 상황은 곧 현실로서 나타나고 있었으며, 바울 사도가 그의 전도여행 도중 로마법에 의해 보호받을 수 있었던 시대는 점점 지나가고 있다. 이때로부터 12년 전 갈리오 총독(Proconsul Gallio)은 유대교 적대자들의 바울에 대한 소송 사건을 기각시켰는데, 그는 이 문제가 유대인들 내부의 종교문제에 지나지 않는다고 판단하였기 때문이다. 로마인들의 입장에서 볼 때, 유대교는 비록 보잘 것 없는 동양적 미신에 지나지 않는다고 할지라도 분명히 법에 의하여 보호를 받고 있다. 이는 즉 합법적 종교(religio licita)의 범주 아래 들어 있다. 따라서 기독교가 유대교 안의 한 분파로서 인정되는 한 유대인들의 신앙과 생활방식에 대해 주어졌던 로마 법률의 보호를 받을 수가 있다. 그러나 60년대에 들어와서는 기독교(특히 팔레스타인 경계 밖)를 더 이상 단순한 유대교의 일파로서 생각하는 것이 불가능하게 된다. 이는 특히 기독교와 유대교 사이의 명백한 구분을 두고자 했던 바울 자신의 신념과 행동의 결과라 할 수 있다. 대부분 이방인으로 구성된 제국 내의 기독교 공동체들이 특히 할례를 비롯한 유대교 개종자들에게 요구된 유대교의 율법을 지키기를 거부함에 따라서 이들 기독교 공동체들은 더 이상 유대교의 일부로서 간주되는 것이 불가능해진 것이다. 유대인 자신들도 새로이 일어난 이 정체불명의 종교운동들을 자기들과 구분시키기 위해 필사적인 노력을 기울였다. 또한 주후 62년 이후부터는 로마 황실 내에 유대인들의 영향력이 증대되게 된다. 이 해에 네로 황제와 결혼한 포페아(Poppæa) 여왕은 유대인들의 친구로 불리게 된다.[21]

따라서 기독교는 이제까지 법에 의하여 인정되고 있던 종교(religio licita)와는 다른 범주에 속한다는 것이 점차 명백해지게 된다. 이는 유대교처럼 한 국가의 특정한 종교가 아니라 로마 사회의 이질적인 요소였던 것이다. 그 후

---

21) 요세푸스(Josephus <Life, 3>)는 63년 그가 로마를 방문했을 때 유대인 출신 배우를 통해 Poppæa에게 소개받았으며, 그녀와 친교를 갖게 된 사실을 기록하고 있다. Tacitus (Annals, XVI, 6)는 주후 65년 Poppæa가 사망했을 때, 로마인들의 전통대로 화장되지 않고, "외국 왕실의 관습에 의해" 매장되었다고 기록하고 있다. 요세푸스(Antiquities, XX, 8, II)는 그녀가 하나님을 경외하는 자에 속했다고 암시하고 있다.

세대의 로마 출신 한 풍자 작가는 오론테스(Orontes)강의 쓰레기들이 티베르(Tiber) 강 물 속으로 흘러들어온 사실에 불평을 하였는데,22) 오론테스 강 유역에서 발생한 이방인들의 기독교란 로마인들의 눈으로 볼 때 또 다른 아시아의 사교에 지나지 않았던 것이다.

로마 사회를 분열시키고, 또 혁명적 기운을 조장하기 일쑤인 이러한 동방으로부터의 사교에 대해서는 가혹한 제한을 가하는 것이 로마의 전통이다.23) 이뿐 아니라 기독교는 일반적으로 인기를 끌지 못하고 있다. 유대교 역시 인기가 없는 것은 마찬가지였으나, 기독교는 특히 법에 의하여 보호를 받지 못하는 불리점을 가지고 있다. 따라서 로마 정부는 언제 무력을 사용하여 이 인기 없는 새로운 종교운동을 박해할지 알 수 없는 상황이었으며, 우리가 아는 바와 같이 이러한 박해는 효과적이고 영속적으로 행해지게 된다. 바로 이것이 로마가 대화재를 당한 64년까지의 대략적인 상황이었다. 우리는 이 화재의 정확한 원인이 무엇이었는지 여기서 규명해 볼 필요는 없을 것이다. 아마도 이는 1666년의 런던 대화재(A Great Fire of London)와 마찬가지로 우발적인 사고에 의해 발생한 것으로 보인다. 일단 시작된 화재는 목조 건물들이 밀집되어 있던 도시 안에서 거세게 번져갈 수밖에 없었다. 그러나 이 화재가 단순한 사고 때문이 아니라 또 다른 이유가 있다는 이상한 소문이 퍼지기 시작한다. 즉 소화의 책임을 맡았던 일부 관리들이(당시의 증언에 의하면) 오히려 불길이 더 번져나가도록 돕고 있었을 뿐 아니라 이 때문에 사람들에게 비난을 받자, 자기들은 상부에서 그렇게 하도록 명령을 받았다고 대답하였다. 황제 자신이 이 화재를 시작하였다는 의심을 받게 된 것이다. 물론 이에 대한 정확한 증거는 없다. 비록 그가 "로마가 불탈 때 현금을 켜고 있었다는 것이 사실일지라도 이것이 그를 방화범으로 만드는 것은 아니다."24) 실제

---

22) 쥬베날(Juvenal), *Satires*, III, 62.
23) 이러한 사교들에 대한 박해의 예는 주전 186년 원로원의 명령에 의해 박쿠스(Bacchus)의 숭배가 금지되었을 때까지 거슬러 올라간다.
24) 타키투스(Tacitus)는 비록 네로를 싫어하기는 했으나, 주로 궁정의 소문에 근거를 두고 있던 수에토니우스(Suetonius)에 비해서는 보다 객관적인 입장을 견지하였다. 타키투스는 당시의 소문(rumour)에 의하면 네로가 대화재의 광경을 바라보면서 트로이의 함락을 노래했다고 밝히고 있다(*Annals*, XV, 39), 수에토니우스는 이 소문을 기정사실로서 기록하고 있다. 또한 수에토니우스는 네로가 로마에 불을 질렀다고 기록하고 있다(*Life of Nero*, 38); Cf. Pliny the Elder, *Natural History*, XVII, 5.

그는 화재의 결과 발생한 이재민들을 돕는데 적극 나섰던 것으로 알려지고 있다. 그러나 사람들의 소문이 그를 방화범으로 지목하게 되자 황제는 불안할 수밖에 없었다. 시민들이 자기들의 가정과 생업을 파괴한 자를 고맙게 생각 할 리는 없는 것이다. 따라서 네로는 속죄양(scapegoats)을 구하게 되었고 또한 쉽게 이를 찾을 수 있다. 그 후의 사건은 타키투스(Tacitus)의 입을 통하여 미루어 볼 수 있다. 타키투스는 기독교에 대하여는 호감을 갖고 있지 않았으나, 이들이 직접 불을 질렀다는 근거는 없는 것임을 잘 알고 있다.

네로는 소문을 막기 위하여 군중들이 그리스도교도들(Christians)이라 부르던 일단의 배덕자들을 범인으로서 지목한 후 각종 잔인의 극을 다한 방법으로써 이들을 징벌하였다. 그리스도인들이라는 이름은 디베료(Tiberius)가 황제였을 때 본디오 빌라도(Pontius Pilate) 유대 총독에 의하여 사형에 처해졌던 크리스투스(Christus)라는 자로부터 연유된다. 이 가공할 만한 미신도 한동안 잠잠했으나, 곧 다시 일어나서 재앙의 근원지였던 유대 지방뿐 아니라 전 세계의 모든 악독하고 더러운 사상들이 집결되어 있던 로마 안에서 큰 세력을 얻게 된다. 첫 번째로 스스로 그리스도인들이라고 고백했던 자들이 체포되었고, 이들의 자백에 따라 또한 수많은 자들이 유대 판결을 받았는데, 이는 단순히 방화 혐의 때문만이 아니라 이들을 향한 증오 때문이다. 이들은 군중들의 희롱과 오락의 대상으로 처형된다. 이들은 짐승들의 가죽으로 둘러싸여져서 개들에 의해 갈갈이 찢겨지기도 하고, 또한 십자가에 못 박히기도 하고, 혹은 밤에 빛을 밝히기 위해 횃불 대신 불태워지기도 하였다. 네로는 이러한 구경거리를 위해 자기의 정원을 개방했으며, 또한 사유 극장 안에서 이러한 창극을 연출하였고, 전차병으로 가장하거나 혹은 자기의 전차 안에 타고서 군중들 속에 섞이기도 하였다. 그런데 가장 극형을 받기에 족한 이들의 죄악에도 불구하고, 사람들은 동정심을 품기도 하였다. 왜냐하면 그리스도인들이 모든 시민들의 복리를 위해서가 아니라 한 인간의 야만성을 충족시키는 데에 희생되고 있다는 느낌이 생겼기 때문이다.[25]

따라서 타키두스는 이 가공할 만한 미신에 대한 경멸과 혐오감에도 불구

---

25) *Annals*, XV, 44.

하고, 그리스도인들이 실제로 불을 질렀다는 증거가 없다는 것을 명백하게 암시하고 있으며, 이들은 인간의 증오심 때문에 희생되었다는 것을 인정하고 있다. 우리들은 우선 당시 로마의 사회생활이 각계각층에 걸쳐 그리스도인들이 받아들일 수 없는 우상숭배로 가득 차 있음을 기억해야 한다. 유대인들은 역시 이러한 측면에서 당시 로마 사회를 바라보았기 때문에, 이방인들과의 접촉을 꺼렸던 것이다. 그러나 유대인들은 이미 특정한 인간의 부류로서 인정받고 있었기 때문에 별 문제가 되지 않았다. 그러나 그리스도인들은 반사회적 행동을 취할 수 있는 인종적, 법적 이유를 가지고 있지 못하였다. 이들의 태도는 단지 인간에 대한 증오로서 받아들여졌으며, 로마 시민들은 자기들의 복수를 정당화시킬 수 있었던 것이다. 이러한 타키투스의 박해에 관한 기록은 수에토니우스가 기록한 『네로의 생애』(Life of Nero)에 나타난 기록에 의해 보충될 수 있다.

> 기괴하고도 유해한 미신에 중독된 일단의 인간-그리스도인들에게 엄벌이 가해졌다.[26]

그리스도인들의 편에서는 그 다음 세대의 로마교회를 지도했던 클레멘트의 말을 인용할 수 있다. 그는 고린도교회(약 주후 95)에 보낸 편지 가운데 다음과 같은 기록을 남기고 있다.

> 질투와 시기 때문에 교회 안의 가장 위대하고 의로웠던 기둥들이 박해를 받고 기꺼이 죽음에까지 이르게 되었다. 우리들의 눈앞에 그 위대했던 사도들의 모습을 새겨보자. 베드로는 불의한 질투를 받은 결과 한둘이 아닌 무수한 고난을 겪고, 그를 위해 예비된 영광의 자리로 나아갔다. 바울 역시 시기와 분쟁에 대해 경건한 인내의 본보기를 보여주었다. 그는 일곱 번이나 투옥되었으며, 유배의 길을 떠나기도 했으며, 돌에 맞기도 하였다. 그는 동방과 서방에서 복음을 전하고, 그 신앙의 결과 귀족들을 믿음에 이르게 하였으며, 전 세계에 의를 가르쳤고, 서방의 맨 끝에 이르기도 하였다. 또한 세계의 통치자들 앞에서 자기의 신앙을 고백한 후 이승을 떠나 거룩한 나라에

---

26) Suetonius, *Nero*, 16:2.

이름으로써 경건한 인내에 대한 고상한 본보기를 남겨주었다. 이들 거룩한 생애를 보낸 사도들로 말미암아 허다한 택자들이 모여들었으며, 이들은 모욕과 고문을 당하고, 시기의 희생자가 되었음에도 우리들 가운데 용기있는 본보기를 남겨주었다. 질투의 결과 여성들도 박해를 받았었는데, 각종 잔인하고 추악한 모욕을 견디고, 더어체(Dirce)와 다나우스(Danaus)의 딸들과 같은 본보기를 남기고 믿음의 길을 달린 후, 영광에 이르러 이들의 육체의 약함에도 불구하고 고상한 상을 얻게 된다.[27]

클레멘트는 당시 독자들에게 시기와 질투, 분쟁에 관한 경고를 발하고 있었기 때문에 사도들 및 다른 성도들의 고난도 이 때문에 발생한 것으로 묘사하고 있다. 그러나 수많은 모욕과 고문을 통해 사도들과 함께 순교에 동참한 "허다한 택자들"은 타키투스가 묘사한 바, 이러한 고난들을 통하여 죽음에 이르렀던 허다한 그리스도인들과 동일한 존재들인 것이다.

그뿐 아니라 클레멘트의 기록에서 보면, 베드로와 바울이 거의 같은 시기에 비슷한 상황 하에서 생을 마친 것으로 짐작할 수 있다. 바울이 로마까지 가서 거기서 죽었다는 사실은 일반적으로 받아들여지고 있다. 그런데 불행하게도 베드로와 로마 사이의 관계, 그리고 그의 그곳에서의 죽음 등은 서로 다른 교파와의 이해 때문에 교리적인 분쟁에 휩쓸려 들어가는 경우가 많았다. 그러나 우리는 여기서 우선 교리적인 분쟁을 떠나서 생각해 봐야 할 것이다. 역사적 고고학적인 증언을 감안해서 생각해 본다면 베드로는 바울과 마찬가지로 로마에서 머물다가 그곳에서 죽었다는 결론에 이르게 된다. 이것이 바로 독일 출신의 신교 학자 한스 리츠만(Hans Lietzmann, 그는 단순히 전통주의자만은 아니었다)의 견해였다.

서기 100년경으로부터 남아있는 모든 초기의 증거들은 당시 시대적인 상황과 부합할 뿐만 아니라 서로 간에 일치점을 보이고 있다. 이들이 명백하게 제시하는 증거에 따르면, 베드로는 로마에 거주했으며, 거기서 순교한 것 같다. 베드로의 죽음에 관한 다른 가설들(hypothesis)은 이를 유지하는데 각종 어려움들이 중첩되고 있으며, 이를 증명할 만한 기록이 전혀 남아있지

---

27) 1 Clement 5:2~6:2.

않다. 이러한 상황을 감안해 볼 때, 위의 명백한 사실을 어째서 받아들이지 않는지 이해할 수 없다.[28]

그러나 반면에 이 때문에 베드로와 로마 사이의 관계에 대한 그 후의 모든 주장들을 우리가 받아들일 수밖에 없다는 것은 아니다. 예를 들어서, 이 후기에 생겨난 주장들 가운데는(유세비우스<Eusebius>와 제롬<Jerome>에 의해 보존된 바), 그가 주후 42년부터 67년까지 그곳에서 교회를 지도했다는 주장이 있다. 그 기간의 초기에는 그가 예루살렘과 안디옥에 있다. 그리고 그 기간이 후기인 57년 초, 바울이 로마교회에 편지를 썼을 때 베드로가 거기에 있다거나, 혹은 주후 60년 바울이 로마에 도착하였을 때 베드로가 그곳에 이미 거주하고 있다는 사실은 찾아볼 수 없다. 이에 관해서는 아마도 프랑스 출신 로마 가톨릭 학자인 쟈크 젤러(Jacques Zeiler)의 말을 인용해 보는 것이 좋겠다.

베드로가 순교하기 전 얼마나 로마에 살았는가? 여기에 대해서도 우리가 거의 아는 것이 없음을 고백할 수밖에 없다. 베드로가 25년 동안 소위 로마의 교회를 영도했다는 전통을 뒷받침할 만한 역사적인 증거가 없는 것이다…베드로의 로마에서의 생활에 대해서는 우리도 한 가지 밖에 확실히 아는 바가 없다. 즉 그의 순교인 것이다.[29]

베드로가 로마교회를 세웠다는 전통은 이미 주후 30년 예루살렘에서 베드로의 설교를 듣고 다시 돌아가 유대인들 안에 "나사렛당"(Nazarene) 공동체를 세운 사람들로부터 시작되었는지도 모른다. 그러나 이 공동체는 주후 49년경에 "크레스투스" 폭동에 의해 축출된 후, 로마를 1차로 방문한 베드로를 만나 다시 공동체를 구성한 것으로 보인다. 4세기 초의 기독교인 저술가 락탄티우스(Lactantius)는 "사도들은 복음을 전하기 위해 세계로 흩어졌다… 그리고 25년 동안, 즉 네로의 재위가 시작하기 전까지 모든 지방과 도시들에 교회의 기초를 놓았다. 베드로가 로마에 도착했을 때, 네로는 이미 황제 위

---

28) *Petrus und Paulus in Rom* (1927), 238.
29) 레브레톤과 제일러(J. Lebreton and J. Zeiller), *The History of the Primitive Church*, II (1942), 238f, 242.

에 올라 있다."30)

　주후 54년에 네로가 즉위한 것은 그 5년 전 전임자의 칙령에 의해 산산이 흩어진 공동체를 다시 구성할 수 있는 기회로서 받아들여졌는지도 모른다. 또한 때마침 12사도들의 지도자가 이곳을 방문한 사실 역시 교회를 강화시키는데 더욱 도움이 되는 조건으로 생각되었을 것이다. 아마 아굴라와 브리길라가 로마로 돌아간 것도 이 때쯤인 것 같다.31) 또한 로마교회를 재구성하는데 베드로의 역할은 그 후 2~3년이 지난 뒤, 다른 사람의 기초 위에 집을 짓지 않겠다는 바울의 주장을 보다 잘 이해하는 열쇠가 되는 듯도 하다.

　그러나 바울의 로마 거주와 그의 죽음은 로마교회에 의해 망각되지 않았으며, 로마교회는 그를 베드로와 함께 교회의 공동 창립자로서 기억하고 있다.32) 가이우스(Gaius)라는 로마의 장로는 200여 통 남짓한 편지로 바티칸(Vatican) 언덕과 오스티안(Ostian) 가로상에서 각각 바울의 유적을 볼 수 있다고 주장한다.33) 그러나 "유적"은 아마도 이들의 무덤, 혹은 이들이 순교한 자리를 가리키는 것으로 보인다. 어쨌든 이들은 아마도 죽음을 당한 장소에서 가까운 곳에 매장되었을 것이라고 생각되므로, 유적들이란 이들의 무덤을 가리키는 것이 거의 확실하다. 그러므로 오늘날 성 베드로 바실리카(basilica)와 상 파울로 푸에리르 무라(San Paolo fuori le mura) 교회당에서 행해지는 전통들은 적어도 2세기 말에 시작된 것들이다. 사형집행을 받은 범죄자들의 시체는 보통 그 장례식을 치르기 위해 그 친구나 친지들에게 양도되는 것이 로마법에 허용되어 있었으므로, 두 사도들이 매장된 자리를 1세기 반 후에 로마 그리스도인들이 알고 있다는 것은 조금도 이상한 일이 아니다.34)

---

30) 락탄티우스(Lactantius), *On the Deaths of Persecutors*, 2. 만약 베드로가 로마에서 시몬 마구를 만나 언쟁을 벌였다는 전설이 사실이라 한다면(cf. Eusebius, *Hist. Eccl.*, II, 14), 이는 아마도 이때쯤일 것이다.
31) 이들은 52년 이후 한동안 바울과 함께 에베소에 머물렀다. 그러니 57년 초(cf. 롬 16:3 ff)에는 다시 로마에 돌아와 있었다. 이는 물론 로마서 마지막장의 수신자가 로마라고 가정했을 때의 이야기다.
32) 이그나티우스(Ignatius)는 로마교회에 보낸 서신(약 주후 115)에서 다음과 같이 적고 있다. "나는 베드로나 바울처럼 그대들에게 '명령'하지는 않는다"(4:3). 이레네우스(Irenæus<*Against Heresies*, III, 3>)는 로마교회를 "가장 영광스러우신 두 분 사도들, 베드로와 바울"에 의해 설립되었다고 지적하고 있다.
33) 유세비우스, *Hist. Eccl.*, II, 25.
34) 이밖에도 베드로와 바울의 유해가 한 때, 현재의 아피안 가도에 있는 St. Sebastian 바

이 문제에 관해 우리가 당시의 기록들로부터 추론할 수 있는 결론은 또한 고고학적인 여러 증거들에 의해 뒷받침을 받고 있다. 16세기와 17세기 성 베드로 성당을 다시 건축하는 동안에 몇 개의 시체들이 세마포에 싸여져서 석관 속에 안치되어 있는 것이 발굴된다. 또한 이들과 함께 불에 탄 뼈들과 재들이 돌로 만든 상자 안에 들어 있는 것이 발견되기도 하였다. 당시, 성 베드로 성당의 참사회원이던 우발디(Ubaldi)가 이 사실을 기록한 것이 바티칸의 문서 보관소에 들어 있다가 19세기 사람들에게 알려지게 된다.35) 세마포에 싸여져 있던 시체들은 로마교회의 주교들로 생각되었으며, 재들은 64년경 네로의 정원에서 순교당했던 그리스도교도들의 남은 유골이 아닌가 짐작되고 있다.36) 바로 이러한 근거 때문에 일반적으로 여러 순교자들의 유물들뿐만 아니라 특히 베드로의 시체가 이곳에 안장되었다고 생각되었으며, 콘스탄틴 대제는 이 때문에 바티칸 언덕 중간에 성 베드로 바실리카를 건축하게 된 것이다. 당시 세워진 바실리카는 현재의 성 베드로 성당을 세우기 위하여 15세기경 허물게 된다. 우리들이 이미 본 바와 같이 가이우스 장로는 콘스탄틴 보다도 1세기나 이전에 "유물"들이 이 지역에 소재하고 있다고 주장하고 있다. 1941년 이후 성 베드로 성당 기초부분을 뚫는 발굴작업이 행해졌는데, 이때 2세기 중반 것으로 보이는 묘비가 발견된다. 아마 이것이 가이우스에 의하여 언급된 베드로의 "유물"이 아닌가 보인다.37)

바실리카에 안치되었다고 하는 전설이 있다. 이러한 전설은 Calender of Liberius와 Liber Pontificalis에 나타나고 있으며, Damasus(366~384 로마 감독)의 명문 및 현지에 남겨진 낙서에 의해 증명되고 있다. 이에 대한 한 가지 설명은 사도들의 유해가 258년 발레리안의 박해 시 일시 옮겨졌다가 콘스탄틴 시대에 다시 원래의 무덤들에 안치되었다는 것이다.
35) R. Ubaldi Relazione da quanti à occorso nel cavare i fondamentiper le quattro colonne di bronzo eretto da Urbano VIII all' altare della basilica di S. Pietro. 이 relazione는 바티칸의 고문서 보관소에서 발굴되어 Mariano Armellini에 의해 Le chiese da Roma (1891), 697ff에 출판되었으며, 주요한 부분의 영어 번역판은 Mgr. 반즈(A. S. Barnes)의 St. Peter in Rome (1899), 315ff에 나타나고 있다(그러나, 일반적으로 볼 때 이 문제에 관한 반즈의 책에는 심각한 오류들이 포함되어 있다는 사실을 지적하고 넘어가야 할 것이다).
36) 이전까지는 콘스탄틴의 성 베드로 바실리카의 남쪽 벽들이 네로의 원형 경기장 북쪽 벽 위에 건축된 것으로 알려지고 있었다. 그러나 최근의 발굴에 의해 원형 경기장은 보다 남쪽에 소재하고 있다는 사실이 밝혀졌다.
37) 토인비(J. M. C. Toynbee)와 워드 퍼킨스(J. Ward Perkins)의 The Shrine of St. Peter and the Vatican Excavations (1956), 127ff를 보라.

베드로는 십자가에 못 박혀 죽고,[38] 바울은 목을 잘려 죽었다는 사도들의 죽음에 관한 전통은 진실과 부합된 것으로 보인다. 바울은 베드로와 달리 로마 시민이었으므로, 보다 덜 참혹한 방법으로 사형에 처해졌을 것이다. 그러나 역시 터툴리안(Turtullian)이 말한 바대로, 그리스도인들의 피는 교회의 씨앗이 된다.[39] 그때나, 혹은 그 후 박해에도 기독교는 굴하지 않고 계속 성장하였다. 특별히 로마의 교회는 "하나님의 이름에 합당한 영예와 찬송을 받을 만한 순수한 사랑에 가득한 그리스도의 계명과 성부의 이름을 받기에 합당한" 교회로서 각처의 그리스도인들에게 존경을 받았으며, 계속 활력과 신앙 속에서 성숙해 갔다.[40]

---

[38] 베드로가 십자가에 거꾸로 매달려 처형되었다는 이야기는 Origen에서 찾아볼 수 있다 (Eusebius, *Hist. Eccl.*, III, I). 그러나 비록 세네카(*Consolation to marcia*, 20)가 이러한 형태의 처형을 목격했다고 전하고는 있으나, 외경인 Acts of Peter와 그 후 기독교 회화 가운데서 찾아볼 수 있는 베드로의 처형 방법은 별로 신빙성이 없는 것이라 할 수 있겠다.
[39] 터툴리안(Tertullian), *Defence of Christianity* (*Apologeticus*), 50: "semen est sanguis Christianorum."
[40] 이그나티우스(Ignatius), *Letter to the Romans*, preface.

팔레스타인: 시작의 끝

주후 49년의 사도들의 공회(the apostolic council) 이후 예루살렘에서 기독교가 어떻게 발전되었는지는 거의 기록에 남아 있지 않다. 이제까지 우리들에게 남겨진 기록들에 의하면, 예루살렘교회의 지도적인 인물은 역시 야고보(James)였던 것으로 보인다. 그가 예루살렘 사람들에게 계속 존경을 받았다는 사실은 그가 엄수파 유대인(observant Jews)들과 마찬가지로 율법을 지켰다는 사실을 암시하고 있다. 야고보는 물론 편견에 사로잡힌 고집쟁이는 아니었다. 그는 스스로 율법을 지켰던 반면 기독교로 개종한 이방인들에게 율법을 강요했던 극단주의자들과는 의견을 달리하고 있다. 그러나 그는 역시 유대인들 속에 포함된 것으로 여겨지고 있던 예루살렘 공동체의 지도자였는데, 당시 예루살렘 공동체는 메시아가 나사렛 예수의 몸으로 이 세상에 온 것으로 믿고, 또한 자기들 스스로가 이스라엘 가운데 진정한 이스라엘이라고 믿고 있다. 이 공동체 가운데는 우리가 "율법에 열심 있는 자들"(zealots for the law)[1]이라고 묘사할 수 있는 자들이 수 천 명 포함되어 있다. 그리고 야고보는 이들의 공인된 지도자였다.

야고보의 사역의 특징들은 신약성경 안에 포함되어 있는 서신들을 보면 짐작할 수 있다. 과연 그가 이 서신(야고보서)을 썼는가에 관해서는 이론이 있

---

1) 행 21:20.

다. 그러나 우리에게 전해진 우아한 헬라어 문장들이 실제로 그의 작품들을 문학적으로 수정한 것이라 생각한다면, 역시 그의 저작을 인정할 수 있다.[2] 야고보서는 진실로 산상보훈의 정신을 바로 이해한 사람의 작품이며, 실제로 사용된 언어들조차도 매우 흡사한 경우가 많다. 또한 이곳에 포함되어 있는 곧 닥쳐올 재난 가운데 크게 낭패할 동정심 없는 부자들에 관한 비난은 흡사 구약에 등장하는 선지자들의 모습을 연상시키기도 한다. 스스로를 가리켜 "가난한 자들"(the poor)이라고 불렀던 공동체의 지도자로서 야고보가 선택된 것은 전혀 우연한 일이 아니었다. 이 서신 가운데는 앞으로 다가오는 시험과 고난에 대처하는 법과, 진정한 의의 성격과 어떻게 하면 혀를 제어할 수 있는가 하는 방법과, 진정한 지혜에 관한 실제적인 교훈들이 포함되어 있다. 이 편지는 회당에서 만나는 공동체에게 보내어졌는데, 여기 등장하는 회당에 속한 사람들은 예수님을 주요 메시아로서 인정하며, 그에게 "영광"이라는 칭호를 부여하고 있는 이들이다.[3] 야고보는 특히 진정한 믿음은 행동하는 믿음이라는 것을 강력히 주장하고 있다. 이러한 야고보서의 강조점을 감안해 본다면, 그의 주장이 바울에 대한 은근한 공격이 아닌가 생각하는 것도 무리는 아니다. 그러나 야고보가 주장하는 것 중에 바울이 동조할 수 없는 점은 하나도 없다는 사실을 명심해야 할 것이다. 왜냐하면 바울이 주장하는 믿음 역시 "사랑을 통해 역사하는 믿음"(faith that operates through love)이기 때문이다.[4] 사실 야고보가 공격하고 있는 것은 정통적인 신앙만 있다면, 도덕적인 생활

---

[2] 버리킷(F. C. Burkitt)은 현재의 야고보서가 우리들에게 전해지게 된 경위를 "원래 야고보가 일부 유대인 기독교인들 - 아마도 예루살렘교회 앞에 아람어로 행한 설교를… 그 후 헬라어로 번역하여…"라고 추정하고 있다. 즉 주후 135년 이후 예루살렘에 설립된 이방인 교회에서 다시 이를 현재의 모습으로 보완, 수정하였다는 것이다(*Christiam Beginnings* [1924], 65ff). 그러나 만약 야고보 자신이 보다 많은 독자들에게 읽힐 의사를 가지고 있었다면 마치 요세푸스(Josephus)가 그의 *Jewish War*를 위해 했듯이, 헬라어 문장가에게 의뢰할 수 있었을 것이다.
[3] 야고보서 2:1은 현재 영어판들이 흔히 "영광의 주"(the Lord of glory)라 한 것과는 달리 본서의 본문처럼 번역하는 것이 보다 정확하다. 이에서 암시하는 바는 이전에 shekhinah가 이스라엘 백성들 가운데 있었던 하나님의 임재인 것과 마찬가지로 예수님이 곧 그의 백성들 가운데 거했던 하나님의 임재였다는 것이다. 이는 역시 예수님을 성육하신 shekhinah(요 1:14)로 표현하였던 요한복음과 야고보서 사이에 내재해 있는 접촉점을 이룬다.
[4] 갈 5:6.

에 관계없이 구원받을 수 있다는 안일한 사상이라 할 수 있다.[5]

그러나 어쨌든 바울의 교훈을 잘못 이해한 이방인 중에 팔레스타인에 들어와 있던 자들이 있었던 것은 사실이다. 스스로도 복음을 가리켜 "선을 이루기 위하여 악을 행하자"하는 자들을 훈계하지 않으면 안 된다.[6]

바울은 예루살렘에서 벌어진 사도들의 공회 이후 두 번 그곳을 방문하였다. 첫 번째는 그가 고린도와 에베소에 장기간 머물던 시기 중 52년 여름에 잠깐 예루살렘을 방문한 것이다. 이 방문에 관해 우리가 알고 있는 것은 바울이 가이사랴에 내려, 예루살렘에 올라가 문안했다는 누가의 기록에 지나지 않는다.[7] 그러나 당시 예루살렘에 있는 대부분의 사람은 바울이 한때 그가 그렇게 열심히 좇던 율법을 배반한 사람으로 생각하고 있다. 그가 주후 57년 5월 이방인 교회들로부터 예루살렘교회에 보내지는 선물들을 가지고 다른 대표들과 함께 예루살렘을 마지막으로 방문하였을 때, 야고보와 모 교회의 장로들은 바울과 그 일행을 환영하였다. 그들은 바울에게 말하기를, "형제여, 당신이 보는 바와 같이 모두들 열심히 율법을 지키는 유대인 신자들이 수 천 명 됩니다. 그런데 이들은 당신이 사방에 퍼져 있는 유대인들에게 모세의 글을 더 이상 따르지 말고, 그들의 자녀들에게 할례를 행하거나, 조상적부터 내려오는 습관을 지키지 말도록 가르쳤다고 알고 있습니다." 이에 따라 그들은 사람들이 모두 바울이 소문과는 달리 엄수파 유대인임을 다 알 수 있도록 성전 안에서 나실인으로서의 서약(Nazirite vow)을 일시적으로 지키는데 동의하도록 촉구하였다.[8] 야고보 및 그의 동료들은 예루살렘 공회의 결정에 따라 유대인들의 각종 제사법을 면제받은 이방 그리스도인들과 예루살렘교회 내의 교인들 사이에 구분을 두고 있었던 것이 분명하다. 이 문제에 관해 유대인 기독 신자들이 어떠한 길을 택할 것인지에 대한 바울의 견해는 우리들이 흔히 생각할 수 있는 것처럼 그리 단순하지가 않다. 어쨌든 바울

---

5) 야고보가 구약으로부터 추출하였던 두 살아 있는 신앙의 예 – 아브라함이 이삭을 제물로 바친 것과, 라합이 정탐꾼들을 은닉시켜 준 것 – 들이 히브리서에 다시 나타나는 것은 흥미로운 사실이다.
6) 롬 3:8.
7) "western" 사본들은 행 18:21을 이때 사도 바울이 예루살렘에서 절기(유월절?)를 지키고자 했던 것으로 기록하고 있다.
8) 머리를 깎아 이를 바치고, 제물을 바치는 서약. 이에 관한 규칙은 민 6:1~21과 미쉬나에 포함된 Nazir에 나타나고 있다.

자신도 경우에 따라서는 그가 천명한 바대로, "유대인들을 얻고자 하여 유대인들에게는 유대인과 같이 되었다"는 정책을 좇아 전래되는 구습을 지킨 것으로 보인다.[9]

그때 만약 바울이 제사법에 의한 정결(cleansing)의 행사에 참여하는 경우, 예루살렘인들이 그를 훌륭한 유대인으로 생각하리라고 보았던 것 같다. 그러나 막상 이를 위해 성전에 나타나자, 그가 거의 사형(lynch)을 당할뻔한 난동이 벌어졌다. 즉 바울이 이방인을 대동하고 성전의 성역 안에 들어왔다는 소문이 퍼졌던 것이다. 이는 사형에 해당하는 큰 범법이다. 성전의 바깥마당과 안마당을 구분하는 울타리에는 헬라어와 라틴어로 이방인들이 성역을 침범하는 경우 사형에 처해진다는 경고문이 붙어 있었다.[10] 로마인들까지도 유대인들의 예민한 종교적인 입장을 존중하여 이 법을 범하는 로마인들에게는 사형집행을 허락하고 있었다.[11] 바울은 성전 바로 옆의 안토니아 요새(fortress of Antonia)에 주둔하고 있던 수비대 책임자가 때마침 구조해 줌으로써 폭도들의 폭행을 면할 수 있었다. 과연 바울이 신성모독죄를 범했는가에 대한 수사가 진행된다. 명백한 증거가 나타나지 않자, 수비대장은 그를 이방 수도 가이사랴(Cæsarea)에 있던 벨릭스(안토니우스 펠릭스<Antonius Felix>) 총독에게 보내었다.[12] 산헤드린 공회에서도 사람들을 파견하여 벨릭스 앞에서 바울을 고소했으나, 별 성과를 거두지 못하였다. 그러나 벨릭스는 그가 59년 총독직에서 사임하기까지 바울을 계속 연금 상태에 두었다. 그 후계자 보르기오 베스도(Porcius Festus)가 바울의 사건을 담당하게 되었을 때 산헤드린 공회에서는 다시 바울을 기소하였는데, 바울은 자기의 로마 시민으로서의 권리를 내세워 지방법으로부터 황제가 있는 로마의 대법원으로 항소를 제기하

---

9) 고전 9:20. 19~22절 까지를 참조하라.
10) 이들 명문들 가운데 18/1년 예루살렘에서 발견된 것은 현재 이스탄불에 보존되어 있으며, 1935년에 발견된 또 다른 하나는 예루살렘에 소장되어 있다.
11) 요세푸스의 *Jewish War*, VI,2,4에 수록된 Titus의 연설과 비교해 보라.
12) 48년부터 52년까지 사마리아에서 보좌관직을 역임한 후, 벨릭스(Felix)는 유대 총독에 임명되었는데, 이는 원래 노예 출신으로서는 보기 드문 영예였다. 이는 아마도 당시 황실에 막강한 영향력을 행사하였던 그의 형 펠라스(Pallas)의 입김에 의한 것으로 보인다. 벨릭스는 또한 자기보다 상류층과 혼인하였는데, 3명의 아내들이 모두 왕실 출신이었다. 행 24:24에 나타나는 드루실라(Drusilla)는 세 번째 아내로서 헤롯 아그립바 1세(Herod Agrippa I)의 작은 딸이었다.

였다. 이에 따라 그는 59년 가을, 로마로 보내졌으며, 도중에 폭풍과 파선을 만나 말타(Malta)에서 월동한 후 주후 62년 2월 로마에 도착하였다. 과연 예루살렘교회가 바울이 예루살렘에서 체포되었을 때나, 혹은 가이사랴에서 2년 구금 상태에 있을 때, 얼마나 바울을 보호했는지 누가의 기록으로서는 확실한 것을 알 수가 없다. 물론, 아무런 기록이 없는 상태에서 추론하는 것은 위험한 일이지만 예루살렘교회의 일반적인 성격으로 판단해 보건대, 이들은 바울이 가이사랴로 이송되었을 때 안도의 한숨을 쉬었던 것 같다. 즉 바울이 예루살렘을 떠나 가이사랴로 옮겨지고, 그 후 로마로 향해 떠나게 된 것이 최선의 길이었다고 생각했음직도 하다. 바울이 예루살렘에 체재하는 것은 나사렛당(Nazarenes)과 일반 시민들 사이에 존재하고 있던 명목상의 평화마저도 무너뜨릴 위험이 있었던 것이다.

바울이 대동하고 예루살렘까지 왔던 그의 이방인 친구들에게 무슨 일이 벌어졌는지는 알 수 없다. 단지 이들 중 누가와 아리스다고 두 사람이 59년경 바울과 함께 떠났다는 사실만이 기록에 남아 있다. 설사 바울이 구호금품을 모집했던 목적(예루살렘교회와 이방 교회 사이의 유대를 더욱 밀접하게 함)은 충분히 이해되지 않았다 하더라도 그들이 가져온 선물은 예루살렘교회에 큰 도움이 되었을 것이다.

61년에 베스도 총독은 현직 중 사망하였다. 그의 후계자로서는 알비누스(Albinus)가 지명되었으나, 베스도의 죽음 후 알비누스가 팔레스타인에 도착하기까지는 석 달이란 공백 기간이 있다. 이러한 공백 기간을 이용하여 대제사장 하난(Hanan: Ananus)은 자기의 목적을 수행할 수 있는 기회를 잡고자 하였다. 요세푸스의 기록에 의할 것 같으면, "이에 따라 그는 공회를 열고 흔히 그리스도라 불리는 예수의 동생 야고보와 그 일당을 재판하였다. 그리고는 그들이 율법을 어겼다는 혐의로 돌로 때려 죽이고 말았다."[13]

이보다 더욱 자세한 내용이 유대인의 혈통을 이어 받았던 제2세기의 기독교 신자 저술가인 헤게시푸스(Hegesippus)에 의해 남겨졌으며, 그의 기록이 유세비우스[14]에게 인용되어 우리들에게까지 전해져 내려온다. 헤게시푸스에 의하면, 야고보의 금욕적인 생활과 기도 및 성전제사에 바친 정성은 백성

---

13) *Antiquities*, XX, 9, I.
14) *Hist. Eccl.*, II, 23.

들 간에 "의인 야고보" 혹은 "백성들의 수호자"라는 칭호를 얻게 된다. 야고보는 생활 속에서 보인 모범뿐만 아니라 예수님을 "양떼들의 문"(Door of the Sheepfold)이자 생명에의 진실한 길로서 간증함으로써 많은 사람들을 나사렛 당에 가입하도록 만들었다.15) 결국 산헤드린으로부터 보내진 병사들이 그를 체포해 가서 "예수의 문이 무엇이냐"라는 질문을 받게 된다.16) 그의 대답에 분노한 자들은 그를 "왜 인자 예수님에 대하여 내게 물어보느냐? 그는 천국에서 전능한 권능의 우편에 앉아 계시며, 구름 속에서 다시 오실 것이라"고 대답하였다. 이에 따라 주위에 있던 많은 군중들은 하나님께 영광을 돌리며, "다윗의 아들에게 호산나"라고 찬송하게 된다. 뜻하지 않게도 야고보에게 대중들 앞에서 복음을 전할 수 있는 기회를 주게 된 실수를 깨달은 종교 지도자들은 "오호, 속칭 의롭다는 자마저도 잘못된 가르침에 빠지는구나"라고 소리질렀다.17) 그 후 이들은 그를 잡아서 밑으로 던진 후에 돌을 던지기 시작한다. 야고보는 마치 스데반 집사와도 같이 그 살인자들을 위하여 기도하였는데, 레갑인(Rechabit) 출신의 제사장 하나가 "잠깐 멈춰봐! 무슨 짓이야? 그 의인이라는 자가 너희들을 위하여 기도하고 있어"라고 소리질렀다. 그런데 그곳에 있던 세탁장이 하나가 빨래 방망이로 야고보의 머리를 때림으로써 숨을 끊고 말았다. 이리하여 야고보는 죽음을 통하여 자기의 신앙을 간증하였으며, 성전 바로 옆에 있던 죽음의 장소에 묻히게 된다. 헤게시푸스에 의하면 이 사건이 있은 직후 베스파시안(Vespasian)이 이들을 포위하였다.

물론, 헤게시푸스의 기록에는 허점들이 있다. 예를 들어서, 그는 실제 야고보의 살해보다도 수 십 년 후에 발생한 예루살렘의 포위와 멸망을 거의 비슷한 시기에 발생한 선후 사건으로 생각, 믿고 있었던 것이다. 즉 유대인들을 위한 야고보의 중보가 참혹하게 끝을 맺었다는 주장이다.18) 또한 예수님의 고난과 스데반의 순교와 비슷한 점을 강조하기 위해, 이야기를 재구성하

---

15) Cf. 요 10:7,9; 14:6.
16) 이는 예수님이 언급한 문(요 10:7, 9), 혹은 "구원의 문"이다.
17) 헤게시푸스(Hegesippus)는 이리하여 그들이 사 3:10의 예언을 성취시켰다고 해석한다. 사 3:10은 70인역에서(히브리어 원본과는 달리) "의로운 자를 제거하자. 그는 우리들에게 거치는 골칫거리이다"라고 번역되었다(cf. 약 5:6).
18) 헤게시푸스는 야고보가 백성들을 위해 오랜 기도를 거듭했기 때문에 그의 무릎은 마치 낙타의 무릎처럼 딱딱해졌다고 기록하고 있다.

거나 전설적으로 미화시킨 모습[19](예를 들면, 성전 꼭대기에 관한 언급)도 눈에 띄고 있다. 그러나 사형을 받는 범위는 돌을 맞는 범위로부터 집어 던지도록 규정하고 있는 미쉬나(Mishna)의 규정과 비슷한 죽음을 야고보가 당했다는 것을 거의 확실하게 알 수 있다.[20]

제사장과 그 일파는 호전적인 메시아 운동의 성숙에 큰 충격을 받고, 혹시 이 때문에 로마군에 의해 이스라엘, 유대 전국이 영향을 받지 않을까 두려워했던 듯하다. 이에 따라 야고보에게 나사렛당의 메시아주의를 포기하도록 요구했던 것이다. 야고보는 이를 끝내 거부했음으로 죽음에 이르게 된다. 새로운 총독이 도착하면서, 하난은 그의 직위를 물러나고, 대신 담나이(Damnai)의 아들 여호수아(Joshua)가 대제사장직을 차지하였다. 나사렛당은 또한 글로바(Clopas)의 아들 시므온을 다음 지도자로 선출하였다.[21] 그는 트라잔(Trajan, 98~117)의 재위시까지 생존했다가 노령에 순교자로서의 생애를 마쳤다.

그런데 어쨌든 야고보의 죽음과 그의 사촌 시므온의 나사렛의 새로운 지도자로서의 지명 사이에는 약간의 시간적인 공백기가 있음직도 하다. 야고보의 죽음은 그가 이끌었던 공동체에 큰 충격을 주었을 것임에 틀림이 없다. 이들 가운데 특히 열심히 율법을 좇던 자들은 과연 이들이 자신들과 다른 유대인들과의 간격을 점차 넓혀가는 신앙을 계속 추종하는 것이 과연 옳은가 하는 의구심을 품게도 되었을 것이다. 메시아로서 인정하였던 예수는 사라진지도 오래며, 그가 그를 따르는 자들을 구속하기 위해 하늘의 능력과 위

---

19) 야고보에 관한 가장 과장된 전설은 야고보가 제사장으로서의 임무를 수행하여 성소에까지 들어갈 수 있는 권리를 가졌던 듯이 표현하고 있다. 이는 아마도 일부 유대인 출신 기독교인들이 야고보 및 그 뒤를 이어 예루살렘교회의 지도권을 답습했던 그의 계승자들을 새 이스라엘의 진정한 대제사장들 인양 믿었던 것을 오해한 데서 기인한 듯하다.
20) "돌에 맞을 장소로부터 4규빗 되는 데서 범인의 옷을 벗긴다… 범인을 사람의 키 두 배쯤 되는 높은 곳에 세운다. 증인들 가운데 하나가 범인을 뒤로부터 밀어뜨려, 얼굴을 밑으로 떨어지도록 한다. 그 후 등을 땅에 대도록 돌려 눕힌다. 만약 범인이 떨어지는 충격으로 숨지면 그것으로 끝난다. 아직 살아있을 경우, 제2 증인이 돌을 들어 그의 심장 위에 찍는다. 만약 이로써 숨지면 그것으로 끝난다. 그렇지 않으면 전체 이스라엘인들이 돌을 던져 죽이도록 한다"(Mishnah, *Sanhedrin*, VI, 3f). 물론 이는 후기에 재구성된 모습이다. 그러나 역시 이 가운데서 헤게시푸스의 기록과 유사한 점을 찾아 볼 수 있다.
21) 헤게시푸스에 의하면 글로바(Clopas)는 야고보의 부친 요셉의 형제였다(Eusebius, *Hist. Eccl.*, III,II). cf. 요 19:25(RV).

대한 영광으로 구름을 타고 다시 돌아오리라는 징조도 쉽게 보이지 않았다. 그가 멸망을 예고하였던 예루살렘 성전도 굳건하게 서 있는 것처럼 보였다. 또한 법에 의해 제정된 제사들, 제물들도 매일 어김없이 제단 위에 바쳐지고 있다. 제사장들 – 특히, 대제사장들 – 은 그들의 공동체에 적대적인 행동을 계속하면서도 나사렛당의 유대인들 자신이 하나님으로부터 규정되었다고 믿고 있던 각종 율법들을 수행하고 있다.

이러한 의구심을 갖고 있었던 것은 예루살렘의 나사렛 당원만이 아니었다. 이런 도시에 자리 잡고 있던 유대인 출신의 그리스도인들도 자기들의 소망의 성취가 지연되고, 박해가 강해지자 계속 그리스도를 좇는 대신 그들이 이미 떠났던 집단 속으로 다시 들어가는 수가 증가하였다.

바로, 이러한 의혹의 세월 속에서 일단의 유대인 그리스도인들은 우리가 더 이상 이름을 알 수 없는 인물로부터 편지를 받게 된다. 우리들이 판단해 보건대, 그는 아마도 헬라파(특히, 알렉산드리아 출신?) 유대인 기독교 신자였던 듯하다. 그는 또한 일찍이 초기 예루살렘교회의 일부를 구성하였다가 스데반의 죽음 후 발생한 박해를 피해 예루살렘을 떠난 헬라파 신자들과 교류를 가졌을 가능성도 있다. 그는 확신이 흔들린 채 의혹에 싸인 이들에게 변치 말 것을 권면하면서, 인내심을 갖도록 촉구하고 있다. 예수님의 재림이 가까운 장래에 이루어질 것 같지 않은가? 그렇다면 부디 기뻐하라. 조금만 지나면, 그는 반드시 오실 것이며, 오래 지체하시지 않을 것이다. 무엇보다도 신자들은 다시 유대교로 돌아가고자 하는 유혹을 이겨내야 한다. 이야말로 다시 용서받을 수 없는 배교의 죄인 것이다. 왜냐하면(그들이 인정하고 있듯이) 이 세상에는 예수님의 이름 밖에는 구원을 받을 만한 다른 이름이 없기 때문이다. 이러한 배교는 죄일 뿐만 아니라 어리석은 짓이다. 왜냐하면 이들에게 다시 매력적으로 보이기 시작하는 유대교의 각종 제사 제도는 그 알맹이는 없는 껍데기에 불과한 것이기 때문이다. 다시 말해서, 매일 바쳐지는 제물은 하나님이 보시기에는 아무 의미없는 것이다. 왜냐하면 그리스도께서 그의 백성들의 죄를 위하여 단번에 완전한 제사를 드리심으로, 그 후의 모든 속죄제가 필요없도록 만드신 때문이다. 이는 또한 제사장 제도에도 그대로 적용되는 원칙이다. 그리스도께서는 이제 하나님의 오른편에 앉아 계셔서, 그의 백성들을 위해 거룩하고도 영속적인 대제사장으로서의 직분을 수행하고 있기 때문이다. 예루살렘에 남아 있던 제사장 제도는 이제 아무런 효력과 의미가 없는 의식에 불과하였다. 믿음을 통해서 하늘에 있는 성전, 단지 성전 마당 뿐 아니라 바로 지성소에까지 들어갈 수 있는, 신앙인들에게 있어서는 눈에 보이는 성전 건물이 그다지 큰 의미를 가질 수가 없었다. 하늘에 있는 영적 성전에서는 주님께서 그의 희생을 통해 얻은 자격으로 영속적인 중보의 역사를 담당하시기 때문이다. 예루살렘에 아직 남아있던 성전 직원들은 옛날부터 전해 내려오는 전통 그대로 제사를 지낸다 하더라도 하나님이 보시는 안목에서는 아무런 효력이 없는 것이었으며, 또한 그 눈에 보이는 제사 제도마저도 곧 사라져버릴 운명에 있기 때문이다. 이 서신의 저자는 또한 시편 95편에 나타난 하나님의 말씀을 인용하고 있다.

> 내가 사십년을 그 세대로 인하여 근심하여
> 이르기를 저희는 마음이 미혹된 백성이라
> 내 도를 알지 못한다 하였도다
> 그러므로 내가 노하여 맹세하기를
> 저희는 내 안식에 들어오지 못하리라 하였도다.

이 서신의 저자는 시편 가운데 언급된 40년(이스라엘 백성들이 애굽과 가나안 사이의 사막에서 보낸 40년)을 현재 그들이 처한 상황 하에서 40년간의 기간으로서 생각하며, 이 기간이 곧 끝나는 것으로 암시하고 있다. 즉 새로운 의미에서의 40년이란 예수님께서 돌아가신 후 예루살렘시에 허락된 기간이다. 예수님 자신도 성전이 완전히 파손될 것으로 예상하시고 이렇게 말씀하지 않으셨는가? "이 모든 일들이 다 완성되기 전에는 이 세대가 지나지 않을 것이다." 바로 이 시간이 거의 다 지나간 것이다. 따라서 예수님을 믿는 신앙인들이 이제 곧 멸망하고야 말 제도 속으로 다시 들어간다는 것이야말로 얼마나 어리석은 짓인가! 그러나 이 서신을 받는 독자들은 이러한 예루살렘의 멸망을 인하여 낙망할 필요가 없는 것이다. 왜냐하면 영원히 계속될 흔들리지 않는 질서가 서기 위해서는 외부에 보이는 형식적인 질서가 흔들려야만 할 것이었기 때문이다. 서신의 저자와 그 독자들은 "흔들릴 수 없는 왕국"을 받게 된 것이다. 그뿐 아니라 이들은 그리스도 안에서 이제까지 그들이 잃어버렸던, 아니 앞으로 잃어버릴 수 없는 더 이상의 것들을 소유하고 있는 것이다. 세상 모든 현상과 역사는 변한다 할지라도 "예수 그리스도는 어제나 오늘이나 영원토록 변함이 없으시다."

당시의 그리스도인들에게 특히 이러한 예루살렘의 멸망과 새로운 질서의 성립을 특별히 강조하여 가르쳤던 이 서신을 히브리서라고 부른다. 누가 히브리서를 썼는가는 오늘날까지 확실하게 밝혀지지 않고 있다. 또한 이 편지의 수신인들이 누구였는가 하는 것도 같은 정도로 어려울 뿐 아니라 더욱 더 중요한 문제이다. 이 서신은 그 어느 시대를 막론하고 "살아있는 하나님으로부터 떠나고자 하는" 시험을 받는 모든 그리스도인들에게 중요한 의미를 주는 것이다. 그러나 이 편지는 원래 주후 63년경, 점점 소망을 잃고 기독교인으로서 신앙을 상실하여 다시 유대인들의 회당 속으로 돌아가고자 하는 유혹을 받고 있었던 신자들을 대상으로 쓰였던 것으로 보인다.22)

히브리서가 다룬 문제들은 곧 실현된다. 팔레스타인 주재 로마 총독들의 학정과 더불어 날로 더해가는 유대인들의 불만이 한데 합쳐 이미 마를대로 마른 화약에 불을 붙이게 된 것이다. 팔레스타인에 자리잡은 유대인들의 지도권은 점차 반(反) 로마 극단주의자들의 수중에 들어가게 된다. 대제사장들이 이끌고 있는 예루살렘의 온건파들은 사건의 악화를 감지하고 유대 왕 아그립바 2세(Agrippa II)에게 구원을 요청하였는데, 당시 아그립바는 북부 팔레스타인과 요단강 이동을 다스리고 있다.23) 아그립바는 곧 온건파 지도자들을 위해 응원군을 파송하였는데, 이들의 노력에도 불구하고 극단주의자들이 예루살렘에 주둔한 로마 경비대를 학살한 후 주후 66년 9월에 예루살렘을 장악하게 된다. 그뿐 아니라 동부 네게브(Negev) 지방, 갈릴리와 요단 이동 지방 일부를 또한 통치하게 된다.24) 이러한 유대인들의 반란에 대한 반작용으로 반유대적 폭동과 학살도 자행된다. 가이사랴에 살던 유대인들은 거

---

22) 문제의 공동체가 로마에 존재했다는 견해를 위해서는 맨슨(W. Manson), *The Epistle to the Hebrews* (1951)을 보라.
23) 주후 64년 게시우스 플로루스(Gessius Florus)가 알비누스(Albinus)의 행정 장관(procurator)직을 계승하였다. 분쟁의 도화선이 된 것은 당시 유대인들의 반로마적 기세가 기승했던 차에 플로루스가 무력을 동원하여 성전 금고로부터 17달란트의 돈을 요구했기 때문이었다. 유대인들이 이에 반항한 것이 반란의 효시가 되었으며, 유대인들이 황제를 위해 드리던 제사를 폐지시킴으로써 본격적인 반란으로 돌입하였다.
24) 제9장을 보라.

의 학살되었으며, 다메섹과 알렉산드리아에서도 비슷한 사건이 벌어졌다.

당시, 총독이던 플로루스(Florus)는 자기 힘만으로는 이러한 유대인들의 반란을 진압할 수 없었다. 자기의 상관이었던 시리아에 주둔한 황제 직속의 총독 세스티우스 갈루스(Cestius Gallus)가 행동을 취해야만 했다. 그는 제12군단과 다른 병력들을 거느리고 남쪽을 향해 진군했으나, 성전의 요새를 공략하려던 시도는 실패로 돌아가고 말았다. 자기 휘하의 병력만으로는 예루살렘을 평정할 수 없다고 판단한 갈루스는 상당한 병력을 잃으면서 후퇴할 수밖에 없었다. 이러한 상황을 본 유대인들은 지나치게 상황을 낙관하게 되었다. 극단주의자들의 정책이 옳은 것으로 받아들여지게 된 것이다. 즉 로마 제국도 이들 앞에는 상대가 되지 못한 것처럼 생각된다. 또한 당시 로마 제국의 상황은 수도 근처에도 많은 문제가 있었기 때문에 팔레스타인에까지 신경을 쓸 여유가 없는 것처럼 보이기도 하였다. 그러나 네로 황제 시절에 골격의 약화에도 불구하고 제국의 기본 구조는 튼튼하게 살아 있다. 또한 사빈(Savine)가 출신의 노련한 무장 베스파시안(Vespasian)이 팔레스타인 문제를 책임지게 됨에 따라 예루살렘 수비대들의 운명은 이미 결정되게 된 것이나 마찬가지였다. 67년, 베스파시안은 갈릴리 지방의 반란을 평정하였다 – 갈릴리 지방 유대 군병들을 통치하던 요세푸스(Josephus)가 베스파시안에게 투항한 것도 이때이다. 당시 최후의 사력을 다해 요타파파(Jatapata)의 요새를 수비하던 요세푸스는 마지막 남은 40명과 함께 동굴로 피신하였다. 로마 군병들이 동굴을 탐지하고 곧 공격할 찰나에 있게 되자 이들은 함께 자살할 것을 결정하였다. 요세푸스는 다른 한 사람과 함께 마지막까지 살아남아 있다가 이왕에 죽을 바에야 로마인들에게 투항하는 것이 낫다고 다른 이를 설복시키는데 성공하였다. 그는 그 후 베스파시안이 황제 위를 차지할 것이라는 예언으로 그의 호감을 샀으며, 여생을 팔레스타인에 주둔한 로마군 본영에서 보내게 된다.25)

갈릴리 반란자들 가운데 보다 끈질긴 자들은 예루살렘까지 도주하였다. 이들의 참여로 말미암아 예루살렘의 내분은 더욱 극심해졌으며, 이 때문에 예루살렘 성전의 최후의 모습은 더욱 더 참혹한 것이 된다.

베스파시안은 68년 여름, 예루살렘으로 진격하는 도중 네로의 죽음에 대

---

25) 이것이 메시야의 대망에 관한 요세푸스의 해석이었다(*Jewish War*, VI, 5:4). 요세푸스는 황실로부터 연금을 받으며 여생을 보냈으며, 그는 이때 그의 역사책들을 저술하였다.

한 소식을 들었다. 로마 제국 내 한동안 계속되었던 내란은 예루살렘을 수호하던 사람들에게 소망을 주었다. 즉 그들의 생각으로는 로마시와 제국 전체가 그 후 곧 붕괴될 것처럼 보였다.[26] 그러나 예루살렘 내부에서의 분열과 갈등은 날로 증가해 갔으며, 열심당(Zealots)의 일부는 대제사장 집안 출신이자 성전 경비 책임자이었던 엘리아잘(Eleazar)의 지도 아래 계속 성전 내에 머물면서 매일 제물 바치기를 중단하지 않았다. 한편 베스파시안과 그의 아들 티투스(Titus)는 가이사랴에 자리 잡고 로마에서의 사태가 어떻게 진행되는가에 예의주시하고 있다. 주후 69년 7월 1일 유대인 반란자 출신이며 이집트 총독이던 티베리우스 쥴리우스 알렉산더(Tiberius Julius Alexander)가 알렉산드리아에서 베스파시안을 황제로서 선포하였다. 가이사랴와 안디옥에 있던 로마군들은 곧 그의 뒤를 따랐으며, 또 아드리아와 흑해에 주둔하고 있던 로마 군인들도 베스파시안을 황제로서 받아들였다.[27] 베스파시안이 이탈리아를 평정한 후 제국을 다시 안정시키기 위해 로마로 귀환함으로써, 팔레스타인 주둔 로마군은 티투스가 통솔하게 된다. 69년 말경에는, 예루살렘과 사해를 바라보는 3개의 막강한 요새를 제외하고는 모든 유대 지방이 평정된다. 티투스는 70년 봄, 면밀한 계획 아래 예루살렘을 포위하기 시작한다. 그러나 예루살렘 밖에 있던 유대인들은 민족주의자들의 승리를 확신한 나머지 예루살렘 포위가 시작된 그 날 저녁에도 수많은 순례자들이 매년 내려오던 유월절을 지키기 위하여 예루살렘으로 올라갔다. 이러한 인구의 집중으로 말미암아 일단 포위가 시작되자 비극의 규모는 더 커질 수밖에 없었다. 5월에는 도시의 반이 로마 군병의 수중에 들어갔다. 티투스는 이때 수비대들에게 강화 조건을 제시하였는데, 민족주의자들은 이를 거부함으로써 포위는 계속된다. 7월 5일 성전 바로 옆에 자리 잡고 있던 안토니아 요새가 정복된다. 12일 후에는 바벨론 포로 시대와 안티오쿠스 에피파네스(Antiochus Epiphanes)의

---

26) 68년 초 골 지방에서 발생한 빈덱스(Vindex)의 반란으로부터, 베스파시안(Vespasian)의 즉위 시까지 제국은 내란으로 분열되어 있었다. 네로의 죽음(주후 68년 6월 9일)으로부터 베스파시안의 군대가 69년 12월 21일 로마에 입성하기까지 세 명의 황제들-갈바(Galba), 오토(Otho), 비텔리우스(Vitellius)가 위에 올랐는데, 이들은 모두 횡사하였다. 특히 비텔리우스의 통치 말엽에 휩쓸던 로마의 혼란과 불안정은 "큰 성 바벨론"의 함락을 예고는 요한계시록의 용어에 잘 반영되고 있다.
27) 알렉산드리아의 필로(Philo)의 조카이던 이 알렉산더는 46년부터 48년까지 유대 총독을 지냈다. 그는 자기 가문의 전통적 종교를 거부했던 배교자였다.

치하에서 잠깐 동안 중단되었던 것을 제외하고는 솔로몬 이후부터 끊이지 않고 계속되었던 매일의 제사가 그 막을 내리게 된다. 이러한 제사의 중단은 수많은 수비자들의 사기에 커다란 타격을 주었음을 짐작할 수 있다. 로마군들은 한 걸음 한 걸음 전진하여 8월 8일에는 성전 자체가 소실된다. 그 후 폐허화된 도시 안에서도 장기간 저항은 계속된다. 유대인의 대반란은 주후 73년 4월 15일 사해의 서쪽 해안 암벽에 자리잡은 마사다에서 수비군이 항복하기보다는 차라리 집단자살을 택한 것으로써 결국 끝이 난 것으로 보인다.

요세푸스에 의하면, 티투스는 성전을 구하고자 했으나 그 휘하의 병졸들이 예루살렘 포위 중 저항의 핵심이 되었던 바로 그 요새에 분노를 쏟아 붓는 것을 미처 막을 수 없었다 한다. 그러나 이러한 요세푸스의 주장은 아마도 그 후 티투스가 후세인들에게 남겨질 자기 이름을 생각하여 조작하였을 가능성이 짙으며, 플라비안 왕조(Flavian dynasty)에게 신세를 지고 있던 요세푸스로서는 그의 요청을 거부할 수 없었을 것이다.

그러나 설피키우스 세베루스(Sulpicius Severus)가 보존한 타키투스의 『사기』(Histories)에는 이와는 다른 기록이 남아 있다.[28]

  티투스는 우선 참모회의를 열고, 성전과 같이 웅장한 건물을 과연 파괴해야 할지의 여부를 의논하였다. 많은 이들은 인간의 손으로 만들어진 다른 어느 건물보다도 그 위엄이 뛰어난 성전을 파괴해서는 안 된다는 의견이다. 왜냐하면, 이 건물을 보존할 경우 로마인들의 도량을 과시할 것임에 반해, 파괴하는 경우에는 영원히 야만적인 행위로 남을 것이었기 때문이다. 그러나 반대로 티투스 자신을 포함하여 다른 이들은 유대교와 기독교를 완전히 멸절시키기 위해서는 성전을 반드시 파괴해버리는 것이 필요하다는 주장이다. 왜냐하면 이 두 종교는 서로 적대적이기는 하였는데, 원래는 같은 근원에서 솟아나온 것이었기 때문이다. 그리스도교도들은 유대교로부터 파생된 것이며, 만약 뿌리가 잘리면 가지는 자연히 말라버리기 때문이다.

티투스 자신의 생각은 확실히 알 수 없으나, 당시의 로마인들 가운데는 이러한 생각을 가진 사람이 많았다는 것을 의심할 수 없다. 그러나 이들은 모

---

28) 슐피시우스 세베루스(Sulpicius Severus), *Chronicle* II, 30:6.

두 큰 실망을 맛볼 처지에 있다. 성전은 사실 더 이상 실용가치가 없는 존재였다. 기독교는 물론, 옛날 제사 제도의 굴레로부터 해방된 자유를 지니고 있다. 멸망한 도시 예루살렘으로부터 두 종류 다른 집단이 빠져 나와 서로 다른 형태로 아브라함으로부터의 전통을 이어나갔다. 유세비우스에 의하면, 예루살렘교회의 신도들은 "전쟁 이전에"(아마도 세스티우스 갈리우스 철군 이전) 도시를 떠나 요단강 동편 펠라(Pella)시에 정착하였다 한다(펠라는 흔히는 데가볼리 <테카폴리스, Decapolis>라 불리던 헬라 연맹 도시들 중의 하나였다).

그는 이러한 조처가 "이들의 지도자에게 주어졌던 특별한 계시를 따라 행해졌다"고 말하고 있다.[29] 그리하여 나사렛당은 펠라에 자리를 잡게 된다.

한편, 예루살렘을 탈출한 또 다른 집단이 있다. 더 이상 제사장의 집안들과 산헤드린은 주도권을 잡지 못했으나, 바리새인들 – 적어도 이들 중의 한 분파 – 은 다시 유대교를 복원하는데 필요한 일을 감당할 수 있다. 이들은 서부 팔레스타인의 잠니아(Jamnia)에 본부를 두고 이 과업을 시작한다. 이곳에서 산헤드린 공회는 대제사장 대신 랍비들의 영도 아래 재구성된다. 이 새로운 운동을 이끄는 가장 중요한 인물은 자카이(Zakkai)의 아들 요하난(Yohanan)이다. 전설에 의하면, 그는 예루살렘 포위 도중 티투스의 묵인 아래 관 속에 실려 예루살렘을 탈출했다 한다.

팔레스타인 밖에서 예루살렘 멸망과 함께 끝난 60년대는 기독교가 단지 유대교의 일부로서 생각되던 시대의 종식을 의미하기도 한다. 64년도에는 이미 우리가 본 바와 같이 로마에서는 이 둘을 확실히 구분하고 있다. 이러한 구분이 팔레스타인에서 공인되는 데는 약간의 시간을 더 요하였다(이는 그곳의 그리스도인들이 모두 유대인 출신이었기 때문인지도 모른다). 그러나 주후 70년 이후, 유대인 출신 그리스도인들과 정통 유대교 신자들 사이의 구분은 명백하게 된다.

제1세기 40년대 중반의 관측자라면, 새로운 종교운동이 영속적으로 존재하게 될 것으로 결론지었을 것이다. 그는 아마 이 운동이 전체 유대인들을 포함하기까지 유대교 내에서 계속 증가할 가능성까지 인정하였을지 모른다.

---

29) 유세비우스, *Hist. Eccl.*, III, 5. 유세비우스는 이를 유대 지방의 주민들에게 "멸망의 가증한 것"(막 13:14)을 보았을 때 산으로 도망하라던 예수님의 경고와 동일시하지는 않고 있다. 그러나 유세비우스 역시 "멸망의 가증한 것"을 성전의 파괴 및 유린으로 해석하고 있다.

그러나 50년대 중반에는 이 움직임이 이방인들 세계에서 많은 이를 개종시키는 것을 보고 놀라움을 금치 못하였을 것이다. 60년대 중반 로마 제국의 무력에 의해 박해받는 것을 보고는 더 이상 희망이 없다고 생각했는지도 모른다. 혹시 유대교 안에 그 일부로서 남아 있는데 만족했다면, 계속 존재할 수 있었을 것인데 하고 생각했는지도 모른다. 그러나 60년대 후반과 70년대 초의 사건들은 결국 양자간의 투쟁들은 장기간 계속될지 모르나, 최후에는 기독교가 아니라 로마 제국이 항복할 것이라는 사실을 뚜렷이 가리키고 있다. 기독교는 처음에 고난을 이기고 살아남았다는 사실 자체로써 궁극적인 승리의 보장을 받았다고 볼 수 있다. 그러나 유대교는 기독교를 결정적으로 배척하고 이들에 대해 회당의 문을 닫아걸었다. 이에 따라 기독교의 주류는 이방 세계 안에서 독자적인 길을 걸어갈 수밖에 없었다.

제 2 부

기독교의 성장기

예루살렘의 멸망으로부터
콘스탄틴 즉위까지의 기독교의 진보(주후 70~313)

가이사에게 속하지 않은 것

만약 기독교회가 곧 그리스도의 몸이라는 바울의 개념을 받아들인다면, 교회의 역사란 예수님의 이야기의 계속이라고 생각할 수 있다. 이는 주후 30년경부터 지구상에서 생활하고 가르치기 시작하신 예수님께서 그의 영과 그의 종들을 통하여 계속 살아 역사하시고 교훈해 오셨다는 의미이다. 그러므로 기독교의 역사는 곧 오늘날 우리의 시대에 이르기까지 그가 어떻게 역사하시고, 무엇을 가르치셨는가에 관한 역사이어야 한다. 즉 계속적인 사도행전의 역사이어야 한다는 의미이다. 실제 교회사는 이러한 측면에서 관찰되거나 표현되지 않았던 것이 대부분이다. 고(故) 잉게 학장의 말 가운데는 상당한 진실이 숨어 있다고 하겠다.

진정한 기독교의 역사란 곧 위대한 영적 전통의 역사이다. 진정하고도 유일한 사도들의 전통은 곧 성인들의 생애이다. 알렉산드리아의 클레멘트는 교회를 모든 방면으로부터 물줄기를 받아들이는 거대한 강에 비교하였다. 이 대하는 어떤 때 좁은 해협을 용솟음치며 흘러나가기도 하고 또 어떤 때 홍수처럼 범람하기도 하며, 또 때로는 여러개의 지류로 갈라지기도 하며, 또 어떤 때 땅 속에 스며들어 지하수로서 흘러가기도 한다. 그러나 성령에 관하여 증거할 존재들은 언제나 존재하고 있다. 우리가 만약, 실제로는 교회

본질상 커다란 밀접한 관계가 없는 세속사의 대부분을 교회사에서 제외해 버리고, 성령의 종교와 성령의 교회가 흘러간 줄기를 따라간다면, 단지 외형적 단체로서의 교회의 흥망성쇠를 추적했던 이들과는 다른 각도에서 각종 사건들의 상대적 중요성을 판단하게 될 것이다.[1]

그러나 역사가들에게 어려운 난관은 이것이다. 즉 눈에 보이는 외형적 단체의 움직임을 추적하는 것은 용이한데 비해, 영적 행적을 좇는 것은 상당히 어려운 작업이라는 것이다. 이 두 가지는 역시 너무도 밀접하게 얽혀있기 때문에 다른 한쪽 면을 상고하지 않은 채 일방적으로 다룬다는 것은 불가능하다. 고난을 통해 승리하였으며, 하나님의 뜻에 순종하였던 종에 의해 남겨진 불꽃은 그가 전한 구원의 소식이 지구의 끝까지 전해지기 시작함으로써 이방인 가운데 보다 널리 비추이기 시작한다. 그러나 등불에 너무 그을음이 많이 끼어서 빛이 제대로 비취지 못하는 것도 가능한 것이다. 또한 소식을 전하는 메신저가 자기가 전해야 될 메시지의 내용을 왜곡시키는 것도 가능한 일이고, 또한 잘못 행동하여 전하는 소식의 신빙성 자체를 감소시키는 것도 가능하다. 복음을 맡아 가지고 있던 인간의 잘못으로 이러한 일이 생길 때가 있다. 그러나 이러한 현상이 발생할 때라도 메신저 측의 잘못된 행실에 초점을 맞추는 것보다 메시지 자체가 어떻게 되었나 밝히는 것이 더욱 중요하다. 그러나 우리가 다루는 이야기의 제2부에서는 메시지와 이의 전달자, 즉 메신저 사이의 구분을 위해서 영적인 전통을 눈에 보이는 외형적인 교회로부터 분리시켜야 할 필요가 거의 없다 할 수 있다. 이 적대심은 때로는 야만적인 박해로써 폭발하기도 하였다. 이러한 시기에는 잉게 박사가 정의하듯, "성령의 교회"는 전반적으로 눈에 보이는 외형적 교회와 일치하기 마련이다. 이 두 존재 사이의 긴장이 실제로 느껴지기 시작한 것은 313년 이후라 할 수 있다.

예루살렘의 정복자 티투스는 그의 부친 베스파시안의 뒤를 이어 주후 79년 로마 황제 위에 올랐으나, 2년 후에 죽고 말았다. 그는 아들이 없었으므로 동생 도미티안이 그 위를 계승하여 15년 동안 재위하였다. 베스파시안은 네로의 죽음 이후 로마 제국을 분열시켰던 내란을 평정시킨 위대한 업적으로

---

1) 잉게(W.R. Inge), *Things New and Old* (1933), 57f.

인해, "우주의 보존자"라는 칭송을 받았다. 티투스 역시 지도자로서 국민들의 대다수에게 인기를 끌 수 있는 성품들을 갖추고 있었기 때문에, "인류의 애인"으로서 찬양된다. 이 둘은 모두 사후 국민들에 의해 신격화되었는데, 이는 쥴리우스 시저(Julius Cæsar) 아구스도(Augustus)와 글라우디오(Claudius) 등에게 주어진 영예였다.

그러나 도미티안은 죽은 후 신격화되는 것을 기다리는 인내심 있는 인물이 못된다. 그는 생전에 이미 자기 지위의 위대성을 과시하고 있음으로 스스로 도미누스 에 데우스 노스테르(dominus et deus noster, 우리의 주요 하나님)이라고 불리기를 좋아하였다. 어쩌면 죽기까지 기다리지 못한 것이 그에게는 다행이었는지도 모른다. 왜냐하면 죽은 후에는 이러한 영예를 받지 못했기 때문이다. 도미티안은 자기 아버지나 형만큼 인기를 누리지 못했다. 이에, 그의 침울한 천성은 티투스의 낙관적 기질과 좋은 대조를 이루고 있었으며, 특히, 재위의 후반기에는 점차 주위 사람들을 의심하는 성향이 심해졌다. 그의 이러한 의심은 전혀 근거없는 것이 아니었는데, 실제로 원로원 내에는 그의 적수들이 도사리고 있다. 도미티안은 예방 조처로서 몇몇 원로들을 사형에 처했다.

이러한 황제의 의심의 제물로서 처형당한 인물들 중 몇몇은 특별히 우리들의 흥미를 끈다. 이들 중에 가장 유명한 이는 황제의 사촌이었던 플라비우스 클레멘스(Flavius Clemens)로서, 95년에 집정관의 지위를 차지하고 있다. 플라비우스 클레멘스는 도미티안의 조카딸이던 플라비아 도미틸라(Flavia Domitilla)와 함께 "유대교에 속한 많은 이들이 정죄받은 무신론"의 죄목으로 재판에 처해졌다.[2] 클레멘스 및 몇몇 사람은 사형에 처해졌고 또 재산을 몰수당한 자들도 있다. 도미틸라는 캄파니안(Campanian) 근처의 판다테리아(Pandateria) 섬으로 유배된다. 도미티안이 클레멘스 부부의 어린 아이를 자기의 후계자로서 지명했던 사실을 고려해 본다면 클레멘스와 도미틸라가 받은 형벌은 충격적이라 할 수 있다. 이 소년들의 운명이 어떻게 되었는지는 단지 추측해 볼 수 있을 뿐이다. 이들은 역사의 페이지로부터 종적을 감추었다. 그러나 클레멘스 및 그 일당이 받은 죄목은 흥미있는 문제이다. 이들은 언뜻 유대교와 무신론의 혼합 종교에 빠져들어 간 것으로 나타난다. 다른 역사 기

---

[2] 디오 카시우스(Dio Cassius), *History* (Epitome), LXVII, 14.

록을 통해 도미티안은 유대교에 여러 가지 압력을 가한 것을 알 수 있다. 그는 유대인들에게 무거운 세금를 부과했으며, 유대인 개종자들에 대한 각종 벌칙을 강화하였고, 또한 새로운 유대인들의 반란이 일어날까봐 항상 조심하고 있다.[3] 그러나 도미티안이 그의 친척 및 다른 귀족들에게 취한 조처가 그의 대(對)유대인 정책과 큰 상관이 있을 것이라고 생각하기는 힘들다. 아마도 그들을 제거했던 큰 이유는 이들의 반란을 염려했기 때문이다. 그러나 그는 원로원에서 납득할만한 근거를 제시하여 이들이 정죄받도록 만들었다. 이 근거는 무엇이었을까? 유대교와 무신론의 혼합체의 사상, 혹은 종교의 정체는 무엇이었을까? 혹시, 이는 기독교를 가리키는 것은 아니었을까?

이것이 바로 이제까지의 전통적인 해석이다. 그리고 특히, 수에도니우스가 클레멘스를 가리켜, "그의 정적인 생활태도(inactive life)로 인하여 모든 이들에게 경멸을 받던 자"라고 묘사했기 때문에 특히 더 신빙성이 있는 것처럼 받아들여졌다.[4] 클레멘스의 "정적인 생활"이란 그의 그 지위에 있는 사람으로서 마땅히 참여해야 하는 공적인 행사에 불참한 것을 가리키는 것으로 해석되 왔다. 이러한 소극적인 생활은 기독교인으로서 양심에 꺼렸기 때문인지도 모른다. 그러나 우리는 다른 이유들도 생각해 볼 수 있다. 어쨌든 그는 집정관으로 봉직한 것이 사실이다. 만약, 우리가 전통적인 해석을 옳은 것으로 받아들이고자 한다면, 기독교가 그때 이미 로마 사회 내에서 그처럼 최상류 계층까지 침투했다는 보다 신빙성있는 증거가 필요하다. 이 귀족 부부가 공식적으로는 아니라 할지라도 실제적으로 기독교 신자라는 죄목으로 기소를 받았다는 근거는 고고학적인 방면에서 찾아볼 수 있다. 이는 특히 로마에 있는 가장 오래된 기독교도 공동묘지의 역사와 관련있는 것으로서, 이 묘지는 흔히, 아르디아티나 가도(Via Ardeatina) 상에 있는 도미틸라의 묘지라고 불려 왔다. 그리스도인들의 묘지는 파들어 간 동굴 속에 자리 잡고 있는데, 그 위의 대지가 원래 플라비아 도미틸라 집안의 토지라는 기록이 남아 있다. 이 기독교 묘지는 "오래된 부분은 제2세기 초에까지 거슬러 올라가는 것으로서, 계속 확장을 거듭하며 제4세기까지 사용되었고, 그 후도 오랜 기간 동안 신도들이 찾아오는 순교자들의 무덤을 간직하고 있다. 만약, 도미틸라 자

---
3) 제27장을 보라.
4) 수에토니우스(Suetonius), *Life of Domitian*, 15:1.

신이 기독교인이 아니라면, 그녀 가족의 매장지가 그리스도인들과 밀접한 관계를 갖는 것이 불가능했던 것으로 보인다."5) 로마에 자리잡은 그리스도인들의 매장지 중 가장 오래된의 하나는 브리스길라(Priscilla)의 묘지로 불리는 것으로서, 그 명칭은 물론 소유자의 이름을 따서 지어진 것이 분명하다. 이 묘지는 살라리아 가도(Via Salaria)에 자리 잡고 있는 것으로서, 아킬리우스 글라브리오(Acilius Glabrio)라는 인물을 출신시킨 로마의 귀족 집안에 속한 납골당을 포함하고 있다. 그런데 재미있는 것은 95년 도미티안에 의해 제거된 인물 중의 하나에 4년 전에 집정관직을 역임했던 아킬리우스 글라브리오가 포함되었다는 사실이다. 그 역시 "유대교와 무신론"의 죄목으로 기소된다. 그러나 그는 무엇보다도 사자잡이의 기술을 대중들 앞에서 자주 과시하여 황제의 질투를 사게 된 것이 가장 큰 몰락의 원인이었다고 전해진다.6)

3세대 전 네로 시대와는 달리 기독교는 더 이상 로마 시민들 중 하부계급에만 속한 것은 아니었다. 기독교는 이를 멸절시키고자 하는 최초의 시도를 극복해내었으며, 가장 최상부 귀족층에 속한 가족들, 또한 심지어 황제의 가족들 가운데도 침투하기 시작한다. "얼마나 큰 변화인가!"라고 하르넥(Harnek)은 감탄한다. "기독교가 로마에 도달한지 50~60년이 지나서 황제의 딸이 신앙에 귀의하였으며, 네로의 끔찍한 박해 30년 후에 황제의 위를 이을 후계자들이 기독교 가정에서 교육을 받으며 자라나고 있었다."7)

바로 여기에 우리 인간이 함부로 추측할 수 없는 역사의 기막힌 사건이 벌어지고 있다. 만약 클레멘스와 도미틸라가 계속 살아남아, 그들의 아들들을 기독교 신앙 속에서 양육하였다면, 그리하여 이들 소년들이 예정대로 황제의 위에 올랐다면 어떻게 되었을 것인가? 물론 우리의 현재 역사는 크게 달라졌을 것이다. 그러나 실제로 행해진 역사 가운데서는 기독교인 황제가 아구스도의 의자에 앉기까지는 200년을 더 기다려야만 했으며, 그 200년 동안 야만적인 박해를 마다하지 않는 제국에 대항하여 정면으로 대결하지 않으면 안 된다.

---

5) 메릴(E.T. Merrill), *Essays in Early Christian History* (1924), 168.
6) 디오 카시우스, loc. cit.
7) *Princeton Review* I (1878), 269. 이 도미틸라(Domitilla)는 황제(Vespasian)의 손녀였다. Vespasian의 딸이던 그녀의 어머니는 같은 이름으로 플라비아 도미틸라(Flavia Domitilla)였다.

이러한 박해의 원인은 무엇이었는가? 기독교는 우선, 제1세기 60년대 이후 유대교와 서로 다른 별개의 종교라는 것이 공식적으로 알려지게 되었으며, 이에 따라 법률상으로는 불법적인 종교(illicit cult)로서 분류된다. 또한 기독교는 쉽사리 공인을 받을 만한 성격의 종교도 되지 못하였다. 유대교를 신봉하는 유대인들은 우상숭배와 관련된 각종 정치적, 군사적 의무로부터 면제를 받는 특권을 누리면서, 자기들의 전통에 따라 독특한 종교의식을 수행하는 것이 허락되어 있다. 그러나 유대교는 로마 제국 특유의 속국의 종교라는 특징을 가지고 있다. 기독교는 어느 특정 국교도 아니었으며, 오랜 역사를 걸쳐 수립된 전통을 내세울 수 있는 처지도 아니었다. 이는 마치 보다 추악한 것을 숨기기 위해 종교의 이름을 빌려온 집단의 행위에 불과한 것처럼 생각된다. 우선 우리들은 당시 일반적으로 그리스도인들이 로마 시민들 사이에 왠지 인기가 없었음을 시인해야 할 것이다. 타키투스는 "그들의 악덕으로 인하여 미움을 받던 인간의 집단"이라고 기록하고 있다.[8] 수에토니우스는 이들의 종교를 가리켜 "기묘하고도 유독한 미신"이라고 부르고 있다.[9] 일반 로마인들이 생각할 때, 그리스도인들은 눈에 보이는 신들을 숭배하지 않았으니 무신론자들임이 분명했다. 그리스도인들은 또한 대부분 당시 일반적으로 받아들이고 있던 사회적인 모임이 분명하였다. 특별히, 64년 이후부터는 비밀리에 집회함으로써 더욱 큰 오해를 받게 된다. 즉 무엇인가 비밀리에 숨겨야 할 수치스런 일이 있으므로 비밀리에 하지 않겠는가 하는 논리였다. 그리스도인들의 모임에서 행한다고 알려진 의식적인 식인 행위(ritual cannibalism)와 근친상간에 관한 소문들이 널리 퍼지게 된다. 이러한 패덕자들은 지상에서 멸종시켜 버리는 것이 당연하며, 정부는 이들을 향해 어떠한 참혹한 수단을 쓰더라도 국민들의 찬성을 얻을 수 있었던 것이다.

황제가 최초로 그리스도인들을 향해 무력을 사용한 것은 주후 64년 로마의 대화재 이후이다.[10] 비록 네로가 당시 자기에게 던져지는 일반인의 의심을 벗기 위해 그리스도인들을 속죄양으로 삼았다는 사실이 인정되고 있었지만, 다른 집단이 아니라 로마의 기독교인 집단이 하필 이런 속죄양의 누명을

---

8) *Annals*, XV, 44.
9) *Life of Nero*, 16:2. 여기서 "유독한"(baneful)이라 번역된 것은 로마인들에게는 흑마술의 의미를 또한 지니는 것이었다.
10) 제14장을 보라.

쓰게 되었다는 것은 네로의 입장으로 볼 때, 그리스도인들을 희생시킬 경우 당시 이교도 시민들로부터 일반적으로 찬성을 받을 수 있다는 것을 계산했다는 증거가 된다.

네로의 이러한 행위는 그 후 그리스도인들을 향해 참혹한 박해를 하던 통치자들에게 선례를 남기게 된다. 마치 베드로전서(4:16)에 기록하고 있듯이 "그의 이름을 위하여 당하는 고난," 즉 단지 기독교인이라는 이유 자체만으로 박해를 받아야 된다는 상황이 전개된 것이다.

그러나 당시 로마법 안에 기독교 자체를 불법화시키는 조항이 들어 있었는지는 확실치 않다. 현재까지 남아있는 기록으로는 분명한 결론을 내릴 수 없다. 그러나 어쨌든 기독교 신앙은 당시 불법적으로 간주되던 각종 행위와 불가분 연결되어 있었으며, 국가의 경찰권이 발동될 때마다 항상 박해를 받을 계속적인 위험에 직면하게 된다. 따라서 "그의 이름을 위하여" 고난을 받는다고 말할 수 있다. 물론 황제의 관리들은 그리스도인들이 그의 이름과 관련된 범죄로 말미암아 박해를 받는다고 설명했을 것이다. 그러나 이 양자 간의 차이란 실제적이기보다는 기술적인 의미가 있었을 뿐이다.

68년 네로가 원로원에 의해 그 직위가 박탈당하고, 원로원에서 판결한 수치스러운 형태의 형 집행을 피하기 위하여 자살하였을 때, 동부 지방에 거하는 주민들은 그가 실제로 죽었다는 사실을 믿지 못하였다. 네로는 재위 기간 동안 특별히 동부 지방의 국민들 사이에 큰 인기를 누리고 있다. 따라서 그가 죽은 20년 후에도 실제로는 네로가 죽지 않고 아마도 유프라테스 강(Euphrates) 건너편에 숨어 있다가 언젠가 파르티아(Parthia) 군을 거느리고 황제로서의 자기 권력을 회복하기 위해 권토중래할 것이라고 믿는 자들이 있다. 따라서 수 명의 기회주의자들이 이처럼 널리 퍼진 민중들의 믿음을 이용하여 스스로를 네로인양 가장했던 것은 당연한 일이다. 이러한 인물들 중에 아무도 특기할 만한 성공을 거둔 자들은 없었다. 이러한 인물들 중 하나가 마지막으로 나타난 88년 이후에는 네로가 아직도 살아있다는 생각은 일반적으로 사라지게 된다. 그러나 그 후는 언젠가 네로가 저승으로부터 다시 살아 돌아와 주권을 회복하리라는 주장들이 나타나게 된다. 이와 같이 다시 살아날 네로(Nero redivivius)에 관한 믿음은 거의 2세기말까지 계속된 것으로 보이는 바, 제국 동부에 거주하던 이교도들에게는 소망의 대상이었으나, 다시 살아나게 되는 네로를 마지막 적그리스도로서 생각하고 있던 그리스도인들에게는 공포의 대상일 수밖에 없었다. 이와 같은 그리스도인들의 두려움은 전혀 근거가 없는 것이 아니었는데, 요한계시록에 나타나고 있는 바 자주 빛과 붉은 빛 옷을 입은 여인이(그녀는 흔히 로마 시로서 해석되고도 있다) 올라 앉아 있는 짐승의 일곱 머리는 단지 로마의 일곱 언덕이었을 뿐 아니라 또한 "지혜 있는 뜻이 여기 있었는데 그 일곱 머리는 여자가 앉은 일곱 산이요 또 일곱 왕이라 다섯은 망하였고, 하나는 있고 다른 이는 아직 이르지 아니하였는데 이르면 반드시 잠깐 동안 계속하리라 전에 있다가 시방 없어진 짐승(즉 마지막 적그리스도)은 여덟째 왕이니 일곱 중에 속한 자라 저가 멸망으로 들어가리라"[11]고 기록되어 있는 것이다. 이처럼 쉽사리 해석할 수 없는 용어의 사용으로 말미암아 사람들은 가장 적당한 추측을 내릴 수밖에 없었다. 이미 당한 다섯이란, 아구스도(Augustus), 디베료(Tiberius), 가이우스(Gaius), 글라우디오(Claudius)와 네로(Nero)인 것으로 추측된다. 그리고 현재 있는 왕은 베스파시안 왕이다. 어쨌든 맨 마지막 박해자요 적그리스도는 이미 존재했던 일곱 명의 로마 황제 중의 하나로서 나타난 것으로 생각된다. 따라서 사람들은 네로황제라는 생각을 많이 하게 된다. 그러나 물론 예루살렘 성전에 자기 초상을 걸어놓고 신에게 행해지는 예배를 드릴 것을 요구했던 가이우스가 그 문제의 인물일 가능성도 있다. 바로 그의 이러한 행동이 바울이 데살로니가교회에 두 번째로 보낸 편지 가운데 나타난 적그리스도의 모습을 묘사하는데 영향을 끼쳤던 것으로 보인다.[12]

그러나 어쨌든 요한계시록은 바울 이후 바울과 제국 사이의 관계의 변화를 반영하고 있다. 바울은 예수님을 이스라엘이 그토록 오랫동안 기다리던 소망의 진정한 성취로서 선포하는 행동을 보호받기 위해 로마 제국에 자신 있게 항소할 수 있다. 실제로 우리가 방금 언급한 서신 안에 들어 있는 불명확한 구절의 올바른 해석은 바울이 로마 황제, 혹은 로마 제국 자체를 적그리스도가 공개적으로 등장하는 것을 막고 있던 힘이라고 보는 것인지도 모른다. "저로 하여금 저의 때 나타나게 하려 하여 막는 것을 지금도 너희가 아

---

11) 계 17:9~11.
12) 살후 2:4.

나니." 이것이 바울의 입장이다.13) 이제는 황제의 권력 자체가 박해를 가하고 있었으며, 제국이 적그리스도의 선구자라는 것이 확실해졌다. 이에 따라 교회와 제국 사이에는 공개적인 전쟁이 있을 뿐이다. 이는 죽음에 이르기까지 그들의 신앙고백을 지켰던 그리스도인들에게 승리가 약속된 전쟁이다.

요한계시록이 언제 기록되었는가 하면 플라비안 왕조의 황제들 시절, 그러니까 69년과 96년 사이에 쓰였다는 것을 빼놓고는 확실히 알 수 없다. 2세기의 전투도 이 시기 말기에 쓰인 것으로 생각하고 있으나, 편지 자체의 내부적 요인들을 살펴보면, 이보다 앞선 베스파시안황제 시절(주후 69~79)이 더욱 가능성 있는 것으로 보인다. 이 편지는 로마 제국의 아시아 지방에 소개하고 있던 지도적인 일곱 교회들에 대한 문안으로 시작되고 있으며, 이 서두를 통해 이미 63년경 베드로가 곧 소아시아 서부 지방에서 발생할 것으로 예상했던 박해가 시작된 것을 알 수 있다. 이 편지의 저자 역시 이 박해의 희생자였다. 그는 밧모섬(Patmos)에 유배생활을 하고 있었는데, 아마도 대리석 채석장에서 중노동을 하였던 것으로 보인다. 아시아 지방은 원래부터 황제 및 제국에 대한 충성심으로 이름이 높았다. 그 지방의 최대 도시중 하나인 버가모(Pergamum)에는 주전 29년부터 "로마와 아구스도"의 숭배를 위해 신전이 닫히고 있다. 바로 이것이 요한계시록이 버가모교회를 가리켜 "사단의 위가 있는 데에" 소재하고 있다고 언급한 이유로 보인다.14) 또한 같은 서신 가운데 후에 요한은 특히 양과 같은 모양을 하고 용과 같은 목소리를 가지고 앞의 짐승에게 경배를 올리도록 인간을 강요하는 괴물 후에 참혹한 박해를 가할 권력을 가진 짐승을 묘사하고 있다.15) 따라서 아시아 지방에서 행해지던 황제숭배가 두 번째 짐승의 모습으로 나타난 것을 쉽게 알 수 있을 것이다.

이제까지 학자들은 흔히 도미티안의 치하(주후 81~96)에서 이때의 박해가 발생했다고 생각하고 있다. 물론 그의 치하에서 박해는 더욱 가열되었는지 모르나, 실제 발생한 것은 그가 재위에 오르기 이전이다. 또한 이제까지 우리들에게 내려온 전통은 박해자로서의 도미티안의 개인적인 역할을 과장한 감이 있다. 도미티안이 예수님의 가족들 (예수님의 형제인 유다의 손자들)을 심문

---
13) 살후 2:6.
14) 계 2:13. 일부 학자들은 이 언급이 뱀의 모습으로 버가모에서 숭배를 받던 치유의 신 Asklepios를 가리킨다고 주장하였다.
15) 계 13:11ff

한 이야기가 전해 내려온다. 왜냐하면 이들이 다윗의 왕실에 속한 혈통임을 주장하였기 때문이다. 그러나 도미티안은 이들이 세속적인 권력에 전혀 관심이 없는 단순한 농부들임을 발견하고는 그냥 돌려보내고 말았다.[16] 이러한 전설이 어디서 비롯되었는지는 알 수 없으나, 이는 아마도 그리스도인들의 주장보다는 유대 민족주의의 재흥을 훨씬 더 염려하였던 로마 황실의 우려를 반영하는 것이다.

도미티안이 전통적으로 가혹한 박해자로서 이름을 얻게 된 진정한 이유는 아마도 유대교인인 색채가 짙은 무신론의 죄목으로 고소를 당한 로마 귀족들을 치형했기 때문으로 보인다. 또한 이 명목은 어쩌면 기독교에 가까이 생각되기도 한다. 그러나 도미티안의 이러한 행위는 그를 해치기 위한 음모를 꾸미고 있다는 의심을 받은 원로원 계층을 향한 그의 일반적인 조처의 일부였다.

물론 그의 의심에 찬 행동은 결국 그에게 불리한 결과를 불러왔다. 혹시 그의 다음번 희생자가 될지도 모른다는 두려움을 품은 이들이(그의 왕들을 비롯하여) 그를 먼저 처리해 버리기로 결정하여, 도미티안은 97년에 살해된다. 마지막으로 도미티안의 숨을 끊은 것은 도미틸라의 집사장이던 스테파누스(Stephanus)라는 자였다. 나이 많은 원로원 의원 네르바(Nerva)가 위를 계승하였는데, 네르바는 2년이라는 짧은 재위기간 동안에 도미티안이 행한 몇몇 독재적인 조처들을 다시 환원시켰다. 이러한 조처들을 통하여 도미틸라는 환다트리아 섬으로부터 석방되고 또한 사도 요한도 밧모섬으로부터 풀려나게 된다.

네르바는 그 후 수 세대에 걸쳐 적당한 인물들이 왕위에 오를 수 있도록 보장할 수 있는 조처를 마련하였다. 즉 가장 유능한 인물을 자기의 정식 아들로 입양시켰던 것이다. 네르바는 이러한 인물로서 트라쟌(Trajan)을 선택하였다. 트라쟌은 91년에 아킬리우스 글라브리오와 함께 집정관을 역임하였으며, 바로 그 해에 마치 요셉의 꿈의 해석과 같은 점을 통해 이 두 사람이 서로 극단적으로 다른 운명을 맞게 되리라는 예언이 행해지기도 하였다.

트라쟌의 재위 기간(98~117)은 제국 영토가 계속 확장되었다는 특징을 지

---

16) 유세비우스(Eusebius), *Hist. Eccl.*, III,20, 제2세기의 작가 헤게시푸스(Hegesippus)를 인용하고 있다.

니고 있다. 제국의 국경은 라인 강(Rhine), 다뉴브 강(Danube), 유프라테스 강(Euphrates) 등을 넘어서 확장된다. 그러나 다뉴브 강 건너편의 영토에만 그 후 오랫동안 영향을 남기게 된다. 다시아(Dacia) 지방에 정착되었던 로마 문명은 오늘날까지도 루마니아(Romania) 국민들의 이름, 언어, 일반적 풍습과 문화 등에 그 흔적을 남기고 있다.

112년 트라쟌은 소아시아 북서부의 비두니아(Bithynia) 총독으로 문학가이던 플리니(Pliny)를 파견하였다. 그는 흔히 소 플리니(Pliny the Younger)라고 불리는데, 이는 79년도에 발생할 베수비우스(Vesuvius) 화산의 폭발로 생명을 잃은 그의 삼촌 역시 같은 이름을 가졌던 유명한 타고난 역사가였기 때문이다. 소 플리니는 총독으로 있는 동안 아무리 사소한 문제라도 자기 혼자서 결정하지 못하는 전형적인 공무원상을 보여주고 있다. 그는 일찍이 컴프톤 맥켄지 경(Sir. Compton Mackenzie)이 "번문욕례의 인간상"(red tapeworm)으로 묘사한 모습을 대표하는 고대인이다. 그는 어떤 결정을 내리기 전에 반드시 수도에 있는 황제에게 그 의견을 물었다. 예를 들어서, 비두니아 지방 대도시들에서 1년에 대화재가 발생한 후 그는 곧 일종의 의용 소방대를 조직하는 것이 좋다고 생각하였는데, 이에 대해서도 우선 황제의 의견을 먼저 물어보았다. 트라쟌의 답변은 의외적인 것이었으나, 역시 그의 인간적인 면을 보여준다. 그는 말하기를, 소화작업은 역시 개인들에게 맡겨두는 것이 가장 바람직하다고 응답하였다. 즉 각 가정에서 화재시에 대비하여 물 한 양동이와 펌프 등을 예비해 두라는 것이다. 의용 소방대나 또는 다른 자원 단체들의 경우, 처음에는 아무리 좋은 목적을 가지고 시작된다고 하더라도, 결국은 체제에 반항하는 정치적인 클럽으로 전락하기 마련이라는 것이다.[17]

이와 같은 클럽들(Clubs) 혹은 비밀결사 – 로마인들은 이를 콜레기아(Collegia)라고 불렀다 – 등에 관한 의심은 로마 역사를 통해 볼 수 있는 것과 같이 전혀 근거가 없는 것은 아니었다. 이를 감안한다면, 트라쟌과 같은 지혜로운 행정가들이 기독교를 향해 품었던 의심이나 반감들을 더 쉽게 이해할 수 있다. 기독교는 합법적으로 그 자격을 인정받은 종교가 아니었으므로 종교적 이유로 회집하는 것이 정당화되지 못하였다. 별다른 이유가 없더라도, 이들의 모임은 모든 무허가 비밀결사를 금지하는 일반적 법률에 저촉되

---

17) *Epistles of Pliny*, X, 33과 34.

기 마련인 것이다. 그러나 일반적으로 허용되던 조직이 한 가지 있다. 곧 친지들, 친구들끼리 돌아가면서 장례를 치루어 주는 모임(burial club)이다. 따라서 그리스도인들은 바로 이러한 단체들이 누렸던 자유를 얻기 위해 장례단체와 비슷한 명목, 혹은 형태로 공동체를 조직하기도 하였다.

이 모든 상황들을 감안해 본다면, 플리니가 자기의 관할 구역 안에서 퍼지고 있던 기독교를 발견하고 트라쟌에게 보낸 트라쟌의 의견을 구하는 편지와 이에 대한 답신으로 황제가 보낸 편지를 더욱 잘 이해할 수 있다. 관할 구역의 주민들을 사형에 처할 수 있었던 권한은 오직 총독 플리니만이 가지고 있다(물론, 로마 시민권자들인 경우에는 황제에게 다시 항소할 수 있다). 플리니는 재임 초기에 그 신앙을 저버리기를 거부하는 몇몇 그리스도인들의 처형을 명령하였다. 그러나 그 지방 내에 그리스도인들의 수가 너무나도 많은 것을 발견한 플리니는 자기 스스로의 재량 하에 이를 처리하기보다는 황제에게 그 조처를 건의하기로 결정하였다. 여기 그 편지들이 남아 있다.

〈플리니가 트라쟌에게 보낸 편지〉

나의 주여! 저에게 어떠한 문제가 있든지 당신에게 여쭙는 것이 저의 습관입니다. 저의 우유부단과 무지를 보다 잘 지적하고 정정해 주실 이가 누가 있겠나이까!

저는 이제까지 그리스도인들의 재판에 참여해 본 일이 없습니다. 따라서 이들에 대한 수사와 처벌들을 어떻게 해야 되는지 그 전례들을 잘 알지 못하고 있습니다. 나이가 많은 자와 젊은 자들에 대해 차별을 두어야 하는지도 잘 알 수 없습니다. 또한 그들이 신앙을 포기할 때, 그 죄를 사면해야 하는 것인지, 일단 기독교 신자였던 자들은 그 후 신앙을 포기해도 아무런 소용없이 처벌을 해야 되는지 아무것도 알지 못하겠습니다. 단지, 그 이름을 고백하는 자체로써 처벌을 받기에 충분한 것인지, 혹은 이들의 이름에 함께 수반되는 범죄 사실에 대해서만 처벌을 해야 될른지요? 이제까지는 기독교도라는 죄목으로 체포당한 자들을 다음과 같이 처벌하였습니다. 피고들에게 우선 진실로 기독교인이었는지 물어보았습니다. 만약, 그들이 "예!"라고 대답할 경우에는 그 형벌에 대한 경고를 한 후 두 번, 세번까지 물어보았습니다. 왜냐하면 실제 그들의 죄의 성질이 어떠한 것인지 알 수 없지마는, 이들의 고집과 꺾이지 않는 오만은 어쨌든 벌을 받아 마땅하다고 생각했기 때문입니다. 이들 가운데 로마 시민권자들은 제가 수도로 이송하도록 지시하였습니다. 그 후는 우리들이 이미 경험하였듯이 제가 이 문제를 취급했기 때문에 더 골치아픈 문제가 생겼습니다. 즉 많은 사람들의 명단을 기록한 편지가 제게 보내져왔습니다. 발신인의 이름은 없었습니다. 이 명단 가운데 있는 몇몇 사람들은 자기들이 현재나 과거에나 기독교인이 아니라고 부정하였습니다. 이들은 나의 명령에 따라서 제신들의 이름을 불러 주문을 외우고, 제가 이를 위해 특별히 여러 신들의 상(statues)들과 함께 준비해 두었던 당신의 초상 앞에 향을 피우고 포도주를 바쳐 경배하였습니다. 이들은 또한 그리스도(Christ)라는 자를 저주하였습니다. 진실한 그리스도인들은 아무도 이러한 짓을 할 수 없다는 말을 전해 들었습니다. 제가 생각하기에는 제 말대로 경배한 자들을 석방하는 것이 마땅할 것 같습니다. 또한 어떤 자들은 자기들이 과거에는 그리스도인들이었으나, 그 후 그 신앙을 버렸다고 말했습니다. 어떤 자들은 3년 전 혹은 그 이상, 이들 중 한 명은 20년 전에 이미 기독교를 떠났다고 주장하였습니다.18) 이들은 모두 당신의 초상과 신들의 상에 경배하고, 그리스도를 저주하였습니다. 이들은 또한 자기들의 실수나 잘못이 겨우 아래와 같은 정도에 불과하다고 주장하였습니다. 이들은 어떤 특정한 날을 정해놓고 해가 뜨기 전에 한데 모여, 그리스도를 신으로서 찬양하는 곡조 없는 찬송을 부른다고 합니다. 그 후는 함께 서약을 나누는데, 이는 어떤 범죄를 범하도록 맹세하는 것이 아니라 모든 절도, 강도, 간음, 약속의 파기, 인간으로부터 부탁을 받고 그 신의를 지키지 않는 행위 등을 범하지 않겠다는 약속이라고 합니다. 이들은 그 후 모임을 계속하여, 일단 헤어졌다가 다시 모여 음식을 나누는데, 이는 특별한 것이 아니라 우리가 흔히 보는 평범한 종류의 것이라 합니다. 이들은 주장하기를 제가 당신의 지시에 따라서 모든 사적 모임을 금하는 법령을 발한 뒤, 그러한 모임마저도 중지했다고 합니다. 따라서 저는 소위 "집사들"(deacons)이라고 불린 두 명의 여자 노예들을 고문하여 좀 더 자세한 사정을 알아보는 것이 필요하다고 생각했습니다. 그러나 이를 통해서도 우리의 상식을 초월하는 기괴한 미신 외에 아무것도 발견하지 못하였습니다.

---

18) 플리니의 총독 재임 20년 전이면 이는 곧 도미티안(Domitian) 재위 시절이다.

따라서 이 문제에 관해 황제님의 고견을 들을 때까지 더 이상의 수사를 중단하는 것이 옳다고 생각하였습니다. 제가 볼 때 너무나 많은 사람들이 혐의를 받고 있는 것을 고려해 볼 때, 반드시 황제님께 알리는 것이 옳다고 생각되었습니다. 왜냐하면 연령과 계층과 남녀를 뛰어넘어 수많은 자들이 혐의를 받고 있고, 또한 이러한 추세는 계속될 것으로 보입니다. 이 전염성 강한 미신은 도시에만 퍼져 있는 것이 아니라 농촌과 지방에도 침투해 있습니다. 그러나 이러한 사태는 곧 중지시키고 바로잡을 수 있다고 생각합니다. 어쨌든 사람들에게 버림을 받다시피 한 신전들이 다시 사람들의 방문을 받고 있습니다. 또한 오랫동안 아무도 돌보지 않던 제사가 다시 드려지고 있습니다. 이제까지 아무도 사는 이 없던 제사용 짐승들을 위한 사료도 다시 많이 팔리고 있습니다. 이에 따라 이 자들에게 기독교 신앙을 철회할 기회만 주기만 한다면, 수많은 사람들이 교화될 수 있을 것이라고 생각됩니다.

〈트라쟌이 플리니에게 보낸 답신〉

나의 친애하는 세쿤두스(Secundus)여,[19] 그대는 기독교라는 혐의로 그대에게 고소를 받은 자들의 문제를 처리 하는데, 올바른 과정을 밟았다. 사실 어떻게 이들의 문제를 처리해야하는지를 한 마디로 일반적인 결정을 내리기가 곤란하다. 일부러 이들을 속속들이 찾아 색출해낼 필요는 없다. 그러나 이들이 만약 기소되어 유죄 판결을 받는다면, 반드시 처벌해야 합니다. 누구든지 스스로 기독교인임을 부정하고 이에 대한 증거로서 우리들의 신들의 이름을 불러 찬양한다면 이를 통해 용서를 받을 수 있다. 즉 과거에 그 자에 대해 어떤 의심이 있었던지 상관없이 용서해야 할 것이다. 당신이 받은 바, 발신인의 이름조차 밝히지 않은 편지에 대해서는 아무런 신경을 쓸 필요가 없다. 이러한 행위는 매우 좋지 않은 선례를 남기는 것이며, 우리들이 사는 시대를 잘 알지 못하는 야만적인 행위이다.[20]

만약 플리니조차 그리스도인들에게 적용해야 할 정확한 로마 법령을 찾지 못했다면, 우리가 같은 의문을 가지고 있는 것이 조금도 이상할 필요가

---

19) 플리니의 이름 전체는 가이우스 플리니우스 세쿤두스(Gaius Plinius Secundus)이다.
20) 이 두 서신들은 *Epistles of Pliny*, X, 96과 97에 보존되어 있다.

없겠다. 또한 트라쟌이 플리니에게 아무런 선례나, 그 이전의 관례를 지적하지 않고 있는 것도 특기할 만하다. 우리는 플리니의 편지로 여러 가지 흥미로운 정보를 얻을 수 있다. 만약 그가 시사하고 있는 정도로 종교적, 경제적 문제가 발생한다면, 기독교는 소아시아의 비두니아 지방에서 상당히 빨리 전파되고 있음을 짐작할 수 있다. 또한 증인들이 자기들의 모임에서 나눈 음식들은 보통들로서 아무 특이한 점이 없다는 것을 보면, 그리스도인들에게 식인(cannibalism)의 의식을 행한다는 소문이 이 때도 나돌았음을 알 수 있다. 또한 우리가 앞으로 살펴볼 기독교 예배의식에 대해서도 중요한 점들이 암시되고 있다.[21] 플리니는 사람들 사이에 나돌던 소문과는 달리 그리스도인들이 근친상간이나 식인의 행위를 행하지 않고 있음을 거의 확실히 알고 있었던 것이다. 그러나 만약 그리스도인들이 이러한 범죄를 행하지 않았다고 하더라도 이들이 기독교를 끝내 부인하기를 거부한 완강한 고집스러움은 사형을 받기에 족하다고 확신하고 있다. 물론 그 후 터툴리안(Tertullian)이 그의 『기독교의 변호』(Defense of Christianity, 2장 8항)에서 한 바와 같이 당시 트라쟌의 조처를 비난하기는 쉬운 일이다. "참으로 얼마나 납득하기 어려운 결정인가! 그는 일부러 색출해낼 필요가 없다고 말함으로써 그들이 무죄함을 암시하고 있다. 그러나 동시에 그들을 처벌하라고 명령함으로써 그들이 유죄임을 암시하고 있다!" 그러나 후세인들의 눈으로 볼 때, 트라쟌의 결정이 납득하기 힘든 것이었으나, 황제 자신의 생각으로는 당시의 상황 하에서 가장 합리적이고 능률적인 조치였음을 의심할 수 없다. 즉 그리스도인들이 기소당한 후에도 불법적인 그들의 신앙을 포기하기를 거부한다면, 이에 합당한 처벌을 할 것이나, 일부러 이들을 괴롭히기 위해 특별한 노력을 기울일 필요가 없다는 것이다. 즉 이들은 그 정도로 국가의 위험스런 존재가 아니라는 것을 의미한다.

트라쟌의 재위 기간 중 그 신앙을 지키기 위해 고난을 받았던 유명한 기독교인은 시리아 지방 안디옥(Antioch)의 감독 이그나티우스(Ignatius) 였었는데, 그는 115년경 로마에 압송되어 원형 경기장에서 짐승들에게 찢겨 죽임을 당했다. 그가 어떠한 경로로 체포되어 유죄 판결을 받았는지는 우리가 추측해 볼 수밖에 없는 문제이다. 안디옥으로부터 로마까지 무장 경비병들에 의해

---

21) 제18장을 보라.

호송되어 가는 도중 그가 남긴 일곱 개의 편지는 특히 중요하다.22)

그리스도인들에 관한 트라쟌의 정책은 그의 뒤를 이은 하드리안(Hadrian, 117~138)과 안토닌(Antonine, 138~161) 등에 의해 그대로 이어졌다. 하드리안이 124년 아시아 지방의 총독이던 미뉴시우스 푼다누스(Minucius Fundanus)에게 보낸 답신을 보면 일찍이 트라쟌이 플리니에게 행한 지시와 거의 흡사함을 알 수 있다.

당신의 뛰어난 전임자였던 세레누스 그라니아누스(Serenus Granianus)가 내 앞으로 보낸 보고서를 받았습니다. 내 생각에는 무죄한 사람들이 핍박을 받고 흉악한 고소자들에 의해 피해를 입는 사람이 발생하지 않도록 이 문제를 그냥 덮어둘 수는 없다는 생각입니다. 만약에 그 지방 주민들이 확실한 범죄 혐의를 들어 그리스도인들을 고소하고자 한다면, 법정을 통해 이렇게 할 것이지, 단지 비난과 탄원만을 일삼지 못하도록 조처하십시오. 더욱이 누군가 상대방을 고소한다면 이들이 주장하는 혐의가 확실한지 세밀히 조사하십시오. 만약 고소받은 자가 실제로 불법을 행한 사실이 있다면 범죄의 중요성에 따라 알맞은 형벌을 주어야 할 것입니다. 그러나 만약 남들을 모함하기 위해 이러한 행위를 한 자들이 있다면, 그의 악의에 비례하여 보다 심한 처벌을 반드시 할 일입니다.23)

이 편지가 믿을 만한 것인가에 대해서는 의문을 제기한 학자들이 있다. 그러나 그들의 이유는 충분치 못한 듯하다. 그리스도인들에 대한 고소는 반드시 법률에 따라 조사해야 하며, 일반 우둔한 대중들의 불평불만을 단호히 저지하라는 점에서 하드리안은 트라쟌의 전례를 따르고 있다. 또한 당시의 로마 법률은 근거 없는 고소 사선으로 법정이 시간을 낭비시킨 고소인들

---

22) 제18장을 보라.
23) 저스틴(Justin), *Apology*, I, 68; 유세비우스, *Ecclesiastical History*, IV, 9:1에는 헬라어로, Rufinus에 의해서는 라틴어로 보존되었다. 이의 진위에 관한 이론들은, 랭지(W. M. Ramsay), *The Church in the Roman Empire* (1893), 320ff ; 메릴(E. T. Merrill), op. cit., 202ff에서는 신빙성 있는 것으로, 이에 대한 반대의견은 리츠만(H. Lietzmann), *The Founding of the Church Universal* (1950ed).에 진술되어 있다. 그런데 리츠만은 황제의 칙서가 기독교인들에게 종교의 자유를 주기 위해서가 아니라, 억울한 누명으로부터(허위 고발로부터) 이교도들을 보호하기 위함이었다는 사실을 간과하고 있다.

에게 심한 처벌을 규정하고 있다. 그러나 하드리안의 답신은 그리스도인들이 다른 면에서 법을 어기지 않는 한 종교의 자유를 누릴 수 있다고 암시한 것은 절대로 아니었다. 왜냐하면 그리스도인들은 근본적으로 당시의 법률과 대치될 수 있는 한 가지 문제가 있었기 때문이다. 로마의 국교는 이미 오랫동안 정치적인 형식에 지나지 않았으나, 이러한 형식에 가끔 참여하는 것이 곧 국민으로서의 충성심을 증명하는 방법이다. 따라서 이미 우리가 살펴본 바 같이 플리니는 자기들이 기독교인임을 부정하는 자들이나, 혹은 기독교를 떠났다고 주장하는 자들에게 국교에서 섬기는 신들이나, 황제의 우상에 경배하고 그리스도를 저주함으로써 자신들의 주장이 진실임을 요구했던 것이다. 일부 제국의 관리들은 반드시 그리스도를 저주하도록 요구하지 않았는지도 모른다. 이들은 또한 국교에 경의를 포함함으로써 특히 제국 주권의 화신으로 생각되고 있던 황제의 신성을 인정함으로써 국민으로서의 충성심을 쉽게 증명할 수 있었을 것이다. 그러나 이는 물론 그리스도인들이 완강히 거부할 수밖에 없었던 것이다. 이들의 거부 행위는 유대인들도 함께 하고 있었지만, 당국은 이미 유대인들에게 이러한 요구를 면제해 주고 있다. 왜냐하면 유대교는 제국 내의 속국을 위한 공인된 종교였기 때문이다. 그러나 반면 기독교는 공인된 종교도 아니었고, 어느 특정한 국가의 국교도 아니었다. 그리스도인들은 따라서 아무리 자기들에 대한 악의에 찬 헛소문들 - 방화범, 식인종, 근친상간자 - 이 사실이 아니며, 실제는 그들이 충성된 국민임을 주장해 보아도 아무런 소용이 없었다. 국가가 요구하는 것은 행동이지 변명이 아니었다. 만약 진실로 그들이 충성스러운 국민이라면, 이들의 충성을 보여줄 수 있는 간단한 방법이 있는 것이다. 이들로 하여금 황제를 위해 한 줌의 향을 피우고, 그의 신성을 고백하고, 그를 "주님"(Lord)이라고 부르도록 하라는 것이다. 그러나 그리스도인들은 황제에게 주어진 "주님"이라는 칭호가 곧 그의 신성(divinity)과 밀접한 관계가 있음을 너무 잘 알고 있다. 신자들은 이러한 의미에서는 오직 한 주님 예수 그리스도 밖에는 몰랐으며, 같은 칭호를 다른 존재에게 부여한다는 것은, 곧 그리스도에 대한 반역이다. 모든 황제들이 마치 도미티안처럼 스스로들의 신성을 심각하게 받아들이지 않았는지도 모른다. 그러나 국가가 요구할 때 황제의 신성을 인정하는 것이 곧 제국에 대한 충성심을 증명하는 것으로서 받아들여지고 있다. 이를 거부하는 것은 중

범죄에 해당하는 국명에 대한 반항이다. 바로 이 문제를 초점으로 하여 이 교도 제국의 중심지에서 수많은 기독교 순교자들의 이야기가 전해 내려오고 있는 것이다.

이들 가운데서 특히 가장 잘 알려진 것은 156년 초에 발생한 서머나(스머르나, Smyrna)의 늙은 감독 폴리캅(Polycarp)의 순교 사화이다. 폴리캅은 예수님의 사랑하는 제자 요한에게서 신앙을 전수받은 사람이었는데, 즉 육안으로 그리스도를 보았던 이들과의 마지막 접촉점을 구성했던 인물이다. 그의 순교 직후 서머나교회에 의해 작성된 편지를 보면, 아시아 지방에서 반기독교적인 폭동이 발생했을 때 어떻게 폭도들이 폴리캅의 처형을 주장했는지 알 수 있다. 일단의 경찰들이 그를 체포하기 위해 파견되었으며, 아마도 폴리캅의 많은 나이를 생각하여 그를 기다리고 있는 수치와 고통으로부터 구해주고자 했던 것으로 보이는 경찰대장은 말하였다. "'가이사가 주님이시다'라고 말하고 향을 피워 그대의 목숨을 구하는 것이 무슨 잘못이 되겠는가?" 그러나 폴리캅은 그의 요청을 듣기를 거부하고, 경기장으로 나아갔다. 이곳에서는 아시아 지방 총독이 직접 그를 회유하고자 하였다. 총독이 말하기를 "부디 그대의 나이를 생각해 보라. 가이사의 신성을 맹세한 후, '무신론자들은 물러가라'고 말하도록 하라." 그러자, 폴리캅은 그의 주먹을 이교도 군중을 향해 흔들면서, "무신론자들은 물러가라"고 엄숙하게 말하였다. 그러나 총독은 그에게 더욱 압력을 가하였다. "부디 서약을 하면 석방해 주겠다. 그리스도를 모욕하라." 그러나 이 노인은 참으로 위대한 고백을 하였다. "86년간이나 나는 그를 섬겼으나, 그는 나에게 아무 잘못을 한 일이 없습니다. 어떻게 내가 왕이자 구세주이신 분을 모독할 수 있겠습니까?" 그 후 행해진 협박과 회유도 소용이 없이, 그는 사형에 처해졌다.

폴리캅의 순교에 따라 한동안 박해가 뜸했던 것 같다. 아시아의 박해는 그의 죽음과 거의 때를 같이 하여 중지되는데, 아마 이때쯤 안토닌 황제가 동부 도시들에게 훈령을 발하여(마치 하드리안이 했던 것과 마찬가지로) 정당한 합법적 절차를 좇아 그리스도인들을 처벌하는 대신 폭력을 동원하여 이들을 습격하고 피해를 주는 난동을 금지시켰던 듯하다.[24]

---

24) Melito of Sardis, 유세비우스에 의해 인용되었다. *Hist Eccl.*, IV, 26,10:또한 랭지, op. cit., 331f.;C.J. Cadoux, *Ancient Smyrna* (1938), 367.

설혹 실질적으로 종교적 행위가 아니더라도 형식적으로나마 이러한 행동을 통해 국가에 대한 충성심을 요구했던 사례들은 인류 역사상 여러 번에 걸쳐서 나타났다. 보다 최근에 나타난 잘 알려진 예는 1945년 이전 일본 제국이 주장하였던 신사참배의 문제에서 찾을 수 있다. 일본 당국에서는 신사참배가 종교적 문제가 아니라 정치적 범주에 속한다고 함으로써 그리스도인들의 양심을 무마시키고자 하였다. 그러나 일부 그리스도인들은 이러한 구별이 단지 명목상에 지나지 않음을 깨닫고 있다.[25] 또한 보다 민주적인 국가에서도 이러한 어려운 문제들은 발생할 수 있다. 미국의 경우 일부 교파들은 미국 국기에 대해 경례하기를 계속 거부함으로써 여러 가지 곤란을 받았다. 보통 미국인은 이를 종교적 의식으로 생각하거나 성조기를 우상으로 보지는 않을 것이다. 그러나 이들은 그렇게 생각하였으며, 이 문제에 관한한 국가 명령에 순응하는 것은 곧 하나님의 왕국에 대한 반역으로 느꼈던 것이다.

그리스도인들은 당시 일반 로마 국민들이 단순하게 생각했던 이 문제에 대해 로마 정부에 복종하기를 거부함으로써 무언가 별난 인간으로서 생각된다. 외형적인 순응은 참으로 쉬운 문제였으며, 다른 이들의 눈으로 볼 때 이 문제 자체가 그다지 중요한 것도 아니었다. 이러한 의식에 참예한 대부분의 이교도들은 별생각조차 없이 습관적으로 이러한 행위를 수행했을 것이다. 그러나 그리스도인들의 날카로운 종교적인 지각은 이 의식을 본질적으로 우상숭배로서 인식하였으며, 이에 따라 그리스도 안에 있는 하나님 밖에 예배할 수 없는 이들은 그 의식에 참여하는 것이 불가능하였다.

어느 한쪽이 후퇴하지 않는 한 이 팽팽한 대치 상태를 종식시킬 길은 없었다. 시간이 흐른 후, 결코 후퇴한 것은 교회가 아니라 제국이다. 그러나 이러한 승리를 거두기 전 교회는 이제까지 경험했던 그 어떤 박해보다도 훨씬 더 잔인한 시련을 견뎌나가야만 했다.

---

25) 이 점에 관해 고대 로마 제국과 근대 일본의 유사점은 포스터(John Foster) 교수에 의해 Then and Now (1942), 84ff에서 지적되었다. 또한 국가적 차원의 신사참배나 국기에 대한 경례와 같은 노골적 형태 외에도 보다 미묘한 국가 숭배들이 있다.

제17장

불같은 시련

그리스도인들은 자기들에게 닥친 환난과 핍박을 어떻게 이겨나갔을까? 무엇보다도 이들은 스스로의 신앙을 지키면서 계속 복음을 성공적으로 전했기 때문에 신자들의 수효는 오히려 증가하였다. 그러나 이들 중 일부는 기독교의 변증을 시작하였는데, 자기들이 가진 신앙의 수호를 위해 칼보다는 펜을 택하게 된다. 하드리안 황제 시절부터 제2세기말까지 이들 저자들은 기독교 신앙의 변증을 위해 많은 작품을 남겼는데, 이들 중 많은 수가 우리들에게까지 전해져 내려오고 있다. 흔히 변증가들이라고 불린 이들 가운데 최초의 인물을 하드리안 황제를 대상으로 논문을 썼던 콰드라투스(Quadratus)라고 할 수 있다. 그는 논문을 통해 예수님에 의해 병고침을 받은 자들 가운데 일부가 아직도 살아 있다고 주장하였는데, 그가 1세기 말에 살았던 것을 보면 그의 기록은 사실인 듯하다.[1] 제2세기 중반에 가장 중요한 변증가는 저스틴(Justin)이라고 할 수 있다. 그는 사마리아 출신의 헬라 철학자로서 기독교로 개종한 인물이며, 후에는 로마에서 그 신앙을 위해 목숨을 바쳤기 때문에 흔히 순교자 저스틴(Justin Martyr)이라고 불리우고 있다. 그는 안토닌 황제와 그의 두 양아들에게 기독교를 변증하는 논문을 바쳤으며, 이 논문의 끝에 로마 시민들에게 보내는 짧은 변증문을 덧붙였다. 기독교를 변증하기 위

---

1) 유세비우스(Eusebius), *Hist. Eccl.*, IV, 3:2.

해 쓰인 작품들 가운데 가장 뛰어난 것은 제2세기 말 카르타고의 터툴리안(Tertullian of Carthange)에 의해 저술되었으며, 이는 당시 로마 총독들에게 바쳐졌다.

이들이 남긴 주요한 논리들은 ① 그리스도인들은 우선 이들이 오해받고 있는 범죄 사실에 대해 무죄하며, ② 기독교는 일반인들이 납득할 수 있는 신앙이라는 것이다. 이러한 논쟁은 어떤 때 그 적들의 영역에까지 침범하여 행해졌으며, 특히 그리스도인들이 범하고 있다고 오해받고 있는 악덕들은 사실 이교도 자신들에 의해 그들이 섬기는 신들을 숭배하는 과정 가운데서 벌어지고 있다는 사실이 알려지기도 하였다. 즉 각종 이적 기사와 예언의 성취에 관한 이론들은 더욱 발전된다. 그리고 저스틴과 같은 일부 변증가들은 기독교가 히브리의 계시 뿐만 아니라 헬라 철학의 진정한 목표라고 주장하기까지 한다. 로고스(logos) 혹은 신적 이성이 요한이 그의 복음서 서문에서 그리스도 안에서 성육(incarnate)되었다고 말한 그 영원한 하나님의 말씀이라는 것이다.

이들 변증가들 가운데 제2세기 중반쯤 나타난 한 무명의 저술가는 『디오그네투스의 편지』(Epistle to Diognetus)라는 짧은 저술을 통해 세상에서의 그리스도인들의 위치를 다음과 같이 요약하고 있다.

> 그리스도인들은 그 거주지나, 언어나 습관에 있어서는 다른 인간과 구별되지 않는다. 이들은 자기들끼리만 도시를 만들고 따로 살지는 않으며, 다른 이들과 다른 언어를 말하거나, 특이한 생활 관습을 좇는 것도 아니다. 또한 이들은 어느 천재들에 의해 발견된 지식이나 학문을 소유하는 것도 아니며, 또한 다른 일부 인간처럼 인간적 도그마를 소유하고 있는 것도 아니다. 그들은 자기의 운명에 의해 주어진대로 헬라나 야만족들의 도시에 거주하고 있으며, 의복과 음식과 기타 세부적인 일상생활에서 각자 처한 지방의 관습을 좇고 있다. 그러나 그들 스스로 준행하고 있는 인생관은 특기할 만하며, 이율배반적이라 볼 수 있다. 이들은 고향에 살고 있으나, 나그네로서 거주하고 있다. 이들은 모든 의무를 다른 시민들과 같이 준수하고 있으면서도 외국인들과 같은 고생을 참아 나가고 있다. 모든 외국이 이들에게는 고향이며, 모든 고향이 또한 외국이다… 이들은 지구 위에 존재하면서도 시민권은

천국에 가지고 있다… 그들은 인류 모두를 사랑하면서도 모든 인간에 의해 핍박을 받고 있다… 한 마디로 말해 육체에 대한 영혼의 관계가 바로 이 세상에 대한 그리스도인들의 관계라 할 수 있을 것이다. 영혼이 육체의 모든 지체에까지 퍼져 있듯이, 그리스도인들은 이 세상의 모든 도시에 퍼져 있다. 영혼이 육체 안에 거하나 육체에 속한 것이 아니듯이, 그리스도인들은 이 세상에 거주하나 이 세상에 속한 것은 아니다… 영혼이 육체 안에 갇혀 있으면서도 육체를 결합시키고 있듯이, 그리스도인들이야말로 마치 감옥처럼 이 세상에 갇혀 있으면서도, 바로 그들이 이 세상을 결합시키고 유지시키고 있는 것이다. 영혼은 비록 불멸의 존재이나 유한한 초막 안에 거하고 있다. 마찬가지로, 그리스도인들은 천국에 존재하는 불멸을 앙모하면서도 부패하는 사물들 가운데 머물고 있다. 우리가 음식을 제대로 충분히 섭취하지 못하여 굶주릴 때, 영혼은 오히려 더욱 정련되듯이, 그리스도인들은 박해를 받으면 받을수록 그 수가 날로 증가해 가고 있다.[2]

그러나 이러한 기독교 변증문은 혹시 그들이 원했던 독자들에게 실제로 읽혀졌는지도 알 수 없거니와, 설사 그렇다 하더라도 그다지 큰 효과를 보지는 못하였다. 정부 당국은 어떤 종교적인 문제에 관심을 가지고 있는 것은 아니었다. 즉 만약 그리스도인들이 주장하는 바대로 실제로 부당하게 박해를 받고 있다면, 로마의 신들을 위해 향을 사르는 단순한 절차를 통해 국가에 대한 그들의 충성심을 증명하라는 것이다. 그토록 언변에 뛰어났던 저 스틴마저도 그와 같은 철학자라 볼 수 있는 마르쿠스 아우렐리우스(Marcus Aurelius)가 황제로 즉위하고 있던 바로 그때 순교의 운명을 맞이하게 된다. 165년 다른 그리스도인들과 함께 로마의 집정관 루스티쿠스(Rusticus) 앞에 끌려온 저스틴은 신들에게 제물을 바치기를 거부한다. 그는 말하였다. "누구든지 제 정신이라면, 진정한 신앙으로부터 떠나 잘못된 길을 따르지는 않을 것이다." 그의 친구 중 하나가 집정관에게 소리쳤다. "당신이 원하는대로 하시오. 우리들은 그리스도인들이기 때문에 우상들에게 제사드릴 수 없나이다." 이리하여 그들은 처형장으로 끌려갔다.

스토익 철학자 마르쿠스 아우렐리우스(161~180) 황제의 반 기독교적 경향

---
[2] *Epistle to Diognetus*, 5~6.

을 보고 경악한 이들이 한 둘이 아니었지만 그의 『명상록』(Meditations)은 그 후 기독교 시대의 경건 서적들 가운데 거의 표준서처럼 읽히었다. 만약 마르쿠스가 그 후 그렇게도 많은 그리스도인들이 그의 작품을 깊이 존경하리라고 미리 알았다면 얼마나 더 많은 명상록을 남겼을지 추측해 보는 것도 재미있는 일이다. 마르쿠스의 스토익 철학은 그리스도인들을 위험한 반란자들이요, 국가의 생활을 분열시키는 요소로서 간주했던 전통적인 경건주의를 내포하고 있다. 다른 자들이라면 마땅히 이들의 존경을 받기에 충분하였을 고난과 죽음에 직면한 그리스도인들의 용기와 결단도 긍정적인 신념의 산물로서가 아니라 변태적인 오만으로서 받아들여졌다. 스승 프론토(Fronto)의 영향을 깊이 받은 마르쿠스는 그가 볼 때 조잡한 미신으로 여겨졌던 그리스도인들의 신앙을 경멸하게 되었으며, 따라서 목숨을 바쳐서까지 원칙을 지키는 이들의 행동까지도 존경할 수 없었다.

바로 이때쯤 로마 제국 내외에 여러 가지 곤란한 문제들이 발생함으로써 애국적 로마인들은 제국의 정치적인 단점을 감소시키는 것으로 보이는 문제들에 대해 특히 민감한 반응을 보일 수밖에 없었다. 166년은 액년으로(annus calamito년) 기록되고 있는 바, 각종 홍수, 기근, 다뉴브 국경 건너로부터의 야만족들의 침입 등이 연이어 발생한다. 이러한 상황 가운데서 기독교를 유치한 미신으로서 경멸하고 있던 많은 자들은 바로 기독교의 존재 때문에 하늘이 사회 전체에 대해 분노를 폭발시키고 있다고 주장함으로써 자신들의 미신적 사고방식을 표출시켰다.

마르쿠스의 재위 기간 중 발생한 가장 중요한 박해는 177년 고올(Gaul) 지방에서 일어나, 론(Rhone) 계곡에 있던 비엔나와 리용 지방의 교회들에 영향을 미쳤다. 생존자들은 이들과 밀접한 관계를 가지고 있던 소아시아에 자세한 사정을 전해 보냈다.[3] 이때의 박해는 공식적인 핍박이라기보다는 각 지방 관리들의 묵인 아래 행해진 폭도들의 난동에 지나지 않았다. 그러나 관리들은 만약 황제가 기독교에 대해 적대적이라는 사실을 알지 못하였으면, 이처럼 쉽사리 묵인하지는 않았을 것이다. 후에 일부 그리스도인들 가운데 로마 시민권자들이 속해 있다는 사실이 알려지자 이들은 황제의 판결을 기다리게 된다. 그리고 아우렐리우스는 (영원히 역사에 오명을 남겼듯이) 이들 가운데 배

---

3) 유세비우스, *Hist. Eccl.*, V, I.

교하지 않는 자는 로마 시민의 경우 참수형을 집행하고 나머지 사람들은 고문을 통해 처형하도록 명령하였다.

이때의 학살극은 남녀노소를 가리지 않았었는데, 희생자들 가운데서는 리용의 감독이던 90세의 포티누스(Pothinus)와 14세짜리 소년 폰티쿠스(Ponticus) 등이 함께 속해 있다. 그러나 역시 이때의 가장 뛰어난 여주인공은 노예 출신의 소녀 블랜디나(Blandina)였다. 사람들 가운데는 그녀가 약한 여자였기 때문에 고문과 악형을 견디지 못해 신앙을 포기할지도 모른다고 걱정하는 이들이 많이 있다. 그러나 막상 위기에 처한 그녀는 너무도 고상한 고백자(confessor)로서의 모범을 보임으로써 오히려 다른 이들까지도 용기를 얻을 정도였다. 그녀의 고문자들은 그녀를 배교시키거나, 혹은 그리스도인들의 모임 가운데 행해지고 있던 여러 가지 악한 행위들에 관한 자백을 얻기 위해 쉬지 않고 악랄한 악형을 가한 나머지 자기들이 지칠 지경이다. 그러나 그녀는 꿋꿋이 이를 견디어 내었다. "나는 기독교인입니다. 그리고 우리들 가운데는 아무런 죄악도 없습니다."

당시의 박해가 론 계곡의 살해처럼 항상 잔인하고 극한 것은 아니었다. 180년 7월 17일 북아프리카의 스킬리(Scilii)라는 곳에서 몇몇 그리스도인들을 취조한 기록들이 아직까지 남아 있다. 이곳의 총독은 그리스도인들을 고문이 아니라 설복을 통해 회유하도록 최선을 다하였다. 그러나 그의 인도주의적인 인내도 한계에 달하여, 총독의 생각으로 이들의 잘못된 고집을 고칠 수 없음을 깨닫게 되어 스킬리 시의 순교자들도 결국 처형된다. 터툴리안은 그의 작품 『기독교의 변증』을 통해 네로나 도미티안 등 일반적으로 폭군이라고 알려진 황제들이 가장 지독한 박해자들이었다는 점을 주장하고 있다. 그러나 그의 이론은 실제 역사적 사실과는 부합되지 않는다. 일반적으로 마르쿠스 아우렐리우스는 뛰어난 황제들 가운데 포함되며, 말썽꾼이었던 그의 아들 콤모두스(Commodus, 180~193)는 열등한 황제로서 분류되고 있다. 그러나 그리스도인들은 사실 콤모두스 치하에서 그의 아버지 때보다도 더 평안을 누렸다. 그 이유는 부분적으로 그의 아내였던 평민 출신의 마르키아(Markia)가 (만약 그녀 자신이 실제로 기독교인이 아니었다면) 기독교 신자들에게 보여준 호의와 동정 때문이었는지도 모른다. 그 깊은 사연은 어찌되었던지 간에 콤모두스가 즉위한 후 마르쿠스 치하에서 사르디니아(Sardinia) 광산에 보내졌던 몇몇 그리스도인들이 석방된다.

콤모두스가 193년 실각한 이후 일련의 무장 무인들의 황제들이 로마 세계를 다스리게 된다. 이들 중에 첫 번째는 셉티미우스 세베루스(Septimius Severus, 193~211)로서 로마 령 브리튼(Roman britain)의 역사를 통해 잘 알려진 인물이다. 202년 세베루스는 칙령을 내려 국민들이 유대교나 기독교로 개종하는 것을 금지하였다. 유대교로의 개종이 금지된 것은 이때가 첫 번째가 아니었으나, 우리가 아는 한 황제로서 공식적인 금령을 내린 것은 이때가 처음이다. 이 칙령의 발표와 아울러 제국 내 일부 지방에서는 박해가 발생한다. 당시 이집트에 발생한 박해는 그 정도가 너무나도 극심하여 많은 이들은 이를 바로 마지막 적그리스도가 출현하는 징조로서 생각하게 된다. 유명한 철학자이자 신학자 오리겐(Origen)의 부친 레오니다스가 알렉산드리아에서 순교한 것도 바로 이때이다. 당시 10대였던 오리겐은 그의 어머니가 옷을 감추었기 때문에 겨우 순교의 죽음을 면할 수 있었다. 이보다 아프리카 서쪽 해안에 자리잡은 카르타고에서 벌어진 박해 가운데 두 여인의 신앙 절개를 지킨 이야기가 『퍼페투아와 펠리키타스의 순교』(Martyrdom of Prpeptua and Felicitas-몬타누스주의자들의 작품)에 기록되어 있다. 퍼페투아는 자유스런 신분의 가정 주부였으며, 펠리키타스는 노예였다. 그러나 이 두 젊은 여인들이 손에 손을 잡고 원형 경기장에 섰을 때, 이들은 기독교 신앙이 견딜 수 있는 박해의 한계 뿐 아니라 신분을 뛰어넘는 신앙의 위대성을 만천하에 웅변으로 보여주었다.

바로 이 박해가 발생하기 불과 수 년 전 터툴리안은 아프리카의 같은 지방에서 기독교의 변증을 집필하여 로마 법률이 그리스도인들에게 가하는 포악성을 여실히 고발하였다.

"음모"(conspiracy)라는 용어는 우리들에게가 아니라 귀품있고 가치있는 사람들을 증오하고자 음모를 꾸미는 자들에게 오히려 적용되어야 할 것이다. 즉 무죄한 자들의 죄를 부르며, 가증스럽게도 인간 위에 떨어지는 모든 재난과 불행의 원인으로 기독교인을 내세워 자기들의 증오심을 정당화시키는 자들 말이다. 만약, 티베르(Tiber) 강의 수위가 너무 높아지거나, 나일 강의 물이 모자라 농토를 적시지 못하거나, 하늘에서 비가 내리지 않거나, 지

진, 기근, 전염병이 돌기만 하면, 곧 "그리스도인들을 사자 밥으로!"라는 외침이 들려오곤 한다.[4]

그러나 이러한 박해가 지난 후, 교회는 반세기 동안 그래도 평화를 누릴 수 있다. 이 시기의 통치는 일부의 황제는 특히 동부 지방에서 크게 지지를 받았으며, 아마도 그러한 이유 때문에 원래 동쪽으로부터 흘러온 이 종교에 대해 온건한 태도를 취했는지도 모른다. 그의 어머니가 오리겐으로부터 약간의 가르침을 받은 바도 있는 알렉산더 세베루스(Alexander Severus, 222~235)는 그의 만신전 안에 그리스도를 포함시켰으며, 그리스도인들이 단체로 재산을 소유하는 것을 허락하였다. 이로부터 몇 년 후에 필립(Arabian Emperor Philip, 244~249) 황제는 거의 기독교인이었다고 전해진다.

일반적으로 기독교에 관용적이었던 이 시대에 한 가지 예외가 있다면 트라키아인 막시민(Miximin the Thracian, 235~238)의 짧은 재위 기간이다. 막시민은 특히 교회 지도자들에 대한 박해를 시작한다. 그런데 오히려 이 박해의 결과 교회에 유익한 사건이 벌어지기도 했다. 로마 감독이던 폰티아누스(Pontianus)와 당시 로마 교회의 반체제 인사들의 지도자격이던 힙폴리투스(Hippolytus)는 모두 사르디아니아로 귀향을 갔는데, 이 둘은 죽기 전 서로 화해했으며, 힙폴리투스는 즉각 그의 추종자들에게 편지하기를 이들이 분리해 나왔던 교회로 다시 돌아가도록 조처하였다.

이처럼 비교적 평온이 수십 년간 계속됨에 따라 교회의 교인 수가 크게 증가하였다. 공식적인 정부의 입장이야 어찌됐든, 많은 보통 사람들은 기독교 공동체에 매력을 느끼고 있다. 그리스도인들은 비록 대외적인 선전(propaganda)을 행할 처지는 아니었으나, 모범적인 신자들의 생활과 공동체 내의 뜨거운 교류를 통해 미리 마련된 광고보다도 훨씬 큰 효과를 낼 수 있다. 셉티미우스 세베루스의 통치 기간 동안에도 터툴리안은 다음과 같은 글을 남겼는데, 이 내용 가운데 약간의 수사학적인 과장이 섞여 있다고 할지라도, 상당한 진실이 내포되어 있는 것으로 보인다.[5]

---

4) 터툴리안(Tertullian), *Apologeticus*, 40:1~2.
5) 터툴리안, Apologeticus, 37:4ff.

우리들은 겨우 어저께부터 시작된데 불과하나, 우리들은 이미 당신들에게 속한 장소들을 채웠다 - 도시들과 시장들, 또한 군인들의 지명과 시의회와 궁정과 원로원과 은행들이다. 우리들은 당신들에게 겨우 당신들의 신전들만을 남겨놓았을 뿐이다.

그는 계속 그리스도인들이 실제로 무기를 들고 제국에 대항하지 않는 것을 다행으로 알라고 말한다(즉 그들이 원하기만 하면, 이러한 무장 반란을 수행할 만큼 수가 많다는 의미이다). 또한 짐을 싸가지고 지구의 다른 먼 곳으로 이사 가지 않는 것이 다행인 줄 알라고 기록하였다. 만약에 그리스도인들이 일부 사람들이 주장하는 것처럼 진짜로 방화범이었다면 어느 어두운 밤 횃불을 이용하여 상당한 피해를 입힐 수 있었을 것이다.

그런데 제 3세기 중반에 들어 제국은 새로운 골칫거리에 시달리게 된다. 이들은 서로 떨어진 두 개의 국경을 침입하는 야만족들이었는데, 고트(Goths) 족들은 북쪽으로부터, 페르시아인들은 호전적인 사사니즈(Sassanids)의 성립과 때를 같이 하여 동쪽으로부터 공격해 들어오고 있다. 이 위기에 그리스도인들은 다시 국가에 불충하다는 의심을 받고 있다. 군인들의 진영이 그리스도인들로 가득 찼다는 터툴리안의 주장에도 불구하고 사실 신자들의 대부분은 군대에서 복무하기를 거부하였는데, 터툴리안 자신도 이러한 병역 거부를 적극 찬성하고 있다. 흔히 기독교적 평화주의(Christian pacifism)라고 불리는 몇 가지 원리들 외에도 그리스도인들이 선뜻 군대에서 복무하기 곤란한 몇 가지 이유들이 있었는데, 군인들의 맹세에 따르는 우상숭배의 관습들과 기타 병영생활에 수반되는 몇몇 특징들 때문이다. 또한 이와 같은 국가적 위기의 순간에 그리스도인들(특히 몬타누스주의자들)이 기쁜 표정으로 말세의 징조를 이야기하며, 운명이 불길 속에 끝이 나고, 그 후 성도들의 통치가 시작된다는 등의 이야기를 나누는 것을 이교도들이 좋아할 리 만무했다(지금으로부터 수년 전 동구 공산권에서는 일단의 신교 목사들이 재판을 받은 일이 있는데, 그 죄목은 그들이 마르크스주의의 미래관과 서로 조화될 수 없는 용어로써 현 체제의 임박한 종료와 그 뒤를 잇는 하나님의 왕국의 실현을 전파했다는 이유 때문이었던).

그 뿐만 아니라 유프라테스 강 건너편으로부터 위협이 가해지자 동부 지방의 기독교는 오히려 페르시아인을 더 좋아한다는 의심을 받게 된다. 왜냐하면 로마 측 국경뿐만 아니라 유프라테스 강 건너편에도 그리스도인들이 다수 있었으며, 이들은 로마 제국 내의 성도들보다 훨씬 나은 대우를 받고 있다.

바로 이 중대한 시기에 데시우스 황제(249~251)는 제국 안에 한 종교만을 주창하여 국가 안보를 도모한다는 정책을 채용하였다. 이 정책이 실현되기 위해서는 기독교가 방해물인 것이 분명하였으므로 이를 멸절시킬 수밖에 없었다. 즉 그리스도인들을 벌하는 것뿐만 아니라 기독교 자체를 없애버려야 할 형편이다. 감독들 및 교회 지도자들도 끔찍한 박해를 받았으며, 신도들을 배교시키고자 모든 수단과 방법이 가리지 않고 동원된다. 250년에는 제국 내의 모든 국민들이 국교의 신들에게 제사를 드려야 하며, 이러한 의무를 다했다는 증명서를 받으라는 칙령이 내려졌다. 이 칙령은 분명히 그리스도인들을 대상으로 한 것이었는데, 왜냐하면 제국 내의 모든 이교도 주민들은 나라가 명하기만 하면 물론 신들에게 제물을 바칠 것이었기 때문이었다(212년부터 제국 내의 모든 자유인은 모두 로마 시민권자였다).

수십 년간의 평화를 누린 후, 갑자기 당한 공격으로 교회는 상당한 곤란을 겪게 된다. 평화로운 시기에 쉽사리 교회에 들어왔던 많은 그리스도인들은 새로운 공포와 탄압을 견디지 못하여 나라에서 규정한 제사를 드렸다. 일부는 별다른 위협을 받지 않고도 쉽사리 신앙을 포기했으며, 어떤 이들은 상당한 협박과 회유 끝에 넘어가기도 하였다. 그런데 어떤 이들은 실제로 제사를 드리지 않고 제사를 드렸다는 증명서를 여러 가지 방법으로 얻는데 성공하기도 하였다. 특히, 리벨라티키(libellaticill)라 불리는 이들 – 증명서는 리벨리(libelli)라고 불렸다 – 은 아마도 자기들 스스로의 양심을 만족시켰을지 모르겠으나, 교회 지도자들은 물론 이러한 행동을 용납하지 못하였다. 그런데 앞으로 우리가 살펴보는 바와 같이 어쨌든 여러 가지 방법으로 많은 교인들이 제국의 요구에 순응했던 이때의 사실은 그 후 이들을 다시 받아들이는 문제의 여부를 둘러싸고 교회에 큰 논란을 낳게 된다.[6] 그런데 이때의 박해에 나타난 주목할 만한 특색은 이러한 국가적 핍박이 국민 이교도들의 협력이 거의 없이 단지 당국의 공무원들에 의해 수행되었다는 사실이다. 일찍이 그리스도인들을 향해 겨누어졌던 증오는 옛날의 헛된 소문들과 함께 사라져 가고 있다. 3세기 초반 교인들의 수가 급증했다는 소식은 곧 제국 내 주민들

---

6) 제19장을 보라.

의 대부분이 친구나 친지 가운데서 기독교인을 가지고 있다는 사실을 의미한다. 이제 교인들은 별로 흠잡을 데 없는 이웃들로 생각되었으며, 또한 그 전 세대들이 오해했던 것처럼 끔찍한 각종 범죄 행위를 저지르지 않는다는 것이 명백하였다. 따라서 몇 곳의 이교도 주민들은 경찰에 협력하기는커녕 오히려 그리스도인들을 숨기고 피신을 도와주기도 하였다.

이는 특히 알렉산드리아의 감독 디오니시우스(Dionysius)가 일단의 병정에 의해 은신처에서 체포되었을 때, 근처의 농민들이 몰려들어 완력으로 그를 구해내었다는 예에서도 명백하게 알 수 있다. 디오니시우스는 동료 감독이던 카르타고의 키프리안(Cyprian of Carthage)과 같이 신도들을 위해서는 은신처엣 계속 이들을 지도하는 것이 도시 안에 남아 순교하는 것보다 낫다고 생각하였다. 로마의 감독 파비안(Fabian)은 반면 이때 박해에서 맨 처음 순교한 인물들 가운데 하나이다. 또한 유명한 순교자는 원래 알렉산드리아 출신으로 당시 가이사랴(세사리아, Cæsarea)에 거주하고 있던 불세출의 성경학자 오리겐이었는데, 그는 투옥당하여 갖은 악형 끝에 곧 사망하고 말았다.

이때의 박해가 잠잠해지면서 다시 수년간의 평화가 그 뒤를 이었다. 253년 황제의 위에 등극한 발레리안(Valerian)은 재임 초기 몇 년 동안은 그리스도인들에게 동정적인 것으로 보였다. 그러나 그는 257년 정책을 바꾸었는데, 그 이유는 물론 시리아 지방 안디옥까지 밀어 닥쳤던 페르시아 제국에도 그 부분적인 이유가 있었던 것으로 보인다. 그리스도인들이 공개적인 모임을 갖는 것과 이들의 묘지에의 출입을 금지하는 칙령이 발표된다. 몇몇 학자들의 이론에 의하면, 바티칸 언덕과 오스티안 가도에 있던 베드로와 바울의 유물들도 바로 이때쯤 현재 아키안 가도 상에 서 있는 성 세바스챤(St. Sebastian) 교회가 서 있는 아드 카타쿰바스(동굴 근처라는 의미, Ad Catacumbas)라는 곳으로 일시 안전을 위해 이장되었던 것으로 보인다[7](바로 이곳이 중세까지 알려진 유일한 초대교회의 공동묘지이므로, 처음에는 이러한 묘지들을 가리키다가 그 후는 16세기 이후에 발견된 다른 초기 기독교의 묘지를 가리키는 일반적인 명칭으로 쓰인 "카타코움"

---

7) 제14장 마지막 부분을 보라. 또한 토인비(J. M. C. Toynbee)와 퍼킨스(J. Ward Perkins), *The Shrine of St. Peter and the Vatican Excavations* (1956), 167ff., 그리고 가장 뛰어난 논문으로는 챠드윅(H. Chadwick),"St. Peter and St. Paul in Rome: The Problem of the Memoria Apostolorum and Catacumbas," *in the Journal of Theological Studies*, April 1957, 30ff.

<Catacombs>이라는 이름도 바로 이 아드 카타쿰바스에서 유래된 것으로 짐작된다).

258년에는 기독교에 대한 처벌을 성문화하는 칙령이 발표된다. 성직자들은 유죄판결을 받는 경우 사형에 처해졌다. 원로원 의원들과 귀족들은 그들의 직위를 박탈당하였다. 귀족 출신의 부인들은 재산을 몰수당하고 유배된다. 황실에서 일하던 사무원들과 종복들은 황실 직유지의 강제노동 수용소로 보내졌다. 바로 이때의 칙령에 의해 로마 감독이던 식스투스 2세(Xystus II)와 카르타고 감독 키프리안이 처형된다. 알렉산드리아의 디오니시우스는 이미 경험한 바와 같이 이집트 농부들의 손에 의해 구출되어 먼 곳으로 피신하였다.

발레리안은 259년의 동방 원정 중 페르시아에게 생포된다. 페르시아인들은 마르모라(Marmora) 해에까지 진입하였으므로, 제국 동부 지방은 큰 위기에 직면하게 된다. 동시에 고트족들은 로마인들이 동부 지방에서 위기에 처한 것을 기화로 다뉴브 강을 건너 동부 국경을 건너 침입하였으며, 다른 야만민족들도 라인 강을 건너 제국 영토를 유린하였다. 그러나 그 후 일련의 황제들은 총력을 다해 국경 지방을 수복하는 데 성공하였다. 디오클레티안(Diocletian)이 285년에 즉위할 때 제국 내에는 안정이 수립된다.

발레리안의 패전 이후 수 년 동안은 제국의 입장에서는 큰 위기를 당한 것이었으나, 교회로 볼 때 오랜만에 40년 이상의 평화를 맛볼 수 있다. 발레리안의 아들로서 그 뒤를 이은 갈리에누스(Gallienus)는 발레리안의 반 기독교적 칙령들을 철회시키고, 그리스도인들에 대한 학대 행위를 금지시켰으며, 몰수되었던 묘지 자리를 다시 돌려주었다. 아우렐리안(Aurelian, 270~275) 황제는 제국 내의 모든 종교를 단일신적인 태양신에로 통일시킬 계획을 가지고 있었는데, 이러한 태양숭배는 시리아 지방의 팔마이라(Palmyra)로부터 시작된 것이다. 이 계획이 실현되었다면 그리스도교도들과 제국 사이에는 다시 한 번 큰 충돌이 생겼을 것이다. 그러나 아우렐리안의 죽음으로 인해 이 계획은 좌절되고 말았다. 그런데 아우렐리안의 재위는 특히 기독교 측에서 종교적 교리 문제에 관한 분쟁을 세속 정부에 그 해결을 항소했다는 점에서 중요한 의미를 가진다. 안디옥 감옥이던 사모사타의 바울(Paul of Samosata)은 268년 교회 회의에 의해 이단으로 정죄된 후 그 직책이 박탈당하였는데, 바울은 그 후임자에게 그 자리를 내어주기를 거부하고 있다. 이때 안디옥이 팔마이라 왕국에 부속되어 있었는데, 이곳의 통치자 제노비아(Zenobia)는 바울을 존경하고 추종하는 자였다. 이 때문에 바울을 축출시키는 것이 불가능하였다. 그런데 273년 아우렐리안이 제노비아를 격퇴하고 안디옥을 다시 제국 영토에 부속시켰을 때 양측은 모두 그에게 이 문제의 해결을 호소하였다. 아우렐리안은 교회 재산을 로마 감독에 의해 인정을 받는 편 - 즉 정통 교리를 추종하는 쪽 - 에 넘겨주도록 명하였다.

제3세기 말 그리스도인들이 비교적 평안을 누리게 됨으로써, 그 이전에 일찍이 볼 수 없었던 속도로 교인들의 숫자가 증가하였다. 당시의 총인구에 비해 그리스도인들의 비율이 얼마나 되었는지는 확실히 알 수 없으나, 제국 전체로 볼 때 상당히 강력한 소수였던 것만은 분명하며, 일부 지방에서는 오히려 다수를 점하는 곳도 있다. 이들은 특히 중류층에서 가장 큰 영향력을 발휘하고 있었으며, 제국 최상부 귀족들 가운데도 기독교의 영향을 받은 예가 허다하였다. 디오클레티안 자신의 아내와 딸들도 세례를 받았는지는 확실치 않으나 기독교 신앙을 고백하고 있다. 그러나 보수적인 로마의 애국자들은 아직도 기독교를 제국의 안위에 대한 위협으로 간주하였다.

계속되는 내분과 외부에의 침략으로부터 시달리고 있던 제국의 통수권을 이어받은 디오클레티안은 당시의 상황을 충족시키기 위한 방법으로 제국의 행정조직을 완전히 다시 구성하고자 하였다. 그는 행정적 이유로써 제국을 양분하였다. 그리하여 각각 황제(Senior Emperor, 아구스도<Augustus>라는 칭호를 가짐)와 부황제(가이사<Cæsar>라는 칭호를 가짐)에 의해 통치되도록 하였다. 이 두 황제들도 자기들의 직속 통치구를 가지고 있었으므로, 제국의 영토는 사분된 것이나 다름없었다. 디오클레티안 자신은 동부 제국을 관할하였으며, 부황제로는 사위였던 갈레리우스(Galerius)를 임명하였다. 그 후 제국의 통치는 같은 일리리아(Illyria) 출신이던 막시미안(Maximian)에게 맡기었는데, 부황제는 콘스탄티누스(Constantius)였다. 최대한의 행정 능률을 올릴 방법을 따라 모든 조직이 재정비된다. 디오클레티안이 살아있는 동안은 이 방법이 효과적으로 운용되었는데, 비록 이론상으로는 아닐지라도 그가 전제국을 통치하는 주도권을 갖고 있었기 때문이다. 그가 305년 퇴위한 후로는 4명의 황제들이 헤게모니 쟁탈전을 벌이기 시작한다.

디오클레티안의 통치가 시작된지 거의 20년이 지난 후에 반기독교적인 정치가 나타나기 시작한다. 실제 핍박이 시작된 것은 303년이었는데, 이는 주로 갈레리아의 영향력 때문이다. 지난 수 십 년간 계속된 기독교의 성장은, 이를 곧 중지시키거나 제거하지 않으면 앞으로는 다시는 그러한 기회가 없을 것이라는 인상을 주게 된다. 이 때가 가장 결정적인 시기로 생각되었던 것이다. 또한 제국의 안위를 걱정하던 많은 영향력 있는 인사들도 바로 그 때가 결정적 시기라고 믿고 있다. 또한 당시에는 네오플라톤주의적인 용어를 사용하는 옛 국교의 부활이 새로운 형태로 전개되고 있었는데, 이를 추종하는 자들은 기독교를 이 둘 중에 어느 하나가 죽어야만 하는 숙적으로 생각하였다. 또한 동부 국경에서는 계속 분쟁이 있었으며, 이 지방에 거주하는 그리스도인들의 충성심이 의심되고 있다. 특히, 이 국경에 바로 인접한 아르메니아(Armenia)왕국이 공식적으로 기독교를 국교로 채택함으로써 이러한 우려는 더욱 더 깊어져갔다.

새로운 박해는 303년 교회 건물들과 성경책들의 파괴를 명령하는 칙령이 발표됨으로써 정식으로 시작된다. 성경책의 파괴는 새로운 조항이었는데, 이는 주전 2세기경 유대교를 파괴하고자 기도하였던 안티오쿠스 에피파네스의 조처를 상기시킨다. 이 칙령이 내린 직후 황궁에 누군가 방화하였다. 사람들은 흔히 이것을 그리스도인들의 소행으로서 생각하였는데, 사실은 이를 통해 디오클레티안의 마음을 강하게 움직이고자 했던 갈레리우스의 소행으로 볼 수 있는 증거들이 남아 있기도 하다. 어쨌든 디오클레티안 자신은 이것을 그리스도인들의 소행으로 간주하였으며, 보다 핍박을 강화할 것으로 마음먹었다. 이에 따라 두 번째 칙령을 내려 성직자들을 체포하도록 명령하였다. 다음 해(304년)에는 다시 칙령을 내려 모든 그리스도인들은 국교가 규정하는 신들에게 제물을 바칠 것이며, 그렇지 않은 경우에는 사형에 처할 것을 명령하였다. 이는 약 50년 전에 내려졌던 네시우스(Decius)의 칙령의 반복인 것이다. 이에 따라 디오클레티안의 기독교인 아내와 딸도 제물을 바쳐야만했다 (그의 딸은 곧 갈렐리우스의 아내였다).

약 50년 전의 핍박 때와 마찬가지로 이교도들이 기독교인 이웃들을 보호하고자 하는 경향이 계속되었을 뿐만 아니라 공공재산을 맡고 있는 관리들마저도 이에 불응하는 그리스도인들을 모르는 척하는 경우가 많이 있다. 군중들이 줄을 서서 우상들에게 향불을 피울 때 이를 감시하는 관리는 누군가가 향불을 피우지 않고 지나가더라도 딴 곳을 쳐다보고 서 있는 경우가 비일비재하였다. 만약 누군가 열렬한 기독교 신도가 있어서 대중들 앞에서 이러한 우상숭배를 반대하는 열변을 토하고자 하면, 관리들은 병사들을 시켜 그를 때려 눕혀 사람들이 보이지 않는 곳으로 데리고 가 풀어주는 경우도 있다. 이때의 핍박은 각 지방의 상황에 따라 그 혹심한 정도가 많이 달랐다. 그 후 제국의 서부에서는 핍박이 심하지 않았는데, 특히 콘스탄티누스가 가이사로서 통치하고 있던 고올(Gaul)과 브리튼(Britain) 지방에서는 거의 아무런 박해를 받지 않았던 것으로 보인다. 이집트와 팔레스타인 지방의 박해가 가장 심하였다. 특히, 이곳의 박해는 그 정도와 기간에 있어서 그 이전의 어떤 박해보다도 심했다고 볼 수 있다. 305년 디오클레티안이 폐위하고, 갈레리우스가 제국 동부의 아구스도로서 위를 계승한 뒤에는 상황이 더욱 더 악화된다. 갈레리우스의 부황제로서는 그와 같은 생각을 가지고 있던 생질 막시민(Xaximin)이 임명된다. 305년부터 311년까지 계속된 이때의 끔찍한 박해는 당시의 저술가들에 의해 상세하게 기록되어 내려온다. 유세비우스(Eusebius)는 당시의 상황을 사실적으로 묘사하였으며, 락탄티우스(Lactantius)는 웅변적으로 표현한다. 150년 전의 박해 때와 마찬가지로 많은 사람이 공포를 이기지 못해 신앙을 저버리거나 형벌을 피하기 위하여 여러 가지 종류의 타협을 시도하였다.

그러나 비록 박해가 심하기는 하였는데 제국 전체에 걸쳐서 행해진 것은 아니었으며, 모든 그리스도인들의 신앙을 약화 포기시킬 정도로 장기간 계속된 것도 아니었다. 사실은 오히려 박해가 큰 성과를 거두지 못하리라는 증거들이 점점 더 명백하게 나타나기 시작한다. 갈레리우스 자신도 311년 사망하기 전에 모든 반기독교적 법률들을 철회시키는 칙령들을 발표하였다. 그의 동료이자 후계자였던 막시민 2세(Maximin II)는 제국 영내에 이교를 수행하기 위해 또 다른 종류의 반 기독교적 운동을 그 후 2년 동안 더 계속하였다. 그는 특히 기독교를 멸시의 대상으로 만들기 위한 선전술을 감행함으로써 이 계획들을 진행시켰다. 그 선전술의 일부는 흔히 『빌라도행전』(Acts of Pilate)이라고 명명된 작품을 유포시키는 것이었는데, 이 책은 기독교의 기원을 매우 지저분하게 묘사한 것이다. 이 행전은 모든 학생들에게 읽히고 배우도록 되어 있다. 이미 당시 유세비우스가 지적하였듯이 이 책은 서투른 날조로 가득차 있다. 여러 가지 오류를 지적할 수 있는 가운데, 특히 이들은 연대마저도 부정확했었는데, 예를 들면 예수님의 죽음을 디베료 황제 재위 제 7년이라고 기록한 것이었다(주후 20년). 그러나 제1세기로부터 전해지는 권위 있는 기록들에 의하면, 빌라도는 디베료 황제 제12년에서야 유대 총독에 임명되었으며, 예수님은 디베료 황제 재위 15년 이전에는 그의 공식적인 사역을 시작조차 하지 않았던 것이다.

그러나 막시민은 아드리아노플(Adrianople)에서 리키니우스(Licinius)에 의해 참패함으로써 제국 동부의 아구스도 자리에서 축출된다. 한편, 콘스탄티누스의 아들 콘스탄틴(Constantine)은 312년 로마 근교 밀비아 다리(Milvian Bridge)에서 승리를 거두고 서부에서의 패권을 차지하게 된다. 콘스탄틴은 즉시 빼앗긴 교회의 재산을 그리스도인들에게 돌려주었다. 다음 해(313년) 그와 리키니우스는 밀란(Milan)에서 모임을 갖고 전체 제국 내의 모든 종교들에 대한 완전한 자유를 승인하기로 합의하였다. 이에 따라 제국 동서를 막론하고 유배되었던 기독교 지도자들이 다시 돌아올 수 있게 된다. 교회 재산은 복구되었으며, 건물들도 재건된다. 기독교와 로마 이교 사이의 마지막 결전은 가장 치열한 것이다. 그러나 기독교는 결국 이 전쟁에서도 승리를 거두었던 것이다.

제18장

기독교인들의 생활과 예배

콘스탄틴의 즉위시까지 벌어진 교회의 외형적 역사를 기록했으므로, 이제는 그 기초 위에 교회 자체의 변화된 역사를 채워 넣어야 할 때가 온 것 같다.

우리들은 제2세기 후반부에 관해 전반부에 비해 더 많은 정보를 갖고 있다. 누가의 역사 기록이 멈춰진 주후 60년부터 180년까지 기독교의 계속적인 발전에 관한 기록을 가지고 있지 못하다. 유세비우스가 4세기 초 『교회사』(*Ecclesiastical History*)를 집필하였을 때 이 시기에 대한 정확한 기록을 위해 최선을 다했던 것은 사실이다. 그러나 그것마저도 주후 180년 이전의 1세기보다는 180년 이후 자기 생존 당시까지의 사건들에 관해 더욱 정확한 정보를 가지고 있다. 따라서 그때의 사정을 이해하기 위해서는 여러 분야, 각종 출처로부터 정보를 수집하여 이를 종합하는 수밖에 없다. 그런데 제2세기 말, 즉 우리가 보다 더 명백하게 그 사정을 짐작할 수 있는 시기에 이르면, 당시 기독교 공동체들이 문명세계 전반에 걸쳐 독립적으로 존재하고 있었던 것이 아니라 우리가 흔히 보편 교회(Church Catholic)라고 부를 수 있는 하나의 전반적인 조직체(ecumenical body)의 개념이 여러 공동체들 가운데 점차 확연히 나타나는 것을 볼 수 있다. 이 보편 교회는 다른 기독교의 이름을 지칭하였던 여러 그룹들로부터 구별될 수 있는 여러 표징들을 갖고 있다. 이 표징들 가운데 가장 중요한 것은 "신앙률"(rule of faith)의 소유라고 보아야 할 것이다. 어느 지방에서는 논란의 대상이 되고 있던 문제들이 또 다른 지방에서는 올바른 것으로서 당연히 받아들여져서 신도들에게 교육되는 사례가 많았기 때문에 이러한 문제에 대처한 보편 교회(Church Catholic)는 진리라고 생각되는 신조들을 세밀하게 정의해 나간 것을 볼 수 있다. 이에 따라 제2세기 말엽에는 보편 교회(Catholic Church), 보편 정경(Catholic Canon), 보편 신앙(Catholic Faith)의 존재를 인정할 수 있는 것이다.

이미 신약 시대 때부터 지중해 동부 세계 전역에 자리잡은 그리스도인들을 서로 연결시키던 가장 중요한 통로 중의 하나는 상호간의 원조와 도움임을 확실히 알 수 있다. 역사상 두 번째의 기독교 공동체가 수립된지 얼마 안 되어 주로 이방 그리스도인들이 모였던 안디옥교회-이들은 팔레스타인에 큰 흉년이 들었을 때, 완전히 유대인 그리스도인들로 구성되어 있던 예루살렘교회에 구제 금품을 보냄으로써 성도들의 애정에 기초한 의무감을 자각하고 있음을 보여주었다.[1]

이러한 구제 행위는 처음부터 개교회 활동에서도 가장 중요한 위치를 차지하던 것이다. 예루살렘교회 초기의 기록을 보더라도, 보다 부유한 신도들이 그 재산을 함께 모아서 필요한 자들에게 분배한 것을 명백히 알 수 있다. 처음부터 자연스럽게 이 교회를 지도해 나갔던 사도들 외에 예루살렘교회에서 처음 뽑은 교회의 직원들은 바로 이러한 분배를 담당하기 위한 7명의 집사의 지명이다.[2]

바로 이와 동일한 개교회 성도 간의 상호 책임감이 교회들 사이의 상호 책임의식으로 발전된다. 그로부터 몇 년 후 바울은 예루살렘의 빈곤을 구제하기 위하여, 그가 에게 해 양쪽에 개척하였던 대규모의 구제망을 조직함으로써 안디옥교회의 본을 따르게 된다.[3]

개교회들은 각각 스스로의 감독들이나 장로들에 의해서 처리되었으므로 행정적으로는 독립하고 있었으나, 이러한 의미에서의 상호 책임의식은 계속 살아남아 있어서 이들로 하여금 그들이 그리스도 안에서 가지고 있는 통일

---

1) 행 11:29f; 12:25, 또한 제8장을 보라.
2) 행 6:1ff, 제 6장을 보라.
3) 고전 16:1ff, 고후 8:1ff, 롬 15:25ff.

성과 유대성을 망각하지 않도록 하였다.

신약 내에 포함된 그 후의 기록들을 보면, 이방인 교회들 내에 조직되었던 또 다른 구제 기구를 볼 수 있었는데, 곧 과부들의 모임이다. 도움을 받을 가족들이나 친지가 없던 과부들을 이들이 속한 교회에서 돌보아야 하는 일은 명백한 일이다. 이들 과부들을 위해 구제 조처를 세울 뿐만 아니라 또한 다른 이들에게 구제를 행하기 위한 교회의 직원으로서 고용하는 일이 보다 바람직하게 생각된다. 이들은 교회에 의해 부양되고 있으므로, 공기도회의 참석과 다른 이들에 대해 구제를 베푸는데 열심일 것이 확실하였다. 이러한 과부들의 모임에 관한 언급이 신약 목회서신서 중 하나에 포함되어 있다.[4] 즉 디모데전서 5장에서는 대상이 되는 과부의 자격과 의무가 기록되어 있다. 모든 과부들이 다 이에 속한 것이 아니었으므로 특별한 과부들의 모임을 염두에 두고 있음이 분명하다. 대상이 되는 과부들의 요건으로서는 사실 궁핍한 상태에 있을 것(특히 그녀를 부양할 가족이나 친지가 없는 사정일 것), 60세 이상일 것, 이미 그 사랑과 친절에 관해 좋은 명망을 가지고 있을 것, 단지 한 번 결혼한 일이 있을 것 등이다.

시리아 지방 사모사타 출신이었던 루시안(Lucian)이라는 이름의 그리스 출신의 풍자 작가는 제2세기경 프로테우스 페레그리누스(Proteus Peregrinus)라는 사기꾼의 행적을 통해 그리스도인들의 우둔함을(자기 생각으로는) 희극적으로 묘사하고 있다. 프로테우스는 금전적인 목적으로 한동안 기독교에 귀의한 척하였다. 이때 그는 감옥에 투옥된 일이 있었는데, 루시안에 의하면, 그리스도인들이 "그를 석방하기 위하여 만방으로 모든 노력을 다하였다. 이것이 불가능하게 되자, 이들은 지칠 줄 모르는 헌신과 근면으로써 프로테우스가 원하는 모든 물자들을 조달하기에 최선을 다하였다. 이른 새벽부터 늙은 여인들("과부들")과 고아들이 감옥 문밖에서 대기하고 있는 것을 볼 수 있다. 또한 교회 직원들은 간수들을 매수하여 그와 함께 감옥 안에서 밤을 지새우기도 하였다. 밖으로부터 음식물이 들어왔으며, 또한 그 안에서 자기들의 예배의식을 행하기도 하였다."[5]

---

4) 목회 서신서들은 디모데와 디도에게 보낸 서신들이다.
5) 루시안(Lucian), *Death of Peregrinus*, 12. 베카니(G. Bagnani), "Peregrinus Proteus and the Christians," *Historia* iv(1955), 107ff를 보라.

이는 물론 가공적인 풍자 소설에 나타난 모습에 지나지 않는다. 그러나 당시 실제 그리스도인들의 생활을 상당히 정확히 묘사한 것이라 볼 수가 있다. 실제로 루시안은 특히 안디옥의 이그나티우스가 115년 로마의 원형 경기장에서 순교하기 위해 시리아 지방으로부터 압송되어 가는 길에 머물렀던 각 지방에서 볼 수 있었던 그리스도인들의 모습을 염두에 두고 있었는지도 모른다. 바로 이러한 모습들은 여러 가지 이유로 감옥에 갇혀 있거나, 특히 신앙을 위해 고난을 받고 있는 자들에게 그리스도인들이 개인적인 위험을 무릅쓰고 감행했던 각종 노력들을 포함하고 있는 그 이후의 기록들에서 계속 반복되고 있다.

루시안이 과부들과 함께 고아들을 언급하고 있는 것은 우리들에게 고아들 역시 사람들의 구제가 필요했던 자들이었음을 상기시킨다. 교회들은 신도들의 고아들을 돌보았을 뿐만 아니라 또한 당시 부모들이 원치 않아서 유기했던 유아들까지 돌보았다. 유아 유기는 당시 그라코굴망에서 흔히 볼 수 있는 그리스와 로마 연극의 소재가 되기도 하였다. 왜냐하면 이러한 어린이들은 직업적인 장사꾼들이 주어다가 노예나 혹은 창기로 팔아넘기는 것이 보통이었기 때문이다. 당시 일반인들이 이 문제에 대해 얼마나 무감각했는가 하는 것은 1세기경 알렉산드리아 지방에 있던 이집트인 노동자가 악시린쿠스(Oxyrhynchus)에 살던 아내에게 보낸 편지를 보면 알 수 있다. 이 자는 진정 아내를 걱정하는 말투로써 당시 임신 중이었던 태아에 대해 다음과 같이 지시하고 있다. "만약 사내 아이면 계속 기르도록 하고, 만약 계집 아이면 내버리도록 하시오."[6] 디오그네투스 편지(Epistle to Diognetus) 기자는 그리스도인들이 특히 자기들의 아이들을 버리는 일이 없음을 특기할 만한 사실로 기록하고 있다.[7]

이러한 구제의 문세에 있어서 특히 로마교회는 다른 교회의 모범이 된다. 이그나티우스는 로마교회 신도들에게 자기의 도착을 준비하도록 부탁하는 편지로 바로 이 점에서 특히 이들을 찬양하였다. 그 후 반세기 이상이 지난 후, 고린도 감독 디오니시우스(Dionysius) 역시 구제 문제에 뛰어난 로마교회를 찬양하였다. 그는 편지하기를, "그대들은 처음부터 여러 가지 방면으로

---

6) 다이스만(Deissman), *Light from the Ancient East*, 167ff.
7) 제17장을 보라.

모든 도시들에 소재한 많은 교회들에 구호 금품을 보냄으로써 이들의 빈궁을 도와주었고, 또한 광산에서(강제노동을 하고 있는) 형제들에게 필요한 물품들을 공급하였습니다. 초기부터 계속 베풀었던 이런 선물들을 통하여 로마인들 고대의 풍습을 계속 유지한 당신들이야말로 진정한 로마인들입니다. 그대들의 축복을 받은 감독 소테르(Soter)는 이러한 선행을 계속하였을 뿐 아니라 그 범위를 더 넓혀 성도들에게 더욱 너그러운 은혜를 베풀었고 마치 자애로운 아버지가 자녀들을 돌보듯 다른 지방에서 온 형제들에게 복된 말씀으로 용기를 주었습니다."[8] 교회들로부터 이러한 칭찬을 받는 교회라면 그의 우위를 주장하기 위한 별개의 교리적인 근거를 필요로 하지 않았을 것이다.

　병자를 돌보는 기독교 전통도 역시 그 초기까지 거슬러 올라간다. 제 3세기 중반 알렉산드리아 시에 전염병이 창궐하였을 때, 이 도시의 감독 디오니시우스는 과연 그리스도인들이 얼마나 정성껏 병자들을 돌보았는가를 묘사하고 있다. 당시 이교도들은 "그들 가운데 질병의 징조를 보이는 자들을 내쫓았을 뿐만 아니라 가장 가깝고 친근한 자들로부터도 도망하였다. 아직 채 숨이 끊어지지 않은 병자들을 시내로 내쫓았으며, 시체를 묻지도 않은 채 유기하였다."[9] 반면 그리스도인들은 병자들을 간호하다가 병균이 옮아 죽기까지 하면서도 이들을 돌보았다. 당시 당국의 적대행위에도 불구하고 기독교의 숫자가 증가한 사실을 추론해 볼 때 우리들은 이러한 기독교인의 행동이 이교도들에게 주었을 영향을 간과할 수 없겠다.

　개인들의 인간의 존엄성과 가치를 주장한 기독교의 신앙은 고대 문명 사회에서 필수로 받아들여지고 있던 노예제도에 관해서도 깊은 영향을 미쳤다. 노예들에게는 인간의 자격을 부여하지 않던 로마법에 비하여 볼 때, 또는 노예를 "살아 있는 도구"(living tool)로 정의하였던 아리스토텔레스의 철학과 대비시켜 볼 때 그리스도인들은 노예들을 자유인과 마찬가지로 "그리스도가 그를 위해서 죽은 당신의 형제"로서 평등하게 대우하였다. 바울이 주장한 바와 같이 신앙 안에서는 자유인이나 노예나 구분이 없었다. 신앙 공동체 내에서는 이러한 구별이 점차 사라져갔으며, 바울은 빌레몬의 이런 노예 오네시모(Onesimus)를 옛 주인에게 돌려보낼 때 그 의미하는 바를 다음과 같이 표현한

---

8) 유세비우스(Eusebius), *Hist. Eccl.*, IV, 23:10.
9) *Ibid.*, VII, 22:10.

다. "더 이상 노예로서가 아니라 당신의 친애하는 형제로서 받아들이시라."

가혹한 박해가 발생하였을 때, 노예는 로마의 자유시민과 다름없이 재판에 임하고, 신앙을 위해 용기있게 고난을 받을 수 있음을 과시하였다. 177년 론 계곡에서 일어났던 참혹한 박해 가운데 여노예 블렌디나와 여주인은 함께 핍박을 받았다. 그런데 당시의 박해 가운데 특히 이 여자 노예가 영웅적인 위치를 차지하였는데, 그녀의 친구와 원수들은 그녀를 가리켜 기독교의 경주에서 "뛰어난 경주자"로서 기억하였다. 또한 202년 카르타고에서 자유시민 퍼페투아가 그녀의 노예 셀리키타스와 함께 나란히 손을 잡고 경기장에 나섬으로써 관중들에게 깊은 인상을 남겼다. 주인과 노예는 같은 여성으로서 같은 신앙으로 같은 죽음을 맛보았다. 그렇다면 그리스도인들에게는 노예와 자유인 사이에 무슨 본질적인 차이가 있단 말인가?

따라서 신앙과 영적 상태가 뛰어난 노예는 기독교인의 지도층 속에 포함될 수 있었으며, 자유인 출신의 성도들은 겸손하게 이들의 지시와 통솔에 순복하였다. 제2세기 중반 경 로마 감독이던 파이우스(Pius)는 스스로 노예가 아니었으면 최소한 노예의 형제였다.[10] 그리고 제 3세기 초, 같은 교회의 감독이었던 칼리스투스(Callistus)는 원래 노예 출신이다.

로마법은 노예들 사이의 결혼을 합법적인 것으로 인정하지 않았으나, 교인들간에는 노예들 사이의 결혼도 자유인들 사이의 결혼과 마찬가지로 성스러운 것으로 간주된다. 로마법으로 볼 때 생각조차 할 수 없었던 자유인 출신의 남성들과 노예 출신의 여성, 나아가서는 자유인 출신의 여성과 노예 출신의 남성끼리의 결혼까지도 교회는 진정한 성도간의 결혼으로 간주하였다.

제국 내에 여러 지방에서 초대 그리스도인들이 어떠한 방식으로 집회를 가졌는가에 관한 재미있는 기록들이 전해내려 오고 있다. 이 문제에 관해 플리니가 비두니아 지방에서 얻었던 정보들에 관하여는 이미 살펴본 바가 있다. 거의 같은 시대(제2세기 초)의 기록을 보면 시리아 일대에서의 교회들의 모습을 반영하고 있다. 이 기록의 완전한 명칭은 『열두 사도들을 통해 주어진 주님의 교훈』(The Teaching of the Lord through the twelve Apostles to the Gentiles, 바울이 이 중에서 생략된 것을 보면 아마 유대 기독교인 저작으로 보인다)이며, 이 작품은 보다 간단하게 『디다케』(Didache)라고 불리웠는데, 곧 헬라어

---

10) Hermas, 제19장을 보라.

로 "교훈"이라는 의미이다. 『디다케』는 우선 "생명의 길"과 "죽음의 길"에 관해 기록한 후 즉시 시리아와 팔레스타인 지방에서 행해졌던 교회의 운영에 관한 지시를 기록하고 있다.

세례(baptism)에 관하여는 다음과 같이 행하도록 하라. 이미 전술한 모든 것(즉 이 두 가지 길에 관한 윤리적인 권면)을 모두 암송하도록 한 후, 흐르는 물에 "성부와 성자와 성령의 이름으로" 세례를 주라. 만약 흐르는 물이 없으면 다른 물에서도 할 수 있으며, 찬물에서 할 수 없거든 따뜻한 물을 사용해도 상관없다. 그러나 이러한 물을 충분히 구할 수 없거든 "성부와 성자와 성령의 이름으로" 머리에 세 번 물을 붓도록 한다. 그러나 세례를 받기 전 세례 주는 이와 세례 받는 자들은 금식하도록 하고, 할 수 있으면 다른 이들도 금식에 참가하도록 한다. 특히, 세례 지원자들은 세례 받기 전 하루, 혹은 이틀 동안 반드시 금식시킨다.

여기서 우리들은 특히 합리성을 추구하는 정신을 볼 수 있다. 세례의 진정한 의미가 형식보다 훨씬 더 중요하다는 것이다. 흐르는 물이 가장 좋다(아마도 예수님이 요단 강에서 세례를 받으셨기 때문일까?). 그러나 흐르지 않는 물로 대신할 수도 있다. 이들조차 부족할 경우 관수식(물을 붓는것, affusion)도 역시 합법적으로 받아들여진다. 세례식 이전의 금식을 언급한데 이어 곧 일반적인 금식의 문제를 다루고 있다.

그대들은 월요일과 목요일에 금식하는 외식자들과 같이 하지 말지어다. 그대들의 금식은 수요일과 금요일에 반드시 할 일이다. 또한 외식자들과 같이 하지 말고, 주님이 그 복음서에서 명령하신 것 같이 기도하도록 하라.

그 뒤에는 마태복음에 나타난 주기도문이 거의 원문대로 인용되어 있고, 그 말미에 다음과 같은 의식 조문이 들어 있다.

"그 권세와 영광이 영원히 있사옵니다"라고 하루 세 번씩 이렇게 기도하도록 하라.

금식에 관한 규칙은 그 소박함에서 특히 우리들의 흥미를 끌고 있다. 예수님께서 그 제자들에게 "외식자들"을 본받지 말도록 명령한 것을 이들은[11] 유대인들의 금식일들에 금식하는 대신 다른 두 날을 정하여 금식하는 것으로 해석하고 있다.[12] (그러나 비유 가운데 나타나는 바리새인과 마찬가지로 계속 "나는 한 주일에 두 번 금식한다"라고 말할 수 있지 않는가?). 또한 주기도문이 한 두 가지 사소한 예외를 제외하고는 마태복음에 나타난 형식을 그대로 답습하고 있다는 것은 이 저술이 마태복음이 처음 유포된 지역으로부터 비롯된 것임을 시사한 것이라 하겠다. 또한 『디다케』가 지금까지 남아있는 저술들 가운데서는 마태복음을 제외하고는 세례식에서 삼위일체의 이름을 채용하도록 규정하고 있는 최초의 기록이라는 사실과도 부합하고 있는 것이다. 그러나 『디다케』는 성찬식에 있어서 빵을 나누기 전, 잔을 위한 감사를 규정하고 있다는 점에서 마태복음의 형식과는 상이한 모습을 보여주고 있다.

성찬식에 관하여는 다음과 같이 감사드리도록 하라.[13] 먼저 잔을 위하여 "우리들의 아버지시여, 당신의 종 예수님을 통하여 우리들에게 알려주신 당신의 종 다윗의 성스러운 종으로 인하여 감사드리나이다. 영광이 당신에게 영원히 있사옵니다." 그 후, 떡을 위하여 "당신의 종 예수님을 위하여 우리에게 알려주신 생명과 지식을 위하여 감사하나이다. 영광이 당신에게 영원히 함께 있나이다. 이 부서진 떡들이 산들 가운데 흩어졌으나, 다시 하나가 되기 위하여 한데 모이듯이 당신의 교회가 이 세상 끝으로부터 하나로 모여 당신의 왕국을 이루게 하소서. 예수 그리스도를 통하여 영광과 권세가 당신에게 영원히 있나이다." 그러나 주님의 이름으로 세례를 받은 자 외에는 이 성찬을 아무도 먹거나 마시지 못하도록 하라. 왜냐하면 그것이 주님께서 "거룩한 것을 개에게 주지 말라"고 말씀하신 진정한 의미이기 때문이다.

그대들이 만족한 후에는 다음과 같이 감사를 드리도록 하라. "거룩하신 아버지여, 우리들의 가슴들 가운데 임하게 하신 당신의 거룩한 이름을 위하여, 또한 당신의 거룩한 종 예수님을 통하여 우리들에게 알게 하신 신앙과

---
11) 마 6:16.
12) 이 장 마지막의 특주를 보라.
13) 헬라어로 감사를 표시하는 동사는 유카리스테오(eucharisteô)이다. 이 때문에 성만찬은 유카리스트(eucharistia)라 불리우는데, 이는 곧 "감사"(thanksgiving)라는 의미이다.

지식과 영생을 인하여 당신에게 감사드리옵나이다. 영광이 당신께 영원히 있사옵나이다. 전능하신 주님, 당신은 당신의 이름을 위하여 만물을 창조하시고, 인간이 즐기고 당신에게 감사할 수 있도록 먹고 마실 것을 베푸셨나이다. 특히 우리들에게는 당신의 종을 통하여 영적인 음식과 음료, 그리고 영생을 베푸셨나이다. 우리는 그 무엇보다도 당신이 전능하심을 인하여 감사하옵나이다. 영광이 영원히 당신에게 있사옵나이다. 오! 주여, 당신의 교회를 기억하소서. 당신께서 거룩하게 하신 교회를 기억하시고, 이를 모든 악으로부터 구원하시고, 사랑 안에서 완전하게 하소서. 이를 세계 사방으로부터 한데 모아 당신께서 이를 위하여 준비하신 당신의 왕국을 이루게 하소서. 권세와 영광이 영원히 당신께 있사옵나이다. 이 세상은 끝이 나고 당신의 은혜가 임하게 하소서. 다윗의 하나님께 호산나! 누구든지 거룩하면 나오라. 만약 누구든지 그렇지 못하면 회개하라. 마라나타(Maranatha) 아멘."[14]

이러한 초기 예배의식 가운데, 성찬 예품들을 위해 올려진 감사의 특이한 순서는 가장 주목할 만한 일이다. 실제로 신약성경의 한 두 군데는, 처음부터 이 순서가 전혀 근거가 없는 것이 아니라는 암시가 주어져 있다. 또한 성찬식에 대한 종말론적인 강조의 언급은 흥미로운 것이다. 이들은 기도문 가운데, "이 세상이 지나가고 당신의 은혜가 임하게 하소서"라는 부분과 그 뒤를 이은 고대 아람어로 된 기원문 마라나타, "우리의 주여 오소서"라는 부분에서 살펴볼 수 있다.[15] 예수님께서 하나님 나라의 완성을 예시하시는 성만찬을 처음 세우신 기록과[16] 바울이 같은 사건에 관하여 떡을 먹고 포도주를 마시는데 관해 그리스도인들이 "그가 다시 오실 때까지 주님의 죽음을 선포하는 것"이라고 첨가한 데에서도 같은 종말론적인 언급을 살펴볼 수가 있다.[17]

교회의 예배에서 가장 중요한 부분을 차지하였던 성만찬의 언어들과 형태에는 기독교 초기부터 일정한 양태가 나타나기 시작하였으며, 이는 각처에서 널리 재현된다. 이는 확고하게 고정된 형태는 아니었으며, 각 지방에 따라 상당한 정도의 차이가 있었으나, 이러한 차이는 어떤 기본적인 형태를 무

---

14) 이들은 *Didaché*, 7:1~10:6로부터 인용된 것이다.
15) 바울 역시 고전 16:22에서 같은 기원 문구를 사용하고 있다.
16) 마 26:29, 막 14:25, 눅 22:18, 특히 28~30.
17) 고전 11:26.

시한 것은 아니었다. 기본적인 형태는 오늘날까지도 여러 가지 예배 순서에서도 나타나고 있었는데 이야말로 진정한 사도들의 전통을 대변하는 것이라 할 수 있다.[18] 2세기 중반 로마교회에서 시행된 예배 순서에 관해서는 저스틴 마터의 제1변증서(The first Apoogy) 가운데 어느 정도 자세한 모습이 기록되어 있다. 그러나 저스틴은 당시 제국에 대항하여 기독교의 행실을 변론하고 있는데 주력하고 있었으므로, 그의 기록은 정확한 예배 모범서가 아니다. 그는 다음과 같이 세례식을 묘사하고 있다.

우리가 가르치고 선포하는 것을 믿고 확신하며 이에 따라 살기를 원하는 자들은 과거의 죄를 용서받기 위해 금식하며 기도하고 하나님께 간구하도록 교훈을 받고 있다. 그리고 우리는 그들과 함께 기도하고 금식한다. 그 후에는 이들을 물이 있는 곳으로 데려와서 우리 자신들이 중생했던 것과 마찬가지로 중생의 과정을 거치게 한다. 왜냐하면 이들은 성부 하나님과 전 우주의 주님이신 우리의 구세주 예수 그리스도와 성령의 이름 안에서 물로 씻음을 받기 때문이다.[19]

저스틴은 그 후 세례식의 교리를 설명한다. 그는 세례에 의한 중생을 의미하는 용어들을 쓰고 있는데, 저스틴은 원죄를 믿지 않았기 때문에 어떻게 진정한 의미에서 그 중생을 일관성 있게 사람들에게 설명할 수 있었는지는 답하기 힘들다. 아마도 그에게 있어서 이러한 표현은 조명(illumination)과 별 차이가 없었던 듯하다. 그는 세례의 씻음을 조명이라는 용어로 묘사하고 있다.[20]

---

18) 이 형태는 곧 우리 주님께서 성만찬을 처음 행하실 때의 과정들을 답습한 것이라 볼 수 있다. 그는 ① 빵과 포도주를 취하시고 ② 감사의 기도를 하신 후 ③ 빵을 떼시고 ④ 빵과 포도주를 나누시며, 그 중요성을 설명하셨다. 이에 관한 자세한 논문은 돔 그레고리 딕스(Dom Gregory Dix)의 *The Shape of the Liturgy* (1945)이다. 그러나 그의 이론들이 모두 설득력이 있는 것은 아니다.
19) 저스틴(Justin), *Apol.*, I, 61.
20) 이처럼 세례를 "개명"(Enlightenment)으로 묘사하는 것은 에베소서 5:14(이는 초기 세례식 때 행해지던 찬가의 일부로 보인다)과 히 6:4등 신약성경으로부터 비롯된 것인지도 모른다.

그 후 일련의 삽입구 뒤에 저스틴은 다음과 같이 계속한다.

이리하여 우리들의 교훈에 확신을 갖고 이를 따를 것을 고백한 사람을 세례로 씻은 후에는 형제들이 함께 모여서 우리들 자신과 "조명을 받은자"(illuminated)와 또한 모든 곳에 흩어져 사는 다른 사람을 위해 공동으로 기도하는 장소로 그를 데리고 간다. 기도의 내용은 우리가 이제 진리를 배웠는데 우리의 실제생활을 통해 훌륭한 시민으로서, 계율의 수행자로서 완전하며, 이를 통해 영원한 구원을 받을 수 있도록 간구하는 것이다. 이러한 우리들의 기도가 끝난 후에는 서로 입맞춤으로써 문안한다. 그 후 떡과 물을 섞은 포도주 한잔을 형제들 중 대표자가 가지고 와서 이들을 먹고 마시며, 성부와 성자와 성령의 이름으로 우주 아버지에게 찬양과 영광을 돌린다. 또한 이러한 것들을 그에게서 받기에 합당하다고 우리들을 인정하신데 대해 얼마 동안 감사를 올린다. 그가 기도와 감사를 마치면, 이 자리에 참석한 모든 이들은 "아멘"(Amen)이라고 말하는 것으로 동의를 표시한다… 그 후에는 우리가 집사라고 부르는 이들이 함께 참석한 사람들에게 떡 한 조각과 물에 섞은 포도주를 나누어준다. 이를 위해 다시 감사하고 여기 참석하지 못한 사람을 위해 떡과 물 섞은 포도주를 따로 남겨둔다.[21]

저스틴은 그 후 성만찬의 의미에 관해 좀 더 자세하게 설명하고 있다. 그 후는 그리스도인들이 매주 정기적으로 갖는 예배의 모습을 묘사하고 있는데, 성만찬에 관해 간단하나마 더 기술하고 있다.

일요일이라고 불리는 날에는 도시들이나 변경에 거주하는 이들이 한데 모이며, 시간이 허락하는 한 사도들의 회고록이나 선지자들의 저술을 낭독하게 된다. 낭독자가 중지한 후에는 대표자가 우리들에게 설교로써 이러한 선행들을 실제적으로 생활 가운데 실천할 것을 권면한다. 그 후 우리들은 모두 함께 일어나 기도하며, 이미 언급한 바와 같이 떡과 물 섞은 포도주를 내오게 되는데, 대표자가 역시 같은 방법으로 그 능력을 따라 기도와 감사를 드리고, 사람들은 "아멘"으로써 찬동의 뜻을 표시하게 된다. 그 후 각자

---

21) 저스틴, *Apol.*, I, 65.

들에게 떡과 포도주를 분배하며, 사람들은 이미 감사를 올린 떡과 포도주를 함께 나누고, 집사들은 참석하지 못한 사람들을 위해 일부를 따로 구별해 둔다. 그리고 생활이 부유하거나 또는 원하는 자들은 각자가 정성껏 헌금을 하는데, 이때 거두어진 헌금은 대표자가 맡아 가지고 있다가 고아와 과부들, 질병이나 기타 사정으로 어려움을 당하는 사람들, 감옥에 갇힌 이들, 다른 지방으로부터의 방문객들을 돌보게 된다-쉽게 말해서 그는 궁핍에 처한 모든 자들을 돌보는 것이다.[22]

저스틴은 물론 그의 변증(Apologie)의 대상으로 삼은 이교도 독자들이 알 수 있는 용어를 쓰기 위해 최선을 다하고 있다(그러나 설령, 이교도들이 그의 작품을 읽었다 하더라도 이들이 그리스도교도들의 예배에 관한 진정한 의미를 얼마나 파악했을지는 알 수 없는 일이다). 그런데 다행스럽게도 우리는 215년쯤경 로마교회의 성만찬 예배 때 쓰인 실제로 사용된 용어들을 포함하는 기록을 가지고 있다. 이 기록은 현재 힙폴리투스(Hippolytus)의 작품으로 보통 알려지고 있는 『사도들의 전통』(Apostolic Tradition)이라는 책이다. 만약 힙폴리투스가 진짜 저자가 아니라고 할지라도 여기 보존된 예배의식은 당시 로마 및 다른 교회들에서 실제 쓰였던 예배의식과 동일한 것으로 보인다. 특기할 만한 사실은 이 예배가 감독 자신에 의해서 수행되었다는 점이다.

 감독: 주님이 그대들과 함께 하시기를.
 답송: 그리고 또한 당신의 영혼과 함께 하시기를.
 감독: 그대들의 심정을 높이 들라.
 답송: 우리는 주의 전에 나아왔나이다.
 감독: 주님께 감사를 드립시다.
 답송: 그렇게 하는 것이 마땅하고 합당한 줄로 아나이다.
 감독: 오 하나님, 당신의 사랑하는 종 예수 그리스도를 통해 당신께 감사를 드리나이다. 그는 이 마지막 시대에 우리들의 구세주요, 증인자요, 당신의 기쁜 뜻의 전달자이시옵나이다.
 그는 당신으로부터 비롯된 말씀(logos)이시오니, 그를 통해 만물을 만드

---

[22] 저스틴, Apol., I, 67.

셨고, 당신께서는 이를 기뻐하셨나이다. 당신은 그를 천국으로부터 동정녀의 자궁에 보내셨는데, 그는 여기서 성육(incarnate)하시사, 성령과 동정녀에 의해 탄생하신 당신의 아들로 나타나셨나이다. 그는 당신의 기쁘신 뜻을 성취시키시고 당신을 위해 거룩한 자들을 얻으셨으며, 당신을 믿는 자들을 고통으로부터 구원하시기 위해, 그의 고난을 향해 손을 내미셨나이다. 죽음을 파괴하기 위해, 악마의 사슬을 부수기 위해, 그의 발 아래 지옥을 짓밟기 위해, 부활을 성취하기 위해 기꺼이 고난을 받으실 즈음, 그는 떡을 집고 당신께 감사를 드리고 말씀하셨나이다. "취하여 먹으라. 너희들은 이를 자주 나의 죽음의 기념으로 행하라" 따라서 저희들은 그의 죽음과 부활을 기억하며, 당신 앞에 떡과 잔을 가져와 당신께서 저희들을 당신 앞에 서게 하시며, 당신의 제사장으로서의 직분을 행하도록 허락하신 점을 인해 감사를 드리나이다. 간구하옵나니, 도처의 헌물 위에 성령을 보내시옵소서. 그들을 합쳐 하나되게 하시고, 이 성찬에 참여하는 모든 성도들이 성령으로 충만하며 신앙과 진리 가운데 더욱 강건하게 하시고, 저희들이 당신의 종 예수 그리스도를 통해 당신께 찬양과 영광을 돌리게 하소서. 그를 통하여 당신의 교회 안에서 당신께 영광과 존귀가 지금부터 영원까지 있으리이다. 아멘.[23]

힙폴리투스와 거의 같은 시기에 북아프리카의 터툴리안도 그 지방의 예배 의식이 로마나 동부와 거의 같은 형태로 진행되었다는 증거를 보여 주고 있다. 그가 그리스도인들의 예배에 관하여 나돌던 악의에 찬 소문을 반격하기 위해 전력을 다하고 있는 한 구절을 예로 들어본다.

우리들은 공통의 종교성과 공통의 생활 방식과 공통의 희망으로 맺어진 사람들이다. 이들은 하나님께 기도드리고 우리들의 정성을 다하여 그를 앙망하기 위해 모임을 갖는다… 우리들은 또한 황제들과 그의 각료들을 비롯한 모든 관리들과 세계의 안정과 평화, 종말의 자연을 위해서도 기도한다.

---

23) 코놀리(R. H. Connolly), *The So-called Egyptian Church Order and Derived Documents* (Cambridge, 1916), 175~194 ; 딕스, *The Apostolic Tradition of St. Hipolytus of Rome* (London, 1937).

우리들은 또한 하나님에 의해 주어진 성경을 읽기 위해 모임을 갖는다… 우리들은 또한 권면과 치리를 가지고 있다. 우리들의 대표자들은 금전에 의해서가 아니라 그들의 성품에 의해 사람들로부터 인정을 받은 장로들이다. 모든 사람들은 한 달에 한번씩 혹은 언제든지 그가 원하는대로 그의 능력껏 약간의 금전을 가지고 온다. 이는 완전히 자기들의 자의에 의해 가져오는 감사의 헌금이다. 사람들은 이를 경건을 위한 기금이라 부를 수도 있겠다. 이 기금들은… 가난한 사람들을 구제하고, 이들의 장례식을 치르기 위해 사용된다… 우리들의 식사는 그 명칭을 보면 정확한 의미를 알 수 있다. 이는 헬라어로 사랑(아가페, agape)이라고 불린다… 우리들은 먼저 하나님께 공동으로 감사기도를 드리기 전에는 식탁에 앉지 않는다. 겨우 허기를 채울 정도로 먹고 마신다. 이는 한밤중에라도 하나님을 경외해야 한다는 것을 아는 사람들로서 식욕을 충족시킬 뿐이다. 우리는 우리의 주님이 항상 듣고 계시다는 것을 알고 있는 사람들처럼 말한다. 손을 씻기 위한 물과 등불이 들어오면, 각자는 다른 이들 앞에서 성경에 관하여 그가 아는 부분, 혹은 암송할 수 있는 부분을 노래로써 부른다. 이것이 우리들의 찬양이다… 이와 같은 식으로 기도로써 식사를 마친다.[24]

마지막 문장은 성만찬에 관해 언급하고 있는 것은 아닌데, 터툴리안은 성만찬에 관해 다른 곳에서 언급하고 있다.[25] 성만찬은 "먼동이 트기 전에 오직 대표자들의 손으로부터" 취해진다. 사도들의 시절로부터 성만찬이 흔히 아가페(agape)라고 불리우던 애찬의 일부였던 것은 거의 명백하다. 그러나 플리니가 트라쟌에게 편지를 보내던 때부터 벌써 이 둘은 서로 구분되고 있다.[26] 플리니 때 애찬이 예배를 위해 모이는 새벽이 아니라 그 후 취해졌다. 실제로 우리가 고린도의 예에서부터 볼 수 있는 바와 같이 사도 시대 때부터 이 두 가지를 분리하는 것이 필요했는지도 모른다. 왜냐하면 애찬을 나눌 때 서로를 위한 고려와 양보심이 결여되면 온전한 영적 상태에서 성만찬을 실현

---

24) 터툴리안(Tertullian), *Apologeticus*, xxxix, 1~18. 바울이 기록한 바 "시와 찬미와 신령한 노래들로 서로 화답하며… "가 어떻게 실행되었는가를 터툴리안이 묘사하고 있는 것이다.
25) *De Corona*, 3.
26) 주후 112년.

하는 것이 불가능했기 때문일 것이다.27) 그러나 아가페(애찬)는 성만찬과 구분된 후에도 오랫동안 계속되었으며, 오늘날까지 교회 내 성도들의 교제를 더욱 두텁게 하기 위한 주요한 방법이 될 수 있다

*특 주 : 특별히 수요일과 금요일을 금식일로 정한 것은 아마도 초기 그리스도인들이 주님의 체포와 처음 재판을 수요일에, 그리고 그의 십자가에 못박히심을 금요일에 설정했던 것과 관계가 있는 듯하다.

---

27) 고전 11:20ff.

제19장

교회의 조직 체제

1. 치리

초대 기독교회들은 일반적으로 고상한 도덕규범을 유지하였기 때문에 이교도들까지도 큰 감명을 받았다. 따라서 많은 이교도들은 아무런 근거 없는 기독교인에 관한 악의에 찬 헛소문에 귀를 기울이지 않았다. 특별히 예민한 관찰력으로 이름이 높은 의사 갈렌(Galen)은 비록 그리스도교도들이 (자기들의 눈으로 볼 때) 우화들에 그 신앙을 기초하고 있음에도 불구하고 "그리스도인들은 어떤 때 진정한 철학자와도 같이 행동한다."[1] 는 사실에 주목하였다. 그는 특히 그리스도인들의 죽음을 두려워하지 않는 태도와 성적 문제에 있어서의 자제력에 큰 인상을 받은 듯하다. "이들 중 어떤 이들은 자기들의 정욕을 통제하며, 지배하며, 그들의 덕을 추구함에 있어서 진정한 철학자들에 조금도 뒤지지 않는다." 우리들이 가지고 있는 모든 증거들은 특별히 새 신자들에게 기독교 신앙의 윤리적 규범을 특히 강조했다는 사실과 대부분의 경우 이러한 엄격한 도덕적 규범들이 실제 생활에서 그대로 행해졌다는 것을

---

1) 갈렌(Galen)의 아람어판에 의해서만 남아있는 이 구절은 A. Harnack, *Mission and Expansions of Christianity*, I (1908), 212f 가운데 라틴어로 인용되었으며, 영어로는 비번 (E. R. Bevan), *Christianity* (1932), 56f에 나타나고 있다. Cf. 월저(R. Walzer), *Galen on Jesus and Christians* (1949).

명백하게 보여주고 있다. 이방인 새신자들은 기독교인이 되기 전에는 도덕적으로 문란한 생활을 했을지도 모르나, 일단 기독교 복음을 받아들인 후에는 하나님이 그리스도 안에서 그들의 과거의 모든 죄와 잘못을 깨끗이 씻어주셨다는 확신을 가지고 있다.

그러나 일단 기독교에 귀의한 후에 제대로 윤리 규범을 지키지 못했을 경우에는 어떻게 되겠는가? 이러한 문제는 물론 곧 발생할 수밖에 없었다. 전반적인 복음에 정면으로 모순되는 행동을 범한 자들은 물론 기독교 공동체 밖으로 축출되었으나, 그러한 경우에도 이러한 축출을 통해 범죄자가 자기의 잘못을 깨닫고 다시 회개한 후에는 공동체에 돌아올 수 있다는 희망이 남아 있다. 물론 자기의 잘못을 완강하게 고집한다면 공동체 밖에 머물 수밖에 없었다.[2]

그러나 이러한 종류의 문제들은 실제 효율성만을 고려하여 처리할 수는 없었다. 우선 신학적인 입장이 분명하게 정립되어야 할 것이다. 즉 하나님께서는 이러한 자들을 어떻게 생각하시는가? 기독교에 새로이 귀의하는 새 신자들은 회개와 신앙에 의해서 그 모든 죄를 완전히 용서받는다는 것이 복음의 진수(the very essence)였다. 그러나 세례 받은 후에 지은 죄는 어떻게 되겠는가? 이러한 경우에라도 진정한 회개가 있다면, 하나님의 용서하시는 은혜의 범주 아래 다시 들어가는 소망이 있는 것일까?

히브리서에는 초대교회에서 세례 받은 후의 죄는 거의 용서받는 것이 불가능하다고 일반적으로 해석하였던 구절이 포함되어 있다. 이 구절은 우리가 잘 아는 바대로, "우리가 진리를 아는 지식을 받은 후 짐짓 죄를 범한즉 다시 속죄하는 제사가 없고 오직 무서운 마음으로 심판을 기다리는 것과 대적하는 자를 소멸할 맹렬한 불만 있을 것이다"[3]라고 되어 있다. 아마도 히브리서 기자는 다시 복구할 수 없는 형태의 배교를 염두에 두고 있었는지도 모른다. 즉 일단 기독교 신앙을 받아들였다가 그 후 이를 부인하기로 마음을 완전히 결정한 자들을 생각할 수 있다. 그러나 우리들은 여기서 진정한 히브리서 기자의 본뜻을 문제삼는 것이 아니다. 우리들이 다루고자 하는 문제는 이 구절들이 어떻게 해석되어졌으며, 이 해석의 효과가 실제적으로 어떠했는가 하는 문제이다. 이 구절은 흔히 세례 받은 후에 범한 죄는 용서받을 소망이 없는 것

---

[2] 마 18:17, 고전 5:5,13.
[3] 히 10:26f, RSV.

으로 해석된다. 특히 잘못인 줄을 알면서도 범한 죄는 이론의 여지도 없었다.

그러나 많은 사람들은 이러한 해석이 지나치게 가혹하다고 생각하였으며, 제2세기경 로마에 살던 허마스(Hermas)라는 이름의 기독교인은 이보다 좀 더 온건한 견해를 가지고 있다. 그는 『목자』(The Shepherd)라고 불리던 우화풍의 작품에서 이러한 견해를 주장하였는데, 『목자』는 마치 『천로역정』(Pilgrim's Progress)처럼 초대 교인들에게 널리 읽혔던 작품이다. 허마스가 주장한 견해를 쉽게 이야기한다면, 세례 후에 범한 죄는 단지 한번에 한에서는 용서될 수 있다는 것이다.

우리들이 우선 당시 교인들이 가장 큰 관심을 보이던 죄가 성적 범죄라는 사실을 깨닫지 않으면, 초내 교인들이 이 문세에 관해 얼마나 큰 관심을 가지고 있었는가를 잘 이해할 수 없을지도 모른다. 바로 이 분야가 그리스도인들과 이방인이 가장 뚜렷하게 구별되는 경계선이라 할 수 있다. 우리들은 왜 다른 여섯 개의 대죄(deadly sins)에 관해 같은 정도의 관심이 주어지지 않았는가 의아하게 생각할지도 모르나, 바로 이 성적 범죄가 기독교 공동체에 있어서 가장 큰 문제를 일으키는 것이라는 것은 역사적 사실이다. 히브리서 기자가 이 종류의 죄를 주로 다루는 것이 아니었다든지, 또 실수는 히브리서 기자가 가장 극심하게 정죄하고 있는 바 미리 숙고한 후에 수행하는 고의성을 가지고 있지 않은 경우가 많다든지 하는 점들은 충분히 고려되지 않았던 것 같다. 초대 교인들은 세례 후의 범죄가 바로 이 분야에서 발생할 가능성이 가장 많다는 것을 경험을 통해 알고 있다. 또한 스스로의 경험을 통해 인간이 얼마나 쉽게 이러한 형태의 유혹에 넘어갈 수 있는가 – 만약 이것이 단지 생각에 그친다 하더라도 – 를 잘 알고 있었으며, 스스로 하나님으로부터의 용서에 관한 확신을 받은 경험이 있던 허마스는 그 경험을 세례 후의 범죄도 한 번은, 단지 한번만은 용서될 수 있다는 견해를 주장하였던 것이다. 우리들은 이러한 허마스의 "온건한" 견해 자체가 그 시대를 살았던 이들이 또한 문제의 원칙적인 핵심을 파악하지 못했다는 증거로서 생각할 수도 있다. 그러나 당시에는 허마스의 이러한 양보(?)가 묵과할 수 없는 방종이라고 생각한 사람들이 많이 있다. 예를 들면, 3세기 초에는 터툴리안이 허마스의 저술을 가리켜, "간음자들의 목자"(the shepherd of the adulterers)라고 빈정거렸던 것이다.

그러나 시간이 흐르고 좀 더 많은 경험들이 쌓임에 따라서 기독교 공동체의 매일 매일의 일상생활을 지도해야 하는 이들은 일정한 실제적 지침을 제시해야만 했다. 분명히 죄들 가운데는 서로 다른 범주들이 존재하고 있다. 어떤 죄들은 이에 대한 고백과 회개만 있으면 해당자를 다시 완전한 기독교의 교제에 참여할 수 있도록 하는 성질의 것이다. 그러나 살인, 간음, 위증(이는 유대 법률학에서도 세 개의 대죄로 분류되던 것이었다)은 파문에 해당할 만하였으며, 물론 이것들에 일종의 자기 파문이라 볼 수 있는 배교가 첨가된다. 그러나 이러한 범죄자들에 대한 파문 조치는 다시 철회할 수 없는 것일까? 진정 회개한 자들은 어떻게 해야 할 것인가? 이 문제에 관해서 의견들이 갈라지게 된다. 좀 더 온건한 입장과 가혹한 입장들이 양립하게 된다. 바로 이 문제에 관해서 다름 아닌 로마교회에서 심각한 논쟁이 벌어졌다. 217년부터 222년까지 로마의 감독이던 칼리스투스(Callistus)는 간통이나 간음의 죄를 범했을 경우라도 진정으로 회개하는 경우 다시 기독교인의 교제에 들어올 수 있다고 판정하였다. 그러나 많은 이들이 이에 대해 극렬하게 반대하였다. 터툴리안은 지중해를 건너서 이 "독단적 칙령"이라고 그가 불렀던 조처에 대해 신랄한 비판을 가해 왔다. 그러나 로마 안에서 보다 더 심각한 반대가 일어났다. 당시 서방 교회 간 최고의 학자로 알려져 있던 힙폴리투스(Hippolytus)는 칼리스투스의 조처를 거의 범죄 행위에 해당하는 무절제라고 판단하여 이에 대항하였다. 힙폴리투스는 실제로 그의 추종자들과 함께 칼리스투스와의 교제를 끊고 로마교회 안에 이에 대적하는 교회를 세웠는데, 힙폴리투스가 그 감독으로 임명된다. 양측은 모두가 자기네가 로마 내의 정통 교회라고 주장하고 다른 편을 가리켜 분파주의자로서 규정하였다. 힙폴리투스는 다른 교회를 가리켜 "칼리스투스주의자들"(Callistian)이라고 불렀다. 그러나 이 때의 분열은 오래가지 않았다. 이미 우리들이 아는 바대로 힙폴리투스는 235년 칼리스투스의 후계자 폰티아노스(Pontianus)와 함께 사르디니아의 광산에 보내어졌는데, 이곳에서 양 지도자들은 화해하였다. 로마의 다음 감독 안테로스(Anteros)는 재결합된 교회를 다스릴 수 있었다. 또한 힙폴리투스도 한 분파 지도자로서가 아니라 보편 교회의 성자로서 그리고 정통 신학자로서 길이 기억된다.

배교한 자들을 어떻게 취급할 것인가 하는 문제는 3세기 중반 극심했던 데시우스 황제 치하의 박해 때 큰 문제로 대두되었으며, 제4세기 초 디오클레티안과 갈레리우스 황제 박해시에도 그 고개를 들었다. 특히 박해들 이전의 평화기에 교인들의 숫자가 급증하였는데, 이들 중 많은 이들이 시련이 닥쳐왔을 때의 압력을 견디지 못했으며, 반드시 내심에서가 아니라도 외형적으로 고문과 악형 아래서 그들의 신앙을 배반하였다. 바로 이러한 "변절한"(lapsed) 형제들을 어떻게 조처해야 할 것인가? 교회 내의 보다 엄격한 인사들은 이들을 적군들 앞에서 도망치거나 혹은 비겁한 행위를 한 병사들로서 간주하여 영원히 교회에서 축출해야 한다고 주장한다. 그러나 목회자로서의 책임에 무엇보다도 큰 관심을 가지고 있던 교회 지도자들 가운데서는 보다 합리적인 견해가 우세하였다. 이들은 외부로부터의 별다른 압력이 없이 기독교 신앙을 포기한 자들과 위협과 고문 아래 굴복하기만 사람들 사이에는 구별을 두어야 하는 것이 명백하다고 생각하였다. 엄수주의자들(the rigorists)은 베드로의 선례를 망각한 것이 분명하였다. 왜냐하면 수제자이던 그가 그리스도에 대한 충성을 세 번이나 부인하였지만, 그리스도가 은혜로써 그를 복원시키셨을 때 그의 가치를 진정으로 증명하지 않았는가! 알렉산드리아의 감독 디오니시우스는 바로 이러한 입장에서 "우리들의 가장 자비로우신 주 예수 그리스도를 냉혹한 존재로서 비방하는" 자들에 대해 반론을 가하였다.[4] 수많은 진실한 고백자들도 시련을 당해 같은 능력을 보이지 못했던 이들에게 자비를 베풀어야 한다고 주장한다.

감독들이 일반적으로 이러한 변절자들에게 보다 너그러운 조처를 취할 것이 분명해졌을 때, 엄수파들은 이에서 이탈하여 분파를 형성하였다. 바로 이것이 데시우스 박해 이후에 발생한 노바티안 분파(the Novatian schism)와 마지막 이교도들의 박해 후에(각각 아프리카 북동부와 북서부에서 발생하였던) 멜리투스 분파(the Melitian schism)와 도나투스 분파(the Donatist schism)들의 기원들이다.

2. 교회 행정 조직과 목회

이제는 당시 교회들이 어떻게 운영되었는가에 대한 일반적인 문제를 다루어 보도록 하자.

---

4) 유세비우스(Eusebius), *Hist Eccl.*, VII, 8:1.

처음부터 기독교 공동체 내에 지명되었던 지도자들의 기능은 팔레스타인 및 다른 지방에 이미 존재하고 있던 유대인 공동체들 가운데 "장로들"(elders)의 그것과 거의 비슷하였다. 예를 들어, 바울과 바나바가 그들의 첫 번째 여행 중 소아시아(Asia Minor)에 교회를 개척하였을 때, 그들은 이 모든 교회들에 장로들을 지명하였다.[5] 바울은 빌립보(Philippi)의 그리스도인들에게 편지하면서, 그 도시에 있는 교회의 "감독들과 집사들(bishops and deacons)"에게 문안하고 있다. 그런데 원래의 헬라 원어를 좀 더 다르게 표현한다면, 교회의 "감독자들과 봉사자들"(superinendents and ministers)[6]이라고도 할 수 있다. 신약성경에 사용된 언어로 볼 때 우리는 "감독"(bishop, episkopos)으로 번역된 헬라 단어와 "장로"(elder, presbyteros)라고 번역된 단어 사이에 실질적 구별을 주장할 수 없다는 것은 장시간의 논증을 필요로 하지 않는 것이다. 바울도 에베소교회의 장로들(assembled elders)을 가리켜 성령께서 감독자들(bishops)로서 세우신 자들이라고 칭하였다.[7] 그 후 목회서신서(디모데서와 디도서)에서도 두 용어가 서로 번갈아가며 쓰이고 있다.[8] 그러나 이들만이 우리가 신약성경 가운데 찾아볼 수 있는 목회자들의 형태는 아니다. 개교회에 정착한 지도자들 외에도 어느 한 장소에 고정되지 않은 채, 보다 예언자적 성격을 지니고 있던 목회자들도 있다. 우리가 너무나도 잘 아는 인간의 본성을 생각해 볼 때, 이 두 종류의 목회자들 가운데는 갈등이 일어나지 않을 수 없는 상황이다. 그러나 이 둘을 다 통솔하고 있던 사도들의 권위가 아직 존재하고 있을 때 이러한 갈등이 심각한 문제로서 대두될 가능성은 적었다. 특히, 사도들의 목회는 어느 한 장소에만 국한되었던 것이 아니고, 또한 이들의 기능은 행정적, 교훈적 성격의 것이었을 뿐만 아니라 영감적인 것이기도 하였기 때문이다. 바울과 같은 경우에는 이 두 가지 은사가 모두 함께 했던 것이 분명하고, 그 후 안디옥의 이그나티우스에게서도 이러한 경우를 볼 수 있다. 이그나티우스는 실제로 보다 외형적이고 공식적인 목회를 내면적이고 예언자적인 목회의 외적 표현으로서 정의하고자 하였다. 그러나 일반적인 교회의 행정체제 내에서 예언적 직능의 문제를 수용하기가 점점 더 어렵게 되기 시작한다.

---

5) 행 14:23.
6) 빌 1:1.
7) 행 20:17,28.
8) 디도서 1장의 5절과 7절을 비교해 보라.

이 문제로 인한 결과들은 앞으로 살펴보겠으나, 이에 앞서 생각해야 할 문제가 있다. 우리에게 전해 내려온 제1세기의 기록들은 두 종류의 개교회 목회를 시사하고 있는데, 이는 곧 빌립보교회와 목회서신들 가운데 나타나는 감독들과 집사들이다. 감독들은 장로들이라고도 불리고 있었으나, 오직 그 명칭에서만 차이가 있었을 뿐이다. 일반적으로 이야기하자면, "장로"라는 단어는 유대교적인 배경을, "감독"이라는 용어는 이방인들로부터의 배경을 가지고 있다. 그러나 제2세기의 제4분기에 이르러서는 각 개교회의 삼중적 질서(the threefold order)가 나타난다. 개교회는 한 명의 감독과 2명의 장로들(elders or presbyters)과 수 명의 집사들(deacons)을 포함하고 있다. 과연 어떠한 경로를 통해 이러한 변화가 일어났는지는 여기서 자세히 다룰 필요가 없는 문제이다. 우리가 순수한 역사적 연구의 제목으로서 이 문제를 객관적으로 다루고자 아무리 노력한다 하더라도 무의식적으로 신학적, 교파적 편견이 그 결과에 미치지 않을 것이라고는 장담하기가 어렵다.

이러한 1인 감독 제도의 출현에 관한 최초의 분명한 증명은 115년 이그나티우스가 순교당하기 위해 로마로 향하여 가면서 각처에 보낸 편지에 나타난다. 이그나티우스 자신은 이러한 의미에서의 안디옥 감독이었으며, 그는 1명의 감독을 세우는 것이 교회로서 필수적인 것이며, 이러한 감독의 권위는 절대적인 것이라고 주장하고 있다. 이그나티우스에게는 감독이나, 혹은 그에 의해 권위를 대행하도록 임명받은 자만이 합법적인 세례와 성만찬을 행할 수 있는 교회의 직원이다. 애찬(agape)까지도 감독 없이는 행해질 수 없었다. "그의 일곱 편지들 가운데 여섯은 감독직의 권위와 중요성에 관해 과장적이고 열정적인 주장으로 가득 차 있다… 이그나티우스에게 있어서 군주적 교회제도(monarchical episcopate)가 문자 그대로 고정관념(idee fixe)이다."[9] 그런데 사실은 이러한 이그나티우스의 맹렬한 주장 자체가 감독직의 필수적이고 절대적 권위에 관한 그의 입장이 모든 교회들에 의해 받아들여지지 않았다는 증거이기도 하다. 이그나티우스의 편지들 가운데서 유일하게 감독직의 특별한 권위에 관해 부연하지 않은 것은 그가 로마교회에 보낸 편지이다. 이그나티우스는 로마교회를 최대의 찬사를 동원하여 가장 뛰어난 교회로서 문안하고 있다. 그러나 당시 이 교회가 1인 감독제를 채용하고 있다는 증거는 찾아

---

9) 스트리터(B. H. Streeter), *The Primitive Church* (1929), 164, 173.

볼 수 없다.

당시의 로마교회에 관해서 같은 결론을 내릴 수 있는 다른 증거가 있다. 이그나티우스가 순교하기 약 20년 전, 로마교회는 고린도교회에 편지를 보내어 당시 발생한 몇 가지 무질서에 관하여 충고하고 있다.

이 로마교회에서 보낸 편지의 저자는 일반적으로 클레멘트(Clement)라고 생각되고 있는 바, 그는 이레니우스(Irenæus) 및 다른 이들에 의해 보존된 명단들 가운데 로마교회 초대 감독들 중 하나이다. 그러나 이 편지의 저자가 로마교회의 유일한 행정 책임자 혹은 통솔자의 자격으로 그 임무를 수행하고 있다는 근거는 없다. 또 이 편지의 수신인인 고린도교회 역시 이 편지의 내용으로 추론해 볼 때, 당시의 다수의 감독들 혹은 장로들에 의해 통솔되고 있었던 것이다.[10] 그러나 이 편지의 저자가 실제로 클레멘트(그의 이름이 서신 가운데는 나타나지 않는다)라고 한다 하더라도 스스로 로마교회 교인이던 허마스의 『목자』에 보면 과연 클레멘트가 어떠한 자격으로 고린도교회에 서신을 보냈는가를 설명할 수 있는 언급이 나타나 있다. 허마스는 그의 『목자』에 기록된 환상들 중 하나에서 교회를 상징하는 한 늙은 여인(마치 C.S. Lewis의 『순교자의 퇴보』<Pilgrim's Regress> 가운데 나타나는 "어머니 교회"처럼)에 의해서 두 개의 책을 써서 그 중의 하나를 클레멘트에게 주라는 장면이 기록되어 있다. 그녀는 그 후 다시 허마스에게 말하기를, "그러면, 클레멘트는 자기의 맡은 바 임무에 따라 이를 외국 도시들에 보낼 것이다. 그러나 너는 교회를 통솔하는 다른 장로들과 함께 이 도시에서 이 책을 낭독하라"고 한다.[11]

따라서 클레멘트는 로마교회의 외교 문제 담당자였던 것으로 보이며, 바로 이러한 입장에서 고린도교회에 편지를 보냈던 것 같다. 허마스는 그 후 제2세기 로마 감독들의 명단에 나타나는 파이우스(Pius)의 형제였음에도 불구하고 당시 교회를 통솔하고 있던 장로들 외에는 아무도 로마교회 감독자를 언급하지 않고 있으며, 또 다른 기록들 가운데서는 "가장 중요한 자리를 차지하고 있던 지도자들"에 관해 언급하고 있다.[12] 따라서 이그나티우스 때까지도 로마교회는 일단의 감독들 혹은 장로들에 의해 통솔되었던 것으로

---

10) Cf. 1 Clement, 44:1~6.
11) *Shepherd*, Vision ii, 4,3.
12) *Ibid.*, Vision iii, 9,7.

보인다. 우리들에게 전해 내려오는 초대 로마 감독들의 명단들이 서로 다른 이유도 여기 있다. 리누스(Linus), 아넨클레투스(Anencletus)와 클레멘트 자신, 그리고 다른 이들도 모두 공동위원들로 보이며, 흔히 동역자들 중 으뜸(primi inter pares)이라고 불리었던 지도자였다. 클레멘트의 서신들 가운데 고린도 교회나 다른 장로 – 감독들(presbyter-bishops)과 마찬가지로 원래는 사도들의 권위에 기초한 것이다.[13] 군주적(monarchical) 감독들이 사도들 자신에 의해 지명되었다는 사상은 이보다 후에 나타난다. 그 후, "사도 창시자"(apostle-founder)를 직함으로써가 아니라 그 이름으로써 명단의 첫 머리에 포함시키는 관습이 발전되자마자…한 때 한 감독만이 존재할 수 있다는 원칙에 따라, 한 이름만을 감독으로서 기록하기 시작하였을 것이다.[14] 그리하여 터너(C. H. Turner)가 지적하듯이, 힙폴리투스 이후부터는(그 이전처럼) 베드로와 바울이 아니라 베드로 혼자만이 로마 감독 명단 제일 첫 머리에 기록되게 된다.

빌립보교회의 사정도 115년까지는 동일하였던 듯하다. 이그나티우스의 죽음 이후 폴리캅(Polycarp)이 그 곳 교회에 보낸 서신은 아직도 장로들의 집단을 책임있는 수신인으로서 지적하고 있다. 물론, 제1세기 말로부터 제2세기 초에 나타난 이 기록들은 전 세계가 곧 단일 감독제로 옮겨가기 전의 짧은 과도기적 과정을 반영하고 있다. 그러나 이들은 이그나티우스가 그 편지들을 썼을 때 아직도 그가 원하던 교회 형태, 즉 단일 감독제, 군주적 감독제, 혹은 독재적 감독제가 실현되지 않았음을 밝히 보여주고 있는 것이다. 따라서 이그나티우스는 더욱 맹렬한 논조로 자기의 입장을 주장할 수밖에 없었던 것이다. 그러나 제2세기 중반에 이르러서는 거의 전역에서 이그나티우스의 이상이 성취되었음을 인정할 수밖에 없다(알렉산드리아교회는 제 3세기 까지도 일단의 장로들에 의해 공동으로 통솔되었으며, 장로회는 회원들 중 하나를 대표 혹은 감독으로 선출하였다).

그러나 물론 초대교회의 단일 감독이란 현대의 교구를 관장하는 주교(bishop)보다는 오히려 현대교회의 목사에 보다 더 가까웠다는 사실을 기억해야 한다. 그렇지 않으면 이그나티우스가 주장했고, 『사도들의 전통』(Apostlic Tradition)이 규정한 것처럼 감독이 모든 성만찬 예배를 집전하는 것이 현실적

---

13) 1 Clement 44:1.
14) 터너(C. H. Turner), Catholic and Apostolic(1931), 225.

으로 불가능하였을 것이다.

그러나 제1세기 장로 - 감독들 집단(the college of presbyter-bishops)으로부터 제2세기의 단일 감독제로 옮겨간 과정에는 설명이 필요하며 이미 한 가지 이상의 해석들이 나타난다. 전 세대의 지도적인 학자 하나는 단일 감독의 출현이 곧 (마치 저스틴 및 다른 이들이 전하는 바처럼) 그가 교회의 구제 기금을 관장했다는 데서 그 이유를 찾고 있으며, 당시 이교도들의 친목 단체에서도 같은 발전이 이루어졌음이 지적되고 있다.15) 그러나 이보다 훨씬 중요한 요소들이 있다. 한 가지 분명한 것은 당시의 상황으로 볼 때 한 지도자의 출현이 불가피했다는 것이다. 실제로 강력한 지도자가 없는 한 위원회식 체제는 일반적으로 약하기 마련이다. 또 가장 강력한 성품을 소유한 이가 대부분 의장에 선출되기 마련이며, 교회의 경우에는 지도자로서의 자질로 그 영적인 상태가 크게 중요시되었을 것이다. 실제로 이러한 사람은 동료들 가운데 으뜸(primus inter pares)의 자리를 차지하기 마련이며, 일단 그 위치가 사람들에 의해 인정되고 영속적으로 굳어진 후에는, 시간이 얼마 흐르지 않아 실질적으로 뿐 아니라 제도적으로 단순한 으뜸(primus)으로서의 위치를 차지하게 되는 것이다. 초대교회에서 동료들 중 으뜸(primus inter pares)으로서의 역할을 담당한 가장 뚜렷한 예는 예루살렘교회의 야고보(James of Jerusalem)를 들 수 있다.

그러나 만약 반면에 위원회의 회장이 충분히 강력하지 못할 경우에는 틀림없이 다른 누군가가 이에 필요한 에너지를 가지고 행동할 것이다. 바로 여기에 그의 위치가 보다 불명확한 또 다른 신약의 인물을 생각해 볼 수 있다. 그는 아시아에 자리 잡고 있던 교회들 중 한 교회의 지도자로서 그의 권위를 너무도 고압적인 자세로써 내세웠기 때문에 그 후의 모든 세대들은 그를 가리켜 "으뜸되기를 좋아하는 디오드레베"(Diotrephes)라고 특징지었다.16) ① "디오드레베는 아시아 사상 나타난 최고 '독재적 감독'이었을지도 모른다…17) 또한 반면에 ② 디오드레베의 존재야말로 독재적 감독 제도를 채용한 준사도적 행정 체제가 치유하고자 했던 질병의 징조였을 가능성도 있다."18) 여기서 말

---

15) 해치(E. Hatch), *The Organization of the Early Christian Churches* (Bampton Lectures, 1880), 26ff.
16) 요한3서 9절.
17) 이것이 곧 하르낙(Harnack)의 견해였다.
18) 도드(C. H. Dodd), The Johannine Epistles(1945), 164.

하는 질병이란 선동적 기질이 있는 지도자가 자기 자신을 내세우는 문제였다. 디오드레베가 이 중 어떤 범죄에 속하든 – 그리고 여러 가지 다양한 교파의 정통을 이어받은 이들은 자기 나름대로 그를 분류하고자 할 것이 분명하였다! – 교회 내에서 야망에 찬 개인들이 독재적인 권력을 행사하고자 하는 경향으로 인하여, "기독교 공동체의 동일성과 연속성이 위협을 받는 상태에까지 이르렀기 때문에, 제2세기 중 보편 교회의 행정 조직이 개발되었던 한 가지 동기가 되었다"는 도드 교수의 견해는 수긍할 만한 것이다.[19]

이그나티우스의 서신들 가운데는 특별히 다른 동기들이 명백하게 드러나고 있다. 이그나티우스는 특히 가현설(docetism)이라고 불리던 이단들이 교회 안으로 침투해 들어오는데 대해 큰 우려를 하고 있었으며,[20] 그는 단일 감독제에 의한 행정 조직이야말로 이를 막을 수 있는 최상이라고 생각하고 있다. 감독이나 혹은 (그의 뜻을 그대로 준행하는) 대리인만이 합법적인 세례식과 성찬식을 수행할 수 있다는 그의 주장은 이러한 이단자들을 성직자들의 반열에 포함되지 못하도록 계산한 것이다.

단일 감독의 출현 이후 수 세기를 두고 교회의 장로들이 예배의식 중 얼마나 사소한 역할을 담당했는지는 진실로 특기할 만한 일이다. 힙폴리투스의 저작으로 알려지고 있는 『사도들의 전통』(*Apostolic Tradition*)의 예를 들어 보면 감독은 예배를 집전할 때, 장로들이 아닌 집사들에 의해 보조를 받았다. 장로들은 그의 행정 위원회의 역할을 하였는데, 실제 예배 순서 인도에는 참여하지 않았던 것이다.

초대 기독교의 발전에 있어서, 당시의 신비 종교들이 어떠한 영향을 미쳤는가 하는 것이 계속 대두되어 왔다. 만약, 이들의 영향이 전혀 없었다면 이상한 일이다. 그러나 그들이 미친 영향이 과장되게 생각되어진 것은 사실이다. 또한 성만찬식이나 세례식의 집전을 교인들 가운데 어느 특정한 개인에게 제한시키지 않은 신약들의 기록들을 생각해 볼 때, 이그나티우스에 의해 주장된 이러한 제한이 이러한 동기를 알 리 없는 이교로부터의 개종자들에게 또 다른 해석을 낳게 했을 가능성을 생각해 볼 수 있다. 이 개종자들 중 많은 이들은 신들의 뜻을 준행하고 이를 해석하는 기능이 흔히 히에로판트

---

19) *Ibid.*, 여기 나타난(161ff) 도드의 이론들은 이 문제에 관한 가치 있는 설명들이다.
20) 제25장을 보라.

(hierophants)라고 불리던 신비 의식의 사제들에 의해 독점되었던 밀교에 익숙한 자들이다. 따라서 앙구스 교수(professor Angus)의 말을 인용하자면, "바로 이러한 영향 아래서 기독교의 목회자들이 천상으로부터 내려오는 은혜의 분배자로서 또한 가공할 만한 '능력에의 열쇠들'을 맡은 천국의 수호자로서의 제사장직(the office of priest)을 담당하기 시작한 것으로 보인다."[21] 따라서 이 그나티우스의 선한 동기는 같은 저자의 말을 빌리자면, "원시적인 영적 현상들의 중단과 함께 외형적 의식이 높이 고양되었으며, 신비 밀교들의 사상이 기독교 내에 점점 더 깊이 뿌리박아 교인들은 그 가입과 중생의 예식에의 참여에 의하지 않고는 구원을 받거나 종교적 축복과 은혜에 참여할 수 없다는 당시의 미신적 유행에" 너무나도 잘 들어맞았던 것이다.[22] 그러나 이 문제는 실로 매우 복잡한 것이다. 왜냐하면 우리는 당시의 신비 밀교들에 관해 충분한 지식을 갖추지 못하고 있으며, 또한 이들의 영향력 역시 완전한 일방통행으로만 볼 수 없기 때문이다. 그러나 사도 시대 직후부터 교회 안에 나타나기 시작하는 몇 가지 성례에 관한 교리들 가운데 사도들의 교훈 자체와 일치하지 않는 점들은 아마도 신비 밀교들의 영향을 받은 것이라 볼 수 있다.

어쨌든 다시 이그나티우스로 돌아가서 그는 이처럼 감독의 권위를 높이 주창하였는데도 불구하고, 감독직의 계승 문제에 관해서는 아무 생각이 없었음을 주목해야겠다. 이 감독직의 계승 문제는 그 후 제2세기에 들어가서야 비로소 발생한 사상이다. 또한 이 사상이 처음 나타났을 때도 오늘날 우리가 흔히 생각하는 사도들적 계승(apostolic succession)과는 다른 형태를 띠고 있다. 오늘날 사도적 계승이라 하면, 사도들의 권위가 직접 촉감 적으로 계승되어 내려온 것을 의미하는 것으로서 감독들이 다른 감독들에 의하여 성직 임명을 받는데, 이 감독들이 성직 임명받은 족보를 쭉 캐어 가면 결국 맨 처음 감독들은 사도들 자신에 의해 안수를 받음으로 성직에 임명되었다는 생각이다. 그러나 주후 180년경 이레니우스의 저술들에서 볼 수 있는 바와 같이 사도직 계승의 사상이 처음 강조되기 시작했을 때 어느 한 도시에 속한 감독들이 거기에 처음 교회가 생겼을 때로부터 일반적으로 계속 계승되어 내려온 모습을 이야기하는 것이다. 특히, 기독교가 처음 그곳에 사도들에

---

21) 앵구스(S. Angus), *Religious Quests of the Græco-Roman World* (1929), 152.
22) op. cit., 217. 또한 같은 저자의 *The Mystery Religions and Christianity* (1925).

의해 전파되었다면 이는 더욱 강조되었을 것이다. 왜냐하면 이는 곧 그 곳에서의 감독직의 계승이 사도직에까지 추적되어 올라갈 수 있다는 의미이기 때문이다. 당시 대부분의 이단들(모두는 아니었으나)은 정통파들과 마찬가지로 사도들만은 진정한 신앙을 보존하고 있다는 데에 동의하고 있다. 이에 따라 정통주의자들은 다음과 같은 논리를 전개하였다. 사도들 자신들이 기독교를 전파하고 감독들을 지명한 곳들, 즉 사도들의 전승이 아무 중단 없이 사도들의 시대에까지 거슬러 올라갈 수 있는 곳에서는 잘못된 오류들이 들어올 기회가 없지 않았는가? 따라서 진정한 신앙의 수호자로서의 감독은 그 전임자와 마찬가지로 같은 신앙을 유지해 왔으며, 이에 따라서 문제가 되는 교회의 창시자들인 사도들에게까지 거슬러 올라갈 수 있는 것이다. 그렇다면 감독들이 원래의 신앙으로부터 벗어났으며, 자기들이 진리를 보존하고 있다고 주장하는 자들은 그들이 옳다는 사실을 증명해야 하는 것이다. 이러한 주장을 내세우는 자들은 어디에 그 근거를 두고 있단 말인가?

이러한 논리는 일반상식을 갖춘 이들에게 큰 호소력이 있다. 이 당시에는 감독직의 안수에 의한 계승이나 또는 은혜의 전달에 관해서는 큰 강조를 하지 않았다. 물론 이러한 논리는 일단 목회를 맡은 감독들은 그 임기 중 정통 신앙을 포기하고 이단으로 넘어갈 가능성이 거의 없다는 것을 전제로 하고 있었으며, 실제로 감독들은 정통 신앙을 유지하는 것이 보통이다. 혹은 감독직에 임명되는 것과 함께 좀 더 사람들에게 신뢰감을 줄 수 있는 교리를 채용하는 것이 보통이다. 만약, 이 주장을 듣는 독자들의 마음 가운데 예외의 경우가 생각된다면, 이는 문자 그대로 원칙을 증명하는 예외들일 것이다.

역사적으로 볼 때 장로들 가운데 지도력을 발휘한 인물이 점차 개교회의 대표자로서 생각되기 시작함으로써 일단의 장로들 가운데 한 사람의 감독이 나타났다는 것이 거의 의심할 수 없는 사실이다. 그러나 마치 이그나티우스의 견해대로 독재적 감독제도가 절박하게 필요한 상황이 벌어졌을 때 위의 경향이 필요한 추진력이 될 수 있는 근거가 이론으로서 제공된 것이다. 그런데 일부 학자들 가운데서는 제2세기 이후 나타난 감독들, 장로들, 집사들의 삼중적 행정 제도가 실제는 제1세기에 존재하고 있던 사도들, 장로-감독들, 집사들의 삼중적 행정 제도를 영속화시키기 위한 것이라고 주장한다. 그런데 이 견해를 받아들이는 가장 큰 이유는 사도직은 독재적 감독 행정 제도와는 달리, 어느 한 지방의 목회에 국한된 것이 아니라는 사실이다. 몇몇 학자들은, 허버트 박사(Dr. Hebert)처럼 이 두 가지 견해를 종합하고자 하는데, 이들에 의하면 "'감독'직은 '예수님의 사도'의 안수로부터 이에 의해 계승되어졌으며, 이러한 과정 가운데 또한 '장로들의 의장'(chairman of the presbyters)직을 획득하게 되었다"고 주장한다.[23] 이 이론에 사용된 논거들은 역사적이라기보다는 신학적이며, 우리는 여기서 보다 역사적인 사실에 더 가까운 사실들을 취급하고자 하는 것이다. 그러나 이러한 이론 역시 전통적인 독재적 감독 제도를 보존해 온 기독교 공동체 안에서만이 사도적 목회가 수행될 수 있다는 견해를 정당화하기에는 불충분하다는 점을 지적하지 않을 수 없다. 여기에서 진실로 중요한 문제는 신분(status)이 아니라 기능(function)인 것이다. 기독교 공동체는 어떠한 형태로 형성되는가를 막론하고 사도들의 교훈을 유지하며, "사도들의 표식들"을 발휘할 때만이 진정한 사도적 전승의 전통에 서게 되는 것이다.[24]

---

[23] 허버트(A. G. Hebert), 원드(J. W. C. Wand), *The Church: Its nature, Structure and Function* (1947), 82n에 인용.

[24] 이러한 논쟁은 계속되고 있다. 한편의 입장을 대변하는 것은 심포지움으로서 *The Apostolic Ministry*, ed. 커크(K. E. Kirk<1946>)이다. 이보다 규모는 작으나 못지않게 중요한 작품들은 젠킨스(D. T. Jenkins), *The Nature of Catholicity* (1942)와 맨슨(T. W. Manson), *The Church's Ministry* (1948) 등이다. 또한 에하르트(A. Ehrhardt), *The Apostolic Succession in the First Two Centuries of the Church* (1953) 역시 이 문제에 관해 중요한 질문들을 제기하였다. 그러나 야고보 및 예루살렘교회 내 그의 후계자 등, 속칭 새로운 기독교 대제사장 제도를 통해 사도 전승이론을 전개한 그의 논리에는 충분한 근거가 결여되어 있다. 한슨(R. P. C. Hanson), *Christian Priesthood Examined* (1979), 36을 보라.

교회들 사이의 관계

처음 3세기 동안 교회들은 기독교도로서의 교제에 의해 서로 밀접하게 관련되어 있었으나, 어떤 연방 기구에 의해 연합되었던 것은 아니었다. 또 어느 한 도시의 교회와 다른 도시의 교회 사이에 상명하복의 관계가 있다는 증거도 없다. 예를 들어, 안디옥교회의 경우 예루살렘교회의 관할 구역 하에 포함되어 있었던 것은 아니다. 물론 예루살렘교회는 모교회로서 특별한 존경과 특권을 누리고 있었던 것이 사실이기는 하다. 반면에 대도시의 교회는 근처의 촌락에 자리잡은 자녀 교회(daughter churches)들과 특별한 관계를 가지고 있다. 과연 이러한 메트로폴리탄(metropolitan)이라 불린 관계가 신약 시대에 있어서, 예를 들면 고린도교회와 고린도 부속 항구였던 겐그레아(Cenchreæ) 교회 사이의 관계였는지 확실치 않으나, 예루살렘교회와 33년과 66년에 예루살렘으로부터 팔레스타인 일대로 퍼져 있던 다른 기독교 공동체들 사이의 관계였던 듯하다. 그 뿐만 아니라 당시에는 어느 한 교회가 다른 모든 교회들의 연합체에 복종 관계를 가지고 있다는 증거는 찾아볼 수 없다.

그 당시 교회들 사이의 관계는 우선 교제(fellowship, koinonia)와 사랑(charity, agape)에 기초를 둔 것이다. 이러한 유대에 의해 연합된 교회들은 제2세기부터 전체적으로 보편 교회(Catholic Church)라고 불리게 된다. 그런데 이 표현이 처음 나타났을 때 이러한 특별한 의미에서 쓰인 것은 아니었다. 이

용어는 이그나티우스의 편지들 가운데 나타났는데, "예수 그리스도가 계시는 곳에는 곧 보편 교회가 존재한다"(where Jesus Christ is, there is the Catholic Church)라는 구절이 바로 그것이다.[1] 어쨌든 이그나티우스가 사용한 이 용어는 그 후 다른 의미를 획득하기 시작한다. 대도시로부터 멀리 떨어진 어느 이름없는 변방에 일단의 그리스도인들이 조그마한 집단을 이루고 있을지라도 만약 그리스도가 거기 계시다면, 이 역시 보편 교회라는 것이니, 즉 그 작은 집단이 그 지역에 나타난 우주 교회(Church Universal)의 표현이라는 것이다.

신앙과 생활에 관한 여러 가지 문제들에 관해 교회들 사이에는 서로 의논하는 일이 생기게 된다. 이와 같은 자문이 최초로 나타난 것은 이방인들이 교회 가입의 조건에 관한 문제로서 안디옥교회와 예루살렘교회의 대중들이 주후 49년 예루살렘에서 접촉한 것이다.[2] 제2세기에는 매년 어느 일자의 부활절(the Easter)을 지킬 것인가 하는 문제가 이 논란의 가장 중요한 주제로 등장하였다. 제2세기 교회들은 부활절 일자를 두 가지로 지키고 있다. 소아시아에 속한 대부분의 교회들은 (그들이 주장하는 바 사도 요한의 모범을 따라서) 니산월(Nissan) 제14일에 기독교 유월절을 지켰었는데,[3] 이는 예수님의 죽으심과 부활을 한 주의 요일에 따라서가 아니라 한 달의 일자에 따라 기념한 것이다. 그러나 로마교회를 비롯한 다른 많은 교회들은 그 달의 일자가 어떻게 떨어지든지 간에 주일(Sunday)날 주의 부활을 기념하는 것이 보다 더 중요하다고 생각하고 있다.

그리스도인들이 이곳저곳 장거리로 여행하는 일이 많았던 당시로서는 이러한 상이한 전통이 크게 불편할 수밖에 없었으므로, 제2세기 말에는 부활절 기념일을 통일시키게 된다. 결국, 교회 안에서 받아들여진 것은 로마교회가 지키던 절기였다. 이는 자연스러운 일이기도 했었는데, 로마야말로 제국의 수도이자 중심지이며, 또한 흔히 말하는 대로 모든 길이 다 통하는 곳이었기 때문이다. 그러나 제14일파(Quartodecimans or Fourteenthers)라고 불리던 바, 아시아 지방의 전통을 지키던 이들은 쉽게 이를 포기하지 않았다. 실제로 이들이 이처럼 자기들의 전통을 고집했다는 것은, 즉 이 문제에 관한 한

---

1) 이그나티우스(Ignatius), *Epistle to the Smyrnoeans* 8:2.
2) 행 15장(제10장을 보라).
3) 물론 이것이 법제화된 유대교식 유월절이었다.

자기들의 지방과 긴밀한 관계를 가지고 있는 것으로 여겨졌던 위대한 사도의 권위를 의지하고 있다고 생각했다는 증거이기도 했다.[4] 사도 요한과 함께 니산월 제14일의 유월절을 지켰다고 주장하는 자들 가운데 하나는 다름 아닌 서머나 감독 폴리캅이다. 그는 최소한 85세 되었을 때(주후 154)년에 로마를 방문하고 아니세투스(Anicetus) 로마 감독과 이 문제를 의논하였다. 이들은 어떤 합의에 도달하는 데는 실패했으나, 이를 분쟁의 원인으로 삼지는 않았다. 아니세투스는 그가 존경하던 동역자 감독에게 자기 장소에서 성만찬을 집행하도록 허락한 후, 좋은 친구로서 헤어졌다.

그 후 같은 세기에 로마의 빅토르(Victor) 감독이 파문을 무기로 아시아 교회들에게 이를 강요하고자 했을 때 그이 권위 남용은 에베소의 폴리크라테스(Polycrates)가 이끄는 아시아 감독들에 의해 맹렬한 비난을 받았다. 이것뿐만 아니라 자기 스스로는(아시아 지방 출신이었으면서도) 보다 일반적으로 행해지던 로마의 풍습을 따르던 리용의 이레니우스(Irenæus)까지도 빅토르에게 과거 수 십 년 동안 이러한 전통의 상이성 때문에 교회의 교제가 깨어지지 않았다는 사실을 상기시키면서 온건하게 반대 의사를 표시하였다. 이리하여 이레니우스는 유세비우스가 우리들에게 상기시키듯이 그의 이름 그대로(이레니우스란 평화스럽다는 의미) 평화를 다시 회복시키는데 성공하였다.[5] 연합이란 반드시 획일성을 의미하는 것은 아니었다.

이러한 문제들이 발생할 때 각 교회의 감독들이 모여 의논하는 것이 당연하였다. 그러나 이러한 의논이 끝난 후에는 감독들은 각자의 생각에 따라 행동할 수 있다. 이러한 예를 보여주는 것이 오리겐의 파문 사건이다. 231년 오리겐은 알렉산드리아 감독에 의해 파문(적어도 장로직의 박탈)을 선고받았다. 이 데메드리오(Demetrius) 감독은 모든 교회들에게 편지를 보내어 자기의 조처에 관한 동의를 요구하였으며, 로마 감독은 그 판결을 확인한다. 동방 교회의 감독들은 데메드리오의 판결을 인정하기를 거부하였으며, 오리겐은 그 후 23년의 생애를 팔레스타인 지방의 가이사랴(Palestinian Cæsarea)에서 성도들에게 존경받는 교사요, 장로로서 보내었다.

개교회의 독립성을 보여주는 또 다른 예를 카르타고 감독 키프리안

---

4) 제27장을 보라.
5) 유세비우스(Eusebius), *Hist. Eccl.*, V. 24:18.

(Cyprian)의 주장 가운데서 살펴볼 수 있다. 키프리안은 감독의 권위와 감독직이 가지는 특별한 제사장직의 성격에 관해 매우 강조했던 인물이라 볼 수 있다. 키프리안은 감독의 권위를 사도들의 권위와 동일시하였다. 마치 베드로가 사도들 가운데 수제자였듯이 베드로의 후계자인 로마의 감독은 다른 감독들 가운데서 특별히 뛰어난 권위를 갖고 있다는 주장이다. "아마도 시프리안이야말로 로마교회에 관련된 베드로의 권위를 감독직 이론 속에 뺄 수 없는 요소로서 첨가했던 인물인지도 모른다."[6] 키프리안이 이렇게 주장했던 이유 중의 하나는 그가 이교로부터 기독교로 개종한지 불과 수 년 후에 감독으로 임명됨으로써 로마교회가 베드로와 바울, 두 사람으로부터 계속 감독직을 계승받았다고 주장하는 대신 베드로 단 한 사람의 이름을 주장한 것이 불과 얼마 되지 않았다는 사실을 몰랐기 때문인 것으로 보인다. 키프리안은 그리스도께서 비록 후에는 모든 사도들에게 "같은 존귀와 권위를 나누도록 부여하셨지만" 처음에는 베드로 한 사람에게 "천국 열쇠들"을 주신 것은 교회의 통일성을 보다 더 강조하기 위한 것이라고 주장한다.[7] 그러나 베드로가 다른 사도들에게 일방적으로 명령할 수 없었던 것과 마찬가지로, 로마 감독도 다른 감독들에게 명령을 내릴 수는 없었다. 더욱이 감독회의(synod of bishops)도 한 감독에게 그 양심을 거슬려서 행동할 강제는 없었다. 따라서 아무리 로마의 감독이라고 하더라도 한 감독이 감독의 감독으로서 행동할 수는 없다는 것이다. 실제로 키프리안은 로마 감독 스데반(스테픈, Stephen)과 여러 가지 문제에서 의견을 달리 하고 있었는데, 특별히 중요한 것은 이단에게서 받은 세례의 문제였다. 키프리안은 이단이나 분파주의자들에 의해서 행해진 세례식은 보편 교회에서 인정할 수 없다고 인정하였다. 반면에, 스데반은 이단들에 의해 베풀어진 세례도 그 효력이 있으며, 보편 교회도 이를 인정해야 한다는 입장이다. 결국 스데반의 견해가 당시 로마 교회 및 이와 가까운 교회들로부터 인정을 받고 있다.

이러한 분쟁이 생기게 된 당시의 상황을 살펴보면, 키프리안의 이론은 보다 더 중요한 의미를 지닌다. 251년의 데시우스 박해가 끝난 직후 박해 도

---

6) 터너(C. H. Turner), *Catholic and Apostolic*, 228.
7) 키프리안(Cyprian), *On the Unity of the Church*, 4. 그는 모든 사도들에게 동일한 권위가 주어졌다는 근거로 요 20:21ff을 들고 있다.

중 박해에 못 이겨 신앙을 배반했다가 후에 다시 회개한 약한 형제들을 어떻게 취급해야 할 것인가에 대한 문제로 교회 안에 의견이 갈라졌다는 것은 이미 언급한 바 있다. 바로 이러한 논란 가운데 노바티안 분파(Novatian Schism)가 발생하게 된다. 로마 감독이 키프리안 및 다른 감독들과 의견을 같이 하여 변절자들 역시 엄격한 회개 기간을 거친 후에는 다시 기독교 신도들의 교제에 참여할 수 있다고 판정하자 당시 로마교회의 장로 노바티안이 이끄는 엄수파들은 로마교회와 결별하여 또 다른 공동체를 조직하였다. 이들은 노바티안을 자기들의 감독으로 임명하였으며, 노바티안주의자들은 로마교회와 카르타고로부터 스페인, 나아가서는 소아시아 지방까지 널리 퍼진 분파를 이루게 되었는데, 이들의 존재는 6세기경까지 계속되게 된다. 물론, 이들은 스스로를 가리켜 노바티안주의자들(Novatians)이라고 부르지는 않았으며, 자칭 청교도들(Puritans), 즉 카타로이(katharoi)라는 이름을 사용하였다. 즉 자기들은 큰 죄를 지은 그리스도인들이 다시 교회 내의 순수한 교제에 참여할 수 없다는 중요한 교리에 있어서 성결을 지킨 자들이라는 의미였던 것으로 보인다. 교리적으로 볼 때 이들은 엄격하게 정통을 지키고 있다. 실제로 노바티안 자신에 있어서도 3세기에 순수한 삼위일체 신학을 주장하였던 주요한 인물들 가운데 하나였다.[8] 그러나 시프리안은 그들의 교리가 아무리 정통이라 할지라도, 그들의 교제가 아무리 순수하다 할지라도, 그들이 보편 교회와 단절하고 이탈했다는 사실이 이들의 다른 모든 좋은 점들을 무의미하게 만든다고 주장한다. 노바티안주의자들이 세례식을 행할 때, 암송하는 신경 중 "거룩한 교회"에 대한 신앙은[9] 다른 보편 교회들에서 같은 신경을 암송할 때와는 다른 것이 분명하였다. 키프리안은 오직 보편 교회 안에만 구원이 있으며, 그 안에만 진정한 성례가 존재한다고 주장한다. 한 도시 안에서 오직 한 사람의 진정한 감독이 있을 수 있으며, 다른 감독을 추종하는 자들은 보편 교회에 속하는 것이 아니므로, 구원을 의미하는 합당한 성례로부터 제외될 수밖에 없다는 것이다. "교회를 어머니로 가지지 않은 자는 하나님을 아버지로

---

8) Cf. 포크스-잭슨(F. J. Foakes-Jackson)은 이들을 다음과 같이 묘사하고 있다. "노바티안 파는 그 생활이 엄격하고, 학식에 있어서도 일반 신학자들에게 뒤떨어지지 않았으므로 존경받던 소수파들로 보인다. 이들은 아마도 영국의 플리머스 형제단에 비교될 수 있을 것이다"(*A History of Church History* <1939>, 80f).
9) 제26장을 보라.

가질 수 없다"고 그는 기록하였다. 따라서 이들 분파주의자들이 외형적으로는 그 교리와 생활에 있어서 아무리 흠이 없어 보인다고 할지라도 보편 교회의 성직자들은 분파주의자들의 세례를 인정할 수 없는 것이 당연하였다. 그러나 스데반은 돌아오는 이단자들도 다시 재세례를 베풀지 않는다는 로마 교회의 전통적인 양식을 좇았는데 그 후 이 양자 간 어디까지 진전되었는지 확실하게 알 수는 없다. 스데반은 257년 사망하였으며, 그 다음 해에 그의 후계자 익시스투스(Xystus)와 키프리안 양자 모두 순교하였다. 결국에는 로마 교회의 이론이 서방 교회들에게 기준으로서 받아들여지게 된다.

그러나 당시의 보편 교회(Catholic Church)에 도전한 청교도적 운동은 단지 노바티안주의만이 아니었는데, 이제 또 다른 분파 운동에 관해 알아보도록 하자.

선지자들과 몬타누스주의자들

제2세기 기독교회의 주류로부터 벗어나간 두 개의 뚜렷한 움직임들은 각각 그노시스주의(노스티시즘, Gnoticism-영지주의)와 몬타누스주의(몬타니즘, Montanism)라 불렸다. 그노시스주의자들은 기독교의 이지적 측면을 지나치게 강조했다고 볼 수 있는데 반해, 몬타누스주의자들은 또한 영감적 측면이라 볼 수 있는 부분에 지나치게 집중하였다. 그노시스주의자들에 관해서는 이러한 기독교 초대 시대에 기독교 교리가 어떻게 점진적으로 정의되어 갔는가를 다룰 때 좀 더 자세히 취급하도록 하고, 여기서는 우선 몬타누스주의의 발생과 그 영향에 관해 생각해 보자. 그노시스주의자들과는 달리 몬타누스주의자들은 대부분의 경우 교회의 사도적 기초로부터 크게 벗어나지는 않았다. 이 운동을 이해하기 위해서는 우선 초대교회에서 선지자들이 행한 역할을 검토해 볼 필요가 있다.

사도 시대에는 예언자들이 교회 내에서 정식으로 그 위치를 인정받고 있다.[1] 사도행전에 보면, 선지자들은 교회의 교사들과 함께 나타난다. 이들을 통해 전해진 하나님의 영의 음성은 교인들에게 권위있는 것으로 받아들여졌다. 바울 서신들 가운데도 선지자들은 하나님께서 기독교 공동체에 직접 베풀어주신 교역자들 가운데 포함되어 있으며, 사도들 바로 다음의 위치까지

---

1) 제8장을 보라.

차지하고 있다. "하나님이 교회 중에 몇을 세우셨는데 첫째는 사도요 둘째는 선지자요 셋째는 교사요 그 다음은 능력이요 그 다음은 병 고치는 은사와 서로 돕는 것과 다스리는 것과 각종 방언을 하는 것이라."[2] 승천하신 그리스도께서는 이러한 목회자들을 백성에게 선물로 주셨다. "그가 혹은 사도로, 혹은 선지자로, 혹은 복음 전하는 자로, 혹은 목사와 교사로 주셨는데 이는 성도를 온전케 하며 봉사의 일을 하게 하며 그리스도의 몸을 세우려 하심이라."[3] 『디다케』(Didache)에 의하면 제2세기 초에는 선지자들이 아직도 교회 안에서 영예로운 위치를 차지하고 있다. 그러나 진정한 선지자들과 거짓 선지자들 사이에 구별을 하여야 할 필요성을 벌써 느끼고 있다. 이에 따라 제시된 구별 조건들은 참으로 실제적인 것이다. 우리들은 전장에서 『디다케』에 나타난 성만찬식에 관한 조항을 인용하였다. 그러나 이 조항은 다음과 같은 말로써 끝을 맺고 있다.

그러나 선지자들에게는 그들이 원하는 만큼 (성만찬의) 감사기도를 올리도록 허락하라.[4]

그 후는 다음과 같이 계속된다.

그러나 사도들과 선지자들에 관해서는 복음서에 나타난 규범에 따라서 다음과 같이 행동하라. 어떤 사도든지 너희들에게 올 때 마치 주님처럼 영접하라. 그러나 그는 하루 이상 필요하다면 이틀 이상 머물지 말 것이다. 만약 그가 3일간 머문다면, 그는 거짓 선지자이다. 그가 떠날 때 거처를 정할 때까지 빵 외에는 아무것도 받지 못하게 하라. 만약 그가 금전을 요구하면, 그는 틀림없이 거짓 선지자이다.[5]

이러한 시험은 언뜻 보기에는 단순한지 모른다. 그런데 실은 문제가 우리

---

2) 고전 12:28.
3) 엡 4:11f.
4) 디다케(Didaché) 10:7.
5) 디다케 10:3~6. "사도"와 "선지자"라는 용어들은 이곳에서 거의 같은 의미로 쓰이고 있는 듯하다.

가 생각하는 것보다도 훨씬 복잡한 것이다.

> 그러나 너희들은 영에 의해 말하는 선지자들을 시험하거나 판단하지 말라. 왜냐하면 모든 죄가 다 용서받을 수 있되, 이 죄는 그렇지 못하니라. 그가 주님과 같은 생활을 보여주지 않는 한 영 안에서 말한다고 다 선지자가 아니다. 그렇다면 그의 생활을 통해 진정한 선지자와 거짓 선지자를 구분할 것이다. 또한 선지자는 영 안에서 식탁을 준비하도록 명령할 때, 그 자신은 먹지 않을 것이다. 그렇지 아니하면, 그는 거짓 선지자이다. 또한 선지자가 진리를 가르친다 할지라도, 그가 설교한 대로 실행하지 않는다면, 그는 거짓 선지자이다. 또한 만약 이미 교회 내에서 진정한 선지자로 인정받은 이가 교회가 인정한 비유의 의미를 따라 행동하면서 자기 스스로 하는 행실을 너희에게는 그대로 행하라고 가르치지 않는다면 그를 판단하지 말라. 왜냐하면 주님께서 그의 재판관이 되시며, 옛 선지자들도 이렇게 했기 때문이다. 그러나 누구든지 영을 빙자하여, "내게 돈을 달라"든지 혹은 다른 무엇을 요구하면 그의 말에 귀를 기울일 필요가 없다. 그런데 만약 가난한 자들을 위해 너희들에게 금품을 베풀도록 요구한다면, 그를 판단하지 말지니라.[6]

이는 언뜻 보기에 상당히 복잡한 것 같으나, 여기 흐르는 주제는 뚜렷하다 할 수 있다. 즉 교회는 자기의 예언의 은사를 빙자하여 물질적 이득을 취하는 자들을 묵과할 수 없다는 것이다. 그러나 우리들은 선지자들을 시험하는데 상당히 조심해야 한다. 왜냐하면 진정한 선지자를 의심하는 것은 그에게 영감을 주신 성령을 대적하는 죄이기 때문이다. 만약 진정한 선지자가 기독교 공동체에 정착한다면 이는 성도들을 위해 복스러운 일이다. 보통의 기독교 여행자는 그가 어느 곳에서든지 성도들과 함께 머물 때, 스스로 인해서 생활비를 벌 것이다. 그러나 선지자의 경우에는 그 은사를 보아 교회에서 대접하는 것이 마땅하다는 것이다.

누구든지 주의 이름으로 오는 자를 환영하라. 그 후는 올바른 판단에 따라 그를 겪어보고 진정한 교인인지 확인하라. 만약 그가 여행자이거든 능력

---

6) 디다케 11:7~12.

껏 그를 돕도록 하라. 그러나 그는 이틀 혹은 필요하다면 사흘 이상을 너희와 함께 머물지 못할 것이다. 만약 그가 기술이 있는 자로서 너희들 가운데 정착하고자 한다면 그가 일을 해서 너희 가운데 정착하도록 하라. 만약 그가 아무런 기술이 없으면, 그대들의 지혜에 따라 그대들 가운데서 기독교인으로서의 생활을 할 수 있도록 해주되 게으르지 못하도록 살펴야 한다. 만약 그가 일하기를 거부한다면, 그는 그리스도를 팔아 물질적 이익을 구하는 자이니 이런 자들을 조심하라.[7] 그러나 너희들 가운데 정착하고자 하는 모든 진정한 선지자들에게는 그의 생활을 돌보아주라. 마찬가지로 진정한 교사들도 일하는 자들과 마찬가지로 그 생활을 보장받을 자격이 있기 때문이다. 따라서 너희들은 포도주와 곡식과 소와 양의 모든 첫 번째 열매를 거두어 선지자들에게 주라. 왜냐하면 그들은 너희의 제사장들이기 때문이다. 만약 너희들 가운데 선지자가 없을 경우에는 가난한 자들에게 주라. 빵을 구울 때도 처음 것을 거두어 율법에 따라 그에게 주라. 마찬가지로 포도주와 기름 항아리를 열 때도 처음 것은 가져다가 선지자들에게 주라. 또한 돈, 의복, 그리고 너희들이 판단하는 바 적당하다고 생각되는 재산의 처음 것을 율법에 따라서 그에게 주라.[8]

여기서는 마치 선지자들이 신명기에 나오는 레위인처럼 대접을 받고 있다.[9] 그리고 그들 가운데 선지자를 정착하도록 한 이들은 사사기에 나오는 미가처럼 느꼈을지도 모른다. "이에 미가가 가로되 레위인이 내 제사장이 되었는데 이제 여호와께서 내게 복 주실 줄을 아노라."[10] 그러나 교회의 입장으로 볼 때, 언제 나타날지 모르는 선지자들을 기다릴 수만은 없었다. 교회는 예언의 은사 유무를 막론하고 고정적인 목회자들이 필요하였다.

따라서 너희들을 위하여 주의 이름에 합당한 자로서 겸손한 자, 돈을 사

---
7) 디다케 12:1~5.
8) 디다케 13:1~7.
9) 신 18:6ff, 26:12ff 『디다케』에 있는 이 구절과 신명기 사이의 접촉점은 거짓 선지자들을 시험하는 데서 찾아볼 수 있다. 신명기에 의하면 다음과 같은 자들은 거짓 선지자들이다. ① 만약 그의 예언이 이루어지지 않을 때(18:22), ② 만약 그의 예언이 이루어진다 하더라도 그가 사람들을 하나님으로부터 이탈시킬 때(13:1ff).
10) 사사기 17:13.

랑하지 않는 자, 이미 사람들에게 진실함을 인정받은 자들을 감독들과 집사들(또는, 감독자들과 목사들)로 삼으라. 왜냐하면 이들이 또한 너희들을 위하여 선지자들과 교사들의 역할을 수행할 것이기 때문이다. 따라서 너희들은 만약 그들이 선지자가 아니라 하더라도 이들을 멸시하지 말라. 왜냐하면 이들이야말로 선지자들과 교사들과 함께 너희들에게 마땅히 대우받아야 할 자들이기 때문이다.[11]

『디다케』는 사실은 각 개교회 지도자들("감독들과 집사들")의 권위와 어느 한 지역의 개교회에 속하지 않은 선지자들의 균형을 유지하고자 노력하고 있는 것이다. 사실 순회 선지자들을 통솔하기는 힘든 일이다. 어느 개교회라도 매 주일날 들을 수 있는 장로들의 평범한 설교에 비해 가끔 방문하는 선지자들의 교훈이 훨씬 더 뛰어나고 영감적인 것으로 생각되는 사람들이 있기 마련이다. 또한 만약 선지자들의 교훈이 개교회 장로들의 가르침에 상치되는 경우, 개교회 장로들의 권위와 위치는 훼손될 수밖에 없었다. 어느 한 개교회에 대한 책임을 지지 않는 선지자로서야 어떤 사람들에게 어떤 이상적인 교훈과 생활 모습을 가르치기가 쉬운 일이다. 그러나 개교회 지도자들은 이들 양떼의 일상생활을 지도할 책임이 있었으며, 무슨 문제가 생기는 경우 결과를 처리해야 하는 입장이다. 따라서 "성령을 소멸하는" 행위라는 비난을 받지 않는 방법을 통해 이러한 선지자들의 행동거지를 통일할 수 있는 어떤 규칙이 필요하게 된다.[12]

사실 목회의 보다 일반적인 형태와 보다 무질서하고 열광적인 형태 사이의 갈등은 불가피하다. 또한 어느 한쪽을 더 좋아하는 이는 다른 쪽을 견딜 수 없는 것이 보통이다. 언젠가, 구원주의파(Salvationist) 신자 하나가 성공회파 교회의 예배에 참석하여, 그가 마침 좋아하는 복음주의적 설교를 듣게 되자, 그는 평소의 버릇대로, "하나님을 찬양하라!"(Praise the Lord)라고 소리를 질렀다. 그러자, 그 교회의 안내인이 다가와서 어깨를 살짝 두드리며 말하였다. "죄송합니다만 교회에서는 그런 짓을 하지 않습니다." 이보다 더욱 노골적인 것은, 어느 때엔가 요한 웨슬리(John Wesley)가 브리스톨 교구를 방문하

---

11) 디다케 15:1~2.
12) Cf. 살전 5:19.

였을 때의 버틀러 감독(Bishop Butler)의 태도라 할 수 있다. "성령으로부터의 특별한 계시를 빙자하는 일은 매우 추악한 일이다." "원만한 질서를 좇아" 교회 생활이 유지되도록 인도할 책임이 있는 개교회 지도자들은 더러 이러한 순회 사도들의 침입에 의해 발생하는 말썽을 꺼릴 수밖에 없었다. 특히, 이러한 순회 사도들이 오늘은 여기 있다가 내일은 저기로 흘러 다니는 떠들썩한 타입일 경우에는 더욱 그럴 수밖에 없었다. 한편, 선지자임을 주장하는 방문객들은 감독들의 제한을 곧 성령을 소멸하는 것으로서 비난하였다. 이들 양측에는 모두 추종자들이 달려 있었으며, 만약 하나님의 은총이 아니었으면 이들 양측 간의 갈등은 분파로 발전할 수밖에 없었다.

95년 고린도교회에 발생했던 말썽도 바로 이러한 열광주의자들 때문이었는지도 모른다. 이때 몇몇 장로, 감독들이 실제로 그들의 직을 박탈당했으며, 이에 따라 로마교회는 클레멘트에 의해 쓰인 편지를 고린도에 보내어 이러한 위험스런 행위에 관해 충고하였다.

이그나티우스가 단일 감독의 지상권에 관해 강조한 것은 실질적으로 이러한 예언적 은사의 행사를 불가능하게 만든 것이다. 『디다케』는 선지자들에게 성만찬을 집전할 수 있는 완전한 자유를 허락했는지도 모른다. 그러나 이그나티우스는 성만찬은 반드시 감독이나 그의 대리인에 의하여 수행되어야 한다고 주장한다. 특히, 이그나티우스가 이러한 규칙을 주장한 것은 그 자신이 예언자적 열정을 강하게 가지고 있다는 것을 볼 때 특기할 만한 일이다. 열광주의(Enthusiasm)는 반드시 정통 신앙의 범주 아래 제한되어 있는 것만은 아니며, 이그나티우스는 무엇보다도 정통 신앙의 보존에 관심을 가지고 있다. 그런데 선지자들에게 미리 생각하지 않은 채 마음대로 말할 수 있는 자유를 주게 된다면 이들의 말이 반드시 이단적이 아니라고 말할 수 있는 보장이 없었다. 반면에, 감독은 정통 신앙과 교리의 수호자였다. 따라서 이러한 무제한적 자유를 속칭 선지자들에게 부담시킬 수는 없었다. 따라서 이그나티우스가 언젠가 빌라델비아(Philadelphia)교회를 방문하였을 때, "성령 안에서," "감독 없이 아무것도 하지 말라"고 외쳤던 것은 능히 이해할 수 있는 일이다.[13] 그러나 다른 모든 예언적 은사들이 이그나티우스의 고정된 일관성 있는 정책을 기대할 수는 없는 일이다. 결국 이러한 이그나티우스의 예언적

---

13) 이그나티우스(Ignatius), *Epistle to the Philadelphians* 7:2.

언사를 준수한다는 것은, 곧 다른 이들의 이러한 예언적 언사를 제한하는 것을 의미한다.

거의 같은 시기에 허마스의 『목자』 가운데도 무엇인가 비상한 예언자적 기질이 번득이고 있다. 바로 이것이 다른 신앙의 수호자들의 보다 지루한 산문적 저술들에 비해 이 작품이 사람들에게 널리 인기를 끈 이유 중에 하나였는지도 모른다. 허마스는 『디다케』와 마찬가지로 진정한 선지자들을 구분할 수 있는 조건들을 제시했으며, 바로 그가 제2세기 초에 이렇게 했다는 사실 자체가 로마교회 내에서 속칭 예언이 완전히 사라진 것이 아니라는 것을 시사해 준다. 허마스가 내세운 중요한 예언 선지자들의 요건은 충실히 복음을 좇는 것이다. 진실로 하나님의 영에 의해 영감을 받은 자라면, 그이 생활과 성품 가운데 그 증거를 뚜렷이 보여줄 것이라는 것이다. 야망에 가득한 자기 자신을 내세우고 지나치게 말이 많거나 돈을 탐내는 사람이라면 그의 영감은 하나님과는 전혀 다른 근원에서 받았을 것이라는 판단이다.

> 하나님의 영을 소유한 자가 하나님의 영에 관한 신도들의 집회에 참석한다면, 사람들은 우선 하나님 앞에 죄를 자복하고, 그 사람과 접촉하고 있는 예언의 영을 관장하고 있는 천사가 그를 채우며, 성령에 충만한 그 사람은 주님이 기뻐하시는 대로 사람들에게 말하도록 하라.[14]

그런데 사도 후 시대에 가장 크게 번진 예언 운동이라 한다면 이는 원래 발생한 프리기아(Phrygia)로부터 다른 기독교 세계에까지 번져나간 몬타누스주의 운동(Montanist Movement)자들의 움직임이라 할 수 있다.

소아시아 지방은 언제나 보다 열정적인 종교적 특징을 지니고 있었는데, 이러한 경향은 특히, 신들의 대모(the Great Mother of the Gods)라는 사이벨(Cybele)의 밀교에서 더욱 두드러졌다. 따라서 부분적으로는 이 지역이 이미 이런 형태의 종교에 익숙해 있었기 때문에 156년경부터 예언적 은사를 특별히 강조했던 프리기아 북부 지방에서 새로운 형태의 기독교 분파가 발생하게 되었는지도 모른다. 이 새로운 운동의 지도자는 몬타누스(Montanus)였는데, 그는 그리스도의 탄생과 함께 성부의 시대가 끝나고 성자의 시대가 시작되었으며, 이제

---

14) Hermas, *Shepherd*, Mandate xi, 9.

성자 시대는 막을 내리고 성령 시대가 이미 시작되었다고 주장한다. 그 이유는 앞으로 보혜사가 오리라는 그리스도의 약속이 이미 성취되었기 때문이며, 몬타누스 자신이야말로 이 보혜사의 대언자(mouthpiece)라고 주장한다. 보혜사의 강림은 또한 그리스도의 강림이 임박한 것과 프리기아 지방 촌락들 가운데 하나의 새 예루살렘이 성취될 것을 의미하는 것이라 하였다.

만약 우리가 몬타누스주의에 관한 홀트(Hort)의 묘사를 인용해 본다면, 기독교 역사상에 있어서 새로운 영적 운동이 이미 체계화된 기존 조직 내에 제한될 수 없을 때마다 되풀이되곤 했던 모습을 발견할 수 있다.

이들의 특징들을 간단하게 연결한다면 다음과 같다. 첫째로, 이미 약속된 보혜사로서의 성령에 대한 강한 믿음이며, 성령은 당시 교회 내에 존재하는 신적 능력으로 묘사된다. 둘째로, 성령께서 당시 입신 상태에 빠진 선지자들과 여선지자들(prophets and prophetesses)을 통해 초자연적으로 스스로를 구현하고 계신다는 신앙이었다. 세번째는 소위 이들 선지자들의 특징적인 교훈을 기반으로 기독교인으로서의 도덕과 치리를 특별히 엄격하게 주입식으로 강요하였다는 것이다. 교인들의 숫자와 교회의 재산이 증가함에 따라 도덕적 문란 상태가 함께 증가했을 것은 능히 생각할 수 있는 일이다. 따라서 무엇인가 보다 단호한 금지 조항들을 적용함으로써 이러한 경향을 방지하고자 했던 것도 당연한 일이다. 이러한 몬타누스주의의 세 가지 특징들 외에 두 가지를 더 첨가한다면, 네번째로는 감독들에 대항하여 선지자들을 내세우고자 하였던 것인데, 당시 새롭게 성립된 감독제도가 아마도 보다 광범위한 그리스도인들을 포함시키기 위한 방향으로 흘러갔을 것임으로 몬타누스주의자들은 이를 오직 영적인 위험으로서만 단정하였던 것 같다. 다섯번째로, 이들은 주님의 임박한 재림을 너무도 열렬히 기대했던 탓으로 그 결과 일반적인 세상사에는 무관심했다.[15]

신·구약에 나타난 전례들에도 불구하고 여선지자들의 존재와 활동은 일반적으로 기존 교회 직원들에게 골칫거리를 안겨주었다. 이들은 남선지자들 보다도 더 통솔하기 어려운 존재였다. 몬타누스를 좇기 위해 가족을 버린 여인

---

15) 호르트(F. J .A. Hort), *The Ante-Nicene Fathers* (1895), 100f.

들 프리스카(Prisca)와 막시밀라(Maximalla)를 가리켜 그 지방 감독들은 귀신에 사로잡힌(demon possessed) 여인들이라고 판단하였다. 그러나 감독들은 이들로부터 귀신을 쫓아내는데 실패하였다. 이들 속칭 선지자들이 받았다는 세 계시 중 일부는 예를 들어 금식이나 결혼의 문제에 보다 엄격한 제한을 적용하는 것이다. 처음에는 결혼 자체를 부인하는 경향이 나타났으나 그 후는 목회자뿐만 아니라 모든 교인들에게 재혼을 금지하는 정도에서 고정된다. 종교적 열정과 엄격한 계율을 종합한 몬타누스주의자들은 또한 순교를 특히 열망하는 경향을 나타내었다. 데시우스 치하의 박해가 발생하였을 때, 디오니시우스(Dionysius)나 키프리안 등이 보여준, 죽음이 무서워서가 아니라 교회를 위해 피신한다는 생각은 몬타누스주의자들의 주장과는 거리가 먼 것이다.

몬타누스 운동의 특징들은 다른 곳에서도 많은 사람들에게 매력을 끌었다. 비엔나와 리용의 박해 가운데서 신앙의 지조를 지켰던 고백자들은 177년 소아시아 지방의 형제들과 로마 감독에게 편지를 보내어 몬타누스주의자들을 지나치게 가혹하게 대함으로써 성령을 거슬리지 않는 것이 좋겠다는 충고를 발하기도 하였다. 제2세기 말에는 몬타누스주의가 아프리카 지방에까지 도달하였으며, 바로 이곳에서 카르타고 출신의 법률가이자 유명한 신학자였던 터툴리안(Tertullian)이 이 운동에 가담하였다. 도미니쿠스파 출신의 신학자 한 분은 언젠가 필자와 함께 터툴리안에 관해 대화를 나누면서 그처럼 이지적인 인물이 몬타누스주의와 같은 운동에 빠져들어 간 것은 기이한 일이라고 언급한 적이 있다. 물론 이 생각에도 일리가 없는 것은 아니나, 실제로 터툴리안처럼 지식과 학식이 뛰어난 인물에 어필했다면 몬타누스주의는 일반적으로 생각하는 것보다 더 가치있는 무엇을 가지고 있었는지도 모른다. 물론, 몬타누스 운동은 다른 지방으로 퍼져 나가면서 프리기아 지방에서 원래 보다 뚜렷하게 나타났던 특색들을 상실하게 됐을 것이다. 터툴리안이 매력을 느낀 것도 아마도 철저한 청교도주의가 아니었던가 싶다. 실제로 터툴리안은 보편 교회와의 교제를 끊고, 마침내 그가 일컬었던 바 "성령의 사람들"과 완전히 합류하기 수 년 전부터 그의 저술들 가운데 몬타누스주의의 영향을 보여주고 있다. 제 5세기에는 북아프리카 지방에 터툴리안주의자들(Tertullianists)이라 불리던 몬타누스주의 일파가 나타났다. 몬타누스주의는 6세기까지 프리기아 지방에 남아 있었으나, 마침내 유스티니안(Justinian,

527~565) 황제에 의해 종식되고 말았다.

　몬타누스 운동의 한 가지 부산물로서 일부 인사들은 몬타누스주의자들이 자기들의 이론의 근거로 삼았던 요한 저술의 신약성경들에 관해 의심을 품게 된다. 몬타누스주의자들의 재림에 관한 교리는 물론 요한계시록(Revelation)에 언급되어 있는 천년왕국을 문자 그대로 해석한데 기초를 두고 있었으며[16], 이 때문에 어떤 이들은 요한계시록의 권위를 부인하지 않고는 몬타누스주의자들의 교리를 부인하는 것이 불가능하다고 생각하기도 하였다. 요한계시록을 부정하는 인물들 가운데 하나는 로마 감독 가이우스(Gaius)였다. 가이우스는 당시 몬타누스주의자들의 대표자이던 프로클루스(Proclus)와의 논쟁을 소재로 하여 『대화』(Dialogue)라는 책을 남겼다. 가이우스는 요한계시록의 저자가 제1세기 말에 번성했던 이단 세린투스(Cerinthus)라고 생각했던 듯하다. 그런데 가이우스는 또한 몬타누스주의자들이 보혜사의 교리를 축출하였던 제4복음서가 과연 사도 요한에 의해 저술되었다는 사실을 부인했다고 볼 수 있는 증거가 있다. 이 문제에 관한 정보는 후기에 나타났던 두 사람의 시리아 출신 저술가로부터 얻은 것인데, 이들의 기록에 의하여 우리는 힙폴리투스(Hippolytus)가 "가이우스에 대한 반박"(Heads against Gaius)이라는 논문을 통해 제4복음서와 요한계시록의 사도적 권위를 수호한 사실을 알 수 있다. 그러나 가이우스는 제4복음서에 관한 그의 견해에 관해 그리 많은 추종자들을 얻지 못하였다. 그와 매우 흡사한 견해를 가지고 있었으나, 다른 모든 면에 있어서는 (그와 마찬가지로) 정통 교리를 유지했던 자들을 가리켜 제4세기의 저술자들은 알로고이(Alogoi)라 부른다(이는 두 가지 의미를 지닌 단어로서 매우 적합한 별명이라 할 수 있다. 알로고이는 우선 제4복음서의 서두를 장식하고 있는 로고스<logos>, 혹은 하나님의 말씀의 교리를 부인하는 자들을 의미할 수 있으며, 또 다른 로고스의 뜻인 "이성"<reason>을 지니지 못한 사람들을 의미하기도 하는 것이다). 최근의 일부 학자들은 이들에 관해 지나친 중요성을 부여한 듯하다. 내 생각에는 다음과 같은 어느 학자의 정의가 알로고이들에게 합당한 듯싶다. "나는 이들에게 가장 잘 들어맞는 이름은 가이우스와 그 일당들이라고 생각한다."[17]

---

16) 계 20:1~7.
17) 챕먼(J. Chapman), *John the Presbyter and the Fourth Gospel* (1911), 53.

제22장

신약성경들

교회가 그렇게 가르치기 때문에 예수님께서 죽음으로부터 부활한 것을 믿는다고 하는 사람과 신약성경이 그렇게 말하기 때문에 부활을 믿는다고 말하는 사람은 기독교의 최종 권위의 소재에 관해 서로 일치하지 않는 것처럼 생각될지도 모른다. 그러나 이 양자는 모두 단순한 언어로써 자기 자신들의 입장을 잘 표현한 것이라 볼 수 있으며, 이 양자들의 주장 사이에는 실제로 거의 실질적인 차이가 없음을 발견하게 된다. 첫 번째 사람이 말하는 의미는 교회가 존재하기 때문에 예수님의 부활이 진실하다는 의미일 것이다. 두 번째 사람도 역시 신약성경의 존재 때문에 예수님의 부활을 진실하게 받아들인다는 의미일 것이다. 만약 예수님께서 죽음으로부터 부활하지 않으셨다면 실제로 교회가 있을 수 없고, 또한 신약성경도 있을 수 없다. 따라서 교회와 신약성경은 그의 부활과 서로 뗄 수 없는 두 가지 긴밀한 사실이라고 볼 수 있다. 신약성경이 교회를 만든 것은 아니다. 왜냐하면 신약성경 이전에 이미 교회가 존재했기 때문이다. 그리고 "교회가 신약성경을 만든 것은 더군다나 아니다. 이 두 가지는 함께 성장한 것이다."[1] 그러나 신약성경이 나타났을 때, 교회는 이를 교회의 목적과 존재를 밝히는 헌장으로서 인정하였다.

어떤 이들은 기독교회가 유대교로부터 분리하였을 때, 유대교의 경전인

---

1) 포크스-잭슨(F. J. Foakes-Jackson), *A Histry of Church History*, 21.

구약성경을 포기하지 않은 것을 이상하게 생각할지도 모른다. 그러나 사실 기독교회는 구약성경을 단지 유대교 경전으로만 본 것은 아니었다. 교회는 유대인들이 아니라 바로 교회 자신이 율법과 선지자들의 진정한 후계자들이라고 생각하였다. 왜냐하면 그리스도야말로 율법과 선지자들의 진정한 완성이었기 때문이다. 바로 이와 같은 신앙 때문에 구약은 참으로 높은 권위를 가질 수 있다. 다름 아닌 주님 자신이 스스로를 가리켜 구약성경의 성취라고 하지 않았는가? 그뿐 아니라 예수 그리스도는 이러한 구약성경들을 참으로 경외하였다. 어떤 문제에 부딪칠 때면 구약성경을 근거로 이를 밝히곤 하였던 것이다. 예수님은 또한 구약성경을 마치 일용할 양식처럼 삼았다. 그가 영적 위기의 한 순간에 "사람이 떡으로만 살 것이 아니요 하나님의 입에서 나오는 모든 말씀으로 살 것이니라"[2]고 선언하였을 때, 이는 주님 자신의 진정한 경험의 진실성을 증명하는 것이었을 뿐 아니라 구약성경으로부터 직접 인용된 용어를 사용한 것이다. 하나님의 말씀은 그러한 경전 속에 포함되어 있어서 그 생애의 진정한 생명의 양식을 이루고 있다. 사도들 역시 주님의 전철을 따를 수밖에 없었다. 주님께서 구약성경의 기록을 성취시키신다고 주장하였던 것과 마찬가지로 이들은 주님의 선언을 계속 유지하였는데, "저에 대하여 모든 선지자도 증거하되 저를 믿는 사람들이 다 그 이름을 힘입어 죄 사함을 받는다 하였느니라"[3]라는 것이다. 또한 사도들은 그들의 저술들 가운데 자신감을 가지고 그들의 주님(Lord)에 의해 명백히 안정된 권위를 가진 구약성경들을 인용하였던 것이다. 사람들은 교회가 구약성경을 얼마나 높은 권위를 가진 성경으로서 받아들였는지 가끔 의식하지 못할 때가 있는 듯하다. 그러나 이 권위는 언뜻 보기에는 처음에 교회가 신약성경에 부여한 권위보다도 오히려 더 큰 것처럼 보이게 할 지경이다.

   만약 교회가 구약성경을 주로 그리스도 자신의 권위에 의해 받아들였다면, 이는 곧 그리스도의 권위야말로 가장 높은 지존의 것이었기 때문이다. 기독교 신자라면 이에 대해 아무런 의심이나 이의를 제기할 수 없을 것이다. 그리스도의 말씀은 모든 그의 신자들을 구속하는 것이다. 그는 그 옛날 하나님의 대언자로서 하나님의 백성 가운데 나타났던 모든 예언자들의 뒤를

---

2) 마 4:4(눅 4:4)로서 이는 신 8:3을 인용하고 있다.
3) 행 10:43.

제22장 신약성경들

직접 이었을 뿐만 아니라 이보다 중요하게는 그리스도야말로 메시아 자신으로서 예언자들의 주님이요, 하나님의 아들이며, 하나님의 말씀의 성육신이다. 그리고 또한 그는 사도들을 자신의 대리인으로서 지명하였으므로 그의 이름을 좇아 말하고 행동해야 하는 사도들은 자신들의 권위를 수행할 때, 그들을 보낸 주님의 권위를 나누는 것이다. 따라서 대부분의 초기 그리스도인들에 있어서 주님과 그의 사도들은 율법과 예언자들의 권위와 함께 최고의 권위를 지니고 있었는데, 주님의 권위는 직접적인 것이었고 사도들의 그것은 간접적인 것이다.

제1세기 기독교 시대를 통해 사도들의 증거는 단지 말로써 뿐만 아니라 여러 가지의 경우에 서면으로써 전달된다. 사도들은 물론 자기들이 가르쳐야 하는 신도들과 함께 있을 때 구두로 교훈을 베풀었으나, 자기들이 직접 현장에 있지 못할 때, 필요에 따라서는 서신에 의해 그들의 교훈을 전달하였다. 예를 들어서, 바울이 에베소에서 고린도교회의 상태를 보고 즉각 이 문제를 해결해야겠다고 생각되자, 그는 우리가 현재 고린도전서(the First Epistle to the Corinthians)라고 부르는 편지를 발송했던 것이다. 그리고 그 후, 그가 고린도에 있으면서 로마를 방문할 예정 가운데 로마 교인들에게 자기의 도착을 준비시키고자 하였을 때도 그가 이해한 복음의 개요를 또한 이들에게 보내었는데, 이것이 곧 로마서(the Epistle to the Romans)이다. 이리하여, 제1세기 60년대에는 바울이 작성한 몇 개의 편지와 다른 사도들의 몇몇 편지들이 여러 개인과 교회에 소장되어 있다.

예수님께서 승천하신 직후에는 물론 예수님의 생애를 서면으로 기록해야 할 필요가 그다지 시급한 것은 아니었다. 그의 생애와 승리를 직접 목격한 증인들이 생존해 있어서 이를 직접 전해주는 것으로 만족할 수 있다. 그러나 시간이 흘러감에 따라 오순절(Pentecost)로부터 약 30년이 가까워지자 이러한 직접 목격담을 전해주는 존재들이 점차 희귀해지기 시작한다. 바로 이때쯤, 로마 그리스도인들은 베드로의 동역자이자 통역자이었던 마가(Mark)를 초대하여, 베드로가 그의 설교의 주제요 소재로 삼았던 그리스도의 사역과 고난을 영구히 보존할 수 있는 기록으로 남겨주도록 부탁하였다. 이보다 약간 이른 시기에 그리스도의 교훈들을 담은 문집들이 또한 그 형태를 갖추어 가고 있다. 이러한 기록들은 누구든지 이를 소유하고 보존하고자 하는 개인들과 공동체들을 통해 소장된다. 이에 따라 복음에 관한 마가의 기록이 나타난 후 얼마 지나서, 의사이자 바울의 선교여행 동역자였던 누가(Luke)가 목격자들의 증언들을 토대로 하여 기독교회의 역사를 그 시초로부터 정확하고 질서있게 기록하기 시작하였는데, 이것이 곧 현재 우리가 가지고 있는 2부의 역사서 누가복음과 사도행전이다. 또한 시리아 지방에서도 이곳 유대인 기독교 공동체들에 의해 보존된 몇몇 특징있는 소재들을 포함하면서도 이방인들에 대한 설교에 특히 중점을 둔 복음서가 나타났다. 이것이 곧 마태복음(Gospel according to Matthew)이다. 또한 제1세기 말엽 에베소에 또 다른 복음서의 기록이 출현하였는데, 이 작품은 (이 기록의 맨 마지막에 첨가된 당시의 증언에 의하면) "예수님께서 사랑하셨던 제자에 의해 쓰인 것"이라 한다. 우리는 이 인물이 사도들 중 마지막까지 생존하였던 요한이라고 생각한다. 요한은 이리하여 사람들의 등불이었던 한 생애에 관한 그의 회상과 명상을 마침내 기록으로 남겼던 것이다. 레이븐(Raven) 박사는 이 제4복음서에 "성육하신 사랑에 관한 사랑의 기록"이라는 참으로 적절한 명칭을 붙였다.[4]

그러나 우리가 언급한 여러 가지 기록들이 흩어져 있는 한 우리들은 진정한 의미에서의 신약성경을 말할 수 없다. 물론, 이 모든 문서들은 이를 받는 이들에게 권위있는 것으로 받아들여졌을 것이다. 또한 이것들이 예수님의 말씀과 행적에 관한 진실한 기록이라는 것을 의심할 여지없다. 이 기록들은 사도들의 설교와 교훈들을 서면으로 옮겨놓은 것으로서 이에 따라 주님 자신의 특별한 권위를 영속화시킨 형태였다. 바울이 고린도교회에 "만일 누구든지 자기를 선지자나 혹 신령한 자로 생각하거든 내가 너희에게 편지한 것이 주의 명령인줄 알라"[5]고 하였을 때, 그는 그의 명령이 문자 그대로 받아들여질 것을 기대했을 것이다. 또한 실제로 그의 이러한 명령은 바울의 뜻대로 받아들여졌다. 비록 고린도교회 내에는 바울의 권위를 인정하기를 거부하는 요소들이 약간 있기는 하였는데, 결국은 이들까지도 순종하였다. 이들이 바울의 서신들을 보존하였다는 사실 자체가 이 서신들이 갖고 있는 그리스도의 사신의 지시가 포함하는 특별한 성격을 인정했다는 증거이다. 그러나 이러한 각개 문서들의 권위에 대한 개별적 인정은 정경(canon), 즉 성경으로서

---

4) 레이븐(C. E. Raven), *Jesus and the Gospel of Love* (1931), 227.
5) 고전 14:37.

의 권위를 가지는 목록에 관한 일반 보편적인 인정과는 다른 것이다. 물론, 초대교회는 구약경전을 정경으로서 인정하고 있었으나, 우리들은 이제 어떻게 개별적인 사도들의 기록이 함께 모아져서 현재 우리들이 흔히 말하는 신약성경을 구성하게 되었는가를 추적해 보자는 것이다.

제1세기 말엽에 바울이 남긴 저술들을 수집하고자 하는 움직임을 볼 수 있다. 이러한 바울의 저술들은 완전히 그의 서신들로서 구성되어 있다. 왜 이러한 움직임이 생겼는지는 확실히 알 수 없으나, 그 중 가장 가능성이 있는 것으로서는 90년경 사도행전(Acts of the Apostles)이 보다 널리 알려졌다는 것이다. 아마도 누가가 쓴 2부작의 기독교 역사는 60년대에 로마에서 써진 것으로 보인다. 그러나 로마교회나 혹은 다른 도시에 있던 교회들을 위한 것이라기보다는 오히려 식자층들을 대상으로 써진 것으로 보이는데, 그 중에서도 이 기록들이 헌정되어진 "데오빌로 각하"(most excellent Theophilus)는 그 중 대표적 인물이다. 또한 이들은 바울이 가이사에게 항소한 결과 제국의 대법원에 출두하게 되었을 때, "재판 증거용 서류들" 중 하나로서 제출되었다는 의견도 있다. 그러나 제1세기 말에는 이들이 교회들 사이에 널리 유포되었으며, 이에 따라 바울의 성품과 행적에 대한 강한 관심이 다시 일어나게 된 것으로 보인다. 교회 지도자들은 바울에 의해 써진 편지들이나 혹은 다른 저작들을 찾기 위해 교회의 서류 보관소를 뒤지기 시작하였으며, 또한 다른 교회들에 편지를 보내어 바울 서신이 혹시 남아 있는가 수소문하게 된다. 이에 따라 바울 문집, 혹은 바울 전집(Pauline corpus)의 형성이 시작된 것이다.

예를 들어 우리들은 95년경, 당시로서는 바티칸 도서관이라 할 수 있는 로마의 어느 책장 안에 바울이 로마에 보낸 편지 뿐 아니라 고린도교회에 보낸 첫 번째 편지와 그 밖에 한두 가지 서신들이 포함되어 있음을 알고 있다. 이 가운데는 역시 로마와 깊은 관련이 있던 히브리서와 로마로부터 쓰인 베드로전서, 그리고 일부 복음서, 흔히 셉투아진트(Septuagint, 70인역)라 불리던 구약의 헬라어 사본도 포함되어 있다. 클레멘트가 95년 로마 교회를 대표하여 고린도교회에 발생한 분파주의에 대해 훈계하였을 때 그는 다음과 같이 말하고 있다.

축복받으신 사도 바울의 편지를 생각해 보라. 그대들 성도로서의 생활 초기에 그가 무엇에 관해 가장 먼저 쓰셨는가? 그는 자신과 게바(베드로)와 아볼로에 관해 영감있는 훈계를 주시지 않았는가? 왜냐하면 이미 그 때부터 그대들은 교회 안에 당을 짓고 있었기 때문이다.[6]

이로 볼 때, 클레멘트가 고린도전서의 사본을 소유하고 있었거나, 그 내용을 알고 있었던 것이 분명하다. 그런데 클레멘트는 당시에는 고린도후서의 사본은 아직 모르고 있었던 것 같다. 왜냐하면 만약 그가 이를 알고 있다면, 그가 가장 적절하게 이용할 수 있는 부분들이 그 서신 안에 포함되어 있기 때문이다. 물론, 우리는 이 점을 증명할 수는 없다. 또한 클레멘트가 고린도전서를 언급했기 때문에 고린도교회가 바울의 다른 서적들을 추적, 발굴하기 시작하였으며, 이 결과 바울이 남긴 서신들의 다른 두 세 부분들을 발견함으로써 그들을 뜯어 맞추어 우리가 현재 알고 있는 고린도후서를 편집했다는 것도 역시 증명할 수 없는 일이다.

어쨌든 바울의 서신들을 수집하는 작업은 성실하게 수행된다. 교회들은 1세기 말 경에는 이미 바울 서신들 중 한 두 개가 아니라 최소한 열 개가 포함된 바울 문집(corpus Paulinum)을 소유하고 있었던 것으로 보인다. 그 후 얼마 안 되어 세 서신들이 더 포함되었는데, 즉 흔히 목회 서신서로 불리는 디모데와 디도에게 보낸 편지들이다.

제1세기 말엽에는 또 다른 기독교 저술들의 문집이 형성되어 교회들 가운데 유포되기 시작한다. 이것이 곧 사복음서들이다. 마가복음은 처음 로마에서 발행되었으며, 마태복음은 시리아와 팔레스타인 교회들 가운데서, 요한복음은 에베소교회에서 각각 발행된다. 누가복음은 일반 대중들을 위해 발행되자마자 보다 널리 유포되었던 것으로 보인다. 그런데 제2세기로부터는 보편 교회가 다른 복음서들이 아니라 이 네 가지 복음서들만을 사용한 것을 볼 수 있다. 이레니우스 시대(180년)에는 이 사대복음서가 정통 그리스도인들에게 있어서는 마치 동서남북 사방과 마찬가지로 부정할 수 없는 사실로서 받아들여지고 있다. 다른 복음서들도 한동안 여기저기에서 나타났는지도 모른다. 그러나(일반적으로 말해서) 우리들이 알고 있는 사복음서만이 1세기부터 받아들여지고 있다. 그런데 요한복음이 발행된 직후, 에베소에서 사복음서들이 함께

---

[6] 1 Clement 47:1~3.

수집, 편찬되었다는 견해에 대해서는 무언가 첨가해 둘 말이 있다.[7]

우리가 아는 바대로 170년경에는 한때 저스틴 마터의 제자로서 로마에 체류했던 적이 있는 앗시리아 지방 출신의 기독교인 타티안(Tatian)이 최초의 복음 대조서를 작성하였는데, 이 작품은 흔히 헬라어 제목 그대로 『디아테사론』(Diatessaron)이라고 알려지고 있다.[8] 그 후도 많은 사람들이 정경에 포함된 사복음서의 내용들을 한 개의 일관성 있는 이야기로서 서술하기 위한 작업을 계속하였다. 1935년도 대영 박물관(British Museum)에 의해 발행된 일부 파피루스의 조각들 역시 사람들에게 복음서의 교훈들을 가르치기 위해 작성된 지침서의 유물인 듯하다. 이는 제2세기 전반에 쓰인 것으로서 누군가 사복음서에 통달하고 있던 사람의 작품으로 보인다.[9] 이러한 기록들과 또 다른 저자들이 사복음서를 사용한 것을 보면, 이미 당시에는 사복음서들이 그리스도에 관한 사도들의 목격담 혹은 증인으로서 특별한 권위를 가지고 받아들여진 것으로 보인다. 따라서 제2세기 초에 복음서 문집(Gospel collection)이 등장했던 것으로 밖에 볼 수 없다. 실제로, 안디옥의 이그나티우스가 115년경 "복음서"(the Gospel)를 권위 있는 저술로서 지칭하였을 때, 그는 우리가 아는 바 사복음서를 가리켰던 것으로 생각되고 있다.[10] 따라서 제2세기 초에는 두 가지 권위있는 기독교 문집들이 존재하게 된다. 하나는 "복음서"(the Gospel)라고 불렸으며(그 안에 소제목으로서 "마태에 의한 복음," 또 "마가에 의한 복음" 등이 붙여져 있다), 또 다른 하나는 바울 문집으로서 한꺼번에 "사도서"(the Apostle)라고 불렸다(소제목으로서 "로마인들에게," "고린도에게 보내는 첫 번째 서신"등이 붙여져 있다).

이제 사복음서가 한데 모이게 되었다는 것은 곧, 기독교의 시원에 관한 누가의 역사 중 제1부(우리에게 전해진 제 3복음서)가 제2부(우리들이 가지고 있는 사도행전)으로부터 분리되었던 것을 의미한다. 제1부는 이제 사복음서 가운데 하나로서 포함되었으며, 제2부는 독자적으로 존재하게 된다. 아마도 일종의 사본학적 수정이 제1부의 말미와 제2부의 초두에 가해진 것도 이때쯤이

---

7) Cf. 그레고리(C. R. Gregory), *Canon and Text of the New Testament* (1907), 131 ; 굿스피드(E. J. Goodspeed), *New Chapters in New Testament Study* (1937), 39ff.
8) 제29장을 보라.
9) *Fragments of an Unknown Gospel*, ed. 벨(H. I. Bell) and 스킷(T. C. Skeat).
10) Cf. 사우터(A. Souter), *Text and Canon of the New Testament* (1912), 161.

아닌가 한다. 예를 들어 "저희를 떠나 하늘로 올리우시니"라는 구절이 제1부 끝에서 두 번째 문장에 첨가됨으로써 승천에 관한 묘사를 보다 부드럽게 만들었으며(원래 누가는 제2부에서만 승천을 다룬 것으로 보인다), 이에 따라 제2부 첫 문장에도 "승천하신 날까지의"라는 표현이 첨가되어 제1부에 연결시키기 쉽게 하였다. 그러나 제2부는 제1부로부터 분리된 이후에도 그 중요성을 잃어버린 것은 아니었다. 실제로 오히려 이는 "복음서"(the Gospel)와 "사도서"(the Apostle)를 서로 연결시켜 이 두 서적들이 완전히 별개의 문집들로서 유포되지 않도록 하는데 가장 결정적인 역할을 하였던 것이다. 누가가 기록한 역사서의 제2부는 자연스럽게 "복음서"의 후편으로서 연결되었으며(특히, 복음서들 가운데 한 책의 저자가 이를 함께 저술하였다는 것이 큰 영향을 미쳤다), 동시에 "사도서"에도 연결된다. 사도행전이야말로 사도서가 보다 잘 이해될 수 있도록 역사적인 배경을 제공할 뿐 아니라 또한 바울이 그의 서신들 가운데 표현하고 있는 사도로서의 권위를 가장 설득력 있게 뒷받침하는 증거가 되었기 때문이다. 따라서 사도행전은 이 두 개의 문집들을 함께 연결하는 유대가 됨으로써 신약성경의 출현에 가장 중요한 역할을 담당하였으며, 이에 따라 새로운 정경의 결정적인 부분이 된다.

교회는 이리하여 제2세기 중반 직전에 이미 구약경전과 같은 권위로서 받아들여질 기독교 서적들의 문집을 형성하는데 큰 진보를 보이고 있었으나, 또한 바로 이때 이러한 진보를 더욱 가속시키고, 그 이전보다 훨씬 더 정확성을 기하도록 만든 사건이 발생하였던 것이다.

말시온과 그 이후

140년경 소아시아 지방 출신이던 말시온(Marcion)이라는 자가 로마교회를 방문하였다. 그는 이미 자기의 출신지에서 일부 교회 지도자들과 함께 교리 논쟁을 벌인 바 있다. 그는 로마교회의 장로들에게 자기의 독특한 주장을 소개하였으며, 로마 장로들이 이를 받아들이기를 정면으로 거부하자 말시온은 이들과 교제를 끊고, 자기 스스로의 교회를 따로 형성하였다.

말시온의 생애와 그의 교훈에 관하여는 이후에 좀 더 자세히 다룰 것이다.[1] 여기서는 단지 그가 구약의 권위를 전적으로 부인하였다고 기록하는 것으로 족할 듯하다. 그는 다른 사도들과 그들의 추종자들이 예수님의 순수한 교훈들을 이들의 옛 유대교적 신앙과 혼합함으로써 오염시켰다고 주장한다. 그는 실제로 예수님 자신이 구약의 권위를 인정하기는커녕 오히려 구약의 하나님(God of the Old Testament)의 굴레로부터 인간을 해방시키고, 예수님께서 아버지(Father)라고 부르던 보다 뛰어난 선과 지비의 하나님을 제시하고자 하였다고 주장한다. 그러나 이러한 예수님의 원래 가르침이 유대주의자들의 조작으로 인해 복음서 기록 가운데 가리어져 있다는 것이다. 예수님의 순수한 가르침으로부터 떠나지 않았던 유일한 사도 바울의 저술들마저도 역시 유대주의자들에 의해 수정되었으므로, 이를 진정한 원문대로 복구시키기 위해서

---

1) 제25장을 보라.

는 말시온이 재수정을 가할 수밖에는 없다는 것이다. 말시온은 이에 따라 이미 파기된 구약정경을 대체할 성경의 정경 목록을 작성하였다. 이 새로운 정경은 두 부분으로 구성되어 있다. 하나는 "복음서"(the Gospel)라고 불렸는데 그 내용은 누가복음을 말시온이 자기의 주장에 맞도록 수정한 것이었으며, "사도서"(the Apostle)라 불린 두 번째 부분은 바울의 첫 번째 열 개의 서신들을 이와 유사하게 수정한 것들이다.

로마교회를 비롯한 다른 교회들은 이와 같은 말시온의 행위들을 정통 교회에 대한 도전으로 받아들일 수밖에 없었다. 만약, 이들 교회들이 말시온의 정경을 옳지 못한 것으로 부정한다면, 진정한 정경을 대신 보여주어야 할 필요성을 느끼게 된다. 그 결과, 이러한 반말시온적 시대부터 보편 교회 측에서는 구체적으로 기독교 정경을 정의하는 주장들이 나타난다. 그러나 이는 보편 교회 지도자들이 이미 상당한 정도로 결정되어 있던 정경을 가지고 있지 못하다는 의미는 물론 아니다. 실제로 일부 영지주의자들까지도 신약성경의 정경의 범위에 관해서는 상당한 정도로 동의하고 있다. 따라서 터툴리안의 기록에 의하면,[2] 말시온과 같은 시기에 속했던 영지주의자들의 지도자 발렌티누스(Valentinus)는 보편 교회에 의해 인정된 것과 일치하는 정경을 사용하고 있었는데, 이는 물론 말시온의 그것보다 훨씬 더 광범위한 것이다. 이러한 터툴리안의 증언은 최근 발견된 발렌티누스적 "진리의 복음"(Gospel of truth)에 의해 증명된다. "140~150년경에는 현재 우리가 가진 신약성경과 실질적으로 동일한 신약성경들이 로마교회에서 권위있는 것으로 받아들여지고 있다."[3]

말시온에 대항한 보편 교회들의 입장은 일반적으로 다음과 같은 것들이다. 우리들은 구약성경을 부인하지 않는다. 그리스도께서 이들을 성취시키고 그의 권위로써 인정하셨으므로 받아들일 수밖에 없다. 새로운 시대의 신적 권위를 갖는 경전은 구약경전을 대체하는 것이 아니라 이와 나란히 존재하는 것이다. 이러한 책들 가운데, 우리가 인정하는 "복음서들"(the Gospels)은 단지 한 개의 복음서뿐만 아니라 말시온이 훼손된 형태로서 발행한 것의 진정한 원형을 포함하여 4가지로 이루어지고 있다. "사도서"(the Apostle)는 바울

---

[2] *Prescription*, 38.
[3] 반 운닉(W. C. van Unnik), in *The Jung Codex* (ed. F.L. Cross, 1955), 124.

서신 가운데 단지 10개만이 아닌 13개를 포함하는 것으로서 우리는 인정한다. 또한 이 가운데는 바울 서신들 뿐만 아니라 다른 사도들의 서신들도 포함되어 있다. 이들은 또한 "복음서"와 "사도서"를 함께 연결하는 누가의 제2부 역사서에 특별한 초점을 맞추었다. 말시온은 이를 그의 정경 속에 포함시키지 않았다. 왜냐하면 이 기록은(이미 우리가 본 바와 같이) 바울의 진정한 사도적 위치를 증명하는 반박할 수 없는 증거를 제시할 뿐만 아니라 또한 다른 사도들의 사도적 위치까지도 증명하기 때문이다. 기독교 정경 안에서 가지는 이 기록의 결정적인 기록은 과거보다 훨씬 더 그 진가를 인정받았으며, 그 기능은 특히 "복음서"와 "사도서" 사이의 위치 때문에 더욱 강조된다. 이 기록이 그 때부터 "사도행전"(The Acts of the Apostles)으로 불린 것은 거의 의심의 여지없는 사실이며, 또한 당시 어느 기록은 이를 말시온파의 주장에 더욱 노골적으로 대항시키기 위해 "모든 사도들의 행전"(The Acts of all the Apostles)이라고 부르고 있다.

"사도행전"이라는 명칭은 반말시온주의적 반동의 일부로서 사복음서를 위해 작성된 일부로서 일련의 서문들 가운데 처음 등장한다. 이 서문들은 복음서들에 붙인 반말시온주의적 서문들(Anti-Marcionite Prologues to the Gospels)이라고 알려지고 있는데, 이들은 사복음서 모두를 정경으로 인정해야 하는 이유를 확립하기 위해 작성된다. 이들은 원래 2세기 제4분기 초 헬라어로 쓰였다. 그 중 마태복음의 서문은 사라졌으며, 마가와 요한복음의 서문들은 라틴어 번역판만이 남아 있고, 누가복음의 서문은 라틴어 번역판 뿐 아니라 헬라어 원어 본문이 그대로 보존된다.

마가복음 서문은 전체가 완전히 남아 있지 않으나 이 중 남아있는 부분은 다음과 같다.

> … 몸의 선체 균형에 비해 손가락이 짧았기 때문에 흔히 "뭉당 손가락"(Stump-fingered)이라 불리던 마가는 주장하였다. 그는 베드로의 통역이었으며, 베드로가 세상을 떠난 후에는 이탈리아의 여러 지방에서 이 복음서를 기록하였다.

마가복음에 관한 이 기록은 파피아스(Papias)의 주장에 근거한 것이다. 파피아스는 제2세기 초 프리기아 지방 히에라폴리스(Hierapolis)감독이었으며, 『주님의 예언에 관한 해석사』(An Exposition of the Dominical Oracles)라는 제목의 5부작을 편집하기도 하였던 인물이다.[4] 그런데 마가가 "몽당 손가락"이라 불렸다는 정보는 현재 남아있는 파피루스 기록에는 남아있지 않다.[5] 그 별명은 우리가 인용한 서문에서 나타난 바로 그 이유 때문에 생겨난 것인지도 모른다. 최근에는 겟세마네 동산에서 예수님께서 체포되시던 밤 그의 손가락들이 칼날에 잘렸다는 주장도 나타났다.[6]

그러나 이러한 별명은 원래 마가 자신에게가 아니라 그 끝부분이 잘린 것처럼 보이는 그의 복음서에 붙어진 것일 수도 있다.[7] 마지막 경우가 사실이라면 서문을 작성했던 이는 그 별명의 의미를 완전히 깨닫지 못했었다고 볼 수 있다. 다음에는 누가복음의 서문을 살펴보자.

누가는 시리아 안디옥 출신으로서 직업은 의사였으며, 사도들의 제자였다. 그 후 그는 바울이 순교하기까지 그와 동행하였으며, 아내나 자식들이 없었기 때문에 전심으로 주를 섬길 수 있었다. 그는 84세에 성령이 충만한 가운데 배오티아(그리스의 한 지방, Baetia)에서 죽었다. 그 복음서들이 이미 기록된 후 – 마태복음은 유대 지방에서, 마가복음은 이탈리아 지방에서 – 누가는 아가야(Achaia) 지경에서 성령의 영감에 의해 이 복음서를 기록하였다. 그는 서두부터 자기 이전에 이미 복음서들이 작성되었음을 밝히고 있다. 그러나 자신 역시 이방인 신도들을 위하여 정확하고도 완전한 기록을 남겨야 할 사명감을 느꼈음을 또한 밝히고 있다. 그 목적은 한편으로는 유대인들의 우화에 넘어가지 않고 다른 한편으로는 이단적이고 헛된 이야기들에 의하여 속임을 받아 진리로부터 벗어나지 않도록 하기 위함이다. 따라서 누가는 그 처음부터 요한(세례 요한)의 출생 이야기를 가장 중요한 복음서의

---

4) 제28장을 보라.
5) Hippolytus, Heresies, VII, 18에 나타난다.
6) 막 14:15f를 보라: Cf. 로버트슨(J. A. Robertson), *The Hidden Romance of the New Testament* (1920), 35. 원래 전해지던 전설은 제사장직을 맡지 않기 위해 스스로 엄지손가락을 잘라냈다는 것이었다.
7) 현재의 증거로는 막 16:8 이후에 어떤 내용이 있었는지 알 수 없다(현재 붙어있는 9~20은 다른 데서 갖다 붙인 것이다). 또한 원래 복음서가 16:8에서 끝난 것인지, 말미가 멸실된 것인지 등도 논란의 대상이 되고 있다.

일부로서 기록하고 있다. 왜냐하면 요한은 우리 주님의 길을 예비하는 자였을 뿐 아니라 복음의 준비과정과 세례를 베푸는 것과 성령의 교제에 의해 복음의 시작을 표시하고 있기 때문이다. 이러한 요한의 사역은 12선지자들 가운데 하나에 의해 예언되고 있다.[8] 이후, 누가는 역시 사도행전을 기술하였다. 이보다 후에 사도 요한은 밧모(Patmos)에서 그의 계시록을, 그 후 다시 아시아 지방에서 복음서를 각각 기록하였다.

누가가 아가야 지방에서 그의 복음을 편찬하였다는 주장은 아마도 다른 두 공관복음서들이 각각 유대 지방과 이탈리아에서 편찬된 사실을 보고 공관복음서들 가운데 하나를 헬라 출신 그리스도인들에게 할당하고자 했던 의도의 소산이었는지도 모른다. 이 서문의 반말시온적인 강조점은 말시온이 세례 요한의 탄생과 사역을 누가복음으로부터 완전히 삭제해버렸다는 사실을 생각해 볼 때 명백해진다. 세례 요한에 관한 기록은 말시온이 부정하였던 구약의 기록과 너무나도 밀접하게 관련되어 있기 때문이다. 또한 최초로 나타난 "사도행전"이라는 제목에 관한 언급은 말시온이 이 기록을 그의 정경으로부터 삭제했으며, 동시에 보편 교회가 이를 포함시키는데 부여했던 중요성을 생각하면, 그 중요성을 상기시킨다. 사도 요한에 관한 언급은 특히 요한복음에 첨부된 반말시온적인 서문에 의해 더욱 강조되었는데, 그 내용은 서문들 가운데서도 특히 흥미를 끄는 부분이라 할 수 있다.

요한복음은 요한의 사랑하는 제자 히에라폴리스 파피아스가 그의 5권으로 된 주석서들 가운데 밝히고 있는 바와 같이 사도 요한이 아직 살아있을 때 발행되어 교회에 주어졌다. 파피아스는 요한이 부르는 대로 정확히 이 복음서를 기록하였다. 그러나 사도 요한은 이단자 말시온의 주장을 들어본 후, 이를 완전히 부인하였다. 말시온은 본도(Pontus)에 거주하는 형제들로부터 기록들과 혹은 편지들을 요한에게 가져온 바 있다.

바로 여기에 각종 난제들이 자리 잡고 있다. 이 서문이 지금까지 전해지고 있는 유일한 형태인 라틴어 판은 여러 부분에서 원문과 일치하지 못하는 것

---

8) 이는 곧 "소" 선지서들을 가리킨다. 현재의 언급은 말라기 3:1이다.

으로 보인다. 이러한 상이점들 가운데 하나는 우리들이 이미 암암리에 "그의 다섯 권으로 된 주석서"라고 해석되어진 구절 가운데서 교정하였다. 그러나 여기서 이러한 잘못이 왜 생겼는가 하는 것과 또 왜 수정이 가해져야 하는가 하는 것을 쉽게 알 수 있다. 이 구절은 아마도 위에서 이미 얘기한 다섯 권으로 된 "주님의 예언의 해석서"를 가리키는 것이다. 서문이 주장하는 바와 같이 파피아스는 실제로 사도 요한의 제자였는가? (우리들과는 달리) 파피아스의 작품을 완전히 알고 있었고, 또 이를 사용했던 이레니우스는 그렇다고 말한다. 파피아스의 지능을 얕잡아 보았으며, 그의 종말론적 견해를 싫어했던 유세비우스 역시 그 사실을 인정하고 있다. 파피아스는 폴리캅과 동시대인으로서 아마도 70~150년 사이에 살고 있었으므로, 그 주장을 연대적으로 불가능하다고 판정할 수 없었으므로, 우리 역시 이 사실을 인정하는 것이 옳을 것이다. 또한 파피아스는 실제로 사도 요한의 서기 역할을 했는가? 이 역시 가능한 일이기는 하나 아마도 이 부분에 관한 서문은 파피아스 자신이 아니라 "그들"(요한의 제자들)이 요한이 부르는 대로 복음서를 받아썼다고 기록하였던 파피아스의 주장을 잘못 읽은데 기초하고 있는 것으로 보인다. 그렇다면 말시온에 관한 언급은 어떻게 받아들여야 할 것인가? 그는 과연 사도 요한과 동시대에 생존하였는가? 만약 우리가 이 때쯤 에베소에 거주하던 두 사람의 요한들, 즉 사도 요한과 장로 요한(John the elder)을 구별하여 이 서문에서는 후자를 가리킨다 하더라도(실제로 이렇게 추론할 근거도 없으나),[9] 과연 이단으로서의 말시온의 생애가 장로 요한의 생애와 겹칠 수 있겠는가? 아마도 그렇지 못할 것이다. 따라서 서문에 나타나는 이 기술은 파피아스가 잘못 읽은 것으로 생각되며, 말시온이 그의 고향 본도로부터 히에라폴리스에 도착하였을 때, 사도 요한이 아니라 파피아스 자신인 것으로 우리는 추론할 수밖에 없다(또 다른 기록에 의하면,[10] 말시온이 서머나의 폴리캅에게 자기를 모르는가하고 물었을 때, 폴리캅은 "내가 당신을 알지. 이 사단의 장자같은 놈아!"라고 반박했다는 것을 볼 수 있다). 이에 따라 우리들은 이 서문의 작자, 혹은 이를 옮겨적은 필사자가 어딘가 지적으로 부족한 인물이었다는 결론을 내릴 수밖에 없다. 그러나 어리석은 자들의 실수를 통해 기록의 원래의 형태를 추적하는

---

[9] 누가복음에 대한 반말시온적 서문은 전도자 요한과 사도 요한을 동일시하고 있다.
[10] 이레니우스(Irenæus), *Against Haresies*, III, 3:4.

것이 사실은 영만한 자가 자기가 진리라고 믿는 바에 보다 일치시키기 위해서 "수정한" 부분의 원래 형태를 찾아내는 것보다는 용이하다. 물론 말시온 및 모든 그의 작품이 모든 믿을만한 사람들에 의하여 부정되었다는 것을 명백하게 보여주기 위한 갖은 노력들이 경주되었던 것이다. 이러한 복음서 서문들처럼 노골적인 반말시온적인 색채를 과시하고 있는 것은 아니지만, 또 다른 반말시온적 반동의 산물이라 볼 수 있는 것은 제2세기 말 경 로마에서 받아들여진 정경을 대변하는 것으로 보이는 신약성경의 목록이다. 이 목록은 1740년 뮤라토리(L. A. Muratori)에 의해 발견됨으로써 흔히 뮤라토리안 정경(Muratorian Canon)이라고 불린다. 이는 라틴어로 기록되어 있는데, 원래는 헬라어로 쓰였다. 이 목록은 첫 부분이 소멸되고 없는데, 남아있는 부분은 누가복음을 제 3복음서라고 부르고 있으므로, 원래는 마태복음과 마가복음이 각각 제1, 제2복음서로서 불렸다고 생각하는 것도 크게 잘못된 것이 아닐 것이다. 현재 남아있는 부분을 옮겨보면 다음과 같다.

　… 그러나 그는 이들 중 몇몇과 같이 있었으며, 이리하여 기록하였다. 즉 제 3 복음서(누가에 의한 복음서)는 예수님의 승천 이후 바울이 그를 제자이자 여행의 동역자로서 함께 데리고 갔을 때 의사 누가에 의해 기록되게 된 것이다. 그는 직접 우리 주님을 본 일은 없다. 그리하여 누가는 이 모든 일들의 시작으로부터, 즉 〔세례〕 요한의 탄생으로부터 이야기를 시작한다. 복음서 중 네 번째 것인 요한복음은 제자 중의 하나에 의해 쓰였다. 그의 동료 제자들과 감독들이 권하였을 때, 그는 말하기를 "오늘로부터 시작하여 사흘 동안 나와 함께 금식한 후 누구든지 계시를 받으면 서로에게 알려주기로 하자"라고 하였다. 바로 그 날 밤, 사도 중의 하나였던 안드레가 계시를 받았었는데, 즉 요한이 모든 이야기를 우선 서면으로 기록한 후 그들이 다시 이를 개정해야 한다는 것이다. 따라서 여러 복음서들은 그 쓰이게 된 모습과 시초는 달랐으나, 모든 신자들의 신앙으로 볼 때 아무런 다름이 없었는데, 왜냐하면 한 성령님께서 〔주님의〕 탄생, 그의 고난, 그의 부활, 그가 제자들과 나누었던 대화들, 그리고 그의 이중적인 오심 - 아무런 명예없이 나타나신 그의 초림과 왕적인 권능과 영광 속에 다시 오시는 그의 재림 등을 기록하도록 역사하셨기 때문이다. 따라서 요한이 그의 서신 가운데 다음과 같이

주장하는 것이 당연한 것이다. "태초부터 있는 생명의 말씀에 관하여는 우리가 들은 바요 눈으로 본 바요 주목하고 우리 손으로 만진 바라 이 생명이 나타내신 바 된지라 이 영원한 생명을 우리가 보았고 증거하여 너희에게 전하노니."[11] 왜냐하면 이 말들을 통하여 그는 단지 목격자요, 들은 자일 뿐만 아니라 또한 주님의 모든 기적, 기사들을 질서있게 기록하였음을 밝히고 있기 때문이다. 그 후, 모든 사도들의 행적은 한 책 속에 기록된다. 누가는 "데오빌로 각하"(most excellent Theophilus)에게 자기의 면전에서 벌어진 여러가지 사건들을 전하고 있다. 그는 로마로부터 스페인을 향해 간 바울의 여행 뿐 아니라, 베드로의 고난을 삭제함으로써 이 점을 더욱 명백하게 밝히고 있다. 바울의 서신들은 이들이 누구이며, 언제, 왜 보내어졌는가를 알고자하는 이들에게 자기들 스스로의 이야기를 전하고 있다. 첫 번째로 그는 고린도인에게 편지하여 분파와 이단을 금하였으며, 다음에는 갈라디아인에게 할례를 금하였으며, 로마인들에게 보낸 편지 가운데서는 성경의 순서에 관해 자세히 쓰고, 또 그리스도만이 그들의 가장 귀중한 육체임을 추가하여 지적하고 있다. 우리들은 축복받은 사도 바울 자신께서 당신 이전의 사도이던 요한의 계획에 따라 다음과 같은 순서로 단지 이름을 밝힌 일곱 교회들에게만 편지하였으므로 우리들은 세밀한 부분까지 조사할 필요는 없겠다. 그 순서는 ① 고린도인에게, ② 에베소인에게, ③ 빌립보인에게, ④ 골로새인에게, ⑤ 갈라디아인에게, ⑥ 데살로니가인에게, ⑦ 로마인에게이다(그는 특별한 훈계와 책망을 위하여, 고린도인과 데살로니가인에게는 각각 두 편씩 편지를 보내었다). 그러나 온 세계에 퍼진 교회들은 하나로서 이해된다. 왜냐하면 요한 역시 그의 계시록을 통해 일곱 교회에게 편지하고 있으나, 이를 통해 많은 교회들에게 말하고 있기 때문이다. 그 외에도 [바울은] 그 기쁜 뜻과 우정을 좇아 보편 교회의 명예와 교회 정치 조례를 확립하기 위해 디도와 빌레몬에게 하나씩, 그리고 디모데에게 두 개의 편지를 보내었다. 또한 라오디게아인(Laodiceans)과 알렉산드라인(Alexandrines)에게 보냈다는 편지들도 각각 하나씩 남아 있으나, 이들은 모두 바울의 이름을 빙자하여 말시온의 이단을 좇아 조작된 것이다. 그 외에도 우리들은 독을 꿀과 섞을 수 없기 때문에 보편 교회에서 받아들일 수 없는 서신들이 존재하고 있다. 유

---

11) 요일 1:1ff.

다(Jude)에 의한 편지 한 편과 앞서 언급한 요한에 의한 편지 두 편이 교회에서 인정하는 목록 가운데 포함되어 있으며, 또한 솔로몬의 친구들이 그의 명예를 위하여 기록한 지혜서(Wisdom)도 역시 포함되어 있다.12) 이들은 오직 요한과 베드로의 계시록들만을 받아들인다. 그러나 우리들 가운데서도 후자를 교회 안에서 읽는 것을 거부하는 이들이 있다. 『목자』(Shepherd)는 최근 우리들의 시대에 로마에서 그의 형제 파이우스(Pius)가 감독으로 있을 때 허마스에 의해 작성된다. 따라서 이는 교회 내에서 낭독되어야 한다. 그러나 이미 그들의 숫자가 완성된 선지자들이나 이 말세의 사도들과 함께 같은 권위를 가지고 사람들에게 계시될 수는 없다. 그러나 아르시아노아인 발렌티누스(Arsinoite Valentinus) 및 그의 동료들이 작품들은 절대로 인정되어서는 안 된다. 그들은 또한 말시온을 위해 바실리데스(Basilides)와 프리기아 분파의 아시아 출신 창시자와 함께 새로운 시편을 저술하였다.13)

신약성경의 각 권들의 기원에 관해 이 목록 가운데 포함된 잡다한 정보들은 거의 가치없는 것들이다. 예를 들어, 복음서에 관한 기록들은 반 말시온적 서문들에 포함된 그것보다 훨씬 신빙성이 떨어진다. 그러나 이 목록이 지닌 가치라 하면 제2세기 말 경 로마교회에서 인정되어진 성경 각 권들을 확실하게 제시한다는 점이다. 즉 사복음서와 사도행전, 13개의 바울서신들, 유다서, 요한의 두 서신들(그러나 요한 이서와 요한 삼서는 한데로 묶어서 취급되었을 가능성이 있다), 그리고 요한의 계시록(우리가 가진 요한계시록) 등이다. 그런데 베드로의 저술이라 인정된 두 번째 묵시록이 포함되어 있다. 우리가 아는 바대로 몇몇 기독교 저술가들은 이 작품이 일부 교회들 가운데서 읽혔다고 전한다. 이 묵시록 가운데 포함되어 있는 저주받은 자들의 생생한 고통받는 장면의 묘사는 단테의 『연옥』(Inferno) 편을 비롯하여 이 분야에 관한 중세

---

12) 구약 외경에 속하는 "지혜서"가 여기 언급되어 있는 것은 놀라운 일이다. 그 저작연대로 보면 이는 구약 시대보다는 신약 시대에 속한다. 잔(Zahn)은 이 점에 관련하여 "솔로몬의 지혜서는 필로가 그를 기려 저작했다."고 지적한다. 필로는 약 주전 20년~주후 50년에 알렉산드리아에 거주하던 유대인 철학자였다. 12세기의 Hugh of St. Victor 역시 이 작품을 필로의 것으로 생각했던 인물들을 알고 있었다. 노우(R. A. Know)는 바울이 개종하기 이전에 이를 썼다는 것을 증명할 논문을 쓸까 하고 생각하고 있다고 필자에게 토로한 바 있다.
13) 프리기아의 분파는 몬타누스주의자들이었다.

문학에 영향을 미치었다. 그런데 로마 정경록에서 베드로의 첫 번째 서신에 관한 언급이 전혀 없음은 이상한 일이다. 쟌(Zahn)은 베드로의 묵시록에 관한 언급이 사실은 베드로의 두 서신에 관한 언급을 잘못 기록한 것으로 보고 있다. 그는 다음과 같이 ( )안에 들어 있는 구절들이 떨어져 나온 것으로 생각한다. "… 요한의 계시록과 베드로의 서신. (이외에도 베드로에게는 또 하나의 편지가 있다.) 이들을 우리들 가운데 일부는 교회 안에서 읽기를 거부하고 있다."14) 그러나 어쨌든 이러한 수정이 필요하다는 뚜렷한 증거가 없으므로, 아마도 베드로전서는 이를 복사하는 중에 실수로 삭제되었던 듯하다. 허마스의 『목자』에 관해서는 이미 언급한다.15) 이 책의 낭독은 경건과 건덕을 위해 권장되었으나, 선지자들이나 사도들의 기록으로 간주된 정경 자체 가운데는 포함되지 못했다(그러나 어쨌든 만약 선지자들의 저술 목록 작성이 완성되지 않았다면 이 『목자』는 다른 사도들의 저술들보다도 오히려 포함되었을 가능성이 많았다는 증거들이 있다). 말시온 일파와 영지주의 저술이 완전히 제외된 것은 물론 당연히 이해할 수 있는 일이다. 짧게 이야기해서, 우리들은 현재 우리가 가지고 있는 정경과 실질적으로 동일한 모습을 찾아볼 수 있다. 히브리서가 제외된 것은 특기할 만한 일인데, 특히 거의 1세기 전에 로마의 클레멘트가 이를 알았다는 점을 생각하면 더욱 그러하다. 아마도 제2세기 말 경 로마교회는 이것이 사도에 의한 저술이 아님을 잘 알았기 때문인지도 모른다. 야고보서와 베드로후서 역시 제외되어 있다. 뮤라토리안 목록과 거의 같은 시대에 저술을 남긴 이레니우스도 같은 면모를 보이고 있다. 이레니우스는 전 세계에 걸쳐 접촉했던 인물이기 때문에 그가 남긴 증거는 더욱 중요하다. 그는 소아시아 지방에서 그의 전반생을 보냈으며, 그 후는 고올(Gaul)에 거주하였고, 항상 로마와 긴밀한 접촉을 가지고 있었다. 그는 사복음서의 정경성을 당연지사로 받아들인 외에도, 사도행전을 또한 정경으로 인정하였으며, 모든 바울 서신서들(빌레몬서에 관해서는 언급한 일이 없다), 베드로전서, 요한 이서, 요한계시록 등을 인정하였다. 그는 허마스 작 『목자』를 "경전"이라고 불렀으나, 사도 저술의 목록 가운데는 포함시키지 않았다. 생의 말기에 가이사랴에 거주했던 알렉산드리아의 오리겐(Origen of Alexandria)은 230년경의 저술 가운

---

14) 쟌(Th. Zahn), *Geschichte des neutestamentlichen Kanons*, II(1890), 142.
15) 제19장을 보라.

데 이같은 책들(빌레몬서를 포함하여)을 의심할 수 없는 정경들로서 인정하는 동시에 히브리서, 베드로후서, 요한일서와 삼서, 야고보서, 유다서 등과 아울러 바나바서(the Epistle of Barnabas), 『목자』(Shepherd), 『디다케』 등을 포함시키고 있는데, 히브리인들에 의한 복음(Gospel according of Hebrews)도 여기에 포함되는가에 대해서는 이견이 있다(바나바서<the Epistle of Barnabas>란 70년~135년 사이에 유대인들이 구약 제사법을 문자적으로 해석한 것에 대해 그 실질적인 핵심을 잘못 이해한 것을 증명하기 위해 쓰인 소책자(track)이다. 히브리인들에 의한 복음서는 일부 유대인 기독교인에 의해 쓰인 마태복음의 수정판인 듯하다).[16] 따라서 오리겐 당시에는 이미 신약성경을 구성하는 대부분의 각권들에 대해서는 아직 의문의 여지가 남아 있었으며, 이들 중 일부는 결국 완전히 그 정경성을 인정받은 반면 다른 몇몇은 일반적으로 권위를 인정받지 못하게 된다. 제4세기 초 가이사랴의 유세비우스는 우리들이 가진 신약성경의 모든 각권들 가운데 다섯 권(야고보서, 유다서, 베드로후서, 요한일서와 삼서)을 제외하고는 모두가 교회들에 의해 받아들여지고 있음을 언급하고 있다. 이들 문제의 다섯 권은 다수에 의해서 그 권위를 인정받았으나, 일부(아마도 시리아어를 사용하는 교회들) 교인들에 의해 완전한 인정을 받지 못한 채 있다. 그 후 4세기에 우리들은 알렉산드리아의 아타나시우스(Athanasius in Alexandria, 367)와 서방의 제롬과 어거스틴 등이 우리가 가진 27권들을 열거하고 있음을 발견한다. 이에 따라 우리가 가진 신약 27권들이 어떤 종교회의나 개인들의 독단적인 선정에 의해 결정된 것이 아님을 명백히 알 수 있을 것이다. 우리가 가진 신약정경은 수 명의 신학자들이 각종 기독교 문서들을 책상 위에 쌓아놓고 "자, 이제 이들 가운데 어떤 것들이 하나님으로부터 왔는지 결정하도록 하자"고 해서 이루어진 것은 아니다. 우선 27권 각권들이 세상에 퍼진 그리스도인들에 의해 일반적으로 인정을 받은 후에 종교회의의 칙령의 대상이 되었는데, 이는 393년 히포의 북아프리카 회의였다.[17](이들의 결정은 4년 후 카르타고에서 승인되었다). 그리하여, 교회 회의가 이 문제에 관해 최후의 결단을 내렸을 때, 그들이 한 일이란 우리가 믿기로는 자기들의 지혜보다 더 높은 지혜에 의해 이 문제에 관한 인도를 받은 기독교인 일반의 합의를 비준한데 지나지 않았다. 정

---
16) 제27장을 보라.
17) 395년, 어거스틴이 감독이 되었던 교회.

경성(canonicity)은 신앙 문제에 관한 최고 지상의 권위를 암시한다. 특정 문서를 정경 속에 포함시킨다는 것은 초대 그리스도인들에게 있어서 교회 안이나 또는 이단들을 향한 논쟁을 막론하고 교리의 확립을 위해 자신있게 근거로 삼을 수 있다는 것을 의미한다. 그러나 어떤 책들이 정경 안에 포함된 것은 이 책들이 이미 그 권위를 인정받았기 때문이다. 이 문서들이 정경 안에 포함되었기 때문에, 권위를 얻은 것이 아니라는 것이다. 어떤 저술의 권위와 정경적 성질을 결정짓는 가장 중요한 기준(유일한 기준은 물론 아니었으나)은 이것이 과연 사도들에 의해 쓰였는가 하는 문제였다. 이러한 경향이 너무도 강했기 때문에 자기들의 교훈에 특별한 권위를 부여하고자 했던 개인들이나 집단은 자기들의 가르침에 사도들의 이름을 붙여 각종 "복음," "행전"(Acts), "서신"(Epistle), 혹은 "계시록"(Apocalypse)이라는 형태로 칭했다. 이에 따라 가현론적 입장의 베드로복음(Gospel of Peter)이라는 문서도 나타났는데,[18] 이는 제2세기 말 안디옥 감독 세라피온(Serapion)이 그 사용을 금하기까지 시리아 지방 교회들에서 널리 읽혀졌다. 또한 어떤 책들은 정경에 포함되지 않은 채 교회 내에서 읽혀진 것이 분명하다. 당시에는 사본들이 대량 생산되지 않았으며, 만약 성도들의 건덕을 위한 책이라면 이들이 함께 모이는 집회에서 낭독되는 것이 편리하였다. 뮤라토리안 목록에 언급된 허마스의 『목자』에 관한 부분을 읽으면, 이 때의 상황을 어느 정도 이해할 수 있다. 가장 중요한 헬라어 성경 사본들 말미에는 교회에서 낭독하기에 적당한 책들의 이름들이 첨부되어 있다. 시내 사본(Sinaitic Codex)에는 바나바서(Epistle of Barnabas)와 『목자』의 일부, 그리고 알렉산드리아 사본(Alexandrine Codex)에는 로마의 클레멘트서와 일반적으로 클레멘트후서(Second Epistle of Clement)라고 잘못 불리워지던 고대의 설교문이 들어 있다.[19] 이러한 이단적 책들 가운데 "행전"들 중의 하나는 상당한 영향을 미쳤었는데, 곧 제2세기 중반 레우키오스(Leukios)라는 자가 저술한 요한행전(Acts of John)이다. 레우키오스는 사도 요한을 영지주의 교사로서 묘사하고 있으며, 그에 관한 여러 가지 일화들을 또한 기록하고 있다. 그 중에서도 재미있는 것은 그 추종자들에게 춤과 함께 가르

---

18) 제25장을 보라.
19) 원래 이는 Psalms of Solomon으로 알려졌던 주전 제1세기로부터의 유대식 찬가들을 포함하고 있었다 (레귤<J. Regul>은 *Die Antimarcimitishen Evangelien prologe* [1969]를 통해 반말시온주의 복음서 서문들이 훨씬 후대에 쓰였다고 주장하였다).

치셨다고 전해지는 영지주의적 찬송가이다. 이 찬송(이는 후에 구스타브 홀스트 <Gustav Holst>가 곡을 붙였다) 가운데는 마치 요한복음의 한 부분을 연상시키는 거의 전통적인 풍의 사행시가 포함되어 있다.

> 응시하는 너희들에게, 나는 등불이어라
> 거울이어라, 아는 자들에게는
> 두드리는 너희에게는, 나는 문이어라
> 길이어라, 여행하는 너희들에게는.

이단적이라기보다는 역사 소설이라 볼 수 있는, 다른 외경의 행전은 바울행전이다. 이는 "소설은 거짓말"이라고 생각되었던 상상력 부족한 형제들의 권유에 의하여 아시아 지방의 한 장로가 저술하였다. 그는 자기가 "바울을 사랑했기 때문에" 이 책을 썼다고 호소하고 있는데, 물론 이러한 호소는 사실일 것이나, 어쨌든 그는 이 사실 때문에 장로직을 박탈당하고 말았다. 이 작품은 허구이긴 하지만 제2세기 소아시아 지방의 기독교에 관한 여러 가지 재미있는 측면을 보여주며, 범인들이 흉내 낼 수 없던 정열의 소유자 바울이 그 지방에 나타난 사실에 관한 여러 가지 전설들을 포함하고 있다. 제국의 마지막 박해를 기화로 정경에 속한 성경들과 다른 작품들 사이의 구별에 관한 또 다른 문제가 생기기 시작한다. 우리가 이미 살펴본 바와 같이 이때의 박해에서는 그리스도교도들의 성스러운 책자들이 불태워졌다. 따라서 경찰들은 교회에 도착하면 성경책들을 넘겨달라고 요구하기 마련이었고, 당시 그리스도인들은 이를 거부할 수밖에 없었다. 훌륭한 신자라면 목숨을 걸고 성스러운 작품들을 수호하였을 것이다. 그런데 교회에는 정경에 포함되지 않은 다른 책들 – 예를 들면, 허마스의 『목자』, 혹은 교회 정치에 관한 논문들 – 을 소유하고 있다. 경찰들은 물론 신약성경에 대한 전문가들이 못 되었을 것이며, 어떠한 종류의 기독교 서적을 주든지 이에 만족하여 그곳을 떠나곤 했을 것이다. 따라서 정경이 아닌 다른 서적들을 집어줌으로써 정작 성경을 구하는 행위들이 허락될 수 있지 않을까? 우리들은 이러한 양심의 문제에 관한 논쟁이 교회에서 벌어지고 보다 엄격한 파들과 보다 현실에 적응하는 파들 사이에 이견이 생겼을 것을 가히 짐작할 수 있다. 물론, 이러한 문제가 정경의 범위를 규정하는데 도움이 된 것은 아니었다. 왜냐하면 이 때(303년)에는 이미 이러한 범위들이 확정되었었기 때문이다. 그러나 이러한 새로운 실제적 문제들로 말미암아 아마도 정경의 범위는 보다 멀리 사람들에게 알려졌을 것이다.

최초의 기독교 성경

1. 세례자들을 위한 신앙고백

사도행전 제8장에 보면, 전도자 빌립이 가사 근처에서 순례차 예루살렘까지 왔다가 고국으로 돌아가는 에디오피아(구스) 관리와 대화를 나누는 장면이 나온다. 이 에디오피아인은 여행 시간을 달래기 위해 이사야 선지자가 남긴 예언서를 읽고 있었으며, 빌립은 이 예언서에 나타난 순종하며 고난받는 종이 어떻게 예수님을 통하여 잘 성취되었는가를 설명하여 주었다. 이에 따라 그 이야기는 다음과 같이 진행된다.

> 길 가다가 물 있는 곳에 이르러 내시가 말하되 보라 물이 있었는데 내가 세례를 받음에 무슨 거리낌이 있느뇨 이에 명하여 병거를 머물고 빌립과 내시가 둘 다 물에 내려가 빌립이 세례를 주고.[20]

이것이 원래의 사본 내용이다. 그러나 영어 흠정판(the English Authorized Version)을 읽은 독자들은 이 이야기가 보다 길게 부여된 것을 기억할 것이다. 에디오피아인이 세례받기를 요청하였을 때, 흠정판은 당시의 상황을 이

---

20) 행 8:36~38(cf. RV and RSA).

와 같이 설명하고 있다.

> 빌립이 말하되 그대가 전심을 다하여 믿는다면, 그리하여도 될 것이다. 그리고 그가 대답하여 가로되, 저는 예수 그리스도께서 하나님의 아들이신 것을 믿나이다.[21]

이처럼 부연된 성경판에 의하면, 이러한 대답이 있은 후에야 빌립은 세례를 주는 데에 동의하였다는 것이다. 주로 후기 사본들 가운데 나타나는 이 부연된 형태의 이야기는 원래 사본의 내용이 아닌 것은 거의 확실하다 이것은 제2세기 초까지 그 근원이 거슬러 올라가는 것으로 보임으로써 초기 그리스도인들의 교회 모습을 분명히 반영한다 하겠다
예수를 믿고 세례를 받기로 결심한 세례 입문자들은 세례식 가운데 교회 측의 일정한 물음에 대한 응답으로 자기 신앙을 공개적으로 고백한 것으로 보인다.[22] 그가 예수님을 주로 신앙한다는 고백을 한 후에야 "주 예수 그리스도의 이름으로"(into the name of the Lord Jesus)[23] 세례를 받았으며, 그 후에야 공식적인 기독교 공동체 일원이 된다.
신약성경을 통해 볼 때 최초의 기독교 신경은 몇 마디 안되는 구절로써 구성된 신앙의 고백이었는데, "예수님은 주이시다"(Jesus is the Lord)는 것이다. 그러나 이러한 소박성과 간결성이 곧 "단순한" 기독론을 예시하는 것은 아니다. 초기 그리스도인들이 "주님"(the Lord)이라는 칭호를 붙였을 때, 이들은 이를 하나님에 대한 칭호로서 사용하였다. 헬라어 퀴리오스(Kyrios) - 즉 주님이라는 의미 - 는 기독교 이전 구약의 헬라어판이었던 70인역(Septuagint)에서 야훼(여호와, Yahweh), 즉 이스라엘의 하나님을 가리키는 히브리어 칭호의 상응어로서 사용된다. 또한 신약성경을 보면 베드로와 바울 같은 엄격한 유일신론자가 바로 이 퀴리오스라는 단어가 이러한 특이한 의미로 사용된 70인역으로부터 인용하여 이것을 나사렛 예수에게 적용시키는 것을 발견할 수 있다.[24]

---

21) 행 8:37(AV).
22) 행 22:16; 벧전 3:21.
23) 행 8:16; 19:5; cf. 또한 행 2:38; 10:48.
24) Cf. 빌 2:10, 사 45:23; 벧전 3: 15, 사 8:13.

또한 예수님을 가리키는 다른 칭호인 "하나님의 아들"(the Son of God) 역시 특별한 중요성을 지니고 있다. 이스라엘의 하나님께서 그의 기름 부으신 자 (그의 메시아, His Messiah)를 가리키는 언어로서 시편 2:7에 쓰인 "너는 나의 아들이라"(Thou art my Son)라는 말은 예수님께서 세례를 받으실 때 하늘에서 울리는 음성을 통하여 예수님께 적용된다.25) 그러나 예수님에게 있어서 "하나님의 아들" 이라는 칭호는 단지 공적으로 메시아임을 밝히는 의미에 불과한 것은 아니었다. 이는 그가 그의 아버지(His Father)와 계속 가지고 있던 특수한 부자관계에 관한 자각을 표현한 것이다. 이러한 자각은 마태복음 11:27과 누가복음 10:22의 선언을 통하여 가장 극명하게 드러난다.

> 내 아버지께서 모든 것을 내게 주셨는데
> 아버지 외에는 아들이 누군지 아는 자가 없고
> 아들과 또 아들의 소원대로 계시를 받은 자 외에는
> 아버지가 누군지 아는 자가 없느니라.26)

성경학자들이 여러 가지 자료와 조사들을 종합 분석한 결과 예수님의 발언들 가운데서도 극히 초기에 속하는 것으로 추정된 이 예수님의 선언은 그리스도의 위격에 관하여 매우 고등적 교리(very high doctrine)를 표현하고 있다. 따라서 이러한 고등 기독론(high christology)이 기독 교리사에 있어서 그 후기에 발전된 것이 아님을 보여주는 중요한 증거가 된다. 그리스도의 부활과 영광(exaltation)은 바로 이러한 그의 신자적 위치(하나님 아들로서의 위치, Divine Sonship)를 보여주는 것으로서 받아들여졌으며,27) 이에 따라 세례식에서 행해지는 훈시와 예수님께서 주장하신 바 자기와 하나님 사이의 특별한 관계의 주장을 이로써 확인하는 것이다. 초대 그리스도인들이 예수님께서 이제 하나님의 오른편에 앉아 계시다고 말하였을 때 이들은 우리들과 마찬가지로 그 표현이 문자적으로 해석되어야 할 것이 아니며, 이는 예수님께서 그의 고난과 승리를 통하여 우주에서 제일 존귀한 위치를 차지하였음을 의미

---

25) 제 3장을 보라.
26) 제 6장을 보라.
27) Cf. 행 2:36 ; 롬 1:4.

하는 것이다. "내리셨던 그가 곧 모든 하늘 위에 오르신 자니 이는 만물을 충만케 하려 하심이니라"는 것은 바울의 표현이다.[28]

그러나 "십자가에 못 박힌 그리스도"(Christ crucified)는 바울의 말대로 유대인에게는 거침돌이다. 즉 십자가에 못 박힌 그리스도께서 하나님의 기름부은 자라는 주장은 이들의 귀에 너무나도 기이하게 들렸기 때문에 좀 더 자세한 설명이 필요했다. 이러한 자세한 설명은 특별히 이사야 53장에 나타나는 고난받는 종에 관한 예언에 의거하여 주어진다. 물론 이러한 해석을 제시함에 있어 초대 그리스도인들은 예수님 자신의 뒤를 따르고 있다. 예수님께서는 "인자의 온 것은 섬김을 받으려 함이 아니라 도리어 섬기려 하고 자기 목숨을 많은 사람의 대속물로 주려 함이니라"[29]고 말씀하셨으며, 또한 최후의 만찬석상에서도 "가라사대 이것은 많은 사람들을 위하여 흘리는 바 나의 피, 곧 언약의 피이니라"고 하셨다.[30] 따라서 예수님께서는 그의 메시아로서의 사역을 위한 한 단계로서 이사야의 예언을 자발적으로 받아들이고 계셨다. 또한 주님의 그 자신의 희생에 대한 설명으로써 그가 이 예언을 받아들이심으로써 우리는 일체의 대속의 교리에 관한 기반을 갖게 된 것이다. 그러나 이 대속의 교리는 사도 시대 이후 중세 초기까지도 거의 발전되지 않았다. 헬라인들보다는 라틴인이 이 문제에 관해 보다 흥미를 가졌으나 이 라틴인도 터툴리안 이후에는 이 문제를 주로 법률적 거래라는 범위 안에서 설명하고자 하는 경향이 짙었다. 그리스도의 사역에 관한 교리는 그의 위격에 관한 교리와는 달리 보편 교회 신경 안에서 성문화된 일이 없었다. 헬라인들은 대속 교리의 논리성에 관해 그다지 흥미를 가지고 있지 않았으며, 이에 관한 그들의 이론들 가운데 몇몇은 (심지어 오리겐과 같은 대가들까지에 있어서도) 그 생각과 표현에 있어서 경악할 수밖에 없는 미숙성을 보여주고 있다. 헬라인들에게 있어서 십자가에 달린 메시아는 우둔한 것이었을지도 모른다.[31] 그러나 이들이 일단 예수님을 하나님으로서 받아들인

---
28) 엡 4:10.
29) 막 10:45.
30) 막 14:24.
31) 로마의 팔라틴 언덕의 벽에 휘갈긴 낙서 가운데에는 한 청년이 십자가에 메달린 당나귀 머리의 인물을 경배하는 그림이 있고 치졸한 헬라어로 "알렉사모스가 그의 하나님을 예배하고 있다"라는 설명문이 붙어 있다. 보다 지식층의 것으로는 루시안(Lucian)의 "십자가에 처형된 궤변가"(Death of Peregrinus, 13)를 예배하는 기독교인들에 대한 신랄한 풍

후에는 그가 유대인 종교 계급들에 의해 사형에 처해졌다는 사실은 정통파 유대인들의 경우와는 달리 아무런 이해하기 어려운 난점을 동반하지 않았다. 헬라인들은 주님의 위격에 관해 형이상학적인 문제에 보다 더 관심을 갖고 있다.

최초의 그리스도인들은 그 출생과 성장과정에 있어서 유대인들이었으며, 유일하시고 살아계신 진정한 하나님에 관한 유대교의 신앙을 이미 받아들인 이방인이 대부분이다. 이처럼 구약의 계시에 기초를 둔 하나님에 관한 신앙을 이미 가진 사람들이 예수님을 메시아요 주로서 받아들일 경우 그들의 세례식 때 예수님을 "주님," 혹은 "하나님의 아들"이라는 간단한 신앙고백만으로도 기독교회 공동체에 받아들이기에 충분하였다. 그러나 완전한 이교도들에게 복음이 전해졌을 때 일변하였다. 이들은 예수님을 구세주요 주님으로서 다시 배워야 했을 뿐만 아니라 처음부터 하나님은 한 분이시며, 그가 곧 온 세상 만물의 창조주이시고, 이 모든 자연과 인간을 심판하실 재판관이심을 또한 배워야 했다. 따라서 이들이 세례를 받을 때 유대인들이나 또는 하나님을 경외하는 자들(God fearers)보다 세부적인 신앙고백을 하는 것이 필요했다. 이 문제에 관한 조건들은 이미 예수님에 의해 마태복음 28:19에서 주어졌다고 볼 수 있었는데, 그는 이 곳에서 그의 제자들에게 말씀하시기를 "그러므로 너희는 모든 족속으로(단지, 유대인들이나 하나님을 경외하는 자들 뿐 아니라) 제자를 삼아 아버지와 아들과 성령의 이름으로 세례를 주고(단지 주 예수 그리스도의 이름 뿐만 아니라)"라고 하신 것이다. 이처럼 개종자들에게 삼위일체의 이름으로 세례를 주라는 명령은 우리가 이미 살펴본 바와 같이 제2세기 초에 나타난 『디다케』에 의해 되풀이된다.[32]

이 때문에 세례 입문자들에게 주어진 질문은 더 이상 단순하게 "예수님을 주님으로 믿는가?"(Do you believe in Jesus as Lord?), 혹은 "하나님의 아들을 믿는가?"(Do you believe in the Son of God?)가 아니라[33] 대략 다음과 같은 형식을 갖추게 된다.

자를 볼 수 있다. 그는 또한 다른 저술을 통해 에피큐리안들은 종교적 사기에 넘어가기에는 너무도 무기력하다고 야유하기도 하였다(*Alexander*, 25, 38).
32) Cf. 무어(G. F. Moore), Judaism, I(1927), 188f
33) Cf. 요 9:35.

그대는 성부 하나님을 믿는가?
그리고 그의 독생자이시며 우리의 주님이신 예수 그리스도를 믿는가?
또한 성령님을 믿는가?

이에 따라 그 응답 역시 다음과 같은 모습을 지니게 된다.

저는 성부 하나님과
그의 독생자이신 우리 주님 예수 그리스도와
성령님을 믿사옵니다.

그 후 세례 입문자는 그가 고백한 삼위일체의 이름으로 세례를 받게 된다. 바로 이러한 삼위일체 신앙고백은 그 후 보다 세부적으로 발전된 신경의 기본 골격을 이루고 있음을 명백히 알 수 있는데, 그 기본 골격이란 곧 삼위일체 하나님(Triune God)에 대한 신앙이다.

이들은 모두가 신학자들의 사변에 의해 추출된 하나의 이론이 아니라 그리스도인들이 어떻게 하나님으로부터의 계시와 그의 은혜를 경험했는가를 보여주는 표현이라고 볼 수 있다. 그들은 예수님께서 가르쳐주셨기 때문에 하나님을 아버지로서, 그리고 그의 창조력과 사랑에 찬 섭리를 알고 있다. 그들은 또한 그리스도의 구속하시고 화해시키시는 사랑을 통해 그 안에 내재하신 하나님을 깨닫게 되었으며(플리니가 전하는 바와 같이) 그리스도에 대한 하나님으로서의 찬양이야말로 바로 이 계시에 대한 용솟음치는 응답이다. 이들은 또한 성령님께서 그들의 모임 가운데 역사하시고, 선지자들을 통하여 그들의 뜻을 알게 하시고 또한 그리스도인들의 개인생활 가운데 영적 은혜와 그들을 거룩하게 하는 영적 능력을 공급하시어서 이들로 하여금 기독교인으로서의 마땅한 생활을 할 수 있도록 이끄시는 사역을 통해 성령을 하나님으로서 알게 된다.

따라서 문제는 이들이 한 하나님에 대해 가지고 있는 삼중적 경험(threefold experience)을 어떻게 표현하는가 하는 것이다. 이 경험은 곧 한 하나님께서 삼중적 방도(threefold way)로서 그를 계시하셨기 때문에 발생한 것이다. 바울은 고린도에 사는 친구들에게 충만한 하나님의 축복을 갖게 하기 위해 다음과 같은 표현을 사용하였으며, 바로 이 용어들이 그 후 교회 안에서 공식적으로 인정받은 축도(Benediction)의 모형이 된다. "주 예수 그리스도의 은혜와 하나님의 사랑과 성령의 교통하심이 너희 무리와 함께 있을지어다"(The grace of the Lord Jesus Christ, the love of God, and the fellowship of the Holy Spirit be with you all).[34] 그러나 조만간 누군가가 이 셋 사이의 구체적이고 정밀한 관계에 관한 질문을 던질 것은 명약관화한 사실이다. 이 셋 가운데 어느 하나를 가리킬 수 있는 가장 적당하고 정확한 용어는 무엇인가? 유대교 출신의 그리스도인들은 이 문제에 관해 그다지 큰 관심을 쏟지는 않았다. 그러나 그 심성이 보다 형이상학적인 경향을 띠고 있던 헬라적 배경을 가진 이들은 바로 이러한 문제들에 관해 강렬한 흥미를 가지고 있다.

이 심오하기 짝이 없는 문제의 제일 요소는 하나님의 아들이신 그리스도와 성부 하나님 사이의 구체적 관계에 관한 것이다. 또한 진정한 인간이 어떠한 의미에서 또한 하나님이 될 수 있는가 하는 문제가 곧 이를 뒤따랐다. 이에 따라 삼중적 신경(threefold creed) 가운데 처음 두 구절은 세 번째 구절 이전에 보다 더 자세한 부연 설명이 필요했다. 성령에 관한 교리가 일단 성립되기 전까지는 다루어지지 않았다. 처음 두 구절들 가운데서도 그리스도의 위격에 관한 정의와 그와 성부 하나님 사이의 관계의 특별한 문제를 다루는 두 번째 구절이 가장 복잡한 설명을 필요로 하는 것이다. 따라서 우리가 흔히 (비록 정확한 명칭은 아니나) 사도신경 혹은 니케아 신경이라고 부르는 역사적 고백서들 가운데서 "그의 독생자이시며 우리들의 주님이신 예수 그리스도를 믿사옵나이다"(And I believe in Jeus Christ, His only son, our Lord)라는 구절이 주로 그 후 부연된 것이다. 또한 우리가 그리스도야말로 기독교에서 얼마나 중심적인 존재인가를 생각한다면 당연한 일이라 하겠다. 존 뉴튼(John Newton)은 이에 대해 다음과 같이 읊었다.

그대가 그에 관해 올바른 생각을 갖고 있지 않는 한
그 나머지에 관해서는 바를 수가 없다네.

---

[34] 고후 13:14(헬라어 판으로는 13:13).

2. 히브리와 헬라 사상

당시 이러한 문제에 관해 가장 많은 주의를 기울인 기독교인은 대개가 그 성장 과정과 교육에 있어서 헬라인들이었으므로, 히브리인들과 헬라인들 사이의 사상에 관한 차이를 설명함으로써 원래 전해진 복음이 헬라식 사고와 표현에 의해 어떻게 약간의 변화를 가져왔는가를 지적하는 것이 편리할 듯 하다.

신약성경에서는 두 가지 중요한 단어로써 주로 그리스도와 하나님 사이의 관계를 묘사하였다. 즉 그는 하나님의 아들(Son)이시며, 또한 그는 하나님의 말씀(Word)이시다는 것이다. 그러나 물론 아들과 말씀 이 두 용어가 성경적인(따라서 히브리적인) 함축성 있는 의미를 띠고 있는 것이 분명하다. 그러나 이들이 교회 안에 있던 헬라적 사상가들에 의해 수용되어 기독교 교리를 정의하는데 사용됨으로써 미묘한 변화를 거치게 된다.

또한 "아들"(Son)이란 단어는 문자적 의미 외에도 히브리적으로 볼 때 도덕적 관련성을 가진다. 따라서 바울은 누구든지 하나님을 믿는 자는 이들이 육체적으로 아브라함의 후손이 아니더라도 진정한 의미에서 아브라함의 후손들이라고 주장할 수 있다. 우리들은 예수님의 말씀에서도 같은 생각을 찾아 볼 수 있었는데, 곧 "화평케 하는 자는 복이 있나니 하나님의 아들이라 일컬음을 얻을 것이다"라는 것이다. 이는 그들이 평화의 하나님이신 하나님의 특성을 재생시킬 것이라는 의미이다. 따라서 그가 스스로를 가리켜 하나님의 아들이라고 했을 때 물론 이 용어가 특별한 의미에서 사용되었으나, 역시 동일한 보편적 생각이 거기 흐르고 있다. 즉 히브리서가 표현하고 있듯이 하나님의 아들은 "하나님의 영광의 광채시요 그 본체의 형상"이라는 의미이다.[35]

그러나 헬라식 사상가들은 "아들"이라는 단어를 문자적 이외의 의미에서 사용할 때, 도덕적(moral)이라기보다는 형이상학적(metaphysical) 의미를 부여하였다. 이들에게 있어서 이 단어는 존재의 파생(derivation of being)을 의미하는 것이다. 따라서 그들은 질문을 던지기를, 그렇다면 도대체 어떠한 의미에서 예수님은 그의 존재를 하나님으로부터 파생 받았는가 하는 것이다. 또한 이 질문은 누가 인간으로서 이 세상에 오신 사실에 대해 주로 관련된 것이

---

35) 히 1:3(RSV).

아니라 그의 영원한 존재(His eternal being)에 대해 던져졌다. 왜냐하면 신약성경 기자들은 이미 그가 성육(incarnation)하시기 이전에 존재하셨으며, 실제로 하나님께서는 바로 그를 통하여 우주 만물을 창조하셨다고 기록하였던 것이다.

또 다른 단어인 "말씀"을 생각해 보자. 히브리적 사고방식에 있어서, "하나님의 말씀"이란, 곧 하나님의 행동을 표현하는 방법이었는데, 곧 그리스도가 하나님의 말씀이라는 것은 하나님께서 그 안에서 창조, 혹은 구속을 통해 특별하고 자기 계시적으로 역사하셨다는 것을 의미한다. 그러나 이 개념이 번역되는데 사용된 헬라 단어 로고스(logos)는 이미 헬라 세계 내에서는 좀 더 다른 의미, 즉 이성의 신적 원칙(Divine principle of reason)이나 우주 내에 존재하는 질서(order immanent in the universe)를 표현하는 좀 더 다른 의미로서 쓰이고 있다. 따라서 히브리와 헬라식 사고방식들은 비록 서로 구분되었음에도 불구하고, 한쪽에서 다른 쪽으로 쉽게 옮겨갈 수 있는 표면적 유사성을 지니고 있다. 헬라 철학 가운데서 성장한 저스틴 마터(Justin Martyr)와 같은 그리스도인들이 "태초에 말씀이 계셨다"(in the beginning there was the logos)라는 요한복음의 서두를 읽었을 때, 그는 이를 사도 요한이 의도했던 바와는 약간 다른 의미에서 이해하였다. 저스틴은 즉각 로고스를 "이성"(reason)의 의미로서 파악하여 그리스도 안에서 성육화될 로고스야말로 소크라테스와 헤라클리투스(Heraclitus), 그리고 스토익(Stoics) 학파 철학자들과 같은 인물들의 사상과 행동을 통솔했던 바로 그 로고스라고 생각했다. 따라서 이성을 따라서 살았던 이 사람들("meta logou," 이성과 함께)은 자기들이 의식하지 못했을지도 모르나, 실질적으로는 성육신 이전의 그리스도에 의해 인도되었던 것이다. 따라서 이들은 구약시대 이스라엘의 거룩한 자들과 거의 마찬가지 의미에서 그리스도가 오기 이전의 기독교인이라고 가히 불릴 수 있는 것이다.[36]

웰스(H. G. Wells)는 그 소설들 가운데 하나인 『주교의 영혼』(The Soul of a Bishop) 가운데 주교가 갑자기 다음과 같은 질문을 받는 것을 묘사하고 있다. "주교님, 왜 스페르마티코스 로고스(Spermaticos Logos)[37]가 삼위일체 가운데

---

36) 저스틴(Justin), *Apology*, I, 5,46; II,8.
37) 스토아 학파(Stoics)의 spermatikoi logoi(복수)는 "배종적 원칙들," 혹은 물질 속에 포함된 유전의 법칙들이었다.

제 3위가 아니라 제2위와 동일시되게 되었습니까? 물론 이 질문에 대한 진정한 답변이 주교가 주는 경박한 것이 아니라("오 그야말로 이 모든 문제의 불행한 측면이라네"), 제4복음서에 있어서 로고스라는 용어가 비록 헬라 철학과 같은 의미는 아니었으나, 성령이 아닌 그리스도를 가리키는데 사용되었던 것이다. 실제로, 이 용어는 히브리와 헬라 사상 사이에 다리를 놓는 역할을 하였다. 그러나 이 용어가 양쪽 철학자들이 사용하는 단어들 속에 포함되었다는 사실이 그 의미는 서로 동일한 것은 아니었다는 사실을 감추고 있다. 또한 양편이 같은 단어를 서로 다른 의미로 사용하는 것보다 더 오해로 흐르기 쉬운 것은 없는 것이다(마치, "철의 장막" 양쪽에 자리잡은 국가끼리 "평화"와 "민주정치"와 같은 단어들을 같이 사용하지만 이들이 의미하는 바는 서로 크게 다른 것과 같다).

이 당시 기독교 신앙과 신학에 영향을 미친 또 다른 헬라 사상의 특색들이 있다. 예를 들어(원래 그 기원은 동방에서 비롯된 것이나), 물질은 그 자체가 악한 것이며, 정신(spirit)은 그 자체가 순수한 것이라는 사상이 널리 퍼져 있다. 따라서 하나님은 그 자체가 물질세계로부터 떨어져 있어야 하며, 이와 직접적 관계를 맺을 수 없다는 것이다. 이러한 사상이 그리스도인들의 생각 속에 크게 미치게 되자 이에 따라 창조와 성육신 등에 관한 교리들이 수립되는 것이 불가피하게 된다. 히브리인 그리스도인들의 사고방식 속에서 볼 때 창조주에게서 비롯된 물질세계는 참으로 선한 것이었으며, 하나님의 말씀이 육신이 되는 것을 긍정적으로 가로막는 방해물이 아무것도 없었다. 그러나 헬라인들의 사고방식으로 볼 때 지존하시는 하나님(Supreme God)이 이 세상과 너무도 가까이 밀접되어 창조주(Creator)의 역할을 수행하는 것이 불가능하게 된다. 이에 따라 이 기능을 떠맡기 위한 중개적 존재가 필요하였는데, 바로 이 존재는 흔히 조물주(demiurge) - 플라톤 철학에서 비롯된 조물주 - 혹은 "건축가"(architector)라고 불렸다.

이러한 물질관은 또한 우리들의 육체가 영혼을 가두는 감옥이라는 견해에까지 발전하게 된다. 이 생각은 원래 오르피즘(Orphism)이라는 동양적 사고방식으로부터 헬라 사상에 주입된 것인데, 이들은 피타고라스(Phitagoras)와 플라톤(Plato) 학파들을 통해 헬라 철학에 큰 영향을 미쳤으며, 또한 기독교 사상에까지 대대적으로 침투하였다. 이 영향력의 정도는 불멸(immortality), 혹은 영생에 관한 현재의 그리스도인들의 생각들이 부활에 관한 성경적 교리보다는 얼마나 더 플라톤주의에 유사한가를 살펴보면 잘 알 수 있다. 성경적 견해로서는 육체가 – 이것이 현생의 육체이든 혹은 부활 후의 영체이든 – 우리가 흔히 생각하는 것보다는 훨씬 더 존재의 완전성을 위해 중요한 의미를 지니고 있다.

제25장

초기 기독교 이단들

1. 가현설

제1세기 말 이전에 이미 물질은 그 자체가 악하다는 생각들이 기독교인 사상 가운데 그 열매를 맺게 되었는데, 특별히 이러한 경향은 소아시아 일부 지방에서 성하였다. 신약에 포함된 사도 요한의 저술들은 특별히 하나님의 아들이 진실로 사람이 되셨으며, 돌아가셨다는 사실을 부인하는 일부 학파들에 대해 암시하고 있다. 또한 제4복음서는 바로 이러한 사상을 가능한 한 최대의 강조 수사법을 동원하여 반박하고 있다. 예를 들어 "하나님의 말씀이 육신이 되셨다"(The Word became flesh)[1]고 특별히 강조함으로써 하나님의 말씀이 단지 인간의 육체적 형태를 입으셨다는 주장을 정면으로 공박하고 있는 것이다. 요한은 또한 하나님의 말씀의 성육신이 진실이었던 것과 마찬가지로 그의 죽음 역시 그러했다고 밝히고 있다. 그는 예수님께서 십자가상에서 한 병사의 창에 의하여 옆구리를 찔리셨을 때의 광경을 다음과 같이 묘사하고 있다. "그 중 한 군병이 창으로 옆구리를 찌르니 곧 피와 물이 나오더라 이를 본 자가 증거하였는데 그 증거가 참이라 저가 자기가 말하는 것이 참인

---

1) 요 1:14.

줄 알고 이로 너희로 믿게 하려 함이니라."[2]

요한이 여기서 이처럼 강조법을 사용해야 했던 이유는 예수님의 성육신이 실제로 이루어진 것이 아니라 단지 외형적으로 나타난 것에 불과했던 것이라고 가르쳤던 가현설(Docetism-이는 헬라 단어 도케인<dokein> 즉 "… 인 듯 보인다"는 것에서 파생되었다)이라는 교리를 의식적으로 반대하고 있기 때문이다. 어떤 가현설 학파(요한과 같은 시대의 세린투스<Cerinthus>가 특히 이끌었던 학파)는 그리스도의 영이 예수라는 인간이 세례를 받을 때 그 위에 임하였다가 그가 십자가상에서 죽을 때 그에게서 떠났다고까지 주장한다. 가현설 추종자들에 의해 작성된 것으로 보이는 베드로 복음(Gospel of Peter)[3]에 의하면 바로 이것이 예수가 절망 상태에서 다음과 같이 부르짖은 이유가 되었던 것이다. "나의 능력이여, 왜 나를 버리시나이까?" 또한 가현설주의자들 가운데 다른 학파는 예수님의 인성은 완전히 허상에 불과한 것이라고 주장하며 따라서 예수님을 십자가에 못 박았던 자들은 사실은 허상을 십자가에 못 박음으로 그가 예수님이라고 속았다고 주장한다. 또 어떤 이들은 실제로 못 박혔던 인물은 구레네 시몬(Simon of Cyrene)이었으며, 당시 예수님은 안전한 장소에 앉아서 이 광경을 바라보셨다고 설명하기도 하였다.[4]

또한 사도 요한이 그의 처음 두 편지들 가운데 이와 마찬가지로 "예수 그리스도가 육신으로 오신 것이 아니다"[5]는 잘못된 주장들을 공박하고 있는 이유는 바로 이러한 주장들이야말로 기독교의 본질적인 모든 내용들을 파괴시킬 가능성이 있다는 것을 깨달았기 때문이다. 그는 바로 이러한 이유 때문에 그 첫 번째 서신 가운데 예수님께서 "이는 물과 피로 임하신 자니 곧 예수 그리스도시라 물로만 아니요 물과 피로 임하셨고"[6]라고 강조하고 있었는데, 이는 곧 예수 그리스도께서 세례 받으실 때뿐 아니라 십자가상에서 죽으실 때도 메시아요, 하나님의 아들이셨음을 나타내는 것이라 하겠다. 즉 돌아가신 그 분은 세례 받으신 그 분과 마찬가지로 진실로 성육하신 하나님의 말

---

2) 요 19:34f.
3) 제23장을 보라.
4) 코란에 나타나 있는 바 "유대인들은 그를 살해하거나, 십자가에 매달지 않았다. 그러나 그들은 이를 알아들을 수 없었다"는 구절 배후에는 이러한 생각들이 숨어 있는 듯하다.
5) 요일 4:2f(cf. 2:22f), 요한이서 7절.
6) 요일 5:6.

씀이었던 것이다.

 이러한 사도 요한의 저술 후 약 10년이 지나자, 안디옥의 이그나티우스 역시 서머나에 보낸 편지 가운데 다음과 같은 예수님의 말씀을 인용함으로써 같은 점을 강조하고 있다. "나는 육체가 없는 영이 아니라."[7] 이와 같은 가현설과 유사한 사상들 가운데 하나는 또한 하나님께서는 정열이나 감정 등을 가질 수 없다, 즉 그는 무감정한 존재이시라는 학설이다. 이 학설은 원래 하나님은 언제나 스스로 움직이시는 주도권을 가지고 계시기 때문에 항상 자발적으로 행동하는 분이시며, 다른 요소들의 행동에 의해 영향을 받지 않는다는 전제에서부터 출발하였다. 바로 이것이 39개 신조들(Thirty-nine Articles) 가운데 첫 번째로 나타난 바 하나님께서는 "육체도 없으시고 지체도 없으시고, 감정도 없으시다"(without body, parts or passions)라는 조문의 진정한 의미이다. 그러나 제1세기 전후의 가현설, 혹은 유사 가현설(near-docetism) 등은 이러한 성경의 진리 위에 하나님께서는 전혀 감정이 없으시며, 우리와 같은 이러한 감각을 느끼실 수 없다는 헬라적 개념을 추가한 것이다. 이러한 개념이야말로 성경이 우리에게 계시해 주는 하나님의 모습으로부터 동떨어진 것이다. 성경에 나타난 하나님은 참으로 동적인 분이시며, 전혀 느낌과 감각이 없으신 분이 아니시다.

2. 영지주의

 또한 당시의 동부 지중해 지방은 "새로운 학문"의 차원에서 유포되었던 새로운 우주관에 매혹되어 있다. 이러한 새로운 우주관은 보통 프톨레마이우스 이론(Ptolomaic theory)이라고 부르는 것과 거의 유사한 것이었으나, 물론 그 중요한 부분들에 있어서는 제2세기 천문학자이자 지리학자였던 프톨레마이우스 보다는 훨씬 더 그 이전으로 거슬러 올라가는 것이다. 이 새로운 학설은 지구를 또 다른 여러 개의 구(球, sphere)에 의해 둘러싸여 있는 것으로서 이 구 안에는 각각 또 다른 혹성계들이 움직이고 있었던 것으로 생각하였

---

7) 이그나티우스(Ignatius), *Letter to Smyrnaans* 3:2, 아마도 *The Theaching of Peter*라는 작품으로부터 인용한 듯하다. cf. 눅 24:39.

다. 그리고 이 각각 고정된 천체들을 포함한 구들을 건너서는 또 무엇이 있었을까…? 어쨌든 이 각각의 혹성에는 영적인 통치자가 자리 잡고 있어서 각각 맡겨진 구들을 통치하고 있다.

물론 이러한 우주관은 코페르니쿠스 이전의 잘못된 전제들로부터 출발하여 각종 점성술 이론들이 기조를 이루고 있는 것이다. 그러나 당시에는 바로 이 우주관이 그 이전의 천체관, 즉 지구는 어떤 장막 아래의 마루바닥과 같은 것으로서 그 장막 천장이 곧 하늘이며, 이 장막의 천장에는 천체가 붙어 있다고 생각하던 소박한 우주관 보다는 훨씬 더 진보된 것으로 받아들여졌다.

그런데 당시 이 우주관은 많은 사람들에게 새로운 신학체계를 제공하였는데, 곧 각 혹성계와 구들을 통솔하는 존재들은 지존의 하나님(그는 고정된 천체들을 뛰어넘어 자리 잡고 있다)과 지구에 사는 인간 사이의 중계자로서 생각된다. 이러한 사상체계는 또한 지존의 하나님께서는 이 지구와 직접 관련을 맺지 않는다는 신앙에 잘 부합된다. 만약 하나님께서 각 혹성계를 다스리는 존재들을 그의 중재자로서 사용하신다면, 이는 곧 하나님과 인간 사이의 직접적 접촉을 피하고 계신다는 의미인 것이다.

이 새로운 학문은 흔히 그노시스(gnosis)라고 불렸다. 이는 곧, 헬라어로 "지식"을 의미하는 단어에 지나지 않았으나, 이 단어는 바로 근래에 "지식"을 의미하는 라틴어 "싸이엔티아"(scientia), 혹은 과학의 두 문자로 쓰여서 마치 한 문장의 주어인양 인칭 대명사의 역할을 하는 것과 마찬가지로 사용되고 있다. (즉 과학이 우리에게 말하기를) 이러저러한 사실이 진리다 하는 것이다. 바로 이것이 그 당시 사람들이 그노시스를 사용하던 용법이다. 따라서 기독교가 헬라 세계에 침투하기 시작하였을 때 이들은 곧 그노시스, 혹은 이러한 그노시스(지식)의 소유자들이었던 그노시스틱 – 진정한 지식을 소유한 사람들-과 정면으로 충돌하게 된다. 그 결과 기독교를 이러한 그노시스의 체계인에서 다시 설닝하려는 운동, 즉 당시의 우주관에 부합시키고자 하는 움직임이 생겨나기 시작한다. 따라서 우리들이 영지주의(Gnosticism)를 말할 때 이는 곧바로 이러한 기독교의 새로운 진술을 의미하게 되는 것이다. 이러한 영지주의자들은 전통적인 정통 기독교 신앙이 일반 교인들을 위해서는 충분하였는데, 직접 엘리트들, 곧 영지주의자들에게는 보다 고상하고 진실에 가까운 내용을 소유할 수 있다고 주장한다.

영지주의자들과 가현설 추종자들은 여러 가지 기본적인 전제에 있어서 동일하였다. 그러나 영지주의자들의 특색이라 한다면 그들이 기독교를 그노시스로서 강조한 데서 찾아볼 수 있었는데, 곧 기독교는 진정한 지식에 도달하는 한 가지 길이였으며, 바로 이 지식(gnosis) 가운데 구원의 길이 포함되어 있다.

당시 기독교 그노시스는 우리가 쉽게 분류하고 판단하기 힘든 여러 가지 복잡한 형태로서 설명된다. 그러나 일반적으로는 예수님을 영지주의자들의 가르침에 의하여, 인간 세계에 하강하시어서 우리 인간 세계에 갇혀 있는 신적인 요소를 해방시키고, 이를 다시 진정한 본향으로 이끌어 가시기 위해 이 세상에 하강하신 신적인 존재와 동일시하였다. 이에 따라 성경이 가르치는 인간의 타락도 바로 이러한 영지주의의 사상체계 안에서 다시 설명된다. 즉 타락이란 신적 요소들이 물질적 경계 속으로 떨어져버린 것이며, 이러한 타락은 일반적인 인간의 생식을 통해 영구히 재생산되었으며, 이는 곧 인간의 육체가 많아지면 많아질수록 더 많은 신적 요소들이 이 물질과 육체들 가운데 갇히게 된다는 것을 의미한다. 바로 이러한 물질세계는 지존의 하나님이 아니라 조물주(demiurge)의 작품이었으며, 이 조물주는 영지주의자들 가운데서 이스라엘의 하나님과 동일시된다.

가현설과 마찬가지로 당시의 우주관적 명상 속에서 기독교를 다시 설명하고자 한 운동도 신약 시대 초기부터 소아시아 지방에서 나타나기 시작한다. 주후 60년경, 바울이 리쿠스 계곡(Lycus Valley)에 소재했던 골로새교회에 보낸 편지를 보면, 일부 교인들이 이미 원시적 형태의 그노시스주의의 영향을 받은 것을 알 수가 있다. 바울은 이 편지로 헬라 용어로서 플레로마(pleroma)라고 표현되는 신적 충만성이 일련의 혹성계 계층을 통해 분포되어 있으며, 다른 중계자들이 지존의 하나님과 인간 세계를 연결시키고 있다는 사상을 공격하고 있다. 바울은 신적 충만성이 완전히 그리스도 안에서 실체화 되었으며, 오직 그를 통해서만 완전에 이를 수 있다고 주장한다. 그뿐 아니라 그리스도께서는 그 고난과 승리를 통하여, 이러한 영지주의에 영향을 받은 신자들이 신적 대상으로서 숭배하였던 우주적 통치자들에게 치명적인 패배를 안겨 주었다는 것이다. 바울은 주장하기를, 진정한 기독교 신앙을 이해하게 되면 바로 이러한 새로운 신지학(神智學, theosophy)이 얼마나 유치하고 불필요한가를 깨닫게 되리라 하였다.

그러나 이 새로운 신지학은 사람들에게 많은 매력을 불러 일으켰으며, 이에 따라 제2세기 동안 이는 헬라-로마 세계(Græco-Roman world)의 보다 지적인 그리스도인들에게 상당한 영향을 미치게 된다. 비록 영지주의 자체는 그 기원이 기독교 발생 이전이었으나, 이들은 이교 사상뿐만 아니라 유대교로부터도 많은 요소를 받아들이며, 또한 그의 변천 과정 속에서 상당한 정도의 요술과 마술을 흡수하여 우리가 확실히 기독교적 형태라고 인정할 수밖에 없는 여러 가지 모습으로 파생하게 된다. 현재 남아있는 기독교적 영지주의자들의 저술은 우리 20세기 독자들의 눈으로 볼 때 참으로 납득하기 힘든 악몽과 같은 성격들을 지니고 있기도 하다. 그러나 이에 관해 F. C. 벌키트(F. C. Burkitt)는 다음과 같이 기록하고 있다.

> 그러나 우리가 영지주의적 저술들을 잠깐만 살펴본다면, 이들은 모두 일반적으로 동일한 목적을 추구하고 있음을 알 수 있는데, 이는 곧 예수님의 역할을 새로운 방법으로 설명하고자 하는 것이다. 이들의 이론은 참으로 다양하며, 이중 일부는 우리들의 눈으로 보기에 유치하기조차 하다. 그러나 당시 저자들의 생각에는 전통적인 해석보다 훨씬 만족할 만한 것이다. 다시 말해서 이 이론들은 일반적인 종교 발전에 관한 것이 아니라 특별히 기독교에 의해 주장된 미스테리(신비, mystery)를 설명하고자 한 것이다.[8]

영지주의자들의 주요 학파들 가운데 하나는 발렌티누스(Vallentinus)의 이름을 좇고 있었는데, 발렌티누스는 영지주의적 우주관 특유의 용어를 사용하여 소피아(Sophia) 즉 신적 지혜(Divine Wisdom)의 타락과 해방을 주제로 하는 설화를 통하여 사상을 체계화시켰다. 발렌티누스의 제자 중 하나이던 헤라클레온(Heracleon)은 최초의 제4복음서 주석가들 중 하나로서 이름을 차지하고 있다(영지주의자들과 이들에게 대항한 정통주의 신앙가들 모두 제4복음서를 자기들의 주장에 맞도록 해석하기에 부심했다는 사실은 곧 이미 이 복음서의 권위가 널리 받아들여지고 있음을 말해준다 하겠다).

또한 바로 이 요한복음을 이용하였던 또 다른 영지주의자 바실리데스(약 130년)는 자기 스스로 베드로의 제자들 가운데 하나라고 주장하였던 글라

---

8) *Church and Gnosis* (1932), 40.

우키아스(Glaucias)의 제자라고 주장함으로써 자기가 세운 영지주의 체계가 사도적 권위에 의거한 것임을 주장하기도 하였다. 현재 우리들 수중에 남아 있는 대부분의 영지주의자들의 저술들은 당시 이집트에서 사용하던 콥틱(Coptic)어로써 번역된 것이다. 이들 가운데 하나인 『피스티스 소피아』(*Pistis Sophia*<Faith wisdom>)에 보면 예수님께서 부활 후에도 12년 동안 주님의 제자들을 계속 가르치셨으며, 마지막으로 광명에 찬 천상 세계로 올라가시기 이전 그가 전수했다는 마지막 계시를 기록하고 있다고 주장한다.

이 『피스티스 소피아』의 콥틱어 사본은 18세기 말에 발견된다. 그러나 영지주의자들의 작품에 관한 가장 중요한 발견은 1945년에 이루어졌는데, 곧 룩소르(Luxor) 북방 60마일 지점의 낙 하마디(Nag Hammaid)에서 항아리 속에 들어 있는 13개의 파피루스 사본들이 발굴된 것이다. 이 사본들은 48개의 영지주의적 논문을 포함하고 있었는데, 이들 중 대부분은 헬라 원어로부터 콥틱어로 번역된 것이다. 그런데 이들 가운데 많은 책들은 그 이름들이 이미 우리들에게 알려져 있다. 이들 가운데 『진리의 복음서』(*Gospel of Truth*)는 이제 편집되어 발행되었는데, 이 책은 아마도 발렌티누스 학파 혹은 발렌티누스 자신에 의해 제2세기 중반 경 저술된 듯하다.[9] 그러나 이러한 기독교화된 영지주의가 어떠한 형태로 발전되었는지를 막론하고 이처럼 잡다한 근원으로부터 추출된 우주론적 철학의 신화화(mythologizing)에 의해 기독교의 중심이 되는 미스테리(신비)를 설명하려는 시도는 대부분 기독교의 본질적인 진리를 상실하거나 혹은 오히려 가리는 결과를 빚어낸다.

보통 영지주의는 그 추종자들의 일상생활에 있어서, 극단적 금욕주의를 낳게 되었다. 이미 골로새서에서는 이러한 원시적 형태의 영지주의를 반박하는 가운데 그들의 가르침을 다음과 같이 요약하고 있다. "곧 붙잡지도 말고 맛보지도 말고 만지지도 말라 하는 것이니."[10] 또한 일부 영지주의자들은 물질의 본질적 무가치적 교훈으로부터 이와는 정반대되는 결론에 도달한 것도 볼 수가 있다. 즉 우리의 육체는 물질이므로 따라서 도덕적으로 아무런 가치가 없는 것이며, 이에 따라 육체는 영혼의 진정한 생활에 아무런 유해한 결

---

9) *Evangelium Veritatis*, edited and translated by 맬리닌(M. Malinine), 푸에크(H. C. Puech) and 퀴스펠(G. Quispel<Zürich, 1956>).
10) 골 2:21.

과를 가져옴 없이 마음껏 그 정욕을 추구해도 상관이 없다는 것이다. 그러나 이러한 움직임은 영지주의파들의 주류에 해당하는 특징은 아니었다.

이러한 각종 영지주의파들은 기독교의 최초의 이단들 가운데 분류된다. 이 이단(heresy)은 원래 헬라 원어 하이레시스(hairesis)에서부터 비롯된 것으로서, "선택"(choice)을 의미한다. 즉 이는 원래 인간의 선택을 좇는 학파나 당파를 의미한다. 예를 들면 신약에서는 이 단어가 바리새인과 사두개인을 지칭하며, 또한 나사렛당(Nazarenes)에 대해서도 사용되고 있다.[11] 그러나 신약 시대가 끝나기 이전에는 이 단어가 특별히 기독교적 의미를 지니게 되었으며, 기독교 주류로부터 나간 이론이나 행동을 지칭하게 된다. 영지주의자들은 제2세기 기독교 주류로부터 이탈되었기 때문에 이단이라고 불리게 된다. 영지주의자들이 이러한 주류로부터의 이탈이 자기들이 옳지 않다는 의미가 아니라고 답변한다면, 그 반대파들은 주류야말로 직접 사도들로부터 이어져 내려온 것이며, 사도들이야말로 또한 그리스도의 대변인들로서 그리스도 자신의 교훈의 내용을 잘 알고 있었던 인물들이라고 발언하였다. 바로 이러한 사도들에 의해 설립되었고, 또한 사도들 자신이 감독으로서 지명한 인물들로부터 직접 계승되어 내려오는 자들에 의해 통치되어온 교회들 가운데 가장 순수한 기독교적 전통을 발견할 수 있으며, 따라서 이들의 교훈이야말로 원래의 규범(norm)을 대변하는 것으로서 받아들일 수 있다는 것이다. 만일 이러한 것을 의심하는 자들이 있다면 이들은 이러한 교회의 가르침과 모든 기독교 교훈을 판단하는 기준이 되는 신앙률(rule of faith) 가운데 나타난 사도들 자신의 저술들을 비교해 보면 될 일이다. 바로 이것이 이레니우스(Irenaeus)의 주장이다. 이레니우스는 다섯 권으로 된 『이단들에 대항하여』(*Against Heresies*)라는 걸작을 남기었다. 이 외에도 영지주의에 대항한 인물로서는 이레니우스와 동시대 사람이었던 알렉산드리아의 클레멘트(Clement of Alexandria)와 그 당세대의 로마의 힙폴리투스(Hippolytus of Rome)등을 들 수 있다. 실제로 최근 이집트에서 영지주의자들의 저술들이 대량으로 발견되기 이전에는 이들 저술가들의 영지주의에 대한 비판과 공격을 통해 각종 영지주의 학파들에 대한 정보를 얻을 수가 있다.

교회에 미친 영지주의의 영향은 그 이해득실이 반반이라 할 수 있다. 영

---

11) 행 5:17; 15:5; 24:5, 14; 26:5; 28:22.

지주의는 교회의 지적 활동을 자극하여 이미 위에서 언급한 바와 같은 정통 지도자들로 하여금 그들의 신앙을 논리적으로 개진해 나가도록 만든 면에서는 긍정적인 역할을 했다고 평가되어야 할 것이다. 그러나 알렉산드리아의 클레멘트는 진정한 기독교 그노시스를 잘못된 그노시스와 대비시키기까지 하였다. 그는 주장하기를, 기독교인은 이단적 그노시스와 대조되는 정통 영지주의자(Orthodox Gnostics)가 될 수 있다 하였다. 클레멘트의 가르침은 알렉산드리아에 있던 교회 최초의 신학대학이라 할 수 있는 교리학교(catechetical school)에 깊은 영향을 미쳤다. 클레멘트의 교훈이 아직 체계화되지 못하였는데 비해 그 다음 세대의 학교 교장이던 오리겐(Origen)은 (그의 또 다른 많은 저술들 외에도) 우리들에게 기독교 최초의 조직신학이라고 볼 수 있는 논문 "제일 원리들에 관하여"(On First Principles)를 남겼다.[12]

그러나 영지주의로 인하여 기독교 신앙이 지나치게 지식화(intellectualizing)되었다는 사실은 별로 바람직한 것이 못된다. 신앙은 이 때문에 그리스도를 향한 개인적 결단보다는 지적 정통성을 의미하는 방향으로 흐르게 된다. 물론 지적 정통은 제일 원리로 비롯된 정통을 맹목적으로 받아들이지 않는 한에서는 좋은 것이나, 역시 그리스도를 향한 사랑과 그리스도 안에서의 생활을 대치할 수는 없는 것이다.

3. 말시온주의

제2세기 기독교 사상사에 있어서 중요한 인물인 말시온은 가현설과 영지주의적 사상들에 의해 깊은 영향을 받았으나, 그의 가르침 자체는 이들과 판이하기 때문에 그의 사상은 별도로 말시온주의(Marcionism)라고 분류된다. 우리는 이미 신약 정경사에 있어서 말시온의 중요에 관해 언급한 바 있다.[13] 그러나 또한 우리가 현재 다루고 있는 문제에 관한 그의 위치를 살펴볼 필요가 있다.

---

12) 이 작품은 헬라어 원본으로는 그 일부만이 잔존하고 있다. 루피누스(Rufinus)가 번역한 라틴어 판이 온전하게 남아 있는데, 루피누스는 제4세기의 정통 교리에 맞도록 오리겐(Origen)의 사상을 수정, 보완해 놓았다.
13) 제23장을 보라.

물질세계의 부패성에 관한 그의 주장과 이에 따른 금욕주의, 그리고 자신과 자신의 추종자들에게 강요했던 결혼생활의 거부, 또한 "지존의 하나님께서는 이러한 물질과 직접 접촉함으로써 오염당할 수 없었으므로" 이 세계를 창조했다는 조물주에 관한 가르침에 있어서 말시온은 가현설 학파들과 영지주의자들과 상당한 유사점이 있다. 그러나 그의 가르침 가운데 중요한 특색도 역시 바울 사도에 관한 그의 깊은 존경심이다. 말시온은 흔히 속사도 시대에 바울을 오해하기는 했으나, 그를 또한 이해한 유일한 인물이라고 일컬어져 왔다. 그는 특히 복음이 율법을 능가하였다는 바울의 교훈을 그리스도인들에게는 구약이 더 이상 아무런 권위를 갖지 못한다고 해석하였다. 이것이야말로 말시온과 교회에 건널 수 없는 장벽을 낳게 하였다. 왜냐하면 우리들이 이미 살펴본 바와 같이 교회들은 일반적으로 예수님과 그의 사도들의 권위를 따라 구약경전을 이스라엘로부터 성경으로서 받아들였다. 이러한 그리스도교도들의 구약 수용은 그리스도 자신의 예지에서 뿐만 아니라 기독교가 본질적으로 이스라엘로부터 발로되었다는 사실로 볼 때 정당한 것이다. 또한 이 때문에 교회는 기독교가 일찍이 줄리안 황제(Emperor Jullian)가 말했던 바, "이 일들을 발생하지 않았으나, 이들은 영원한 진리이다"라고 묘사한 설화들의 일종, 즉 또 다른 밀교가 되는 대신 역사적 구체성을 보존할 수 있도록 만들어주었던 것이다.

말시온의 신학적 "반유대주의"(theological anti-semitism)가 어떻게 그의 정경 형성 및 그 내용의 편집에 나타나게 되었는가는 이미 살펴본 바가 있다. 말시온의 가현설적 경향은 그의 복음서 서두에 이미 나타난다. 누가가 기록한 예수님의 탄생의 사건은 삭제되었으며, 또한 세례요한에 관한 일체의 기록과 누가복음 3:23~38 사이에 나타난 예수님의 족보 역시 함께 삭제된다. 그는 누가복음 3:1과 4:31을 종합함으로써 이를 "가이사 디베료 제15년에 예수님은 가버나움에 내려오셨다"고 기록하였다. 물론 그의 독자들은 이를 예수님께서 천국으로부터 하강하신 것으로 이해해야 하는 것이다. 그러나 말시온의 성경 재편집에 있어서 가장 중요한 영향을 미친 것은 이러한 가현주의적 경향이 아니다. 구약경전의 권위를 인정하는 듯한 모든 요소들은 배제한 것이다. 우리들이 아는 한 말시온은 구약의 하나님과 신약의 하나님은 서로 다른 존재라는 개념을 이론화시킨 최초의 인물이다. 이 세상의 창조주 혹은 조물주인 구약의 진노에 찬 하나님, 즉 이스라엘의 여호와는 실재하는 존재(real existence)였으나, 그는 신약성경에 나타난 선하시고 자비로우신 구속주 하나님, 즉 예수님께서 알고 있고 또한 아버지로서 계시하신 하나님과는 달랐으며, 또한 그에 비해 열등한 존재였다. 말시온은, 그렇지 않다면 왜 구약의 하나님을 숭배하던 자들이 신약의 선한 하나님의 계시자들을 죽여야만 했을 이유가 없지 않은가 하는 것이다. 그는 이 두 하나님들 사이의 상이점들을 『대비』(Antitheses)라는 작품 속에서 열거하였는데, 이 『대비』라는 책자는 그의 추종자들 가운데서 말시온의 신약정경(Marcion's New Testament canon)과 거의 같은 정도로 높은 권위를 지녔던 것으로 보인다.

　말시온주의는 그 극단적인 금욕주의와 결혼의 금지로 인해 정상적인 방법으로 가족들의 재생산이 불가능했다는 사실에도 불구하고, 그 후 수 세대에 걸쳐 놀랄만한 세력을 가지고 존재하였다. 또한 구약 및 구약의 하나님을 부인하는 말시온의 기본적인 원리는 그 후의 기독교 역사를 통해서도 다시 반복된다. 그러나 제2세기에 있어 말시온주의의 가장 큰 중요성은 사도적 교회들의 지도자들 가운데 발생시킨 그 반응에 있다. 말시온의 정경 목록에 의해 보편 교회의 지도자들은 구약정경을 대치하기 위하여서가 아니라 이를 보완하기 위해 신약정경을 보다 정확하게 정의해야 하듯이, 일반적으로 말시온의 가르침은 보편 교회로 하여금 말시온주의적 성경 해석을 배제하기 위해 보다 주도면밀하게 그 신앙을 정의하도록 인도해 갔다.

신앙의 정의

　말시온의 교훈에 대항한 교회의 반응이 여러 가지 있었으나 그 가운데 특히, 어떻게 삼중적 세례 문답 신경이 형성되었는가에서 찾아볼 수 있다. 말시온과 그의 추종자들은 "나는 성부 하나님을 믿습니다"(I believe in God the Father)라고 고백함으로써 예수님께서 성부로서 선포한 하나님에 대한 신앙은 고백할 수 있었을 것이다. 그러나 그들은 이에 첨가하여 우리들처럼 "천지를 창조하신 하나님 아버지를 믿습니다"라고는 할 수 없을 것이니, 왜냐하면 이는 신약의 하나님을 구약의 하나님과 동일시한 것으로서, 말시온은 이러한 동일화를 사력을 다해 반대하였을 것이기 때문이다. 따라서 아마도 세례 문답 고백에 바로 이러한 구절이 첨가된 것은 다름 아닌 말시온의 교리를 배제시키기 위한 것으로 보인다. 예를 들면, 이레니우스는 180년경 다음과 같이 교회의 신조를 진술하고 있다.

　(교회는) 유일하신 하나님, 전능하신 아버지, 천지와 바다와 그 안에 있는 모든 것을 창조하신 하나님을 믿는다. 그리고 또한 우리를 구원하시기 위해 성육하신 하나님의 아들 예수 그리스도를 믿는다. 그리고 또한 선지자들을 통하여 그리스도께서 오실 것과 그의 동정녀 탄생과 그의 고난과 그의 부활과 우리 사랑하시는 주 예수 그리스도의 육체적 승천과 또한 하늘로부터 하

나님 아버지의 영광 중에 나타나시어서 세상 만물을 하나로 통일하시고 모든 인류의 육체들을 부활시키실 그의 재림을 선포하신 성령님을 믿는다...[1]

여기서는 우리 주 예수 그리스도의 아버지이신 하나님이 바로 이 세상의 창조주이시며, 현재 기독교 시대가 바로 구약의 선지자들을 통해 성령님께서 선포하신 것이므로 과거와 본질적으로 연결되어 있음을 밝히고 있다. 이러한 삼중적 신앙고백은 교회간에 널리 사용되고 있었으며, 항상 동일한 형식은 아닐지라도 이러한 기본적인 노선을 따라 부연되고 있다.

흔히 현대 신학자들 가운데 힙폴리투스(Hippolytus)의 저술로 알려진 『사도들의 전통』(Apostolic Tradition)에 보면 당시 세례식 때 사용되었던 질문들이 신경의 형식으로 보존되어 있다. 세례 입문자는 세 번 물에 잠기게 되는데, 각각 그때마다 질문의 형식으로 된 신경의 한 부분에 대해 긍정적인 답변을 주어야 한다. 이러한 삼중적 질문은 다음과 같이 되어 있다.

그대는 전능하신 하나님을 믿는가? 그대는 하나님의 아들로서 성령의 역사에 의해 동정녀 마리아에게 탄생하였으며, 본디오 빌라도에게 고난을 받으시고, 죽으시고, 장사되었으며, 제 사흘만에 죽은 자 가운데서 다시 살아나 부활하시고 하늘로 승천하셨으며, 하나님의 오른편에 앉아 계시며, 그로부터 모든 산 자와 죽은 자를 심판하러 오실 예수 그리스도를 믿는가? 그대는 성령님과 거룩한 교회와 육체의 부활을 믿는가?

우리가 흔히 부르는 사도신경(Apostle's Creed)은 로마교회에서 일찍이 사용되던 세례식 신앙고백으로부터 발전된 것으로 보인다. 사도신경은 그 내용이 사도들의 권위에 의지하고 있다는 점에서는 사도신경이라 불리울 수 있겠으나, 한때 널리 알려진 바처럼, 사도들이 이를 작성했다는 전통은 그 근거가 없는 것이다. 사도신경의 초대 형태로 보이는 로마신경(Roman creed)은 다음과 같이 되어 있다.

나는 전능하신 하나님(아버지)를 믿습니다. 그리고 그의 독생자 우리 주

---

[1] *Against Heresies*, I, 10:1.

예수 그리스도를 믿사오니, 그는 성령으로 동정녀 마리아에게 나셨으며, 본디오 빌라도에게서 십자가에 못 박히시고 매장되셨으며, 제 3일에 죽은 자들 가운데서 부활하셨으며, 하늘에 오르셨고 하나님 우편에 앉아 계시며, 거기로부터 산 자와 죽은 자를 심판하러 오실 것이니라. 또한 저는 성령님과 거룩한 교회와 죄의 용서와 육체의 부활(영원한 생명)을 믿습니다.

우리들은 이러한 신경들의 내용을 살펴볼 때 첫 번째와 세 번째의 구절들보다는 두 번째 구절이 더욱 자세히 부연된 것을 볼 수 있다. 예수 그리스도를 하나님의 아들로서 믿는다는 단순한 신앙고백이 실제로는 그에 관한 초대 사도들의 증언을 요약한 정도로까지 부여되다. 또한 이것은 지혜로운 행동이다. 왜냐하면 사람들은 그가 주(Lord)로서 시인하는 이 위격이 과연 누구인지 확실히 알아야 할 필요가 있었으며, 그를 주로서 인정해야 할 필요가 무엇인지 또한 알아야 할 필요가 있었기 때문이다. 그뿐 아니라 기독교 교리는 역사적 사실에 확실히 그 근거를 둔 것으로서 이들로부터 분리되어서는 안 된다. "우리들은 종교회의들과 신경들이 우리 주 예수 그리스도의 역사 뒷전으로 물러나서는 안되며, 바로 그 위에 그 기초를 두어야 함을 인정하는 것이다."[2]

그러나 교회들이 이처럼 여러 가지 방법으로 말시온 및 기타 가현설과 그노시스주의의 가르침들을 배제하기 위해 그들의 세례 문답을 더욱 상세히 설명한 후에도 이들이 증언하고 있는 바, 하나님의 삼중적 계시(threefold revelation if God)에 관해서는 더욱 자세한 정의를 해야 할 필요성이 남아있다. 도대체 이 삼중적 계시의 정확한 성격은 무엇인가? 이러한 삼중적 성격은 단지 계시의 상황에 속한 것인가? 아니면 계시의 신적 본질(혹은 본질, Divine Essence)에 속한 것인가? 성부와 성자와 성령 사이의 상호 관계는 어떤 것인가? 또한 보다 구체적으로 특히 성부 하나님과 성자 하나님 사이의 정확한 관계는 무엇인가? 또한 이보다 후기에는 그리스도의 하나님의 아들로서의 위격(그리스도인들의 경험 가운데 반응을 초래한 계시의 진리)과 그의 인성(역사상 나타난 독특한 사실) 사이의 관계에 대한 물음들이 제기된다.

제 3세기에 있어서 많은 기독교 사상가들이 이러한 삼중적 하나님에 대한

---

[2] 모벌리(R. C. Moberly), *in Lux Mundi*(1890), 243.

설명으로서 받아들인 이론은 흔히 일신론(monarchianism)이라고 불리는 것이다. 이 설명은 특히 그리스도인들이 하나 이상인 하나님들(Gods)을 숭상한다는 생각을 배제시키기 위한 것이다. 언뜻 외부인들이 볼 때 하나 이상의 하나님을 숭앙하는 것으로 오해할 수 있었는데, 왜냐하면 교인들은 이스라엘의 하나님을 인정하는 동시에 나사렛 예수(Jesus of Nozareth)에게도 하나님으로서의 경배를 드렸기 때문이다. 여러 가지 종류의 일신론자들은 성자와 성령은 성부 하나님에게서 발산된 형태에 지나지 않거나, 혹은 성부 하나님께서 그 상황과 시간에 따라 스스로를 드러내시는 서로 다른 형태에 지나지 않았다고 설명했다.

이러한 여러 일신론 학파들 가운데 하나는 "능력" 혹은 "기능"을 의미하는 헬라어 뒤나미스(dynamis)로부터 유출된 다이나미즘(Dynamism), 혹은 동적 일신론(動的 一神論)이라고 불린다. 이 학파의 사상가들은 그리스도란 하나님의 기능 혹은 (다르게 표현하면) 분수로부터 물이 흘러나오거나 태양으로부터 햇빛이 반사되듯이 나타난 신성의 발산이라고 설명하였다. 이러한 동적 일신론자들 가운데 가장 지도적 위치를 차지한 자는 안디옥의 감독 사모사타의 바울(Paul of Samosata)이다. 그는 또한 삼위일체 내의 성부와 성자 사이의 관계를 묘사하기 위해 헬라어 형용사 호모 우시오스(동일본질-homoousios, "of the same substance")를 사용한 인물로서 널리 알려져 있다.3) 이는 곧, 물줄기가 원래 근원된 분수와 "동일 본질"이듯이 성자 하나님은 성부 하나님과 "동일 본질"이라는 의미이다. 이단으로 정죄된 사모사타의 바울에 의해 사용되었던 이 형용사가 그 후는 아타나시우스가 아리우스 이단들을 대항하여 싸울 때, 이보다는 다른 의미에서 정통성의 상징이 되었다는 것은 특기할만한 사실이다.

이러한 동적 일신론은 예수가 하나님께 완전히 순종하였던 보상으로써 하나님의 아들의 위치까지 올라갔다는 양자론(Adoptionism)이라는 견해와 흔히 같이 이해된다. 이처럼 예수가 하나님의 아들로서의 위치를 차지한 시기에 관해서는 세례, 혹은 그의 죽음과 부활 이후라는 의견이 있다. 이 교리는 밀턴(Milton)이 그의 작품 가운데 아버지 하나님(Divine Father)의 입을 통하여 다음과 같이 말하게 함으로써 그 전형적인 표현을 남기고 있다.

---
3) 제17장을 보라.

이 완전한 인간,
그의 공로에 의해 나의 아들이라 불리웠노라.[4]

그런데 실제로 이러한 양자론적 입장은 동적 일신론(Dynamism)보다 훨씬 오래된 것이다. 예를 들어, 저스틴 마터는 일부 유대인들 가운데 예수님을 "인간으로부터 태어난 인간"(a man born from men)으로서 간주하면서도 동시에 메시아로서 받아들이던 자들을 알고 있다.[5] 이들은 아마도 에비온인들(Ebionties)이라고 불렸던 유대 기독교인 일파와 동일한 것으로 보이는데, 이들 에비온인은 그리스도와 성부 하나님 사이의 관계에 관해 바로 이러한 양자론자와 거의 같은 견해를 가지고 있다.

그러나 일신론자 중에서 그 후세에게 동적 일신론(Dynamism)자들에 비해 인기를 끌었던 학파가 있었는데, 이 학파는 흔히 이들 주창자들 가운데 가장 뛰어난 인물이었던 사벨리우스(Sabellius)의 이름을 본따서 사벨리우스주의(Sabellianism)라 불린다. 이들 주장에 의하면, 성부와 성자와 성령은 모두가 한 하나님의 서로 다른 세 가지 역할(roles)을 묘사한 것에 불과하다는 것이다. 즉 한 하나님의 세 가지 양식의 자기표현(self manifestation)을 가리킨다는 주장이다. 바로 이러한 이유 때문에 사벨리우스주의의 교리는 또한 양식론(Modalism)이라는 이름으로도 알려지고 있다. 이를 다시 설명하자면, 신경에 나타난 삼위일체적 용어들은 오직 하나님께서 스스로를 계시한 형태를 가리키는 것일 뿐, 그의 내부 존재(His inner being)에 관해서는 아무런 관련이 없다는 의미이다.

사벨리우스주의자에게 붙여진 또 다른 이름은 "성부 고난론자"(Patripassians)라는 것이다. 이는 왜냐하면 그들이 성부와 성자를 실질적으로 동일시함으로써 결국은 성부 하나님이 십자가상에서 고난을 받았다는 결론을 초래하게 되었기 때문이다. 이러한 명칭은 물론 라틴어 파테르(아버지, pater)와 파씨오(고난, passio)로부터 유래된다. 이러한 성부 고난론은 3세기에 이미 이단으로 정죄되었으나, 근래에 들어 보다 대중적인 필자들과 설교가들 사이에 성부께서 성자 안에서 고난을 받았다는 주장의 형태로서 다시 그 고

---

4) *Paradise Regained*, I, 166.
5) *Dialogue with Trypho*, 48.

개를 들고 있다. 3세기 초 이러한 학설을 주창했던 지도적 인물들은 노에투스(Noetus)와 프락세스(Praxeas)였었는데, 터툴리안은 후자를 가리켜 "예언을 몰아내고 이단을 불러들였으며, 보혜사를 추방하고 성부를 십자가에 못 박았다"고 비난하였다.[6] 예언을 몰아내고 보혜사(성령)를 쫓아내었다는 것은 몬타누스주의를 반대한 프락세스의 입장을 언급한 것이다. 터툴리안의 논문 "프락세스에 대항하여"(Against Praxeas)에는 우리가 그 존재를 알 수 있는 자료가 아무것도 없는 이 프락세스라는 인물이 사실은 당시 교회에서 유명했던 인물(아마도 칼리스투스, Callistus)에게 붙힌 별명(쓸데없이 바쁜 자라는 의미)이라는 주장도 있다. 칼리스투스는 얼마 후에 로마 감독이 되었던 인물이다.[7] 그러나 이러한 주장은 그 근거가 희박한 것이라 하겠다.

이러한 일신론자의 견해가 유포된 것은 이 문제를 다시 면밀히 재검토하여 성경적 계시와 그리스도인들의 경험, 그리고 역사적 사실에 보다 부합하는 용어를 사용하여 신론(doctrine of God)을 정립시키도록 자극을 주었다는 면에서는 교회에 큰 도움이 된다. 또한 기타 다른 일신론자의 이론에 비해 사벨리우스의 교리가 보다 만족스러운 것이기는 하였는데, 역시 성육신에 관한 기독교의 교리를 수용하기에는 참으로 부적당하였을 뿐만 아니라 성부가 성자를 보내셨다든지 혹은 성부와 성자가 성령을 보내셨다든지, 혹은 성자가 성부 하나님께 순종하며 그에게 기도를 드렸다든지 하는 신약적 용어들과는 일치하지 않는다는 것이 점차 확실해지게 된다.

당시 논쟁에서 특히 중요한 역할을 담당한 자는 터툴리안(Tertullian)이었는데 그는 뛰어난 논쟁가로서의 역량을 발휘하여 성경적 신앙을 수호하고 이를 설명하였으며, 일신론자의 논리적 허점을 반박하였다. 힙폴리투스 역시 그의 학식을 동원하여 정통 신앙과 신학을 수호하였으며, 그의 눈으로 볼 때, 사벨리우스 이단의 확장에 협력한 허물이 있었던 제피리누스(Zephyrinus, 202~217)와 칼리스투스(Callistus, 217~222) 등, 로마 감독들을 비판하였다(그러나 결국 사벨리우스 자신을 파문시킨 장본인은 칼리스투스였다). 그러나 이 문제에 있어 터툴리안의 위치는 보다 중요한 것이었는데, 그는 이를 계기로 그 후 서

---

6) *Against Praxeas*, I.
7) Cf. 에반스(E. Evans), *Tertullian's Treatise Against Praxeas* (1948), 10 ; 그는 이러한 의견이 처음 라브리올레(P. de Labriolle)에 의해 개진되었다고 생각하고 있다.

방 기독교권에서 하나님의 본질과 삼위일체의 상호 관계에 관한 정통 신앙과 신학을 표현할 용어들을 마련하였던 것이다. 터툴리안이야말로 "삼위일체(Trinity), 라틴어로 트리니타스(trinitas)"라는 용어를 개발하였으며, 또한 하나님을 표현하여, "세 위격으로 존재하는 하나의 본질"(one substance, 라틴어로 substantia in three persons, 라틴어로 persone)이라고 정의했던 인물이다.

원래 터툴리안이 훈련받은 법조계에서는 라틴어 단어 페르소나(위격, persona)는 사회 내에서 특별한 기능을 수행하는 존재를 의미한다(페르소나는 원래 무대 위에서 배우가 수행하는 역할을 가리키는 것이었다). 터툴리안은 바로 이 단어를 신학적 이론 안으로 도입하여 한 하나님 안에 있는 세 위격이라고 표현하였던 것이다. 당시에는 이 단어가 쉽게 구별되고 이해될 수 있다. 이는 오늘날까지도 신학 전문 용어로서 사용되고 있다. 그러나 현재에는 "위격"(person)이라는 단어가 일반적으로 라틴 원어의 페르소나(persona)보다 더 큰 범위를 포함하게 되었으므로, 전혀 신학 훈련을 받지 않은 일반인들에게는 이 단어가 잘못 이해될 가능성이 있다. 일반인들이 한 하나님 내의 세 위격이라는 말을 들으면, 이들은 곧 세 개의 개체를 생각하여 삼위일체론(Trinitarianism)이라기 보다는 서로 다른 세 하나님에 대한 신앙을 의미하는 삼신론(Tritheism)에 빠질 위험성이 있다.

물론 기독교는 유대교와 마찬가지로 유일신 하나님에 대한 강건한 신앙으로 시작한다. 하나님이 한 분이라는 사실은 그리스도와 그의 사도들을 통해 신약 가운데 원칙으로서 자리 잡고 있다. 그리스도인들이 하나님의 존재에 어떠한 설명을 덧붙인다 하더라도 가장 절대적이고 기본적인 원리는 그는 한 분이시다는 것이다. 만약, 이들이 이 한 하나님의 존재나 그의 통일성의 성격에 관하여 더 자세한 부연 설명을 덧붙인다고 하더라도 그러한 기본적 사실을 변경시킬 수는 없다. 그리스도인들은 다음과 같은 마이모니데스 신경(Creed of Maimonides)을 낭송하는데 유대인들과 목소리를 함께 할 수 있는 것이다. "그의 이름이 찬양을 받으실 창조주께서는 통일체이시니, 이처럼 완전한 통일성을 다른 데에서는 아무 곳에서도 찾아볼 수 없도다. 과거에도 존재하셨고, 현재에도 존재하시며, 미래에도 존재하실 오직 그 한 분만이 우리 하나님이시로다." 그러나 하나님의 통일성은 단지 단순한 "획일적"(monolithic) 통일성을 의미하는 것은 아니다. 또한 우리들은 다시 한 번 이 초기 기독교

사상가들이 그들이 가진 하나님에 대한 신앙에 대하여 적합한 표현을 위한 단어들을 찾아내는 작업을 벌였을 때, 이들은 단지 명상이나 사색 그 자체를 즐겨했기 때문이거나 혹은 기독교 신앙을 일부러 이해하기 어렵도록 만들고자 의식적으로 그렇게 한 것이 아니라는 사실을 다시 한 번 강조할 필요가 있다. 이들은 계시와 경험이 우리게 보여주는 바, 그 실체의 모습을 올바로 표현하고 이해한 인물들이다. 하나님은 자기 자신을 계시하셨으며, 이들은 모두 그 하나님을 성부와 성자와 성령으로서 경험하였던 것이다. 이들이 예수님을 가리켜 하나님의 아들이라고 했을 때, 이는 마치 양자론(adoptionism)자들이 암시하는 바와 같이 하나님께서는 그 자신을 계시하는데 사용하기에 적당한 인간을 발견하기까지 기다리고 계셨다는 의미는 아니다. 하나님의 사람은 이보다 훨씬 더 큰 사역을 수행하셨는데, 곧 하나님께서는 스스로의 주도 아래 그의 아들을 보내셨으며, 또한 그의 아들을 보내실 때 완전한 인간으로서 보내신 것이다. 또한 계시와 경험이 보여주는 바, 이들은 성부와 성자와 성령은 하나님께서 그 순서대로 상황을 보여주신 세 가지 측면이라고만 생각할 수도 더욱 없었다. 그러나 반면에 오직 한 분의 하나님께서만 존재하신다는 기본적 원칙에서 볼 때, 성부와 성자와 성령을 세 분의 별개의 하나님으로서 생각하는 경향도 묵과할 수가 없었다. 하나님에 관해 가진 우리들의 개념은 그 진정한 존재에 훨씬 못 미칠 것이 분명하며, 그를 묘사하는 우리들의 언어는 우리들의 부족한 개념에 마저도 못 미칠 것이 분명한 사실이다. 그러나 터툴리안이 사용한 언어들은 그가 대적한 학파들에 비교해 볼 때, 훨씬 덜 부족하였다고 볼 수 있다. 터툴리안이 사용한 용어들은 양식론이나 삼신론 등의 양극단에 빠지지 않으면서도 계시와 경험이 우리에게 제시하는 사실들을 제대로 표현하고 있다. 그는 세 개의 "위격들"(그는 물론, 당시 사람들이 이해할 수 있던 법률적 의미로 이 단어를 사용하였다)이나, 오직 하나의 "본질"(substance)만이 존재한다고 하였다. 그러나 이 단어 역시 그 일반적인 사용에 있어 그 의미가 변화된 것이다. 철학자들이 "본질"(substance)이라는 단어를 사용할 때, 이들은 그래도 터툴리안이 뜻한 바와 비슷한 의미를 지닌다. 그러나 물리 과학자들이 이 용어를 사용할 때 그 의미가 상당히 달라지는데, 현재의 일반인들은 바로 이처럼 물리학자들과 같은 방향에서 어떤 물질성(materiality)과 연관하여 이를 이해하고 있는 것이다(중세적 용어인 "화체설"

<transubstantiation>에 대해서도 똑같은 성격의 오해가 생겼음을 알 수 있다. 그러나 이것은 본성의 범위를 벗어난 문제이다). 터툴리안은 마치 헬라어 단어 "우시아"(ousia)와 상응하는 의미에서 라틴어 단어 "서브스탄티아"(본질, substantia)이란 단어를 사용하였는데, 이는 곧 어떤 물질의 "기본"(essence) 혹은 "존재"(being)를 의미하는 것이다. 터툴리안 및 기타 다른 3세기 신학자들에 있어서 하나님은 하나의 존재로서 성부와 성자와 성령의 삼중적 관계 내에 영원히 존재하시는 분이다. 그리고 이 셋의 각각은 "그가 소유하신 사고와 의지와 행동의 세 가지 영원한 측면들 가운데 하나 속에서 생각하시고, 결단하시고, 행동하시는 한 하나님이셨는데… 그의 삼위격적 생활(His Tripersonal Life)의 본질적 관계들 가운데 하나를 구성하시며, 역사하시는 구분할 수 없는 하나님"이셨던 것이다.[8]

시기적으로 볼 때, 보다 앞서 있었던 양식론들의 표현을 논박하고 진정한 기독교 신앙을 위해 보다 만족할만한 해설을 이룩하고자 했던 바, 이 문제에 관한 터툴리안의 이론들은 몇몇 그의 작품들 가운데 산재해 있다. 그러나 그의 이론이 그 논리와 통찰력에 있어서 너무나도 뛰어났으므로 그 후 이 문제를 다루었던 이들은 상당한 정도로 그의 이론과 주장들을 답습하였다. 수십 년 후, 로마의 노바티안(Novatian of Rome)이 터툴리안의 학설들을 논리적 순서에 따라 정리하여 『삼위일체에 관하여』(On the Trinity)라는 책으로서 출판하였다. 이 책이야말로 이 문제를 전문적으로 취급하였던 본문들 가운데 지금까지 남아 있는 최초의 것일 뿐 아니라 로마교회 교인에 의해 쓰인 최초의 라틴어 작품이다(힙폴리투스의 때까지 로마의 그리스도인들은 헬라어로 집필하였다). 노바티안은 일찍이 양식론자들이 주로 다루었던 바, 성부와 성자 사이의 관계만을 취급하였을 뿐 아니라 성령론(doctrine of the Holy Spirit)에 대해서도 간단하나마 독창적인 해설을 덧붙이고 있다. 라틴계 신학자들이 하나님을 가리켜 "하나의 서브스탄티아"(본질, substantia)로서 존재한다고 설명하였을 때, 헬라파 신학자들은 이에 상응하는 헬라 단어를 사용하여 하나님께서 하나의 "우시아"(본질, ousia)로서 존재한다고 설명하였다. 그러나 이들은 라틴어 "페르소나"(위격, persona)에 가장 가깝게 대응할 수 있는 헬라어 용어를 사용하지 않았다. 이 용어는 문자적으로는 "얼굴"(face)을 의미하는 "프로소

---

8) 스웨트(H. B. Swete), *The Holy Spirit in the Ancient Church* (1912), 376.

폰"(prosōpon)이었는데, 역시 연극 속에서 행해지는 역할을 가리키는 데도 사용되고 있다. 그러나 헬라 신학자들은 하나님 안의 위격들을 표현하기 위해 이 용어 사용하기를 피하였는데, 이는 아마도 너무도 쉽사리 양식론적 해석에 흐를 위험성이 있음을 감지했기 때문인 것으로 보인다(실제로 이 용어는 후기 사벨리우스주의자들에 의하여 사용되었다). 결국 헬라어에서 세 위격들을 합당하게 각각 묘사하기 위해 채용된 단어들은 "히포스타시스"(hypostasis)였었는데, 이 단어는 현재까지도 신학자들이 하나님의 세 위격을 묘사하기 위해 "퍼슨즈"(persons)라는 용어를 사용할 경우 생기는 복잡성을 피하기 위한 기술적인 용어로써 사용하고 있다. 그러나 우리들은 다음과 같은 점들을 기억하고 강조할 필요가 있다. 즉 이러한 용어들은 무언가 실제적인 것, 즉 그리스도인들이 경험했던 바, 신 존재(Divine being)의 삼중적 계시를 공식적으로 표현하기 위해 사용하였다는 점이다. 문제는(지금도 그러하지만) 바로 이러한 실재(reality)에 단순 명료하고도 적합한 표현을 부여할 수 있는 단어를 찾는 것이다.

    그러나 터툴리안이나 노바티안 보다도 뛰어났던 인물은 알렉산드리아 출신의 신학자 오리겐(Origen)이었는데, 그야말로 교회의 처음 3세기 동안 가장 뛰어난 학자요 사상가였다. 그 역시 삼위일체 하나님에 관한 교리(the doctrine of the Triune Godhead)에 관한 난제를 붙잡고 씨름할 수밖에 없었다. 그는 성경 뿐만 아니라 헬라 철학에 통달한 인물이었을 뿐만 아니라 (우리가 이미 살펴본 바대로) 그가 남긴 걸작『제일 원리에 관하여』(On First Principles)를 통해 신학을 주도면밀하게 체계화시킨 최초의 기독교 사상가라 할 수 있다.[9] 만약, 그 후기에 형성된 정통 신학의 기준에 의해 그 신학 중 일부가 이단적인 것으로 판단되었다면 이것은 오리겐 자신의 결점이라고만 볼 수는 없다. 후기 기독교 사상가들이 그 체계에 관해 찾아낸 가장 큰 결점이라 한다면, 그가 일신론(monarchianism)에 대한 반동으로 또 다른 극단으로 지나치게 치우쳤다는 점이다. 그는 성부와 성자와 성령이 한 하나님의 통일체 가운데서 계층적 관련을 맺는 것으로 생각하였다. 즉 성자 하나님은 성부 하나님에게, 그리고 성령 하나님은 성자 하나님에게 종속되는 위치에 있다는 것이다. 그는 또한 비록 성자의 존재가 성부로부터 비롯된 것이며, 성부 하나님의 의지

---

[9] 제25장을 보라.

에 종속된다는 의미에서이기는 하였는데, 성자를 피조물이라고 부르는 오류를 범한 것은 사실이다. 그러나 그는 후에 아리우스(Arius)에 의해 주장된 바, 성자 하나님이 시간 속에서 창조되었다는 견해와는 거리가 먼 것이다. 반대로 오리겐이야말로 그 후 보편 신학(Catholic Theology) 가운데 그 위치를 차지했던 성자의 영원한 생성의 교리를 최초로 작성하였던 인물이다(그 밖에도 인간 영혼의 전생에서의 존재와 원죄를 이러한 전생 상태에서 범한 죄와 동일시한 것, 그리고 인간 뿐만 아니라 마귀와 사단 자신들을 포함하여 모든 지적 피조물들이 궁극적으로 하나님과 화평을 이룰 것이라는 그의 소망 등, 기타 오리겐 신학의 특이한 면모들을 여기서는 다 다룰 수가 없다). 그러나 어쨌든 3세기에는 신론(the doctrine of God)의 논쟁에 관해 최종의 결정을 보지는 못하였다. 성자 하나님과 성부 하나님 사이의 관계에 관한 성경적 계시의 모든 측면들을 포함하고 이를 정의하는 보다 세부적인 교리들은 제4세기 초에 기독론 논쟁을 통해서야 종결된다.

주후 70년 이후의 유대인들

1. 유대교의 재건

주후 70년 예루살렘 시와 성전이 함락되었을 때, 이스라엘의 종교생활이 계속 생존하기 위해서는 전반적인 재조직을 거쳐야 했다. 유대인들이 기억하는 바는 성전과 제사장 제도들이야말로 바로 국가생활의 중심이다. 이제 이 두 가지가 모두 사라져버린 것이다. 그러나 하나님의 섭리에 의해서인지는 몰라도 사람들의 생활을 위해 새로운 기초를 닦아야 할 필요는 없었다. 왜냐하면 새로운 기초는 이미 존재하고 있었기 때문이다. 이미 수 세대를 두고 성전에 대응하는 또 다른 조직이 잠잠히 성장하고 있었으며, 이제 어떤 면에서 볼 때 이미 그 쓸모가 없어졌다고 볼 수 있는 성전 체제의 종식이 남겨놓은 공백을 메우기에 충분한 상태에 있다.

바로 이 또 하나의 조직은 회당(synagogue)이다. 유대 공동체 구성원들이 함께 모여 율법을 읽고 해석하며, 공동 기도를 드리던 장소이던 회당은 아마도 바벨론 포로시대(Babylonian exile)에 이미 시작된 것으로 보인다. 처음 회당이 생긴 이유는 당시 사방에 흩어져 있던 유대인들에게 부분적으로나마 성전에서 드리는 제사를 대신한 것인 듯하다. 제1세기경 우리가 신약성경에서 분명히 볼 수 있듯이 회당은 변경 지방에서 뿐만 아니라 팔레스타인 지방, 그리고 예루살렘 시내에서까지도 중요한 기관으로서의 위치를 차지하고 있다. 회당이야말로 랍비들(rabbis), 혹은 사람들에게 인정을 받은 율법 선생들이 그 영향력을 행사할 수 있는 수단이 된다. 물론 이 랍비들의 대부분은 바리새파(Pharisees)에 속해 있다. 또한 바로 이 바리새파야말로 비교적 성전 체제와 직접 그 운영을 같이 하고 있지 않았기 때문에 대환난을 겪은 후 이스라엘의 생활을 조직할 수 있는 능력을 가지고 있었던 것이다.

주후 66~70년에 걸친 반란이 실패로 돌아감에 따라 이 반란의 주역을 담당하고 있었던 열심당(Zealots)들은 완전 소멸되게 된다. 또한 은둔주의를 지향하였던 에센인들(the Essenes)은 일반인들의 공공생활에 거의 영향을 미치지 못하고 있다. 대제사장 일족들의 이해관계를 후원하였던 사두개인(the Saducees)은 옛 체제의 붕괴와 함께 사라져버리고 말았다. 그러나 바리새인들은 바로 이러한 옛 체제를 대체하여 변화한 환경에 맞는 새 체제를 제공할 위치에 있었던 것이다. 이러한 상황의 변화로 말미암아 주후 70년 이후의 유대교는 그 이전보다 훨씬 더 일파 중심적인 모습을 보이고 있다. 따라서 신약성경에 나타난 유대교는 그 후 나타난 것보다 훨씬 더 복잡한 색채를 띤 종교 상황을 묘사하고 있다는 점이다. 바로 이러한 이유 때문에 70년 이후의 시기를 다루고 있는 유대교 서적들로부터 그 이전의 시기에 관한 교리적 문제에 대한 판단을 성급하게 내리는 것을 피해야 한다는 점이다. 즉 신약성경과 미쉬나(Mishnah)가 서로 상충되는 부분을 놓고, 신약성경이 잘못되었다고 생각하는 것은 옳지않은 판단이라는 것이다. 미쉬나는 주로 주후 70년 이후의 상황을 반영하고 있는 반면에, 신약 성경은 주로 그 이전의 시기를 반영하고 있으며, 실제로 제1세기의 처음 6, 70년 동안의 유대교에 관한 중요한 정보들을 제공하는 기본적 출처가 되고 있다는 것이다.

예루살렘 이후 유대 정책(Jewish policy)이 생존할 수 있었던 것은 주로 쟈카이의 아들 요하난(Yohanan the son of Zakkai)의 공헌에 의한 것인데, 그는 그 전쟁 속에서도 로마 정부로부터 서방 팔레스타인 지방의 쟘니아(쟈미나, Jamnia)에 유대 경전을 공부할 수 있는 학교를 세울 허락을 받아내었다. 바로 이 곳에서 산헤드린 공회(Sanhedrin)는 순수한 영적 기초 위에서 다시 재건된다. 이에 따라 대제사장들과 백성의 장로로 구성된 옛 산헤드린 공회는 종식되게 된다. 쟘니아에 세워진 새 산헤드린 공회는 옛것과 마찬가지로 71명으로 구성되어 있었으나, 이 장로들은 모두 율법의 박사들이었으며 그 의장은 보통 당시에 가장 뛰어난 랍비가 선출된다. 그러나 시간이 흐를수록 사람들은 이 새 산헤드린 공회에 익숙해져갔으며, 이에 따라 산헤드린은 언제나 지도적 랍비를 그 의장으로 가지고 있었다는 경향이 생기게 된다. 따라서 그 후의 유대교 서적들은 힐렐(Hillel)과 장로 가말리엘(Gamaliel the Elder)과 같은 랍비들이 이러한 위치에서 행동한 것으로 묘사하고 있다. 그러나 신약성경과 요세푸스(Josephus) 등의 저술들을 통해 보면, 이는 그 후 생겨난 상황들을 그 이전 시기에 단순히 투영시킨 것에 불과하다는 것을 명백하게 알 수 있다.[1]

새로운 산헤드린 공회의 주된 기능은 종교법의 체계화를 위한 최고 기구로서의 활동이다. 이들이 수행한 첫 번째 사업은 복음서에서 오랫동안 축적된 구전법(oral law)을 가리키고 있는 바, "장로들의 전통"(Tradition of Elders)을 편찬하는 것이다. 샴마이파와 힐렐파가 치열한 경쟁을 벌이고 있을 때와는 달리 율법의 해석에 있어서 랍비간의 의견 차이도 더 이상 심하지 않았다. 왜냐하면 힐렐파가 이미 그 우위를 확고히 점하고 있었기 때문이다. 또한 복음서에 나타난 랍비들의 모습이 그 후 유대교 서적들에 나타난 그 모습과 다른 것을 발견할 때, 우리가 생각해야 할 점은 예수님이 공격하신 바리새주의는 주로 샴마이파 바리새주의(Shammaite Pharisaism)로 생각된다는 것이다.

제2세기 초 랍비 아키바(Rabbi Akiba)가 이미 편찬된 전통을 항목별로 분류하기 시작함으로써 또 다른 발전이 이루어졌다. 그가 135년 사망한 후에도 그의 과업은 제자 랍비 메이르(Rabbi Meir)에 의해 계속되었으며, 또한 수정 보완된다. 편찬 과업은 제2세기 말 산헤드린 공회의 의장이었던 랍비 유다(Rabbi Judah)에 의해 완성되었으며, 그 후 비로소 성문화된다. 그 이전에는 단지 구전에 의해 보존되고 또한 전달되었던 것이다. 바로 200년경 성문화된 이 작품이 바로 우리가 알고 있는 미쉬나(Mishnah)이다. 이는 주로 종교법전(a code of religious jurisprudence)이라 할 수 있다.[2]

---

1) 제4장을 보라.
2) 이 문제에 관한 가장 뛰어난 입문서는 저자의 친구이자, 이전의 제자였던 스튜어트(R. A. Stewart <I. V. F., 1949, 47>)의 저서 *Rabbinic Theology*를 들 수 있다. 완성된 미쉬나(Mishnah) 자체가 연구 및 해석의 대상이 되었을 뿐 아니라, 팔레스타인과 바벨론의 rabbinical schools에서는 이에 관한 주석서들이 나타났다. 이들 주석들, 혹은 Gemaras

2. 팔레스타인 지방의 유대인과 그리스도인

주후 70년 이후 각 지방에 함께 섞여서 살고 있었던 기독교 유대인과 비기독교 유대인 사이의 관계는 어떠하였는가? 이는 이제까지 학자들이 주의를 기울인 이상으로 중요한 문제이다.[3] 어쨌든 주후 66년 요단강 건너 지방에 피신하였던 일부 예루살렘교회 신도들은 전쟁 후 다시 팔레스타인 지방으로 돌아갔으며, 계속하여 스스로를 예루살렘교회로서 생각하고 있다. 유대 전쟁(Jewish War)이 끝난 후 오랫동안을 마치 주후 61년 이전의 20년 동안 예수님의 형제 야고보(James the brother of Jesus)가 그러했듯이 글로바의 아들 시므온(Simeon son of Clopas)이 지도적 위치를 차지했던 것으로 보인다. 시므온은 107년 트라쟌 황제의 재위 기간 중 노령으로 순교했다고 전해진다. 유세비우스는(자기 시대보다 1세기 이상 이전에 편집된 목록에 따라) 그 때부터 135년까지 예루살렘교회의 지도자로서 13명의 이름을 열거하고 있다. 유세비우스는 자기 당시의 관행대로 이들을 감독들(bishops)이라고 지칭하고 있다. 그러나 유대인 공동체 내에서는 이들이 아마도 장로들(elders)이라고 불린 것이 거의 확실하다. 유세비우스는 또한 이들이 연속적으로 그 직을 계속 계승한 것으로 생각하여, 이들이 예외적으로 단명했던 것으로 추론하고 있다. 그러나 우리들이 생각해 볼 때 이들이 실제로 동료관계(나사렛 산헤드린의 구성원)를 유지하여 가장 나이 많은 이가 의장직을 맡았거나 혹은(보다 가능성이 희박하기는 하지만) 이들은 모두 같은 시대를 살았던 사람들로서 사방에 흩어진 여러 예루살렘교회 교인들이 이룬 일파들의 지도자였던 것으로 생각된다.

유대교 서적들이나 다른 저술들을 통해 보면, 이러한 나사렛인들(Nazarenes)과 다른 유대인들이 활발하게 신학적 논쟁을 벌였음을 알 수 있다. 성전의 파괴는 나사렛인들에게 막강한 변증을 행할 수 있는 계기를 주었다. 이들은 – 이제 너무 문자 그대로 성취된 – 그 거대한 건물이 섰던 자리

들이 Mishnah를 보완하였으며, Mishnah와 Gemaras들을 한데 합쳐 Talmud라 한다. Mishnah와 팔레스타나 학파들의 Gemara들을 합친 Palestinian Talmud들은 제4세기경 현재의 형태로 완성되었다. 이보다 더 방대하고 권위있는 Babylonian Talmud는 그 후 계속 그 규모가 커졌으며, 500년경 완성되어 성문화 되었다.
3) 예를 들어, 시몬(M. Simon), *Verus Israel* (Paris, 1948)과 쇼엡스(H. J. Schoeps), *Theologie und Geschichte des Judenchristentums* (Tübingen, 1949)을 보라.

에 돌 하나도 돌 위에 그대로 남지 않을 것이라고 했던 예수님의 예언을 인용할 수 있다. 이들은 또한 제사장 제도의 종식이야말로 예수님께서 새로운 질서를 시작하도록 하나님으로부터 임무를 받은 메시아(Messiah)라는 증거라고 내세울 수 있다. 또한 이들은 양측이 모두 최고 권위를 가지는 것으로 받아들였던 구약의 예언서들을 사용하여 자기들의 주장을 뒷받침할 수 있다.

우리들은 일부 팔레스타인 지방의 유대교의 그리스도인들이 랍비들의 전통 가운데 언급된 미님(minim), 즉 이단들 속에 포함되어 있었을 것을 거의 확실히 추론할 수 있다. 이 전통들 가운데는 유대교의 정통 지도자들과 이 미님들 사이에 벌어진 논쟁들에 관한 기록들이 포함되고 있다. 우리가 아는 바대로 미님들은 구약경전을 이용하여 자기들의 입장을 뛰어나게 변론하였다. 아마도 당시 랍비들이 그들이 가진 성스러운 경전의 정경성, 본문 및 해석에 관해 다시금 심각하게 생각하기 시작한 것도 부분적으로 이것이 그 이유가 되지 않았는가 추측된다.

신적 권위를 가진 경전, 즉 구약정경의 체계는 기독교 이전의 시기에 이미 고정되어 있었으나, 학식있는 유대교 율법 선생들은 다시 이 문제에 관한 논란을 재개하기 시작한다. 일부 율법 학자들은 이 문제의 재개를 계기로 하여 구약 외전 중의 하나였던 에클레지에스티쿠스(Ecclesiasticus-주전 200년경에 살았던 이스라엘의 현자인 시락의 아들 예수의 지혜서<Wisdom of Jesus the son of Sirach>)와 일종의 복음서적 경향을 띠고 있는 질료님(gilyonim)과 같은 작품들의 첨가까지도 제안하였다. 이 질료님은 우리가 익숙하게 알고 있는 정경 속의 복음서들이 아니라 마태복음이나 혹은 후대의 유대교 그리스도인들 가운데 인기를 끌었던 바, 히브리 복음(Gospel according to the Hebrews)과 관련된 것으로 보이는 히브리어 혹은 아람어(Aramaic)로 쓰인 서적이다.[4] 그러나 이 모든 논란들은 결국 그 이전에 일반적으로 그 권위를 이미 인정받았던 것과 동일한 정경을 고정시키는 것으로 결론지어졌다. 만약, 그 때까지 권위를 인정받은 경전이 하나도 경전으로부터 제외되지 않았다면(비록 일부 경전은 엄격한 검사의 대상이 되었으나) 또한 이전에 정경에 포함되지 않았던 책들은 하나도 다시 첨가되지 않은 것이 사실이다. 더우기 나사렛인들의 서적들이 그 권위를 인정받을 가능성은 거의 없었다. "복음서들과 미님들의 서적들은 성스

---

4) 제23장을 보라.

러운 경전이 아니다"라고 판정된다. 요하난과 메이르와 같은 일부 지도적 랍비들은 "복음서"(gospel)라는 단어를 두고 적의에 찬 말장난을 벌이기도 하였다. 이 복음서들은 이들 가운데서는 헬라어의 형태로서 "유앙겔리온"이라는 이름으로 알려져 있었는데, 그들은 모음들 가운데 일부를 바꾸어 이를 "아웬-길룐"(awen-gilyon)이라고 불렀었는데, 이는 히브리어로 해석하면, "서판의 죄악"(iniquity of the writing-tablet)과 같은 의미를 지니는 것이다. "제2세기의 제1세대 지도적 랍비들이 복음서와 기타 이단으로 규정된 서적들, 그리고 이들의 모임에 대해 보이는 적개심은 이들(비유대교인들)의 숫자와 영향력이 날로 증가하였음을 보여주는 가장 뚜렷한 증거이다. 또한 일부 율법 선생들 가운데는 이 새로운 교리에 치우치고 있다는 의심을 받는 자들도 있다."5)

이처럼 나사렛당들이 적극적으로 히브리어와 헬라어로 된 구약경전을 사용함에 따라, 유대 랍비들은 구약경전의 본문을 통일시켜야 할 필요성을 생각하게 된다. 제2세기 초, 랍비 아키바 아래에서 히브리어 자음으로 된 구약경전이 표준판으로 고정되었는데,6) 우리들이 판단하는 바, 이러한 표준화 작업은 놀랄만한 원칙 위에서 이루어졌다. 그러자 본문 뿐 아니라 그 해석 역시 단일화되어야만 했었는데, 그 이유는 특별히 예수님이야말로 메시아요 하나님의 아들이라는 주장을 뒷받침하기 위해 계속적으로 사용하였던 구약 본문들에 관해 유대교의 입장에서 권위있는 설명을 제시해야 할 필요성이 시급하였기 때문이다. 어떤 경우에는 과거에 인정되었던 해석들까지도 그리스도인들의 주장에 지나치게 유사하다는 이유 때문에 금지되기도 하였다. 최근의 한 학자는 다니엘 7:13에 등장하는 복수명사 "왕좌들"("thrones"-한글 성경에는 복수가 아닌 "왕좌," 즉 단수로서 번역되어 있음)에 관해 흥미로운 이론을 제시하고 있다.7) 이 본문은 심판날에 관한 다니엘의 환상을 묘사하고 있는 장면이다. "내가 보았는데 왕좌가 놓이고 옛적부터 항상 계신 이가 좌정하셨는데 그 옷은 희기가 눈 같고 그 머리털은 깨끗한 양의 털 같고 그 보좌는 불꽃이요 그 바퀴는 붙는 불이며 불이 강처럼 흘러 그 앞에서 나오며 그에게 수종하는 자는 천천이요 그 앞에 시위한 자는 만만이며 심판을 베푸

---

5) 무어(G. F. Moore), *Judaism*, I (1927), 244.
6) 원래의 히브리어 기록은 자음만을 기록하였다. 그 후의 모음 기록은 주후 8, 9세기에 해당한다.
7) 죠크(J. Jocz), *The Jewish People and Jesus Christ* (1949), 186.

는데 책들을 펴 놓였더라 그때 내가 그 큰 말하는 작은 뿔의 목소리로 인하여 주목하여 보는 사이에 짐승이 죽임을 당하고 그 시체가 상한 바 되어 붙는 불에 던진 바 되었으며 그 남은 모든 짐승은 그 권세를 빼앗겼으나 그 생명은 보존되어 정한 시기가 이르기를 기다리게 되었더라 내가 또 밤 이상 중에 보았는데 인자같은 이가 하늘 구름을 타고 와서 옛적부터 항상 계신 자에게 나아와 그 앞에 인도되매 그에게 권세와 영광과 나라를 주고 모든 백성과 나라들과 각 방언하는 자로 그를 섬기게 하였는데 그 권세는 영원한 권세라 옮기지 아니할 것이요 그 나라는 폐하지 아니할 것이니라."[8]

여기에서 문제가 제기된다. 만약에 "왕좌들"이 놓였다면 누구를 위한 것인가? 물론 그 중 하나는 옛적부터 항상 있는 이를 위한 것이니, 그것이 바로 그 바퀴가 붙는 불같은 보좌일 것이다. 그렇다면 다른 보좌들은 어떻게 되는가? 아마도 이들은 그 옛날부터 그를 보좌하던 자를 위한 것이라고 해석하는 것이 올바를 것이다.[9] 그러나 일찍이 랍비들 가운데서는 "인자와 같은 이"(one like a son of man)를 위해 두 번째 보좌가 배설되었기 때문에 "왕좌들"이 복수로서 쓰였었다고 주장하는 일파가 있다.

바로 이 구절이 예수님께서 그의 재판 과정 중 대제사장에게 답변으로서 언급하셨던 성경구절이다. 그는 자기가 메시아이심을 인정하시면서 이에 첨가하시기를 "내가 그러나 인자가 권능자의 우편에 앉은 것과 하늘 구름을 타고 오는 것을 너희가 보리라."[10] 만약 이 말이 전능자를 위해 마련된 보좌와 함께 특별히 자신을 위해 배설된 보좌를 암시한 것이라 한다면, 왜 그 답변이 그 자리에 있던 자들에게 즉각 신성모독으로서 받아들여졌는지 이해할 수 있다.

탈무드에 바로 이 문제에 관한 논쟁의 기록이 보존되어 있다. 이처럼 보좌가 복수였다는 점에 관해 여러 가지 설명들이 시도되었으며, 랍비 아키바는 보좌 하나는 옛적부터 항상 계신 이를 위해 배설되었고, "하나는 다윗을 위해" 배설되었다고 하였는데, 그는 다윗이라는 명칭을 통하여 메시아인 "위

---

8) 단 7:9~14.
9) 계 20:4, "또 내가 보좌들을 보니 거기 앉은 자들이 있어 심판하는 권세를 받았더라"와 단 7:22를 비교해 보라. "Judgment was given to the saints of the Most High; and…the saints possessed the kingdom."
10) 막 14:62.

대한 다윗의 보다 위대한 자손"을 의미하는 것이다. 이는 의심할 바 없이 옛적부터 전해 내려오는 타당한 해석이라 할 수 있다. 그러나 이는 그리스도인들이 자기들의 신앙의 정당성으로서 사용할 가능성이 있는 것이었기 때문에 유대교 랍비들의 입장에서는 받아들일 수 없었으며, 대부분 유대교 율법 학자들에게는 또한 신성모독적인 것이기도 하였다. 이에 따라 아키바가 이러한 견해를 밝혔을 때, 격렬한 저항이 발생한다. "아키바여, 그대는 얼마나 오랫동안 하나님의 영광을 더럽히고자 하는가?"

이와 동일한 이유로 헬라어를 사용하는 유대인들은 70인역(구약경전의 헬라어판)을 더 이상 사용하지 않게 된다. 70인역에 사용된 헬라어 표현들은 마치 하나님의 섭리가 작용한 그리스도인들의 주장에 알맞도록 되어 있었으므로, 그리스도인들은 어떤 때 헬라어 원어 자체보다도 오히려 70인역을 즐겨 사용하였다. 이에 따라 원래는 유대인들을 위해 유대인들에 의하여 만들어진 70인역이 결국은 단지 그리스도인들 만에 의해 사용되게 된다. 헬라어를 사용하는 유대인들을 위해서는 따로 새로운 헬라어 번역판을 작성하도록 조치된다. 물론 이 헬라어 번역판은 아키바 및 그 동료들에 의해 이룩된 히브리어 경전에 가능한 한 가까운 본문과 해석을 따르도록 한 것은 물론이다. 이 새로운 헬라어 번역판을 만든 이는 아킬라(Aqila)인데, 그는 원래 본도(폰투스, Pontus) 출신으로서 유대교에 개종한 자였다. 그의 번역은 지나치게 문자적이었으므로 단지 단어들만이 헬라어일 뿐, 문장 구성 및 체계는 완전히 히브리적이다. 어쨌든 이 새로운 번역판은 그리스도인들의 해석을 보다 어렵게 만드는 데는 성공하였다. 예를 들어, 그리스도인들은 이사야서 7:14를 70인역으로부터 인용하여, "보라, 처녀(헬라어, 파르테노스<parthenos>)가 잉태하여 아들을 낳을 것이니 그 이름을 임마누엘이라 할 것이라"(마태복음 1:23에서는 바로 이 번역이 인용되었다)는 본문을 예수님의 동정녀 잉태에 관한 명백한 예언으로서 유대인들에게 주장할 수 있다. 그러나 이제 헬라어를 사용하는 유대인들은 자기 나름대로 보다 권위있는 헬라어 번역판을 이용하여 그 가운데는 처녀(헬라어 parthenos)란 아무 언급이 없이, 단지 젊은 여인(헬라어, 네아니스<neanis>)이라고만 되어 있음을 근거로 반박할 수 있다.

그러나 이로써 모든 문제가 해결될 수 있었던 것은 아니었다. 이 이단들은 회당의 예배에 참석하여, 나사렛당의 경전 해석을 주장함으로써 큰 말썽을 일으켰기 때문에 이들을 제외시키기 위해 보다 극단적인 방법을 강구하여야만 했다. 당시에는(지금과 마찬가지로) 유대교 의식에는 18개 강복(Eighteen Benedictions)으로 알려진 기도문이 포함되어 있다. 이러한 기도문의 명칭은 기도문의 각 부분이 항상 하나님으로부터의 축복을 간구하는 것으로써 끝마치고 있었기 때문이다. 90년경 또 다른 부분이 첨가됨으로써 이 기도문이 더 연장된다. "배교자들에게는 아무런 소망이 없을지어다. 그들의 교만한 왕국은 바로 우리들의 시대에 조속히 멸망할지어다. 또한 나사렛당과 이단들(minim)은 순식간에 멸망하여 생명책에서 지워져 의인들과 함께 기록되지 못할지어다. 오 주여, 교만한 자를 꺾으시는 당신은 복이 있도소이다."[11] 이 부분을 특별히 첨가한 이유인즉 자기들에게 저주를 구하는 예배의식에 그리스도인들이 참가하지 못하도록 만들고자 함이다.

그러나 몇몇 그리스도인들은 자기들의 사역을 너무나도 잘 수행하였기 때문에 회당의 예배의식 자체에는 참석치 않았을지라도 계속 그 영향력을 발휘할 수 있다. 또한 일부 구약경전은 너무나도 일관성 있게 그리스도인들에 의해 사용되었으므로, 회당이나 혹은 다른 곳에서 그 부분이 낭독될 때마다 거기 참석한 이들은 그리스도인들의 해석을 상기할 수밖에 없었다. 뛰어난 정통 유대교 학자 하나는[12] 고난받는 종에 관한 예언의 부분이(사52:13~53:12) 앞뒤 부분들은 다 있는데, 유독 회당에서 강독되는 성구집에서 빠진 이유가 다름 아니라 그리스도인들이 이 예언을 예수님께 적용시켰기 때문이라 밝히고 있다.

3. 주후 70년 이후의 유대인과 로마인들

로마 제국 전역에 걸쳐 살고 있던 유대인들은 그들의 법률적 위치에 관한

---

11) 이러한 "이단들을 향한 기원문"이 현재 유대교 예식문에 보다 변형된 형태로 남아있다. "남을 헐뜯는 자들에게는 소망이 없으리로다. 모든 악은 순식간에 소멸하리로다. 당신의 모든 적들은 곧 멸망되고, 거만한 자들을 무너뜨리고, 우리의 눈 앞에서 그 뿌리를 뽑으시리로다. 적들을 멸망시키고, 교만한 자들을 꺾으시는 오 주여, 당신은 복이 있도소이다"(Cf. S. Singer, *Authorized Daily Prayer Book*, 48).
12) 로이위(Herbert Loewe), in *Rabbinic Anthology* (1938), 544.

한 유대 전쟁으로 인하여 그다지 큰 영향을 받지 않았다. 물론, 이들에 관한 일반인들의 반감은 고조되었으며, 전쟁이 계속되는 동안 알렉산드리아, 가이사랴, 안디옥 등에서는 반유대인 폭동들이 발생하기도 하였다. 또한 로마에서도 유대인들에 대한 적대심이 강했기 때문에 티투스(Titus)는 황태자 시절에 헤롯 아그립바(Herod Agrippa the Younger)의 여동생 베레니스(Berenice)와 결혼하고자 하던 계획을 포기하였다. 물론 아그립바와 그의 동생 베레니스는 모두 전쟁과 전쟁 이후에 플라비안 왕조(Flavian dynasty)를 열렬히 지원하던 인물이다.

전쟁이 유대인들에게 미친 영향은 보다 금전적인 것이었다고 볼 수 있다. 그 이전에는 20세가 넘은 모든 유대인 남성들은 예루살렘 성전과 제사장 제도를 유지하기 위해 매년 반 세겔(shekel)을 바쳐야만 했다. 이제 성전은 파괴되었으며, 제사장들도 더 이상 그 기능을 수행하지 못하고 있다. 그러나 이러한 세금을 거두어들이던 제국법은 계속 실시되어 이제는 여호와 하나님을 예배하기 위하여서가 아니라 로마에 있던 쥬피터(Jupiter) 신전을 유지하는데 사용된다. 물론 유대인의 종교적 심성으로 볼 때, 이러한 추세는 용납하기 어려운 것이었으나, 베스파시안(Vespasian)과 그의 두 아들 등, 세 플라비안 왕조의 황제들은 어쨌든 이를 징세하였다. 특히 도미티안은 이 세금을 거둬들이는데 특별한 관심을 쏟았다. 그는 유대인으로 출생한 자나 혹은 유대교 개종자들 뿐 아니라 유대교와는 보다 덜 밀접한 관련을 가지고 있던 이방인(God-fearers)들과 또한 그 이유를 막론하고 할례를 받은 모든 사람들로부터도 세금을 받아들인 것으로 보인다.[13] 이처럼 불법적으로 비유대인들로부터 세금을 받아들이던 행위는 96년 네르바 황제(Emperor Nerva)가 도미티안의 위를 계승하였을 때 폐지된다. 이를 기념하기 위해 주화가 발행되었는데, 이 주화는 FISCI IVDAICI CALVMNIA SVBLATA(추악한 유대세가 제거되었다는 의미)라는 문구가 로마인들 사이에서 유대를 상징하던 대추야자 나무의 문양을 둘러싸고 있다. 네르바가 "추악한 세금"을 유대인들로부터도 면제시켜 주었는지는 확실하지가 않다. 그러나 이 세금 자체는 계속 2세기까지 거두어들여졌다.

---

13) 스몰우드(E. M. Smallwood), "Domitian's Attitude towards the Jews and Juda-ism," *Classical Philology*, 51 (1956), 1~14.

도미티안은 그 밖에도 반유대적 경향을 띤 법률들을 제정하였는데, 이 가운데는 로마 시민들의 유대교 개종을 보다 심하게 제한하는 법령들도 포함되어 있다. 우리가 생각해 볼 때 당시에 도미티안 황제가 또 다른 유대인 반이 발발할까 내심 겁내고 있었던 것으로 보인다. 그는 이러한 반란의 핵심 인물이 될 자들을 특별히 경계하였는데, 그 중에서도 특히 그 옛날 왕실의 혈통을 계승한 자를 경계하였다. 아마도 예수님의 가족들을 만나 접견하였던 것도 바로 이러한 이유가 아닌가 싶다.[14] 또한 그가 자기 가족들 가운데 유대교에 물들었다고 생각하는 자들을 가혹하게 처단한 한 이유에 대해서는 이미 살펴본 바가 있다.[15]

그러나 도미티안의 재위 기간 동안 반유대적 감정을 가졌던 이들은 황제뿐만이 아니었다. 당시 로마에서 황실의 연금으로 생활하고 있던 요세푸스는 이를 반박하기 위하여 펜을 들었다. 그는 이를 위해 두 작품을 남겼는데, 하나는 두 권으로 된 짧은 논문으로서 "아피온에 대항하여"(Against Apion)이었으며,[16] 또 다른 하나는 다른 어느 나라에 비해서도 뒤 떨어지지 않는 유대인들의 고대사, 문화 용기 등을 표현하였던 장장 20권으로 된 『유대 고대사』(Jewish Antiquities)였다.

이보다 20년 전 요세푸스는 『유대 전쟁사』(History of jewish War)를 집필한 바 있었는데, 이 가운데서 그는 반란 지도자로서의 자기의 중요한 위치를 기록한 바 있다. 그러나 이제는 로마에 대항한 반란에서 중추적 역할을 담당하였다는 사실이 위험하게 된다. 따라서 그는 도미티안 치하에서 저술한 『자서전』(Autobiography)에서는 자기가 반란에서 매우 사소한 역할을 담당한 것으로서 기록하고 있다.

그러나 그가 『유대 전쟁사』를 집필하였을 때도 로마 제국에는 유익한 공헌을 했다고 볼 수 있었는데, 그는 이 책 가운데서 로마 제국에 대항하여 무장 반란을 일으키는 것이 얼마나 쓸데없는 일인가를 보여주고 있다. 아람어로 된 이 작품의 초판은 그러한 교훈을 주입시키기 위해 메소포타미아에 살고 있던 유대인들에게 보내졌다. 그러나 주후 70년의 대환란에서 용케 살아남

---

14) 제16장을 보라.
15) 제15장을 보라.
16) 아피온(Apion)은 반유대적 서적들을 발행했던 Alexandria의 선생이었다.

앉던 일부 독립운동가들은 다른 곳에서 유대인들을 선동하여 반란을 일으켜 보고자 하였다. 유대 지방을 탈출한 일부 난민들은 알렉산드리아에서 이를 시도하였는데, 성공을 거두지 못하였다. 알렉산드리아의 유대인들은 자기들에게 재난을 불러올 반란을 일으킬 의도가 당초에 없었던 것이다.

베스파시안 황제가 레온토폴리스(Lleontopolis)에 소재한 유대교 성전을 폐쇄하도록 명령함으로써 이집트 지방에서는 또 다른 전쟁의 여파가 발생한다. 주전 2세기 중반 경 예루살렘의 대 제사장직이 원래의 대제사장 가족들로부터 박탈당하였을 때, 옛 가족의 일원이던 오니아스 4세(Onias VI)는 팔레스타인을 떠나 이집트로 이주하여, 당시 그 곳의 황제 프톨레미(Ptolemy)로부터 레온토폴리스에 성전을 건축할 수 있는 허가를 받았다. 이에 따라 예루살렘과 비슷한 의식이 그 곳에서 행해지고 있다. 이제 예루살렘의 본성전이 파괴된 마당에 베스파시안은 또 다른 성전의 존재가 반란의 씨앗이 되는 것을 원하지 않았으므로, 이를 중단시켰고, 이에 따라 2세기 이상 지속되어 오던 의식이 종식된다. 지금부터 수 년 전에 발견된 파피루스 문서에 의하면 110년에 알렉산드리아에 거주하던 유대인과 이방인들 사이에 분쟁이 있었으며, 당시 트라쟌 황제는 이를 유대인들에게 유리하도록 조정하였다고 한다.17) 이 분쟁의 정확한 성격은 파피루스가 완전하지 않기 때문에 알 수 없다. 그러나 당시 로마 당국이 유대인들에 대해 인종차별을 하지 않은 것이 명백한 것으로 보인다. 사실은 트라쟌의 아내 플로티나(Plotina)가 친유대주의였기 때문에 유대인들은 오히려 황실로부터 특혜를 받은 것으로 보인다.

그러나 트라쟌이 수 년 후 유프라테스 강 동부에 살고있던 파르티안들(Parthians)을 물리치기 위해 원정에 나섰을 때 유대인들은 리비아(Lybia), 구레네(Cyrene), 그리고 이집트 등지에서 대대적인 반란을 일으켰다. 이 당시의 반란자들이 리키야스(Lykyas)를 그들의 왕으로 선출한 것을 보면 동부 아프리카에 유대인 국가를 세우고자 하였던 것 같다. 이와 비슷한 반란이 구브로(Cyprus)와 메소포타미아에서도 발생한다(메소포타미아에서의 반란은 아마도 유대인들과 긴밀한 접촉을 가지고 있던 파르티안과의 공모 하에 발생하였던 듯하다). 그 결과 이들 지방에서는 반란이 완전히 진압되기까지 피로 피를 씻는 학살

---

17) 벨(H. I. Bell), *Juden und Griechem im römischen Alexandriea* (1926), 34ff. ; 무스릴리오(H. A. Musurillo), *Acts of the Pagan Martyrs* (1954), 44ff., 161ff.

극이 연출된다.
 그러나 오히려 이들보다도 더욱 심각하였던 것은 트라쟌의 후계자 하드리안 황제의 치하에서 발생한 팔레스타인의 반란이다. 하드리안은 제국의 국경을 강화하는데 더욱 주력하였다. 그 결과 필자의 고국인 영국에도 하드리안의 성벽(Hadrian's Wall)이 남아있다. 그러나 북서부 지방보다도 동부 국경을 강화하는 것은 더욱 더 시급한 문제였으며, 하드리안은 이러한 그의 동방정책의 일부로서 예루살렘의 유적지에 새로운 도시를 건설하고자 하였다. 옛 성전 자리에는 이스라엘의 하나님이 아니라 쥬피터 카피톨리우스(Jupiter Capitolius)에게 바쳐질 새로운 신전을 건축하였다. 이와 같은 성지의 오염은 유대인들로 하여금 그 옛날 안티오쿠스 에피파네스(Antiochus Epiphanes)가 다시 부활한 듯한 충격을 주었다. 그러나 하드리안이 유대인들에게 이러한 인상을 준 것은 단지 이러한 예루살렘 제거 계획 뿐만이 아니었다. 로마 제국의 임무 중 하나가 미개한 야만인들을 개화시키는 것이라고 믿고 있던 하드리안은 이를 위하여 그의 제국 변경에 있는 주민들에게 각종 야만족 풍습을 금지시키도록 명령하였다. 이러한 야만족 풍습들 가운데는 각종 신체 부위를 절단하거나 상처내는 행위들이 포함되어 있었는데, 마침 유대인들의 할례가 이러한 금지령의 범위 안에 들게 된다. 하드리안이 특별히 유대인들의 종교적 감정을 자극하고자 했다든지, 혹은 유대인들이 이 칙령의 특별한 표적이었다는 증거는 찾아볼 수 없다. 그러나 유대인들의 입장으로서 볼 때 아브라함과 하나님 사이에 맺은 언약(covenant)의 표시이자 유대인들의 종교적, 국가적 단결의 상징이던 이 특별한 예식을 금지시킨다는 것은 안티오쿠스나 마찬가지로 히드리안의 손에 의해서도 감수할 수 없는 것이다.
 그러나 이 모든 상황의 변화들이 재난을 불러오기에 부족하였던지 마침 시몬(사이몬, Simon)이라는 인물이 자기가 메시아임을 주장하고 나섰다. 만약 당시의 지도적 랍비이던 아키바(Akiba)가 시몬의 주장을 후원하지 않았더라면 시몬은 그다지 큰 영향력을 발휘하지 못했을지도 모른다. 아키바의 보다 조심스런 동료들은 그에게 이를 극구 만류하였다. 이 중 하나는 충고하기를, "아키바여, 다윗의 아들이 출현하기 전에 당신의 턱으로부터 잡초들이 자라날 것이요." 그러나 아키바는 시몬이야말로 메시아라고 확신하였으며, 그를 가리켜 "야곱으로부터의 큰 별"(star out of Jacob)이라고 찬양하여 오래 전 발람

(Balam)의 예언의 성취라고 축원하였다.[18] 바로 이러한 이유 때문에 바르-콕크바(Bar-kokbba)라는 별명으로 알려졌었는데, 이는 아람어로 "별의 아들"(son of the star)이라는 의미이다.

그의 갑작스런 반란은(132년) 불의에 로마인들의 허를 찌른 셈이다. 지난 전쟁 이후 유대 지방은 총독(procurator)뿐 아니라 보다 독립적인 지위를 가진 황제 직속의 대사(legate)에 의해 다스려지고 있었으며, 66년 게시우스 플로루스(Gessius Florus) 때보다 훨씬 강한 병력이 주둔하고 있다. 그러나 이 병력도 충분하지 못하였는데, 바르-콕크바는 곧 유대 지방을 통치하기 시작한다. 국가의 독립 수복을 기념하기 위해 새로운 주화들이 만들어져 "시몬 이스라엘의 왕자"(Simon Prince of Israel)[19] 혹은 "예루살렘의 자유를 위하여"(for the Freedom of Jerusalem), "이스라엘의 구속 제1년"(Year 1 of Redemption of Israel), "이스라엘의 자유 제2년"(Year 2 of the Freedom of Israel) 등의 문장들이 새겨 넣어졌다. 전쟁은 막카비(Maccabees) 형제들의 반란 때와 마찬가지로 게릴라전의 양상을 띠었으므로, 로마인들이 이를 진압하기에는 오랜 세월이 소요된다. 3년 반의 격렬한 전투 끝에 로마 장군 쥴리우스 세베루스(Julius Severus)는 겨우 반란을 진압할 수 있었다.

양측 모두 입은 피해가 막중하였다. 하드리안이 반란의 종식을 원로원에 보고하였을 때, 그는 이에 함께 붙이던 전통적인 문구 "나와 나의 군대는 안녕하다"(I and army are well)를 일부러 삭제했었다고 전해진다.

바르-콕크바는 용감무쌍한 아키바를 비롯한 다른 반란자들과 함께 처형된다. 아키바가 얼마나 당당한 태도로 저녁 예배 시간에 그의 죽음을 맞이했는가에 대한 이야기가 그 후 후세에 전해진다. 그는 유대교 신경을 낭송하였는데, 곧 "오, 이스라엘아 들으라. 우리의 주 하나님은 한 분이시로라"고 하면서 마지막 단어인 "하나"(히브리어로 에카드<echad>)를 자기의 숨이 허락하는 한 길게 뽑았다고 한다. 또한 전설에 의하면, 다음과 같은 구약을 인용하여 스스로를 격려하면서 그의 고통 속에서 너털웃음을 잃지 않았다고 한다. "너의 마음과 영혼과 능력을 다하여 너의 주 하나님 여호와를 사랑할지어다."

---

18) 민 24:17. 이는 쿰란 공동체원들 사이에 가장 애용되던 메시야에 관한 구절이었다. 원래 이는 아마도 다윗 왕을 가리켰던 것으로 보인다.

19) Wadi Murabbat에서 발견된 서신에서는 스스로를 가리켜 "Simon Ben-Kosebah, Princee of Israel"이라 하였다(저자의 *Second Thoughts on the Dead Sea Scrolls*, 54).

그는 결국 이승에서 그의 영혼을 마지막으로 숨쉬는 시간에야 온 영혼을 다해 하나님을 사랑하는 것이 어떻게 가능한지 이해했는지도 모른다.

이제 예루살렘은 완전히 로마 식민지로 재건되었으며, 성전은 쥬피터 카피톨리우스에 헌정되었는데, 이러한 모습이 그 후 거의 200년 후 콘스탄틴 시대까지 계속된다. 도시는 아이리아 카피톨리나(Ælia Capitolina)라고 개명된다. 아이리아는 황제의 성을 딴 것이었으며(황제의 온전한 이름은 퍼블리우스 아이리우스 하드리아누스<Publius Ælius Hadrianus>였다), 카피톨리나는 새 신전이 헌정된 로마의 수호신 쥬피터에게서 따온 것이다. 이제 예루살렘은 완전한 이방인들의 도시가 되었으며, 유대인들은 그 근처에 접근하는 것조차 허락되지 않았다. 바르-콕크바의 반란으로 인해 유대인들에게 취해진 로마의 처벌이 너무 가혹했기 때문에 그 후는 랍비들의 계승 문제까지도 위태로울 지경이었으며, 랍비들은 그의 추종자들에게 우상숭배와 간음을 제외한 모든 율법의 불이행을 특별히 사면하여야만 했다. 그러나 하드리안이 148년에 사망함으로써 이러한 탄압도 종식된다. 그의 후계자 안토닌(Antonine) 황제는 할례의 금지령을 보다 완화시켰다. 물론 하드리안 시대와 함께 유대인 역사가 끝난 것은 아니다. 그들의 이후 역사는 흥미롭기는 하지만 여기서는 더 이상 다룰 수가 없겠다.

제28장

서부 아시아의 유대인들과 기독교인들

1. 아시아로 이주

하드리안 황제가 예루살렘을 완전히 로마식 도시로서 재건하고 유대인들이 여기에 접근하는 것을 금지시켰을 때, 이러한 조치는 비기독교인 유대인들뿐만 아니라 유대인 기독신자들에게도 동일하게 적용된다. 135년 이후 우리들은 예루살렘에서 다시 교회의 존재를 발견하게 되는데, 이 교회는 초기 예루살렘 교회처럼 완전한 유대교인들로서 이루어진 것이 아니라 순수한 이방인들의 교회였다. 이처럼, 예루살렘 도시 내의 기독교 역사가 일단 완전히 단절되었다는 것이야말로 우리가 현지 그 도시 내의 성지 혹은 성소(sacerd sites)들의 정확한 위치를 알 수 없는 정확한 이유들 중에 하나이다. 예루살렘에 새로 세워진 이방인 교회는 공동체로서 전해 내려오는 전통이나 기억이 없었으며, 이에 따라 성지들의 정확한 장소가 보존되지 못하였다. 어떤 면에서는 바로 이것이 로마와 예루살렘 사이의 큰 차이라 할 수 있다. 왜냐하면 로마에서는 제1세기까지 기독교 전통이 아무런 단절 없이 계속 거슬러 올라가기 때문이다.

또한 135년은 유대인 출신 그리스도인들과 그들의 동쪽 유대인들 사이에 최후의 단절이 이루어진 해이기도 하다. 나사렛인들은 바르-콕크바가 메시아라는 주장을 결코 받아들일 수 없었기 때문에 그 반란에 동조하기를 거부한다. 이들에게는 예수님 밖에는 다른 메시아가 있을 수 없었다. 이처럼 애국적 운동이라 할 수 있는 반란에 참여하기를 거부하였기 때문에 그 후 상당한 박해를 받기 시작한다. 이에 따라 그 후부터 유대인 기독교 공동체라는 특이한 단체는 다른 유대인 종교로부터 갈라져 독자적인 길을 걷게 되었으며, 또한 이들은 보편 기독교의 주류로부터도 고립된 형편에 있었다. 다시 말해서, 이방 기독교 신자들이 그 후세기에 보다 헬라 철학의 용어들로부터 추출된 언어들을 사용하여 신앙을 정의해 나가기 시작했음으로 보다 원시적이고 또한 셈족(Semitic)적인 방향으로 그들의 신앙을 표현하였던 유대 그리스도인들은 점차 보편 기독교 신자들 일반에게 이단적이라는 인상을 주게 된다. 물론 팔레스타인 지방과 시리아 지방 일대에 거주하던 일부 유대 기독교 신자들은 보편 정통적인 교인들에게 합류함으로써 예루살렘, 가이사랴, 안디옥 및 기타 지방의 도시들에 산재해 있던 이방 기독교회에 합류하게 된다. 제4 세기 말까지도 시리아 지방의 알렙포(Aleppo)에는 아람어를 사용하는 정통 유대 그리스도인들, 혹은 나사렛인들이 존재하였다. 더욱이 135년 이후에도 비록 소수이기는 하였는데, 유대 그리스도인들 가운데 기독교 저술에 큰 공헌을 남긴 인물들도 있다. 예를 들어, 헤게시푸스(이는 요셉의 헬라식 이름인 것이 분명하다, Hegesippus)는 제2세기 중반에 활동했던 인물로서 팔레스타인 지방의 유대교에서 기독교로 개종하였던 인물이다. 그는 또한 진정한 신앙은 모든 사도적 교회들이 신봉하고 있는 기본 원칙들을 종합함으로써 발견할 수 있다고 믿었던 최초의 그리스도인들 가운데 하나이기도 하다. 그는 이러한 진정한 신앙을 찾기 위하여 팔레스타인 지방에서 로마까지 여행하면서 그 도중 모든 교회에 들러 각 교회들이 가진 신앙의 모습들을 종합하여 5권으로 된 『회고록』(Memoirs)을 집필하였다. 그의 결론은 "각 도시와 각 교회의 계승에서 나타난 신앙은 방법과 선지자들과 주님께서 선포한 바로 그 신앙과 동일하다"[1]는 것이다. 그러나 불행하게도 예루살렘 및 기타 다른 교회에서 그가 취득한 여러 가지 재미있는 교회의 전통들을 포함하고 있는 그의 『회고록』은 오래 전에 이미 소실된다. 실제로, 헤게시푸스야 말로 속사도 시대에 있어서 그의 신학적 신념을 역사적 기초 위에 정립하고자 했던 최초의 인물이었고, 그의 작품은 유세비우스가 역사를 기술하는데 가장 크게 공헌

---

1) 유세비우스(Eusebius), *Hist. Eccl.*, VI, 22:3.

했다. 아마도 여러 교회들의 감독들의 전승 목록은 바로 헤게시푸스에 의해 최초로 발견되고 또 기록된 것 같다. 그러나 정통 유대 그리스도인들은 주로 이방인들로 구성된 교회에 합류함으로써 거의 완전히 그들의 독자성을 상실하게 된다. 자기 나름대로의 독자성을 보존하였던 유대인들은 시리아와 요단 강 건너편에서 수 세기 동안 생존하였던 에비온인들의 공동체가 대부분이다. 그러나 이들에 관하여 좀 더 알아보기 전에 우선 제1세기 팔레스타인 기독교의 확장에 관한 문제를 언급해 보도록 하자.

팔레스타인 기독교는 66~70년간 유대인 전쟁 이전 수 십 년 동안 세계 각국으로 전도인들을 파송하였으며, 전쟁 후에도 이러한 선교활동을 멈추지 않았다. 그러나 팔레스타인 기독교의 확장 가운데 가장 특기할만한 것은 제1세기 후반 이들 가운데 지도적 인물들이 소아시아 지방으로 이주해 간 사실이다. 이들 이주민들은 팔레스타인 교회 가운데 보다 덜 유대적 요소를 대표하는 것으로 보이는 바, 이는 요단 강 건너 및 다른 지방에서 보다 엄격한 유대주의적 전통을 지켰던 이들과 날카로운 대조를 이루고 있다.

아시아 지방의 그리스도인들은 자기들 가운데서 여생을 보낸 팔레스타인 기독교 신자들의 기억을 매우 뜻깊게 간직하고 있었다. 190년경, 로마 감독이던 빅토르(Victor)가 부활절 일자에 관한 로마의 풍습을 아시아 교회들에게 강요하였을 때 에베소(Ephesus)의 폴리크라테스(Polycrates)감독은 빅토르에게 보낸 답장 가운데서 아시아의 그리스도인들이 이 문제에 관해 추궁하였던 팔레스타인 지방으로부터의 초대 그리스도인들의 선례를 인용하고 있다.

> 주님께서 그 모든 성도들을 부르시기 위해 영광 중에 천국으로부터 강림하실 재림의 마지막 날에, 다시 부활하기 위해 위대한 선진들이 아시아에 잠들고 있습니다. 열두 사도들 중의 하나였던 빌립(Philip)께서는 히에라폴리스(Hierapolis)에 잠들고 계시며, 또한 처녀로서 사셨던 그의 두 따님들, 그리고 성령 안에서 살았던 또 다른 한 따님도 에베소에서 휴식하고 계십니다. 주님의 가슴에 기대었던 애제자, 가슴에 금판을 달고 있던 제사장, 순교자이자 교사였던 영광스런 이름을 남기셨던 요한께서도 에베소에서 잠들어 계십니다.[2]

---

2) 유세비우스, *Hist. Eccl.*, III, 31:3. petalon이란 "주를 거룩하게 하라"고 새긴 금판으로서

비록 폴리크라테스는 팔레스타인으로부터 피리기아 지방으로 이주한 빌립을 사도 빌립과 혼동하고 있지만 그 편지를 우리들에게까지 보존하여준 유세비우스는 이 빌립이 곧 구제자이자 전도자였던 인물이었음을 바로 이해하였던 것이 분명하다. 이 빌립의 네 명의 여선지 딸들은 누가복음과 사도행전 21:9에 언급되어 있다. 이 문제에 관해서는 아마도 유세비우스가 옳았던 듯하다. 이들이 소아시아 지방에 거주했었고, 여기 묻혔다는 사실을 언급한 것은 단지 폴리크라테스 뿐만이 아니었다. 이와 거의 같은 시기에 몬타누스주의자들의 지도자였던 프로클루스(Proclus)는 로마의 가이우스 감독과 가진 『대화』(Dialogue) 가운데 이들에 대해 언급하고 있다.

> 여선지자들이었던 빌립의 네 딸들은 아시아의 히에라폴리스에 거주하였다. 그들의 무덤은 그들 아버지와 함께 바로 그 곳에 있다.[3]

또한 제2세기 초 바로 이 히에라폴리스 시의 감독이던 파피아스(Papias)는 이미 노령이던 그녀들과 개인적인 친분이 있다. 그녀들은 다른 나이든 부인들과 마찬가지로 자기들의 젊은 시절에 만난 인물들과 사건들에 관해 이야기하기를 즐겼으며, 파피아스는 이를 통해 팔레스타인 초기 기독교 역사에 관한 매우 유용한 자료들을 얻을 수 있다. 이들의 이야기들 가운데 특히 흥미 있는 것으로서는 바르사바스(Barsabbas)라는 또 다른 이름으로 불리기도 했던 유스도(저스투스, Justus)에 관한 것이 있었는데, 그는 가롯 유다의 죽음으로 인해 공석이던 사도직을 메우기 위해 맛디아(Matthias)와 함께 지명되었던 인물이다.[4] 이 이야기에 의하면 언젠가 유스도가 독을 마셨으나 아무런 해를 받지 않았다는 사건이 기록되어 있다.[5]

파피아스는 이러한 종류의 회고 형식으로 된 일화들에 많은 관심을 갖고 있었던 것으로 보인다. 그는 『주님의 예언에 관한 주해서』(Exposition of the Dominical Oracles)를 쓸 때도 다른 이들이 기록한 서적들보다도 오히려 "아직

이스라엘의 대제사장이 그 터번 위에 붙이고 있던 것이다. 이를 의인 야고보에게 주어졌던 대제사장의 특권과 비교해 보라.
3) 유세비우스, Hist. Eccl., III, 31:4.
4) 유세비우스, Hist. Eccl., III, 39:9. cf. 행 1:23ff.
5) Cf. 막 16:18.

살아있는 사람들의 목소리"6)를 통하여 기독교 초기 역사에 관한 정보를 얻는 것을 더욱 좋아하였다. 그는 또한 그의 『주해서』 가운데 우리가 가지고 있는 복음서들의 기원에 관한 최초의 외부적 증거들을 부수적으로 기록하고 있다. 예를 들어, 그는 어떻게 "마태가 히브리어로 된 (주님의) 가르침들을 편찬했으며, 모든 이들은 이를 최대한 능력껏 번역하였는가"에 관하여, 그리고 또한 어떻게 "베드로의 통역자였던 마가가 비록 정확한 순서를 좇은 것은 아니지만 베드로의 구술을 좇아 주님의 말씀과 행동들을 정확하게 기록하고 있는가"에 관해 적고 있다.7) 그는 마가에 관한 정보를 "그 장로"(the elder)라는 사람으로부터 얻었다고 주장하고 있는데, 바로 그 장로의 정체야말로 소아시아로 이주해 간 팔레스타인 그리스도인들과 관련된 가장 흥미있는 문제이기도 하다.

소아시아 지방에서 흔히 "그 장로"라고 알려진, 사람들의 존경을 받던 지도자에 관해 언급한 것은 파피아스 뿐만이 아니었다. 우리가 요한 이서, 삼서라고 알고 있는 신약성경의 짧은 두 서신의 작가가 바로 자신을 이러한 명칭으로 소개하고 있다. 우리들은 이레니우스로부터 사도들의 제자들이 그 후 세대에게 "그 장로님들"(the elders)이라고 불리웠음을 알고 있다. 그렇다면 제1세기 말 어떤 저자가 스스로를 가리켜 "그 장로"(the elder)라고 불렀을 경우, 그 저자는 자신의 노령으로 인하여 다른 이들로부터 불린 그 칭호를 사용하였을 가능성이 높다 하겠다. 만약 이 두 짧은 편지들의 저자가 요한 일서의 저자와 동일 인물이라면, 그야말로 예수님이 고난을 받으시기 이전부터 개인적으로 잘 알고 있던 인물임이 거의 확실하다.8)

우리가 이미 인용한 바 있는 폴리크라테스는, 소아시아에 정착한 팔레스타인 그리스도인들 가운데 하나는 최후의 만찬에서 예수님의 가슴에 기대었던 요한이라고 밝히고 있다.9) 폴리크라테스가 요한을 가리켜 "금판을 쓰고 있던 제사장"이라고 묘사한 정확한 의미가 무엇인지는 아직 아무도 확실한 답변을 해줄 수 없는 문제였다(금판<etalon>이란 대제사장들의 관 앞에 붙였던 금판을 이야기한다). 물론 이제까지 요한이 예루살렘에 있던 대제사장의 가족

---

6) 유세비우스, *Hist. Eccl.*, III, 39:4.
7) 유세비우스, Hist. Eccl., III, 39:15f.
8) 이것이 아마도 요일 1:1~4을 가장 자연스레 해석한 것으로 보인다. 그러나 도드(C. H. Dodd)는 *Jognannine Epistles*, 9ff에서 이와 달리 주장하고 있다.
9) Cf. 요 13:23, 25.

중 일원이었음을 밝히고자 하는 시도가 없었던 것은 아니나(마치 사도행전 4:6 의 요한처럼), 폴리크라테스는 에베소의 요한이 사람들에게 받던 존경을 상징적으로 표현한 것에 불과했는지도 모른다.

이 요한에 관해 언급한 저술가는 폴리크라테스 뿐만이 아니었다. 우리는 또한 이레니우스의 작품 가운데서도 그에 관한 묘사와 기록들을 찾아볼 수 있다. 이레니우스의 언급은 특별히 중요한 것인데, 왜냐하면 그는 156년에 순교하였던 서머나의 감독 폴리캅(Polycarp)의 제자였으며, 이레니우스의 기록에 의하면, 폴리캅은 또한 요한의 제자였기 때문이다. 여기 이레니우스가 폴리캅의 문하에서 함께 공부하였던 소년 시절의 친구 플로니누스(Plorinus)에게 보낸 편지를 인용해 본다.

> 내가 아직 나이 어린 소년이었을 때, 나는 하구 아시아 폴리캅의 집에서 그대를 알았었는데, 당시 그대는 황실에서도 사람들의 촉망을 받는 인물로서 이들의 기대를 충족시키기 위해 노력하고 있었다. 나는 그 당시 벌어진 사건들을 최근에 발생한 일들보다도 더욱 명료하게 기억하고 있다. 왜냐하면 우리가 소년 때 배운 것들은 우리들의 생애와 함께 성숙하여 결국은 그 생애들과 일치를 이루기 때문이다. 따라서 나는 지금도 그 축복받은 폴리캅께서 앉아 교훈하시던 그 장소를 너에게 이야기해 줄 수 있다. 그가 어떻게 교실에 들어오시고 나가셨는가, 그의 생활 태도와 신체적인 특징과 모습, 그가 사람들에게 교훈하던 내용, 그리고 그가 어떻게 주님을 직접 대면한 요한 및 다른 이들과 만나 이야기를 하셨는가, 그가 얼마나 그들의 말을 잘 기억하셨는가, 또한 그가 주님에 대해 그들로부터 무슨 말씀을 들으셨는가, 또한 그들의 기적, 이사과 교훈에 관하여 나는 잘 기억하고 있다. 그리고 폴리캅께서 생명의 말씀을 목격자들로부터 받아들이신 모든 교훈들이 얼마나 잘 성경과 조화를 이루었는가 하는 것 등을 나는 잘 기억할 수 있다.[10]

로마의 감독 빅토르가 부활절 일자에 관한 자기의 견해를 아시아 지방 교회들에게 강요하였을 때도 이레니우스는 이러한 행위에 반발하면서, 폴리캅이 항상 부활절을 "우리 주님의 제자 요한과 또한 그가 알고 있던 다른 모든

---

10) 유세비우스, *Hist. Eccl.*, V, 20:5f.

사도들"과 같은 방식으로 이를 지켰음을 상기시키고 있다.[11] 또한 이레니우스는 이 요한을 제4복음서의 저자와 동일 인물로 기록하고 있다. "주님의 제자 요한 즉 그의 가슴에 기대었던 바로 그 자가 아시아의 에베소에 거주하실 때 그의 복음서를 또한 출판하셨다."[12] 우리들이 이미 살펴본 바와 같이 아시아 지방에서 계속 제14일자 부활절을 유지하고 이를 고수할 수 있었던 것은 누군가 예외적인 명망을 누리는 인물이 그 입장을 옹호할 수 있었기 때문이라 하겠다. 또한 이러한 14일자 부활절은 그리스도의 고난을 진정한 유월절 제사이자 그리스도 안에서 계시된 하나님의 영광의 최종적 표현이라고 생각하였던 제4복음서의 입장과 거기에 나타난 연대기에 부합되는 것이다.

이레니우스는 폴리캅뿐만 아니라 파피아스 역시 요한의 제자들 중 하나였다고 기록하고 있다. 만약 이것이 사실이라면, 요한이야말로 파피아스에게 정보를 전해 주었던 "그 장로"라고 생각하는 것도 무리는 아니며, 또한 그 글은 그가 바로 신약에 들어있는 요한의 서신들을 작성한 "그 장로"라고 생각할 수도 있는 것이다. 여기서 우리는 다시 파피아스에게 돌아가 유세비우스를 통해 보존된 그의 작품의 일부를 살펴보도록 하자. 파피아스는 가능한 한 직접 목격자들로부터 듣고자 했던 자기의 정책을 다음과 같이 적고 있다.

> 누구든지 장로들과 함께 생활하였던 자들을 만나게 되면 나는 장로들의 가르침에 대하여 묻곤 하였다. 즉 안드레나 베드로, 빌립이나 도마나 야고보, 혹은 요한이나 마태, 등 주님의 또 다른 제자들이 무슨 말을 했나 하는 것이다. 또한 주님의 제자였던 아리스티온(Aristion)과 요한 장로 등이 남긴 이야기에 관해서도 묻곤 하였다.[13]

바로 여기서 많은 논쟁의 대상이 되고 있는 문제가 발생한다. 파피아스는 과연 이 구절 속에서 한 사람의 요한에 관해 언급하고 있는가? 그렇지 않으면 두 사람인가? 이에 관하여 학자들은 숫자와 학설에 있어서 비슷하게 양분되고 있다. 파피아스는 우리들이 인용한 그 기록에서 볼 수 있는 바와 같

---

11) 유세비우스, *Hist. Eccl.*, V, 24:16f.
12) 이레나우스, *Against Heresies*, III, 1:1 ; cf. 유세비우스, *Hist. Eccl.*, V, 8:4.
13) 유세비우스, *Hist. Eccl.*, III, 39:4.

이 이 문제에 대하여 명확한 답변을 주고 있지 않으며, 그 외에 또 다른 기록을 남기고 있지도 않다(아직도 파피아스 작품 원본들이나 사본들이 사람들의 눈에 띄지 않은 채 어느 수도원의 도서관이나 기타 다른 장소에 묻혀 있을 가능성이 있다. 1341년까지도 니메스<Nimes>에 그 작품 하나가 남아있다는 기록이 있다.[14] 만약 그의 또 다른 저술이 나타나게 된다면 현대 학자들의 저술들 가운데 상당량이 그 가치를 잃게 될 수가 있다).

우리들이 마지막으로 인용한 파피아스의 그 마지막 작품을 보존하였던 유세비우스는 두 사람의 요한들이 존재한다고 생각하였다. 그러나 유세비우스의 판단은 이 문제에 관한 한 공정하고 객관적이라고만 볼 수 없다. 그는 요한계시록을 그다지 탐탁하게 생각하지 않았기 때문에 이 작품이 사도가 아닌 다른 인물에 의해 쓰였었기를 은근히 바라고 있다. 따라서 그는 결론짓기를, 그가 파피아스의 기록 가운데서 찾아볼 수 있는 두 사람의 요한들 가운데 한 사람인 사도 요한(파피아스에 의해 과거형으로 언급된 인물)이 바로 요한복음과 요한 서신들의 저자이며, 또 다른 장로(파피아스에 의해 현재형으로 언급된 인물)가 요한계시록의 저자였다고 생각하였다. 이 작품들의 원 저자들에 관한 유세비우스의 결론은 그 전 세기의 알렉산드리아에 살고 있던 디오니시우스(Dionysius)의 지지를 받고 있다. 디오니시우스는 날카로운 문서 비평을 기초로 하여, 요한계시록은 제4복음서의 저자와 동일 인물에 의하여 쓰였을 수 없다고 주장한다. 디오니시우스는 또한 에베소에는 요한의 무덤으로 알려진 장소가 두 군데 있음을 지적하였다.[15]

과연 이 문제에 관한 한 유세비우스의 결론이 옳았는가는 아직도 풀 수 없는 수수께끼로 남아 있다. 파피아스의 문장으로 볼 때 물론 부자연스러운 면이 없는 것은 아니다. 오직 한 사람의 요한을 가리키고 있으며, 이 요한이야말로 원래 사도들 가운데 마지막 생존자로서 많은 고난을 거친 후 에베소에 정착하였으며, 이 곳에서 그 노령으로 인하여 친구들간에 "그 장로"라는 존칭을 받았다고도 볼 수 있는 것이다. 알렉산드리아의 클레멘트와 이레니우스에 의하면, 요한은 에베소에서 트라쟌 재위시까지 생존하였다고 한다.

---

14) 굿스피드(E. J. Goodspeed), *History of Early Christian Literature* (1942), 164.
15) 유세비우스, Hist. Eccl., VII, 24f.

2. 트뤼포와의 대화

135년 팔레스타인의 유대 반란이 진압된 직후, 에베소에서는 이 재난 속에 요행히 생존한 한 명의 유대인과 기독교 철학자 저스틴(Justin) 사이에 흥미로운 만남이 이루어졌다. 저스틴 자신도 팔레스타인에서 출생하였으며, 사마리아에 소재한 지타(Gitta)시의 이교도 가족 출신이다. 그러나 그는 헬라 철학에 통달한 후 헬라 철학들이 문제는 제기해 놓고도 만족한 답변을 주지 못했던 이 어려운 문제들에 관한 진정한 대답을 기독교 안에서 찾게 된다. 이 두 사람 사이의 토론 형식으로 된 기록이 『유대인 트뤼포와의 대화』(Dialogue with Trypho the jew)라는 저스틴의 작품에 기록되어 있다. 이 작품은 아마도 출판을 위하여 편집되었을 것이나, 설령 그렇다고 할지라도 당시의 지성있는 유대인들과 그리스도인들이 어떻게 자기들이 가진 문제들을 놓고 논쟁을 벌였는가를 보여주는 참으로 중요하고도 흥미로운 기록이다. 양측 모두 날카로운 논증과 변증을 사용하지 않았으나 논쟁 자체는 양측 모두가 예의를 지키는 가운데 진행된다.

저스틴이 어떻게 그가 헬라 철학을 추구한 끝에 기독교에 귀의하게 되었는가를 설명하자 트뤼포는 웃으면서, 아무 명성이 없는 일반인들의 의견을 좇아 플라톤을 저버리기보다는 계속 플라톤을 따르는 것이 좋을 뻔했다고 말한다. 또한 만약 저스틴이 진정 올바른 길을 걷고 싶다면, 유대교로 개종하는 것이 바람직하다고 트뤼포는 덧붙인다. 왜냐하면 만약 메시아가 현재 살아있다 하더라도 자기 뿐 아니라 많은 이들에게 알려지지조차 못한 존재이며, 언젠가는 엘리야(Elijah)가 와서 그에게 기름을 붓고 모든 사람들 앞에 내세우기 전까지는 계속 무명의 상태에서 아무런 권위를 갖지 못할 것이기 때문이다.

저스틴은 즉각 자신의 신앙을 방어하기 위해 트뤼포에게 묻기를, 기독교에 대한 그의 반대가 그리스도인들의 무절제하고 부도덕한 생활에 관한 일반 대중들의 헛소문에 기초를 둔 것인가, 그렇지 않으면 기독교 교훈에 관한 트뤼포 자신의 반대에서 나온 것인가고 묻는다. 트뤼포는 이에 대해 자기는 일반 대중들의 비방이나 헛소문에 귀를 기울일 시간조차 없음을 밝히고 이에 첨가하기를, "나는 당신들이 흔히 복음서라고 부르는 책 가운데 들어 있는 명령들이 참으로 뛰어나고 위대한 것임을 알고 있으나 아무도 이것들을 지킬 수는 없을 것으로 믿는다. 나는 직접 이것들을 읽어보았기 때문에 그 사실을 알고 있다"고 말한다.16) 그러나 그는 그리스도인들이 할례 및 음식법, 안식일, 유대교의 축일 등, 갖가지 의식에 순종하기를 거부하는 것을 비방하면서 그들의 소망을 십자가에 달려 죽은 한 인간에 두고 있음을 비판하고 있다. 그러자, 논쟁은 진국면에 접어들게 되며, 양자는 자신있게 구약경전을 인용하기 시작한다. 저스틴은 구약경전을 인용하여 예수가 진실로 메시아이시며, 그 때문에 유대제사법은 폐지되었음을 주장하고, 트뤼포 또한 구약을 인용하여 저스틴의 주장을 반박하고자 한다. 이『대화』(Dialogue)를 보면, 앞뒤 문맥에 대해서는 거의 상관하지 않고 성경을 인용했던 당시의 상황을 잘 알 수 있다. 몇몇 저스틴의 주장들은 트뤼포가 볼 때 거의 설득력이 없는데, 왜냐하면 이들은 (구약의 헬라어판인) 70인역에 나타난 형식에 기초를 두고 있기 때문이다. 트뤼포는 70인역을 권위있는 번역판으로 인정하지 않고 있다. 그 유명한 예가 저스틴이 시편 96:10을 다음과 같은 형태로 인용하는 것이다. "열방 중에서는 이르기를, 주께서 나무로부터 통치하시도다"(Say among the nations, The Lord reigned from the tree). 그는 이를 인용하여 십자가에 달린 그 분이 이스라엘의 하나님이시며, 왕이신 것을 증명하고 있다.

트뤼포는 이러한 근거없는 성경 본문의 추가를 반박하고 나선다(이는 실제로 아마 그리스도인들이 "증언집"<Testimonies>으로부터 삽입시킨 것으로 보인다).17) 그러나 저스틴은 이를 다시 반박하기를, 후대의 랍비들이 원래의 본문을 메시아의 십자가에 관한 명백한 예언들을 삭제한 것이라고 주장한다. 트뤼포는 대답하기를(이러한 상황으로 볼 때 참으로 온화한 어조라고 볼 수밖에 없도록) "과연 당신이 주장하는 것처럼 우리 유대인 지도자들이 경전의 어떤 한 부분이라도 삭제한 일이 있는지는 하나님께서만 아실 일이다. 그러나 나는 이를 믿을 수 없다"18)라고 한다. 트뤼포는 성경에 의하면 메시아께서 고난을 당하셔야만 한다는 저스틴의 주장이 옳다는 것을 인정하기에까지 이른다. 그러나 (그는 주장하기를) 그 사실이 곧 예수가 메시아임을 증명할 수 있으며, 어쨌든 십

---

16) *Dialogue*, 10.
17) 제 6장을 보라.
18) *Dialogue*, 73.

자가에 달려 죽은 자가 불타는 가시떨기 가운데서 모세(Moses)에게 말했던 하나님과 동일한 존재라고 주장하는 것은 참으로 신성모독 죄라고 질타한다. 그러한 이들은 예수님을 메시아로서 인정하면서도 그가 (인간으로부터 태어난 인간) 이라고 이해하며, 계속 제사법을 지키고 있는 일부 유대인들에 관해 언급하게 된다. 저스틴은 이들에 대해 비판적 입장을 취하나, 트뤼포는 십자가에 못 박혀 죽은 자를 하나님이라고 예배하는 저스틴과 그의 부류보다는 오히려 이들의 견해를 보다 호의적으로 받아들일 수 있다고 말한다. "그가 단지 한 인간이었으며, 하나님으로부터 선택되고 기름부음을 받았기에 이에 따라 메시아가 되었다고 이야기하는 자들의 의견이 나에게는 당신이 주장하는 의견들보다 신빙성이 있게 들린다."19)

이틀간의 논쟁 끝에도 아무도 상대방을 설복시키지 못하였다. 그러나 트뤼포는 말하기를, "나는 우리들의 토론을 참으로 기쁘게 생각하고 있음을 고백할 수 밖에 없소… 우리들이 기대했던 것보다 더 많은 새로운 것을 깨닫게 되었소. 참으로 우리들이 기대할 수 있었던 것보다 더욱 많은 것을 깨닫게 되었으며, 만약 우리가 좀 더 자주 이러한 기회를 가진다면, 성경을 더욱 더 잘 이해하는 데에도 도움이 될 것이요. 그러나 당신은 내일이면 다시 길을 떠나야 되고, 언제 배가 출범할지 모르니 비록 우리가 서로 헤어진 후에도 나를 친구로서 기억해 주기 바라오." 그리고 트뤼포와 그의 친구들이 저스틴에게 안전한 항해를 빌고, 저스틴은 그들을 위하여 기도하며 말하기를, "신사 여러분들, 나는 당신들이 언젠가 우리들과 같은 의견을 갖고 예수님을 하나님의 아들로서 믿기를 바라는 것보다 더 큰 소원이 없소이다"고 끝을 맺는다.20)

그리스도인들과 유대인들 사이의 관계가 이처럼 항상 우호적인 것만은 아니었다는 것은 슬픈 일이다. 플리캅의 순교를 낳게 했던 156년 아시아 지방에서 발생했던 반기독교 폭동에서 보여준 유대인들의 태도는 참으로 적개심에 가득한 것이다. 또한 이보다 더욱 더 슬픈 것은 콘스탄틴의 재위 아래 교회가 승리를 거둔 이후 오랜 기간을 두고 그리스도인들이 유대인들에게 행한 적대 행위들이라 할 수 있다.

---

19) *Dialogue*, 48.
20) *Dialogue*, 142.

3. 에비온인들

예수님을 메시아로서 믿으면서 그의 위격에 관해서는 양자론적 입장을 취하고 있었고, 계속 유대교 율법을 지켰던 사람들에 관한 저스틴의 언급은 참으로 우리들의 흥미를 끈다. 이들은 아마도 후에 기독교 저술가들이 에비온인(Ebionites)이라고 부른 사람들임에 분명하다. 에비온이란 단어는 단지 "가난한 자들"(히브리어로, 하-에비오님<ha-ebyonim>)이라는 의미로서 아마도 유대인 그리스도인들이 자기들 스스로를 자칭했던 이름으로 보인다. 이들은 또한 다른 유대인들에 의하여 나사렛당(나사렛인, Nazarenes)이라고 불리우기도 하였다. 그러나 두 가지 명칭들을 서로 구분하여 일반적으로 보면 정통 신앙을 따랐던 유대인 그리스도인들은 "나사렛당"이라고 부르고, 신조나 생활에 있어서 이로부터 벗어난 이들을 에비온이라 부르는 경향이 있었다. 에비온인들(바로 이 후자의 의미로서)을 언급하였던 기독교 저술가들은 이 명칭의 원래 의미를 몰랐던 것이 분명하다. 예를 들어, 터툴리안같은 이는 이들이 에비온(Ebion)이라는 실제 인물에 의하여 시작된 일파라고 생각하고 있다.

이들 에비온인들은 유대인 율법의 대부분을 준수하였으며, 그리스도의 신성에 관하여 양자론적 입장을 취한 외에도 예수님의 동정녀 탄생을 믿지 않았으며, 바울의 사도적 권위 역시 부인하고 있다. 이들은 의인 야고보(James the Just)를 제자들 가운데 가장 위대한 인물로서 평가하였으며, 그를 가리켜 열두 번째 사도로서 인정하였다. 베드로 역시 이들 가운데 특별히 높은 존경의 대상이 되었다 에비온인들의 입장은 로마의 클레멘트(Clement of Rome)의 이름을 빌려 실제로는 제 3세기에 저술된 일단의 서적들 가운데 잘 나타난다. 이 작품들 속에서는 야고보가 "감독 중의 감독"으로서 묘사되고 있으며, 베드로는 전도를 위해 세계 각처를 순회하였는데, 새 이단 시몬 마구(Simon Magus)가 그 뒤를 바짝 좇아다닌 것으로 기록되어 있다. 그런데 이 서적들 가운데는 시몬 마구가 마치 바울이 변장한 인물처럼 묘사되고 있다.

이 작품의 현재 남아 있는 형태는 『클레멘트의 회상』과 『클레멘트의 설교집』이라는 두 개의 작품으로 구성되어 있다. 이들은 모두 『야고보의 진보』(The Ascents of James)[21]와 또 다른 작품 『베드로의 여행기』로부터 파생된 것

---

21) 헤게시푸스(Hegesippus)는 야고보의 죽음의 장면에 대해 이 책을 참고했던 듯하다.

으로 보인다. 후자는 3세기 초, 이미 오리겐에 의해 알려져 있었으며, 원래는 제2세기의 논문 "베드로의 설교집"에서 연원된 것으로 보이는데, 이 "베드로의 설교집"은 누가가 기록한 사도행전과 필적하기 위한 에비온들의 저작인 듯하다.22)

이들은 자기들이 마태복음이라고 부르던 복음서를 사용하였는데, 그 후의 저술가들은 이를 가리켜 히브리 복음(Gospel according to the Hebrews)이라고 불렀다. 이 복음서는 정경 내에 들어 있는 마태복음과 약간의 연관성이 있는 듯 싶으나, 정경 내의 마태복음보다는 짧으며, 에비온들의 취향에 맞도록 편집된 것이다. 히브리 복음은 요단 강 건너 지방과 이집트에 널리 유포되었으며, 클레멘트와 오리겐 등, 알렉산더 교부들에게 알려졌으므로 이들은 히브리 복음으로부터 몇몇 구절들을 인용하기도 하였다. 이러한 인용문들 가운데 하나는 예수님의 시험받으시는 모습을 보다 특이하게 변형시킨 것이다. 여기에 보면 예수님께서 다음과 같이 말씀하신 것으로 되어 있다.

> 그러나 이제 나의 어머니 성령님께서 나의 머리카락 하나를 잡아 거대한 다볼 산(Tabor)으로 옮겨가셨다.23)

이 복음의 또 다른 구절에서는 주님께서 그의 부활 후 야고보에게 나타나신 광경을 상술하고 있다.

> 주님께서 그의 세마포를 대제사장의 하인에게 주신 후, 야고보에게로 가셔서 그에게 나타나셨다. 왜냐하면, 야고보는 주님으로부터 그 잔을 받아 마신 후, 다시 그가 죽은 자들로부터 살아나신 것을 보기 전에는 떡을 입에 대지 않겠다고 서약하였기 때문이다. 주님께서는 얼마 후에 다시 말씀하시기를 "식탁과 떡을 다시 가져 오너라"고 하셨다. 그 직후에 그는 떡을 취하사 축복하시고 이를 떼신 후 의인 야고보에게 주시며 그에게 말씀하셨다. "나의 형제여 인자가 잠자는 자들 가운데서 다시 살아났었는데, 그대의 떡을 먹으라."24)

---

22) 쇼엡스(H. J. Schoeps), *Theologie und Geschichte des Judenchristentums* (1949), 1ff.
23) 오리겐(Origen), *Commentary on John* 2:6 ; *Homily on Jeremiah* 15:4.
24) 제롬(Jerome), *On Illustrious Men*, 2.

그러나 후기 기독교 저술가들은(특히 제롬<Jerome>의 경우) 이 에비온인들의 히브리 복음을 "나사렛 복음"(Gospel of the Nazarenes)이라고 불리던 또 다른 유대 그리스도인들의 복음서와 혼동한 것으로 보인다. 이 나사렛 복음은 정경 속에 포함된 마태복음을 아람어로 번역한 "탈굼"(Targum)에 불과한 것으로서, 시리아 지방과 그 이동 지방에 거주하고 있던 보다 정통적 유대 그리스도인들에 의하여 사용되고 있다. 제롬은 시리아에서 처음 나사렛 복음의 사본을 얻게 되자 이를 클레멘트와 오리겐의 작품 가운데서 읽었던 히브리 복음과 동일시하였을 뿐 아니라 또한 이것이야말로 정경에 들어 있는 아람어 원본이라고 생각하여 이를 헬라어와 라틴어로 번역하기까지 하였다.25)

에비온인들은 예수님께서 새로운 모세의 역할로서 율법과 예언을 성취하기 위하여 오신 것을 생각하게 된다. 이러한 성취는 그가 단지 옛 모세처럼 신명기적 선지자일 뿐 아니라 또한 율법의 개혁가로서의 행동을 통해 이루어진다는 것이다. 그는 마치 각종 제사제도처럼 모세 이후 오염되고 덧붙여진 각종 요소들을 율법으로부터 제거시키실 뿐 아니라 또한 진정한 율법의 명령에 관해 참신한 강조점을 보여주셨다는 것이다. 따라서 에비온인들은 빈곤의 덕과 채식주의 및 기타 다른 형태의 금욕주의뿐만 아니라 정결법(laws of purification)을 특히 강조한다. 이들은 그러한 측면에서 에센인(Essenes)을 상기시킨다. 마치 홀트(Hort)가 주장하는 바대로, 우리가 가장 잘 알고 있는 에비온주의의 형태는 그 특색들이 에센인들의 영향으로 말미암은 것인지도 모른다.26) 또 그들이 남긴 저작들을 살펴볼 때, 에비온인들은 영지주의의 영향을 상당히 받은 것으로 보인다.

에비온인들은 학자들이 흔히 생각해 온 것처럼 그 숫자가 그리 미약한 것이 아니었는지도 모른다. 수 백 년 동안에 걸쳐, 그 조직과 그 이론들을 유지하였다. 이들 중에 가장 잘 알려진 인물들 중에 하나인 심마쿠스(이들은 그 이름을 따서 가끔 심마쿠스주의자<Symmachians>들이라고 불리우기도 한다,

---

25) 슈미드케(A. Schmidtke), *Judenchristliche Evangelien* (1911), 246ff. ; 베이컨(B. W. Bacon), *Studies in Matthew* (1931), 478ff ; 또한 본 저자의 *Jesus and Christian Origins* (1974), 99f.

26) 호르트(F. J. A. Hort), *Judaistic Christianity* (1894), 201f. Cf. 본 저자의 *Second Thoughts on the Dead Sea Scrolls*, 123f.

Symachus)는 제2세기 말 경 헬라어판 구약성경을 개정하기도 하였다.27) 이들은 자기들이야말로 예루살렘 자체가 완전 파괴된 후 이교 도시로서 재건되고 이방 출신 그리스도인들 교회가 자리잡은 후에도 스스로를 초대 예루살렘교회의 후계자들이라고 생각하고 있다. 또한 이들은 자기들이 보편적 기독교와 정통 유대교를 연결하는 다리로서 이 양측의 좋은 점들을 모두 받아들여 보존하는 동시에 양쪽의 결점들을 제거하는 존재들이라고 생각하였다. 만약 그들이 언젠가 이 양측 에비온쪽의 기초 위에 화해시킬 것이라고 생각하였다면, 그들은 결국 실망을 맛보게 된다. 정통 유대인들은 이들을 배교자로서 취급하였으며, 정통 그리스도인들은 이들을 이단들로서 규정하였다. 이들은 7세기까지도 요단강 건너 지방과 이집트에서도 그 존재를 찾아볼 수 있었는데, 정통 유대교와 기독교로 흡수되지 않은 자들은 이슬람의 대침략 하에 존재를 상실하고 말았다.

유대인 기독교가 보다 온전하게 보편 교회에 합류하지 못한 것은 유감스런 일이다. 만약 이들의 합류가 이루어졌다면 최근 유대 기독교가 그렇게 하고 있듯이 이들 역시 기독교권의 생활과 사상에 있어서 몇몇 잘못된 경향들을 올바르게 바로잡는 참으로 소중한 공헌을 할 수 있었을 것이다.

---

27) 유세비우스, *Hist. Eccl.*, VI, 17.

보다 동부의 기독교

　기독교 초기 확장의 역사를 기술한 대부분의 권위자들은 주로 로마 제국 내에서의 모습을 다루고 있다. 예를 들어, 기독교 운동 초기 역사를 기록했던 누가와 같은 경우에도 팔레스타인에서의 발생과 그 후 예루살렘으로부터 로마에 이르는 길을 따라 교회가 발전해 간 모습을 주로 다루고 있다. 그러나 기독교가 다른 방향으로도 번져나갔다는 사실은 겨우 산발적으로 찾아볼 수 있을 뿐이다. 예를 들어, 그는 남쪽으로 여행하는 길에 빌립을 만나 빌립으로부터 구약 예언 가운데 나타난 고난받는 종의 모습을 예수님의 생애를 통해 해석을 받고 에디오피아인(Ethiopian), 혹은 누비아인(Nubian)의 이야기를 전하고 있다.[1] 그는 또한 30년경에 발생하였던 최초의 기독교 오순절(the first Christian Pentecost)에 베드로의 설교를 들었던 이들 가운데는 단지 로마를 비롯하여 서방으로부터의 방문객들 뿐만 아니라 "바대인과 메대인과 엘람인과 또 메소포타미아인"들도 포함되어 있음을 지적하고 있다.[2] 이들은 다시 말해서 유프라테스 강(Euphrates) 동편에 살던 이들로서 로마 제국의 국경을 건너 당시에는 파르티아 제국(Parthian Empire) 영토에 속하였다가 그 후 220년 이후에는 페르시아 제국(Persian Empire)에 속했던 지방에 살던 이

---

1) 행 8:26ff.
2) 행 2:9.

들을 가리킨다. 이곳에 살던 유대인들은 다른 이방인과 마찬가지로 아람어(Aramaic)를 사용하였다.

과연 이들 동부 지방으로부터의 방문객들이 오순절날 받았던 복음을 다시 자기가 사는 본향에 가서 전했는지는 알 수 없다. 또한 이들의 출신 지방들이 그 후 사도들에 의해 복음화되었는지도 확실히 알 수 없다. 사실 12사도들의 그 후의 생애에 관해 거의 알려진 바가 없다는 것은 특기할만한 사실이다. 우리들이 아는 바대로 세베대의 아들 야고보는 44년에 예루살렘에서 헤롯 아그립바 1세(Herod Agrippa I)에 의해 처형되었으며, 그의 아우 요한의 생애에 관해서도 약간의 행적을 추적해 볼 수 있고, 베드로의 그 후 생애에 관하여는 상당히 정확한 모습을 재생할 수 있다.[3] 그러나 안드레와 도마, 마태, 빌립과 바돌로매, 알패오의 아들 야고보, 그리고 알패오의 아들 유다, 열심당 시몬 및 가룟 유다의 후계자였던 맛디아에 대해서는 거의 아는 바가 없다. 물론 이들에 관한 전설만이 전해지고 있으나, 실질적으로 믿을 수 있는 역사적 사실은 거의 아는 바가 없는 것이다.[4] 그들은 제1세기 중엽에는 예루살렘을 떠났던 것 같다. 이들 중 일부는 소아시아 지방을 복음화했던 것 같으며, 또 다른 이들, 도마와 바돌로매 등은 이보다도 동부까지 진출하여 "인디아"(India)에까지 이르렀다고 한다. 그러나 이 때의 전설 가운데 전해지는 "인디아"의 정확한 의미가 무엇인지는 확실치가 않으며, 인도양(Indian Ocean)이나 페르시아 만(Persian Gulf)에 인접한 지경은 다 이러한 명칭으로 묘사되었던 것 같다. 교회사가 유세비우스는 알렉산드리아 교리 학당의 교장이었던 판태누스(Pantænus)가 180년경 "인디아"로 복음을 전하러 갔을 때, 그는 그 곳에서 바돌로매 사도의 설교에 의해 개종한 기독교 공동체를 발견하였을 뿐만 아니라 이들은 "히브리인들의 문자로 된 마태의 기록"(Matthew's writing in the script of the Hebrews)을 소유하고 있다고 전한다(이것은 아마도 나사렛 복음과 마찬가지로 마태복음의 헬라어판을 아람어로 번역하였던 "탈굼"<Targum>이었던 듯하다).[5] 그러나 어쨌든 알렉산드리아와 인더스 강 입구 사이에는 통

---

3) 제14장을 보라.
4) 스트리터(B. H. Streeter), *The Primitive Church*, 3ff(이 책은 "사도들은 그 후 어떻게 되었는가?"하는 물음으로 시작된다).
5) 유세비우스(Eusebius), *Hist. Eccl.*, V, 10.

상로(trade-route)가 존재하고 있다.6)

그러나 유프라테스 강을 건넌 지역에는 사도들이 복음을 전할 수 있는 유대인들이 많이 살고 있었으며, 사도들 가운데 일부는 그 곳의 선교지까지 갔던 듯하다. 이 지방에 어떻게 기독교가 들어와 확장되었는가 하는 것이 『아르벨라 연대기』(Chronicle of Arbela)라는 책 가운데 기록되어 있다. 이 연대기는 물론 늦게야 – 6세기경 – 작성된 것이 분명하지만 그 내용은 신빙성 있는 이 지역의 전통에 근거하고 있을 뿐 아니라(하르낙<Harnack>을 포함하여) 몇몇 역사가들에 의해 가치있는 것으로 인정받았다. 아르벨라는 티그리스 강 북동쪽에 자리 잡고있으며, 당시 아디아벤(Adiabene)왕국의 수도였다. 『아르벨라 연대기』에 나타난 증거에 의하면, 제1세기가 종식되기 전, 기독교는 이미 아디아벤 왕국까지 침투하였던 것 같다.

아디아벤 왕국의 왕실은 주후 40년경 유대교로 개종하였으며, 최소한 30년 이상 유대교에 충실하였기 때문에 이러한 기독교 전파 사실이 특히 흥미가 있다(왕실 중 두 사람은 66~70년 전쟁에서 유대인들의 편을 들어 전쟁하였다). 75년경 요세푸스가 『유대 전쟁사』(History of the Jewish War) 초판을 아람어로 집필한 데에서 볼 수 있듯이 이 지역에는 많은 유대인들이 살고 있다. 이처럼 특히 이들을 독자로 하여 전쟁사를 집필하였던 것은 물론 로마의 위력을 과시하고 반란이 얼마나 희망없는 것인가를 보여주기 위한 것이다.

이처럼 이 지역에서 제1세기 중엽에 성공을 거두었던 유대교는 그 후 뒤를 좇아 들어왔던 기독교 선교를 위한 전초적 역할을 했을지도 모른다. 메소포타미아 강 상류 및 이 인근 지역에서 기독교 선교가 놀랄만한 성공을 거두었음은 분명하다. 제2세기 중엽에는 유프라테스 강 동부 지방에 위치한 에데사(현재의 울파<Urfa>, Edessa)가 이 시의 중심지로서 등장하고 있다. 에데사 시는 116년 트라쟌의 파르티아 원정(Parthian campaign) 중 로마인들에 의해 함락당했는데, 기독교는 비록 이 지역에서 내려온 전설처럼 일찍이는 아니라 할지라도 파르티아 원정 이전에 이미 자리 잡고있었던 것이다. 이 지역의 전설에 의하면 외경에 나타난 서신들이 예수님과 주후 13년부터 50년까지 에

---

6) 팔쿠할(J. N. Farquhar), "The Apostle Thomas in North India," *Bulletin of the John Rylands Library*, X (1926), 80~111; "The Apostle Thomas in South India," *ibid.*, XI (1927), 20~50.

데사 왕이던 아브가르 5세(Abgar V) 사이에 왕래했었다고 전함으로써 에데사 선교가 이미 예수님 생존에 이루어졌음을 시사하고 있다. 이 문제의 외경 서신들은 유세비우스에 의해 그의 『교회사』(Ecclesiastical History) 제1권 가운데 보존되어 있는데, 이에 따르면 불치의 병을 앓고 있던 아브가르가 예수님의 신유의 역사에 관한 소문을 듣고 그에게 편지를 보내어 초청하여 자기의 병을 고쳐주도록 부탁하였다. 예수님은 이에 대한 답장을 보내어 당장 자신이 갈 수는 없으나, 곧 왕의 병을 고치기 위해 자기들의 제자들 가운데 하나를 보낼 것이며, 이를 통하여 그의 육체적 질병을 고칠 뿐 아니라 왕과 그 국민들을 구원하겠다고 약속하였다.[7] 시리아어로 전해진 이야기를 번역한 유세비우스에 의하면, 그 후 사도들 가운데 하나였던 "유다 도마"(Judas Thomas, 이는 곧 쌍둥이 유다를 가리킨다)가 누가복음 10장에 나오는 70문도들 가운데 하나였던 다대오를 예수님의 승천 후에 에데사에 보냈으며, 다대오는 그 후 아브가르 및 다른 에데사의 병자들을 치유하였고 이 지역을 복음화시켰다는 것이다.

그러나 이 전설은 그 후의 아브가르 9세(Abgar IXm 179~216)의 제위기간 중 에데사에서 발생하였던 기독교의 대부흥을 실제보다 날짜를 앞세워 조작하였던 것으로 보인다. 이 아브가르 9세는 실제로 기독교로 개종하였으므로 에데사 왕국은 역사상 최초의 기독교 왕조가 된다. 그러나 그는 로마 황제 카라칼라(Caracalla)에 의해 그 위를 박탈당하였는데, 카라칼라는 호전적인 동방 정책을 수행하여, 메대(Media)까지 침입하였던 인물이다. 또한 전설 가운데 나타난 다대오(시리아 언어로는 타다이<Thaddai>)는 에데사 최초의 감독이었던 아다이(Addai)를 오기한 것으로 보인다. 아다이의 후계자 아가이(Aggai)가 사망한 후에는 한동안 감독직의 공백이 있었던 것으로 보인다. 다음 감독이었던 팔루트(Palut)는 193~203년까지의 안디옥 감독이던 세라피온(Serapion)에 의해 안수받았다고 전해지기 때문이다.

메소포타미아 상류 지방의 그리스도인들은 매우 오래 전부터 시리아어로 된 성경의 상당한 부분을 소유하고 있다. 구약의 시리아어 번역은 제1세기 중 아디아벤 왕국에서 발생하였던 유대기 부흥기 동안에 이룩되었던 것으로 보이며, 그 후 기독교 선교사들에 의해 수정, 증보되었던 것 같다. 제2

---

7) 유세비우스, *Hist. Eccl.*, I, 13.

세기에는 복음서들 및 사도행전도 시리아어로 번역되었다(신약성경 가운데 얼마나 더 많은 부분이 당시 시리아어로 번역되었는지는 알 수 없다). 실제로 이들은 복음서를 두 가지 형태로 소유하고 있다. 이들은 사복음서들을 각각 개별의 책들로서 가지고 있었을 뿐 아니라 또한 사복음서를 종합하여 한 개의 계속적인 이야기로서 편집하였던 공관복음서(Harmony of the Gospels)도 소유하고 있었던 것이다. 최초의 공관복음서로서의 위치를 차지하고 있는 이 작품은 메소포타미아 출신의 기독교인 타티안(Tatian)의 역작이다. 그는 저스틴 마터의 문하생으로서 로마에서 수년을 지낸 후 고향으로 돌아와 자기 백성들을 위해 4중의 복음서를 이러한 형태로서 만들어내었던 것이다. "디아테싸론"(Diatessaron)[8])이라 불린 이 공관복음서는 시리아어를 사용하는 그리스도인들 가운데 크게 인기를 누렸으며, 거의 "개별 복음서들"(Separate Gospels)을 완전히 대체할 뻔하였다. 이러한 "개별 복음서들"의 개정판들과 또 다른 신약 경전의 대부분(우리가 흔히 페쉬타<Peshitta>라고 부르는 것들)이 5세기 초 성직자들에 의하여 시리아 교회들 가운데 서게 되었을 때, 이들은 한동안 갈등을 겪은 후에야 디아테싸론의 사용을 포기하게 된다.

   시리아 지방의 교회들의 북부와 동부로 복음을 전파함에 따라 또 다른 성경 번역판이 등장하게 되었는데, 예를 들면 아르메니아어(Armenia)와 죠지아어(Georgia) 등이다. 당시 시리아 지방 그리스도인들의 전도활동은 그 후세기들에 발생하였던 보다 대규모의 선교활동의 전주곡이 되었으며, 결국 이 통로를 통하여 중국 내부에까지 복음이 전해지게 된다. 또한 우리가 여기서 다루고 있는 시기에 이미 이들은 박트리아(Bactria)와 인디아(India) 지방까지 복음을 전하였다. 흔히 도마행전(Acts of Thomas)이라 불리는 시리아 기독교의 기념탑이라 할 수 있는 작품은 3세기 중반쯤 쓰여졌는데, 이 가운데는 인디아를 찾아간 도마 사도의 이야기가 수록되어 있다. 물론 그 내용은 전설에 가득한 것이지만, 이러한 작품의 존재는 곧 이 작품이 쓰여지기 전 시리아인들에 의해 인디아에 기독교가 전해졌음을 분명히 시사하는 것이라 하겠다. 또한 우리들이 아는 바대로 오늘날 인디아에는 시리아 기독교(Syria Christianity)의 모습이 남아 있다.

---

8) 헬라어 dia tessaron은 문자 그대로 해석하면 "넷을 통해서"이다. 이는 원래 음악에서 4음의 화음을 지칭하기 위해 사용되었다.

보다 동부의 기독교와 마찬가지로 시리아 지방의 기독교 역시 이단에 시달렸다. 타티안 자신도 진정한 정통 기독교인이었다고만은 볼 수 없겠다. 그는 흔히 엔크라티타(대륙인, Encratites)들이라 불리던 금욕주의요 채식주의적 분파를 설립하였으며, 이러한 자기의 취향을 디아테싸론 본문 가운데도 주입시켰던 것 같다. 예를 들어서, 세례 요한을 거의 채식주의자로서 묘사하였는데, 메뚜기와 석청이 아니라 우유와 석청을 먹고 살았던 것으로 기록하였던 것이다.

그러나 타티안의 이단보다도 흥미를 끄는 것은 바르다이잔(Bardaisan)이라는 인물이다. 바르다이잔(혹은 헬라형으로 부르면 바르데사네스<Bardesanes>)은 그 능력이 출중한 인물로서 시리아 기독교 문학의 창시자라 볼 수 있다. 유세비우스에 의하면 그는 말시온주의에 대항하여 글을 남겼으며, 이 글들과 기타 다른 이단들에 대항하여 쓰인 그의 작품들은 헬라어로 번역된다.9) 그러나 그의 교훈들의 특징들에 대해 보고를 받은 안디옥 감독 세라피온은 이들이 영지주의의 영향을 깊이 받았음을 간파하였다. 그러나 바르다이잔이 이제 이단으로 정죄받은 후에도 많은 수의 에데사 출신 그리스도인들은 계속 그를 추종하였다. 아마도 이 때문에 세라피온은 정통 신앙을 수호하기 위하여 팔루트를 감독으로서 임명하였던 듯싶다(약 200년). 일부 바르다이잔의 문학작품은 일부 산문적 운문으로서 아직까지 남아있다. 이들 가운데 가장 뛰어난 것은 『진주의 찬가』(Hymn of the Pearl)로서 이는 진주 한 개를 위해 이집트에까지 여행한 한 사람의 이야기이다. 시리아어판 도마행전 가운데 포함되었기에 요행히 보존되었던 이 찬가는 영지주의의 영향을 깊이 받은 것이 분명하지만 그 문학적 우수성이 뛰어나기 때문에 벌킷(F. C. Burkitt)은 이를 가리켜, "고대 기독교 문학 중 가장 우수한 시"라고 불렀으며, 이에 첨가하여 "이 작품을 원어로 읽기 위함만으로도 시리아어를 배울 가치가 있다"고 하였다.10)

현재까지도 이라크(Iraq)내에 생존하고 있는 만대인들(Mandæism)의 작은 공동체는 물론 말시온주의나 마니교도 등의 다른 영향들도 포함하고 있으나, 주로 바르다이잔의 교훈으로부터 연유된 것으로 보이는 영지주의의 한

---

9) 유세비우스, *Hist. Eccl.*, IV, 30.
10) 벌킷(F. C. Burkitt), *Early Christianity outside the Roman Empire* (1899), 61.

모습을 보존하고 있다.[11]

마니교(Manichæism)에 관해서는 곧 설명하겠으나, 그 전에 190년경 72세의 노령으로 로마를 방문하였다가 시리아와 메소포타미아를 거쳐 귀향하였던 프리키아의 감독 아비르키우스 마르셀루스(Avircius Marcellus)에 관하여 알아볼 필요가 있다. 그의 묘비(72행의 헬라식 6보격 시로서 이루어져 있다)에 나타난 비문들은 상징적 언어로 그의 여행을 전해주고 있다. 즉 그는 "황제의 웅장함과 금으로 치장한 여왕을 보기 위해"(이는 곧 로마 시를 가리킨다) 여행을 떠났다는 것이다. 그는 여기서 "광채 나는 방패를 가진 사람들(교회)"을 발견하였으며, 또한 그가 방문하였던 시리아 및 유프라데스 상류 지역에서도 이 사람들을 만났다고 한다. 그는 자기가 타고 가던 수레 속에 바울을 동반하였다고 했는데, 이는 곧 경건생활을 위해 바울 서신들을 휴대했음을 의미한 것이다. 그는 어디를 가든지 동일한 보편적 신앙(Catholic Faith)과 동서양의 모든 그리스도인들을 연합하는 유대의 역할을 하던 동일한 성만찬을 발견하였다. 성만찬에 관한 그의 묘사는 특별히 그 은유법에 있어서 재미있다. 이는 "거대하고 순수한 샘물로부터 솟아나 성스러운 처녀(holy virgin)에 의해 잡힌 생선"이었으며, 또한 "모든 장소에서 신앙(faith)이 그 앞에 배설한 음식"이다. 또한 이러한 상징법들은 당시 지하 묘지에 있었던 기독교 예술과 상당한 유사점이 있다. 아비르키우스는 에데사로부터 동쪽으로 상당히 떨어져 있던 니시비스(Nisibis)에까지 여행을 하였다.

니시비스는 231년 이 지역 일대의 역사에 있어서 새로운 장을 열었던 사건의 현장이 된다. 파르티아 왕국은 그 내부의 분열로 인하여 사분오열되었으나 그 뒤를 이을 강력한 후계자가 이미 등장하고 있다. 이 후계자는 다름 아닌 페르시아(바사, Persia)의 사사니드 왕조(Sassanid dynasty)로서 이의 출현은 페르시아 민족주의 및 조로아스터(Zoroastrian)교의 부흥과 일치하였다. 이 새로운 왕조는 일찍이 알렉산더 대왕(Alexander the Great)에 의해 전복되었던 옛 페르시아 제국을 다시 복고시키는 것을 그 사명으로 삼았으며, 이에 따라 새 왕조의 창시자 아르다쉬르(Ardashir)는 니시비스의 포위를 시초로 그의 전쟁

---

[11] 벌킷, *Church and Gnosis* (1932), 100ff. Mandæans들은 manda de-chayye라는 헬라어 구절로부터 나온 이름이다. manda de-chayye는 시리아어로 "구원의 지식"을 의미하였다. manda는 헬라어 gnosis와 같은 의미를 지니고 있다.

을 시작한다. 그는 이로 말미암아 로마 제국과 대결상태에 들어가게 되었으며, 이 양대 제국간의 갈등은 그 후 오랫동안 계속된다.

바로 이 사사니드 왕조 초기 후 페르시아 국경을 뛰어넘어 큰 영향을 미칠 새로운 종교가 발생하였는데, 다름아닌 그 창시자 마니(Mani, 약 216~276)의 이름을 딴 마니교(Manichæan religion)였다. 마니는 조로아스터교(배화교), 불교, 기독교 등의 특색을 종합하여 새로운 우주적 종교를 창시하고자 하였다. 그는 스스로를 "예수 그리스도의 사도"(the apostle of Jesus Christ)라고 불렀으며, 또한 자신이야말로 예수님께서 이 세상을 떠나면서 약속하신 보혜사라고 주장하였다(그 후 모하메트<Mohammad>와 최근에는 바하이교<Bahaism>의 창시자 등도 같은 주장들을 되풀이하였다). 그러나 마니가 이해하였던 기독교는 영지주의적 형태를 띠고 있었으며, 그의 기본적 사상들은 말시온과 바르다이잔의 영향을 깊이 입은 바 있다. 우리가 그 근원에서부터 기대할 수 있는 것 같이 마니교는 강한 이원론(dualism)의 경향을 띠고 있다. 마니교는 동부로는 중국, 서부로는 고올 지방과 스페인까지 퍼져갔으며, 중세에는 아시아와 유럽에서 큰 부흥을 경험하기도 하였다. 그 초기에 있어 서방에서 가장 중요한 개종자라고 하면 기독교 신자가 되기 전 수년간 마니교를 청종하였던 어거스틴(Augustine)이라고 할 수 있을 것이다. 마니교는 동서양을 막론하고 계속적 박해의 대상이 된다. 로마 제국에서는 290년 디오클레티안 황제가 이를 금지시켰으며, 수년간에 걸쳐 나타난 그의 반 기독교적 정책도 (그의 개인적 태도에 관한 한) 바로 반 마니교 정책의 연장이라고도 할 수 있다. 그러나 페르시아 당국자들 역시 마니교에 대해서는 적대적이었으나(마니 자신도 조로아스터교 지도자들의 사주를 받은 페르시아 왕에 의해 십자가형을 받았다) 기독교에 대해서는 그다지 적대심을 보이지 않은 것 같다. 로마 제국에서 최후의 박해시에 많은 동방 그리스도인들은 로마 제국의 박해를 피해 페르시아 영내로 피신하였다.

(기독교를 받아들인 직후 독립을 상실하였던 에데사 왕국을 제외한다면) 공식적으로 기독교 국가가 된 최초의 예는 로마와 페르시아 제국 사이에 놓여 있던 아르메니아 왕국이다. 이곳의 티리데이테스(Tiridates) 왕 및 그 일족은 300년 경에 세례를 받았다. 로마 제국 국경 내외를 막론하고 제4세기는 기독교 발전에 있어서 새로운 단계에 접어들고 있던 시기였다.

기독교는 마치 고난을 받기 위해 존재하는 것처럼 보인다. 예수님께서는 누구든지 자기를 따르는 자들은 많은 시련과 박해를 받을 것이라는 것을 결코 감추지 않으셨다. 이러한 고난과 박해들은 인간의 눈으로 볼 때 단순한 비극으로만 보일 수 있다. 그러나 만약 이들이 끝까지 견디어낸다면 이들은 승리를 차지할 것이다. 이것이 바로 주님 자신의 개인적 경험이기도 한 것이다. 십자가의 형벌보다도 더 큰 비극과 치욕이 있을 수 있겠는가? 그러나 이러한 불행은 결국 진정한 승리로 화하게 된다. 예수님께서는 그를 따르는 자들도 똑같은 경로를 통해 진정한 승리를 얻을 것이라고 말씀하셨다. "이기는 그에게는 내가 내 보좌에 함께 앉게 하여주기를 내가 이기고 아버지 보좌에 함께 앉은 것과 같이 하리라."[12]

기독교 역사 제 3세기는 바로 이러한 역사에 관한 주석이라고 볼 수 있다. 기독교는 가장 치열한 시련 가운데서도 생존할 수 있는 능력을 보여주었으며, 또한 이는 단순한 생존만을 위한 것이 아니라 실질적 승리를 겨냥한 것이다. 그리고 이러한 승리는 오직 영적 무기의 사용만을 통해 쟁취된다. 그리스도인들은 제국의 박해자들 뒤에 전력을 다해 교회를 쓰러뜨리고자 하는 흑암의 왕자 자신의 모습을 바라보았다. 그러나 이들은 "어린 양의 피와 자기의 증거하는 말을 인하여 저를 이기었는데 저들은 죽기까지 자기의 생명을 아끼지 아니하였다."[13] 간혹 여기저기에 실패가 없었던 것은 아니나 이들은 "성도들의 인내와 믿음"의 빛 앞에서 사라져 버리는것이다.[14] 우리는 아무런 수치심 없이 오히려 무엇인가 감사와 봉사를 불러일으키는 감정을 가지고 313년까지의 기독교 역사를 검토하게 된다. 당시 승리를 거두었던 바로 이러한 특성들은 오늘날까지도 불행을 승리로 바꾸는 특성들인 것이다.

그렇다면 313년부터 시작되는 새로운 시대는 어떠하였는가? 제국의 적대심을 이기고 끝내 승리하고야 만 이 기독교의 특성들은 제국의 호의를 대적하여서는 승리를 하였는가? 어떤 이들은 적대심이라는 첫 번째 무기가 아무런 효력을 발휘할 수 없음을 안 암흑의 왕자가 그의 전략을 바꾸어 제4세기에는 그의 목적을 달성하기에 보다 능률적이었던 제2의 무기를 발견하였다고 주장하기도 한다. 어쨌든 31년을 계기로 교회의 수평선으로부터 재난이 사

---

12) 계 3:21, RSV.
13) 계 12:11.
14) 계 13:10.

라진 것은 아니었다. 또한 그 후의 역사를 통해 우리들은 기독교란 역시 시련을 위해 태어난 종교임을 또다시 발견하게 되는 것이다. 그러나 어쨌든 313년에 우리들은 다시 주후 30년의 고난을 통해 승리를 거두었던 주님의 종(Servant of the Lord)이 다시 그의 백성의 고난을 통해 승리하셨음을 지적할 수 있다.

제 3 부

기독교의 서방에서의 빛

콘스탄틴의 즉위로부터 영국의 개종까지의
기독교의 발전(주후 313~800)

콘스탄틴과 기독교

콘스탄틴 이후 로마 제국 내의 기독교 역사의 발전들 가운데 일부 측면들은 기록하기에 그리 유쾌한 것이 못된다. 이 시대를 살펴볼 것 같으면 불행한 선례들이 몇 번이고 되풀이된 것을 볼 수 있다. 집권층이 기독교에게 베푼 특혜로 말미암아 기독교는 좀 더 부정적인 의미에서 사람들의 인기를 끌게 된다. 기독교 지도자들은 자기들이 누리는 특혜를 이용하여 자기들의 이익을 추구하게 되었고, 이에 따라 정의를 굽혀야 하는 사례조차도 자주 발생하게 된다. 또한 이들은 기독교에 호의적인 집권층의 비위를 거스르지 않기 위해 세속 권력이 지나치게 교회 내부 문제에 간섭하는 것을 막지 못하였다. 종교 지도자들은 영적 권력뿐만 아니라 정치적 권력까지도 행사하게 되었는데, 이들 종교 지도자들 역시 권력이 가지는 본래적 경향인 부패의 모습으로부터 헤어나지 못하였다. 그리스도인들이 권력으로 말미암아 부패한다는 것은 더욱 더 보아 넘기기 힘든 일인데, 이는 왜냐하면 권력으로 말미암는 부패란 기독교 기본 원칙들에 정면으로 어긋나기 때문이다. 이 시대에는 한편으로 세속적 종교 지도자들의 출현과 함께 또한 그 반면에는 극단적 금욕주의자들이 출현하게 된다. 또한 민족주의 정신이 크게 대두함에 따라 기독교인으로서의 의무를 제대로 수행치 못하게 되는 경우까지 생겨나게 되었는데, 곧 기독교 신앙을 고백하는 서로 다른 민족들 사이에 전쟁이 벌어지게 되었던 것이다. 또한 비그리스도인들에게만 비타협, 비관용적 행위를 취한 것이 아니라 같은 그리스도인들 사이에서도 서로 다른 의견을 가지고 있는 인사들을 용납하지 못하였다. 일부 그리스도인들은 최근까지만 해도 모든 그리스도인들을 한꺼번에 묶어 박해하였던 제국 세속 권력의 도움을 입어 다른 그리스도인들을 박해한 것을 볼 수 있다. 또한 부활절 일자의 결정이라든지 혹은 이보다도 사소한 문제들에 관해 비합리적으로 통일을 강요한 것을 볼 수 있다. 또한 교회 구조와 조직이 계속 중앙집권화 됨에 따라 영적 자유의 범위가 계속 좁아지는 것도 목격할 수 있다.

따라서 우리들은 예수님으로부터 그의 추종자들에게 주어진 주의 종(Servant of the Lord)의 임무에 이 모든 상황들이 어떠한 관계를 가지는가에 관한 물음을 던질 수밖에 없다. 즉 만약 그리스도인들이 이런 식으로 자기들이 선포해야 할 복음을 유린한다면 과연 어떻게 이방인들에게 진정한 빛을 전달해야 할 의무를 다할 수 있을 것인가? 그러나 우리가 앞으로 살펴볼 바와 같이 다행스럽게도 또 다른 한 측면이 자리 잡고 있으며, 바로 이러한 측면을 통하여 기독교의 진정한 발전은 이루어졌다. 그러나 우리들은 또한 오늘날까지의 기독교 발전이 바로 이러한 거침돌들(stumbling block - 헬라 원어로 한다면 스캔들 <scandal>)에 의해 크게 저해받았음을 인정할 수밖에 없게 되는데, 바로 이 거침돌들은 4세기에 처음 놓여졌으며, 그 후 우리들은 이를 완전히 제거하지 못하고 있다. 또한 어떤 기독교인이나 어떤 일파의 그리스도인들도 이 모든 스캔들에 아무런 책임이 없다는 소리를 할 수는 없다. 왜냐하면 어느 기독교인이 저지른 잘못이든간에 이는 모든 그리스도인들 전체에게 수치와 책임을 안겨다 주기 때문이다.

312년 콘스탄틴이 밀비안 다리(Milvian Bridge)에서 그의 적수 막센티우스(Maxentius)를 물리치고 승리를 거두고 서부 제국의 통치자로서 군림하였을 때 교회는 이를 실질적으로 기독교의 승리라고 간주하였다. 콘스탄틴은 그 때까지도 자기의 수호신이라 믿었던 "정복되지 않은 태양"(unconquered Sun)을 숭배하였다. 그러나 그는 자기의 밀비안 다리에서의 승리가 곧 기독교의 하나님이 가져다준 것이라고 생각하였다. (콘스탄틴 자신의 증언에 기초한 유세비우스의 기록에 따르면) 콘스탄틴은 막센티우스를 향하여 이탈리아 영내로 침입하기 전 하늘에 걸린 십자가의 환상을 보았다.[1] 또한 밀비안 다리에서의 대전

---

1) 존스(A. H. M. Jones), *Constantine and the Conversion of Europe* (1948), 96.

투 전날 밤 꿈을 꾸었는데 그 가운데 기독교인의 하나님께서 나타나 그의 병사들의 방패에 그리스도의 휘장을 그려넣도록 명령하였다는 것이다. 이 휘장은 곧 그리스도의 헬라 이름의 첫 번째 두 글자인 키와 로(X<ch> and P<r>)였다. 또한 이 휘장과 아울러 십자가를 그의 군기(라바룸<labarum>)로 삼으라는 명령도 받았다는 것이다. 물론 이러한 환상과 꿈은 후세인들에 의해 더욱 과장되고 미화되었을 것이나, 실제로 콘스탄틴은 그 때부터 자기가 특별한 의미에서 기독교 하나님의 후원을 받고있다고 생각하고 있다.

이와 같은 기독교의 전쟁 기원이란 물론 새로운 모습이었으며, 이것은 그다지 바람직한 선례만은 아니었다. 이 사건은 일찍이 "누구든지 칼을 쓰는 자는 칼로 망하리라"[2]라고 하신 그리스도의 이름과 묘한 대조를 이루는 것이다.

승리를 거둔 후 콘스탄틴과 동방을 다스리던 그의 동료 리키니우스(Licinius)는 밀란(Milan) 협상을 통해 칙령을 내렸었는데, 이는 종교 자유 인정 및 기독교의 복원을 내용으로 한 것이다. 곧, 모든 종교적 단체를 용인하며, 최근 박해를 통해 몰수되었던 기독교 재산을 다시 회복시켜준다는 것이다. 밀란 정책이 시사하던 양심의 자유의 인정은 그 시대를 훨씬 앞서간 것이었으나, 이는 얼마 안 되어 그 실행이 실질적으로 중단된다. 일반인들이 흔히 생각하는 바대로 밀란 협상을 통해 기독교가 제국의 국교로서 성립된 것은 아니었으며, 리키니우스는 말할 것도 없고, 콘스탄틴은 계속 옛 로마 국가의 종교의 수장으로서 폰티펙스 막시무스(대사제, Pontifex Maximus)라는 칭호를 유지하였으며, 그 후계자들도 그 후 수 십 년에 걸쳐 이 칭호를 사용하였다.

밀비안 다리의 승리 이후 12년 동안 리키니우스는 계속 동부 제국의 황제위를 유지하였는데, 밀란 협정에도 불구하고 그와 콘스탄틴 사이에는 계속 갈등과 분란이 그치지 않았으며, 콘스탄틴의 권위는 계속 동쪽으로 그 범위를 확장시켜 가고 있다. 이 시기 말에 리키니우스는 자기 영내의 그리스도인들이 서부 황제를 더욱 좋아하고, 그 성공을 원한다는 이유로(이는 물론 전혀 근거가 없는 것은 아니었다) 동부 제국의 기독교를 가일층 핍박하게 된다. 콘스탄틴은 324년에 2개의 지상전 – 아드리아노플과 스쿠타리에서 – 과 다르다넬레스(Dardanelles)의 해전에서 승리를 거두고 전체 로마 제국을 지배하게 된다. 콘스탄틴은 이를 기념하여 다시 한 번 전 로마 제국에 종교의 자유를 선포하였다.

---

2) 마 26:52.

콘스탄틴의 이러한 종교정책은 대부분 기독교에 크게 유리한 것이다. 그러나 그 중 일부의 결과는 반드시 긍정적인 것만은 아닌 것이라는 평가를 받을 수밖에 없다. 교회는 제국과의 투쟁에서 승리하였다. 교회는 전투 전체를 오직 영적 무기만을 가지고 싸웠으며, 오랫동안 거부되었던 정의가 드디어 교회에 주어지게 된다. 이제 교회가 쟁취한 자유는 바로 순교자들과 고백자들의 피를 통해 얻은 것이다. 그러나 얼마 지나지 않아 교회가 그토록 갈구하던 끝에 결국은 쟁취하였던 이러한 양심의 자유를 다른 이들에게는 거부하기 시작하였다면, 이야말로 인간의 타락한 본성을 과시하는 본보기라 할 수밖에 없겠다. 다른 모든 자유들이 그러하지만 종교의 자유는 최근에 자라난 아직 가냘픈 초목이라 할 수 있다. 종교의 자유는 일단 보존된 후에도 자연적으로 생존하는 것이 아니라 항상 누군가가 열심히 지키고 보호해야 하는 것이다. 모든 자유와 아울러 종교적 자유는 계속적 주의와 보호를 통해 유지되는 것이다. 특히, 계시종교의 추종자들이야말로 이러한 종교 자유를 지키기 위해 보다 노력해야 할 필요가 있다 하겠다.

어쨌든 콘스탄틴은 단지 기독교를 용인한데 불과한 것은 아니었다. 그는 기독교의 하나님에게 크나큰 은덕을 입었음을 인정하였으며, 실제로 기독교 신앙을 마침내 받아들이기 이전에도 여러 가지 방법을 통하여 그리스도인들에게 많은 특혜를 베풀었다. 이에 따라 기독교는 유행하게 되었는데, 이는 결과적으로 볼 때 그리 바람직한 것은 못된다. 이는 곧 기독교화된 이교도들, 즉 기독교 교리의 일부를 배웠으며, 또한 세례를 받았으나, 그 사고방식과 생활양식에 있어서는 계속 이교도로서 남아 있었던 자들이 교회에 들어오게 됨을 의미한다. 로마와 안디옥, 그리고 알렉산드리아 등, 대도시 군중들은 명목상 그리스도인들이 되었으나, 실질적으로는 비신자로 남아 있다. 또한 교권을 탐내는 교회 정치가들은 이러한 폭도들을 자기들의 목적을 달성하기 위해 이용하고자 하였다. 이러한 유혹은 킹슬리(kingsley)의 「하이파티아」(Hypatia) 가운데 잘 묘사되고 있다. 415년 알렉산드리아 시에서 「하이파티아」를 갈갈이 찢어버린 것도 "기독교인" 폭도들이었으며, 비록 감독(알렉산드리아의 시릴)이 이 사건에 연루되었는지는 알 수 없으나, 킹슬리는 그의 책을 통하여 그리스도교도들의 폭행에 대해 그의 분노를 여실히 드러내고 있다. 366년 다마수스가 로마 감독으로 선출되었을 때도 그의 선출을 두고 거리에서는 폭도들간의 분쟁이 발발하였다. 한때 종교회의와 강의실에서 냉철하게 격리되고 정의되었던 교리적 논쟁들까지도 이제는 시장 한복판에서 무지한 군중들의 장난감이 되고 있다.

반면 기독교적 인도주의가 제국 입법 내에 도입된 사실도 묵과할 수 없다. 인간이 하나님의 형상을 따라 지어졌다는 교리로 인하여 낙인을 찍는 행위를 규제하였는데, 그 후는 얼굴에 낙인을 찍지 못하도록 금지된다. 정부 예산에서 보조금을 지불함으로써 어린 아이들을 유기하는 행위를 규제하고자 하였으며, 또한 이를 위해 차라리 부모들이 그의 자녀를 매매하는 행위를 합법화시키기도 하였는데, 이는 물론 기독교적 원리에 일치하는 것이라고 볼 수 없다. 입법 취지는 어쨌든 만약 부모들이 자기 자녀들을 통해 돈을 벌 수 있다면, 내버리지는 않을 것이라는 생각에서였다. 결혼의 순결을 보호하는 법률들이 통과되었으며, 노예와 동물들을 보호하는 법도 마련된다.

황제의 기독교 지원은 또 다른 중요하고도 불행한 선례를 발생시켰다. 콘스탄틴의 은혜에 너무나도 감복한 기독교 지도자들은 교회 내부의 문제에도 황제가 개입하는 것을 차마 막지 못하였다. 이로 인하여 기독교인의 자유는 결국 장래에 속박을 받는 결과를 가져왔다. 이러한 행위가 실제 어떠한 영향을 미쳤는가 하는 것은 콘스탄틴이 그 후 도나투스 논쟁에 개입한 것과 더욱이 니케아 종교회의(Council of Nicaea)에서 담당한 그 역할을 통해 알 수 있다 (니케아 종교회의에 관한 것은 다음 장에서 다루도록 한다).

콘스탄틴이 교회의 재산을 다시 환원시키고 또 막대한 금품을 교회에 선물하고자 하였을 때, 그는 북아프리카 지방에서 두 개의 집단이 서로가 자신들이 보편 교회를 대표하며 따라서 이 재산과 피해 보상을 받을 자격이 있다고 주장하고 있음을 발견하였다.[3] 이에 따라 황제는 과연 어느 편이 정당한 교회 재산을 받을 자격이 있는가를 수사하지 않으면 안 된다. 콘스탄틴의 영적 자문 역할을 하였던 코르도바(Cordova) 감독은 아프리카 교회 문제를 카르타고 감독 카에실리안(Cæcilian)에게 맡기도록 충고하였다. 그러나 도나투스주의자(Donatists)들이 이를 반대하고 나섰다.

---

[3] 우리는 우선 Catholic Church가 사도들에 의해 세워진 교회들과, 이들과 교제를 갖고 있었으며 사도들의 교훈에 기초한 Catholic Faith를 유지했던 교회들을 포함하고 있었음을 기억해야겠다.

도나투스주의자들은 디오클레티안 황제의 박해 아래에서 생겨난 파로서 이는 마치 반세기 전 노바티스주의자(Novatian)와 같은 경향을 띄고 있다.[4] 이들은 누구든지 박해 아래에서 그 신앙을 타협한 것처럼 보이는 자들, 특별히 경찰들에게 성경의 사본들을 넘겨준 자들을 심히 배척하고 있다. 이들은 312년 카에실리안이 카르타고 감독으로 임명받은 사실을 배척하고 있었는데, 그 부분적 이유는 카에실리안을 임명한 감독이 바로 성경을 경찰에 넘겨준 배반자들(traditores)가운데 하나라고 의심하였기 때문이다. 이들은 다음 해에 카에실리안의 성직 임명을 번복시켜 주도록 콘스탄틴에게 항소하였으며, 이에 따라 콘스탄틴은 로마 감독을 위원장으로 하고 또 다른 세 명의 고을 지방 감독들을 덧붙여 이 문제에 대한 진상조사에 착수하였다(의장은 또한 15명의 이탈리아의 감독들을 지명하였다). 그러나 동위원회가 도나투스주의자들을 만족시켜 줄 만한 결정을 내리지 못하자 이들은 황제에게 재차 항소하였으며, 이에 따라 콘스탄틴은 주후 314년 8월 아를르(고올 지방, Arles)에서 회의를 소집하였다. 아를르 회의에는 23명의 서방 감독들이 출석하였으며, 특히 브리튼으로도 감독 3명이 참가하였다는 사실은 특기할 만하다.[5] 동위원회는 카에실리안에게 아무런 혐의가 없다고 결론지었다.

이에 따라 도나투스주의자들은 카에실리안과 교제를 끊고 315년에는 자기들의 지도자 도나투스(Donatus)를 카르타고 감독으로 임명하였으며, 도나투스는 그 후 40년간 이 직을 수행한다. 이들은 자기들이야말로 진정한 보편 교회(Catholic Church)라고 주장하여 카에실리안 뿐만 아니라 그와 교제를 나누었던 모든 이들 – 즉 동·서방을 막론하고 나머지 모든 기독교권 – 을 파문시켰다. 316년 도나투스주의자들의 재차 항소에 대한 답변으로 콘스탄틴은 공식적으로 카에실리안을 무죄라고 선포하였으며, 누구를 막론하고 이러한 결정에 순응하도록 명령하였다. 그러나 이러한 조처는 오히려 도나투스주의자들의 저항을 더 한층 가열시켰을 뿐이다. 실제로 이들의 저항 가운데는 민족주의가 강하게 표출되었는데, 이는 곧 아프리카 민족주의 대 로마 제국주의의 갈등이라고 표현할 수 있다. 이들은 보편 교회를 가리켜 "해외" (transmarine) 교회라고 불렀으며, 보편 교회의 감독들을 제국주의 정책의 대

---

4) 제20장을 보라.
5) 제 36장을 보라.

리인으로서 간주하였다. 이들의 투쟁은 각종 우여곡절을 거치면서 100년 가량이나 계속되었으며, 또한 318년부터 411년까지에는 로마에 있는 소수의 추종자들을 위해 로마 시에 감독을 세우기까지 하였다. 자기들의 입장을 인정하지 않는 황제의 태도에 실망한 이들은 영적 자유를 주장하게 된다. 이들의 슬로건인 "황제와 교회가 무슨 상관이 있느뇨?"(Quid imperatori cum ecclesia?)는 그 자체로서는 물론 맞는 말이다. 그러나 이들이야말로 자기들의 주장을 성취시키기 위해 먼저 황제에게 호소한 자들임을 생각할 때 실소를 금할 수 없다. 이들과 밀접한 관계를 맺은 자들로서 서쿰셀리오네스(circumcelliones)라고 불린 일단의 호전적 민족주의자들이 있었는데, 이들은 몽둥이로 무장하고 각지로 돌아다니면서 보편 교회 추종자들에게 테러 행위를 가하였다. 물론 이들에 관한 대부분의 정보들이 이들과 입장을 달리했던 이들의 입을 통해 전해지고 있음을 부인할 수 없다. 그러나 이러한 공공질서의 파괴는 세속 권력의 개입을 불러일으켰으며, 도나투스주의자들이 주장하는 바, 양심을 위해 당했던 박해의 대부분은 사실 공공질서 파괴자들에게 행한 경찰 행위라고 볼 수 있는 것이다.

그리스도인들의 하나님에게 은혜를 입었다고 확신하고 있던 콘스탄틴 황제는 교회 통일을 이룩하는 것이야말로 가장 중요한 임무라고 믿었다. 이에 따라 그는 이러한 통일성이 위협을 받을 때 가차없이 권력을 사용하였으며, 따라서 그 분열의 이유를 캐기보다는 이러한 분열상태를 종식시키는데 급급하였다는 사실을 알 수 있다.

이러한 교회와 황실 사이의 새로운 관계는 325년 니케아 종교회의에서 아직 세례도 받지 않았던 콘스탄틴이, 말하자면 "감독들의 감독"(bishop of bishops)으로서 그 사회를 보았다는 데서 찾아볼 수 있다(그는 한때, 회의에서 다음과 같이 말한 바 있다. "그대들은 내부에 있는 자들의 감독들이며, 나는 〈교회〉 외부에 있는 감독으로서 하나님으로부터 지명받았다"). 이처럼 황제를 하나님으로부터 특별히 지명받은 인물로서 생각하는 동방적 견해는 1453년 동로마 제국의 멸망 이후에도 계속 살아 있었을 뿐 아니라 1917년에 이르기까지 짜르(Tsarist)가 다스리던 러시아에서도 오랫동안 계속된다. 이러한 경향은 콘스탄틴 이후의 로마 황제들에게 주어졌던 영예와 직접적 관계가 있다.

물론 콘스탄틴이 재위기간 중 가끔 야만적 횡포를 부렸던 것은 사실이지만 그가 진심으로 기독교 신앙을 받아들였다는 것은 의심할 이유가 없다. 그는 종종 왕위를 차지하였던 신앙의 수호자로서 영국의 헨리 8세(Henry VIII)와 비교되기도 한다.

기독교 성직자들에게는 각종 혜택이 주어졌는데, 예를 들면 315년에는 성직자들이 소유한 토지들을 면세 조치하였고, 성직자들 자신도 각종 세속적 의무로부터 면제된다. 그러나 일부 시민들이 이러한 특혜를 목적으로 성직 임명을 받는 것을 방지하기 위해 고위층들은 성직자가 되는 것이 금지된다. 법에 의하여 성직자들의 수는 제한을 받았으며, 이들은 보다 가난한 계층으로부터 뽑아 들이도록 조처된다. 왜냐하면 부자들은 국가에 대한 의무가 있다고 생각되었기 때문이다. 교회는 묵묵히 이러한 칙령들에 순종하였다 교회는 이미 적내석 세속 권력하에서 온갖 핍박을 거친 후였다. 따라서 콘스탄틴에게 감독할 수밖에 없던 교회의 입장으로서는 이미 막대한 특혜를 베푼 황제의 명령을 저항할 배짱이 남아있지 않았다.

또한 각종 특혜들 가운데는 교회가 유산상속의 대상이 된다는 조항도 포함되어 있다. 노예들은 성직자들이 참관할 때만 합법적으로 그 자유를 얻을 수 있다. 또한 세속 법정 관할의 소송 문제라도 감독의 권한으로 판결할 수 있다. 321년에는 일요일(Sunday)이 공공 휴일로 지정된다. 물론 그리스도인들은 1세기부터 그리스도의 부활을 매주 기념하는 특별한 날로서 주일을 지키고 있었다(그러나 콘스탄틴은 이를 "정복되지 않는 태양"을 기념하는 날로서 생각하였을 가능성도 있다). 성경을 베끼는 것과 교회건물 건축 등이 장려되었으며, 콘스탄틴 자신도 이를 위해 막대한 금액을 하사하였다. 이 때부터 지금 현재 런던과 로마에 소재하고 있는 헬라판 성경 사본들인 시내 사본과 바티칸 사본(Sinaitic and Vatican codices) 등, 4세기 말에 제작된 것으로 보이는 보다 화려하고 정교한 성경 사본들이 나타나게 된다.

콘스탄틴에 의해 건축된 교회당 건물들 가운데 특히 디베르 강의 오른편 바티칸 언덕 위에 자리잡은 성 베드로 바실리카[6]와 예루살렘에 있는 성묘 교회당(the Church of the Holy Sepulchre)은 특별히 언급할 필요가 있다. 성 베드로 바실리카는 120년 전 로마의 장로 가이우스가 사도의 "기념물"이 있다

---

[6] 바실리카는 흔히 로마식 교회 건물의 모습이었으며, 대체로 일반 로마식 주택의 모습을 보여주고 있다.

고 지적한 자리에 세워졌으며,7) 그 기초를 놓기 위해 온갖 난관을 겪으면서도 바티칸 언덕 옆을 파헤쳐야만 했다. 135년을 계기로 예루살렘 기독교의 역사는 일단 공백 상태에 들어갔으므로, 이 곳에 있던 성소들의 위치는 로마처럼 정확하게 파악할 수 없었다. 그러나 당시의 예루살렘 감독 마카리우스(Macarius)는 자기의 능력껏 예수님께서 십자가에 못 박히고 장사되었다고 생각되는 지점을 지적하였으며, 콘스탄틴은 바로 이 자리에 327년 성묘교회를 건축하기 시작한다. 유세비우스에 의하면, 335년의 낙성식이야말로 제국 전역 뿐 아니라 제국 국경 밖의 페르시아에서까지 감독들이 참석하였던 대단한 장관이었다고 한다. 콘스탄틴의 어머니 헬레나(Helena)와 다른 황실 내의 부녀들의 노력을 통해 예수님의 탄생지와 승천지, 그리고 헤브론에 있던 이스라엘 족장들의 무덤들에도 바실리카들이 건축된다. 이제 기독교의 영향권 아래 들어 있던 예루살렘에서는 모든 이교도들의 자취가 말끔히 청소되었으며, 성도(聖都, Holy City)로서의 특별한 영예를 누리게 된다.

콘스탄틴은 326년 마지막으로 로마 시를 방문하였다. 당시 그 가족 내에는 분쟁이 한창이었다. 그 아들 크리스푸스(Crispus)는 불충성의 혐의로 처형되었으며, 그 후는(아마도 헬레나의 사주에 의해) 여황제 파우스타(Empress Fausta)가 이러한 혐의를 일으켰다는 이유로 또한 처형된다. 이러한 콘스탄틴의 야만행위는 그 직후 그의 깊은 양심을 자극시켰던 것 같다. 그는 이 사건 후 로마를 영원히 떠나면서 레이터란(Lateran)에 있던 파우스타의 궁전을 로마의 감독 실베스터(Silvester)의 공식 관저로서 하사하였다(이때의 헌정은 4세기 반 후에 황제가 이탈리아 전역과 서부 제국의 주권을 교황에게 넘겨주었다는 식으로 과장된다. 단테를 비롯하여 중세인들은 이러한 과장을 믿었으므로 15세기에 성 요한 교회의 참사이던 로렌조 발라<Lorenzo Valla>와 독일 출신의 학자 쿠사의 니콜라스<Nicolas of Cusa>에 의해 거짓으로 밝혀지기 전까지 교황이 영적 문제에 있어서 뿐 아니라 세속적 지존권까지도 가지고 있다는 주장을 크게 뒷받침하였다).

콘스탄틴은 330년부터 334년까지 그 옛날 비잔티움 시(Byzantium) 자리에 동방의 새로운 로마를 건설하는데 전력을 다하였다. 그는 앞으로 이곳을 로마 제국 전체의 수도로서 삼고자 하였다. 이 새로운 도시는 콘스탄티노플(Constantinople: 콘스탄틴의 도시)이라고 불리웠으며, 이 뒤로 터키인들은 이를

---

7) 제14장을 보라.

이스탄불이라고 하였는데 아직까지 바로 그 이름으로 널리 알려지고 있다.[8] 그 이후 로마 시는 제국 내에서 정치적으로 볼 때 그리 중요한 위치를 차지하지는 못하였다. 황제가 더 이상 로마에 거주하지 않자, 로마의 감독이 점차로 이 도시의 시민 중 가장 중요한 위치를 차지하기 시작하였으며, 실제로 전 서구 유럽에서 가장 중요한 인물로서 여겨지게 된다. 따라서 교황제의 중요성을 강조하기 위해 전설적인 "헌정"(donation)을 조작해낼 필요가 없는 것이다.

그러나 콘스탄틴은 동방에 이주하기 시작한 후에도 수많은 실망을 맛보아야만 했다. 교회 내의 통일을 수립하려던 그의 야망은 전혀 실현될 기색이 보이지 않았다. 도나투스 논쟁과 결국은 니케아 종교회의를 낳게 했던 보다 심각한 신학 논쟁은 콘스탄틴의 죽음 이후까지 오랫동안 계속된 것이다.

콘스탄틴은 337년 기독교인으로서의 세례를 받았으며, 그해 말 사망하기까지 계속 초신자들이 착용하는 흰 옷을 입었다. 동방 교회에서는 그에게 이사포스톨로스(사도들의 동료, isapostolos)라는 칭호를 주고 시성(詩聖)하였다. 서방 교회는 비록 그를 성자로서 대우는 하지 않았으나, 교황제에 세속 권력을 주었던 인물로서 그의 업적을 기억하였다. 비록 그는 조작된 전설의 방식처럼 교황제에 세속 권력을 준 것은 아니었으나, 실제로 장기적 안목으로 볼 때 그의 종교정책 및 로마로부터 제국의 수도를 옮김으로써 그 결과 교황의 종교적 특권을 보다 고양시켰다는 의미에서는 그러한 역할을 했다고 볼 수 있다.

그러나 그가 교회에 미친 진정한 영향을 평가하고자 할 때, 공과를 어떻게 판단해야 할 것인가는 쉬운 문제가 아니다. 그의 정책으로부터 기독교가 받은 축복은 물론 명백하다. 그러나 동시에 우리들은 그가 잘 알지도 못했을 뿐만 아니라 자기가 관여하지 않아야 할 문제인데 공연히 참견함으로써 남긴 좋지 못한 결과들을 기억해야 한다. 물론 그 책임이 전적으로 그에게만 있다고 볼 수는 없다 그는 전적으로 자기가 통치하던 영역, 특히 실제로 깊은 존경심을 가지고 있던 교회 지도자들간에 평화와 화해가 이루어지기를 원했던 인물이다. 그러나 화해를 추구하는 인물들이 항상 진실과 거짓을 구별할 수 있는 능력까지 겸비하고 있는 것이 아니기 때문에 창문의 갈라진 틈에 겨우

---

8) 이스탄불(Istanbul)은 헬라어로 eis ten polin, 즉 "도신 안으로" 라는 구절의 훼손된 형태이다. 동방 제국의 헬라어 사용 인구들은 콘스탄티노플을 he polis "The city," 즉 "그 도시," 으뜸가는 도시로 알고 있었다.

종이를 바르는 행위에 불과할 때가 많다. 또한 아무런 저항 없이 이러한 황제의 내정간섭을 허용하였던 이들 성직자들의 행동도 우리는 물론 잘 이해할 수는 있다.

 그러나 역시 이들의 우둔하고 비겁한 행동은 역사 아래에서 비난을 받아야 마땅하다. 이러한 정교 유착의 현상은 결국 국가와 교회 양측 모두에게 불행한 결과를 낳았다. 프랑스 출신 로마 가톨릭 역사학자는 다음과 같이 말한다. "이야말로 치명적인 실수였으며, 이 두 세력들은 그 후 오랜 기간을 두고 불행한 결과로 인해 고통을 받았다. 이리하여 교회가 박해자들의 억압으로부터 겨우 놓여 나자마자 과거의 적개심보다도 오히려 더 무서운 시련을 거쳐야 했었는데, 이 시련은 곧 수치스럽고도 번잡한 국가의 보호였다."[9]

---

9) 팔랭큐(J. R. Palanque), *The Church in the Christian Roman Empire* (1949), 69. 그 밖에 Constantine의 생애와 업적에 관해서는 배인스(N. H. Baynes), *Constantine the Great and the Christian Church* (1929), 앨폴디(A. Alföldi), *The Conversion of Constantine and Pagan Rome* (1948)과 부록하르트(J. Burokhardt), *The Age of Constantine the Great* (1949 ; 독일어로는 1853년 초판) 등을 볼 것.

니케아 종교회의

도나투스 논쟁에 관련된 콘스탄틴의 역할보다도 오히려 더 중요한 것은 니케아 종교회의 및 그 전후에 관련된 그의 개입이라 할 것이다. 이 종교회의 배경을 좀 더 잘 이해하기 위해서는 제 3세기에 벌어진 기독교 교리 논쟁, 즉 하나님의 존재, 혹은 보다 더 구체적으로는 그리스도의 위격에 관한 논쟁들을 다시 한 번 기억해 볼 필요가 있다.[1] 우리가 기억하는 바대로 사모사타의 바울과 사벨리우스 같은 이들은 하나님의 아들을 성부로부터 발산된 형태, 혹은 성부께서 자기 스스로와 자기의 행동을 인간에게 표현하실 때 수행했던 것 중의 하나로서 이해하였다. 반면 터툴리안과 노바티안 그리고 오리겐 등은 성부 하나님과 성자 그리스도 사이의 관계를 보다 성경적 계시와 기독교인의 경험에 나타난 사실에 충실한 용어로써 표현하고 있다. 그러나 어쨌든 아직 모든 교회들이 반드시 받아들여야 할 강제력을 지니는 판단은 내려지지 않았다. 일반적으로 말해서, 모든 교회들과 그리스도인들은 당시 세례 문답에 나타난 신경을 받아들이면서도 이의 해석에는 서로 의견을 달리하고 있었던 것이다. 드디어 4세기에는 이에 대한 논쟁이 벌어지게 된다.

318년 알렉산드리아에서 감독 알렉산더(Alexander)와 그의 장로들 가운데 하나인 아리우스(Arius)라는 자 사이에 이 문제에 관한 논쟁이 발생한다.

---

1) 제26장을 보라.

아리우스는 안디옥의 유명한 학자 루시안(Lucian)의 문하에서 교육받았는데, 루시안은 안디옥에 소재한 신학교의 교장이었으며, 312년에 순교한 인물이다. 또한 루시안은 사모사타의 바울의 제자이기도 하였다. 당시의 안디옥과 알렉산드리아 학파는 그 신학적 접근방법과 강조점에 있어서 크게 달랐으며, 양측은 서로를 이단적 경향이 있는 것으로서 의심하였다. 이는 당연한 일이었는지도 모른다. 에밀 부루너(Emil Brunner) 박사는 이단이란 곧 논리적 결론까지 끌고간 진리라고 묘사한 일이 있다. 어쨌든 아리우스는 감독이 그의 설교 가운데 하나님의 통일성에 관해 사용한 용어를 보고 사벨리우스주의(Sabellianism)라고 생각하게 된다. 사실 감독의 동기야 어찌되었든 그가 사용한 용어들은 성자와 성령을 하나님의 행동 가운데 나타난 "양식들(modes)"과 비슷하게 간주하였는지도 모른다. 그러나 아리우스의 견해 역시 또 다른 방향에서 비판을 받아 마땅한 것이다. 후대에 흔히 아타나시우스 신경(Athanasian Creed)이라고 불린 찬가의 용어들을 빌리자면,[2] 만약 알렉산더가 "위격들을 혼동한" 죄가 있다면, 아리우스에게는 "본질들을 분리시킨" 죄가 있다. 이는 곧 다시 말해서, 아리우스는 성부의 신성과 성자의 신성 사이에는 본질적으로 진정한 차이가 있다고 가르쳤다는 것이다.

그러나 아리우스의 교훈의 진정한 결정체는 그 가르침이 먼 곳의 하나님(the remote God)이라는 헬라식 원리에서 출발한데 있다. 그의 사고방식에 따르면, 하나님은 인간과 직접 관련을 맺기에는 너무나도 멀리 떨어져 있으며, 또한 너무나도 판이하게 다르다는 것이다. 이 때문에 아리우스에게 있어서 하나님과 인간 사이의 중보자이신 그리스도는 하나님도 아니고 인간도 아니었으며, 무엇인가 이들 사이에 있는 존재였다. 반면 보편 교회는 성육하신 성자께서는 완전한 하나님이신 동시에 또한 완전한 인간이시라는 것을 계속 유지하고 있다. 이러한 보편적 교리는(초기 교부들이 아마도 깨달았던 이상으로) 인간이 하나님의 형상을 따라 창조되었다는 성경의 기록과 보다 가까운 연관을 맺고 있다. 바로 이와 같은 창조의 사실 때문에 중보자께서는 동시에 하나님이시자 인간이신 것이 가능하였던 것이다.

  더러운 우리들을 가까이 하시고

---
[2] 이 장 마지막 부분 참조.

우리들을 모두 거룩하게 하시고자
그는 거룩하게도 육신으로 나타나시어
서로 다른 양 극단을 연결하시었네
하나님께서 낮은 데로 임하셨었는데
우리는 이제 하나님의 생활을 알 수 있을 것이다.

그러나 아리우스는 비록 오늘날에는 쉽게 납득이 가지 않지만 당시의 일반인들에게 호소력 있는 하나님과 인간 사이의 관계에 관한 이론을 전개하였다. 실제로 오리겐 같은 경우에도 반드시 그 본질에 있어서가 아니라 하더라도 성자는 그 위격과 기능에 있어서 성부에게 종속된다고 가르친 적이 있다. 오리겐은 또한 성자의 존재가 성부의 의지에 좌우되고 있다는 의미에서 성자를 피조물이라고 부르기까지 하였다. 그러나 그는 그 특유의 용어인 "영원한 발생"(eternal generation)의 이론을 통해 그리스도는 영원 전부터 하나님의 아들임을 강조함으로써 성경적 주장을 보호하고자 하였다. 아리우스 역시 성자가 성부에게 종속된다고 가르쳤을 뿐 아니라 오리겐이 허락하였던 것보다도 더욱 더 문자적 의미에서 성자는 창조된 존재라고 표현한다. 오리겐은 성자께서 영원 전부터 성자로서 존재하셨다고 주장한데 반해, 아리우스는 이를 부정하고 다음과 같은 문장으로 자기의 주장을 표현한다. "그(그리스도)가 존재하지 않았던 시간이 있다." 아리우스에 의하면, 성자께서는 모든 피조물들 가운데 최초로 성부에 의해 무로부터 창조되었다는 것이다. 따라서 성자의 창조 시기는 무한히 먼 과거일지도 모르지만 이론적으로는 성자께서 아직 존재하지 않던 시간을 추론할 수 있다는 것이다. 또한 아리우스는 이런 난해한 신학적 문제들을 연구실이나 신학 연구 세계에 제한시킬 분별력을 갖지 못한 인간으로서, 이를 우스꽝스런 시로 만들어 알렉산드리아 일반 기독교도들이 부를 수 있도록 만들었다.

실제로 많은 아리우스주의자들이 그 생활에 있어서 모범을 보였던 열심있는 그리스도인들이었다는 사실을 부인할 수는 없다. 고트족에 대한 그들의 선교활동은 특히 높이 평가를 받을 만하다.[3] 그러나 아리우스주의라는 교리 자체는 기독교에 큰 위험이 된다. 역사학자 베리(Bury)가, 만약 아리우스주의

---

3) 제 33장을 보라.

가 승리했다면 기독교는 아직 "미숙한" 상태에서 사라져 버렸을 것이라고 평가한 데에는 일말의 진리가 있는 것이다. 아리우스주의는 그리스도를 하나님도 아니고 인간도 아닌 존재로서 시간 안에서 창조되었다고 주장함으로써 그로부터 진정한 중보자로서의 역할이나 우리들을 구원할 수 있는 능력을 박탈하였던 것이다.

결국, 감독은 알렉산드리아에서 회의를 소집하였으며(321), 아리우스는 장로직을 박탈당하고 말았다. 그러나 그는 알렉산드리아 내에서 상당한 추종자들을 거느리고 있었으며, 또한 그는 동방의 수많은 기독교 지도자들이 안디옥 학파를 따르고 있었고, 특히 루시안의 제자들이었으므로 상당히 넓은 지역에서 동조를 받을 수 있음을 깨닫고 있다. 논쟁은 이집트 국경을 뛰어넘어 번져나가고 있었으며, 동방 기독교권 안에 분파가 생길 것처럼 보였다. 콘스탄틴은 323년 동로마 제국까지 석권한 후, 바로 이러한 분열의 위협에 조바심을 가졌다. 그 위협은 서방에서 도나투스주의자들의 그것보다 한층 심한 것이었으므로, 그는 양자들 간의 화해를 모색하기 위해 자기가 직접 조력할 것을 자원하였다. 그는 우선 알렉산더와 아리우스에게 편지를 보내어 황제가 직접 중재자 역할을 맡겠다고 통지하였다. 그러나 그는 서로 다른 신학자들의 견해를 조정시키는 입장에 있어 아무리 뛰어난 인물이라 하더라도 평신도의 힘이란 얼마나 보잘 것 없는가를 미처 깨닫지 못하고 있었다. 이러한 노력들이 허사로 돌아가자, 그는 아마도 스페인에 있던 코르도바(Cordova) 감독 호시우스(Hosius)의 의견을 좇아 전체 기독교권을 망라하는 대종교회의를 소집하였다.

325년 5월 20일, 소아시아 북서부 니케아(Nicaea)에서 소집된 이 종교회의야말로 최초의 전체 교회회의였었는데, 곧 당시에 알려졌던 산재하는 교회들로부터 대표자들이 참석하였던 것이다(따라서 이는 헬라어 오이큐메네 <oikumene>를 따라 에큐메니칼이라고 불리게 되었다). 300명 가량의 감독들이 이 회의에 참석하였다. 페르시아와 스키티아(Scythia) 등, 로마 제국의 국경을 넘어 동방 교회들로부터 대표자들이 파견된다. 그러나 서방 교회의 참석은 그다지 많지 못하였다. 로마 감독 실베스타는 직접 참석하지 않은 채 대신 두 장로를 대리인으로 보냈으며, 카르타고로부터는 카에실리안이 왔고, 코르도바로부터는 종교 문제에 관해 황제의 오른팔이던 호시우스가 왔다. 고올 지방으로부터도 감독이 한 명 왔다.

아리우스 자신과 그 추종자들은 물론 회의에 참석하였는데, 이들 가운데 유명했던 인물은 아리우스와 함께 공부한 바 있는 니코메디아(Nicomedia) 감독이다. 반면 알렉산더는 그 동료 감독들의 열렬한 지지를 받고 있었으며, 특히 같은 교회의 집사 아타나시우스(Athanasius)가 뛰어난 인물이다. 그는 이미 기독교 신학에 있어서 가장 뛰어난 고전 중의 하나라고 볼 수 있는 『하나님의 말씀의 성육신에 관하여』(On the Incarnation of the Divine Word)라는 논문을 통해 신학자로서 크게 인정을 받고 있다. 위대한 교회사가이며, 팔레스타인 지방 가이사랴 감독이었던 유세비우스가 중도적 입장을 취하고 있다. 그는 자기가 대표하는 가이사랴 교회의 세례 문답 고백을 양측 모두가 동의할 수 있는 기본으로서 제시하였다.

> 우리는 유일하신 하나님, 전능하신 아버지, 눈에 보이는 것과 보이지 않는 만물을 창조하신 창조자를 믿습니다. 오직 한 주 예수 그리스도를 믿사오니, 그는 하나님의 말씀이요, 하나님 중의 하나님이요, 빛 중의 빛이요, 생명 중의 생명이요, 독생자이시며, 모든 창조물들 가운데 처음 분이시며, 영원 이전 성부 하나님에 의해 잉태되셨는데, 그를 통하여 만물이 창조되었습니다. 그는 우리를 구원하기 위해 육신을 입으셨고, 인간 가운데 사셨으며, 고난을 받으셨고, 제 3일에 다시 살아나셨고, 아버지께로 승천하셨는데, 산 자와 죽은 자를 심판하시기 위해 영광중에 다시 오실 것입니다. 우리들은 또한 한 분의 성령님을 믿습니다.[4]

일반의 삼중적 형태로 된 이 고백은 물론 정통적 신앙을 내포하고 있다. 그러나 당시 종교회의에서 취급하던 문제에 관해서는 구체적인 답변은 제공하지 못하였다. 따라서 회의는 이를 원문 그대로 채택하지 않고 이것을 반아리우스적 측면에서 수정 보완하여 이 개정판을 니케아 신경(the Creed of Nicaea)으로서 공포하였다.[5] 그 내용은 다음과 같다.

---

4) 이 신경 및 다른 동방교회의 신경들이 "한"(1)이라는 수사를 강조한 것은(다른 로마 교회의 신경과 비교해 볼 때) 아마 고린도전서 8:6과 에베소서 4:4~6의 영향을 받았기 때문인 것으로 보인다.

5) 이 장 마지막의 특주를 보라.

우리들은 눈에 보이고 보이지 않는 모든 만물의 창조주이신 전능하신 아버지, 유일하신 하나님을 믿습니다. 또한 아버지로부터 나셨으며 유일한 독생자이신 한 주 예수 그리스도를 믿사오니, 이는 곧 그가 아버지의 정수(essence)로부터 나셨음을 의미하며, 그는 하나님 중의 하나님이요, 빛 중의 빛이요, 진정한 하나님 중의 진정한 하나님이며, 창조되지 않고 아버지와 같은 본질로 나셨습니다. 하늘과 땅에 있는 모든 만물이 그를 통하여 창조되었습니다. 그는 우리 인간과 우리들의 구원을 위해 내려오셔서 육신이 되셔서 인간 가운데 사셨으며, 고난을 당하셨고, 사흘만에 다시 살아나 하늘에 오르셨으며, 산 자와 죽은 자를 심판하러 오실 것입니다.

또한 성령님을 믿습니다.

그러나 누구든지 "그(He, 그리스도)가 존재하지 않던 시간이 있다," 혹은 "그는 낳기 전에는 존재하지 않았다," 혹은 "그는 무로부터 비롯되어 존재하였다," 혹은 "하나님의 아들이(성부 아버지와는 또 다른) 정수이다," 혹은 "창조되었다," 혹은 "변할 수 있다," 혹은 "변질될 수 있다"라고 하는 자들은 거룩한 보편 사도 교회의 저주를 받을지어다.

고백 안에 , 혹은 말기에 덧붙여진 고딕체로 된 규정들은 아리우스주의에 대한 종교회의의 입장을 보다 확실히 하기 위한 것이다. 말미에서 저주의 대상이 되고 있는 구절들을 보면, 아리우스주의자들의 특징들이 무엇인지를 분명하게 알 수 있다. 이처럼 신경에 저주문들을 첨부하는 것도 콘스탄틴 시대가 남긴 불행한 선례라 할 수 있다. 이전의 신앙고백문들과는 달리 니케아 신경은 세례 문답 고백이 아니라 교회가 추종하는 교리의 표현이다.

비단 종교회의뿐만 아니라 또 다른 정치적 회담들을 통해서도 잘 알 수 있듯이 서로 기본적 입장을 달리하는 이들도 특정 문안에는 함께 동의할 수 있다. 니케아 신경도 예외는 아니었다. 아리우스에게 동조하는 많은 자들도 우선은 이 문장들을 보다 덜 반 아리우스적 입장에서 해석할 수 있을 것이라는 생각으로 받아들였다. 겨우 두 명의 감독들이 끝내 서명하기를 거부하였는데, 이들은 아리우스 자신과 함께 파문의 형벌을 받았다.

"성부와 동일한 본질"(헬라어로 homoousios)이라는 구절 때문에 상당한 논란이 있다. 이는 성경에 없는 표현일 뿐 아니라 실제로 그 전 세기에 그리스도가 하나님으로부터 발산되었다는 것을 표현하기 위해 이단 사모사타 바울에 의해 사용된 바 있다.[6] 많은 이들이 과연 이 구절을 니케아 신경에 포함시키는 것이 옳은가에 대해 의문을 제기하였다. 그러나(유세비우스에 의하면), 다름아닌 콘스탄틴 자신이 이를 제안하였으며, 아리우스주의자들이 이에 거부 반응을 보이자, 반 아리우스 주의자들은 이 표현이야말로 아리우스주의를 배제할 수 있는 가장 효과적인 표현이라 생각하여 끝내 이를 고집하였다. 아리우스주의자들 및 그의 동조자들은 차라리 그리스도를 가리켜 "아버지와 같다"(헬라어로 homoios)라고 하든지 혹은 "성부와 비슷한 본질"(혹은 정수, 헬라어로 homoiousios)이라고 묘사하기를 원했을 것이다. 그러나 이러한 용어들은 물론 보편적 신앙을 보호하기에 부족한 것이다. 바로 이러한 이오타(i) 한 자모의 유무 때문에 벌어졌던 그 논쟁을 가리켜 "디프동의 전투"(battle of the diphthongs)라고 가볍게 야유하는 것은 올바른 태도가 못된다. 왜냐하면 단 하나의 모음이나 자음 때문에 그 의미가 크게 달라지는 것이 수없이 많기 때문이다(바로 이것이 호모우시오스<homoousios>와 호모이우시오스<homoiousios>의 차이라 할 수 있다).

또한 성자 하나님의 신성이 성부 하나님의 신성과 비슷하지만 동일하지 않다고 주장하는 것은 실제로 두 하나님이 있음을 말하는 것이라 할 수 있다. 그러나 예수 그리스도에게서 빛난 하나님의 얼굴이야말로 오직 한 분, 살아계신 진정한 하나님의 영광이다. "아버지께서는 모든 충만으로 예수 안에 거하게 하시기를… 기뻐하심이라."[7]

니케아에 감독들이 모였을 때, 이들은 그리스도의 위격 외에도 다른 문제들을 다루었는데, 그 중 하나는 당시 이집트에 발생하였던 멜리티우스 분파의 문제였다. 멜리티우스(Melitius)는 최근의 박해시 정당한 감독이 궐위된 틈을 타서 알렉산드리아에서 감독직을 수행하였던 인물이다. 이 분파는 따라서 보다 서부의 도나투스 분파와 마찬가지로 기독교가 당했던 박해의 부산물이라 할 수 있다. 알렉산드리아에서도 역시 순교의 자리에까지 가서도 자기들의 신앙을 잃지 않았음을 자랑하는 인사들로 인하여 분파가 생겨났던 것이다. 그러나 이 종교회의에서는 멜리티우스 분파의 문제를 완전히 해결하

---

6) 제26장을 보라.
7) 골 1:19.

지 못하였으며, 이에 따라 이집트 교회들 내에는 교리적 문제를 뛰어넘는 다른 분파가 그 후 오랜 기간을 두고 존재하게 된다.

니케아에서는 그 밖에도 교회 내의 치리 및 지방 종교회의, 또 감독직의 임명 및 서열 등에 관한 사항들이 일단 해결된다. 로마, 안디옥 그리고 알렉산드리아 등은 "옛 부터의 관습을" 좇아 가장 중요한 세 교구로서 인정받았으며, 이에 따라 이들 도시의 감독들에게는 "총주교"(patriarch)라는 직함이 특별히 주어졌다.[8]

이들은 같은 회기 중 또한 부활절 일자 문제를 의논하였다. 니케아 종교회의에 참석한 성직자들은 이미 2세기 초부터 로마교회를 비롯한 다수 교회들이 좇고 있던 관습을 그대로 인정하였으며, 이에 따라 먼 곳에 있는 한 기독교 공동체를 제외하고서는 14일자의 관행을 중단하게 된다.[9] 매년 월력(lunar caculations)에 따라 정확한 부활절 날짜를 계산하여 이를 미리 모든 기독교 세계에 고지하는 임무는 알렉산드리아교회에 주어졌다. 이에 따라 매년 알렉산드리아 감독은 그 해 부활절 날짜를 동료 감독들에게 통지하는 회람형식으로 된 "부활절 공람"(Festal Letter)을 발행하게 된다. 아타나시우스가 알렉산드리아 감독으로 있을 때 "그는 328년 알렉산더의 위를 계승하여 중간의 여러 공백기 및 유배기를 제외한다면 42년 동안 담임하였다." 그는 이런 부활절 공람들을 통해 여러 보편 교회들이 가지고 있던 문제들을 토론하기도 하였다. 이 중 가장 중요한 것은 367년 그가 성경의 정경을 취급하고 있는 부활절 공람이다. 그는 구약의 정경 속에 포함되는 22권을 기록하고 있는데, 이들 22권은 에스더서가 빠져 있고 예레미야서 다음의 애가서 뿐 아니라 바룩(Bruch)과 "예레미야 서신"(Epistle of Jermiah)이 덧붙여있는 점만을 제외한다면, 현재 우리 개신교도들의 성경 속에 포함된 39권의 성경과 동일한 것이다.[10] 그는 또다시 첨가하기를, "이 목록에 게재된 것 외에도 비록 정경은 아니나 새로운 신자들에게 읽어줄 수 있도록 우리들 선조의 동의를 받은 책

---

8) 저자의 *The Books and the Parchments* (1950), 94ff., 156ff.
9) 제20장을 보라.
10) 이 22라는 숫자는 히브리어 알파벳의 숫자와 일치하는 것으로 생각되었다. 주후 1세기의 요세푸스 역시 히브리 정경에는 22권의 책이 포함되어 있는 것으로 생각하였다 (*Against Apion*, I, 8). 이 숫자는 12권의 소선지서(minor prophets)들을 한 권으로 치고, 기타 상하권으로 나뉜 책들을 함께 계산하여 얻은 결과이다.

들이 존재하고 있었는데… 곧 솔로몬의 지혜서(The Wisdom of Solomon), 시락의 지혜서(Wisdom of Sirach), 에스더(Esther), 쥬디트(Judith), 토빗(Tobith) 등이다"라고 하였다.[11] 특히 그의 신약 정경 목록은 중요한데, 왜냐하면 이야말로 현재 우리들이 알고 있는 정경록의 제2부를 이루고 있는 신약 27권을 그대로 기록하고 있는 최초의 것이기 때문이다.[12]

니케아 회의에서 통과된 법령들, 혹은 "캐논"(Canons)들은 일반적으로 교회들에 의해 받아들여지고 있으며, 그 후 교회 내의 법령집 등을 발행하는 데 핵심을 이루게 된다.

*특 주: 이 장에 인용된 니케아 신경(the Creed of Nicaea)은 우리가 흔히 알고있는 니케아 신조(Nicaea Creed)와는 다르다. 물론 이 둘은 모두 기본적으로 동일한 교리를 포함하고 있기는 하다. 우리가 흔히 부르는 니케아 신조는 451년의 칼케돈 종교회의(Council of Chalcedon: 제4차 세계 종교회의)에서 공식화된다. 칼케돈에서는 이 신조가 381년의 콘스탄티노플 종교회의(Council if Constantinople: 제2차 세계 종교회의)에서 작성된 것으로 오해하였으며, 이 때문에 어떤 때 콘스탄티노플 신경(Constantinopolitan Creed)이라고 불리우기도 한다. 그러나 실제로는 니케아 신조가 당시 예루살렘교회에서 사용되던 세례 고백 문답에 기초했을 가능성이 짙다 하겠다. 451년 이후에는 니케아 신경과 함께 사용된다. 553년 제2차 콘스탄티노플 종교회의(the Second Council of Constantinople: 제 5차 세계회의)는 이를 마치 니케아 성경의 개정판인양 취급하였다. 동 신조는 성령에 관한 교리를 보다 풍부하게 다루고 있었기 때문에 사람들간에 인기가 있었는데, 사실 성령론은 니케아 종교회의 이후에야 보다 널리 토론되고 정의되게 된다.

전통적으로 아타나시우스 신경(Athanasian Creed)이라 불린 것은 실질적으로는 신경도 아니며, 또한 아타나시우스의 작품도 아니다. 이는 제4세기 말 서방에서 작성되었던 찬가의 형식으로 된 신학적 주해라 볼 수 있다. 이를 보

---

11) 저자의 *The Books and the Parchments* (1950),94ff, 156ff 등을 보라.
12) 제23장을 보라.

다 정확하게 지적하기 위해서는 그 서두 구절을 따서 퀴쿤케 불트("누구든지 원하는 자는"이라는 뜻, Quicunque Vult)라고 지칭하는 것이 좋을 것이다.

제 6세기에 가서야 세례를 받는 이들이 신경을 신앙고백으로서 암송하는 것 외에도 일반적으로 성도들이 신경들을 암송하는 관습이 생기기 시작한다. 신경을 암송할 때, 동편을 바라보는 형식은 17세기로부터 생긴 듯하다. 초기 기독교 시대에는 세례를 받는 이들이 서편으로 돌아서서 사단을 저주하고 동편으로 돌아서서 그리스도를 고백하곤 하였다. 켈리(J. N. D. Kelly)의 『초대 기독교 신경들』(Early Christian Creeds, 1950)은 이 분야에 관한 가장 권위있는 작품이라 할 수 있다.

니케아에서 칼케돈까지

니케아 종교회의에서 아리우스주의자와 아타나시우스주의자들 사이의 분쟁이 종식된 것은 아니었다. 회의는 아리우스주의를 정죄하였는데, 그 후에도 수 십 년을 두고 황실은 시간을 따라 이편 저편을 지원하였다. 종교회의에서 파문된 아리우스는 2년 후 정통 신앙을 받아들였다는 주장을 통해 다시 황제에게 인정을 받았다. 그러나 328년 알렉산드리아 감독으로 임명된 아타나시우스는 콘스탄틴처럼 호락호락 넘어가지 않았으며, 다시는 아리우스를 알렉산드리아에 받아들이려고 하지 않았다. 이 문제를 근본적으로 어떻게 처리해야 할지를 몰랐던 콘스탄틴은 그 시간과 기분의 변화에 따라 이쪽 저쪽을 차례로 비난함으로써 오히려 진정한 그리스도인들의 통일성을 저해하는 요소가 된다. 특히 황제는 이 문제에 있어서 아타나시우스의 철두철미한 입장을 꺾을 수가 없었다. 아타나시우스는 무슨 대가를 치르고서라도 원칙을 지키고자 하는 인간이었으며, 반면 콘스탄틴은 어떤 대가를 지불하고서라도 교회 내의 평화를 유지하고자 하는 인물이다. 아타나시우스는 적들이 많은 인물이었는데, 멜리투스주의자들, 아리우스주의자들, 반 아리우스주의자들(Semi-Arians)등이 그를 상대로 힘을 모아 대적하였다. 그가 감독직에 선출될 때도 만장일치로 임명된 것은 아니었으며, 그 후에도 계속 그에게는 불법 성직임명, 뇌물 수수, 탐욕, 신성모독, 폭력, 살인 등, 심각한 혐의 들이 씌워졌다. 대부분의 혐의들은 수사를 통해 근거없음이 밝혀지게 된다. 그러나 콘스탄틴은 아타나시우스가 알렉산드리아에 남아있는 한 교회 내에 평화가 있을 수 없다고 판단하였으며, 335년 말 아타나시우스가 이집트로부터 콘스탄티노플로 가는 곡물 수송을 중단시키겠다는 협박을 받자 그를 곧 라인랜드(Rhineland)에 있는 트리에르(Trier)로 유배시켰다. 그러나 콘스탄틴은 아타나시우스의 감독직을 박탈하지는 않았으며, 대부분의 이집트 감독들과 신자들은 유배당한 메트로폴리탄(metropolitan)에게 충성을 지켰다.[1] 그들은 아타나시우스가 자리를 비운 뒤에도 아리우스와 교제하기를 거부한다. 아리우스는 콘스탄티노플로 돌아온지 얼마 안되어 그 곳에서 사망하였다. 그리고 아타나시우스는 337년 황제의 죽음 후 얼마 지나지 않아 유형지로부터 돌아왔다.

콘스탄틴이 죽은 후 그의 아들 콘스탄티우스(Constantius, 337~361)는 중도적 "반 아리우스"(Semi-Arian) 입장을 유지하고자 함으로써 오히려 불행한 결과를 낳았다. 다음 황제였던 배교자 쥴리안(Julian the Apostate, 361~363)은 전반적으로 기독교권을 약화시키고, 특히 정통신앙을 약화시키기 위한 교회 내의 분열을 조장시켰다. 아타나시우스는 콘스탄틴의 죽음 직후 복위된 후에도 4번이나 알렉산드리아의 그의 교구로부터 유배된다.[2] 그러나 381년 콘스탄티노플에서 개최된 제2차 세계 종교회의에서 니케아 신경이 제국 내의 유일한 합법적 종교로서 선포된다. 당시 동방의 황제이던 데오도시우스(Theodosius)는 널리 종교의 자유를 인정하고자 했던 콘스탄틴의 입장을 반대하였으며, 따라서 제국의 공식적 종교정책에 반항하는 자들은 종교적 치리 뿐만 아니라 세속적 권력으로부터의 박해를 감수해야만 했다.

콘스탄티노플 종교회의는 아폴리나리우스주의(Apollianarianism)로 알려진 이론을 정죄하였다. 이 교리는 성자와 성부 사이의 관계보다는 그리스도 자신의 위격 가운데 신적 측면과 인간적 측면 사이의 관계에 보다 큰 관심을 두고 있다. 즉 그리스도께서 하나님이신 동시에 인간이라는 것을 인정한

---

1) 메트로폴리탄(metropolitan)이란 같은 지방의 다른 감독들을 통솔하는 감독을 가리킨다. 이 칭호의 유래는 원래 각 지방의 주요 도시(메트로폴리스), 혹은 수도의 감독을 지칭한 데서 온 것이다. 이 직함은, 비록 완전히 동일한 것은 아니나, 대주교(대감독 <archbishop>)와 실제적으로 같은 것이라 볼 수 있다.
2) 337~381년간의 상황을 위해서는 제 33장을 보라.

다면 어떻게 그 안에서 하나님과 인간이 종합될 수 있겠는가 하는 것이 그들의 물음이다. 시리아 지방 라오디게아(Laodicea)의 감독이던 아폴리나리우스(Apollinarius)는 요한복음의 서두를 읽던 중 신적 말씀(Divine Word)이 인간의 육체를 취하여 자신(Himself)과 연합시켰으며, 이에 따라 이 새로운 인간 안에서는 신적 말씀 자신이 다른 평범한 인간에서는 이지적 지성이나 영혼이 차지하는 자리를 차지하였다고 결론지었다. 즉 아리우스가 그리스도를 가리켜 하나님보다는 약간 못하고, 인간보다는 보다 우위에 있다고 생각하였던 것에 반해, 아폴리나리우스는 그리스도께서 완전한 하나님이심을 인정하였는데 온전한 의미에서 인간이 아니었으니, 즉 그는 인간과 비슷했으나(like man) 진정한 인간(a man)은 아니라는 것이다. 이러한 입장은 곧 성육신(incarnation)의 진실성을 부인하는 행위라는 정당한 판단을 받았다. 역사적 그리스도의 진정하고도 완전한 인간이심을 부인하는 교리야말로 기독교 교리를 저해하는 가장 큰 요소 중 하나인 것이다. 아폴리나리우스주의는 어떤 의미에서는 옛날 가현설 이단의 재판이라 할 수도 있다. 이 이론은 콘스탄티노플에서 마지막 결정타를 받기 전에도 이미 362년에 알렉산드리아, 377년에 로마, 379년에 안디옥 등, 여러 지방에서 정죄된 바 있다. 그럼에도 불구하고 이 이단은 쉽사리 종식되지 않았다. 그 후에도 이러한 이단은 여러 번 나타났으며, 오늘날까지도 스스로 정통이라고 생각하는 그리스도인들이 쉽사리 빠져 들어가기 쉬운 이단이다.[3]

콘스탄티노플 종교회의는 단지 그리스도의 위격에 관한 교리를 다루었을 뿐만 아니라 또한 성령에 관한 문제도 취급하여 그를 하나님의 통일체 안에서 성부와 성자와 동일한 "위격"(person) – 혹은 "본체"(hypo-stasis)[4] – 라고 인정하여 이는 곧 "성부로부터 나왔다"고 정의하였다.[5] 이러한 성령에 관한 교리에의 관심은 그 후 반세기 동안 행해졌던 진지한 신학적 사고의 산물이다. 특별히 이러한 신학자들은 흔히 "갑바도기아인들"(Cappadocians)이라고 불리는 기독교 지도자들로서 갑바도기아 지방 가이사랴의 감독이던 바실(Basil, 329~379)과 그의 동생인 같은 지방 니사(Nyssa)의 감독 그레고리

---
3) 레이븐(C. E. Raven), *Apollinarianism* (1923)을 보라.
4) 이 hypostasis라는 단어는 헬라어 신약 히브리서 1:3에 나타나는데, 영어 성경들은 이를 "person"(AV), "substance"(RV), "nature"(RSV) 등으로 번역하였다.
5) 이는 성경 특유의 표현이다. cf. 요 15:26.

(Gregory, 335~395), 그리고 흔히 그가 살고 활동하였던 도시의 이름을 따서 나지안주스(Nazianzus)의 그레고리라고 불리는 또 다른 그레고리를 가리킨다.[6] 이들 세 사람의 신학자들은 니케아의 정통 신학을 신봉하는 동시에 오리겐의 사상에 정통한 학자들이다. 이들은 소아시아 지방의 많은 그리스도인들이 호모 우시오스(동일 본질, homoousios)라는 단어를 받아들일 때 느꼈던 저항감을 해소시켰으며, 하나님을 구성하는 하나의 정수(헬라어로 ousia, essence)와 이 한 정수(혹은 본질)가 구성하는 세 본체들(hypostases)사이를 주의깊게 구분함으로써 헬라어로 된 신학 용어들을 명료화시켰다. 이러한 구분은 당시로부터 약 150년 전 터툴리안이 하나님을 가리켜 세 위격(personae)들을 구성하는 하나의 본질(substantia)이라고 표현하였을 때 라틴어를 사용하는 그리스도인들에게 했던 정도의 공ㅎㄴ을 헬라어로 된 신학 용어들에 한 것이다.[7] 호모 우시오스라는 용어가 하나님에 관한 사벨리우스적 개념을 초래할 위험이 있다고 생각한 이들의 염려는 이제 사라지게 된다. 왜냐하면 갑바도기아인들이 사용한 니케아 교리는 사벨리우스적 교리를 완전히 배제시켰기 때문이다. "성령님"에 관한 소박한 니케아의 선포를 훨씬 더 정밀하게 부연할 수 있는 일단의 용어들이 마련된 셈이다. 그러나 바로 이 갑바도기아 교부들 자신들은 기독교 교리의 이 부분에 있어서 완전히 정통적이지만은 않았다는 의심을 받고 있었던 점은 특기할 만한 일이라 하겠다.

콘스탄티노플 회의 50년 후에 제 3차 세계 종교회의가 에베소(Ephesus)에서 개최된다. 이 회의에서도 두 개의 이단들이 더 정죄된다. 실제로 니케아 종교회의 이후에는 이단들에 대한 반응으로서 보편 교회는 보다 더 구체적이고 세밀하게 교회의 신앙을 정립해 나갔다. 또한 그 때 그 때 인간의 사고 방식에 기독교 신앙을 적응시키기 위한 시도들이 있었으나, 이러한 적응 행위들은 자세히 검토해 보건대, 신앙의 본질 그 자체와 기본적으로 일치하지 않음이 밝혀지곤 했다. 이는 당연한 일인지도 모른다. 왜냐하면 사람들이 그들의 신앙을 적응시키고자 하였던 각 시대의 사고방식들은 조만간 다시 변하

---

6) 이들은 이들보다 먼저 시대에 살았던 또 다른 그레고리 싸우마투르구스(Gregory Thaumaturgus: the "wonder-worker")와는 구별되어야 한다. 그레고리 싸우마투르구스는 오리겐(Origen)의 제자 가운데 가장 유명하고도 헌신적인 인물이었다(주후 268년경 사망).
7) 제26장을 보라.

기 마련이었으며, 이에 따라 맞추어진 "흔히 정당한 기독교라고 불리는" 적응책들은 이들과 함께 그 시대 감각을 상실한 신경들의 무더기 속으로 사라지게 마련이다.

431년의 에베소 종교회의에서 취급된 두 이단 학설들은 각각 펠라기우스(Pelagius)와 네스토리우스(Nestorius)의 이름을 따라 붙여졌는데, 전자는 서방, 후자는 동방 출신이다. 펠라기우스주의(Pelagianism)는 하나님에 대한 교리(神論, Doctrine of God)에 관한 것이 아니라 인간에 관한 교리(人論, Doctrine of Man)의 문제였으며, 이에 관해서는 다음 장에서 다루도록 한다.[8] 네스토리우스주의는 안디옥 신학파(Andioch school of theology)의 특색이 발전된 형태였다.[9] 안디옥인들은 그리스도께서 진정한 인간이심을 특히 강조하였는데, 당시의 풍조가 그리스도의 인성을 마치 허구인양 표현하였던 것을 생각하면 이것은 필요한 것이었는지도 모른다. 그러나 네스토리우스(그는 428년 콘스탄티노플 감독이 되었다) 및 그의 추종자들은 이를 강조한 나머지 그리스도께서는 마치 하나의 살아있는 의식 안에 존재하는 이중적 존재 - 신적 존재와 인간적 존재 - 인 것처럼 보이게 된다. 그러나 네스토리우스 신학의 건전성 여부를 조사하는 기준은 그다지 바람직한 것이 못 된다. 이는 과연 그가 주님의 어머니에게 테오토코스(theotokos)라는 명칭을 붙이는가의 여부였다. 테오토코스는 하나님을 낳은 자, 혹은 부연하여 정확하게 설명한다면 "하나님이신 어린 아이를 낳은 여인"이라는 헬라 합성어였다. 그리스도 안의 두 존재 사이를 구분하는 네스토리우스는 이 칭호가 마리아에게 합당한 것으로 받아들이기를 거부한다. 그는 마리아가 인성의 어머니인 것은 사실이나, 신성의 어머니는 될 수 없다고 주장한다.

물론 네스토리우스의 기독론과는 거리가 멀었던 많은 그리스도인들은 마리아를 테오토코스라고 부르기를 원치 않은 경우가 많았다. 왜냐하면 비록 정확한 의미는 아니나 일반인들은 이를 마치 "하나님의 어머니"(Mother of God)라고 해석하고 있었기 때문이다. 예를 들어, 현재의 개신교 정통 신자들도 마리아에게 이 칭호를 사용하지 않는다. 그러나 그녀에게 이 칭호를 허용하기를 거부하는 네스토리우스의 이유는 보다 이단적인 것이 분명하였다. 그

---

8) 제 34장을 보라.
9) 베튠-베이커(J. F. Bethune-Baker), *Nestorius and his Teaching* (1908)을 보라.

는 알렉산드리아의 감독 시릴(Cyril)과 로마 감독 카엘레스틴(Cælestine)의 배척을 받았다. 시릴의 반대 이유는 신학적일 뿐만 아니라 또한 정치적인 것으로 전해진다. 그는 자기 자신의 교구의 영향을 증가시키기 위해 콘스탄티노플 대주교를 공격할 수 있는 기회를 얻은 것을 심히 기뻐하였다 한다. 에베소 회의에서 네스토리우스주의가 정죄를 받은 후에도 시리아 기독교권 대부분은 이를 신봉하였으며, 그 다음 세기에 중앙아시아를 향해 대 선교운동을 벌였고, 이에 따라 중세 초에는 중국에까지 이르렀던 이들도 다름 아닌 네스토리우스파 그리스도인들이다.

네스토리우스주의와 정반대되는 이단은 콘스탄티노플의 수도사였던 유티케스(Eutiches)의 이름과 관련되어 있다. 유티케스주의자들은, 그리스도 안의 신성과 인성과의 관계를 강조하여 그를 이중적 존재로 만들었던 것과는 정반대로 양자 사이의 구분을 전혀 흐리게 함으로써 그리스도의 인성은 그의 신성과 연합하여 신화(deification)되었다고 주장한다. 네스토리우스주의가 안디옥 학파의 주장을 극대화시켰던 결과인 것처럼, "단성론"(monophysite)이라고 불린 이 교리(즉 단 하나의 본성을 주장하는 교리)도 역시 알렉산드리아 학파의 특성을 극대화시킨 결과라 볼 수 있다. 그러나 가장 유능한 단성론 신학자였던 세베루스(Severus)는 원래 안디옥 출신이다. 알렉산드리아의 시릴 자신은 단성론자는 아니었으나, 이들의 지도자 유티케스를 상당히 동정하고 있다. 유티케스는 시릴(444년에 사망)의 후계자 디오스코루스(Dioscorus)의 영향력을 힘입어 449년 에베소에서 개최된 지방회의에서 이단이 아니라는 판정을 받았다. 당시 로마 감독이던 대 레오(Leo the Great)는 이 회의를 가리켜 강도들의 모임이라고 불렀다. 이 문제는 451년 보스포루스(Bosporus)의 아시아 측 연안에 자리잡은 칼케돈(Chalcedon)에서 개최된 제4차 세계 회의에서 보다 자세하게 다루어지게 된다. 이 곳에서는 레오의 영향력이 그 힘을 발했는데, 그는 자신을 대신하여 5명의 사절들을 파견했으며, 이들이 회의를 주관하게 된다. 칼케돈에 모였던 성직자들은 당시로부터 2년 전 로마의 레오가 콘스탄티노플의 플라비안(Flavian)에게 보낸 바 있었으며, 이제 다시 회의석상에 제출된 편지에 기초하여 그 교리를 정립시켰다. 이들에 의해 정립된 교리는 그 후 기독교 전통을 이루는 모든 주류에 의해 그리스도의 위격에 관한 가장 권위있는 교리로서 받아들여지고 있다. 그 내용은 다음과 같다.

따라서 우리들 거룩하신 교부들을 좇아 동시에 완전한 하나님이시며, 또한 이지적 영혼과 육체로 구성되신 진정한 인간, 동일하시고 유일하신 아들 우리 주 예수 그리스도를 고백하도록 한 가지로 사람들에게 가르친다. 그는 그의 신성으로는 성부 하나님과 동일하신 본질인 동시에 그의 인성으로는 우리들과 동일한 본질이시며, 모든 면에서 우리들과 같으시나 죄는 없으시다. 그의 신성으로 하면 영원 이전 성부에 의해 나셨으며, 그의 인성으로 하면 하나님이신 그를 잉태한 동정녀 마리아에게서 우리들과 우리의 구원을 위해 태어나셨다. 그 분은 한 분이시며, 동일하신 그리스도로 성자 주님 독생자이시다. 그는 혼란 없이, 변화 없이, 분열 없이, 분리 없이 두 가지 성격을 지니고 계시다. 그러나 성격들의 구분은 그들의 연합을 통해 소멸되지 않았으며, 두 성격의 원형들은 보존되어 하나의 위격과 본체를 형성하였는데, 두 위격으로 분리되고 나누어진 것이 아니라 한 분이시며 동일하신, 성자이시자 하나님의 독생자, 진리의 말씀이신 주 예수 그리스도이시다. 오래 전부터 선지자들이 그에 관해 이렇게 말하였으며, 우리 주 예수 그리스도께서 이렇게 가르치셨고, 교부들의 신앙도 이처럼 우리들에게 전수된다.

일부 역사신학을 특별히 연구한 이들을 제외하고는 이러한 정의에 사용된 기술적 용어들이 현대인들에게는 이상하고 생소하게 들릴 것이다. 여기 사용된 용어들은 대부분 당시의 상황 아래서 헬라의 형이상학으로부터 추출된 것들이다. 오늘날 상당한 교육을 받은 남녀들이 쉽게 알아들을 수 있는 용어로서 우리와 동일한 교훈을 다시 표현하는 것도 흥미로운 작업이리라. 지금이나 옛날을 막론하고 일반 그리스도인들은 그리스도를 통하여 하나님을 예배하였으며, 구태여 정확한 정의만을 찾기 위해 노력하지는 않았다. 그러나 우리들의 지적 본능은 누군가가 능력이 닿는 한 우리들이 과연 그리스도에 관해 무엇을 실제로 믿고 있는가에 관해 이지적이고 논리적인 용어로써 표현해 주기를 요구하는 것이다.

우리들의 이러한 조심스런 용어들을 통해 어떠한 이단적 경향들을 구체적으로 배제시키고자 했는지 파악하지 않고는 칼케돈 공포 뿐 아니라 또 다른 기독교 회의에서 선포된 고백들을 진실로 이해할 수는 없다. 또한 이러한 이단들과 이단적 경향들은 무엇보다도 우선 지적으로(intellectually) 건전하지 못한 것들이다. 만약 이들 지적으로 건전치 못한 것들이 단 하나라도 보편 교회 안에서 최종적으로 인정을 받았다면 기독교의 생존력은 크게 약화되었을 것이다. 따라서 아리우스주의에 관한 베리의 언급은 다른 이단들에 대해서도 똑같이 적용될 수 있었는데 이들의 승리는 곧 미성숙 상태의 기독교가 소실될 것을 의미한다.

칼케돈에 미친 교황의 영향력과 직접 회의에 참석하여 알렉산드리아 대신 콘스탄티노플 교구의 위치를 보다 고양시키고자 했던 마르시안 황제(Emperor Marcian)의 모습을 생각해 본다면, "칼케돈 회의의 정의는 황제의 권위에 의지하여 동방 교회에 강요된 로마의 신앙 형식"이라는 포크스 잭슨(Foakes Jackson)의 지적은 역사적으로 정확할는지 모른다.[10] 우리가 아는 바대로 칼케돈 회의의 여정에도 불구하고 단성론적 견해는 계속 이집트 교회 안에서 남아 있었으며, 이들은 결국 정통 기독교권으로 병합되었다(콥틱교회<Coptic Church>와 에디오피아교회<Ethiopic Church>는 오늘날까지 단성론을 좇고 있다). 그러나 건전하고도 그 통찰력이 뛰어난 워필드(B. B. Warfield) 박사는 칼케돈 회의에 관해 다음과 같이 평가하였다. "칼케돈에서의 정립은 그리스도의 위격에 관한 교리에 있어서 가장 권위있는 선언으로 남아있을 만한 가치가 있다. 왜냐하면 이 정립은 성경의 자료와 성육신이 시사하는 바, 구속의 필요와 종교적 열정을 요구, 그리고 주님의 위격에 관한 구체적 교리의 논리성을 동시에 충족시켜 주기 때문이다.[11]

기독교 초기에 발생하였던 각종 이단들은 결단코 옛날만의 사건이 아니다. 이들은 세대의 변화를 따라 또 다른 모습으로서 다시 나타나곤 하였다. 도로시 세이어즈 양(Miss Dorothy Sayers)이 강조하였던 바대로, "이들은 주로 여러 가지 우주의 문제들이 그의 일상생활과 사고방식에 영향을 미치기 시작했을 때 교육을 받지 못한 평범한 인간이 이를 해결하고자 함으로써 나타난 의견의 표현이라 볼 수 있다."[12] 우리들은 오늘날 여러 가지 문제들과 개념들을 표현하기 위해 5세기에는 존재하지 않았던 어휘들을 가지고 있다. 따

---

10) 포크스 잭슨(F. J. Foakes Jackson), *History of the Christian Church* (1914), 474.
11) 워필드(B. B. Warfield), *The Person and Work of Christ* (1914), 474.
12) 세이어즈(D. L. Sayers), *Creed or Chaos?* (1947), 35.

라서 마치 칼케돈 회의가 오색찬연한 표현을 통해 명백하게 배제하고자 하였던 고전적 이단들을 현대적 표현들을 통해 다시 재천명함으로써, 기본적 기독교 신앙과 교리를 밝히는 것이 필요할지도 모른다. 또한 이런 재천명은(세이어즈 양의 말을 다시 인용하면) "전문적 신학 용어들이 아무런 의미를 갖지 못하는 평범한 이교도들에게도 명백한 의미를 줄 수 있는 것이어야 한다."13) 또한 이러한 재진술이 칼케돈 종교회의가 행하였던 5세기의 헬라어를 오늘날 설명되는 숙어로서 다시 번역한 것 이상이라면 이는 또한 놀랄만한 일이 될 것이다.

우리들은 더 이상 다른 세계 종교회의들의 행방을 추적할 필요가 없을 듯하다. 동서방 교회를 망라하였던 또 다른 세계 교회회의들이 있었는데, 이들은 곧 제2, 제 3차 콘스탄티노플 종교회의(553년과 680년), 그리고 제2차 니케아 종교회의(787년) 등이다. 그러나 우리들이 다루는 기독교 교리의 발전적 역사에 관한 조망을 위해서는 칼케돈으로서 일단 종지부를 찍는 것이 좋을 듯하다.14)

---

13) *op. cit.*, 37.
14) 셀러스(R. V. Sellers), *The Council of Chalcedon* (1953).

제33장

제국의 몰락

비록 당시 콘스탄티노플과 알렉산드리아에서는 일반 시민들까지도 지대한 관심을 가지고 성삼위 중 제2위격에 나타난 신성과 인성의 결합을 토론하였 겠지만, 현재의 많은 독자들에게 있어서 각종 신경들과 종교회의들의 역사는 단지 무미건조한 것에 지나지 않는 것인지도 모른다. 그러나 물론 교회의 역사들 가운데는 보다 단조로운 것들이 있는 반면 또한 보다 흥미진진한 사건들이 있기 마련이다. 또한 "교회의 역사들 가운데 많은 부분은… 실제로는 별로 덕이 되지도 않는 세상 역사의 일부분이다"라고 한 잉게 박사(W. R. Inge)의 판단은 일리가 있는 것이다.[1] 또한 이 장의 대부분은 별로 흥미있다고 볼 수 없는 부분에 할애되어야 하는데, 이는 우리들이 다루고자 하는 주제의 배경에 해당할 뿐 아니라 또한 전체 로마 제국의 기독교화(이는 우리가 이제까지 다루었던 부분들이다)와 특히 브리튼 제도(British Isles)의 기독교화(제 3부의 후반부에서 다룰 문제이다) 사이의 관계를 잇는 중요한 연결점이 되기 때문이다.

그러나 우리들은 이러한 배경에 주의를 기울일 때도 기독교의 진정한 사역은 로마 국경 안에서 뿐만 아니라 그 밖에서도 계속되고 있음을 명심하여야 한다. 포크스 잭슨 박사(Dr. Foakes Jackson)는 이 상황을 다음과 같이 요약하고 있다.

---

1) 잉게(W. R. Inge), *Things New and Old* (1933), 58.

남부 아라비아에 대규모의 기독교 공동체들이 성립되었고, 이집트 그리스도인들의 열심에 의해 북아프리카 내부의 깊숙한 지방들과 리비아인들과 블레멘인(Blemmyes)들 사이에서도 교회가 건설된 것을 볼 때, 제 5세기보다는 제 6세기에 로마 국경을 건넌 로마 국경 밖의 교회의 성장이 보다 급속했음을 알 수 있다. 이 밖에도 네스토리우스 교도들의 대규모 전도활동을 기억해야 할 것이니, 이들 용감한 전도자들은 아시아를 건너 중국 안에까지 복음을 전하고 교회를 건설하였던 것이다. 5, 6세기의 교회가 심혈을 기울여 전 세계의 복음화에 노력한 것에 비해 그 성과는 별로 없었던 듯이 보인다. 또한 그 엄격하고 흠없는 생활로 인하여 사막에 거주하는 야만족들에게 심대한 영향을 미쳤던 수도사들과 은자들의 모습도 간과할 수 없다. 당시의 무미건조하고 아무런 유익도 없던 논쟁들을 연구하다 보면 세계 전역에서 보여주었던 교회의 놀랄만한 활기와 정열을 망각하기 쉽다. 만약 선교에의 열정이 교회생활의 산 증거라 한다면 기독교회가 제 5세기 말보다 더 생기에 넘친 적도 드물었다.

주후 461년에는 아르메니아(Armenia), 이베리아(Iberia), 메소포타미아, 페르시아, 그리고 에디오피아에 활발한 교회들이 존재하고 있다. 또한 제국 영토 내에 귀속된 적이 없는 사하라(Sahara), 아일랜드(Ireland) 등에도 복음이 전파되어 로마 교회의 한 부분을 이루었다. 또한 기독교는 로마인들이 지키기만 하기에도 힘겨워 했던 하드리안의 성벽(wall of Hadrian)을 뛰어 넘어 전파된다. 브리튼을 점령하였던 침략자들의 강한 무리도 인간의 눈으로 볼 때 가냘프기만 했던 그리스도인들의 가지를 꺾을 수는 없었다. 우리가 그 이름조차도 알 수 없는 선교사들에 의해 고올 지방과 이탈리아 지방, 스페인과 아프리카에 침입한 모든 침략자들은 모두 그리스도의 이름을 들었다. 로마는 비록 야만족들의 수중에 떨어졌으나, 이들 야만족들은 이미 그리스도인들이었다. 이미 시리아어, 에디오피아어, 아르메니아어, 고트어, 콥틱어 등을 통해 그리스도의 이름이 찬양되었으며, 다름아닌 선교사들이 복음을 전하기 위해 제작하였던 알파벳들로 복음이 번역된다. 황제가 그 권위를 강요할 수 없었다. 니케아와 에베소와 칼케돈에 모여든 교회 대표들의 존재야말로 그리스도가 단지 로마인뿐만 아니라 전 세계 인류들을 구원하셨음을

보여주는 증거라 할 수 있다.2)

콘스탄틴 이후의 모든 로마 황제들은 최소한 형식적으로나마 기독교 신앙을 고백하였으며, 그중 유일한 예외는 배교자 쥴리안(Julian the Apostate)이라 할 수 있다. 이들은 모두 교회의 고유한 문제들을 좌우하고자 했던 콘스탄틴의 정책을 계속하였는데, 이들에 의한 결과는 콘스탄틴 시대보다도 더 불행한 것이다. 아타나시우스주의자들(Athanasians)과 아리우스주의자들(Arians) 사이의 투쟁은 381년까지 계속되었으며, 그때 그때 황실의 지원을 받는 측이 주도권을 쟁취하곤 하였다.3) 콘스탄틴의 죽음과 함께 제국 영토는 그의 아들들에 의해 삼분된다. 그러나 이들 가운데 마지막 생존자였던 콘스탄티우스(constantius)가 353년 이를 다시 혼자 통치하였다. 아마도 진리는 양극단들의 가운데 존재한다고 생각한 것으로 보이는 콘스탄티우스는 아리우스 논쟁에 있어서 흔히 반 아리우스주의(semi-Arian)라 불리는 입장을 취하였다. 그러나 사실 진리가 양극단의 한가운데 존재한 적은 별로 없는 것이다. 그는 이러한 중도적 입장으로부터 그때 그때의 상황과 형편에 따라 교회의 다수를 점한 당파를 인정하는 것이 교회 안의 연합을 이룩하며, 교회와 제국 사이의 화평을 성취하는 최선의 방책이라고 생각한 듯하다. 뉴만 추기경(Cardina Newman)은 이러한 입장을 다음과 같이 논평하고 있다. "그는 이처럼 진리와 오류 사이의 모호한 중심부에 자리 잡고, 논쟁에 관련된 모든 당파들을 차례차례 유배시켰으며, 자기 자신을 지지하는 자들까지도 예외를 두지 않았다. 그는 이러한 입장 때문에 진정한 진리를 포함하고 있는 신경만을 제외한 모든 신조들을 인정할 수밖에 없었다"4)(물론 뉴만은 니케아 신경을 진리로서 인정하고 있다).

따라서 당시의 논쟁에서 어느 편에 섰던가를 막론하고 교회 지도자들 가운데 이러한 형제의 정책을 찬성한 이는 거의 없었으며, 특히 아타나시우스 같

---

2) 잭슨(F. J. Foakes Jackson), *History of the Christian Church to A.D. 461*(1914), 564f. 이 시대의 선교활동에 관해 보다 자세히 알기 위해서는 라투레트(K. S. Latourette), *History of the Expansion of Christianity*, I(1938), 171ff, II (1939), 1ff를 보라.
3) 그린스레이드(S. L. Greenslade), *Church and State from Constantine to Theodosius* (1954)를 보라.
4) 뉴먼(J. H. Newman), *The Arians in the Fourth Century* (3rd edn., 1871), 297

은 자의 경우에는 이를 인정할 리 만무하였다. 아타나시우스 사전에 타협이란 단어는 없었으며, 그는 자기가 니케아에서 주장한 입장에서 벗어나는 그 어느 이론도 용납할 수가 없었다. 그러나 아타나시우스는 또 다른 면들에 있어서도 타협을 불사할 수 없는 인물이었으므로 이에 따라 우리들이 이미 언급한 바와 같이 많은 적을 가질 수밖에 없었다. 그의 개인적 적수들과 교회 내의 반대자들은 콘스탄티우스의 정책에 반대하는 아타나시우스의 입장을 악용하기에 결코 게으르지 않았다. 그는 이에 따라 콘스탄틴의 제위 말기에 유배에서 돌아온 직후 다시 유형의 길을 떠나야 했다. 그는 콘스탄티우스가 동방에서의 황제였던 339년부터 346년까지 서방으로 유배되었으며, 그 후 10년간 알렉산드리아 교구에 복원되었다가 356년에 이집트 상부의 사막으로 피신해야만 했고, 거기서 콘스탄티우스의 죽음을 기다려야만 했다. 아무런 원칙도 없이 사리사욕만을 쫓는 갑바도기아의 죠지(George of Cappadocia)가 한동안 (356~361) 그의 교구를 차지하였다. 죠지는 아리우스주의자로서 깁본(Gibbon)이라는 역사가가 잉들랜드의 수호신이라고 생각했던 인물이기도 했다.5)

그러나 모든 교회의 지도자들이 아타나시우스 만큼이나 단호한 성품을 지닌 것은 아니었다. 아타나시우스는 영적 귀족이었지는 모르나, 그는 또한 원칙에 생사를 거는 인물이다. 그는 자기의 입장이 무엇인지를 잘 몰랐으며, 어떠한 대가를 치루고서라도 이를 지키려고 하였는데, 곧 "세계에 홀로 저항하는 아타나시우스"(Athanasius against the world)였다. 서방 교회에서 니케아 정통주의를 수호하였던 지도자들 가운데 하나였던 포이티에르(Poitiers)의 주교 힐라리 역시 356년 그의 교구를 떠나 프리기아 지방으로 유배된다. 로마 감독 리비리우스 역시 다음 해에 유배 유형의 길을 걸었다. 그러나 다른 이들 – 이제100세에 가까웠던 콘스탄틴의 종교 고문 코르도바의 호시우스를 포함하여 – 은 보다 강력한 힘에 못이겨 니케아 회의의 입장이 옳다는 그들의 확신에도 불구하고 반 아리우스적 입장에 서명하지 않으면 안 된다. 또한 이러한 황제의 정책을 이용하여 자기들의 개인적 영달의 기회를 잡고 자기들과 의견을 달리하는 자들을 핍박하는 자들도 속출하였다. 359년까지의 여러 종

---

5) 깁본(E. Gibbon), Decline and Fall of the Roman Empire(1774~94), chapter 23. St. George of England는 아마도 디오클레티안(Diocletian)의 박해 중 순교한 Palestine 지방 Lydda 출신의 한 인물과 동일시 될 수 있을 것이다(303).

교회의들을 통해 서방의 감독들은 북부 이탈리아에 소재한 리미니(Rimini, 혹은<Ariminum>)에서 혹은 동방의 감독들은 길리기아 지방의 셀루키아(Seleucia)에서 황제가 강요하는 중도적 입장에 동의하였다. 아타나시우스주의적 입장에서 볼 때, 이러한 신앙 고백문들은 호모 우시오스(homoousios, 동일본질)라는 단어를 삭제하고 아리우스주의적 입장으로 해석될 수 있는 용어들을 사용함으로써 정통성을 포기하였던 것이다. 마치, 제롬이 리미니 종교회의에 관해, 후세에 묘사하였듯이, "자기의 입장이 다시 아리우스주의자임을 발견하고 전 세계가 신음하였다."[6]

제4세기의 중반이야말로 비열하기 짝이 없는 모습을 우리에게 보여주고 있다. 이 시대 일부 성직자들의 더러운 행동에도 불구하고 기독교가 계속 살아남은 것만도 놀라운 일이라 할 수 있을 정도이다. 최근의 한 저자는 이 시대를 가리켜, "추악한 4세기"라고 부르고 있다. 그는 말하기를, "제4세기야말로 우리가 다루어야 하는 황량하고 추악한 시대이다. 국제 연맹이나 U.N.O. 혹은 안전보장의 권모술수들을 보면서 자라난 독자들은 바로 현재의 총회들, 평화선언문들, 혹은 입장이 다른 자들을 추방시키는 책략이 당시와 다를 바 없음을 알 것이다."[7]

콘스탄티우스는 361년에 사망하였으며, 그에 의해 시저의 직함을 가지고 서방의 제국 군대를 통솔하도록 지명되었던 조카 쥴리안(Julian)이 그 뒤를 이었다. 쥴리안은 유능한 전략가였으며, 실제로 고올 – 로마의 추종자들은 콘스탄티우스가 죽기 얼마 전 서방의 통수권을 그에게 부여했다. 콘스탄티우스가 사망하자 제국 전체 국민들은 아무런 이유 없이 쥴리안을 그의 후계자로 맞아들였다.

쥴리안은 원래 콘스탄티우스의 궁정에서 기독교인으로서 양육되었으나, 일단 제국의 주권을 차지하자 기독교 신앙을 저버리고 자기 자신은 네오 플라톤주의의 입장에서 해석된 그 옛날 로마의 이교도주의를 숭배하는 인물임을 선언하였다. 그는 이 때문에 역사 가운데 "배교자"(the Apostate)라는 이름으로 기록되어 있다. 그러나 쥴리안처럼 사변적이고 세련된 인물의 눈으로

---

6) 제롬(Jerome), *Against the Followers of Lucifer*, 19.
7) 던스턴(G. R. Dunstan), *Theology*, Nov. 1950, 438f., 이는 팔렝큐(J. R. Palanque) 등의 저서 *The Church in the Christian Roman Empire*를 review한 것이다.

볼 때, 왕위를 차지하기 위해 온갖 권모술수와 책략을 사양치 않는 그의 친척들이 보여주었던 기독교 신앙의 모습은 그다지 대수롭지 않은 것임을 부인할 수 없겠다. 그러나 그 옛날 이교주의(paganism)를 재생시키고자 하는 노력은 처음부터 실패가 뻔한 것이다. 이는 마치 시체를 다시 살려내려고 하는 행위와 다를 바 없었다.

쥴리안 치하에서 그리스도인들은 그 이전의 50년 동안 받았던 갖가지 특혜들을 상실하였으며, 각종 제약에 시달리게 된다. 그는 교회 내의 서로 의견을 달리하는 당파들에 대해 엄정 중립을 지킴으로써 이들이 서로 싸우다 제풀에 지쳐 죽기를 바라고 있다. 아타나시우스가 다시 알렉산드리아에 귀환하도록 허락하였는데, 아타나시우스는 물론 쥴리안의 선임자들의 아래에서와 마찬가지로 쥴리안 아래에서도 꺾이지 않는 자기의 입장을 고수하였으므로 또 다시 유형의 길을 떠나야만 했다. 그리스도인들에게는 헬라 및 라틴 고전을 가르치지 못하도록 금지시켰는데, 그 이유는 근본적으로 종교적 입장이 다른 문학 작품들을 이들이 해석하는 것은 논리상 모순된다고 하는 것이다. 그러나 당시의 이교도 학자들도 헬라 및 로마에 나타나는 신들을 찬동하지 않는 것은 마찬가지였다. 이 때문에 학교에서 쫓겨난 뛰어난 웅변술 교수 가운데 하나인 아프리카에서 출생한 마리우스 빅토리누스(Marius Victorinus)가 있다. 그는 353년 그가 아직 살아있는 동안에 로마의 광장에 동상이 섰을 정도로 큰 인기를 누렸다.[8] 이러한 영예를 누린 1, 2년 후, 그가 55세 되었을 때 기독교로 개종하였다. 어거스틴은 자기 자신이 기독교로 개종하기 얼마 전 그의 개종에 관한 이야기를 듣고 깊은 인상을 받았다. 빅토리누스에 관한 어거스틴의 관심은 클 수밖에 없었던 것인데, 왜냐하면 어거스틴이 처음 플로티누스(Plotinus)와 폴리피(Porphyry) 등 네오 플라톤주의적 철학자들에 관해 읽은 것이 바로 빅토리누스의 라틴어 번역판을 통해서였기 때문이다. 어거스틴은 자기가 들은 바 빅토리누스의 개종에 관한 이야기를 그의 『고백록』(Confessions)의 제8권에 기록하였다.[9]

어쨌든 쥴리안의 제위 기간은 극히 짧은 것이다. 그는 363년 페르시아에 대항해 싸우다가 제국의 동부 국경선에서 사망하였다. (전통적으로 전해지는 것

---

8) *The Evangelical Quarterly*, April 1946, 132ff에 실린 저자의 논문 "Marius Victorinus and his Works"를 보라.

9) 어거스틴(Augustine), *Confessions*, VIII, 2:3.

처럼) 그의 마지막 말이 "갈릴리인이여, 네가 이겼다!"(You have won, Galilæan) 라는 증거는 남아있지 않다. 그러나 비록 쥴리안이 이 용어들을 사용하였다면 그가 의미하였을 것과 같은 뜻에서는 아니나, 갈릴리인(이것이 예수님을 지칭하는 쥴리안의 용어였다)은 실제로 승리하였다.

그 후계자였던 늙은 장수 죠비안(Jovian)은 페르시아인들과의 일시적 휴전을 성립시킨 후(페르시아는 이를 통해 상당한 영토의 확장을 이룩하였다), 곧 사망하였다. 그러자 군대는 또 다른 장수 발렌티니안(Valentinian, 364~375)을 후계자로 선출하였다. 발렌티니안은 더 이상 제국 전체를 한 사람이 다스리기가 불가능한 것을 간파하고 그의 동생 발렌스(Valens)에게 동방을 맡기고(364~378), 자신은 제국 서부를 통치하였다. 발렌티니안은 비록 자신은 니케아 회의에 따른 정통 신학을 고백하였는데, 교회에 대한 관계에 있어서는 엄정 중립 노선을 취하였다. 그러나 발렌스는 그 성격이 보다 약한 인물로서 흔히 아리우스파의 도구로 이용된다. 아타나시우스는 그의 통치 기간 중 5번째이자 마지막인 유형 길을 떠나야만 했다. 그러나 이 때의 유형은 겨우 4개월에 불과한 것이었으며, 그 후 그는 다시 돌아와 생애의 남은 7년간을 감독으로 지내다가 373년 사망하였다.

한편 다뉴브(Danube) 국경이 크게 위협을 받고 있었다. 아시아의 초원으로부터 몰려온 유목민족 가운데 하나였던 흉노족(The Huns)[10]등은 그 이전에도 가끔 유럽에 침입해 왔었으나, 이제 본격적으로 게르만 민족들에게 압력을 가해, 이들을 라인과 다뉴브 강을 향해 서쪽과 남쪽으로 이동하도록 만들었다. 이들 게르만 민족들 가운데 하나로서 발틱 해와 다뉴브 강 사이에 거주하고 있던 고트 부족 연맹은 원래 로마 제국과 공식적으로 동맹을 맺고 있었다. 그러나 이들의 상황은 너무도 급박하여 발렌스에게 원조를 청하였고, 발렌스는 이에 따라 그들로 하여금 다뉴브 강을 건너 그가 지정한 지역에 정착하도록 시적하였다.

물론 이들이 다뉴브 강에 처음 정착한 고트족은 아니었다. 이보다 일찍 정착한 자들은 흔히 고트족들의 사도(the apostle of the Goths)라고 불리는 울피라스(Ulfilas)와 밀접한 관련을 맺고 있다.

---

10) 톰슨(E. A Thompson), *Attila and the Huns* (1948) ; 알테임(F. Altheim), *Attila und die Hunnen* (1951)등을 보라.

울피라스는 267년 소아시아 지방에서 고트족에 의해 포로로 잡혀간 갑바도기아 출신 기독교 가정에서 출생하였다. 그는 311년에 출생하여 고트족들 가운데서 성장하였다. 그의 이름 자체도 고트어로 "작은 늑대"(little wolf)라는 의미이다. 그는 332년 콘스탄티노플에 온 사절단의 일원으로서 그 곳에서 9년간 거주하였다. 그는 341년 다뉴브 강 북쪽 고트족의 감독으로서 임명을 받았다. 이는 당시에 이미 고트족들 가운데 그리스도인들이 존재하였음을 시사하는 것이다. 왜냐하면 감독의 대상이 되는 기독교 공동체가 존재하기 이전에는 이들을 위한 감독들을(혹은 주교) 임명하지 않았기 때문이다. 실제로 325년 니케아 신경에 서명을 한 인물들 중 하나는 고트족들의 감독이던 데오필루스(Theophilus)이다. 그러나 그에 관해서는 거의 알려진 바가 없으며, 고트족들 사이에 처음 기독교가 어떻게 퍼졌는지에 대해서도 거의 남아있는 기록이 없다. 울피라스는 바로 이 데오필루스의 제자였을 가능성도 있다. 그러나 만약 그렇다면 그는 그의 스승의 니케아 정통 신앙을 계승하지 않은 셈이 된다. 왜냐하면 그는 아리우스주의를 추종하였기 때문이다.

그는 341년부터 348년까지 다시아(현재의 루마니아, Dacia)에 거주하는 고트족들 가운데서 열렬한 전도활동을 행한다. 그 결과 많은 숫자가 그의 설교를 통해 기독교로 개종하였다. 그러나 다른 많은 고트족들은 이러한 선교가 고트족들을 로마의 종교 뿐 아니라 로마의 정치 아래 묶어두고자 하는 계산된 술책으로 보았다. 그로 말미암아 고트족 그리스도인들은 심한 핍박을 받았으므로, 348년 울피라스는 자신과 자신을 따르는 신도들이 모에시아(현재의 불가리아, Moesia)지방인 다뉴브 강의 남부에 정착할 수 있도록 청원하여 허락을 받았다. 그는 이 곳에서 383년에 죽기까지 계속해서 감독의 일을 수행한다.

울피라스의 가장 뛰어난 업적은 성경을 고트어로 번역한 것이라 할 수 있는데, 이는 게르만어로 된 최초의 저술이라 일컬어진다. 그는 이 작업을 위해 우선 문자부터 만들지 않으면 안 되었다. 그는 이를 위해 헬라어 대문자들을 주로 사용하였으며, 필요에 따라 고트족 특유의 문자와 라틴 철자들을 채용하였다. 울피라스의 사망 당시 15세쯤 되었던 아리우스주의 역사가 필로스토르기우스(Philostorgius)[11]는 울피라스가 사무엘서와 열왕기 등은 번역하지 않았다고 전한다. 왜냐하면 고트족들은 이러한 전쟁담들 없이도 전쟁을

---

11) 필로스톨기우스(Philostorgius), *Hist. Eccl.*, II, 5.

지나치게 즐긴다는 것이 그의 설명이다. 그런데 이보다도 울피라스가 그의 번역을 완성하기 전에 사망한 것처럼 추정되며, 그는 성경들 중 이 부분이 그의 초신자들에게 기독교적 은혜를 주입시키는데 있어서 별로 중요하지 않다고 판단되었기 때문에 마지막으로 미루었던 것 같다.

그러나 다뉴브 강 남쪽에 쏟아져 들어온 고트족들의 숫자가 너무 많았기 때문에 발렌스가 이들에게 퇴거를 명령하자 반란이 발생한다. 고트족들과 제국 군대의 결전은 378년 아드리아노플(Adrianople)에서 벌어졌으며, 이 전투에서 로마군은 대패하고 발렌스 자신도 사망하였다.

한편 서부 제국 역시 국경 분쟁으로 골치를 앓고 있었다. 발렌티니안은 흉노족들로부터의 압력에 못 이겨 라인 강을 건너고자 하던 프랑크족들(Franks)과 알레마니족들(Alemanni), 게르만 부족들을 막아내기에 최선을 다하고 있었다. 그는 375년 장남 그라티안(Gratian)에게 제국을 남겨주고 사망할 때까지 이 문제로 번민하였다. 그라티안은 이교도들과 그리스도인들을 막론하고 옛날 로마교의 공식적 수장으로서 그의 전임자들이 가졌던 대사제(폰티펙스 막시무스<Pontifex Maximus>)라는 칭호를 거부한 최초의 기독교인 황제이다. 황제들 뿐 아니라 로마 감독들도 이와 같은 칭호를 사용하였는데, 양자간에 공식적 연결성은 없다. 따라서 그라티안이 이 칭호를 포기한 후 로마 감독들은 다른 감독들에 비교한 자기들의 상대적 우월성을 시사하는 편리한 술어로서 이 칭호를 채용하였다. 그러나 이 칭호를 로마 감독에게 최초로 사용한 것은 218년경 집필된 터툴리안의 작품『정결에 관하여』(On Chastity)에서 찾아볼 수 있다. 이 작품은 칼리스투스 교황(Pope Calistus)에 의해 선포된 "독단적 칙령"에 대한 공격으로 시작되는데, 터툴리안은 칼리스투스를 가리켜, "어이없게도 지존의 교황을 자칭하는 자, 다시 말해서 감독들의 감독이라는 인물"이라고 신랄하게 야유하고 있다.[12]

발칸 반도에서 고트 전쟁(Gothic war)이 벌어졌을 때, 발렌스는 그라티안에게 긴급 구원을 요청하였다. 그러나 그라티안 자신이 알레마니에서의 전투 중에 있었으므로 원군을 보낼 수 없었다. 그가 고트족들을 물리쳤을 때, 발렌스는 이미 아드리아노플의 전투에서 참패, 전사한 후였다. 그라티안은 현직 브리튼군 사령관의 아들 테오도시우스(Theodosius)를 동부 황제로 임명하

---

12) 제19장을 보라.

는 지혜를 보였다. 바로 이 테오도시우스 제위 기간 중, 우리가 이미 살펴본 콘스탄티노플 종교회의가 개최된다. 또한 거의 테오도시우스야 말로 니케아 신조가 정의하는 기독교를 로마 제국의 국교로 수립한 인물이다. 그 이후에는 모든 종교들에게 자유를 인정한다는 밀란 정책(Milan policy)을 더 이상 들어볼 수 없다.

테오도시우스는 즉각 발칸 반도의 고트족 문제 해결에 나서서, 이를 전쟁 대신 외교를 통해 해결하였다. 그는 그 후 상당 기간 계속된 평화를 수립하였으며, 고트족들을 제국군대로 징집함으로써 이들의 호전적 혈기의 배출구를 마련해 주었다. 그러나 이 문제를 해결하자마자 그는 서방 제국의 수습에 나서야만 했다.

383년 브리튼에 주둔한 군대는 그라티안에 대한 충성을 저버리고 그들의 사령관인 스페인 출신의 마그누스 막시무스(Magnus Maximus)를 황제로 옹립하였다. 막시무스는 고올 지방으로 침입해 들어왔으며, 당시 파리(Paris)에 머물던 그라티안은 리용으로 도망갔다가 그 곳에서 암살당하고 말았다. 막시무스는 테오도시우스에게 사신을 보내어 자기가 그라티안의 암살에 아무런 책임이 없다고 주장하면서, 테오도시우스가 그의 황제의 위를 인정해 주도록 요청하였다. 테오도시우스는 정치적으로 볼 때, 그 요청을 승낙하는 것이 지혜롭다고 판단하였는데, 단지 발렌티니안이 후처 유스티나(Justina)에게서 낳은 발렌티니안 2세(Valentinian II)를 계속 이탈리아와 아프리카의 황제로서 인정해 주도록 요청하였다(발렌티니안의 모친 유스티나가 밀란을 수도로 삼고 섭정직을 맡음).

그 후 4년간 막시무스는 서부 제국의 황제로 군림하였다. 그의 제위기간 중 기독교인의 입장에서 가장 중요한 사건은 프리스킬리안주의자들의 진압이라 할 수 있다. 이들은 스페인 출신의 기독교인 프리스킬리안(Priscillian)의 추종자들로서 스스로를 가리켜 "그리스도의 시민"(People of Christ)이리고 불렀던 바, 형제단(Society of Friends)의 제4세기 판이라 할 수 있다. 프리스킬리안은 380년 직전 아빌라(Avila)에서 감독에 임명된다. 그와 그 추종자들이 마니교를 숭배하고,[13] 마술을 행한다는 혐의가 씌워졌었으나, 1886년에 발견된 진본 프리스킬리안주의자들의 저술들을 통해 우리들은 보다 진정한 그들의

---

13) 제29장을 보라.

모습을 찾아볼 수 있다. 프리스킬리안주의자들의 기원과 그 구체적 이론들이 어떠했는가를 막론하고, 그들이 금욕적이고 헌신적인 일단의 지성인들이었다는 것은 의심의 여지가 없다."14) 이들은 곧 뛰어난 시적, 문학적 재능을 부여받은 소 지식인 계급들(little intelligensia)이다. 실제로 서방 교회는 "하나님의 말씀에 의한 개혁"(reformation according to the word of God)이라는 영원불변의 원칙을 고수하였던 프리스킬리안주의자들의 특수한 신앙 형태에 대해 보다 존경을 표현했더라면 바람직했을 것이다. 그러나 다른 스페인 감독들은 이들에 대항한 반대 여론을 조성하여, 383년의 보르도 회의(synod of Bordeaux)에서 이단과 마술의 죄목으로 이들을 정죄하였다. 프리스킬리안은 막시무스에게 항소하였으며, 막시무스는 라인란트(Rhineland)에 있던 수도 트리엘(Trier)에서 385년 그를 접견하였다. 그러나 막시무스는 당시 정통 신앙을 빙자하여, 자기의 입장을 강화하기에 광분하고 있었는데, 이는 특히 당시 밀란에 자리 잡은 태후 유스티나(Justina)가 아리우스주의자임을 의식한 행동이다. 그 결과 항소는 기각된다. 프리스킬리안 및 수 명의 추종자들은 처형된다. 이에 따라 형식적으로는 세속 정부에 의한 것이나, 실질적으로는 교회 내의 종교적 소수파를 제거하기 위한 주류파의 책동에 의한 처형이라는 슬픈 이야기가 시작된다. 이러한 추악한 행동은 그냥 넘어가지 않았다. 특히, 당시 서방 교회를 이끌고 있던 가장 중요한 인물들인 투르마틴과 밀란의 암브로즈가 처형에 반대하고 나서서 일반 신자들의 공포와 관심을 대변하였다.

처형된 사람들 가운데는 고올 지방의 유수한 가문이었던 유크로티아(Euchrotia)와 프로쿨라(Procula) 모녀가 포함되어 있다. 유크로티아는 보르도 출신의 유명한 웅변가요 시인이었던 델피디우스(Delphidius)의 미망인이다. 델

---

14) 노라 챠드윅(Nora. K. Chadwick), *Poetry and Letters in Early Christian Gaul* (1955), 45. Priscillianists에 관한 좋은 해석은 브로드벤트(E. H. Broadbent), *The Pilgrim Church* (1931), 36ff에서 찾아볼 수 있다. 독일어로 된 뛰어난 저서들은 셉스(G. Schepss), *Priscillian:ein neuaufgefundener lateinischer Schriftsteller des vierten Jahrhunderts* (Würtzburg, 1886)과 파렛(F. Paret), *Priscillianus:ein Reformator des vierten Jahrhunderts* (Würzburg, 1891)에서 찾아볼 수 있다. 그가 요일 5:7에 삽입된 "천국에서 증거하시는 이들이 세 분이 계시니, 곧 성부와 말씀과 성령이신데, 이들 세 분은 하나이라" 한 구절들에 관해 현재까지 남아있는 최초의 권위자라는 점을 감안해 볼 때, 바로 그가 삼위일체의 교리를 부인한 혐의로 고발당했다는 것은 아이러니칼한 사실이라 할 수 있겠다. 또한 챠드윅(H. Chawick)의 *Priscillian of Auila* (1977)를 보라.

피디우스의 아버지 아티우스 파테라(Attius Patera)는 요새 말로 보르도 대학교(University of Bordeaux) 웅변학 교수였으며, 다시 아티우스 파테라의 부친 포에비키우스(Phoebicius)는 같은 도시에 자리 잡고 있던 벨레누스(Belenus) 신전의 사제였다. 벨레누스는 고울 지방의 아폴로(Apollo) 신에 해당하는 존재이다. 포에비키우스는 원래 브리타니(Britanny)에 있는 유명한 드르이드교(기독교 이전의 북유럽 종교) 출신의 베이유(Bayeux) 가문에 속해 있다. 그러나 포에비키우스가 노령에 달했을 때, 드르이드교는 이미 쇠하는 과정에 있었으므로, 그는 그의 아들의 덕분으로 보르도 대학에서 강의할 수 있다. 제4세기 말경 같은 가문에 속해 있던 또 다른 뛰어난 여성은 헤디비아(Hedibia)라 할 수 있는데, 그녀의 학식은 그녀와 제롬 사이에 왕래된 사람들 사이에 잘 나타난다. "이 남녀들의 신앙과 지석, 영적 성장이야말로 수 세기를 두고도 쉽게 볼 수 없는 것이다."15)

막시무스는 387년 이탈리아를 침입함으로써 그의 영토를 확장하고자 하였다. 이때, 유스티나는 테오도시우스에게 보호를 요청하였다. 그는 그녀의 뜻을 즉각 받아들여, 막시무스를 패퇴시키고 살해한 후, 아직 어린 발렌티니안 2세를 서방의 주권자로 복귀시켰다. 발렌티니안이 392년에 사망하자, 테오도시우스는 자신의 아들 호노리우스(Honorius)를 서방 황제로 지명하였으며, 동방의 통치는 또 다른 아들 아르카디우스(Arcadius)에게 맡겼었는데, 그는 395년 부친의 사망 후, 콘스탄티노플에서 즉위하였다.

그러나 당시 황실의 권위는 급격히 실추되고 있다. 이교도들은 날로 증가하는 재난들이 곧 그리스도인들 때문이라고 비난하면서, 새로운 기독교를 총애하기 때문에 예부터 섬기던 신들이 분노하는 것이라고 주장한다. 반면 그리스도인들은 이러한 재난의 원인이 계속되는 이교와 국민들의 죄 때문이라고 주장한다. 이미 오래 전부터 로마 시민들만으로는 인력을 공급할 수 없던 국경의 수비군들은 점차 야만인들(barbarians)로 부족한 병력을 보충하였으며, 이들 민족들이 효과적으로 자기 민족들을 물리칠 수 없음은 당연한 일이다. 또한 국경 안에서는 디오클레티안의 행정 개혁 결과 증대된 관료제도 역시 황실의 권위를 상대적으로 약화시키는 원인이다. 다음과 같은 그와트킨(Gwatkin)의 말 가운데는 상당한 진실이 포함되어 있다. "제국은 결국 고

---

15) 노라 챠드윅, *op. cit.*, 35.

도로 발달된 정부의 억압보다는 차라리 야만인 분노가 오히려 나을 수 있다고 그 신민(臣民)들이 깨달았기 때문에 멸망을 자초한 것이다."16)

테오도시우스의 사망 후에는 야만족들의 침략이 재개된다. 알라릭(Alaric)의 지휘를 받는 고트족들이 로마 시를 함락시킨 것은 호노리우스 황제 때 (410)였다. 이미 수 십 년 동안 로마는 서로마 제국 황실의 소재지가 아니었다. 유스티나와 그의 테오도시우스 등은 밀란을 수도로 삼았으며, 호노리우스는 보다 안전한 라베나(Ravenna)로 이동하였다. 그러나 800년만에 처음으로 비로마군에 의해 황실의 영광을 보존하던 로마가 함락되자 로마 제국 전체에 걸쳐 국민들은 공포에 떨게 된다. 제롬은 이 소식을 베들레헴에서 듣고 다음과 같이 기록하였다. "나의 혀는 입 천장에 붙었으며, 나의 목소리는 울음으로 가득찼다. 이는 전 세계가 사로잡은 바로 그 도시가 이제 점령되었다는 소식을 들었기 때문이다."17) 그러나 모든 것이 다 상실된 것은 아니었다. "비록 로마 세계가 함락된 것은 사실이나 우리는 우리의 머리를 꿋꿋이 쳐들어야한다."18) 당시의 북아프리카에 살고 있던 어거스틴이 지중해를 거쳐 도착한 이 소식을 듣고 어떻게 반응했는가는 다음 장에서 살펴보기로 하자. 어거스틴이 펜을 들어 『신국』(The City of God)을 집필하게 된 가장 큰 이유는 이러한 재난이 로마 국민들이 새로이 기독교를 믿기 시작한 때문이라는 이교도들의 비난에 대답하기 위해서였다. 그러나 실질적으로 예부터의 고전적 문명이 계속 보존될 수 있었던 것은 기독교의 덕분이다. 이미 고트족들은 상당히 기독교 복음에 감화되어 있었으므로, 교회당 건물 및 성소를 파괴시키지 않을 정도의 범절을 갖추고 있다. 또한 이교도들과 그리스도인들을 막론하고 성소에 피신한 사람들은 살해되지 않았다. 서방 제국 일부와 지중해를 건너 아프리카에까지 침입하였던 반달족(Vandals)들까지도 사실은 아리우스주의적 기독교 신앙을 그나마 가지고 있었기 때문에 더 큰 피해를 주지 않았던 셈이다. 이들은 약 1세기 동안 북아프리카에 해적 왕국을 건설하고 서구 지중해 최강을 자랑하는 해군을 양성하여 455년에는 로마를 습격, 함락시키기도 하였다. 사실 로마 문명에 보다 큰 위협이 된 것은 흉노족(훈족, Huns)들로서 이

---

16) 그왓킨(H.M. Gwatkin), *Early Church History*, II (1909), 327. 제국의 멸망에 관한 명쾌한 설명과 그 이유들에 관해서는 캐리(M. Cary), *History of Rome* (1935), 771ff를 보라.
17) 제롬(Jerome), *Epistle*, 127.
18) 제롬, Epistle, 60.

들은 게르만 민족들의 이동 초기인 452년에 이탈리아로 침입하였다. 그러나 약간의 파괴와 약탈을 자행한 뒤 다행히도 철수하였으며, 2년 후에는 이들 휘하에 있던 게르만 민족들이 반란을 일으켜 격퇴시켜 버리고 말았다.

이 기간 동안 라베나에 자리잡은 서방 로마 제국의 황위는 게르만족 출신의 장군들의 도구에 불과하던 꼭두각시들이 차지하였다. 양측은 이들을 통하여 우방 혹은 연합군이라는 명목을 유지하였다. 이러한 허구는 또 다른 서방 제국 내의 지역들에까지 확대된다. 이탈리아와 일리리아(현재의 유고슬라비아, Illyria)에는 고트족에 속한 오스트로고트족(Ostrogoths)이 강성하였으며, 스페인과 서남부 고올 지방은 비시고트족(Visigoths)이 차지하였고, 또 다른 게르만족에 속한 부르군디 부족(Burgundians)은 론 계곡 상부에 자리잡았으며, 북부 고올 지방에는 프랑크족(Franks)이 강성하였는데, 현재 프랑스라는 이름은 이들에게서 유래된 것이다.

이러한 서방 제국의 마지막 꼭두각시 황제는 아이러니칼하게도 그 칭호를 로물루스 아우구스툴루스(Romulus Augustilus)라고 하였다. 로물루스야말로 주전 8세기경 처음 로마 시를 건설한 건국주였으며, 아구스도는 주전 1세기 말 경 로마 제국을 건국한 인물이다. 그러나 이 마지막 때의 로물루스는 그 이름을 아구스도라 하는 대신 이보다 약한 아우구스툴루스라 했었는데, 곧 "작은 아구스도"라는 의미이다. 그는 476년 이탈리아 내의 게르만족 사령관이던 오도와케르(Odiocer)에 의해 제위를 박탈당하였다. 오도와케르는 그 후 실질적으로는 왕으로서 이탈리아를 다스렸으나, 이론상으로는 콘스탄티노플에 소재한 제노(Zeno) 황제의 수하에서 통치하였다. 오도와케르는 제노에게 서방 제국의 문장을 보냈는데, 이는 이러한 문장이 이탈리아에 더 이상 필요치 않다는 것을 의미함이다. 로물루스의 폐위는 보통 서방 제국의 멸망으로서 인정되고 있다. 그러나 이론상으로는 서방 제국의 주권이 제노에게 다시 반환된 것이었으며, 제노는(역시 이론적으로는) 다시 통일된 제국을 통치하게 된 셈이다. 그러나 로물루스 및 그의 선임자들이 서방 제국을 통치했다는 것은 단지 허구에 불과하므로 476년의 로물루스 폐위 사건은 실질적으로 그다지 큰 의미가 없다 하겠다.

콘스탄티노플의 황제가 동방 뿐 아니라 서방의 통치자였다는 이론은 유스티니안(Justinian, 527~565)[19] 황제의 제위 기간 동안 실제로 실현된다. 그의 휘하에 있던 장군들, 벨리사리우스(Belisarius)와 나르세스(Narses) 등의 오스트로고트족들로부터 이탈리아를 수복하였으며, 비시고트족들을 물리치고, 남부 스페인을 탈환하였고, 무엇보다도 반달족들로부터 북아프리카를 수복하였다. 이러한 수복된 유럽 지역의 대부분은 얼마 안 되어 다시 상실되었으나, 북아프리카만은 약 1세기 후 모슬렘의 침략 시까지 계속 제국의 통치 아래 있게 된다.

어쨌든 제4세기 말 경 서부 유럽의 정치적 통일성이 상실된 것은 사실이다. 그러나 보다 근본적인 통일성은 계속 살아남았다. 로마가 더 이상 정치적 중심지는 아니었으나, 이는 계속 서방 기독교권의 영적, 종교적 수도의 위치를 유지한 것이다. 이 도시가 갖는 중요성은 쉽사리 사라지지 않았으며, 로마에 더 이상 제국의 상징으로서의 황제가 살지 않을 때도 그 곳에는 로마의 감독이 남아 있었다. 로마 시의 정치적 중요성이 감소되는 반면 오히려 종교적 중요성은 더욱 증가하였다. 우리는 교황제를 다음과 같이 묘사한 토마스 홉스(Thomas Hobbes)의 말을 상기할 수 있을 것이다. "교황제야말로 이미 사망한 로마 제국 위에 왕관을 쓰고 앉은 유령이다."[20] 그러나 아직도 이처럼 생기발랄한 기반을 묘사하는데 있어서 "유령"이란 그다지 정확한 단어는 아닌 듯하다.

고올 북부 지방의 프랑크족들은 처음 그 곳에 왕국을 건설하였을 때 아직도 이교도들이었으나, 495년에 이들을 영도하던 클로비스(Clivis)가 기독교로 개종함으로써 국가 전체가 귀의하게 된다. 점차로 서방 제국의 각 지방들은 로마에 대해 새로운 종류의 충성관계를 맺게 된다. 프랑크족들이 6세기 말 경 켄트(Kent)의 왕실과 연결됨으로써 영국의 색슨 지방의 복음화가 보다 용이하게 이루어졌다. 프랑크족 출신의 왕들은 스스로를 이단들과 비신자들을 향한 정통 신앙의 군병들로서 생각하였다. 클로비스는 507년 아리우스주의였던 비시고트족들을 물리침으로써 그의 영역을 남쪽으로 더욱 넓게 된다. 그는 "그 쪽 고올지방을 아리우스주의자들이 차지하고 있다는 것은 나를 슬프게 만든다"라고 말하였다. "따라서 하나님의 도움을 받아 이들을 공격

---

[19] 우레(P. N. Ure), *Justinian and his age* (Pelican Bookm 1951)을 보라.
[20] 호브스(T. Hobbes), *Leviathan* (1651), Part 4, Chapter 47.

하여 정복함으로 그 땅을 차지하자." 그는 이렇게 함으로써 남부 프랑크 지방을 북부와 함께 로마의 영적 지배 아래 두게 된다. 또한 그 후 프랑크족의 영도자였던 챨스 마르텔(카알 마르텔, Charles Martel)이 포이티아(Poitia) 근처에서 732년에 승리를 거둠으로써 프랑스를 모슬렘 쪽의 침략으로부터 지켜낸 것이다. 챨스 마르텔의 아들 피핀 3세(Pepin III)는 753년과 756년 강제로 롬바르드족(Lombards: 북부 이탈리아 지방을 차지한 게르만 민족)에게 이탈리아 제국으로부터 빼앗은 제국을 교황에게 돌려주도록 강요함으로써 교황이 세속적 권력을 갖기 시작하도록 하는 원인이 되도록 하였다. 프랑크 왕국은 점차 교황들에게 있어서 없을 수 없는 존재가 되기 시작하였으므로 무언가 특별한 관련을 맺는 것이 필요했다. 따라서 800년 크리스마스에는 피핀의 아들 샤를마뉴(Charlemagne)가 교황 레오 3세에 의해 로마의 성 베드로 성당에서 왕관을 받았다. 이에 따라 1000년 동안 계속된 신성 로마 제국이 시작된 것이다.

이미 프랑크 왕국을 32년간 통치하는 동안 그 막강한 실력을 닦아놓았던 샤를마뉴로서는 황제의 관을 받는다 해서 실질적 권력의 증가를 가져오는 것은 아니었다. 로마의 교황이 아니라 실제 선교지에 나가 있던 성직자야말로 그가 실질적인 황제라는 사실을 이미 깨닫고 있었다. 샤를마뉴가 황제로 취임하기 이전 예루살렘 대주교는 그에게 성소, 성지들의 열쇠를 보내었는데, 이는 곧 대주교가 동방 황제보다도 그에게 더욱 그 보호를 의지한다는 의미이다.

로마 황제들의 합법적 계승자들은 계속 콘스탄티노플에서 통치하였는데 점차 그 영토가 줄어들다가, 드디어는 1453년 터키인들에 의해 수도 콘스탄티노플 자체가 함락되고 말았다. 그러나 서방 교회에서는 계속 이들을 위해 기도했었는데, 수난 금요일 날 행해지는 로마 교회의 미사 전문에는 아직도 다음과 같은 간구가 들어 있다. "우리들의 황제를 위하여 기도합니다. 우리 주 하나님께서 모든 야만 국가들을 그의 손 아래 붙이시도록 기도합니다."

그러나 우리가 취급해야 할 연대를 훨씬 지나고 있는 것 같다. 따라서 이제 서방 제국 말기의 기독교 상태를 보다 상세하게 살펴보도록 하자.

5인의 교회 지도자들

제4세기 후반과 제 5세기 전반의 교회생활이 어떠했는가는 당시를 대표하는 주요 정치 지도자들의 생활을 살펴봄으로써 보다 확실히 드러날 것 같다.

1. 크리소스톰(347~407)

이 시기 동방 교회에서는 감히 콘스탄티노플의 존(John of Constanitnople)에 필적할만한 인물이 없었는데, 그는 뛰어난 설교로써 흔히 크리소스톰(크리소스토모스<chrysostomos>: 황금의 입)이라 불리었다. 그는 처음 장로로서 안디옥 교회를 섬겼으나, 그 후 50세 되던 397년 콘스탄티노플 주교가 된 후 이름을 영서을 얻게 된다.

그는 안디옥에서 시민들이 큰 폭동을 일으켜 테오도시우스 황제 및 그 일족의 동상들을 파괴한 사건으로 말미암아 시민들이 황제들의 보복을 크게 두려워하고 있을 때 큰 영향력을 획득하게 된다. 당시 테오도시우스가 이러한 모욕을 참지 못하고 대대적인 보복을 가하리라는 것은 명백하였다. 그러나 안디옥 주교는 직접 황궁으로 가서 황제의 분노를 달래기에 최선을 다하였다. 한편, 387년의 사순절 기간 동안 크리소스톰은 안디옥 주민들의 회개를 촉구하는 21개의 설교를 행한다. 결국 테오도시우스의 보복은 주민들이 두려워했던 것만큼 심하지는 않았으나, 안디옥 주민들은 그 후도 크리소스톰의 뛰어난 설교들을 계속 기억하게 된다. 도시 내의 많은 이교도들이 바로 그의 설교 때문에 기독교로 개종하기까지 하였다.

크리소스톰은 콘스탄티노플의 감독에 임명되자 스스로 엄격하고 검소한 생활을 하였으며, 다른 성직자들에게도 이를 요구함으로써 결과적으로 이들의 미움을 사게 된다. 그뿐 아니라 그는 황궁의 미움까지 받게 된다. 이는 알렉산드리아의 감독이던 데오필루스의 영향이 컸으나 더욱이 그 후 아르카디우스(Arcadius) 황제의 아내였던 황비 유독시아(Eudoxia)의 증오를 받음으로 더욱 곤란한 입장에 처하게 된다. 이러한 그녀의 증오는 결코 이해하기 어려운 것은 아니있나. 다음과 같은 크리소스톰의 설교의 일절을 상기해 보면 잘 알 수 있다. "헤로디아는 다시 분노하는구나. 그녀는 다시 궤계를 꾸미고 다시 춤추는구나. 그녀는 다시 요한의 머리를 접시에 얹도록 요구하는구나." 설교 내의 헤로디아는 물론 유독시아 황비를 빗댄 것이었는데, 이 정도의 모욕을 참기 위해서는 상당한 자존심이 필요했을 것이다. 그러나 유독시아는 결코 아량이 넓은 여자는 아니었다. 결국 크리소스톰은 403년경 콘스탄티노플로부터 축출되었으며, 다음에 다시 아르메니아(Armenia)로 유배되어 그 곳에서 407년에 최후를 맞았다.

크리소스톰은 뛰어난 설교가였을 뿐만 아니라 성경 해석에도 능통하였다. 그의 작품 중 중요한 것은 성경 각권 별로 작성된 『설교집』(Homilies)인데 이를 보면 그의 건전한 성경 해석방법을 엿볼 수 있다.

그러나 그의 생애는 또한 동방 제국에서 교회가 얼마나 세속 권력의 통제를 받았는가를 여실하게 보여주는 것이기도 하다(서방과는 달리). 동방에는 거의 비슷한 특권과 명성을 가진 대교구들이 몇 개나 있었으며, 이들은 서로 우위를 차지하기 위해 경쟁하였다. 따라서 황제는 이들 사이에 싸움을 붙일 수가 있었다. 알렉산드리아의 감독이 크리소스톰에게 적대하자 물론 아르카디우스로서는 훨씬 손쉽게 크리소스톰을 처치할 수 있었다. 실제로 4세기로부터 여러 가지 이유로 동방 기독교권에서는 세속 정부가 교회보다 우위에 있었다. 이러한 전통의 외양은 시대에 따라 변할 수 있으나 이러한 전통 자체는 오늘날까지 계속되고 있다. 반면 서방의 경우에는 로마 교회가 실질적 권력이나 영향력, 권위 등에 있어서 다른 모든 교구를 압도하고 있었는데, 4세기 이후부터 로마 교황 우위설은 자타가 공인하는 바였다. 또한 6, 7세기경, 북아프리카에 자리잡은 북아프리카 교회들이 사라짐으로써 로마교회의 권위는 더욱 고양된다. 또한 서방 기독교는 전통적으로 동방에 비해 세속 권력의 간섭을 배제하는 경향이 있다. 이러한 경향은 비단 로마에서만 볼 수 있는 것은 아니었다. 암브로즈(Ambrose, 339~397)가 감독으로 있을 당시 밀란(Milan)의 경우를 보면 더욱 확실하게 나타난다.

2. 암브로즈(339~397)

혈기로 유명한 테오도시우스 황제까지도 자주 "나는 암브로즈 외에는 다른 감독들을 알지 못한다"고 얘기하곤 하였다. 그처럼 성직자로서 암브로즈가 보여준 권위와 영향력은 남다른 바가 있었다. 당시 밀란은 또한 서방 제국의 수도였으므로, 황제와 감독은 상당히 긴밀한 접촉을 갖고 있었다.

암브로즈가 밀란 감독으로 임명된 절차 역시 흥미롭다. 당시 암브로즈는 북부 이탈리아 지방 행정관으로서, 373년 밀란에서 새 감독을 선출할 당시 질서를 유지하는 보안책임을 맡고 있었다. 그런데 선거를 두고 각 파당 사이에 격렬한 분쟁이 계속됨으로써 어떤 한 인물이 절대적 지지를 받는 것은 불가능하였다. 그때 갑자기 한 어린 아이가 "암브로즈를 감독에 임명하라!"고 소리질렀다. 교인들은 이를 하나님께서 인도하는 증거로서 받아들였다. 그리하여 암브로즈를 거의 강제로 감독직에 오르도록 강권하였다. 암브로즈는 비록 기독교 가정에서 자라났으나, 당시에는 아직 세례도 받지 않은 상태였다(34세). 그러나 그는 교인들의 강청에 못 이겨 세례를 받고 성직에 임명되고, 결국에는 감독직에 임명되었다.

이처럼 유별난 과정을 통해 감독에 임명되었으나, 그는 영적 지도자로서의 탁월한 능력을 발휘하였다. 그가 남긴 몇 권의 라틴어 주석들을 보면, 알렉산드리아식 알레고리(Allegory)적 성경 해석 방법을 서방에 소개했음을 알 수 있다. 그는 또한 라틴어로 된 찬송가의 작사자로서 중요한 위치를 차지하고 있다. 많은 학자들은 더 이상 『테데움』(TeDeum)의 작자로는 생각하지 않는다.

그러나 그와 황실 사이의 관계를 보면, 서방 감독들이 주창하였던 교회의 독립 열의가 보다 극명하게 드러나고 있다. 이러한 교회 독립을 가장 고상하고 인상적으로 표현한 것이야말로 암브로즈가 데살로니가 학살 사건을 이유로 테오도시우스 황제를 8개월간이나 파문한 것이라 볼 수 있다. 7천 명의 데살로니가 주민을 학살한 책임이 있던 황제는 결국 암브로즈의 영적 권위에 무릎을 꿇고, 390년 크리스마스 날 자기의 죄를 공개적으로 통회 자복하였다.

그러나 암브로즈의 모든 행적이 우리들의 존경을 자아내는 것은 아니다. 유프라테스 강(Euphrates) 지역에서 일부 수도사들이 유대교 회당을 불사르자 테오도시우스는 즉각 보상을 명령하였다. 그러나 이 소식을 들은 암브로즈는 황제에게 아무런 조처를 취하지 말도록 금지시켰다. 즉 종교적 이해관계는 세속적 정의에 우선해야 된다는 논리였다. 여기서 우리는 제4세기 기독교 역사가 보여주는 또 하나의 슬픈 전례를 보는 것이다.

당시 밀란교회 내에 있던 아리우스파와 아타나시우스파들은 모두 암브로즈의 감독 임명을 찬성하였다. 아리우스파들은 관리이던 암브로즈가 아무런 종교적 경험이 없으므로 신학적 논쟁에서 중립을 취할 줄로 생각하였다. 그러나 이들의 생각은 물론 오산이다. 이미 세속 관리 생활을 통해 의무와 책임을 깊이 익혔던 암브로즈는 이러한 책임감을 종교적 분야에 옮겨 모든 이단을 강력히 배척하였다. 그는 아타나시우스주의의 정당성을 확신하였으므로, 아리우스주의를 이단으로 정죄하였다. 그가 감독에 임명된지 10년 후 밀란은 당시 어린아이였던 발렌티니안 2세(Valentinian II)의 섭정이던 아리우스주의자 유스티니아 여왕의 권세 아래 들게 된다. 유스티니아는 밀란 시에서 교회 하나는 아리우스주의자들의 예배를 위하여 배당되어야 한다고 주장한다. 암브로즈는 굽히지 않고 대항하였다. 이는 참으로 용기있는 행동이다. 왜냐하면 유스티니아는 고트족 군대의 후원을 받고 있었기 때문에 암브로즈는 생명을 거는 용기가 필요했기 때문이다. 그러나 결국 암브로즈는 끝내 자기의 주장을 관철시켰다. 물론 당시 상황이 그에게 유리하게 전개된 것도 사실이다. 왜냐하면 보다 서방에서 반란을 일으킨 마그누스 막시무스(Magnus Maximus)[1]는 마치 자기가 이단의 후원자들에 대항하는 정통신앙의 수호자

---
1) 제 33장을 보라.

인양 주장하여 그 입장을 더욱 유리하게 할 수 있었기 때문이다. 유스티니아 로서는 막시무스에게 이러한 기회를 줄 수는 없었다. 이에 따라 교회가 자기 고유의 분야에서 독립적 위치를 차지해야 할 뿐 아니라 황제는 이단 및 기타 적대자들에 대항하여 교회를 보호해야 한다는 암브로즈의 견해는 결국 승리를 거둔 셈이다.

3. 제롬 (347~420)

이 당시의 교회사를 논하면서 제롬(Jerome)을 빼놓을 수는 없다. 비록 다른 일부 학자들에 비해 제롬의 걸작들이 일반인들에게 잘 알려지지 않은 것은 사실이나 그의 가장 큰 공헌은 새로이 성경을 라틴어로 번역한 것이라 할 수 있다. 그의 번역은 그 이전의 라틴어판들보다 훨씬 뛰어났으며, 현재까지도 라틴어를 사용하는 기독교권에서는 가장 권위있는 성경으로서 사용되고 있다.

가장 최초의 라틴어판 성경들은 유럽에서가 아니라 북아프리카에서 나타난 것이 확실하다. 제 3세기 중반까지도 로마 및 다른 서방 교회들은 라틴어가 아니라 헬라어를 사용하고 있다. 유럽에 나타난 성경의 라틴어판들은 당시 아프리카에서 사용한 것과 비교하면 상이점들을 가지고 있었다. 첫째로, 제4세기 말 경 통용된 수 개의 라틴어 번역판들은 아프리카 혹은 유럽판으로서 구분할 수 있다. 그러나 아직까지도 모든 사람에게 "권위있는" 라틴어 성경으로서 인정된 라틴어 성경이 존재하지 않았다. 이러한 라틴어 번역판들이 처음에 어떠한 경로로 생겨나게 되었는가를 어거스틴은 다음과 같이 묘사하고 있다. "누구든 헬라어 성경 사본(성경의 일부)을 소유하게 되면, 그는 아직 초신자 일지라도 헬라어와 라틴어를 약간만 할 줄 안다고 생각하게 되면 감히 이를 번역하기 시작한다."[2] 만약, 이것이 사실이었다면 다음과 같은 제롬의 탄식을 쉽사리 이해할 수 있을 것이다. "만약 라틴어판 성경을 사용할 수 있다면 도대체 어느 것을 사용할지를 내게 말해보라. 현재 성경책의 숫자만큼이나 많은 번역판들이 나돌아 다니고 있다."[3]

---

[2] 어거스틴(Augustine), *On Christian Doctrine*, II, ii.
[3] 제롬(Jerome), *Letter to Damasus*. 이는 제롬이 번역한 마의 서문으로 남아 있다.

원래 달마티아(Dalmatia) 출신이던 제롬은 로마에서 교육을 받았는데 생애의 대부분을 동방에서 보내는 가운데 헬라어를 갈고 닦았으며, 또한 이 기회를 통해 히브리어를 배웠다. 그는 라틴 교부들 가운데 아마도 히브리어에 능통한 유일한 인물이라 할 수 있다. 382년 로마에 돌아왔을 때, 당시 로마의 감독이던 다마수스(Damasus)로부터 신약 라틴어판을 개정해달라는 임무를 부여받았다. 그는 자기 나름대로 가장 좋아하는 라틴어 판을 가지고 있던 많은 성경 독자들이 이들을 고칠 경우 설사 보다 정확하더라도 좋아하지 않을 것을 알았기 때문에 마지못해 그 명령에 순종했다(최근에도 어느 독자는 자기가 가장 좋아하는 성경이 원본과 다르다는 이야기를 듣자 "내 생각에는 원본이 잘못된 것 같은데요"라고 말하는 것을 볼 수 있다). 384년에는 그의 라틴어 복음서 개정판이 나왔으며, 그 후 얼마 안되어 나머지 신약전서가 출간된다. 그는 계속해서 구약을 개정하기 시작한다. 그는 구약을 개정하는 것은 좀 더 힘들다는 것을 발견하였다. 그 이전까지 구약의 모든 라틴어 판들은 히브리어 원본이 아니라 흔히 셉투아진트(Septuagint, 70인역)라고 불리던 구약의 헬라어 번역판에 기초한 것이었는데, 이 70인역은 주전 마지막 3세기 동안 이집트의 알렉산드리아에서 만들어진 것이다. 따라서 당시 구약의 라틴어판들은 그 질이 아주 조잡하였으므로 제롬은 이들을 개정한다는 것이 아무런 의미가 없음을 깨닫기 시작한다. 따라서 그는 당시 존재하던 라틴어 번역판들을 아예 무시해 버리고, 직접 히브리어 원본을 기초로 하여 405년에 이를 완성하였다. 물론 이러한 혁신적인 작업은 많은 사람들의 반발을 받았다. 제롬은 이러한 불평객들에 관해 친구들에게 보내는 편지들 가운데서 다음과 같이 불만을 표시하였다. "무식이 곧 경건이라고 생각하는 작자들이야말로 다리가 둘 달린 당나귀에 불과하다!" 그러나 그의 번역판이야말로 역시 그 질이 월등하게 뛰어났으므로 결국 사람들의 인정을 받게 되었는데, 이것이 바로 흔히 "벌게이트"(Vulgate)라고 불리는 것이다. 1546년의 트렌트 종교회의는 벌게이트를 유일한 라틴어판 성경으로 인정하였는데, 향후 모든 논쟁은 이에 근거를 두어야 한다는 것이다.

제롬은 생애의 마지막 35년을 베들레헴에 은둔하여 수도원에서 생활하면서 성경 및 그 해석을 공부하는데 전력하였다. 그는 다마수스에 이어서 로마 감독이 되기를 꿈꾸었으나, 384년 다마수스가 사망한 후 제롬은 후계자로 선출되지 못하였으며, 새로운 로마 감독은 제롬을 그다지 좋아하는 인물이 아니었다. 그러나 베들레헴에서 제롬은 그를 열렬히 추종하는 제자들에 둘러싸여 보내었는데, 이들 추종자들은 대부분 귀족 출신의 로마인들로서 그녀들은 팔레스타인에서 독신생활을 하면서 세 개의 수녀원들을 조직하였다.[4]

4. 어거스틴(354~431)

제롬보다 7살 어렸던 어거스틴(Augustine)을 가리켜 혹자는 "신약 시대 이후 가장 뛰어난 기독교인이며, 라틴어를 사용한 가장 위대한 인물임에 틀림없다"고 한다.[5] 또한 어느 교회사가는 "어거스틴이야 말로 아리스토텔레스(Aristotle) 이후 가장 위대한 심리학자이자 정치학자이고 단순히 형이상학을 넘어선 인물"이라고 평가하기도 한다.

그가 32세에 기독교로 개종하기까지 영적인 순례의 모습은 그가 남긴 불멸의 『고백록』(Confessions) 가운데 잘 나타나 있다. 그는 384년 밀란에서 웅변학(rhetoric, 수사학)의 교수직에 임명되면서 암브로즈의 영향을 받게 되었고, 2년 후에는 로마서를 읽던 중 기독교 신앙이 진리라는 확신을 갖게 된다. 그 다음 해에는 암브로즈에게 세례를 받고, 388년에는 고향인 아프리카로 돌아갔다. 395년에는 아프리카의 히포(Hippo, 현재의 보나<Bona>)의 감독으로 임명되었으며, 그 후 35년의 생애 동안 탁월한 능력을 발휘하면서 그 어느 언어로 쓰인 교부들의 작품들 가운데서도 양과 중요성을 비교할 수 없는 신학 작품들을 저술하였다.

어거스틴이 영적, 지적으로 얼마나 중요한 존재인가 하는 것은 로마교, 루터교, 개혁교회, 성공회 등, 모든 서구 기독교의 주류들이 그의 뒤를 잇는다고 자처하는 것을 보아 잘 알 수 있다. 많은 이들은 16세기의 종교개혁은 그 신학적인 면에서 볼 때의 어거스틴의 은혜의 교리의 어거스틴의 교회론에 대한 반란을 의미하는 것이라고 평가하기도 한다. 이 말이 얼마나 정확한 것인

---

4) 제 35장을 보라.
5) 사우터(A. Souter), *The Earliest Latin Commentaries on the Epistles of St. Paul* (1927), 139.

가는 차치하고라도 우선 기독교 사상에 미친 어거스틴의 심오한 영향을 생각하면서 이를 염두에 두도록 하자.

그리스도의 교훈과 바울의 서신들 가운데 너무나 뚜렷하게 나타나고 있는[6] 죄 많은 인류들에게 보여주신 하나님의 조건없는 사랑을 그린 성경적 은혜의 교리가 교부 시대 이후 상실되었다가 어거스틴에게서야 출산되었다고 보는 사람들이 많이 있다. 실제로 사도들과 어거스틴 사이에 나타났던 기독교의 저술가들 중 대부분은 하나님의 용서와 구원이 온전히 값없는 선물로 주신 것이라는 바울의 교훈을 제대로 반영하지 못하고 있는 것 같다. 하나님의 값없는 선물은 무조건적 은혜이니, 성령을 통해 거저 주시는 것이다. 따라서 그리스도인들의 생활이란 바로 이 하나님으로부터의 선물에 대한 평생 감사하는 응답이라 할 수 있다[7](따라서 어느 신약 학자는 신학은 은혜이며, 윤리학은 감사라는 경구를 남기기도 하였다). 말시온이야말로 이 신학자들 가운데 바울을 진심으로 이해했던 인물인데, 그 마저도 바울을 오해했다고 전해진다. 물론 제2세기에 나타난 아름다운 논문인 "디오그네투스에게 보내는 편지"(Epistle to Diognetus)[8]에나, 터툴리안의 저술들 가운데 바울이 전한 은혜의 교리의 일부가 표출되기는 하지만 어거스틴에 와서야 비로소 은혜의 본질이 무엇인가 하는 정수가 드러난다. 바울과 어거스틴은 양자 모두가 프란시스 뉴만(Francis Newman), 윌리암 제임스(William James)등 용어를 빌리면 "두 번 태어난"(twice-born) 타입이다.[9] 두 사람은 모두 자기들 생애의 전체를 변화시킨 혁명적 회심을 30대 초에 경험하였다. 비록 회심 이전 바울의 생활양식이 어거스틴의 그것과 현저한 차이는 있었으나, 두 사람 모두가 그들의 죄와 자기들에게 너무도 풍성하게 보여주신 하나님의 은혜를 깊이 자각하고 있다. 어거스틴은 바울을 읽으면서 바울이 얘기한 은혜의 의미를 너무도 잘 이해할 수 있다. 이 주제에 관한 바울의 논리는 직접 어거스틴의 상태에 부딪쳐 왔다.

---

[6] 빚진 자와 채주에 대한 우리 주님의 지유와 비교해 보라. "갚을 것이 없으므로 둘 다 탕감하여 주었으니…"(눅 7:42, AV).
[7] Cf. 토랜스(T. F. Torrance), *The Doctrine of Grace in the Aposolic Fathers* (1948).
[8] 제17장을 보라.
[9] 이 특수한 경우의 "한번 낳고"와 "두번 낳고"는 신약성경의 "중생"과 "중생하지 못한"과는 동일한 의미가 아님을 명심해야 하겠다.

그런데 어거스틴의 은혜론은 자신의 영적 경험뿐만 아니라 펠라기우스의 교훈에 관한 반동과도 관련되어 발전된다. 펠라기우스의 교훈은 우리가 아는 대로 39개조 헌장(39 Articles)가운데 불명예스런 언급을 받고 있다. 제9조를 보면, "원죄는 (펠라기우스주의자들이 헛되이 교훈하는 것처럼) 아담의 모범을 따르는데 있는 것이 아니라 모든 인간의 본성의 부패와 죄악성을 가리키는 것으로서 아담의 모든 후손들에게 해당되는 것이다..."10)

그렇다면, 이러한 펠라기우스주의자들을 낳은 펠라기우스(Pelagius)는 정작 어떤 인물인가? 그는 원래 영국 출생이었는데, 영국출신으로는 최초로 저술의 공헌을 남긴 자라 할 수 있다. 그는 바울의 13개 서신서들에 관한 라틴어 주석을 썼다. 그가 과연 영국 본토 출신(Briton)이었는지, 아일랜드 출신이었는지는 확실치 않다. 어거스틴은 그를 브리튼이라 불렀고, 제롬은 그를 아일랜드인(Irishman-Scotus)이라고 칭했었는데 아마도 원래 아일랜드 출신으로서 브리튼에 정착했던 것으로 보인다(제4세기 후반 경 웨일즈 지방에는 상당한 아일랜드인들이 정착했다).

어쨌든 펠라기우스는 384년 로마에 와서 그의 눈에 비친 도덕적 타락상을 보고 경악하였다. 그는 상당한 도덕적 성품을 갖춘 인물이었는데, 바울과 어거스틴과는 달리 "한번 태어난"(once-born) 범주에 속했던 인물이었던 듯하다. 그는 원죄의 교리를 부인하였다. 그의 소견으로 볼 때 죄악에 기울어지는 인간의 경향을 최초의 인간으로부터 유전된 바, 더럽혀진 속성이라고 해석하는 이 교리는 사람들로 하여금 악의 능력을 극복하고, 도덕적 생활을 추구하는 대신 범죄를 정당화시킨다고 판단하였다. 펠라기우스는 아담의 모든 후손들이 타락 이전의 아담처럼 무죄한 상태에서 출생한다고 주장한다. 그들이 죄인들인 이유는 아담으로부터 범죄적 경향을 유전으로 물려받았기 때문이 아니라 이들이 스스로 자유스러운 선택에 의해 아담의 전철을 밟기 때문이라 하였다. 그는 또한 이에 따라 하나님의 뜻을 순종하기 위해 인간은 하나님의 은혜가 필요한 것이 아니라 그렇게 하도록 단지 결단을 내리기만 하면 된다고 주장한다. 즉 결단에 의한 실행이야말로 알파요, 오메가였다. 그는 다음과 같은 유명한 어거스틴의 기도를 극렬히 부인하였다. "당신께서 명령하는 것을 허락하시고, 당신의 원하는 것을 명하시옵소서."

---

10) 퍼거슨(John Ferguson), *Pelagius:An Historical and Theological Study* (1956) 참조.

펠라기우스는 또한 어거스틴과는 달리 유아들에게 세례를 베푸는 것은 아담으로부터 유전된 원래의 죄를 정화시키기 위해서가 아니라 그리스도와의 연합을 통해 보다 고상한 성화(higher sanctification)를 부여하기 위함이라고 하였다. 다른 면에서는 일반적으로 어거스틴의 교리를 좇던 많은 이들이 유아세례에 관한 펠라기우스의 의견에 동조한 것을 볼 수 있다. 그러나 아마도 펠라기우스는 이와 같은 세례에 관한 신학에 그다지 흥미를 갖지 않았을 것이다. 왜냐하면 그의 신학적 전제로 볼 때 유아세례가 그다지 필요하지 않았으나, 가시적 교회의 구성원이 되기 위해서는 필수적이었으므로 그와 그의 추종자들은 유아세례의 존재 자체는 인정하였다. 그러나 사실 원죄 자체가 그의 신학 가운데 존재하지 않았었는데, 유아세례가 이를 씻어버릴 수는 없는 것이다.

어거스틴으로서는 이러한 펠라기우스의 주장에 반발할 수밖에 없었다. 펠라기우스는 동행 카일레스티우스(Caelestius)와 함께 409년 로마를 떠나 북아프리카에 도착하였다. 펠라기우스는 그 곳에서 팔레스타인을 향해 갔으나(그는 이곳에서 제롬을 만났다) 카일레스티우스는 카르타고에 잔류하여 성직 임명을 요청하였다. 그러나 그 펠라기우스주의로 말미암아 논쟁이 벌어졌으며, 펠라기우스주의자들은 412년 카르타고 종교회의에서 정죄된다. 그 후 많은 종교회의들이 펠라기우스의 교리들을 검토한 후 정죄하였다. 그러나 우리들은 어거스틴의 반응에 초점을 맞추도록 하자.

어거스틴은 전 생애의 경험을 통해서 펠라기우스가 부인한 기독교 신앙의 요소들을 보다 강조할 수밖에 없었으며 펠라기우스가 옳다고 주장한 많은 점들을 허위라고 부정할 수밖에 없었다. 그가 저술한 두 중요한 반 펠라기우스주의 논문들은 "영과 율법에 관하여"(On the Spirit and Letter)와 "자연과 은혜에 관하여"(On Nature and Grace) 등이다. 구원에 관한 하나님의 사역과 인간의 반응 사이의 관계를 생각해 볼 때 주로 하나님으로부터의 능동적인 승리와 이러한 은혜 없이 하나님을 기쁘게 할 능력이 인간에게 없음을 주장하는 측과, 반면에 하나님의 명령에 대해 "예!"라고 대답할 수 있는 자유의지 및 인간의 책임을 주장할 수 있는 인간의 주장 사이에는 불가피하게 갈등이 발생하게 마련이다. 양자 사이에 적당한 균형을 유지하기 어려운 이유는 신학이 종교적 경험으로부터 분리될 수 없으며, 또한 분리되어서도 안 된다는 데에 있다. 누구든지 어거스틴의 경험을 공감할 수 있는 이들은 전자의 요소를 강조할 것이며, 스스로 깨달을 수 있는 의식 안에서 "저항할 수 없는 은혜"(irresistible grace)를 경험하지 않은 사람은 후자를 특히 강조할 것이다. 그런데 이제까지 전해진 그의 교훈으로 미루어 볼 때 펠라기우스는 실제로 하나님의 은혜의 필요성은 부인한 것 같으며, 따라서 그는 기독교 자체의 입장에서 이탈한 것이라고 볼 수 있다.

그러나 비록 그는 남부 브리튼에 정착된 기독교 신앙 이전에 살았던 존재이기는 했으나, 흔히 품행에 의한 의롭다 하심을 부르짖는 많은 영국인의 아버지가 된 셈이다. 최근의 한 저술가는 펠라기우스의 교훈 가운데 "인간의 행동양식 문제에 관한 합리적, 혹은 철학적 접근"을 발견한다 하였는데, 이는 곧, 고전적 철학자들의 특징적 태도를 재연한 것이다. "우리들은 그리스적 윤리 사고를 당연한 것으로 받아들이는 세계 속에 살고 있다. 죄와 자유의지 문제를 자명한 도덕적 원리들로부터의 추론의 방법으로 취급하는 것이 자연스럽고 적당한 것처럼 보인다." 이와 같은 고전적 방법은 "일반 상식에 너무나 잘 부합되는 것 같으며, 이 상식은 곧 펠라기우스주의를 영국인에게 쉽게 동화시키고 있었는데, 우리는 이를 통해 유럽적 일반 상식이 얼마나 쉽게 그리스적 윤리학 속으로 섞여 들어가는가를 깨닫고 주의해야 할 것이다."[11]

반면 지나치게 하나님의 능동성과 하나님 은혜의 "저항 불가능성"(irreisistibility)을 강조하다 보면, 인간의 도덕적 선택 및 책임의 진정한 의미에 관해 개념을 상실하게 된다. 그런데 만약 어거스틴의 태도가 이러한 방향에서 지나친 것처럼 생각된다면, 다음과 같은 그린슬레이드 교수(Professor Greenslade)의 말을 명심할 필요가 있다. "어거스틴의 신학이야말로 혹시 완전 무결하지 않다면, 적어도 진정한 인간 본성에 관한 현실적 판단이라 할 수 있다. 어거스틴의 이론이야말로 값싼 낙관주의를 방어할 수 있는 성벽이다. 그리고 또한 그가 하나님의 능동성 및 은혜의 필요성을 강조한 것이야말로 하나님 없는 인간의 자신감으로부터 기독교를 보호한 것이라 볼 수 있다.[12] 마치 찰스 시므온(Charles Simeon)이 말한 바처럼, 어떤 문제의 진리가

---

11) 바르(J. Barr), "The Pelagian Controversy," *The Evangelical Quarterly*, October 1949, 253ff.
12) 그린슬레이드(S. L. Greenslade), S.V. "Augustine," *Chamber's Encyclopedia*, Vol. I, 774.

"가운데 있는 것도 아니며, 어느 한 극단에 있는 것도 아니며, 오히려 양 극단에 존재하고 있음을 깨달은 자들은" 복이 있는 사람들이다.13)

펠라기우스주의의 존재 때문에 어거스틴이 은혜론을 정립할 수 있었다면, 그의 교회론은 도나투스주의 분파 때문에 발전되었다 할 수 있다. 이미 살펴본 바와 같이14) 도나투스주의자들은 콘스탄틴 황제의 제위 초기에 보편 교회로부터 분리해 나와 북아프리카에서 상당한 문제를 야기시켰었는데, 이는 곧 어거스틴 자신의 교구에도 직접 상관된 문제였다. 결국, 이들은 411년의 카르타고 회의 이후 무력에 의해 진압된다. 카트타고 회의에서는 황제가 파견한 대리인의 보편 교회와 도나투스주의자들의 양쪽 의견을 청취한 후, 도나투스주의자들을 정죄하였다. 그러나, 그 이전부터 어거스틴은 도나투스주의자들을 상대로 열띤 논쟁을 계속하였으며, 그는 이들의 순수한 교제(a pure communion), 즉 모든 배교자들 및 그 부류들은 배제시켜야 된다는 주장에 대항하여 보다 포괄적인 교회론을 발전시켜 갔다. 어거스틴은 주님의 비유 가운데서도 추수 때까지는 밭에 알곡과 가라지가 함께 자라고 있음을 지적하였는데, 이는 곧 도나투스 당시가 아니라 이 세상 종말까지 이러한 현상이 계속된다고 해석하였다(도나투스주의자들은 물론 밭이 교회가 아니라 온 세상을 가르친다고 응답하였을 것이다). 어거스틴은 또한 이미 오래 전부터 전통적으로 교회를 상징한다고 이해된 구약의 노아의 방주를 예로 들었다. 즉 방주 속에는 깨끗하고 부정한 짐승을 막론하고 모든 종류의 짐승들이 함께 들어 있다는 것이다. 부정한 짐승들일지라도 방주 안에 들어 있으면 구원의 가능이 있는 것이며, 반면 방주 밖에 있는 깨끗한 짐승들에게는 그 소망이 없는 것이다. 교회도 이와 마찬가지로서 그 속에는 죄인들을 위한 은혜의 수단들이 포함되어 있으나, 그 밖에 있는 경우에는 아무리 성결한 자라도 구원받을 수 없는 것이다. 그러나 물론 모든 도나투스주의자들이 이러한 어거스틴의 이론에 수긍할 리는 만무하였다. 실제로 근본적인 교회의 정의 자체를 달리하고 있는 포괄적 교회론자들과 배타적 교회론자들이 접촉점을 찾기란 매우 어려운 일이다.

---

13) 물렘(H. C. G. Moulem), *Charles Simeon* (1948 edn), 77. 시므온의 말들은 주로 이 문제가 종교개혁의 전통 안에서 다시 야기되었던 Calvinist-Arminian 논쟁을 대상으로 언급하고 있다.

14) 윌리스(G. G. Willis), *Saint Augusine and the Donatist Controversy* (1950) ; 프렌드(W. H. C. Frend), *The Donatist Church* (1952)를 보라.

도나투스주의자들을 향해 무력을 사용하는 것에 관해 어거스틴은 처음에는 반대하였는데, 후에는 결국 찬동하였다. 왜냐하면 교회의 평화야말로 이러한 수단을 써서라도 방어할만한 가치가 있다고 생각했기 때문이다. 410년 발생한 로마의 함락은 어거스틴이 그의 교회론을 발전시키는데 더욱 중요한 계기를 부여하였다. 예부터 이교를 신봉하는 자들은 이 재난이야말로 제국이 옛 신들을 저버렸기 때문에 발생한다고 주장한다. 어거스틴은 이러한 도전에 대응하여 그의 거작『신국』(City of God)을 남겼다. 이 작품 가운데는 새로운 신앙과 종교를 향한 고전적 문화로부터의 비난에 대응한 기독교적 응답이 포함되어 있다. 이 작품에서 교회가 제국을 초월하여 점차 어두워지는 시대 속에서 계속 신앙과 소망을 유지할 수 있는 정신을 마련해 주었다."15) 『신국』은 고전적 문화와 중세 기독교권이라는 두 세계 사이에 위치한 작품으로서, 전자의 작품을 이어받으며 후자를 향한 길을 열었던 인물의 사상을 여실히 드러내 보여주고 있다. 신국이야말로 시대의 종말, 혹은 한 문명의 말기에 살고 있다고 느낀 인간을 향한 특별한 메시지를 포함하고 있다. 즉 이승의 도시, 세속 문명은 일시적인 것이며 지나가야만 하나, 하나님의 도시는 영원히 계속되어야 된다는 것이다. 어거스틴은 가끔 그의 표현이 모호하기는 하였는데(하나님의 도시)를 보편 교회(the Catholic Church)와 단순하게 일치시키지는 않았다. 이보다는 차라리 벌레이(Burleigh) 교수가 지적한 바와 같이 교회는 영원한 도시(the eternal city)의 "순례자적인 부분"(the pilgrim part)으로서 "이 지구상에 잠시 머무르는 부분이니 곧 이 지구상의 도시 가운데 존재하는 포로이자 이방인으로 일시적 이승의 생활에 수반하는 각종 유혹과 환난을 겪는 것이다… 그뿐 아니라 이승에서의 교회의 구성원이 곧 영원의 도성에서의 최종적인 시민권을 보장하는 것은 아니었다."16) 비록 어거스틴은 하나님의 은혜를 전달하는 통로로서 성례를 강조하였는데, 많은 이들이 현재 생각하는 바처럼 교회의 모든 구성원들에게 최종적 구원을 약속하지는 않았다. "'주께서 자기 백성을 아신다'17)고 한 교회는 곧 교회가 이 세상에 기초가 놓이기 전 이미 예정되고 선택된 교회만을 가리키는 것으로 이 교회야

---

15) 벌레이(J. H. S. Burleigh), *The City of God* (1949), p.v.
16) *Op. cit.*, 178.
17) 딤후 2:19.

말로 상실될 수 없는 것이다."[18] 물론 어거스틴의 교회론이 하나님의 왕국을 가시적 교회조직과 일치시킨 중세 신학에 연결되는 것은 사실이다(세상의 도시에 대한 하나님의 도시의 우월성으로부터 세속 지배자들에 대한 교황의 우월성이 주장되었다). 그러나 이미 어거스틴의 사상 가운데는 가시적 교회와 불가시적 교회를 대비시킨 종교개혁의 교리가 숨어 있다. 이에 첨가한다면 이러한 사상은 교회의 몸과 교회의 영혼도 구별한 최초의 비공식적 로마 가톨릭 신학과 비슷하다 할 것이다. 따라서 종교개혁은 곧 어거스틴의 은혜론이 그의 교회론에 대한 반란이었다는 주장은 수정할 필요가 있다. 어떤 의미에서는 특히 예정의 문제를 다루고 있는 부분에서의 그의 은혜론의 구성은 고전적 사고의 골격에서 탈피하여 완전히 성경적 구성을 일으켰다고 볼 수 없는 점도 있다. 한편, 반면에 그의 교회론은 결국 종교개혁에서 싹이 튼 씨앗들을 포함하고 있다 할 것이다.

5. 대 레오(약 390~461)

다음으로 간단하게 살펴볼 기독교 지도자는 440년부터 461년까지 로마 감독직을 차지하였던 대 레오(Leo the Great)이다.[19] 레오는 특히, 교황 지존설을 발전시킨 장본인이다. 로마교회는 물론 기독교 초기 역사부터 기독교 교회들 가운데 여러 면에서 우위를 점하고 있다. 물론 로마 시가 제국의 수도였다는 사실이 그 도시에 자리잡은 교회의 위치를 높이는데 큰 역할을 했을 것은 말할 필요도 없으나, 수도가 로마로부터 콘스탄티노플로 옮겨간 후에도 로마 감독의 특권과 위치는 감소되기는 커녕 오히려 더욱 증가된다. 그러나 이러한 세속적 교권보다도 더 중요한 이유들이 있다. 이미 살펴본 바와 같이 서방 교회들 가운데 사도들로부터의 권위를 주장할 수 있는 유일한 교회였으며, 이 때문에 서방 교회들은 로마교회에 항상 존경과 경의를 잃지 않았으며, 이에 따라 로마교회의 영향력은 사도 교구로서 계속 자라기만 하였다. 또

---

18) 어거스틴, *City of God*, XX, 8.
19) 잴랜드(T. G. Jalland), *Life of Leo the Great* (1941), *The Church and the Papacy* (1944)를 보라.

한 교리의 순수성과 교회생활에 있어서도 로마는 다른 교회들의 존경을 받기에 합당한 모습을 유지해 왔다.

이처럼 로마교회를 모범적인 교회로 인정함으로써 여러 가지 문제의 절차 및 교회 내 권징에 관해 로마 감독과 의논하는 관습이 성립하였다. 특히, 고올 지방 및 그 서부에 자리잡은 교회들은 이러한 습관을 계속 유지하였다. 서방 교회들 가운데서 전례 없는 사건이나 상황이 벌어지면 로마교회에 그 처리를 문의하는 것이 전통화 되었는데, 이러한 문의에 대한 로마 감독의 응답은 교서(decretals)라는 이름으로 알려지게 된다. 현재까지 남아있는 가장 오래된 교서는 다마수스(366~384) 감독이 발행한 것이다. 이들 교서들에는 물론 강제력은 없었으며, 여러 가지 의문들에 대한 응답에 불과하였다. 그러나 서방 교회 감독들은 보통 교회의 통일성을 유지하기 위해 교서에 나타난 권고를 따르는 것이 보통이었으므로, 점차 실제적 권위를 더해갈 수밖에 없었다.

325년의 니케아 종교회의는 안디옥(Antioch)과 알렉산드리아와 함께 로마교회를 기독교권에 있어서 가장 중요한 세 교구들 가운데 하나로서 인정하고, 이들 세 교구 감독들에게 "대주교"(patriarch), 혹은 "주교장"이라는 칭호를 부여하였다. 381년의 콘스탄티노플 종교회의는 콘스탄티노플 감독이 로마 감독 다음의 위치를 차지해야 한다고 규정함으로써 이미 인정되어 있던 로마 감독의 우월한 위치를 공식화하였다. 당시에 이미 교황(Pope)으로 불리던 다마수스는 메트로폴리탄 감독(metropolitan bishop: 각 교구의 지교회 감독들을 통솔하던 감독장)들 위에 위치한 항소법원을 설치함으로써 그의 지위를 더욱 확대하였다. 그 후 로마 감독이던 카엘레스틴 1세(Caelestine I, 422~432)는 로마에 위치한 성 사비나 교회(St. Sabina)에 조각된 모자이크들에 다음과 같은 문구를 통해 단순한 명칭 이상의 칭호를 차지하였다. 라틴어로 되어 있는 문제의 구절들은 다음과 같다

  Culmen apostolicum cum Caelestinus haberet,
  Primus et in toto fulgeret episcopis orbe.

이는 아마 다음과 같이 번역될 수 있을 것이다. "카엘레스틴은 사도적 권

위의 정상을 차지하고, 전 세계를 통해 제일가는 감독으로서 빛나노라." 황제 역시 51년 칼케돈 종교회의를 규제할 수 있는 권리를 로마로부터의 대표들에게 하사하고 로마 감독들에게 princeps eliscopalis coronae(종교적 권위의 제일인자, chief wearer of the episcopal crown)라는 칭호를 하사함으로써 로마교회의 우월성을 인정하였다.

그러나 레오는 이러한 우월성을 뒷받침할 수 있는 신학적 기초를 찾았으며, 결국 마태복음 16:18 이후에 기록된 우리 주님께서 베드로에게 주신 말씀 가운데서 발견하였다. "너는 베드로라 이 반석 위에 내 교회를 세우리니… 내가 네게 천국의 열쇠를 주노니 네가 무엇이든지 땅에서 매면 하늘에서도 매일 것이요 무엇이든지 땅에서 풀면 하늘에서도 풀리리라."[20] 레오는 베드로야말로 교회를 세운 장본인인 만큼 로마 감독은 천국에의 열쇠를 포함한 그의 권위를 계승하였다고 주장한다.

이러한 레오의 입장은 키프리안의 이론보다 한층 더 나간 것이다.[21] 키프리안이 이러한 주님의 말씀들을 인용하였을 때, 그것은 한 사도로부터 비롯되어 전체 교회 조직 가운데 표현되어 있는 교회의 통일성을 강조하기 위한 것이다. 그러나 키프리안이 생각해 볼 때 베드로의 권위가 다른 사도들을 판단할 수 있는 것이 아니었음인만큼 로마 감독의 우위성 역시 다른 감독들을 재판할 수 있는 성질의 것이 아니었다. 그러나 레오는 일반 감독들 위에 위치한 메트로폴리탄의 감독들을 다시 그물처럼 조직함으로써 그 위에 존재하는 로마 감독의 지존성 아래 전체 서방 기독교를 통일하여 통솔하고자 하였다. 그는 특히 황제로부터 고올 지방의 감독들을 통솔할 수 있는 권리를 받아내었다. 레오는 교회 정치뿐만 아니라 신학에도 그 이름을 남겼는데, 아직까지도 교회 사상 신학자들 가운데 그 이론이 들어 있다.

레오는 자기가 통솔할 수 있는 지역 내의 사람들을 강력히 탄압하였으며, 에베소 종교회의(Council of Ephesus, 449)를 위해 처음 작성된 그의 "톰"(Tome), 즉 그리스도의 위격에 관한 논문은 유티케스(Eutyches)가 주장한 단성론적 이단에 대항한 응답으로서 2년 후 칼케돈 종교회의에 의해 받아들여졌다.

---

20) Revised Standard Version. "묶고," "푸는" 표현은 금지와 허가를 의미하는 랍비식의 숙어이다. cf. 마 18:18에서는 이 권위가 모든 사도들에게 주어졌다.
21) 제20장을 보라.

레오는 또한 칼케돈 종교회의의 조처들을 승인하였다.[22]

레오는 또한 451년 로마 상원의 지도자 아비에누스(Avienus)가 이끄는 황제의 외교 사절들과 동행, 북부 이탈리아에서 흉노족의 앗틸라(Attila)를 직접 면담하여, 이들의 로마 공격을 중지시킴으로써 그 용기를 과시하였다. 그는 비록 455년 반달족의 로마 함락을 막을 수는 없었으나, 이 때도 외교 활동을 통해 그 피해를 상당히 줄이는 공헌을 하였다.

---

22) 제 32장을 보라.

제35장

수도 생활

　모든 종교적 역사들 가운데는 항상 사회 및 인간을 떠나 인간생활의 안락을 포기함으로써 자기들이 추구하는 종교적 목적들을 이루고자 했던 금욕주의자들을 발견할 수 있다. 기독교 이전 시대의 불교는 바로 이러한 금욕종교의 뛰어난 본보기라 할 수 있을 것이다. 불교의 창시자인 고타마(Gautama) 자신(약 주전 560~480)도 그 종교적 경험의 한 시기에 극단적 금욕과 고행을 겪었다. 주전 260년경 인도 왕 아소카(그의 바퀴는 아직도 인도 국기에 나타나고 있다. Asoka)가 불교에 개종하자, 그는 다른 국왕들의 왕궁들에 선교사들을 보냄으로써 새신자로서의 열심을 과시하였다. 그러나 물론 그가 보낸 선교사들이 시리아의 안티오쿠스 2세(Antiochus II)나 이집트 프톨레미 2세(Ptolemy II)등과 구레네 및 에피루스(현재의 알바니아) 왕들에게까지 도달했다거나 당시 알렉산드리아 시대에 불승들의 장삼을 쉽사리 볼 수 있다는 주장들은 확실한 근거가 없다. 또한 기독교 초기 중동 지방에서 발생한 금욕주의 운동이 불교의 영향을 받았다는 주장도 근거가 없다.

　주전 말기와 주후 초 사이 유대인들 중에서 몇몇 금욕주의적 색채를 띤 공동사회들이 발생하게 된다. 유대교는 불교와는 달리 금욕주의를 이상으로 삼지는 않았다. 또한 일부 학자들은 당시 출현한 유대교 내의 금욕주의 집단이 보다 동방으로부터의 영향을 받은 것이라고 주장하기도 한다. 그러나 이러한 주장이 반드시 금욕주의의 올바른 기원을 설명해 주는 것이라고 받아들이기는 곤란하다. 특히, 각종 외적 조건들 - 정치적, 경제적 혹은 종교적 - 이 특별히 절망적일 때, 현세에 등을 돌리는 내세 지향적, 혹은 금욕적 운동들이 활발하게 전개된다. 바로 주전 말기 혹은 주후 초에 이르는 시기가 유대인들로서는 현세에 그다지 재미를 붙일 수 없는 비극적 시기였다고 볼 수 있다. 여러 유대 금욕주의 공동체들 가운데 가장 잘 알려진 것은 에센인(Essenes)들로서 사해 인근에 살고 있었는데, 이들에 관해서는 요세푸스 및 기타 1세기의 저자들이 생생한 기록을 가지고 있다.[1]

그러나 아직까지도 우리들은 이들의 생활에 관해 자세히 알지 못하고 있다. 하지만 사해 북서방에 소재한 쿰란에서 여러 사본들과 유물들이 발견됨으로써 이들에 관한 지식은 상당히 진보하게 된다. 이들 사본은 이미 발굴된 키르벳 쿰란(Khirbet Qumran)에 본부를 둔 에센인들, 혹은 이와 비슷한 공동체에 의해 동굴 속에 보관된 것으로 보이기 때문이다.

우리들은 당시 유대교 내에서 이러한 금욕주의적 공동체들을 발견할 뿐 아니라 일찍이 요세푸스가 교훈을 얻기 위해 방문하였던 은자 바누스(Banus)처럼 종교적 목적으로 혼자 살던 사람들을 발견하게 된다.[2] 또한 세례 요한 같은 이도 회개의 세례를 향해 이스라엘을 부르기 위해 혼자만의 고독한 세계로부터 출현하였던 것이다.

반면 예수님은 우리가 흔히 사용하는 문자 그대로의 의미에서 볼 때 금욕주의자는 아니었다. 그와 동시대인들은 이러한 면에서 예수님을 세례 요한과 대조시켰으며, 그의 적수들은 예수님을 가리켜 음식과 포도주를 탐하는 자라고 불렀다.[3] 엄격한 금욕주의자라고만 볼 수 없는 바리새인들까지도 예수님의 추종자들이 특별한 절기에 금식하지 않음을 비난하였다.[4] 그러나 예수님은 물욕과 탐욕에 물든 자들에게 경고하셨음을 볼 수 있다. 그는 또한 "하나님의 나라를 위해" 결혼하지 않은 이들에 관해 언급하셨으며,[5] "부자가 하

---

1) 요세푸스(Josephus), *Jewish War*, II, 8:2~13; *Antiquities*, XVII, 1:5. 저자의 *Second Thoughts on the Dead Sea Scrolls* (1956), 112ff도 보라.
2) 요세푸스, Life, 2.
3) 마 11:19, 눅 7:34.
4) 막 2:18ff.
5) 마 19:12.

늘 나라에 들어가는 것보다 낙타가 바늘귀를 통과하는 것이 더 쉽다"고 선언하셨다.[6] 따라서 그의 교훈의 실제적 결과는 이 세상의 탐욕 혹은 정욕과는 거리가 먼 것이라 할 수 있다.

그러나 기독교 이전 그리고 그 후의 금욕주의의 대부분은 일반적으로 모든 물질, 특히 인간의 육체 자체가 악하거나 혹은 실제적으로는 존재하지 않지만 우리 감각의 산물인 비존재라고 생각하는 데서 비롯된다. 유대교의 교훈과는 정반대되는 이러한 사상은 이미 인도 철학 가운데서 현저하게 나타나며(이미 우리들이 살펴본 바처럼)[7] 기독교 이전의 시대에 그리스 사상 속에서 침투하였다. 기독교 초기 시대에 이 사상은 일부 그리스 철학 가운데 남아 있었으며(특히 네오 플라톤 철학), 여러 가지의 영지주의 및 마니교 가운데서도 나타난다. 그러나 기독교적 금욕주의는 이들과는 아무런 직접적 연결이 없는 듯이 보인다.

기독교적 금욕주의는 대부분 수도주의 형태로 표현되고 있다. 진정한 의미에서의 기독교 수도주의는 주후 3세기 중반 경에 출현하였다. 그 시초는 이집트 상부 지방 출신이던 안토니(Antony)로 볼 수 있을 것이다. 그는 251년 경 기독교 가정에서 태어났으며, 18세 때 이미 뜻을 정하고 재산을 가난한 자들에게 분배한 후 금욕생활로 들어갔다. 수년 후에는 서부의 사막지대로 옮겨가 약 20년간 완전히 혼자 사는 생활을 하였다. 곧, 다른 신자들이 이러한 전철을 밟았으며, 그는 비록 공동체를 조직하지는 못했으나, 그 지역에 흩어져 사는 은자들을 지도하였다. "은자"(hermit)란 혼자서 사는 자들을 가리키는 용어이며, 원래 헬라어 모나코이(monachoi)로부터 연언된 "수도사"(monk) 역시 원래는 동일한 의미를 지니고 있었는데, 곧, "혼자 사는 사람"이라는 의미이다. 따라서 "수도주의 혹은 수도원주의"(monasticism)는 원래 단어 자체의 의미로 볼 때 혼자 사는 생활만을 가리키는 것으로서 금욕적 공동체를 지칭하는 것은 아니다. 최초의 수도사들은 혼자 사는 은자들이다. 금욕주의적 사회를 조직하여 공동생활 하는 형태 – 정확한 단어를 쓰자면 "수사" (coenobitic) 생활은 그 후 나타나게 된다. 따라서 수도원이란 원어로 따져볼 때 자체 모순을 포함한 단어이다. 그러나 단어들의 의미는 그 원어가 아니라

---

6) 막 10:25.
7) 제24장을 보라.

용법에 달려있는 것인 만큼 현재에 사용되고 있는 예를 좇기로 하여 "수도사"(monk), 혹은 "수도사적"(monastic) 등의 용어들을 혼자 사는 은둔자들 뿐만 아니라 금욕주의적 공동체를 지칭하는데 사용하기로 하자.

다시 안토니의 이야기를 계속하자면, 그야말로 "수도원의 독방을 떠난 수도사란 물을 떠난 고기와 같다"는 유명한 말을 남긴 사람이다. 이러한 안토니의 표현은 초오서(Chaucer)의 『켄터베리 이야기』(Canterbury Tales) 가운데도 나타난다.[8]

안토니는 그 생애 말에는 일반적 교회 문제에 더 큰 관심을 기울여 니케아 신경에 나타난 신앙을 열렬히 성원하였는데, 이에 큰 감명을 받은 아타나시우스는 『안토니의 생애』(Life of Antony)를 저술하였다.

그러나 혼자 사는 생활은 역시 대부분의 인간에게는 부적당한 것이다. 이미 창조주께서 인간 역사의 태초에 "사람의 독처하는 것은 좋지 못하다"고 하였는데, 독신생활을 고집하는 자들이 미처 예상치 못했던 어려운 문제에 부닥쳤던 것은 하나도 신기한 일이 아닐 것이다. 물론 안토니와 같은 특별한 사람의 경우는 혼자 사는 것이 건강에 좋다고 확신할 수밖에 없을 것이다. 만약, 기자가 와서 그에게 "성 안토니여, 과연 장수의 비결이 무엇입니까?"라고 묻는다면, 그는 아마도 "가장 소박한 생활로 혼자 사는 것"이라고 대답하였을 것이다. 물론 그는 105세까지 살았었는데, 그럴만도 하였다. 그러나 그 역시 독신생활에서 생기는 어려움을 경험하지 않은 것은 아니었다. 그는 물론 이러한 어려움을 악마의 유혹이라고 표현한다. 안토니는 자주 자기의 정결한 종교적 명상을 앗아가는 잡념에 시달렸는데, 그는 이를 가리켜 그가 특별히 성결을 위해 노력하기 때문에 사단이 더욱 그를 괴롭힌다고 생각하였다. 이렇게 고민하는 안토니의 모습은 이제까지 여러 가지 그림들의 소재가 되어왔다. 물론 현대의 심리학자들은 이러한 안토니의 번민을 훨씬 쉽게 해석할 수 있을 것이다.

수도생활의 또 다른 발전을 마련한 것은 파코미우스(Pachomius)였다. 파코미우스는 원래 군인 출신이었는데, 퇴역한 후 얼마 안 되어 혼자 사는 생활로 들어갔다. 그러나 그는 은자의 생활보다도 더 좋은 방도를 마련하였는데, 곧 다른 은자들을 주위에 모아 나일 강 유역 타베니시(Tabennisi)에 수도원을

---

8) 초오서(G. Chaucer), *Canterbury Tales*, Prologue, 165, 177~182.

세웠던 것이다. 파코미우스는 그를 따라 이러한 공동생활을 시작한 이들에게 "규칙"(rules)을 지키도록 하였는데, 이 규칙은 그 후 설립된 많은 수도회에 크나큰 영향을 미쳤다. 파코미우스의 여동생도 그의 본을 따라 최초의 기독교 수녀원을 설립하였다. 혼자 거주하는 형태나 공동체의 형식을 막론하고 수도원주의는 특히 이집트 지역에서 번성하였는데, 이는 아마도 사막이 이러한 수도원 운동의 발전에 적당한 장소를 제공한 때문인 듯하다. 그러나 이집트로부터 영향을 받은 서부 아시아에서도 수도원 운동은 번성하였다. 아직 10대였을 때, 이집트에서 안토니를 만난 힐라리온(Hilarion)은 315년경 팔레스타인에 수도원 운동을 소개하였다. 그 후 4세기경 콘스탄티아(Constantia: 현재의 살라미스<Salamis>)의 감독이던 에피파니우스(Epiphanius) 역시 팔레스타인을 방문하여 그 곳에 있던 수도원에 규칙을 마련해 주기도 하였다. 또한 운동은 팔레스타인으로부터 시리아 지방으로 전해졌다. 기둥 위에 거주하는 특이한 형태의 수도운동이 일어난 곳이 다름 아닌 시리아였다. 이러한 "주상 성인"(stylites)들 가운데 최초이자 가장 유명한 인물은 시므온(Simeon, 390~459)이었는데, 그는 계속 기둥의 높이를 높이어 결국 72피트에 달하게 된다. 시므온 및 그를 추종하는 주상 성인들은 그들을 방문하기 위해 몰려든 많은 군중들에게 기둥 위에서 교훈하기도 하였다.

서부 아시아의 수도 운동사에 가장 높은 이름을 남긴 이는 이미 기독교 교리사 가운데 등장했던 인물로 갑바도기아의 바실(Basil of Cappadocia)이다.[9] 바실은 이집트형 수도원 운동을 자세히 연구한 후 이를 갑바도기아 상황에 맞도록 변형하였다. 그는 특히, 공동체를 중심으로 집단적인 규율을 마련하고 기도, 성경공부, 농업 및 의료 등 갖가지 유익한 업무들을 도입하였다. 기둥에 거주하는 수도사들과 큰 대조가 되는 이러한 변혁은 그 후 서방 아시아 및 유럽의 수도원 형태에 좋은 전례를 남기게 된다.

이처럼 바실이 주창한 수도 운동의 형태는 본도(폰투스, Pontus) 지방의 아이디스 강가의 아름다운 건물에서 찾아볼 수 있는데, 이 곳에서 친구 나지안주스의 그레고리(Gregory of Nazianzus)와 함께 거주하면서 농장을 돌보는 한편, 이들이 가장 좋아하던 오리겐의 저작들을 정리하여 문집을 편집하기도 하였다. 370년 바실이 갑바도기아 지방의 가이사랴의 감독이 되자 그는

---

9) 제 32장을 보라.

그의 교구 내에 있는 대규모의 병원에 많은 수도사들을 배치하였다. 그가 휘하의 수도사들에게 제시한 갖가지 규칙은 오늘날까지도 동방 수도원 운동의 골격을 이루고 있다. 또한 바실파 수도회는 현재도 희랍 정교(Greek Orthodox Church)의 유일한 수도회이다.

처음 이러한 수도원들과 교회와의 관계는 모호한 것이다. 마치 바실처럼 감독이 수도원장을 겸했을 경우 그 상황은 비교적 단순하다. 그러나 이러한 경우는 그다지 많지 않았다. 그렇지 않은 경우 수도사들은 현재 기존체제에 복종하지 않음으로써 감독들의 골칫거리가 되었고, 어떤 때 수도사들이 감독들에게 압력을 넣는 때도 있었다. 이러한 수도사들의 독립적 위치는 어떤 면에서 그 옛날 선지자들과 비슷하였는데, 실제 선지자들 역시 쉽사리 기존 조직에 복종하거나 동화되는 것은 아니었다. 테오도시우스 1세 황제는 수도사들이 도시나 촌락 내에 거주하는 것을 금지시킴으로써 이 문제를 해결하고자 하였다. 그러나 449년 에베소에서 열렸던 속칭 "강도들의 회의"(Robber Synod)를 계기로 문제가 크게 대두되었는데, 이때 수도사들은 콘스탄티노플의 플라비안 감독(Bishop Flavian)을 하도 거칠게 취급하여, 플라비안은 이 때문에 사망했다고 전해진다. 2년 후 칼케돈에서 종교회의가 소집되었을 때 이러한 폭력 사태를 방지하기 위한 예비 조처로서 일단의 수도사들을 축출하였다. 종교회의에 모인 대표들은 각 지역 수도사들이 해당 감독의 권위에 절대 복종하도록 결의하였다.

서부 유럽에 수도운동을 처음 소개한 이는 다름 아닌 알렉산드리아의 아타나시우스였다. 그는 이집트의 수도원 운동에 큰 흥미를 가지고 있었을 뿐만 아니라 안토니를 상당히 존경하였다. 373년 알렉산드리아로부터 유배되어 로마를 방문했을 때, 그는 로마 교인들에게 이집트 지방의 수도사들에 관한 이야기를 전했다. 또한 로마 교인들 중 일부에게 이집트의 모범을 따르도록 강력히 종용하였다. 로마 출신 수도사들 가운데 가장 저명한 이는 제롬이다. 그는 373년 시리아에 갔을 때 이미 금욕생활에 젖어 있었다. 그는 시리아에서 4년 동안 은자로서 생활하면서 성경공부(히브리어 학습을 포함하여)와 고행에 열중하였다. 그 후 로마에 돌아와 다마수스의 비서가 되어 그의 지시에 따라 라틴판 성경개정 작업에 착수하였다. 다마수스가 죽은 후에는 다시 동방으로 돌아갔다. 그는 독신생활에 헌신한 몇몇 양가 출신의 로마 귀부인과 함께 팔레스타인 및 이집트 일대의 성지들과 수도원들을 순례한 후 베들레헴에 정착하였다. 이 곳에서 로마 귀부인들 중 하나였던 파울라(Paula)는 네 개의 수도원을 설립하였는데, 셋은 여자들을 위한 것이었고, 나머지 하나는 남자들을 위한 것이다. 제롬은 이곳에서 여생을 수도사로 보내었는데, 성경연구와 번역을 계속하고, 로마 제국 전역에 걸쳐 성직자 및 여신도들과 서신을 교류하였다.

제롬의 서신들을 살펴보면, 특히 독신생활과 동정(virginity)에 중점을 둔 금욕주의적 이상을 추구한 점을 알 수 있다. 실제 성경 가운데서 이런 독신생활을 결혼생활에 비해 우월한 것으로 평가한 예가 없음을 상기해 볼 때, 기독교 초기에 독신생활을 점차 우월하게 생각하는 경향이 증가한 사실은 특이한 사실이라 할 수 있다. 구약에는 결혼하여 자녀들을 양육하는 것이 가장 이상적인 생활로 표현되고 있다. 또한 신약성경에서도 (예수님이 직접 교훈한 바와 같이) 독신생활이 일부 교인들을 위한 특별 소명임은 인정하였는데, 또한 결혼과 가정생활을 그리스도인들이 하나님을 기쁘시게 하는 정상적 영역으로 인정하고 있음을 알 수 있다. 바울 자신은 독신자였는지는 모르나, 그는 베드로 및 다른 사도들과 주의 형제들이 결혼하였으며, 목회 및 선교여행에 처들을 동반하였음을 알고 있었고, 그는 또한 이를 당연하게 받아들였다.[10]

수많은 이방인 출신 기독교 신자들이 정상적인 결혼생활까지도 바람직하지 않게 생각하게 된 것은 아마도 당시 헬라와 로마인들 사이에 성도덕이 너무도 문란했기 때문에 이에 대한 반작용으로 보인다. 또한 영혼과 비교해 볼 때 인간의 물질적인 부분이 악의 근원이라고 여겼던 사상 때문에 같은 경향이 더욱 두드러지게 된다. 바울이 고린도교회에 보냈던 첫 번째 편지의 제 7장에 기록한 답변들을 보면 고린도 교인들이 바울에게 문의하였던 것이 바로 이러한 결혼 문제가 아닌가 생각된다.[11]

수도원 운동의 후기 단계에 있어서는 영국의 경우 독신생활을 규범화하지는 않았으나, 수도원 운동은 자연스럽게 독신을 강조한다. 실제로 일부 켈트족 수도사들은 결혼했다는 증거가 남아 있다.[12] 재혼을 부인한 몬타누스주

---

10) 고전 9:5.
11) 제12장을 보라.
12) 제 39장, 주 17을 보라.

의자들의 주장[13])은 곧, 보편 교회 내의 성직자들에게로 적용된다. 이에 관해서는 감독이나 혹은 집사는 "한 아내의 남편이어야 한다"는 목회 서신을 통해 성경적 근거가 있음을 알 수 있다. 그러나 이러한 표현 역시 처음에는 다른 의미를 지니고 있었는지도 모른다.[14]

스페인은 엘리바 종교회의(Council of Elvira, 약 306)에서 독신생활을 성직자들을 위한 이상적 생활로 규정하였다. 325년에는 성직자들이 성직 임명을 받은 후에는 결혼하지 않는 것이 보편화되었던 듯하다.

그러나 같은 해 니케아 종교회의에서는 성직자들은 성직에 임명되는 즉시 아내들을 떠나야한다는 보다 심각한 제안들이 제안된다. 그러나 이러한 이론은 파프누티우스(Paphnutius) 이집트 감독의 열렬한 반대로 말미암아 이루어지지 못하였다. 당시 파프누티우스는 사람들에게 열렬한 존경을 받던 인물이다. 그 자신이 엄격한 금욕주의자였으며, 박해로 인하여 한쪽 눈이 뽑히고 다리가 부러진 상처를 안고 있었다. 그는 결혼생활이 아무런 흠될 것 없는 정상적 생활일 뿐만 아니라 성직자들의 별거야말로 특히 아내들에게 지나친 고통을 초래한다고 주장한다. 그의 덕분으로 종교회의는 성직 임명 이후의 결혼만을 금지하자는 기존 관행을 그대로 유지하게 된다.

그러나 제롬은 지키지 않고 그의 서신들 가운데 독신생활의 우월성을 주장하고 결혼을 비하하였다. 그는 결혼이 단지 인간의 약함 때문에 생기는 타협이라고 밖에 평가하지 않았다. 그는 단지 밤중에 정욕을 이기지 못하는 사람들을 위해서나 결혼이 필요한 것이라고 생각하였다. 물론 그를 추종하는 제자들은 이의없이 제롬의 주장들을 받아들였으나, 다른 이들이 이 문제에 관해 제롬의 비합리성 및 비성경적인 약점을 들추어 내면 제롬은 이성을 잃은 듯 그들과 논쟁을 벌였다. 마치 여기서는 "논리가 약하니 소리를 지를 것"이라고 설교 본문의 여백에 토를 단 설교가들을 연상케 하는 모습이다. 제롬 역시 스스로 그의 논리가 취약한 부분에서는 무례한 상소리를 서슴지 않았다. 특별히, 그의 이러한 태도는 이 문제에 있어서 그에 대항하였던 로마 출신의 수도사 조비니안(Jovinian)과 피레네 출신의 수도사 비질란티우스

---

13) 제21장을 보라.
14) New English Bible 은 이를 "faithful to his one wife"(그의 한 아내에게 충실한 자)라 하고 있다. 그러나 원래 이 표현은 "이혼한 일이 없는"을 의미했던 것으로 보인다.

(Vgilantius)와의 논쟁에서 여실히 드러난다. 비질란티우스는 흔히 최초의 개신교도(Protestant)[15]라고 불린 인물이다. 비질란티우스는 제롬과의 논쟁에서 지나친 독신생활의 우월성 강조를 비판하였을 뿐 아니라 점차 성행하고 있던 순교자들의 유품 숭배 및 성자들에 대한 기도 등에 거센 반발을 보였다. 제롬은 불과 하룻밤 동안에 "비질란티우스에 대항하여"(Against Vigilantius)를 저술하였는데, 그는 이 가운데 비질란티우스의 의견은 너무도 신성모독적인 것이므로 합리적인 반박이 필요없이 단지 스스로의 경건함을 보여주겠다는 무지스런 태도를 취하고 있다. 현재의 한 학자는 이에 관해, "이 논문이야말로 제롬이 자신의 의견이 옳다고 가장 확신했던 것 같으나, 실은 그가 완전히 오류를 범했던 유일한 논문이기도 하다."[16]

이 논문의 한 부분에서 제롬은 이웃들과 함께 섞여 사는 정상적인 사회생활에 비교하여, 혼자 사는 독신생활을 비하하였던 비질란티우스를 맹렬히 공격하고 있다. 제롬은 장로였으나, 단 한번도 목회에 종사한 일이 없었다. 이에 대해 비질란티우스는 "만약 모든 이가 다 스스로 세상을 떠나 은자의 길을 택한다면 누가 교회를 위해 봉사하겠는가? 누가 이 세상 사람들을 구원하겠는가? 누가 신자들을 회개시켜 의인으로 만들겠는가?"라고 날카롭게 묻고 있다. 제롬은 이에 대해 독신생활은 너무나도 귀한 덕(virtue)이기 때문에 많은 이들이 원하지 않으므로 모든 이들이 다 은자가 될 리는 없으니 염려할 것이 없다고 답변하고 있다. 비질란티우스는 또한 세상에 남아 악을 상대로 투쟁하지 않고 은자의 길을 선택할 것인가하고 다그치고 있다. 이에 대해 제롬은 "비질란티우스는 원한다면 남아서 싸워도 되지만 투쟁하는 이들은 정복하거나 정복당하게 된다. 그러나 도주하는 나는 이미 적으로부터 멀리 떨어져 있으므로 정복되지 않을 것이다. 왜 내가 도주하는가 하면 정복당하고 싶지 않기 때문이다"라고 응답하고 있다.

바로 이러한 제롬의 답변 가운데 수도 생활의 가장 아픈 취약점이 드러난다고 볼 수 있다. 비질란티우스는 바로 여기서 정곡을 찌른 셈이다.

서방 교회의 초기 수도원 가운데 가장 뛰어난 인물은 투르의 마르틴

---

15) Cf. an article, "Vigilantius: An Early Gallic Protestant," by 혼스비(J. T. Hornsby)를 보라. *The Evangelical Quarterly*, July 1945, 182ff.
16) 프리멘틀(W. H. Fremantle), in *Dictionary of Christian Biography*, ed. 스미스(W. Smith) and 웨이스(H. Wace), III(1882), 44.

(Martin of Tours, 약 315~397)이라 할 수 있다. 마르틴은 군 장교의 아들로 태어났으며, 이에 따라 그의 부친의 직업을 이어받도록 법에 의해 규정되어 있다. 따라서 그는 기병대 장교가 된다. 그러나 마르틴은 흔히 보는 군인이 될 수가 없었다. 비록 그의 부모는 다 이교도였으나, 마르틴 자신은 열 살 때 기독교 신자가 되었으며, 아직 채 10대에 이르기 전에 은자의 생활이 가장 이상적인 것으로 확신하게 된다.

물론 당시 로마 군대의 생활은 기독교 복음과 사랑에 따라 살 수 있는 가장 이상적인 상황은 아니었으나, 마르틴은 최선을 다하여 신앙을 지키고자 하였다. 그의 군대생활 가운데 가장 유명한 일화는 그가 아미엔(Amiens)의 한 기지에 주둔하고 있던 겨울날 길에서 만난 거지에게 그의 장교용 외투를 반으로 잘라 나누어준 것이다. 그는 그날 밤 잠자는 중 꿈속에서 그의 반쪽짜리 외투를 입고 있는 그리스도를 보았다. 그리스도는 주위에 둘러선 천사들에게 다음과 같이 말씀하셨다. "마르틴은 아직도 카테쿠멘(세례를 받기 위해 준비과정에 있는 학습인들, catechumen)에 지나지 않지만 이 옷으로 나의 헐벗은 몸을 덮었느니라."

마르틴은 그 후 세례를 받고 의무적인 병역 기간이 끝난 후 곧 제대하여 포이티어(Poitiers)로 갔다. 그는 이 곳에서 성자로서의 생활과 정통 신앙으로 널리 알려진 감독 힐라리(Hilary)로부터 영적인 감동을 받았다. 그 후는 고향인 판노니아(Pannonia) 지방(현재의 오스트리아 및 서부 헝가리)으로 돌아가 그의 부모님들에게 복음을 전하고자 하였다. 그의 어머니는 개종하였는데, 그의 아들이 장교로서의 유망한 장래를 포기하고 기독교 신앙을 택한데 대해 크게 원한을 품고 있던 부친은 아예 귀를 기울이려고 조차 하지 않았다.

그 후 몇몇 지방을 전전한 뒤 360년경 포이티어로 다시 돌아와 힐라리로부터 근처에 있던 리구제(Ligugé) 촌락을 지정받고 그 곳에 수도원을 세웠다. 그는 자기를 추종하는 수도사들을 위하여 마치 타고티우스의 그것과 유사한 교육을 제정하였는데, 노동의 중요성은 그다지 강조하지 않았다.

그 후 10년 동안 마르틴의 명성은 고올 지방 전체에 널리 퍼지게 된다. 그는 특별히 엑소시스트(귀신 쫓아내는 사람, exorcist)로서 유명하였는데, 그가 각종 잡신들을 쫓아낸 데에 관하여는 여러 가지 일화가 전해 내려오고 있다. 또 그는 그 후의 마틴(마틴 루터)과 마찬가지로 다름 아닌 사단 자신과 직접 대면하는 경우가 많았다고 기록되고 있다.

그러나 투르 마르틴이나 마틴 루터 모두가 사단과 정면 대결하는 데에 능한 인물은 아니었다. 사단이 마르틴들 자신, 혹은 그들의 친구의 죄를 특히 강조함으로써 이들을 절망시키고자 할 때도 끝내 자신과 용기를 과신한 점에서 똑같다 할 것이다. 사단은 투르 마르틴에게 세례 받은 후 저질러진 대죄(mortal sins)들은 용서를 받을 수 없다고 주장하고, 따라서 그의 수도사들 가운데 일부는 지옥에 갈 수밖에 없다고 우겼다. 그러자, 마르틴은 "반대로 사단 너 자신이 지금이라도 인간을 괴롭히는 것을 포기하고, 그 악한 죄들을 회개하기만 한다면 겨우 심판 날짜가 얼마 남지 않은 지금이라도 나는 예수 그리스도의 이름으로 자신있게 네가 하나님의 자비를 얻을 수 있음을 보증할 수 있다"라고 반박하였다. 이처럼 투르 마르틴은 오리겐과 로버트 번즈 등, 각색 인간을 포함하는 집단 가운데 그 이름을 남기게 된 것이다.

마르틴의 생애에 관한 이러한 일화들은 그의 동시대인으로서 그를 존경하였던 설피시우스 세베루스(Sulpicius Severus)가 남긴 전기 가운데 포함되어 있다. 당시의 거의 모든 전기들이 너무나도 많은 기적과 전설들을 포함하고 있다는 사실은 초자연적인 사건을 포함하는 부분은 실제 사건이 일어났던 시기보다 상당히 후에 포함된 것이라는 교훈을 우리들에게 주고 있다. 그러나 마르틴이 그의 서신에서 목도한 환영, 도깨비들에 관한 기록이 단지 전설에 불과하다고 규정할 필요는 없다. 이들 가운데 일부는 설피시우스가 직접 마르틴의 입에서 들은 것들이다.

마르틴은 귀신을 쫓아내고, 병자들을 고치고, 복음을 전했던 여러 사역들과 함께 진정 복음주의적 전통에 섰던 인물임을 알 수 있다. 그의 명성이 점차 높아짐에 따라 신자들이 그를 종교적 지도자로 내세우게 되는 것은 명약관화 하였다. 371년 투르의 감독이 사망하자, 시민들은 마르틴을 후계자로 임명하고자 하였다. 또한 마르틴의 금욕주의를 존경하던 그 지방의 성직자들과 인근 감독들 역시 시민들의 열렬한 요구에 승복할 수밖에 없었다. 마르틴은 결국 시민들의 강청에 못 이겨, 리구제로부터 옮겨와 투르의 감독이 된다. 투르는 물론 리구제보다 훨씬 큰 도시였으므로, 더 많은 사람들이 마르틴을 찾게 된다. 마르틴은 결국 보다 많은 혼자만의 시간을 갖기 위하여 투르 근처에 새로운 수도원을 세웠다. 이 새로운 수양지는 흔히 "대수도원"(Greater

Monastery: 아마도 리구제 수도원과 구별하기 위한 목적이었던 듯하다)이라 불리웠으며, 바로 이 이름(라틴어로 amius monasterium)으로부터 현재의 마르모티엘(Marmoutier)이라는 지명이 생기게 된다. 그러나 마르틴은 이러한 수도 생활을 통해 완전히 세속 생활로부터 분리되고자 한 것은 아니었다. 반대로 그는 투르를 고올 지방에 사는 이교도들에게 복음을 전하기 위한 선교 센터로 변화시켰으며, 그 결과 그의 교훈은 더욱 확장된다.

브리튼에 주둔하고 있던 군단장이던 마그누스 막시무스가 380년 휘하 병사들에 의해 황제로 추대되어 고올 지방으로 침입하였을 때, 막시무스는 고올 지방의 종교 지도자들로부터 지지를 받는 것이 중요하다고 판단하였으며, 특별히 사람들의 존경을 한 몸에 받던 마르틴과 친선관계를 유지하고자 하였다. 마르틴은 처음에는 트리에르(Trier-Tréves)를 방문해 달라는 막시무스의 초청을 거부하였는데, 그 후 다시 생각을 바꾸어 막시무스로부터 융숭한 대접과 존경을 받았다. 특별히, 막시무스의 아내는 마르틴의 음식을 자기 손으로 손수 조리하여 대접하기도 하였다. 설피시우스 세베루스는 이 때의 광경을 특히 생생하게 묘사하고 있다. 재미있는 사실은, 세베루스에게 깊은 인상을 남긴 것은 왕비의 정성이 아니라 마르틴이 여성을 그토록 가까이 접근하도록 허용하였다는 사실이다. 그러나 황제의 융숭한 대접으로 말미암아 사리판단을 그르치기에는 마르틴은 너무나도 진실하고 겸손한 인물이다. 그의 성품은 참으로 온유하였는데, 그를 사랑하지 않는 것은 어려운 일이었다고 전해진다. 예수님을 믿지 않는 이교도들까지도 그를 애정과 존경으로 대하였다. 그에게는 평생 거의 적들이 없었는데, 그의 전기 작가에 의하면, 단지 모든 감독들만이 예외의 경우였다고 한다. 그러나 정의를 부르짖고 불의에 대항해야 할 시기가 오면, 마르틴은 주저하지 않았다. 그는 막시무스의 반란과 마침 때맞춰 발생한 그라티안 황제의 암살사건에 막시무스 자신이 관련되어 있음을 발견하였다. 이리하여, 마르틴은 암브로즈와 마찬가지로 프리실리안(Priscillian) 및 그의 일당의 처형을 주장한다.

마르틴의 생활의 성결성과 선교열이 남긴 인상은 참으로 지대하였다. 그의 명성은 서부 유럽 전체에 퍼졌으며, 브리튼 제도(British Isles)에까지 미치게 된다. 그가 죽던 397년에는 스코틀랜드 남부 횟톤(Whithorn)에 마르틴의 이름을 딴 교회가 건립되었으며, 그 후 얼마 안 되어 켄터베리에도 그의 이름을 붙인 교회가 세워졌다. 11월 11일(아마도 그의 장례식날이었던 것 같다)로 제정된 그의 축제일은 스코틀랜드에서는 아직도 겨울의 시작으로 생각되어 마르틴마스(Martinmas)라 불린다. 이 때쯤 갑자기 생기는 좋은 날씨는 그의 이름을 기려 성 마르틴의 여름(St. Martin's summer)이라고 불린다.

영국 제도의 복음화에 미친 그의 간접적 영향은 다음 장들에서 취급하게 될 것이다. 그는 아마도 서방 수도원주의의 진정한 창시자로 생각되며, 또한 그 발전에 있어 가장 큰 영향을 미친 세 사람 중 하나라고 생각되어진다. 다음 세기 초 마르세이유 근처에 소재했던 성 빅토르(St. Victor) 수도원장이던 존 카시안(John Cassian, 약 360~435)은 바실에 의해 제정된 동방 수도원의 계율을 휘하 수도사들에게 소개하였다.[17] 그러나 현재까지도 서방 수도원주의의 모범으로 남아있는 규율을 마련한 인물은 카시안보다 약 100년 후에 활동하였던 카시노의 베네딕트(Benedict of Cassino, dir 480~547)이다. 베네딕트파의 계율은 비록 엄격하기는 하였는데, 지나친 속박을 주장하지는 않았다. 그는 혼자 사는 은자의 생활 대신 함께 모여 사는 공동체 생활을 정상적 수도 생활로 삼았다. 혼자만의 은자적 수도 생활은 서부 유럽에서는 그 후 점차적으로 사라지게 된다. 결국 중세 수도원 운동의 최고봉을 이루고 그 특징을 결정지은 것은 베네딕트파 수도원이다.[18]

---

17) 챠드윅(O. Chadwick), *John Cassian: A Study in Primitive Monasticism* (1950).
18) 호얼(F. R. Hoare<ed,.>), *The Western Fathers* (1954)를 보라.

초기의 영국 기독교

영국 기독교사를 더듬어 볼 수 있는 최초의 확실한 날짜는 주후 314년 8월 1일이다. 그날 콘스탄틴 황제는 북아프리카의 정통 보편교회를 대표한다고 주장하였던 도나투스주의 문제를 해결하기 위해 서방 감독들을 소집하여 아를르 종교회의(Synod of Arles)를 개최하였다. 아를르에 회집한 감독들 가운데 영국으로부터 온 세 대표가 있었는데, 이들은 곧 요크의 에보리우스(Eborius of York), 런던의 레스티투투스(Restitutus of London)와 아마도 링컨(Lincoln)으로 보이는 아델피우스(Adelphius)등이다.

영국 교회가 이러한 총대들을 파견할 수 있다는 것은 이 때쯤 영국의 많은 지역에 기독교가 퍼져 있음을 의미한다. 그러나 영국 교회의 시작과 초기 발전 상황에 관하여는 거의 알려진 바가 없다. 물론 그 후 나타난 전설 등은 아리마대 요셉(Joseph of Arimathæa)을 비롯한 초대 그리스도인들의 선교활동을 주장하고 있으나, 진정 신빙성있는 주장들은 남아있지 않다고 해도 과언은 아니다.

한때, 브리튼(Britain)을 점령했던 로마군에 의해 기독교가 전파되었다고 하는 학설이 유력하였다. 그러나 현재 남아있는 모든 증거들은 이 학설에 상치된다. 주후 처음 3세기 동안 정복군들은 전혀 기독교의 영향을 받지 않았던 것으로 보인다. 물론 클로디우스가 황제였던 주후 43년 브리튼을 정복했던 아울루스 플라우티우스(Aulus Plautius) 가족이 기독교를 신봉했을 가능성이 있음은 사실이다. 플라우티우스는 그 후 4년 동안 총독으로 브리튼을 다스렸으나, 그의 신앙은 영국에 있어서의 기독교 역사와 직접적 관련을 맺지 못하고 말았다.[1]

실제로(다른 곳과 마찬가지로) 영국에 주둔하고 있던 로마 군인들 가운데 가장 우세했던 동방으로부터 전래된 종교를 지적한다면, 이는 기독교가 아닌 미드라교(Mithra)였다. 미드라는 전설에 등장하는 광명과 진리의 신이다. 미드라교는 주전 1세기 중반 경, 로마인들에게 전해졌으며, 주후 3세기 중엽에는 널리 그 세력을 확장하여, 당시 상황만으로 본다면 기독교가 아니라 미드라교가 제국을 정복할 것으로 보였다.

미드라교는 우주를 광명과 암흑 사이의 전쟁터로 생각하였다. 미드라교 신자들은 미드라와 합일하기 위해서는 이 전쟁에 참여하여야 하며 이러한 미드라 신과의 합일을 성취한 자들은 각종 밀교 의식을 통해 정화되어 영원한 광명 속에서 영생을 누리는 가장 높은 7층천에 도달하게 되는 것이다. 미드라교는 특히 진지한 로마인들, 그 중에서도 군인들에게 어필하였는데, 아마도 이는 미드라교의 원칙들이 군사용어로 표현됐기 때문이다. 하드리안의 성벽 위에 건축된 세 개의 신전들과 요크 지방의 하드리안 성벽과 잉글랜드 북부 각처에 흩어진 미드라의 주문들과 상징들을 보면, 영국에 주둔하던 로마 군인들 가운데 열렬한 미드라교 신자들이 존재하였음을 확실히 알 수 있다.[2] 그러나 4세기경까지 기독교의 존재를 보여주는 존재들은 나타나지 않고 있다.

영국의 기독교도 오히려 고올 및 기타 지방으로부터의 상인들로부터 비롯한 일반인들에 의해 전래되었을 가능성이 더욱 짙다 하겠다. 혹은, 제국의 다른 곳을 방문하였던 영국인들이 새로운 기독교 신앙에 접하여 이를 전래해 왔다고도 짐작할 수 있다. 우리들은 당시 로마 전 세계에 걸쳐 자유스런 여행이 가능했었음을 상기해야 한다. 카알리슬(Carlisle)로부터 바벨론까지 국경을 건너지 않고 통행이 가능하였다. 또한 시리아 상인이 영

---

1) 제14장을 보라.
2) 현재까지 알려진 로마령 브리튼 지방의 유일한 미드라 신전은 런던 지방, 월브룩 (Walbrook) - Mansion House 근처 - 에 있는 것으로서 1954년 발견되었다. 이 곳에서도 역시 군인 출신 숭배자들의 명단이 나타나고 있다.

국인 아내를 기념하기 위하여, 하드리안 성벽에 조각한 아람어로 된 명문과 주후 115년경에 행해진 트라쟌 황제의 메소포타미아 정벌에 참가하였던 영국 기병연대(이들은 보통 다뉴브 국경에 주둔하고 있다)가 갑바도기아 지방의 아마시아(Amasia)에 남긴 명문들을 통해서도 제국 내의 인구 이동이 무척 자유스러웠음을 알 수 있다. 따라서 새로운 기독교 신앙이 영국으로 전래될 통로는 많이 있다. 영국 제도 복음화 후기에는 니니아(Ninian), 패트릭(Patrick), 콜롬바(Columba)와 어거스틴(Augustine) 등, 유명한 이름들이 많이 나타난다. 그러나 영국 복음화의 최초 단계에는 그다지 특출한 이름들이 나타나지 않고 있다. 따라서 우리들은 일상생활과 사업을 통해 평범한 기독교인들에 의해 행해진 선교활동이 생각보다 컸다는 사실을 항상 기억할 필요가 있다.

어쨌든 당시의 상황을 고려해 보면, 기독교가 고올 지방으로부터 영국으로 전래되었음을 추측할 수가 있다. 고올 지방은 일찍이 복음화되기 시작한다. 신약성경 자체 내에도 고올 선교를 암시해 준다고 해석할 수 있는 구절이 들어 있다. 바울은 디모데에게 보낸 두 번째 편지 마지막쯤에 "그레스게는 갈라디아로 갔다"라고 적고 있다.[3] 갈라디아(Galatia)는 고올을 의미할지도 모른다(실제로 일부 성경 학자들은 본문을 "고올"이라고 읽기도 하였다). 어쨌든, 동남부 고올 지방은 상당히 일찍이 복음화되었는데, 이는 복음이 아마도 소아시아 지방으로부터 전해졌기 때문인 듯하다. 177년 발생한 폭동으로 큰 피해를 입었던 론 계곡(Rhone valley) 소재 비엔나(Vienne)와 리용(Lyons) 교회들은 소아시아 지방과 밀접한 관련을 맺고 있었으며, 당시 박해로 인하여 노령의 감독이 사망하자 소아시아로부터 이레니우스(Irenæus)를 받아들여 감독으로 삼았다.[4] 이레니우스는 리용의 감독으로서 고올 지방 교회 전체를 돌보아야 했다.[5] 비엔나와 리용 교회와 마찬가지로 그는 헬라어를 모국어로 사용하였는데, 고올 지방 전체에 걸치는 자신의 임무를 제대로 수행하기 위해서는 켈트어(Celtic)를 배울 필요가 있음을 발견하였다. 그러나 3세기 중반에는 고올 지방에 여러 명의 감독들이 있었으며, 325년에는 28명, 50년

---
3) 딤후 4:10.
4) 제17장을 보라.
5) Lyons의 추기경 대주교는 아직도 "고올의 최고 성직자"(Primate of the Gauls)라는 칭호를 받고 있다.

후에는 무려 54명이나 된다. 이러한 숫자들을 보면, 당시 리용 지방에서 교회의 영향력이 급격히 확대되었음을 능히 짐작할 수 있으며,[6] 이러한 고올 지방의 기독교화는 영국 해협을 건너서 또 상당한 영향을 미쳤을 것이라고 짐작할 수 있다.

제2세기 말의 터툴리안과 수 십 년 후의 오리겐 등은 자기들의 생존 시 기독교가 영국에 침투했음을 언급하고 있다. 또한 아를르 종교회의 얼마 전에는 이미 최초의 기독교 순교자로서 베룰람(Verulam)의 성 알반(St. Alban)의 이름이 비드(Bede)에 의해 언급되었는데,[7] 그는 아마도 더 아클레티안 혹은 데시우스 황제의 박해 시에 숨진 것으로 보인다. 고올 지방과 마찬가지로 영국에서의 디오클레티안 황제 당시 박해는 극히 미미하였다. 왜냐하면 이 시역을 다스리던 콘스탄티우스 시저(Constantius Cæsar)가 상관의 정책을 최소한으로 준수하는데 만족하였기 때문이다. 당시의 영국 역사 가운데 가장 중요한 사건은 콘스탄티우스가 사망하자, 306년 7월 25일 요크에 주둔하던 로마 군대가 그의 아들 콘스탄틴(Constantine)을 황제로 옹립한 것이라 하겠다.

영국에서의 기독교 역사는 콘스탄틴으로부터 본격적으로 시작된다. 또한 4세기 전체에 걸쳐, 이곳의 로마군 세력이 점차 약화되는 것과 반비례하여 기독교의 영향력은 꾸준히 강성해진 것을 볼 수 있었는데, 이는 단순히 우연의 일치만은 아니다.

아를르 종교회의 이후 영국 대표들이 참여한 기록이 남아있는 다음번 모임은 359년의 리미니 회의(Council of Rimini)였다. 이때 참석한 수명의 총대들은 3명만을 제외하고는 황실의 재정보조를 받음이 없이 자기들 스스로 경비를 부담했다고 기록된다. 그런데 당시 총대들의 과반수는 모든 여행 경비를 국가가 부담하고 있다.

기독교의 존재를 유추할 수 있는 최초의 유적은 최근 켄트 지방의 룰링스톤(Lullingstone)에 소재한 로마식 별장에서 발견된다. 키와 로(X. P, 이는 '그리스도'의 두 문자들이다)[8]의 표식과 초대 그리스도인들이 기도하던 모

---

6) 홈즈(T. S. Holmes), *The Origin and Development of the Christian Church in Gaul* (1911) 을 보라.
7) Bede, *Hist. Eccl.*, 1, 7.
8) 제 30장을 보라.

습으로 그려진, 앞으로 팔을 뻗은 모습 등, 벽에 그려진 그림들로 판단해
볼 때, 이 건물 이층에 자리잡은 몇몇 방들(소강당 및 준비실)은 350년경 기
독교 예배를 위해 따로 구분되어 있다.9) 또한 거의 같은 시기의 건축물로
보이는 교회 건물들과 유적들이 실체스터(Silchester)와 키엘윈트(Cæerwent)
등에서 발견된다. 또한 시렌체스터(Cirencester)에 소재한 로마인 소유의 한
저택의 벽에서도 같은 시기에 그려진 것으로 보이는 다음 문장들이 발견
되었다.

R O T A S
O P E R A
T E N E T
A R E P O
S A T O R

이와 동일하거나 혹은 비슷한 형태의 "요술 사각"(magic square)이 로마
전역에 걸쳐 여러 곳에서 발견되었는데, 가장 최초의 것은 폼페이(Pompeii:
이는 분명히 주후 79년 이 도시가 화산에 의해 파괴되기 이전에 나타난 것이다)였으
며, 가장 동방으로는 유프라테스강 유역의 듀라(Dura)에서 발견되기도 하
였다.10) 이 특이한 모습의 문장들을 두고 여러 가지 설명들이 시도되었으
나, 가장 신빙성 있는 것은 다음과 같이 해석한 초대 그리스도교도들의
암호라고 하겠다.

---

9) 미츠(G. W. Meats), *Lullingstone Roman Villa* (1995), 126~155를 보라.
10) 앳킨소(D. Atkinso), "The SatorFormular and the Beginnings of Christianity" in *Rylands Livrary Bulletin*, XXII (1938), 419ff. and "The Origin and Date of the 'Sator' Word-Square" in *Journal of Ecclesias-tical History*, II(1951), 1~18 ; 칼코피노 (J. Carcopino), "Le christianisme secret du 'carré magique'" in *Museum Helveticum*, V(1948), 167f. ; 래스트(H. Last), "The RotasSator Square: Present Positio and Future ProsPects," *Journal of Theological Studies*, N.S., III(1952), 92ff.

```
            A
            P
            A
            T
            E
            R
   APATERNOSTERO
            N
            O
            S
            T
            E
            R
            O
```

(물론 확실히 단언하여 결론짓기는 어려우나) 이러한 해석이 옳다고 한다면, 이 "요술 사각"은 마태복음에 나타난 형태의 주기도문의 처음 구절들을 대표하는 것이라 볼 수 있다. 파테르노스테르(우리 아버지, Paternoster)가 2번 쓰여졌는데, 그 중 문자 N은 한번만 사용되었으며, 헬라어의 알파와 오메가에 대응하는 라틴 문자 A와 O가 이중으로 부속되어 나타난다.[11]

제4세기 후반에는 제국 밖으로부터 영국에 대한 침략이 점차 빈번해졌는데, 당시 로마군들은 대륙의 분쟁을 해결하기 위해 병력을 나누어야만 했다. 그 한 가지 예는 이미 언급한 바, 383년에 발생한 마그누스 막시무스의 반란이라 볼 수 있다. 그런데 특히 막시무스는 원래 영국 전설에 위대한 영웅으로 등장한다는 점에 유의할 필요가 있다. 그는 웨일즈 지방의 전설에서 막셀 우레딕(총사령관 막시무스, Maxen Wleding)이라고 나타나며, 그의 아내는 영국 출신의 왕녀 헬레나(Helena)였다고 전해진다(이는 아마도 동명이인이었던 콘스탄틴의 어머니와 혼동한 것인지도 모른다. 전설에 의하면, 콘스탄틴의 어머니는 영국 출신으로 되어 있으나, 실제로는 일리리안 지방에 있던 술집 주인의 딸이다). 찰스워즈

---

11) 계 1:8; 21:6; 22:13.

(M. P. Charlesworth) 교수는 "지도자가 무엇인가 국민들을 위해 큰 일을 하지 않는 한 이들이 지도자들을 좋아할 리 없다"는 전제 하에 막시무스에 관한 그럴 듯한 가설을 세우고 있다. 즉 고올 지방에서의 위치를 강화하기 위해 영국을 떠날 때 막시무스는 자기와 자기 휘하의 군대들이 없는 동안 주민들을 보호하기 위해 하드리안 성벽의 북쪽에 거주하고 있던 두 브리튼 부족들과 동맹을 체결하였다고 주장한다. 이들 브리튼족들은 성벽 남부의 시민들과 우호관계를 유지하고 있다는 것이다. "따라서 북부의 브리튼족들은 이미 로마식으로 군사훈련을 받았으며, 무기들을 잘 다룰 줄 알았으므로 자기들의 영토를 보호하기에 부족함이 없었다"는 것이다. 그의 해석에 의하면, 막시무스가 전설적인 명성과 인기를 누리게 된 것은 그야말로 "북부 브리튼 지방의 두 부족들을 인정한 최초의 로마 총독이었으며, 또한 최초로 영국 부족장에게 로마의 휘장을 하사하였으며, 최초로 영국 황실과 혼인동맹을 맺은 인물이었기 때문이다. 즉 웨일즈 주민들의 진정한 역사는 스페인 출신의 로마인 사령관 마그누스 막시무스로부터 시작한다"[12)는 것이다. 실제로, 영국 제도를 통치하던 로마군의 철수와 함께 이러한 조처가 필요했던 것은 사실이다. 407년경 일어난 이 철군으로 인하여 즉각 문명이 파괴되거나 야만화 되지는 아니하였다. 이전의 수십 년 동안 이미 로마령 브리튼 서부의 아일랜드인들과 북부 픽트족들 뿐만 아니라 대륙으로부터도 색슨족(Saxon)에게 계속 공격을 받고 있다. 이 때문에 잉글랜드의 남동부 해안은 색슨 해안이라 불리웠으며, 별도로 색슨 해안 백작(the Count of the Saxon Shore)의 통제 하에 놓이게 되었다(당시 남아있던 로마의 잔류 부대들은 브리튼 총사령관<dux Britanniarum-General of the Britains>에 의해 지휘를 받았었는데, 그 사령부는 요크에 있다). 그러나 407년경 로마군들이 철군하자 브리튼 원주민들은 보다 필사적인 저항과 방어를 감행하여 오히려 침략자들의 영토에까지 진입하였는데, 로마령 브리튼의 영향은 클라이드(Clyde)에까지 미치게 되었으며, 또 다른 일부는 남쪽으로 웨일즈 지방에까지 진입하여, 그곳에 자리 잡고 있던 아일랜드 침략자들을 복종시켰다.

    제국 군대의 철수가 곧 로마인들의 철수를 의미하는 것은 아니었다. 로마인들은 계속 브리튼에 잔류하였다. 이들 로마 인구는 로마 본토, 혹은 대륙

---

12) 챨스워즈(M. P. Charlesworth), *The Lost Province* (1949), 28ff.

의 다른 곳에서 온 식민자들로 구성된 것은 아니었고, 주로 로마 시민권을 획득한 브리튼족들이었는데, 211년 이후 로마 제국 내에서 출생한 모든 자유 시민들은 로마 시민권을 획득했기 때문이다. 로마 문명은 브리튼의 각계각층에 깊이 침투하였는데, 특히 대도시들이나 전원의 별장에서 이러한 영향을 뚜렷이 찾아볼 수 있다. 현재까지 브리튼 지방에 남아있는 로마 문명의 유적들을 보면서, 이를 단지 로마군 장교들과 그 가족들만의 전유물이었다고 생각해서는 안 된다. 예를 들어, 배뜨(Bath)에 남아있는 로마식 목욕탕을 이용한 것은 로마인들 뿐만 아니라 로마 시민권을 획득한 브리튼인들이다. 로마 제국 영내의 다른 지방에 보다 시급한 필요가 발생함으로써 제국 군대가 철수하게 되자 이들 로마노 - 브리톤스(Romano-Britons)는 로마 문명을 수호하기 위하여 자체 노력을 기울였으며, 그 후 수십 년 동안을 효과적으로 그 과업을 수행할 수 있었다. 이들은 또한 무력에만 호소하지는 않았다. 우리가 앞으로 살펴볼 것처럼 스코틀랜드와 아일랜드의 복음화는 바로 이들 로마노 - 브리톤스에 의해 수행되었으며, 로마 문명의 보존과 밀접한 관련을 맺고 있다.

펠라기우스(Pelagius)는 비록 브리튼 제도의 출생이긴 하지만 이단으로서 이름을 떨치게 되었을 때 이미 고향을 멀리 떠나 있었으므로, 펠라기우스주의에 관한 문제는 엄격한 의미에서 영국 교회사에 속하지는 않는다. 그러나 만약(많은 이들이 추측하는 것처럼) 그가 브리튼에서 출생한 아일랜드족이었다 가정한다면, 그는 아마도 남부 웨일즈 지방을 침략, 그 곳에 정착한 아일랜드족 가운데 하나였을 것이다. 아일랜드족들은 4세기 동안 브리튼 서부 지방 일대를 점령하였으며, 370년경(펠라기우스의 탄생 연도로 추측됨)에는 일부 아일랜드 부족들이 이미 브리튼족들에 의해 복음화되고 있다고 생각할 수 있다.

비록 펠라기우스 본인이 그의 이단적 교리를 브리튼에 전파하지는 않았으나, 세월을 좇아 펠라기우스주의는 브리튼에까지 들어오게 되었는데, 특별히 412년에서 418년 사이에 여러 지방회의에서 그의 학설이 이단으로 정죄되고, 펠라기우스가 로마로부터 추방당하였을 때 이러한 동향은 더욱 심하였다. 실제로 브리튼 교회에 미친 영향이 너무도 컸으므로, 대륙에 소재한 기독교주의자들은 이에 큰 경악을 금치 못하였다. 여러 가지로 추측해 볼 때, 일부 브리튼 교회들이 민족주의적 동기에서 펠라기우스주의를 기꺼이 받아들였다는 학설은 상당히 신빙성이 있는 것이다.

어쨌든 429년에 회집한 고올 지방의 감독들은 브리튼 교회내의 반 펠라기우스당의 요청을 받아들여, 브리튼 교회 내에 펠라기우스 이단 문제를 해결하기 위해 아욱세르의 저마누스(Germanus of Auxerre)와 트로예스의 루프스(Lupus of Troyes)를 파견하였다. 이들 둘 가운데 저마누스가 특히 지도자적 인물로서, 그는 당시에 로마 감독이던 캘레스틴(Cælestine)의 직접 인허를 받고 있다. 저마누스를 도운 팰라디우스(Palladius)라는 집사에 관해서는 앞으로 더 살펴보게 될 것이다. 저마누스는 성공적으로 그 임무를 수행한다. 그와 그 일행은 영국 교회 전체를 상대로 순회하면서, 진정한 신앙을 설교하고 정통 교리를 바로 세웠으며, 이단자들을 다시 복귀시켰다. 이에 따라 일시적이기는 하나 펠라기우스주의는 쇠퇴하게 된다.

그러나 저마누스가 대항했던 것은 단지 펠라기우스주의 뿐만이 아니었다. 430년 사순절(Lent) 절기에 브리튼에 있는 동안 픽트족과 색슨족들이 북방 국경과 해안들에 연합 공격을 감행한다. 저마누스는 브리튼의 수호자들에게 단지 영적인 격려를 베풀었을 뿐만 아니라 실제 전략적 충고와 지휘를 아끼지 않았다. 왜냐하면 그는 성직에 투신하기 전 아퀴테인(Aquitaine) 지방을 통솔하던 로마군 장교였는데, 옛날의 모습을 다시 한 번 유감없이 발휘하였다. 그는 스스로 전선을 방어하면서 침략자들을 격파하였다. 현재까지 전해지는 이야기에 의하면, 그는 병사들을 이끌고 좁은 계곡에 매복하고 있다가 할렐루야(Allelujah)를 외치며 진격하였다 한다. 이러한 함성 소리가 메아리침에 따라 적군은 공포에 질리고, "무력이 아니라 신앙에 의해 피를 흘리지 않고도 승리를 거두었다"고 전해진다.[13]

수년이 지난 후 펠라기우스주의가 다시 창궐함으로써 저마누스는 다시 영국을 방문하였는데, 이때 트리에르(Trier)의 감독 세베루스(Sevelus)를 동반하였다.[14] 그러나 이 때 이미 정치적 상황이 더 악화되어, 저마누스의 전략만으로는 침략자들을 물리칠 수 없었다. 446년 저마누스의 제2차 방문 1년 전, 영국 교회 지도자들은 아이티우스(Aetius)에 주둔하고 있던 고올 지방 로

---

13) 비드(Bede), *Hist. Eccl.*, I, 20. 이는 겔마누스(Germanus)의 전기 작가 콘스탄티우스(Constantius)의 의견을 좇은 것이다.

14) 챠드윅(Mrs. Chadwick)은 겔마누스의 제2차 브리튼 방문은 아무런 역사적 근거가 없다고 주장하고 있다(*Poetry and Letters in Early Christian Gaulm*, 255ff).

마 사령관에게 구원을 요청하였다. "야만족들은 우리를 바다 속으로 몰아넣고 있으며, 바다는 다시 우리를 야만족들에게 던져주고 있습니다. 우리는 단지 두 가지 죽음, 즉 학살 혹은 익사 가운데 하나를 선택할 수밖에 없는 지경입니다."[15] 이러한 구원 요청에 대해 어떤 도움이 주어졌는지는 확실치 않다. 이에 따라 영국인들은 침략자들끼리 서로 싸움을 붙이는 새로운 전략을 강구하게 된다. 당시 브리튼 왕이던 보르티게른(Vortigern)은 색슨족들의 도움을 받아 픽트족들에 대항하였다. 보르티게른은 브리튼의 국수주의자들의 지도자였으며, 또한 펠라기우스주의를 선호하였는데, 그는 펠라기우스주의가 "해외"로부터의 영향에 대항하는 것이라 생각하였다. 이러한 그의 국수주의적 경향은 저마누스의 제2차 방문시에 발생하였던 양자 사이의 적대행위에서도 밝히 알 수 있다.

보르티게른이 색슨족들과 동맹을 맺음으로써 색슨족들은 본격적으로 영국 동부 해안에 정착하기 시작한다. 그러나 양자 사이의 동맹은 오래 지속되지 못하였다. 색슨족들은 보르티게른이 약속을 지키지 않는 인간이라고 규탄하면서 동부 브리튼에 일대 약탈을 감행하여 아직까지 남아있던 로마 문화의 대부분을 파괴하고 말았다. 이러한 일단의 전투가 잠잠해진 후 주도권은 다시 브리튼인들에게 넘어갔는데, 이번에는 국수주의자들이 아니라 로마족에 가깝던 암브로시우스 아우렐리아누스(Ambrosius Aurellianus)가 460년경 지휘권을 장악하였다. 이전에 브리튼 주재 로마 사령관(dux Britanniarum)에 해당하는 권력을 장악한 암브로시우스는 브리튼인들을 규합하여, 대륙으로부터 밀려오는 야만족들과 아울러 국경 북쪽에서 침입하는 민족들을 대항한 일대 전쟁을 시작한다. 암브로시우스 다음에는 아르토리우스(Artorius)라는 브리튼 출신 로마 시민이 그 뒤를 이어 스코틀랜드의 에딘버러와 카멜론, 그리고 남쪽으로는 컴버랜드, 웨일즈, 콘웰 그리고 브리타니까지 국경을 넓혔다. 이러한 로마노-브리톤스의 부흥으로 말미암아 침략자들은 일대 타격을 입었는데, 월트셔에 있는 마운트 바돈(Mount Badon)이 중요한 격전지였다. 색슨족들은 다시 동부 해안으로 격퇴되었으며, 영국의 기독교는 약 50년간 평안을 누리게 된다. 그러나 영국 기독교를 위해 이 기간은 단순한 휴식만은 아니었다. 바로 이 반세기 동안 영국 내의 기독교는 큰 부흥을 맛보았는

---

15) 길더스(Gildas), *Ruin and Complaint of Britain*, 20.

데, 당시 나타난 인물들이 곧 일티드(Illtyd)와 데이비드(David)였다. 바로 이 두 사람의 지도 아래 고올 지방에서부터 번진 수도원 운동 부흥의 불길은 브리튼 제도에까지 미치게 되었다. (제 5세기 후반에 활동하였던) 일티드는 브리타니(Brittany) 출생으로서 저마누스의 손자뻘 되는 관계였다. 그는 세인트 호노라트(St. Honorat)와 아욱세르(Auxerre)에서 수도사 견습 기간을 마친 후, 브리튼에 돌아와 글래모르간셔(Glamorganshire)에 있는 란트윗 메이저(Llantwit Major)에 수도원을 설립하였다(란트윗 메이저는 지금까지도 그 창립자의 이름은 훼손된 형태나마 보존되어 있다. 이 곳의 지명은 웨일즈 지방의 고어로 란일티드 파르 <Lianilltyd Fawr>인데, 이는 곧 "일티드의 대성당"이라는 뜻이다). 웨일즈인들은 또한 그로부터 개량된 농업 기술을 전수받았다고 전해진다. 데이비드는 브리튼의 주요 왕족 가문 출신으로서 란트윗 메이저에서 일티드에게 사사하였을 뿐 아니라 당시 뛰어난 학자들 아래에서 수학하였다. 그는 현 세인트 데이비드(St. David) 성당이 자리 잡고 있는 펨브로크셔(Pembrokeshire)의 글린 로신(Glyn Rhosyn)에 수도원을 창립하였다. 그에 관해 현재까지 전해지고 있는 이야기의 대부분은 역사가 아닌 전설에 속하지만, 그는 역시 6세기 영국 기독교에 있어서 영향력 있는 지도자였음에 틀림없다. 당시 이름을 떨친 또 다른 지도자로는 카독(Cadoc)을 꼽을 수 있는데, 그는 데이비드의 사촌 형제로서 글래모르간셔의 란카르반(Llancarvan)을 설립, 초대 원장이 된다. 란카르반 수도원은 그 후 신학 및 세속 학문에 있어서 중요한 중심지가 된다. 카독은 특히 아일랜드 교회와 일정한 교제를 유지하였다. 란카르반에서 배출한 그의 제자들 가운데 가장 유명한 인물은 학식이 뛰어났던 길다스(Gildas)였는데, 그가 550년경 라틴어로 작성한 논문 "영국의 패망과 그 원인에 관하여" (On the Ruin and Complaint of Britain)는 450~550년경의 사정을 전해 주는 중요한 자료이다. 물론 그의 논문은 역사라기보다는 당시 영국인들의 부덕을 꾸짖는 설교라 할 수 있다. 길다스가 특히 비난한 영국인들은 주로 국수주의와 친 켄트당(Celticizing Party)이다. 길다스는 성경 뿐만 아니라 라틴 고전에 통달한 마지막 로마노-브리톤스 가운데 하나로서, 라틴어를 가르쳐 "우리들의 언어"라고 지칭하고 있다.[16)]

길다스가 그 논문을 작성한 후 얼마 안되어 동방 침략자들의 압력은 가

---

16) 길다스, *op. cit.*, 23 ; cf. 찰스워스 *op. cit.*, 74.

중된다. 이번에는 마운트 바돈 전투처럼 이들을 격퇴시킬 수가 없었다. 이러한 침략자들의 재발흥은 546년경 브리튼인들을 강타한 "황역병"(yellow plague) 덕분이었는지도 모른다. 이 역병은 542년 페르시아에서 시작되어, 중동과 유럽을 거쳐 점차 서쪽으로 옮겨왔다. 이 때문에 브리튼에서는 로마노-브리튼 문명이 완전히 소멸하였으며, 따라서 야만족들의 침략을 보다 용이하게 하였는데, 야만족들은 왠일인지 브리튼인에 비해 역병의 피해를 크게 입지 않았다. 550년 이후 반세기 동안 침략자들은 영국 점령을 확대하였다. 대륙과의 교통이 가장 용이하던 남동부 지방은 쥬트(유트, Jutes)족이 자리잡았다. 색슨족은 서폭크 스토우어(Suffolk Stour) 및 상부 템즈(upper Thanmes)의 남부 일대를 장악하여, 결국 콘(Corn) 지방의 경계에까지 이르렀다. 이 곳에 세 개의 색슨 왕국이 건설되었는데, 곧 에섹스(Essex), 서섹스(Sussex), 그리고 웨섹스(Wessex)등이다. 앵글족들은 북방으로 포뜨(Forth)에 이르기가지 영토의 나머지를 차지하였다. 이들 역시 결국에는 세 왕국을 이루었는데, 곧 동앵글리아(East Anglia: 노포크와 서폭크 지방), 머시아(Mercia: 중부<Midlands> 지방)과 노드움브리아(Northumbria: 훔버<Humber>로부터 포뜨 지방까지)이다.

켈트족들의 경계는 점점 축소될 수밖에 없었다. 물론 이전 영국 주민들이 모두 웨일즈로 도망하거나, 완전히 멸절하였다고 생각할 수는 없다. 이들 중 대부분은 계속 생존했던 것으로 보인다. 그러나 그들은 민족 고유의 특징을 상실하고, 새로운 침략자들에 종속된 노예의 신분으로 떨어질 수밖에 없었다.17) 결국, 아직 독립을 유지하지 못한 브리튼족들의 영토는 스트라스클라이드(Strathclyde), 콤브리아(Cumbria), 웨일즈(Wales), 콘웰(Cornwall), 브리타니(Brittany)등, 서로 바다에 의해 고립된 소 영토들에 지나지 않았는데, 이곳의 지명들은 제 5세기 이후 그곳에 정착한 브리튼인들이 붙여준 것이 아직까지 전해져 내려오고 있다. 이들 외에 잉글랜드인들에 대항하여 마지막까지 남았던 켈트족들의 왕국은 요크셔 지방 웨스트 라이딩(West Riding)에 자리 잡고있던 엘메트(Elmet) 왕국으로서, 수도는 로이디스 리즈(Loidis-Leeds)였다. 노드움브리아 왕 에드윈은 620년경에 이 곳을 병합하고, 마지막 왕 세르딕(Cerdic)을 추방하였다. 이에 따라 거의 영국 전역에 걸쳐 새로운 형태의 문

---

17) Yorkshire Dales와 Lake District의 양치기 등은 아직까지도 웨일즈 어(語)로 양의 숫자를 세고 있었다.

명이 정착하기 시작하였는데, 로마노-브리튼 문명의 흔적은 거의 찾아볼 수 없었다. 그러나 우리의 입장에서 볼 때 더욱 중요한 것은 기독교가 중대한 타격을 입었다는 것이다. 국토의 북쪽과 서쪽에 제한되어 잉글랜드인들의 이교 신앙에 의해 대륙으로부터 차단된 상태였다. 그러나 언제까지나 이러한 비극이 계속될 수는 없었다.[18]

---

18) 이 시대의 일반적 배경을 이해하기 위해서는, *Studies in the Early British Church* (1958)를 보라.

로마의 성벽을 넘어서

한편 북방의 국경을 넘은 지역의 상태는 어떠했는가? 현재 우리가 스코틀랜드라고 부르는 지역은 로마 당시에는 물론 이런 이름으로 불리우지 않았다. 당시 스코트인들(Scots)은 아일랜드에 거주하고 있었으며, 제 5세기에야 최초로 스코트인들이 그 후 스코틀랜드라고 부른 지역에 정착하기 시작한다. 편의상 이 지역을 스코틀랜드라고 부르기로 하자. 하지만 이러한 지명이 전혀 당시의 지명이 아니었음을 명심하도록 하자.

로마인들이 스코틀랜드에 대해 전혀 무지했던 것은 아니었다. 브리튼에 주둔한 로마 총독 중 하나였던 쥴리우스 아그리콜라(Julius Agricola)[1]는 79년과 83년 사이 북부 지방에서 일련의 전투를 벌였다. 그의 사령부는 테이(Tay) 지방의 인치투틸(Inchtuthil)에 자리 잡고 있었다. 그는 또한 그 후는 로마 역사가 타키투스(Tacitus)가 몬스 그라유피우스(Mons Graupius)라고 불렀던 곳에서 칼가쿠스(Calgacus)가 이끄는 칼레도니아인들을 상대로 치열한 결전을 벌였다. 이 곳의 정확한 위치가 어딘지는 확실치 않다. 아마도 북해 연안에 자리잡은 그람피안(Grampians) 근처 스톤헤이븐(Stonehaven)이었던 것 같다.[2] 혹은 마르(Mar)에서 모레이(Moray) 지방으로 연결되는 보다 북쪽의 천연

---

[1] 번(A. R. Burn), *Agricola and Roman Britain* (1954)을 보라.
[2] 크로포드(O. G. S. Crawford), *Topography of Roman Scotland* (1949), 130~133.

적 관문이었는지도 모른다.3) 그러나 아그리콜라는 스코틀랜드 전체를 로마 제국령으로 부속시키고자 하지는 않는다. 그는 하이랜드(고지대, Highland)지방의 저항을 분쇄한 뒤에는 포스가 클라이드 사이에 일련의 요새를 구축하여 북방으로부터의 침입을 방어하는 데에만 주력하였다. 그러나 주후 120년경 이 곳을 방문한 하드리안이 성벽을 구축, 주요 방어선으로 삼은 것을 보면, 아그리콜라의 요새들은 그다지 큰 효력을 발휘하지 못했던 것 같다. 그러나 19년 후에는 롤리우스 우르비쿠스(Lollius Urbicus) 총독이 북방 포드 클라이드 전선까지 진격하여, 그 곳에다 당시 황제의 이름을 붙인 안토닌 성벽(Antonine's Wall)을 건축하였다. 오늘날까지도 포드 브리지네스(Bridgeness)로부터 클라이드의 오울드 킬패트릭(Old Kilpatrick)에 이르는 이 성벽의 폐허들을 찾아볼 수 있다. 이 성벽은 182년 칼레도니아인들에 의해 함락되기까지 주요 방어선 역할을 하였다. 그 후 성벽은 다시 보수되었으나, 3년 후에는 정책의 변화로 말미암아 포기된다.4)

이에 따라 하드리안 성벽이 중추적인 북방 방어선 역할을 담당하게 된다. 200년경에는 민족들의 대규모 공격을 받아 완전히 점령당해버리고 말았다. 207년 당시의 셉티미우스 세베루스(Septimius Severus) 황제는 민족들에게 단단히 버릇을 가르쳐주기로 하였다. 이에 따라 그는 칼레도니아인들에게 로마의 위력을 보여주기 위해 안토닌 성벽을 넘어 더욱 북쪽으로 진격, 당시 역사가들의 전하는 바에 의하면, "섬의 끝까지"(아마도 모레이 퍼드인 듯하다) 갔다.5)

아직까지 잔존한 로마 진영의 유적을 추적해 보면, 당시 로마군들이 포드를 지나 더욱 북쪽인 에버딘셔까지 진출했음을 알 수 있다. 진로는 에딘버러 북서부에 소재한 크래몬드(Cramond)에서 서쪽으로 굽어져 로마 요새가 자리 잡고 있던 카메론(펄커크 근처, Cameron)의 남쪽에 있던 로마 성벽을 건넜다. 그 후 북쪽으로 꺾여 대강 현재의 스털링으로부터 포드를 걸쳐 스톤헤이븐에 이른 철도길을 따르게 된다. 그 후 다시 북서쪽으로 방향을 바꾸었는데, 지금까지도(약 1만 내지 1만 5천명을 수용하던) 임시 주둔지의 유적들을 페테

---

3) 리치몬드(I. A. Richmond), "Gnaeus Iulius Agricola," *Journal of Roman Studies*, XXXIV (1944), 34ff; 챨스워스(M. P. Charlesworth), *The Lost Province* (1949), 10f.
4) Sir 죠지 맥도널드(George MacDonald), *The Roman Wall in Scotland* (1934), 12f. 477ff를 보라.
5) 디오 카시우스(Dio Cassius), *Epitime*, LXXVII, 13.

르컬터(Peterculter), 킨토어(Kintore), 그리고 이탄웰즈(Ythanwells)와 모레이 포드로 이르는 천연적 관문인 그랜지 통로(Pass of Grange)등에서 찾아볼 수 있다.[6] 이러한 진로가 북방으로 가는 세베루스(Severus)까지만 미쳤는지 혹은 아그리콜라(Agricola)까지 이르렀는지는 확실히 단언할 수 없으나, 여러 증거는 아그리콜라 쪽을 뒷받침하고 있는 듯하다. 이 진로의 중요성은 앞으로 계속 나타날 것이다.

세베루스 재위 시, 혹은 그 직후에 브리튼 내 로마 제국의 경계선을 건너서까지 기독교가 전파되었다는 사실은 상당히 중요한 의미를 가진다. 터툴리안은 "로마인들에 의해 친히 점령되지 않은 브리튼의 변경까지 그리스도의 영도하에 들어왔다"[7]고 언급하고 있으며, 오리겐 역시 "로마 세계로부터 단절된 브리튼 주민들 사이에도 우리 주 예수 그리스도의 위력을 찾아볼 수 있다"고 기록하고 있다.[8] 만약(특히 터툴리안의 경우) 이러한 기록들이 수사학적인 과장법이라 할지라도, 이미 스코틀랜드 일부가 로마의 영향을 받았음은 명백한 사실이다. 이를 뒷받침할 만한 고고학적인 증거가 충분히 있으며, 또 이러한 영향을 받은 것이 당연한 일이기도 하다. 평화시에는 국경을 건너 교역이 행해지기 마련이며, 전쟁시에도 전쟁 포로들을 통해 각종 정보 및 문화가 교환되는 것이다. 노예들은 정부의 손을 피해 남쪽으로부터 북쪽으로 도주하였으며, 국경 북쪽에서는 용병들이 모집된다. 모레이 퍼드(Moray Firth)와 같은 극북단의 켈트족 유적지 등에서도 로마 동전들이 발견된다. 실제로 로마 화폐제도가 제국 영내 뿐 아니라 국경을 건너서까지 통화 수단으로 사용되었는지도 모른다. 로마군의 정복 이전 남부 브리튼 지방에서처럼 약간의 라틴어가 알려졌을 가능성도 있다.

제4세기 후반에 북방인들로부터의 침략 위협은 보다 가중된다. 이들은 367년 하드리안 성벽을 넘어 남쪽 런던(London)에까지 침입하였다. 같은 시기에 서쪽의 아일랜드인들과 북해를 건넌 색슨인들의 침략도 계속되고 있다. 그러나 369년에는 테오도시우스 백작(테오도시우스 1세 황제의 아버지, Count Theo-dosius)이 침략자들을 격퇴하고, 북방 영토를 회복하여, 이를 당시 황제

---

6) 죠셉(J. K. St. Joseph), "Air Reconnaissance of North Britain," *Journal of Roman Studies*, XLI (1951), 52ff.
7) 터툴리안(Tertullian), *Against the Jews*, 7.
8) 오리겐(Origen), Homily, VI, 눅 1장에 관해.

발렌스(Valens)의 이름을 다시 발렌티아(Valentia)라고 명명하였다. 바로 이 지방은 또한 레켑타 프로빈키아(회복된 지방, Recepta Provincia)라고 단순히 알려졌는지도 모르겠는데, 이 지방은 원래 웨일즈 방언으로 레게드(Rheged)라고 남아있다. 레게드는 하드리안 성벽 북방의 영토와 아울러 흔히 갈로웨이라고 알려진 스코틀랜드 서남방을 포함하고 있다. 또 제4세기 말경 발생하였던 중요한 기독교 약진운동이 바로 이 곳을 근거로하고 있다.

마그누스 막시무스가 383년경, 휘하 장병들을 이끌고 제위를 찬탈하고자 대륙으로 건너갔을 때, 국경으로서의 하드리안 성벽의 역사는 종료된 것으로 보인다. 그 후는 성벽이 자리잡은 요새에서 동전이나 주화를 발행한 예를 찾아볼 수 없다. 그런데 우리가 지난 장에서 언급하였듯이 막시무스는 브리튼을 떠나기 직전 이 곳의 방위 – 최소한 북부 지방의 방위 – 를 해당 지역에 있던 두 로만-브리튼 왕족들에게 부탁하였다. 이들은 수 십 년 동안 그 임무를 탁월하게 수행하였는데, 로마 문명의 영역을 오히려 북쪽까지 확장시키기도 하였다. 그러나 이러한 성공은 단지 군사적 방면에서만 행해진 것은 아니었다. 이는 우리가 방금 언급한 바, 기독교 약진운동과 밀접한 관련을 맺고 있다.

특히 로마 문명의 영향을 받은 지역의 경우 제국 종교의 위치는 국경을 건너서까지 상당했던 것으로 보인다. 4세기 말 이곳에 감독이 파견된 것을 보면 갈로웨이 지방에는 일단 그리스도인들이 존재했음이 분명하다. 우리가 아는 한 완전히 이교도들만 있는 곳에는 감독을 파송하지 않는다. 갈로웨이에 파견된 감독은 니니안(Ninian)이다.

에버딘 대학교의 도서관장 더글라스 심슨(W. Douglas Simpson)박사가 니니안의 행적을 재구성하였다. 그의 설명에 의하면, 383년 제국 군대가 하드리안 성벽으로부터 철수한 직후 이미 언급한 로마는 브리튼 일족에 의해 조직되어 칼리슬(Carlisle)에 본부를 둔 안정된 통치가 행해졌다. 그 덕분에 니니안은 보다 안정된 상태에서 그의 목적 및 선교활동을 수행할 수 있었다. 왜냐하면 니니안은 갈로웨이에 자리 잡고 있던 소수의 그리스도인들을 위한 감독만이 아니라 포드 클라이드 변경 이북의 스코틀랜드에 자리잡은 인구 대부분을 이룬 픽트족들 사이에서 선교 활동을 수행해야 할 임무를 띠고 있었기 때문이다. 심슨 박사에 의하면, "브리튼에 소재한 로마 교구[9]의 국경이 무너

---

[9] 로마 제국 말기에 있던 정치적 구획으로 종교적 구획과는 달랐다.

지는 것과 동시에 제국의 방어를 위협하던 픽트족들 사이에서 선교활동이 대대적으로 행해지게 된 것은 단순한 우연의 일치만은 아닌 듯하다. 우리가 생각해 볼 때, 세인트 니니안의 선교활동은 그 직전 고트족들 사이에서 행해졌던 울피라스(Ulfilas)의 선교활동과 마찬가지로 로마 정책의 일부였던 듯하다."[10] 물론 니니안 자신이 정치적 동기가 아닌 복음적 동기에 의해 움직였다는 것은 의심할 수 없는 사실이나, 당시의 상황으로 볼 때 그의 선교활동은 제국 정책에 잘 부합되었다고 볼 수 있다.

니니안 및 그의 행적에 관한 가장 오래되고 믿을만한 기록은 비드(Bede)에 의해 전해 내려오고 있다. 비드는 그가 565년으로 연대를 추정한 "북부 픽트족"을 대상으로 한 콜롬바(Columba)의 복음화 운동을 기록하는 도중 니니안을 언급하고 있나. 그는 북부 픽트족들이 "험순한 산봉우리들에 의해" 남부 픽트족들과 분리되어 있다고 설명한 후, 다음과 같이 전하고 있다.

> 같은 산맥의 반대편에 거주하고 있던 이들 남부 픽트족들은 가장 위대하고 성스러운 감독이요 전도자였던 니니안에 의해 이미 오래전에 우상숭배의 악습을 탈피한 바 있다. 그는 브리튼 출신으로서 로마에서 신앙 및 신학에 대해 정규수업을 거친 바 있다. 성스러운 감독 마친의 명성과 그 교회에 의해 널리 알려진 니니안의 교구는 현재 잉글랜드에 속해 있다. 베르니키안(Bernicians) 지방에 속한 이 곳은 흔히 아드 칸디담 카삼(하얀 집이 잇는 곳, Ad Candidam Casam)이라고 불리고 있는데, 이는 그가 이 곳에서 브리튼의 건축양식과는 달리 돌로 교회를 지었기 때문이다.[11]

다음으로는 니니안의 이름이 800년의 요크의 알퀸(Alcuin of York)인 "칸디다 카사의 성 니니안 형제단"에게 보낸 편지 가운데서 찾아볼 수 있다. 알퀸은 니니안의 수많은 기적들과 그의 성스러운 성품을 묘사한 운문들을 통해 니니안에 관해 알고 있다. 그는 이에 따라 "우리들의 거룩한 신부 니니안"의 시체를 위해 명주로 된 수를 보내고, 이들 수도사들에게 "우리들의 아버지

---

10) 심슨(W. D. Simpson), *The Celtic Church in Scotland* (1935), 52 ; cf. 또한 같은 저자의 *Saint Ninian and the Origins of the Chrisian Church in Scotland* (1940), 1ff.
11) 비드(Bede), *Hist. Eccl.*, III, 4. Columba에 의해 복음화된 북 픽트 왕국의 수도는 Inverness 근처에 있었다.

니니안 감독"을 위해 기도드려 줄 것을 부탁하고 있다.

니니안에 관한 세 번째 기록은, 12세기 요크셔 지방 리볼(Rievaulx) 수도원장이던 아일레드(Ailred)가 저술한 『니니안 전기』(Life of Ninian)에서 찾아볼 수 있다. 주로 일반인들 가운데 널리 전해지고 있던 기적들을 기록한 이 작품은 독창적인 가치는 거의 없는 것으로 보인다. 이 작품은 비드의 이야기에 그 기초를 두고 있다.[12] 아일레드는 니니안이 국경 북쪽에 감독들과 장로들, 교구들을 망라한 완전 국교 체제를 수립한 것으로 묘사하고 있다. 이러한 묘사는 역사적으로 볼 때 맞지 않으며, 오히려 아일레드 당시 데이비드 1세(David I; 1135~53)가 다스리던 스코틀랜드의 정세를 묘사한 것이라고 볼 수 있다. 아일레드는 아마도 스코틀랜드에 강하게 전해지고 있던 켈트족과 콜롬바의 전통 대신에 데이비드 왕의 로마화 개혁정책을 보다 우월하게 묘사한 것으로 보인다. 그러나 니니안에 관한 일부 아일레드의 기록들 가운데는 우리가 수긍할만한 것들이 약간 포함되어 있다. 예를 들어, 니니안이 브리튼족 기독교인 왕가 출신이라고 기록한 것이라든지 혹은 니니안이 그의 사구투르의 마틴의 죽음을 칸디다 카사의 수도원을 건립하던 당시에 알게 되었다는 것이라든지, 혹은 니니안의 설교 아래 투두발루스(Tuduvallus)라는 지방 영주가 기독교에 귀의했다든지 하는 것 등이다. 주후 397년에 발생한 마틴의 죽음은 니니안의 생애 및 업적을 기록한 연대기에 잘 보존되어 있다.

에딘버러 대학의 켈틱 좌(Chair of Celtic)를 역임한 바 있는 고(故) 왓슨(W. J. Watson) 교수는 니니안이 반역자 막시무스 황제를 따라 383년 고올 지방으로 건너간 브리튼 사람들 중 하나일 가능성이 짙다고 주장한다. 즉 니니안은 막시무스가 사망한 후(383) 그 곳에 계속 마틴과 함께 투르에 머물렀다는 것이다. 막시무스의 사망으로부터 마틴의 사망까지의 9년의 공백은 니니안에게, 비드가 주장하는 바와 같이, 로마에서 훈련받고 또한 한동안 투르에서 머물렀을 기간을 제공하기에 충분하다. 실제로 왓슨은 니니안이 로마에 간 일이 없이 그의 모든 신학 수업을 마친 수 십 년 후의 패트릭과 마찬가지로 고올 지방에서 받았을 것으로 짐작하고 있다. 그러나 아직까지도 비드의 주장을 반증할만한 충분한 근거가 발견되지 않고 있다. 실제로 칸디다 카사에 설립한

---

12) 레비슨(W. Levison), "An Eighth-Century Poem on St. Ninian," *Antiquity* XIV(1940), 280~291.

니니안의 수도원의 성격을 분석해 보면, 그가 마틴의 영향을 가장 강하게 받았음을 알 수 있다. 왓슨의 그럴듯 한 또 다른 주장은 니니안의 감독 교구가 갈로웨이와 덤프리스 지방을 포함한 발렌티아의 수복 지구였다는 것이다.[13]

이러한 왓슨의 주장은 우리가 이미 언급한 심슨 박사의 학설과 잘 부합된다고 볼 수 있다. 그러나 심슨 박사는 후기 콜롬바(Colomba)의 선교활동 대신 니니안의 전도활동의 중요성 및 그 범위를 훨씬 더 중요시해 온 역사학파의 일원이다. 물론 심슨 박사는 같은 학파에 속하는 다른 학자들보다는 니니안의 업적에 관해 상당히 중용을 지키려고 노력해 온 것은 사실이다. 반면 왓슨 교수는 이와 정반대의 입장을 견지한 학파에 속한 인물이다. 니니안의 업적을 특히 강조해 온 이 학파는 불행하게도 고대 고올 지방의 언어(Old Gaelic)를 제대로 습득, 사용하지 못했으므로 그 후 왓슨 교수와 같은 켈트 철학의 대가들에게 여지없이 공격을 받을 수밖에 없었다. 심슨 박사는 니니안의 활동이 남부 픽트족들에만 국한된 것이 아니라 스코틀랜드 훨씬 북쪽에까지 미쳤다고 주장하고 있다. 그의 주장은 대부분 스코틀랜드 각 지방에 흩어진 니니안의 이름에 근거를 두고 있다. 그런데 이러한 주장은 상당한 절제가 요구된다. 즉 니니안의 이름이 역사적으로 오래 전부터 전해졌다는 근거가 있을 때야 비로소 이 학설은 성립되는 것이다. 그러나 켈트족에게 복음이 전해졌을 당시 수도원에 붙여졌던 이름들은 실제 설립자이거나, 혹은 그 모(母) 수도원의 이름을 따서 명명되어졌다는 것이 분명해졌다. 바로 이 때문에 칸디다 카사 수도원은 리구제(Ligugé)에 있는 모 수도원의 이름을 따라 마틴이라고 불렸던 것이다. 심슨 박사는 니니안의 선교활동이 미친 북부 영역을 "오랜 검증을 거쳐 확실히 도달한" 10개의 일련의 고대 성지들을 따라 추적하고 있다.[14] 이들 가운데 첫 번째 것은 다름 아닌 칸디다 카사이며, 두 번째는 글라스고우(Glasgow)이다(12세기에 퍼네스 지방의 수도사 조슬린<Jocel-ine>이 저술한 『켄티게른의 생애』(Life of Kentigern)에 의하면, 켄티게른 - 그는 또한 멍고

---

13) 왓슨(W. J. Watson), "Notes on St. Ninian," *The Evangelical Quarterly*, V(1933), 31ff. 메이싱거(J. H. G. Meissner)는 원래 Ninian이 테오도시우스 황제에 의해 로마로 잡혀갔다가 제국 정책에 따라 브리튼 북부 지방의 복음화를 위해 다시 보내졌다고 주장하고 있다(*History of the Church of Ireland*, ed. 필립스(W. A. Phillips), Vol. I〔1933〕,61).
14) 그는 "New Light on St. Ninian," *Archaeologia Aeliana*, Ser. 4, Vol. XXIII(1945), 78~95에서 둘을 더 첨가하고 있다.

<Mungo>라는 이름으로 알려졌다 - 이 573년경 글라스고우에 교회를 설립했을 때 그는 교회 부지로 이전에 이미 나니안이 세운 묘지 자리를 골랐다고 한다). 세번째는 스털링 근처다. 이 곳으로부터 성지들은 아불로스와 스톤헤이븐을 따라 이미 언급한 바 있는 로마군의 침입로와 비슷하게 북동쪽으로 이동하고 있다. 이처럼 두 개의 경로가 거의 같이 움직이고 있다는 사실은 니니안의 전도활동이 의식적으로 로마 제국 정책을 수행한 것이라는 학설의 근거가 되어 왔다. 즉 이전에 군단들이 진군한 경로들을 좇아 이번에는 선교사들을 파송하자는 것이다. 군대가 실패한 곳에서 선교사들은 성공할지도 모른다는 계획 아래 니니안의 전도활동이 수행되었다는 것이다.

그러나 군대들은 한 두 차례 걸쳐 산맥을 뚫고 북쪽까지 진입하였다. 니니안과 그의 추종자들도 과연 그렇게 하였을까? 비드의 기록은 니니안의 활동을 북부와 남부 픽트족들을 분리시키는 "험준한 산봉우리들"의 남쪽에 국한시키고 있다. 그러나 새로운 니니안 학파의 일부 학자는 니니안의 선교활동이 훨씬 북쪽까지 미쳤다고 자신있게 주장하고 있다. 이들 가운데 한 사람인 스콧(A. B. Scott) 박사는 스코틀랜드 북부에 니니안이 설립하였다는 수도원들의 숫자를 무려 10개나 꼽고 있다. 즉 에버딘셔에 둘, 모레이에 둘, 인버니셔와 로스, 서더랜드, 케이드니스, 보크니, 세트랜드 등에 각각 하나씩이다.[15] 그러나 이들 가운데 대부분은 전혀 설득력 없는 것임을 금방 알 수 있다. 심슨 박사는 보다 조심스럽게 이들 북쪽에 있는 수도원들의 수를 셋으로 제한하고 있는데, 이들 가운데 2개-로크 네스 근처 글레너퀘하르트에 소재한 템플과 서더랜드의 네비데일(Navidale)에 소재한 것 등은 철학적 근거에 의해 의심을 받을 수밖에 없다. 마운트(Mount) 북쪽에 자리 잡고 있는 수도원들 가운데 니니안의 전도활동으로 설립되었다고 상상할 수 있는 것은 니니안 본인의 이름으로 명명되고 있는 앤데트(Andet)[16])로서, 에버딘셔의 메트릭(Methlick) 교구에 소재하고 있다. 그러나 이 지역은 로마 군단의 진입로 이북에 소재한 것은 아니며, 실제 로마인들은 이탄웰스에 체재하기 위해 이 곳을 통과한 바 있다. 또한 이 지역이 자리 잡고 있는 이탄과 돈 사이 일대의 지

---

15) 스콧(A. B. Scott), *The Pictish Nation; Its People and its Church* (1918).
16) Andet 혹은 Annat은 "수호 성인의 교회"라는 의미이다. 따라서 이러한 지명에는 "고대 종교 기관이 존재했다는 것을 거의 의심할 여지없다"(왓슨, *Celtic Place-names of Scotland* [1926], 319).

명이 포르마틴(Formartin)으로서 주후 800년경 고올어로 "마틴의 땅"(Martin's land)을 가리키는 페란 마틴(Ferann Martin)의 형태로 나타나고 있다는 점은 주의할 만하다. 여기 나타나는 마틴이 투르 마틴을 가리킨다고 추측해 보는 것도 무리는 아닐 듯하다. 따라서 이 곳이야말로 니니안의 선교활동이 남부 픽트족들에게만 국한되었다는 일반적 주장에 대한 유일한 예외가 될 듯하다.

니니안의 선교활동이 시작된 지 수 년 만에 포드 남부 지역은 해양으로부터 진출해 온 앵글(Angles)족들에 의해 정복된다. 이들은 곧 베르니키아 왕국을 건설한 후 계속 서방으로 진출하였다. 이들은 결국 칸디다 카사까지 침입하였다. 이에 따라 니니안으로부터 전해져 내려오는 계보는 일단 막을 내리게 된다. 그러나 그 후 기독교에 귀의한 앵글족들은 이 곳을 계속 "하얀 집"이라고 불렀었는데, 그 이름은 라틴어가 아니라 고대식 영어로 휫-에이른(hwit-aern)이라 하였으며, 현재까지도 이 곳은 횟트혼(윗타운셔에 위치함, Whithorn)이라 불리우고 있다. 횟트혼의 초대 잉글랜드 감독은 펙헬럼(Pecthelm)으로서 8세기 초 임명된다. 그는 저명한 비드(Bede)의 친구였었는데, 비드의 『역사서』(History)에 나타난 많은 자료들을 제공한 장본인이었는지도 모른다.

앵글족들의 침입 등, 기타 5세기 이후의 각종 난리들은 스코틀랜드에서 니니안의 선교를 저해하였다. 그러나 그의 선교활동이 북쪽으로 얼마나 멀리 미쳤는지는 알 수 없다 하더라도 서남방으로는 울터로부터 갈로웨이를 분리시키는 해협에까지 이르렀다는 증거가 있다.[17]

---

17) 위에 언급한 저서들 외에도, 앤더슨(A. O. Anderson), "Ninian and the Southern Picts," *Scottish Historical Review*, XXVII(1948), 25~47를 보라.

제38장

아일랜드의 사도

"브리튼에 비교해 볼 때 아일랜드는 그 면적이 작다. 그러나 지중해의 여러 섬들보다는 크다. 풍토와 기후, 주민들의 특성 및 문화 등에 있어서는 브리튼과 크게 다르지 않으나, 혹시 다르다면 아일랜드가 더욱 우수하다. 이곳에 진입하는 경로 및 각종 항구들은 아일랜드를 상대로 교역한 상인들을 통해 잘 알려지고 있다. 아그리콜라(Agricola)는 이 곳에서 발생한 반란으로 말미암아 쫓겨난 아일랜드의 한 작은 왕자에게 피신처를 제공하고, 혹시 장래에 이용할 수 있는 기회를 보기 위해 그를 친구로서 보호하였다. 나는 아그리콜라가 자주 일개 군단 및 이를 보조하는 몇몇 연대만 있다면 쉽게 아일랜드를 정복할 수 있을 것이라고 말하는 것을 들었다." 또한 아일랜드의 정복은 브리튼의 입장에서도 유익할 것이라는 주장도 들었다. 이 경우 로마 제국의 군기는 아일랜드 전역에 나부낄 것이며, 주민들의 자유는 영영 사라져 버리게 되리라."[1]

이와 같은 기술을 남긴 장본인은 다름 아닌 타키투스(Tacitus)로서 주후 77년부터 84년까지 브리튼 주재 로마 총독을 역임하였던 아그리콜라의 전기 작가이자 사위였다. 물론 아일랜드의 정복을 이처럼 쉽게 생각하였던 면에서 볼 때 아그리콜라는 지나친 낙관론자였다고 평가할 수 있다. 그러나 어쨌든

---

1) 타키투스(Tacitus), *Agricola*, 24.

아그리콜라는 그의 생각을 실천에 옮길 기회를 갖지 못하였는데, 아일랜드는 끝내 로마 제국에 종속되지 않았다. 타키투스가 남긴 기록대로 아일랜드의 해안은 여행자들과 상인들에게 잘 알려져 있었으며, 정치적으로는 독립을 유지한 반면 크게 로마 문명의 영향을 받고 있었다. 로마 군단들은 아일랜드를 침략하지 않았으나, 아일랜드인들은 곧잘 바다 건너 브리튼에 침입하였다. 이미 우리가 살펴본대로 스코트인들(Scotts)이 아일랜드 해를 건너 제4세기경 브리튼 서쪽 지방에 자리잡기 시작했었는데, 대 이단자 펠라기우스도 이 곳 출신이었는지 모른다.

　어떤 경로로 아일랜드에 기독교가 전해졌는지 확실히 알 수 없으나, 아마 브리튼으로부터 전래되었다고 보는 것이 타당할 것이다. 아직까지 남아있는 기록들을 살펴보면, 이 곳의 초기 그리스도인들은 펠라기우스주의의 영향을 크게 받고 있음을 알 수 있는데, 이는 아마도 이 곳으로부터 영국으로 건너가 기독교에 귀의한 친척, 친지들의 영향을 받았기 때문인 것으로 보인다. 제 5 세기 초 브리튼에는 펠라기우스주의가 강하게 일고 있다. 역사상 명백히 드러난 바, 아일랜드에 관한 기록은 주후 431년으로서 비드에 의하면 이때 "당시 로마 교황이던 캘레스틴(Cælestine)은 펠라디우스(Palladius)를 스코트족 그리스도인들에게 초대 감독으로 파견하였다."[2]

　팰라디우스는 영국 내 교회들에 발생한 펠라기우스주의에 관한 문제를 처리하기 위해 439년 브리튼을 방문하였던 프랑스의 아욱세르(Auxerre)지방의 감독 저마누스에게 속한 집사였던 것으로 보인다. 아마도 이 때의 방문을 통해 저마누스와 저마누스를 파견했던 캘레스틴 교황은 아일랜드 내의 기독교 세력이 심히 미약하다는데 주의했던 것으로 보인다. 만약 영국 그리스도인들을 펠라기우스주의로부터 구출해야 했다면 아일랜드의 그리스도인들에게도 같은 도움을 주는 것이 마땅하였다. 혹시 일부 정통 신앙을 지키던 아일랜드 기독교인 자신들이 도움을 요청했는지도 모른다. 어쨌든 이들에게 교황의 도움이 주어졌다. 브리튼에서 저마누스의 반 펠라기우스주의 운동에 적극 협력하였던 집사 팰라디우스는 아일랜드 그리스도인들을 위해 감독에 임명된다.

　그러나 팰라디우스는 위클로우 지방(Country Wicklow)에 소재한 발트리

---

2) 비드(Bede), *Hist. Eccl.*, I, 13. 471.

(Vartry) 항만에 상륙한지 1년도 채 못 되어 사망하였다. 그러나 그는 이 짧은 기간 동안 동쪽으로는 위클로우로부터 북쪽으로는 남 안트림(South Antrim)과 카운티 다운(County Down)에까지 흩어져 있던 기독교 공동체들을 방문하였으며, 위클로우 지방에 소재한 도날드(Donald)를 비롯해 한 두 교회를 설립하였다. 그는 또한 스코틀랜드 내의 니니안의 선교운동과도 관련을 맺었던 것으로 추측된다. 그가 아일랜드 내의 펠라기우스주의를 진압하는데 얼마나 큰 공헌을 했는지는 확실히 알 수 없다. 그러나 로마로부터 파견되어 처음 아일랜드에 상륙한 인물이 장군이 아니라 감독이었으며, 황제가 아니라 교황으로부터 그 임무를 부여받았다는 점은 특기할만하다.

어쨌든 팰라디우스의 후계자를 찾아야 했는데, 이는 그다지 어려운 일은 아니었다. 아욱세르 교회에는 아일랜드에 큰 관심을 가진 성직자가 또 하나 있다. 그는 이미 아일랜드 선교를 위한 사명감에 불타고 있었으며, 펠라디우스의 사망 당시에는 아일랜드로 떠날 차비를 다 마친 뒤였다. 이제 그는 펠라디우스의 사망 당시에는 아일랜드로 떠날 차비를 다 마친 뒤였다. 이제 그는 펠라디우스의 지휘 아래 선교활동을 벌이는 대신 펠라디우스의 후계자로서 아일랜드에 파견된다. 펠라디우스의 주된 관심은 아일랜드 내의 기독 공동체였으며, 그의 목적은 이들의 신앙을 더욱 더 강화하는 것이다. 반면 그 후계자는 아직 이교도들이던 대다수 아일랜드 주민들을 기독교로 귀의시키고자 하는 이상에 불타고 있다. 이 문제의 후계자야말로 아일랜드 역사상 위대한 인물로 기록되고 있는 성 패트릭(St. Patrick)이니, 곧 아일랜드의 사도라고 불리는 인물이다.

패트릭은 로마령 브리튼에서 출생하였는데, 자유 시민 출신이었으므로 로마 시민권자였다. 그의 아버지 칼푸르니우스(Carpurnius)와 할아버지 포티투스(Potitus)는 모두 성직자들이다. 그의 이름들을 살펴보면, 그 가족들이 얼마나 철저히 로마화 되었는지 알 수 있다. 그의 어머니 이름 역시 로마식인 콘세사(Concessa)였다. 패트릭 자신의 이름도 마찬가지로 영국식 수캇트(Succat)라는 별명을 가지고 있었으나, 라틴어 식으로 표기하면 파트리시우스(Patricius)가 된다.[3] 그의 아버지는 로마령 도시 촌락 등의 시의원 구실을 했던 데쿠리온(decurions)에 속하는 이집트 출신이다. 그가 어떻게 이런 세속 행

---

3) 오레건(P. J. O'Regan), *St. Patrick's Boyhood Home* (Oban, 1948). 472.

정직과 성직을 겸직했는지는 확실치 않다. 또한 패트릭의 고향이 정확히 브리튼의 어디인지도 잘 알 수 없다. 패트릭은 그가 저술한 『고백』(Confession)이라는 소책자 가운데 그 아버지의 영지가 바나벰 태버니아이(Bannavem Taverniae) 근처였다고 기술하고 있으나, 이 지명은 세월이 지나는 동안 오염, 훼손된 것으로서 확실히 그 위치를 판명할 수 없다. 우리가 아는 것은 단지 이 곳이 브리튼의 서해안에 소재했다는 것이다. 이제까지 브리스톨 해협으로부터 클라이드의 퍼드(Firth of Clyde)에 이르기까지 여러 장소가 문제의 지명으로서 제기된다. 최근 어느 학자는 로카베르 지방의 바나비가 그 장소라고 단언하기도 하였다. 그러나 이 경우 로마령이 칼레도니안 수로(Caledonian Canal)를 따라 뻗치게 되므로 사실과 부합하지 않는다.[4] 패트릭의 고향이 솔웨이(Solway) 이북이라고 추측하기는 어렵다.

　패트릭의 고향이 정확히 어디에 소재하는지는 모르나, 제 5세기 초기 일단의 아일랜드 해적들이 그 곳을 습격하여 주민들을 사로잡아 아일랜드 해를 건너 노예로 팔아 넘겼다. 바로 이들 가운데 당시 16세이던 패트릭이 섞여 있다. 안트림(Antrim) 지방의 발리메나(Ballymena) 근처에 소재한 슬레미쉬(Slemish)의 소유주가 그를 사서 6년 동안 돼지를 치게 하였다. 바로 이러한 고생 가운데서 패트릭은 골똘한 상념에 잠기곤 하였다. 비록 기독교 가정에서 출생하기는 하였는데, 당시에는 진정으로 하나님을 알지 못했다고 그는 고백하고 있다. 그러나 바로 이러한 인고의 기간 중에 "비록 늦기는 하였는데, 바로 이 때 주님은 나의 불신앙을 깨뜨리셨으며, 이를 통해 나의 잘못을 깨닫고 전심으로 주 하나님께 돌아오도록 만드셨다. 그는 나의 무지와 연소함을 가엾게 여기시어 내가 그를 알기 이전부터 나를 보호하셨으며, 내가 선악을 구별할 수 있는 지혜를 얻기 이전부터 마치 아버지가 아들을 보살피듯 나를 위로하시고 단련시키셨다"고 고백하고 있다.

　이 때부터 패트릭의 생애는 강렬하고도 끈질긴 기도로 점철되었으며, 그는 또한 내심 그의 기도에 응답하시는 하나님의 목소리로부터 소명을 깨닫기 시작한다. 패트릭은 이에 따라 6년간의 노예생활 후 주인을 떠나, 아일랜드로부터 그를 탈주시켜 줄 배를 찾아 해안으로 도주하였다. 그는 이 곳의 항구에서 하나님께서 이미 예비하신 선박을 발견하였으며, 선장은 처음 그의

---

4) 오레건, *St. Patrick's Boyhood Home* (Oban, 1948).473.

요청을 거절하였는데 결국 그를 태워주기로 응락하였다. 이 배에는 대륙으로 수출되는 아일랜드산 울프하운드(wolf-hound) 개들이 실려 있다. 아마도 패트릭은 천성적으로 동물들, 특히 개들을 다루는데 남다른 자질이 있었던 것이다. 상인들은 프랑스 어느 서해안에 상륙하였으며, 패트릭은 이들을 따라 2개월 동안 프랑스 및 이탈리아 일대를 여행한다. 이 지역은 최근 반달족 및 기타 야만족들의 침략으로 황폐해져 있다. 패트릭은 그 후 상인들을 떠나 자유스러운 생활을 시작한다.

물론 자유스러운 생활이란 더 이상 인간이 시키는대로 해야 하는 노예생활을 벗어났다는 의미이다. 그러나 그는 이 때부터 하나님의 종으로 스스로를 생각하였다. 그는 그 후 프랑스 리비에라(Riviera) 해안 근처 레린스 제도(Lérins Islands)에 속한 두 섬들 가운데 하나인 세인트 호노랏(St. Honorat) 섬에 도달했다. 이 곳에는 저명한 기독교 지도자들과 관련된 유명한 수도원이 소재하고 있다. 패트릭은 브리튼의 고향으로 돌아가는 것을 궁극적 목적으로 하고 있었으나, 이를 위해 서두를 필요는 없었다. 왜냐하면 그의 가까운 친척, 친지들은 이미 아일랜드인 해적들에 의하여 살해되거나 혹은 사로잡혀 갔기 때문이다. 따라서 그는 수도원에 들어가 세인트 호노랏에서 수 년간 보내게 된다. 그 후, 그는 마침내 브리튼으로 귀환하였으며, 그 곳에서 그를 마치 아들처럼 돌보아주었던 친척들을 만나게 된다. 친척들은 그에게 다시는 떨어지지 말자고 다짐하곤 하였다. 그런, 페트릭에게는 그가 순종해야만 할 더욱 귀중한 명령이 있다. 그는 다음과 같이 기록하였다. "나는 한 밤중에 수많은 편지를 가지고 아일랜드로 오는 듯이 보이는 빅토리쿠스(Victoricus)라는 이름의 남자를 발견하였다. 그는 나에게 이 편지들 가운데 하나를 건네주었는데, 이 편지는 아일랜드인들의 목소리(the Voice of the Irish)라고 시작하고 있다. 이 편지를 읽는 순간 나는 마치 서해(Western Sea) 근처 포클루스(Foclus) 근처에 살고 있는 사람들의 목소리를 듣는 듯 하였다.[5] 이들은 '제발 성스러

---

5) 여기 약간의 문제가 있다. Focluth 혹은 Fochlad의 숲은 카운티 메요(County Mayo)에 소재하고 있는데, 왜 페트릭의 옛 친구들이 그를 이 곳으로 불러야 할까? 베리(J. B. Bury)는 Slemish가 아니라, 바로 이 곳이 패트릭이 6년 동안 노예생활을 했던 곳이라고 결론지었다(*Life of St. Patrick* (1950), 27ff). 맥닐(E. MacNeill)은 Focluth가 패트릭의 『고백록』중에 나타난 본문의 잘못된 오염이며, 실제 내용은 Lough Neagh 근처에 있는 "울루티(Uluti)숲"이라 하였다(*Proceedings of the Royal Irish Academy*, XXXVI (1921~24), 249ff). 그러나 역시 꿈속에서는 우리들이 이해할 수 없는 일들이 생기기 마련이다.

운 소년이여, 이리 와서 다시금 우리 가운데 거하라'고 외치고 있다. 이들의 탄원은 나의 가슴을 찢는 듯하였는데, 나는 이 때문에 더 이상 편지를 읽을 수 없었다. 이 때문에 나는 잠에서 깨어났다."

이것이야말로 패트릭에게 있어서는 마게도냐인의 탄원이다. 그에게 있어서 "와서 우리를 도우라"는 것은 곧 "에린으로 돌아오라"(come-back to Erin)를 의미한다. 패트릭은 그 후에도 이와 비슷한 경험들을 하게 된다. 그러나 그 후 수 년이 더 지난 후에야 이러한 부름에 실제로 응답할 수 있었다. 그는 그의 사명을 감당하기 위해 기독교 신앙을 보다 잘 공부하기 위하여 아욱세르의 교회로 갔다. 그가 하필 아욱세르를 택한 것은 아마도 이 곳에서 아일랜드의 기독교에 관한 흥미가 가장 높았기 때문이었을 것이다. 얼마 안되어 패트릭은 저마누스 선임자이던 아욱세르 감독 아마토르(Amator)에 의해 집사로 임명된다. 그러나 그의 상급자들이 아일랜드의 복음화를 담당할 인물로서 패트릭을 적임자로 여기지 않았던 몇가지 증거가 있다. 패트릭 자신도 인정하고 있듯이, 세련되지 못한 그의 생활 태도가 한 가지 이유였는지도 모른다. 어쨌든 441년 아일랜드에 파견된 감독으로 결정된 것은 패트릭이 아니라 팰라디우스였다. 그러나 아일랜드에 도착한지 얼마 안되어 팰라디우스가 사망함으로써 패트릭은 그 뒤를 잇게 되었는데, 마침내 그의 소망은 이루어진 것이다. 그는 이미 마흔 살을 넘고 있었는데, 이는 그가 아일랜드로 도주한 지 근 20년이 지난 후였다. 호클로스 숲 근처의 주민들은 성스러운 소년이 그들을 찾아와 다시 함께 거주하기를 꽤나 오랫동안 기다린 셈이다. 패트릭은 "하나님께 감사하게도 수많은 세월이 지난 후 주님께서는 결국 그들의 간원을 들어 응답하였다"고 기록하고 있다.

제 5세기 아일랜드는 각 부족들이 점거한 소지방으로 나뉘어져 있었으며, 이들 각 부족들은 각각 왕에 의해 통치되고 있었다. 그러나 이들 왕들 가운데 일부는 다른 왕들에 비해 더 큰 세력을 장악하였는데, 이들은 흔히 군왕(provincial Kings)이라고 불리우고 있었으며, 이들은 또한 각각 아일랜드의 1/5씩을 다스리고 있었는데, 이들 5개 지역은 각각 현재 문스터(Munster), 콘나흐트(Connaught), 린스터(Leinster: 리피<Liffey>의 남쪽), 미스(Meath: 리피와 보인 사이)와 울스터(Ulster)이다. 앞의 네 지방에는 각각 이 지역 전체를 통솔하는 군왕이 있었으며, 아직까지 통일되지 않았던 울스터에는 세 명의 독립된 왕이 자리 잡고 있다.

또한 이들 군왕들 위에 군림하는 영도자가 있었는데, 그는 다름 아닌 타라(Tara)에 근거지를 두고 있던 미드의 통치자로서 아일랜드의 "고왕"(high kings)이라는 칭호를 받고 있었다. 이들 고왕들 가운데 하나가 아홉 명의 포로를 잡은 니알(Niall of the Nine Hoseages)이라는 이름으로 알려지고 있다. 그는 상당히 먼 지역에까지 원정 노략을 행한 것으로 알려지고 있으며, 405년 고향으로 귀환하던 중 영국 해협에서 사망한 것으로 기록되고 있다(고가티 박사는 바로 이 때의 원정군이 아일랜드로 돌아오는 중 브리튼의 서부 해안을 침략하여, 패트릭을 포로로 사로잡았다고 주장한다.[6] 양자의 연대가 비슷하므로 상당히 비슷한 이야기다). 아일랜드 내 몇몇 왕족들이 니알(Niall)로부터 연유되었다고 기록되어 있는데, 이들 중 하나가 우리가 후에 다시 거론할 북서 울스터 지방의 우이 네일(Ui Neill) 혹은 오닐(O'Neills) 일족이다.

패트릭이 아일랜드에 도착했을 당시 고왕은(Laoghaire라고 하나 마치 레오리 <Leary>처럼 읽는다) 니알의 아들이었는데, 그는 428년 타라에서 즉위하여 36년 동안 통치하였다. 그의 재위기간 동안 아일랜드 법률이 성문화되었다고 기록되어 있다. 이러한 법령집의 편찬은 438년에 이루어졌던 바, 테오도시우스 2세(Theodosius II)의 법령집 출판에 영향을 받았는지도 모른다. 테오도시우스의 법전 가운데는 당시 지도적 로마법률가들이 수집한 황제의 칙령들이 포함되어 있다. 레오리는 패트릭 및 그 일행들의 선교활동을 용인하는 정책을 실행한다. 그러나 그가 진심으로 새로운 종교에 귀의한 것은 아니었다. 그는 마치 그의 선조들처럼 그의 시체가 선 채로 매장되기를 바랐는데, 그 얼굴은 타라 가의 숙적이던 라인스터족(Leinster)을 향하도록 해달라고 부탁하였다.

이러한 레오리의 기독교 용인 정책은 다른 켈트족들의 영토들과 마찬가지로 아일랜드의 전통적인 이교이던 드르이드교의 신도들의 의견을 역행한 것임에 분명하다. 결국 이러한 그의 결정은 보다 지혜로웠던 것임에 틀림없었다. 드르이드교 신도들은 만약 아일랜드 내에서 기독교가 용인된다면 자신들의 영향이 쇠퇴하는 것은 시간문제라는 것을 잘 알고 있다. 패트릭의

---

[6] 고가티(O. St. J. Gogarty), *I follow St. Patrick* (1938), 63ff. ; cf. 메이싱거(Meissner), *op. cit.*, 78.

도래를 예언하였던 고대 아일랜드의 영창은 바로 이들에 의해 지어졌다고 전해지고 있다.

> 풍랑 험한 바다를 건너
> 자귀로 깎은듯한 머리의 사나이가 올 것이니
> 그의 외투에는 머리를 위한 머리 구멍이 뚫려 있고
> 그의 지팡이는 머리가 구부러졌는데
> 그는 자기 집 동편에 식탁을 놓았네
> 그의 모든 가족들은 대답하기를
> "아멘, 아멘!"

아일랜드가 비록 정치적으로는 제국으로부터 분리되어 있었으나, 브리튼 및 대륙과 전혀 접촉이 없었던 것은 아니었다. 따라서 기독교 성직자들 및 이들의 예배의식 등은 이미 드르이드 교도들에게 알려져 있었을 것이다. 그 뿐만 아니라 아일랜드 자체 내에도 그리스도인들이 존재하고 있다. 그러나 이들이 이미 두려워하고 있던 바, 기독교 감독의 도래야말로 종말의 시작을 의미하는 것이다. 이들이 묘사한 자귀로 깎은듯한 머리는 아마도 패트릭의 삭발인 통슈어(수도사들의 둥글게 깎은 머리, tonsure)를 가리킨 것으로 보인다.

로마의 정치적 세력이 약화되기 시작하고 있던 것은 사실이었으나, 로마 제국의 이름 자체는 아직도 굉장한 특권을 지니고 있었으며, 기독교는 곧 로마의 국교였다. 패트릭 자신이 로마 시민권자였으며, 팰라디우스와는 달리 그가 직접 로마 감독에 의해 성직에 임명되지는 않았다 하더라도 그는 로마 감독의 우월성을 인정하는 교회를 대표하고 있었다. 사실 정치적 측면에서 볼 때 그의 선교활동은 마치 고트족들 가운데의 울피라스(Ulfilas)나 픽트족들 가운데의 니니안에 비교될 수 있었을 것이다. 또한 패트릭이 울피라스와 마찬가지로 로마 영내에 거주하던 가족의 일원으로 출생하여 그 후 자신들을 포로로 잡아간 야만족들에게 복음을 전했다는 것도 흥미있는 일이다.

이런 패트릭의 도래와 함께 드르이드 교도들의 직접적 영향력은 급격히 쇠퇴해 갔으나 우리가 패트릭의 활동에 관한 후세의 전통에서 찾아볼 수 있는 바와 같이 그들은 계속하여 간접적으로 영향력을 행사하였다. 어떤 경우에는 패트릭이 기독교 복음의 위력에 의해서가 아니라 이들을 요술 혹은 마술 시합에서 패배시킴으로써, 자신이 아일랜드의 이교도 드루이드 교도들 보다 훨씬 더 뛰어난 마술사임을 증명함으로써 성공을 거둔 사례들을 찾아볼 수 있다. 또한 켈트 기독교의 특성 중에 하나인 마술적인 요소도 드루이드 교도들의 유물이라는 것은 의심할 나위 없다. "아일랜드 기독교의 초기 모습을 가장 잘 보여주고 있는" 성 패트릭의 흉배(St. Patrick's Breastplate)라고 불리는 오래된 찬송가에도 역시 이 모습이 잘 나타난다.7) 이 곳에 나타난 삼위일체의 이름이 마치 각종 악령들을 물리칠 수 있는 요술적 주문인양 사용된 것을 발견할 수 있다. 이러한 악령들의 주문 가운데는 "여인들과 대장장이들과 드루이드 교도들의 주문, 또한 인간이 알아서는 안되는 모든 지식" 등이 포함되어 있다. 그러나 역시 이 찬송가는 뛰어난 문학작품이다. 대부분의 사람들에게는 다음과 같이 시작되는 세실 프란시스 알렉산더(Cecil Francis Alexander)의 영어 번역판으로 가장 잘 알려져 있다.

> 나는 오늘 나의 생명을
> 삼위일체의 위대한 이름으로 묶어두었네.

비록 패트릭이 아일랜드의 대부분을 복음화했다고 알려지고는 있으나, 그의 선교활동이 어떤 경로를 통해 이루어졌는지는 확실히 전해지고 있지 않다. 패트릭은 고올인들과 영국인들로 구성된 일단의 수하를 거느리고 당시에 흔히 사용되던(일련의 성유물들과 함께) 여러 선교 수단들을 휴대한 채 아일랜드의 동해안에 상륙하여, 우선 그 전의 팰라디우스가 설립했거나 혹은 창단했던 기독교 공동체들과 접촉하고자 하였다. 그는 이리하여 그 전임자의 복음사역과 연관성을 마련한 후, 북쪽으로 울타 해안으로 항해하여 스트랭포드 로우(Strangford Lough) 근처의 해안까지 진출하였다. 그는 이 곳에서 다운패트릭(Downpatrick)에 요새를 구축하고 있던 그 지방 영도자 디추(Dichu)의 환영을 받았다. 일부 학자들은 디추의 아내가 패트릭의 이전 주인의 딸

---

7) 베리, *op. cit.*, 246.

이었으며, 그녀야말로 패트릭이 꿈속에서 들었던 아일랜드에서 부르는 목소리 가운데 하나라고 주장한다.[8] 실제 사정은 여하했던 간에 디추는 패트릭의 말에 귀를 기울여 그의 복음을 받아들였으며, 그 후 패트릭의 손으로 세례를 받고, 자기 요새 근처에 있는 헛간을 제공하여 교회당으로 사용하도록 하였다. 이곳의 지명인 사울(Saul)은 아일랜드어로 헛간을 의미하는 사브할(sabhall)에서 유래된 것이라 전해진다.

패트릭은 울스터 지방의 슬레미쉬(Slemish)에 있던 자기의 전 주인 밀리욱(Miliucc)의 농장을 방문하고자 하였다. 왜냐하면 자기의 전 주인에게 복음을 전하고자 하였기 때문이다. 그러나 밀리욱은 패트릭이나 그의 종교에 대해 전혀 호의를 갖고 있지 않았다. 그는 자기의 전직 노예가 자기를 방문하고자 한다는 소식을 듣자, 혹시 보다 강력한 마술의 힘에 의해 패트릭의 종교에 개종을 하게 된다는 것에 공포를 느꼈는지 자기의 모든 재산을 저택 안에 쌓아올리고 그 곳에 불을 지른 후 자신도 그 속에서 불타 죽었다.

안트림(Antrim)과 다운(Down) 지방은 당시 서로 다른 두 민족에 의해 분리되어 있었다. 카운티 다운과 남부 안트림 지방은 달라라디아(Dallaradia)라고 불리웠는데, 이 곳에는 북부해협(North Channel)의 영국령으로 이주해 온 크루이드니쉬(Cruithnich)인들이 거주하고 있었다. 5세기와 6세기경 달라라디아 지방 일부는 니니안이 갈로웨이의 위콘에 설립한 수도원의 영향을 받았으나, 이러한 영향을 패트릭 당시에 이미 미쳤는지는 확실하지 않다. 니니안 자신이 북아일랜드를 방문하였다는 주장은 니니안의 이름을 또 다른 선교사 모이넨(Moinnen)과 혼동한 데서 빚어진 것이다. 패트릭의 도착 이전 달라라디아 지방에 혹시 기독교 공동체들이 존재했는지는 모르나, 이 곳의 복음화는 그 후 패트릭의 업적에 비할 것이 못된다. 그가 울스터 지방에서 처음 교회를 세운 사울은 달라라디아 남부 근처에 있었으며, 슬레미쉬는 북부 경계선 근처에 위치하고 있었다. 달라라디아의 북부 지방인 북 안트림에는 스코트인들이 거주하고 있었다. 스코트인들은 그 곳으로부터 바다를 건너 오늘날의 스코틀랜드에 진출하여 식민지를 건설하였다.

패트릭은 아일랜드의 기존 사회의 정치적 질서를 기반으로 하여 그의 전도활동을 수행한다. 그는 가는 곳마다 우선 지방 통치자들을 기독교에 개종

---

[8] 포가티(M. Forgarty) 감독에 의하여, Gogarty에 의해, *op. cit.*, 102, 152, 156 등에 인용.

시키고자 하였다. 이러한 활동은 특히 아일랜드의 고왕이자 타라(Tara)의 왕이었던 레오리(Laoghaire)와 친선관계를 유지하기 위해 중요한 의미를 지니고 있었다. 우리가 이미 살펴본 대로 패트릭은 이러한 관계를 수립하는데 성공하였으며, 레오리 자신은 끝내 확실한 기독교 신앙을 갖지 못하였지만, 그의 일부 가족들은 보다 적극적인 태도를 보였다. 그의 아들들 가운데 하나가 이미 이전에 아마도 기독교 신자였던 것으로 추측되는 영국 왕조의 딸과 결혼하고 있다. 패트릭의 영국인 수하이던 롬만(Lomman)은 그들의 어린 아들을 통해 바로 이 부부와 접촉을 시도하였다. 아들과 그의 아버지는 그 어머니와 같이 기독교 신자가 되었으며, 아들 포르트케른(Fortchernn)은 롬만에게 양자로 보내어져 그의 제자로서 양육된다. 그의 아버지 페딜미드(Fedilmid)는 보인(Boyne) 연안에 있던 트림(Trim)의 부동산을 "하나님과 패트릭과 롬만과 포르트케른에게" 주었는데, 이 곳은 그 후 아일랜드에서 가장 오래된 기독교 재단들 가운데 하나로서 남게 된다.

미스(Meath)의 또 다른 지역인 텔타운(Telltown)에 거주하고 있던 레오리의 동생 코날(Conall)은 패트릭이 이 곳을 방문하자 기꺼이 기독교를 받아들였다. 그는 자기 조카와 마찬가지로 교회당 건물을 위한 토지를 패트릭에게 선사했으며, 패트릭은 이 곳에 길이가 60피트나 되는 교회를 지었는데, 곧 패트릭 대 교회당(the Great Church of Patrick)이다. 이 이름은 아직도 도나그패트릭(Donaghpatrick)이라는 이름으로 남아있다.

일단 미스 지방에 기독교가 굳건히 뿌리를 내리게 되자, 패트릭은 아일랜드를 동쪽에서 서쪽으로 관통하여 콘나흐트(Connaught)에서 선교활동을 계속하고자 하였다. 패트릭은 그 곳으로 가는 도중 카운티 카반의 밸리마고란(Ballymagauran) 근처 슬레흐트(Slecht) 평원에 있던 크롬 크루에이치(Crom Cruaich)의 거대한 석상을 부셨다고 전해진다. 콘나흐트 왕의 수도 이덴보다 서쪽의 크로간(카운티 로스콤몬에 위치, Croghan)에서는 패트릭과 그의 시중들이 이곳에서 양육되고 있던 레오리 왕의 두 딸들을 만나 세례를 베풀었다(타라 왕조는 콘나흐트 왕실과 인척 관계에 있다). 그녀들은 패트릭을 만나 새로운 종교에 관해 각종 질문을 퍼부었으며, 패트릭은 그녀들이 믿을 만한 신앙의 고백을 하자 세례를 베풀기로 결심하였다. 당시의 세례 문답은 대략 다음과 같다고 전해진다.

그대들은 세례에 의하여 그대들의 아버지와 어머니의 죄를 저버리는 것
을 믿느뇨?

그대들은 죄를 지은 후 회개해야 됨을 믿느뇨?

그대들은 사망 이후의 생명을 믿느뇨?

그대들은 심판날의 부활을 믿느뇨?

그대들은 교회의 통일성을 믿느뇨?

이 모든 질문들에 대해 그녀들은 "믿습니다"(We believe)라고 대답하였으며, 그 후 세례를 받고 성찬을 받은 후 "곧 죽음의 잠에 떨어졌다"라고 전해진다. 어떻게 그녀들이 즉시 사망하였는지는 확실치 않다. 아마도 그녀들이 당시 바로 사망한 것이 아닌지도 모른다. 만약, 그녀들이 아직 소녀 적에 동시에 함께 죽었다면, 이는 아마도 다음과 같은 발라드에 나타난 베시 벨(Bessie Bell)과 메리 그레이(Mary Gray)의 죽음과 유사한 것이었는지도 모른다.

전염병은 도시에서부터 흘러와,
이들을 동시에 베어 넘겼네.

그러나 기독교 전설들 가운데는 두 명의 처녀들이 기독교 신앙에 귀의한 직후 동시에 함께 자살했다는 전례들이 나타난다.[9]

패트릭은 특별히 카운티 메이요(County Mayo) 지방을 중심으로 콘나흐트 일대를 복음화하는데 7년의 세월을 보내었다. 이 곳에는 그가 수년간 환상 속에서 보았던 포크라드(Fochlad) 혹은 포클루트(Fochluth)의 숲이 자리 잡고 있다. 이 곳에는 또한 현재 크라우그패트릭(Croagh-patrick)이라고 불리는 독수리의 언덕(the Hill of the Eagle)이 소재하고 있는데, 패트릭은 여기서 어느 해 사순절의 40일을 보내었으며, 이 당시 그가 베풀었던 기적, 이사에 대한 전설들이 오늘날까지 남아 있다. 과연 패트릭이 로마를 방문했는지는 아직까지 풀 수 없는 숙제로 남아 있다. 그러나 만약 그가 방문했다면, 이는 베리(Bury)가 기록한 바와 같이 콘나흐트 일대 복음화 말기였던 약 441년경, 즉 교황 대 레오(Pope leo the Great) 즉위 제2년째일 가능성이 높다. 베리는 패트

---

9) 베리, *op. cit.*, 141, 307 ; cf. 메이싱거, op. cit., 147.

릭이 아일랜드 교외의 대교구를 어디에 설치할 것인가 하는 문제로 로마 감독과 의논하고자 하였다고 주장한다.10)

어쨌든 우리는 443년 패트릭의 모습을 울스터(Ulster) 지방에서 다시 한 번 찾아볼 수 있으며, 패트릭은 그 다음 해 아르마그(Armagh)에 교회와 수도원을 설립하였다. 패트릭을 존경하게 되었던 그 지방의 왕 데이르(Daire)는 이를 위해 토지를 기증하였다. 패트릭이 처음부터 아르마그에 감독 본부를 설치하고자 하였으며, 아일랜드 기독교의 중심지를 삼고자 하였음을 분명히 찾아볼 수 있다. 교회 설립 직전 패트릭이 로마를 방문했을 당시 가져왔다고 전해지는 베드로와 바울의 성유물을 바로 이 곳에 안치함으로써 그 중요성은 더욱 높아지게 된다.

당시 대륙과 브리튼 지방의 교회 조직은 제국의 중요 도시에 기초하고 있다. 각 도시에는 감독들이 있었으며, 이들은 몇몇 지방들이 함께 모여 메트로폴리탄(Metropolitan)이라 불리던 주교장의 관할을 받았다. 그러나 아일랜드의 사회체제는 이러한 조직이 불가능하였다. 따라서 페트릭은 그의 교회조직을 각 부족별로 구분하였으며, 도시들이 존재하지 않았기 때문에 수도원들로 하여금 감독 교구들을 대행하게 하였다. 수도원들을 중심으로 각 촌락이 구성되어 있는 것이 보통이다. 각 수도원은 수도원장이 관할하였는데, 수도원장은 실질적으로 그 곳을 감독하는 교구 감독들보다 훨씬 중요한 역할을 담당하는 것이 보통이다. 패트릭이 세운 최초의 감독들 및 기타 성직자들은 주로 그와 함께 아일랜드로 왔던 고올 및 브리튼 지방 출신이 대부분이다. 이들 가운데 최소한 한 사람 이세르니누스(Iserninus)는 아일랜드 출생이었는데, 아욱세르에서 패트릭과 함께 수학하였으며, 그 후 슬레이니(Slaney) 연안의 아게이드(Aghade)에 교회를 설립한 인물이다.

패트릭은 평생 그가 원했던 라틴어에 능통하지 못하였다. 그가 남긴 글들을 보면, 스스로 자인했던 바처럼 스타일이 "미숙하였다"는 점을 금방 발견할 수 있다. 많은 성직자들은 야비하게도 이러한 결점들을 들추어내기 일쑤였다. 그러나 패트릭은 다른 서방 기독교권과 마찬가지로 아일랜드 교회의 공용어로서 라틴어를 사용하고자 하였다. 실제로 서방 유럽의 기독교권은 교회 언어의 통일을 통하여 문화적 통일성을 유지할 수 있었는데, 이는

---

10) 베리, *op. cit.*, 150ff, 367ff.

서로 다른 언어들을 사용하였던 동방 교회와 좋은 대조를 이루고 있다. 패트릭의 라틴어 저작들 가운데 그의 『고백록』(Confession)은 그의 생애 말기에 쓰였는데, 저술 이유는 부분적으로는 자기에 대한 성직자들(특별히 일부 영국 출신 성직자들)의 비판에 대답하기 위한 것이었으나, 가장 주된 목적은 그를 통해 이루신 하나님의 위대한 역사를 기록하기 위함이다. 이 작품은 패트릭 자신에 의해 직접 쓰였다는 자서전적 가치뿐만 아니라 이를 통해 저자의 진실성과 겸손함을 독자들에게 여실히 보여준다는 데에 큰 가치가 있다. 실로 패트릭이야말로 "그 속에 간사함을 찾아볼 수 없는 진실한 이스라엘인이다." 그는 자기 자신 혹은 스스로의 업적에 관해 전혀 자랑하지 않았다. 항상 보잘 것 없는 자기 자신을 통하여 아일랜드를 회심시키시고 그를 통해 많은 기적을 이루신 하나님을 자랑할 뿐이다. "자연의 질서를 초월한다는 의미로서의 기적에 관하여는 『고백록』에 아무런 기록을 남기지 않고 있다. 그러나 패트릭 자신에게 있어서는 스스로의 생애야말로 그 어느 것보다도 더 신기한 사건이다."[11] 이리하여 그는 다음과 같은 간증으로 고백록을 끝맺음하고 있다.

> 그러나 나는 하나님을 신앙하고 경외하는 모든 이들에게 간구하노니 누구든지 무지한 죄인 패트릭이 아일랜드에서 작성한 이 책자를 황송하게도 읽으시거든, 아무도 내가 나의 힘으로 하나님의 뜻에 일치하는 사역을 이루었다고 생각하시지 말지어다. 그러나 그대들이여, 이 모든 역사가 하나님의 선물임을 진실로 믿으실지어다. 이것이야말로 내가 죽기 전 마지막 고백이니이다.

현재까지 남아있는 그의 또 다른 라틴어 저술도 이와 비슷하게 저술하고 있다. "죄인이자 무지한 인물로서 아일랜드의 감독으로 지명된 패트릭." 그러나 이 작품은 패트릭이야말로 정의에 입각한 항의가 필요할 때 기꺼이 이를 감당할 수 있는 인물이었음을 보여주고 있다. 바로 이것이 그의 『코로티쿠스 식민지들에게 보내는 편지』(Letter to the Subjects of Coroticus)이다. 코로티쿠스는 패트릭의 감독 재직 기간 대부분을 통해 덤바르톤(Dumbarton)의 요새에 본부를 두고 스트라스클라이드(Strathclyde) 왕국을 다스렸던 인물이다. 패

---

11) 베리, *op. cit.*, 197.

트릭이 이 편지를 저술한게 된 것은 일부 코로티쿠스 병사들이 울스터 해안을 노략한 사건때문 이었다. 이는 마치 4, 50년 전 패트릭이 노예로 잡혀 있던 사건과 흡사한 성격을 띠고 있다. 이때의 습격으로 브리튼의 습격자들에 의해 학살되거나 포로로 잡힌 자들 가운데는 당시 갓 세례를 받고 기독교에 귀의한 신자들이 포함되어 있다. 이들은 사건 당시 아직도 초신자들의 흰 제복을 입고 있었다고 전해진다. 이 소식에 접한 패트릭은 곧 습격자들이 이 곳을 떠나기 전 장로 한 사람을 파견하여 포로들을 석방하고 노략한 재산들을 다시 돌려주도록 간청하였다. 그러나 습격자들은 모욕과 희롱으로 이에 응답하였다. 이들 습격자들이 최소한 명목상으로는 기독교 신자들이었으며, 패트릭과 같은 브리튼인이었고 그와 마찬가지로 로마 시민권자였다는 사실이 패트릭의 분노를 더욱 부채질하였다. 그는 "나는 이들을 나의 동포들이거나 혹은 신성한 로마 시민들이라고 부르지 못하겠다. 차라리 이들의 악행으로 볼 때, 악마들의 동포들이라 칭하는 것이 합당하리라." 당시 갓 세례를 받았던 초신자들에게 막상 손을 댄 것은 브리튼 출신 병사들이 아니라 그들과 동행하였던 "스코트인들과 픽트족 배교자들" 이었는지도 모른다. 그러나 브리튼인들이 이를 수수방관했다는 것만으로도 공동책임이 있으며, 코로티쿠스 역시 합당한 보상을 하기 전까지는 그 죄를 면할 길 없다고 패트릭은 생각하였다.

이에 관련하여 패트릭이 언급한 스코트인들은 아마도 이미 북부해협(North Channel)을 건너 서부 스코틀랜드에 정착했던 자들로 보인다. 이들은 당시에 이교도들이었던 듯하다. 그러나 픽트족들은 배교자들이라고 묘사되어 있다. 이는 수 십 년 전 니니안에 의해 기독교로 개종하였던 남부 픽트족들 가운데 일부가 그 후 다시 신앙을 저버렸던 사실을 의미하였던 듯하다. 어쨌든 이것이 패트릭이 원래 의도하였던 의미였던 듯하다. 물론 패트릭은 이들의 소행에 대해 깊은 혐오감을 가지고 있었으므로 약간 지나친 표현을 사용했는지도 모른다. 그러나 브리튼인 병사들이 명목상으로나마 로마 시민의 칭호로 불린 것은 특히 흥미있는 사실이다. 이는 곧, 로마 군단들이 브리튼으로부터 철수한 수 십 년 후 까지도 이 곳의 로마 운명이 종식되지 않았으며, 오히려 그 경계를 넘어 영향을 미치고 있다는 증거를 보여주는 것이다.

우리는 이러한 패트릭의 항의가 어떠한 결과를 가져왔는지 확실히 알지 못하고 있다. 그의 서신 가운데 나타난 표현들을 보면 패트릭은 기실 코로티쿠스가 포로들을 다시 석방하거나, 이 사건에 연루된 브리튼 신자들이 패트릭이 우려했던 바대로 코로티쿠스가 회개하지 않을 경우에 그를 파면시키리라고는 별로 기대하지 않았던 듯하다.

울스터 지방에서는 미스(Meath)와 콘나흐트(Connaught)가 패트릭의 활동 중심지였으나, 한편 그가 또한 문스터(Munster)와 라인스터(Leinster)등을 방문했다는 오랜 기록들이 남아 있다. 패트릭은 아일랜드를 향해 떠날 때 이 성 전체를 그의 감독 교구로서 할당받았다. 그러나 아르마그를 그 자신의 교구로서 선택한 후에는 아일랜드를 서방 교회의 일부로서 조직하였으며, 그는 그의 남은 생애의 대부분을 북부에서 보낸 듯하다. 패트릭은 457년 아르마그에서 감독직을 사임하였으며, 제자였던 베니그누스(Benignus)가 그 직을 계승하였다. 그는 25년 전 울스터 지방의 처음 순교 기지를 설립하였던 사울로 이주하였으며, 그 곳에서 461년 3월17일 임종하였다. 그의 기일인 세인트 패트릭 축일(St. Patrick's Day)은 아일랜드에서 가장 중요한 기념일로서 지금까지 남아 있다. 그의 매장지인 다운패트릭(Downpatrick)은 오늘날까지도 그 이름을 보존하고 있다.

우리들은 이미 참으로 매력적인 패트릭의 성품들 가운데 여러 측면들을 언급했다. 그의 동시대인들에게 깊은 인상을 남겼던 그의 또 다른 특성들 가운데 하나는 그의 확고부동하고 견실한 신념(steadfastness)이다. 이러한 그의 성품은 아르마그에 있는 그의 수도원을 건축하였던 부지를 하사한 왕족 데이르(Daire)와의 관계에서 여실히 나타난다. 처음에 데이르는 패트릭이 요청한 언덕 대신 그 아래에 있는 땅을 주고자 하였다. 그 비슷한 시기에 데이르는 프트릭에게 놋쇠로 만둣 솥을 선물로 주었다. 패트릭은 "그라티아스 아가무스"(Gratias agamus), 즉 "하나님께 감사합니다"라는 말과 함께 이 선물을 받아들였다. 데이르는 돌아온 하인들에게 "그가 무엇이라고 말하던가?"라고 물었다. 하인은 "그가 그라짜참(Gratzacham)[12]이라고 하였습니다." 열렬한 감사의 말을 패트릭으로부터 기대하였던 데이르는 이에 실망하여, 하인을 보내 문제의 솥을 다시 회수해 오도록 하였다. 패트릭은 "그라티아스 아가무스"(Gratias agamus)라는 똑같은 구절로써 이에 응하였다. "이번에는 무엇이라고 하든?"이

---

12) 이러한 스펠링을 통해 Patrick의 발음을 추정해 볼 수 있는지도 모른다.

라고 데이르가 물었다. "그가 다시 그라짜챰이라고 하였습니다"고 하인이 대답하였다. "선물을 받을 때도 그라짜챰, 그리고 선물을 도로 빼앗길 때도 그라짜챰이란 말인가? 참, 이 그라짜챰이란 말은 좋은 말인가 보구나!" 데이르는 그 자신이 직접 다시 솥을 패트릭에게로 가지고 갔다. 그는 말하였다. "여기에 당신의 솥이 있습니다. 그대야말로 변함없고, 확고부동한 인물입니다." 그는 이 때, 패트릭이 이전에 요청하였던 언덕을 솥과 함께 주었다. 바로 이 아르마그의 언덕 위에 그는 교회를 건축하였다.

마치 패트릭이 아일랜드의 국민에게 그러했던 것처럼 그 성품의 위대성을 인상깊게 남긴 인물들은 드물었다. 이러한 측면에서 그 후의 전설들은 패트릭과 모세의 유사성을 강조하기 시작한다. 즉 패트릭의 임종 당시 나이가 120세였다던가, 혹은 불타오르는 가시덤불로부터 천사가 패트릭에게 말했다던가, 혹은 그가 산꼭대기에서 40일 동안 철야했다던가, 마술 시합에서 다른 요술사들을 물리쳤다던가 하는 이야기들은 모두 후세인들의 경외심이 빚어낸 소산으로 보인다. 그러나 이러한 전설의 도움 없이도 패트릭의 위대성은 여실히 드러나고 있다. 그야말로 정치적으로 로마 제국에 속해 있지 않았던 지역에 제국의 문명과 함께 이보다 더 중요한 기독교 신앙을 전수하였던 인물이다. 또한 그의 사역은 너무도 뛰어나 그의 사망 당시 이미 서부 유럽의 대부분을 덮기 시작했던 암흑에도 불구하고 그가 붙였던 진리의 등불은 성자와 학자들의 소문 가운데서 찬란히 빛났으며, 결국은 이 곳으로부터 전해진 횃불이 소멸하였던 서부의 문명을 다시 소생시키는데 성공하였던 것이다.[13]

---

13) 이미 언급한 서적들 외에도 화이트(N. J. D. White), *St. Patrick: His Writings and Life* (1920) ; 맥닐(E. MacNeill), *St. Patrick: Apostle of Ireland* (1934); 비어러(L. Bieler), *The Works of St. Patrick* (1953). 특히 오'라힐리(T, F. O'Rahilly)가 *The Two Patricks* (1942)를 발표한 후 모든 학자들이 다 찬동하는 것은 아니나, 많은 학자들이 아일랜드의 복음화는 2명의 Patrick 들에 의해 이루어졌음에 동의하고 있다. 이들 중 연장자는 Palladius인지도 모른다. 비어러, *The Life and Legend of St. Patrick* (1948)과 *St. Patrick and the Coming of Christianity* (1967) ; 카니(J. Carney), *The Problem of St. Patrick* (1961); 핸슨 (R. P. C. Hanson), *Saint Patrick: His Origins and Career* (1968) 등을 보라.

이오나 공동사회

    패트릭의 사망 이후 다음 1세기 동안의 역사적 사료들은 오히려 패트릭 및 그 사역에 관한 것보다도 더 찾아보기 힘들다. 그의 죽음 이후 얼마 동안은 아일랜드 교회의 성직자들, 특히 고위 성직자들은 대부분 브리튼 혹은 고올 출신이었던 것 같다. 그러나 또 다른 영향들이 점차 그 모습을 드러내기 시작했었는데, 제 6세기 중반 아일랜드 기독교의 모습은 패트릭의 생존 당시와 크게 다른 양상을 보이고 있다.

    이러한 상이점들 가운데 일부는 그 자체로서는 그다지 중요하지 않았으나, 세월이 흐르면서 점차 중요한 비중을 차지하게 된다. 이들 중 하나가 "통슈어(tonsure) – 수도승들의 삭발 형태"였다.

    패트릭이 아일랜드에 도착했을 당시 그의 통슈어는 바로 드루이드 교도들의 예언들 가운데 "자귀로 깎은 머리"(Adze-head)라는 별명을 얻었던 바대로 당시 서방 기독교권에서 흔히 볼 수 있었던 정수리를 둥글게 원형으로 깎은 형태(circular tonsure)였다. 그러나 아일랜드의 이교도들 가운데는 또 다른 형태의 통슈어가 있었는데, 이는 하인들의 표식으로서 머리의 앞부분을 귀에서부터 뒤로 깎은 형태였다. 비록 패트릭은 아일랜드의 성직자들이 그와 마찬가지로 정수리의 머리를 둥글게 깎은 원형 통슈어를 채택하도록 하였는데, 그 후 얼마 세월이 지나지 않아 아일랜드 재래식 전면 통슈어(frontal tonsure)

가 널리 유포되어 유럽으로부터 행해진 정수리를 깎는 형태 대신 채택된다. 이에 관하여는 패트릭의 생전에 이미 그가 전면 통슈어를 정수리의 원형 통슈어와 마찬가지로 교회에서 받아들일 수 있다는 허락을 내렸다고 전해지기도 한다. 그 결과 전면 통슈어야말로 켈트 기독교의 특징으로서 남게 되었는데, 그 후 켈트와 유럽의 기독교가 다시 접촉하게 되었을 때, 그 동일성을 복구하는데 상당히 어려움이 있었다. 아일랜드 고어로는 전면 통슈어를 하고 있는 자를 가리켜 마엘(mael: 현대 고올어로는 마올<maol>이라고 표기된다)이라고 불렀다. 이 단어는 켈트어 인명의 일부로서 자주 나타나는 바, 이러한 이름을 가진 자는 곧, 성자 기타 다른 주인들의 하인임을 나타내었다. 예를 들어 말콤(Malcolm)이라는 이름은 아일랜드의 고어로서 마엘-콜루임(Mael-Coluim)을 의미하는데, 이는 곧 "(전면 통슈어를 한) 콜룸바의 하인"의 의미이다.

그러나 패트릭의 죽음 이후 아일랜드 교회에 발생하였던 가장 중요한 변화는 곧 수도원을 기반으로 하여 교회 조직이 전면 개편되었다는 사실이다. 이미 언급한 바대로 패트릭의 조직은 가능한 한 서부 유럽의 기존 체제와 마찬가지로 지역별 감독 교구제라 할 수 있다. 그러나 감독들의 교구로서 사용될 수 있는 도시들이 아일랜드에는 존재하지 않았으므로 수도원이 그 역할을 대신하게 된다. 그렇지만 패트릭의 조직 가운데서 찾아볼 수 있는 이러한 수도원의 요소는 그의 죽음 이후 아일랜드의 지역별 감독 교구제를 완전 대치한 수도원 제도와는 판이하게 다른 것이다. 제 6세기부터 켈트 교회 내에서의 주요인물은 감독(bishop)이 아니라 수도원장(abbot)이다. 이들 수도원장들은 해당 지역의 부족 통치자들의 가문 출신인 경우가 대부분이다. 즉 이들 왕가들로부터 아들 하나 혹은 그 이상들이 수도원에 보내어져 이 곳에서 수도사로 성장되어져 결국에는 수도원장직을 차지하는 것이 제도화되다시피 하였다. 따라서 아일랜드 기독교 신자들의 눈으로 볼 때 수도원장직이 감독직을 완전 압도하였으며, 이에 따라 이들은 교황을 로마의 수도원장(abbot of Rome)이라 지칭하기로 하였다.[1]

아일랜드 교회의 생활과 근본 구조 가운데 발생한 이러한 수도원의 영향력 증가는 단순히 패트릭이 수립한 체제 가운데 일정 요소들이 발전된 것이라고만 판단할 수 없다. 이는 이 섬 밖으로부터의 영향력과 연결되어 있는 것

---

1) *Tripartite Life of Patrick*, ed. 스토크스(W. Stokes<Rolls edition, 1887>), I, 30f.

이 확실하며, 특히 갈로웨이 지방의 휫혼에 자리 잡고 있던 니니안의 수도원과 밀접한 관련을 맺고 있는 듯하다. 패트릭이 도착하기 이전부터 휫혼에서 그 사절들을 파견하기 시작하였는가의 여부는 확실치가 않다. 물론 갈로웨이가 울스터 북동부 지방과 가장 가까운 거리에 있으며, 스코틀랜드 남서부와 이와 대면한 아일랜드 해안과의 사이에 교류가 빈번했던 것을 고려한다면 능히 추측할 수 있는 사실이다. 패트릭 당시에는 브리튼인들 뿐만 아니라 스코트인들도 북부해협(North channel) 양해안에 거주하고 있었으며, 이 해협은 이 두 지역을 분리했을 뿐만 아니라 양자 사이의 교통을 보다 용이하게 하였다.

    휫혼의 지대한 영향력은 패트릭의 사망 이후 수많은 아일랜드 신도들이 시련을 받기 위해 그곳을 찾았다는 데서 확실해진다. 이에 반해 패트릭 자신이 실립한 기관들은 흥미롭게도 별로 큰 역할을 담당하지 못하였다. 패트릭 이후 아일랜드의 뛰어난 학자들이 그의 수도원에 가서 수학한 예를 찾아볼 수 없는 것이다. "칸디다 카사와 월스(Walls) 사이의 지역 등으로부터 브리튼의 영향이 아일랜드에 밀려왔으며, (패트릭에 의해 임명되었던) 로마노-브리튼인들과 고올족 출신 성직자들이 그 후 기독교화되지 얼마 안되었던 켈트어를 사용되는 인물에 의해 대치되었다고 믿을만한 충분한 이유가 있다."[2]

    교육을 목적으로 휫혼을 찾았던 아일랜드 학자들 가운데 가장 유명한 인물은 핀바르(Finbarr) 혹은 핀니안(Finnian)이다. 그는 휫혼에서 그와 같은 시기에 학생으로 있던 픽트족 왕의 딸 드루스티스(Drustice)와의 연애 사건으로 이 곳에서 퇴학을 맞은 듯하다. 그는 이 곳 휫혼에서 로마로 건너갔으며, 그 곳에서 7년 후에 감독으로 임명을 받고 아일랜드로 돌아와 카운티 다운에 있는 뉴타운나이즈(Newtonards) 근처의 모빌(Moville)에 거대한 수도원 학당을 설립하였다.

    아일랜드 내 다른 학교와 마찬가지로 핀니안 학당에서 가르치던 과목들 가운데 가장 중요하게 취급하던 것들은 라틴어 성경이다. 모든 학생들은 라틴어 시편을 의무적으로 암송하도록 되어 있다. 그러나 이 외에도 고전 문학들을 교수하였으며, 라틴어뿐만 아니라 헬라어도 가르쳤다. 제 6세기에서 8세기까지 서부 유럽을 뒤덮었던 암흑기에도 불구하고, 고전 학문들이 계속 보존된 것은 아일랜드의 학교 덕분이라고 할 수 있다. 아일랜드의 학교들의

---

2) 메이싱거(Meissner), *op. cit.*, 134.

명성이 점차 널리 퍼짐에 따라 (앵글로족들의 정복 이후의) 잉글랜드 뿐만 아니라 대륙 각지로부터 성도들이 몰려들었다. 어쨌든 핀니안은 로마로부터 귀환하면서 아일랜드에서는 이전에 찾아볼 수 없었던 제롬(Jerome)의 라틴어 복음서를 가져왔다.3) 아마도 바로 이 책 때문에 그 유명한 법정 소송사건이 벌어진 듯하다. 혹은 이 책이 아니라 핀니안이 아끼던 또 다른 보물이던 라틴어 시편이었는지도 모른다. 어떤 책이었는지는 확실치 않으나, 핀니안의 가장 뛰어난 학생들 가운데 하나가 졸업 후 학교를 방문하면서, 핀니안으로부터 문제의 서적을 읽을 수 있도록 허락을 받았다. 그 후 문제의 학생은 자신도 책을 갖고 싶은 욕심에서 핀니안의 허락도 받지 않은 채 이를 복사하기 시작한다. 설사 핀니안에게 부탁하였다 하더라도(학생 스스로 주장했던 바처럼) 그의 허락을 받을 가망은 거의 없었다. 복사가 거의 완성되었을 때야 비로소 핀니안은 이 사실을 발견하였다. 핀니안은 사본을 압수하고자 하였으며, 학생은 이를 거부한다. 그러나 문제의 학생은 중요한 가문에 속한 인물이었기 때문에 핀니안 자신도 단순히 교장으로서의 권위를 강행할 수 없는 입장이다. 이에 따라 문제는 소송사건으로 번졌으며, 다름 아닌 아일랜드의 고왕(High king) 디아르메이드(Diarmaid) 자신이 직접 이 문제를 취급하게 된다. 그는 양쪽의 진술을 청취한 후 다음과 같이 판결을 내렸다. "모든 송아지들은 암소에게 속하기 마련이다. 따라서 모든 사본들은 원본에게 속한다. 문제의 사본은 핀니안의 소유임이 확실하다." 문제의 학생은 끝내 내심으로 이에 승복하지 않았다. 그는 법정의 판결 아래 사본을 핀니안에게 인도하면서도 "이는 불공정한 판결이다. 결국 이 때문에 문제가 발생할 것이다"고 항의하기를 잊지 않았다.

바로 이 문제의 학생이 콜롬바(Columba)였는데, 그는 북부 우이 닐(Ui Neil) 지방의 왕족 출신이다. 그는 521년 카운티 도네갈(County Donegal)의 가르탄(Gartan)에서 출생하였으며, 어릴 적부터 비범한 재질을 과시하였다. 그는 부계로 볼 때 제 5세기 초 아일랜드의 고왕이었던 니알(Niall of the Nine hostages)의 후손이었으며, 모계로는 라인스터의 왕실과 연관되어 있다. 그는 또한 500년경 서부 스코틀랜드에다 울스터 지방의 달리아다 왕국을 확장시켰던

---

3) 또 다른 기록에 의하면 그는 이를 니니안이 Rome에서 가져온 Whithorn의 견본으로부터 베꼈다고 하기도 한다.

엘크의 아들들과 가까운 혈연이다. 이 스코틀랜드의 달리아다 왕국은 세월이 지난 후 아일랜드의 달리아다 왕국으로부터 독립하여 결국은 스코틀랜드 전체를 통치하였으므로 상당한 중요성을 지닌다. 그러나 콜롬바 당시에는 이 두 지역이 모두 달리아다 왕국 아래 통일되어 있었다.

우리들이 이미 살펴본 바와 같이 아일랜드 왕실에서는 왕자들 중 한 둘을 수도사로 보내는 것이 관계로 되어 있다. 이에 따라 콜롬바는 모빌의 핀니안에게로 보내어졌다. 그는 모빌에서 집사로 임명을 받은 후 미스 지방의 클로나드(Clonard)로 가서 또 다른 핀니안에게서 수학하였는데, 이 핀니안은 웨일즈(Wales)의 세인트 데이비드(St. David)의 수하에서 공부한 인물로서 "아일랜드 성자들의 스승"이라고 알려져 있었다. 그는 클로나드에서 장로에 임직되었다. 그는 아일랜드 내의 또 다른 학교를 방문하였으며, 25세 때 다시 북부로 돌아와 델리(Derry) 수도원을 설립하였다. 6, 7년 후에는 다시 오팔리(Offaly) 북부 더로우(Durrow)에 수도원을 설립하였으며, 그 외에도 아일랜드 내에 수많은 수도원이 그의 손에 의하여 설립된 것으로 알려지고 있다. 이 가운데는 9세기 초 이오나(Iona)가 노즈멘(Norseman)들에 의해 파괴된 후 콜롬바 수도회의 중심 역할을 담당하였던 미스 지방의 켈스(Kells-Ceannanus Mor)도 포함되어 있다.

그러나 콜롬바의 이름과 가장 밀접한 관련을 맺고 있는 것은 우리가 방금 언급한 이오나이다. 그는 563년부터 이 곳에 거주하기 시작하였으며, 그 후의 여생 34년을 이 곳에서 보냈다고 볼 수 있다.

콜롬바가 이오나를 향해 간 것은 561년 슬리고(Sligo) 북쪽에서 벌어진 쿨드라임(Culdreimhe) 전투와 밀접한 관련을 맺고 있었다. 당시 사람들 가운데는 콜롬바 때문에 이 전투가 발생한다고 믿는 사람들도 많이 있었다. 즉 콜롬바가 당시의 고황 디아르메이드(Diarmaid)에 원한을 품고 있었으므로 전쟁을 부추기었다는 것이다. 물론 이 문제를 반드시 이전의 서적 사건으로 인한 법정 소송과 결부시킬 수는 없겠다. 어쨌든 아일랜드의 성직자들은 이 문제를 심각하게 생각하였으므로 콜롬바는 텔타운(Telltown)의 회의에서 파문당하고 말았다. 이러한 파문령은 그 후 즉각 번복되었으나, 콜롬바는 역시 아일랜드를 떠나기로 결심하였다. 당시의 어떤 기록은 전투에서의 사망자와 같은 숫자를 기독교로 개종시키지 않는 한 아일랜드로 돌아오지 않겠다고 콜롬바가 결심했다고 전하고 있다. 전사자 수는 3,000명이었다. 어쨌든 콜롬바는 수 명의 동료들과 함께 스코틀랜드의 서부를 향해 떠나 아일랜드를 더 이상 볼 수 없을 때까지 항해하였다. 그는 이 곳에 도착하여 그의 수도원들 가운데 가장 유명한 수도원을 설립하였다.

그가 정착한 섬의 이름은 이이(I)였다. 이 이름은 오늘날까지도 고올어로 계속 남아있다. 다음 세기에 나타나는 콜롬바의 전기 작가 아담난(Adamnan)은 이 섬의 형용사를 이오우아(Ioua)라고 표기했는데, 이 단어가 그 후 이오나(Iona)로 잘못 읽혀졌다. 이러한 오기가 계속 전해졌던 이유들 가운데 하나는 이 단어가 히브리어로 "비둘기"를 의미하는 요나(yona)와 비슷했기 때문이다. 이는 곧 라틴어로 콜롬바 자신의 이름을 의미하고 있다.

콜롬바 친척들이 통치하고 있던 스코틀랜드 달리아다 해안으로부터 약간 떨어져 있던 이 조그만 섬에 수도원을 지을 토지를 얻는 것은 손쉬운 것이다. 아마도 이러한 토지의 제공은 당시 스코틀랜드에 정착하였던 달리아다 통치 위에 군림하던 픽트족 고왕에 의해 비준을 받아야 했는지도 모른다. 어쨌든 이오나에 밝혀진 등불은 스코틀랜드 방방곡곡에 미쳤으며, 또한 이 경계를 넘어서까지 그 광채를 발하였다.

이 당시의 사건들은 콜롬바의 외적 활동 뿐만 아니라 그의 내적 생활에 있어서도 큰 변화를 가져왔다. 오늘날까지 남아있는 일부 기록들은 콜롬바를 격정적이고 오만하며, 진실성이 없고 논쟁을 좋아하는 최악의 교회 정치가로서 묘사하고 있다. 물론 그가 왕실 출신, 그것도 아일랜드 왕족 출신이었던 것을 생각하면, 그가 격정적이고 거만한 성격의 소유자였을 수 있음을 능히 짐작할 수 있다. 또한 우리들은 그 당시의 기준에 의해 역사적 인물들을 판단해야 한다. 그러나 반면 그의 전기를 기록한 아담난은 콜롬바를 가장 다정다감한 성품의 소유자이자, 순수한 종교적 헌신에 가득한 인물로서 표현하고 있다. 이러한 인상은 콜롬바가 지었다고 전해지는 몇몇 시들과도 일치하는 것이다. 이 운문들에는 고상한 애국심과 자연에 관한 깊은 사랑으로 점철되어 있다.

만약 콜롬바가 쿨드라임(Culdreimhe) 전투의 결과 깊은 영적 변화를 경험했다고 생각한다면, 이와 같은 두 가지 상반된 성품은 쉽사리 접촉점을 찾을 수 있다. 이 학살에 대한 그의 책임감이 콜롬바의 내심에 강렬한 죄책감을 불러일으켰다고 능히 상상할 수 있다. 또한 그가 그 후 스스로에게 무자비한 고행을 가했다는 증거를 많이 찾아볼 수 있으며, 콜롬바 이전에도 중부 스코틀랜드에서 활동했다는 흔적들이 남아 있다. 남부 픽트족들의 왕 넥탄 1세(Necktan I, 약 457~481) 제위 시절 아일랜드의 성자 부이트(Buitte)가 대륙으로부터 아일랜드로 귀환하는 길에 포르파셔(Forfarshire)를 통과했다는 이야기가 남아있으며, 또한 아일랜드의 킬데어(Kildare)에 수도원을 설립하였던 브리제트(Bridget, 450~524)가 스코틀랜드에서 영향을 미쳤다는 기록도 남아있다.[4] 브리제트의 이름은 스코틀랜드에서 아직까지 많은 사람들이 기억하고 있다. 약 600년경에는 픽트족 왕에 의하여 그녀를 기념한 수도원이 애버네티(Abernethy)에 설립된다. 남부 및 중앙 스코틀랜드 그리고 헤브라이즈(Hebrides) 지방에는 킬브라이드(브리제트의 방이라는 의미, Kirkbride) 혹은 커크브라이드(Kirkbride)라고 불리는 지명들이 여러 곳이 있으며, 또한 애버딘(Aberdeen), 반프(Banff), 모레이(Moray) 그리고 로스(Ross) 등에도 그녀의 이름을 기념한 지명들이 흩어져 있다.

콜롬바가 이오나에 도착하기 3년 전 중앙 스코틀랜드의 픽트족 영토를 계속 잠식해 들어가고 있던 달리아드 황실은 픽트랜드(Pictland)의 고왕 브루드(Brude)에 의해 결정적 참패를 맛보았다. 이에 대해 스코트인들은 아르길셔(Argyllshire)에 있는 달리아드 영토 내로 후퇴해야만 했는데, 이 곳에서도 역시 브루드의 통치를 인정해야만 했던 것으로 보인다. 바로 이 브루드는 그 이전의 어떤 인물보다도 스코틀랜드의 정치적 통일을 위해 많은 업적을 남긴 것으로 보이고 있다. 오크니(Orkney)의 주민들조차도 그의 통치를 인정할 수밖에 없었다.

콜롬바를 종교 지도자로서보다는 정치가로서 우선 평가하는 일부 역사가는 콜롬바가 픽트 왕에게 달리아드 친척들의 참패를 복수하기 위한 일념에 불탔다고 주장하고 있다.[5] 그러나 이보다는 결코 우둔한 인물이 아니었던 콜롬바가 이 두 민족들을 화해시키기 위해 노력했다고 보는 것이 타당할 것이다. 이를 위해서는 북부 픽트족들을 복음화하는 것이 필요했다. 그는 이를

---

4) 앤더슨(A. O. Anderson), *Early Sources of Scottish History*, I (1922), cxxf; 챠드윅(H. M. Chadwick), *Early Scotland* (1949), 9ff.
5) Cf. 심슨(W. D. Simpson), *The Historical Saint Columba* (1927), 21.

위하여 아일랜드의 전통적 선교정책대로 고왕(the high king)을 기독교로 개종시키는데 주력하였다.

그 밖에도 콜롬바가 브루드를 방문한 데에는 또 다른 이유가 있다. 그는 이미 수도원을 짓기 위해 달리아드 왕 코날(Conall)로부터 이오나(Iona)를 접수한 바 있다. 그러나 브루드가 코날보다 상위에 있었으므로, 코날의 선물을 다시 그에게 비준받는 것이 필요했다. 이러한 사실은 픽트족들이 기독교에 귀의함으로써 콜롬바가 이오나를 선물로 받았다는 비드의 기록에 의해 확인된다고 볼 수 있다.6)

콜롬바는 이오나에 상륙한지 약 2년 후 브루드의 본거지이던 인버네스(Inverness) 근처로 향하였다. 콜롬바의 여행길의 대부분은 현재의 칼레도니아 운하(Caledonian Canal)에 의해 연결되어 있는 그레이트 글렌(Great Glen)의 호수들을 통과해야 되는 것이다. 당시 브루드의 입장으로는 콜롬바를 그다지 환영할 수 없었다. 왜냐하면 우선 콜롬바가 브루드의 적이던 달리아다 왕실과 지나치게 가까운 인척관계에 있었으며, 또 다른 이유는 브루드 측근의 드르이드 교도들이 마치 레오리 측근의 드르이드 교도들이 패트릭을 두려워했던 것처럼 콜롬바의 도래를 싫어하고 있었기 때문이다. 그러나 콜롬바와 그 일행은 이 때문에 돌아설만한 상대는 아니었다. 그는 결국 픽트 왕과 원만한 관계를 수립하는데 성공하였으며, 마침 비드가 전하는 바대로, "말씀과 생활에 의하여 그 국가를 그리스도에게로 인도하였던 것이다."7)

브루드를 만나러 갈 때 콜롬바를 동반한 것은 두 명의 크루이드니쉬(Cruithnich) 족으로서 콤갈(Comgall)과 카인네크(Cainnech)였는데, 이들의 언어는 아마도 콜롬바보다 브루드쪽에 가까웠던 것 같다. 이 두 사람은 모두 그 후 큰 업적을 남겼다. 카인네크(517~600)는 서부 제도와 스코틀랜드 본토에서의 복음사역에 참여했을 뿐만 아니라 레이크(Leix)의 아가보에(Aghaboe)와 킬켄니(Killkenny) 등 아일랜드에 두 군데의 수도원을 설립하였다. 콤갈은 555년 카운티 다운의 뱅고르(Bangor)에 대수도원을 설립하였는데 바로 이 곳에서부터 콜롬바누스(Columbanus)는 590년 유럽을 향해 선교의 길을 떠났다. 그는 다시 프랑스의 룩스일(Luxeuil)과 스위스의 세인트 갈(St. Gall), 이탈리아의 보

---

6) 비드(Bede), *Hist. Eccl.*, III, 4.
7) *Ibid.*

비오(Bobbio) 등에 유명한 수도원을 설립하였다. 콜롬바와 같은 시대에 서부 스코틀랜드의 복음화에 종사하였던 인물들 가운데 하나는 유명한 클론페르트(Clonfert) 출신의 세인트 브렌단(St. Brendan)으로서 7년에 걸쳐 행해진 행운제도(Fortunate Islands)를 찾기 위한 항해로 전설의 위치를 차지하고 있다. 그러나 브렌단의 이야기들 가운데 허구적 요소를 제외하면, 그가 실제로 아이스랜드(노르만인들이 이 곳을 식민지화하기 전 아일랜드 수도사들이 이 곳에 정착했다는 증거가 남아 있다. Iceland)를 방문했을 뿐만 아니라 아메리카 대륙의 일부까지 도달했다는 믿을만한 증거가 남아있다.[8]

따라서 콜롬바와 그의 이오나 공동체가 가장 큰 영향력을 행사하기는 하였는데, 이들이 곧 제 6세기 스코틀랜드 내의 유일한 전도자들이었다고 생각할 수는 없다. 어쨌든 이들의 활동 범위는 스코틀랜드의 북동부에까지 미쳤다. 아직까지 남아있는 디사이드(Deeside)의 몇몇 지명들은 콜롬바의 일행의 이름을 따서 명명된 것이다. 그 일행 중 하나이던 터난(Ternan)의 이름은 북부 디사이드에 있는 뱅코리 터난(Banchory Ternan)의 형태로 남아 있으며, 우이 닐(Ui Neil)이라는 가명 역시 이 근처의 킨타르딘 오닐(Kincardine O'Neill) 교구에 남아 있다. 또한(1509~1510년 간에 발행된) 애버딘 일과 기도서(Averdeen Breviary)에 보존된 전통을 믿을 수 있다면 부칸(Buchan) 지방의 디어(Deer)에 수도원을 설립한 드로스탄(Drostan)은 "스코틀랜드 왕실의 후손"이라 하였는데, 이는 곧 콜롬바의 또 다른 친척이 된다. 비록 한 기록은 드로스탄이 디어에 수도원을 설립할 때 콜롬바가 그와 동행하였다고 전하고 있으나, 콜롬바 자신이 스코틀랜드 북동부를 방문하였을 가능성은 별로 없다 하겠다. 문제의 자료는 불완전한 9세기의 라틴어 복음서의 사본인 디어서(Book of Deer)에 포함되어 있는데, 이 책 가운데는 11세기 혹은 12세기 전에 첨부된 것으로 보이는 게일어(스코틀랜드 고지대의 언어, Gaelic)로 번역된 헌장의 본문들이 포함되어 있다. 그러나 수도원 설립과 관련된 콜롬바와 관련된 부분은 그가 델리(Derry)에 설립했던 수도원의 사적과 너무나도 흡사하며, 또한 일부 전설적 민담들이 함께 포함되어 있으므로 역사적 신빙성이 있는 것으로 판단하기 곤란하다.

그러나 역시 스코틀랜드에서 가장 큰 영향력을 미쳤으며, 활발하게 활동한

---

[8] 메이싱거, *op. cit.*, 247ff.

것은 이오나 수도원이다. 또한 달리아드 왕국의 세력이 다시 부흥되어 스코틀랜드 전 국토에 미치게 됨에 따라 이오나의 영향력 역시 확장된다. 콜롬바는 특히 알길서, 달리아다 왕국의 세력 확장에 중요한 역할을 담당하였다(아담난이 전하는 바에 의하면). 574년 코날이 사망하였을 때 콜롬바는 아이단(Aidan)을 그의 후계자로서 기름부으라는 환상을 받았다[9](이 아이단은 560년 브루드와의 전투에서 사망한 왕의 아들이었다). 심슨 박사는 이러한 환상의 이야기가 당시의 전통을 무시하고 아이단을 왕위에 올리고자 하는 콜롬바에 의해 조작된 것이라고 단정한다. 법에 의하면 사망한 왕의 사촌인 에오가난(Eoghanan)이 마땅히 그 위를 계승해야만 했다. 그러나 아담난은 실제로 콜롬바 역시 에오가난이 왕위에 오르기를 바라서 아이단에게 기름붓고자 하지 않았기 때문에 천사에게 얻어맞아 그 상처가 임종시까지 남아 있었다고 강조하고 있다. 어쨌든 결국 콜롬바는 하늘로부터 주어진 환상에 순종하여 아이단을 이오나 왕으로서 지명하였다. 모계를 통해 스트라스클라이드(Strathclyde)의 브리튼인들과 혈연관계가 있는 아이단은 아마도 브리튼 제도에서는 최초로 기독교 통치자로서 선출된 인물인 것이다. 전설은 그가 기름부음을 받았을 때 "운명의 돌"(The Stone of Destiny)의 왕좌에 올랐다고 전한다.

   콜롬바는 다음 해에 카운티 델리(County Derry)에서 개최된 드루임 키아타(Druim Ceata) 회의에 참석하였다. 동 회의에서는 (다른 문제들과 아울러) 달리아다 왕국과 다른 아일랜드 왕국과의 관계 문제를 다루었다. 콜롬바가 이 회의에서 권위있고 존경받는 심판자로서 환영을 받았다는 사실은 그가 이로부터 12년 전 자발적인 고행으로서가 아니라 아일랜드로부터 추방당했다는 주장을 수긍하기 힘들도록 만든다. 스코틀랜드와 아일랜드 두 섬에 걸쳐 영토를 가지고 있던 달리아다 왕의 신분을 이 곳에서 확정해야만 했다. 당시 달리아다 왕은 울스터에 영토를 가지고 있었으므로, 아일랜드 고왕의 통솔을 받아야 했던 것과 동시에 픽트랜드의 고왕의 수하로서 아르길셔의 영토를 다스려야 했다. 아이단은 아일랜드의 고왕이 그에게 부과한 의무가 지나치다고 생각하고 있다. 따라서 이 문제에 관한 해결책이 논의된다. 그 결과 달리아다는 "병역의 의무는 항상 그 영토와 일치해야 하므로" 아일랜드 고왕에게 육상의 병역 의무만을 수행하며, 이러한 지상군 병력은 달리아다 왕국 중

---

   9) 아담난(Adamnan), *Life of Columba*, III, 5.

울스터 지방에서만 공급하도록 하였다. 반면 조공 및 세금, 또한 해상 병력의 보조는 스코틀랜드에 영속적 본주를 갖게 된 달리아다 왕에게 제공하도록 하였다.[10] 이러한 해결에 도달하게 된 것은 콜롬바의 정치적 영향력에 크게 힘입은 결과였다. "이 회의에서 돌아온 콜롬바는 아마도 브루드 왕이 당시 달리아다의 스코틀랜드에 의해 점령되어 있던 서부 지역에서 독립적지위를 갖는 왕으로서 아이단의 위치를 인정하도록 만드는데 별로 어려움을 겪지 않았을 것이다."[11]

따라서 이오나와 수도원장(콜롬바)이 종교적 뿐만 아니라 정치적 이유로 인하여 달리아다 뿐만 아니라 스코틀랜드 전체에서 가장 중요한 성직자로서 인식되었다는 것은 하나도 이상할 것이 없는 이야기이다. 단지 장로들이었던 콜롬바와 그의 후계자에 비해 감독들은 별로 대수롭지 못한 역할만을 수행한다. 콜롬바는 그 후에도 픽트랜드의 고왕과 계속 관계를 유지하였다. 그는 수 차례에 걸쳐 인베르네스 근처 요새에서 브루드를 방문하였다(아담난에 의하면 콜롬바는 로크네스<Loch Ness>의 괴물에 관한 문제로 의논하였다고 한다).[12] 585년 브루드가 사망하자 픽트랜드의 고왕위는 남부 픽트족의 영토를 다스리고 있던 가르트나이트 4세(Gartnait IV, 약 585~600)에게로 넘어갔다. 콜롬바는 신속히 애버네티(Abernethy)에 요새를 가지고 있던 그와 외교관계를 수립하였으며, 또한 테이사이드(Tayside)에 거주하던 부족들간에 선교활동을 행했다고 전해진다. 니니안의 선교활동으로 남부 픽트족들 사이에 소개되었던 기독교는 그 이전에도 이미 다른 아일랜드 그리스도인들과의 접촉을 통해 많은 도움을 받고 있다.

스트라스클라이드에 거주하던 브리튼인들의 왕 역시 콜롬바의 명성을 익히 알고 있었으므로, 동부 국경이 베르니키아(Bernicia)의 잉글랜드 왕국으로부터 자주 침노를 받던 제위 초기에 콜롬바에게 편지를 보내어 과연 그가 적군의 손에 죽을 것인가의 여부를 문의하였다. 콜롬바는 당시 상황이 가리키는 바와는 달리 그가 평화로운 죽음을 맞을 것이라고 응답하였는데, 이 예

---

10) 앤더슨, *op. cit.*, 83f. ; 맥닐(E. MacNeill), *Phases of Irish History* (1920), 197f.
11) 스켄(W. F. Skene), *Celtic Scotland*, II(1877), 126.
12) 아담난 II, 27. - 이 Ness 호에 사는 정체불명의 괴물은 수영객들을 물어 죽이기도 하였다. 그러나 콜롬바(Columba)가 주님의 이름으로 명령하자 이 괴물은 "마치 밧줄에 묶여 끌려가듯이 사라져 버리고 말았다.

언은 결국 그대로 이루어졌다. 이 브리튼 왕은 다름 아닌 572년에서 612년까지 덤바르톤(Dumbarton)에서 즉위하였던 라이데르크 하엘(Rhydderch Hael)이다. 그가 제위하던 시절에 스트라스클라이드 왕국이 켄티게른(Kentigern)에 의해 복음화되었기 때문에 특히 중요하다. 물론 브리튼인들은 그 이전에 기독교에 귀의하고 있다. 그러나 패트릭이 "코로티쿠스 식민들에게 보내는 편지"를 보면, 제 5세기 동안 이들의 신앙이 많이 퇴보했었음을 명백하게 알 수 있다. 그러나 자기 자신이 기독교 신자이던 라이데르크 하엘은 573년경 또다른 브리튼인 영주의 원조를 힘입어 적에게 큰 피해를 입혔다. 라이데르크는 그 후 그의 왕국을 기독교화시키기로 작정하고 이를 위해 웨일즈로부터 켄티게른을 초청하였다.

로티안(Lothian) 출생인 켄티게른은 543년 쿰브리아(Cumbria)에서 감독에 임명되어, 글라스고우에서 전도활동을 하였다. 그러나 553년경 이교도 추장들의 핍박이 심해지므로 웨일즈 지방으로 피신할 수밖에 없었다. 그는 이 곳에서 세인트 데이브드를 방문하여 플린트셔(Flintshire) 지방 라넬위(Llanelwy)에 수도원을 설립하였는데, 이 수도원은 그 후 그 후계자 이름을 따라 세인트 아삽(St. Asaph)이라 불리웠다. 라이베르크에 의해 스트라스클라이드로 부름을 받았을 때, 5세 가량이었던 켄티게른은 글라스고우에 정착하여 이 곳을 감독 교구로 삼았다. 오늘날까지도 글라스고우는 켄티게른의 이름과 밀접하게 관련되어 있는데, 이 곳 주민들은 그를 보다 친근한 애칭으로 뭉고(Mungo: 경애하는 친구라는 의미)라고 부른다. 12세기의 전기 작가 조슬린(Joceline)에 의하면, 그는 이 곳에서 58년 콜롬바의 방문을 받았다. 만약, 이 전설이 사실이라고 한다면, 이는 아마도 콜롬바가 브리튼 왕국의 경계에 놓여 있던 남부 픽트랜드에 거주하던 시기로 보인다. 켄티게른은 그 후 30년의 여생을 통해 스트라스클라이드의 브리튼인들을 완전히 재선교하였을 뿐만 아니라 글라스고우로부터 퍼져 나간 그의 전도활동은 남쪽으로 갈로웨이, 북쪽으로는 에버딘셔와 오르크니(Orkney)에까지 미쳤다. 그가 묻힌 글라스고우 대성당은 그에게 헌정되었으며, 그의 어머니의 이름인 테뉴(Thenew)는 세인트 에노크 교회(그리고 세인트 에노크 기차역)의 이름 가운데 훼손된 형태로 나마남아있다. 또한 그의 생애에 관한 전설은 글라스고우의 신의문장 가운데 종과 굴뚝새의 모습으로 영구히 보존된다.

콜롬바는 597년 6월 9일 76세를 일기로 이오나에서 별세하였다. 그의 『콜롬바의 생애』(Life of Colomba)는 이오나 대사원의 8대 후계자였던 아담난에 의해 기록되었는데 아담난은 콜롬바와 같은 가문 출신으로 624년 카운티 도네갈(County Donegal)에서 출생하여, 청년시절 이오나 수도원에 들어갔으며, 679년 이 곳의 수도원장에 임명된다. 그러나 그의 작품인 『콜롬바의 생애』는 우리가 흔히 이해하는 전기와는 다르다. 이 작품은 세 부분으로 이루어져, 각각 콜롬바의 예언적 계시, 하나님의 능력에 의한 기적들, 그리고 천사들에 관한 환상들을 다루고 있다. 이는 실제로 "각종 일화로 충만한 작품으로 이를 통해 확실한 역사적 사실에 도달한다는 것은 거의 절망적인 작업이다. 첫째, 실제로 역사적 사실에 대한 개념조차 갖고 있지 않았던 듯하다. 이러한 전설들 가운데 숨어있는 무질서한 암시들을 통하여 주인공의 진정한 인상과 그가 살고 활동하였던 상황을 추측할 수 있을 뿐이다."[13]

그러나 아담난의 작품의 기타 콜롬바에 관한(주로 아일랜드) 기록이 우리에게 전해주는 여러 가지 암시들을 종합해 보면, 진정한 인물의 윤곽이 드러난다. 그는 물론 성급하고 격정적인 인물이었으나, 그럼에도 불구하고 이러한 스스로의 결점들을 잘 파악하여 "그 성정과 욕망들을 지닌 육신을 십자가에 못 박고 새로이 거듭남으로써 단순히 정치적 책략가가 아닌 성자요, 사도의 모습을 우리들에게 남겨주었다. 우리들에게 전해진 일화들을 살펴보면, 그야말로 친절한 성품과 뛰어난 상식, 그리고 가난한 자들에 대한 자비심이 여실히 드러나고 있다. 그는 뛰어난 지도력과 통솔력을 지닌 인물이었으며, 특히 음악적인 그의 목소리는 마치 우렁찬 종소리와 같은 효과를 지니고 있다. 그가 이오나에서 목소리를 높이면, 뮬(Mull)에서도 이를 확실히 들을 수 있다. 그가 교회당에서 찬양할 때면, 1마일이나 떨어진 곳에까지 들렸다. 그가 처음 브루드 왕을 방문했을 때, 궁정의 드르이드교 신자들이 그와 그 일행의 발언을 막아보고자 소란을 피웠는데, 이때 그가 마치 우레와 같은 목소리로 시편 45편을 낭송하자, 공포에 질린 왕과 그의 신하들은 침묵할 수밖에 없었다."[14]

---

13) 뷰어레이(J. H. S. Bureleigh)가 1950년 7월 루시 멘지스(Lucy Menzies)의 *St. Columba of Iona* (Glasgow, 1949)를 리뷰한 것을 보라.
14) 애덤넌, I, 37.

모빌에서 핀니안의 서적을 베끼다가 법정 소송까지 연출하였던 그의 문학열은 이오나에서도 계속된다. 콜롬바 및 그의 공동체에 의해 설립된 여러 교회들과 수도원들은 의무적으로 시편들과 복음서를 갖추어야 했으며, 그는 솔선하여 이들 사본들을 복사함으로써 수하의 수도승들에게 좋은 모범을 보였다. 현재까지도 왕립 아일랜드 학회(Rotal Irish Academy) 도서관에 남아있는 전송가(Battle Psalter)는 그가 손수 남긴 작품으로 알려져 있다. 더블린의 트리니티 칼리지에 남아있는 벌게이트 복음서의 사본인 더로우서(the book of Durrow)는 콜롬바가 스스로 사용하기 위해 12일 동안에 베껴낸 사본으로부터 다시 복사해낸 것이다.

전통적으로 콜롬바의 저작으로 알려진 시들이 오늘날까지도 전해져 내려온다. 대부분의 경우 그가 진정한 작자인지는 확실치 않다. 그러나 알투스 프로사토르(Altus Prosator: "높으신 창조주시여"라는 의미)라는 구절로 시작되는 라틴어 시는 진정으로 그의 작품일 가능성이 높은데, 이 시의 각 절은 라틴어 알파벳의 순으로 시작되고 있다. "구원의 위대하신 하나님의 역사와 관련시켜 볼 때, 『실락원』(*Paradise Lost*)의 축소판이라 볼 수 있는 이 작품이야말로 아담난이 소홀히 한 부분, 즉 콜롬바에게 있어서 성경이 단순한 문학작품, 혹은 복을 비는 주문 이상의 의미를 가지고 있음을 보여주는 것이다."[15]

그 후의 전설은 이오나로부터 로마로 보내진 사절들이 이 찬송을 대 그레고리 교황(Pope Gregory the Great, 590~604) 앞에서 불렀다고 전한다. 그레고리는 이를 들은 후, "이 찬송은 삼위일체 하나님이 직접 찬양받았다는 사실을 제외하고, 그의 창조가 찬양받았는데도 불구하고, 별 잘못이 없다."고 논평하였다. 이 소식을 들은 콜롬바는 또 다른 찬송, 인테 크리스테(In Te Christe: "오, 그리스도여, 당신 안에서"라는 의미)를 저술하여, 그 결점을 보완하고자 했다고 전해진다. 그러나 이 전설은 이오나와 로마 사이에 교통이 있다는 점을 시사한 것 외에는 별 가치가 없다. 왜냐하면 인 테 크리스테라는 찬송이 실제로 콜롬바의 작품인지 확실치 않기 때문이다. 그러나 "크리스투스 레템프토르 겐티움"(Christus Redemptor Gentium)이라고 시작하는 구절만은 콜롬바의 저술이라 생각할 수 있는 이유가 있다. 이 구절은 그 후 던칸 맥그레고르(Duncan Macgregor)의 번역을 통해 현대의 찬송가들 속에 포함되었는데, "그

---

15) 뷰어레이, *loc. cit.*

리스도 세계의 구주시여"(Christ is the world's Redeemer)이다.16)

콜롬바의 작품이라고 전해지는 또 다른 짧은 시들 가운데는 이오나에 관한 게일어로 된 예언이 들어있다.

나의 생명 나의 사랑 이오나여
수도승들의 찬양 대신 암소들의 울음들이 가득차겠네17)
그러나 세계의 종말이 오기 전
이오나는 다시 제 모습을 찾으리

그러나 아마도 이 사행시는 이 섬에서 수도승들이 자취를 감춘 후기의 잡품인지도 모른다. 그러나 어쨌든 오늘날 몇몇 사람들은 이오나 공동체의 생활을 예시하였던, 이 구절들이 곧 우리들의 시대에 해당된다고 생각하고 있다. 콜롬바가 과연 죠지 맥레오드 박사(Dr. George MacLeod)와 그 동료들의 모습들 가운데 자신과 휘하 수도승들의 후계자를 발견했는지 우리로서는 알 수 없는 일이다.18)

---

16) Revised Church Hymnnary, No.179. Deus Pater Credentium 으로 시작하는 찬양은 같은 찬송가 가운데 No.454로 나타난다. 맥그레고르(Macgregor)는 이를 O God Thou art the Father라고 번역하였다.
17) 전해지는 바에 의하면 콜롬바는 이오나(Iona) 섬에 암소들을 금지시켰다고 한다. 그 이유는 암소가 있는 곳에서 여자들이 있기 마련이고, 여자들이 있는 곳에는 또 다른 문제들이 따라온다고 생각한 때문이었다. 그러나 물론 Celt 교회의 모든 성직자들이 이에 동의한 것은 아니었다. 왜냐하면 Whithorn, Kildare 등지의 수도원, 그리고 후에는 Whitby 등에서 남녀가 같이 있었던 수도원들을 발견할 수 있기 때문이다. 또한 Celt 교회의 수도사들은 일반적으로 독신생활을 했으나, 이것이 계율로 요구되었기 때문은 아니었다. Mactaggart("사제의 아들"), Macpherson("목회자의 아들"), Macnab("수도원장의 아들") 등의 이름으로부터 알 수 있는 바와 같이 켈트 교회 내에는 결혼한 성직자들이 존재하고 있었다. Scotland의 왕 Dunkan I 는 - 1040년 Macbeth에 의해 살해당했다 - Perthshire 는 Dunkeld 수도원장과 Malcolm II왕의 공주 사이에 출생하였다. 그는 자기 어머니의 혈통을 근거로 왕위의 소유권을 주장하였는데, 물론 Gruoch 비를 통한 Macbeth의 주장이 원칙적으로 볼 때 보다 합당한 것이었다.
18) 그 밖에도 Celtic Christianity에 관해서는 토마스(C. Thomas), *The Early Christian Archoeology of North Britain* (1971); *Christianity in Roman Britain to A.D. 500* (1980) 등을 보라.

제40장

잉글랜드인에의 선교

597년 콜롬바가 이오나에서 임종하기 수개월 전, 로마에서 온 일단의 성직자들이 타넷(Thanet) 섬에 상륙하였다. 이들의 지도자들은 어거스틴(Augustine)으로서, 로마의 카엘리안 언덕(Caelian Hill)에 있던 세인트 안드류 수도원장이다. 이들은 그 전에 로마 감독이던 대 그레고리(590~604)에 의해 잉글랜드인들을 복음화하도록 파견되었으나, 이 곳에 도착하기 전 상당한 시일을 프랑스에 보냈다.

그레고리가 잉글랜드 복음화에 관심을 갖게 된 데에는 재미있는 일화가 있다. 그레고리는 감독이 되기 전 로마의 노예시장에서 매매되고 있는 하얀 살결의 소년들을 보았다.[1] 이들이 이교도들이라는 사실을 알게 된 그는 그처럼 빛나는 외모 속에 이교도들의 암흑이 자리 잡고 있는 것이 슬픈 사실이라고 생각하였다. 또한 이들의 부족 이름이 앵글족(Angles)이라고 알게 되자, 그는 "참으로 알맞은 이름이다. 왜냐하면 그들의 외모마저 천사들과 같기 때문이다. 이들은 하늘나라 천사들과 함께 상속자가 되어야 한다"고 말하였다(앵글<Angles>과 천사<Angels>은 그 발음이 흡사하다). 그는 다시 이들에 관해 더욱 자세하게 수소문한 후, 그 본토와 그 왕의 이름을 따서 다음과 같이 말하였다. 즉 데이라(Deira) 주민들은 하나님의 진노(deira) 로부터 구출되어

---

1) 비드(Bede), *Hist. Eccl.*, II, 1.

야 하며, 아엘라(Aella) 왕의 식민들은 알렐루야(Alleluia)를 부르는 것이 마땅하다.[2] 그 후 자신이 로마 교구의 감독에 임명되게 되자, 그는 드디어 이들을 복음화시키고자 하는 자신의 꿈을 실현하게 된다.

이 일화의 진위여부는 확실히 알 수 없으나, 그레고리처럼 뛰어난 정치가라면 분명히 앵글족들을 복음화하는 것이 얼마나 중요한 일인 것인가를 깨닫고 있음에 틀림이 없다. 이들이 복음화되지 않는 한 나머지 브리튼 제도에 거주하는 그리스도인들과 유럽 사이의 교제가 원만히 이루어지지 못하는 것이다. 그리고 그 후의 역사를 보면, 그레고리가 브리튼 서부에 남아있던 기독교의 질이나 위력에 대해 거의 알지 못하고 있음이 확실해진다.

어쨌든 만약 잉글랜드에 관한 그레고리의 흥미가 북부 지방으로부터 온 소년들에 의해 발생한다면, 그는 왜 그 사절들을 켄트로 보냈을까? 그러나 의심할 수 없는 이유는 켄트가 대륙에 가깝다는 사실이다. 켄트야말로 프랑스에서 가장 손쉽게 도달할 수 있는 지점이다. 그 뿐 아니라 켄트와 해협을 건넌 대륙 사이에는 상당한 상호 거래가 이루어지고 있다. 켄트 주민들은 이미 기독교에 관한 지식을 가지고 있음에 틀림이 없다. 이는 단순한 추측이 아니다. 당시의 왕이었던 에텔베르트(Ethelbert, 약 560~616)는 파리를 다스리던 프랑크 왕의 딸 베르타(Bertha)를 아내로 맞았는데, 그녀는 기독교 신자였다. 이 프랑스 왕실은 이미 1세기가 넘게 기독교 신앙에 귀의하고 있었으므로 베르타가 에텔베르트와 혼인할 당시 그녀가 자유스럽게 신앙생활을 할 수 있다는 조건이 붙어 있다. 이러한 목적으로 프랑크족 감독이던 리우드하르드(Liudhard)가 그녀를 위한 전속 목회자로서 켄트의 궁정에 동반하였다.

베르타와 리우드하르드는 이미 켄트 주민들 사이에 기독교의 영향력을 행사하고 있다. 이제까지 남아있는 그레고리의 서신들 가운데 하나를 살펴보면, 켄트 주민들 가운데 일부가 프랑크족 감독들에게 켄트 지방으로 선교사들을 파송하여, 기독교 신앙에 관해 교육시켜 달라고 요청한 것을 볼 수 있었다. 이 소식에 접한 그레고리는 잉글랜드인 청년들을 대륙의 수도원에서 훈련시켜 그들의 고국 주민들을 복음화시키도록 다시 파견할 생각을 가지게 된다. 그러나 이러한 계획에 관해 아무런 조처를 취하기 이전, 그는 보다 직접적인 접근을 시도하기로 결정하고 어거스틴 및 그 일행을 켄트로 보내었던

---

[2] *King of Deira*, 560~588.

것이다. 따라서 켄트의 궁정에 이미 존재하고 있던 기독교의 영향력을 고려해 볼 때, 어거스틴이 바로 이 곳을 잉글랜드 내 최초의 선교지로 선택한 것은 당연한 일이다.

어거스틴은 도착 즉시 에텔베르트 왕에게 자기의 도래를 알리고, 접견을 요청하였다. 에텔베르트는 접견을 허락하였는데, 자기의 종교 고문들의 요청에 따라 집안에서가 아닌, 야외에서 만날 것을 고집하였다. 이는 자기의 종교 고문들이 지붕 없는 곳에서 만날 경우 이방인들의 마술적 위력이 감소될 것이라고 믿었기 때문이다. 결국 양자에는 우호적 관계가 성립되었으며, 에텔베르트는 선교사들이 켄터베리(Canterbury)에 있던 로마노-브리튼 건물을 사용하도록 허락하였다. 이 건물은 성 마틴에게 헌정된 것이었으며, 베르타 여왕 역시 자기의 예배를 위해 이 곳을 사용하고 있었다.

당시 선교사들은 이교도 색슨족 사제들로부터 거의 방해나 훼방을 받지 않은 것으로 보인다. 이러한 사실은 패트릭에 대항하였던 아일랜드 드르이드 교도들의 모습과 비교하면 더 명백해진다. 그 한 가지 이유는 옛 게르만 종교가 대륙의 본토로부터 잉글랜드의 새로운 환경으로 옮겨 오면서 세력이 많이 약화되었기 때문인 듯하다. 즉 이들 게르만 종교들은 새로운 농경사회에 관한 한 그 현실성 및 타당성을 잃어가고 있다.

왕과 그의 신민들은 선교사들의 생활 및 행동에 깊은 감명을 받았으며, 얼마 안 되어 왕은 새로운 기독교 신앙에 귀의하였고, 이에 따라 많은 휘하 주민들도 같은 길을 밟았다. 아무도 이들을 강압하지는 않았으나, "에텔베르트는 그의 스승들로부터 그를 구원하실 그리스도의 가르침과 교훈을 강요 없이 자발적으로 받아들여야 한다는 것을 배웠기 때문이다."[3] 그 당시, 그리고 또 다른 시대에 있어서 바로 이러한 진리가 보다 널리 가르쳐지지 못했던 것은 심히 유감스러운 일이다.

켄트 지방에 기독교 공동사회가 성립된 지금 이들을 돌볼 목회의 책임을 감당할 감독을 뽑는 일이 필요했다. 물론, 어거스틴이야말로 가장 적당한 인물이다. 이에 따라 어거스틴은 아를르(Arles)로 가서 이미 교황 그레고리에 의해 받은 지시대로 이 곳 감독의 손에 의해 잉글랜드 감독으로 임명된다. 그 후, 그는 잉글랜드로 돌아와 동료 두 명을 로마에 보내어 선교 상황을 보고

---

[3] 비드, *Hist. Eccl.*, I, 26.

하고, 교회 생활에 관련된 각종 실제적 의문들에 대한 권위있는 해답을 요청하였다.

이 두 사절들은 잉글랜드의 선교활동을 더욱 강화시키기 위해 그레고리로부터 하명을 받은 다른 보조 사역자들과 설교자들을 대동하고 601년 로마로부터 귀환하였다. 가능한 한 조속한 시일 내에 잉글랜드를 복음화시키기를 원했던 그레고리는 어거스틴을 메트로폴리탄(Metropolitan)에 임명하여, 필요에 따라 12명까지 잉글랜드 내에서 다른 감독들을 임명할 수 있는 권한을 부여하였다. 어거스틴에게는 런던이 그의 메트로폴리탄 교구로서 주어졌다 (그러나 실제로 어거스틴은 에텔베르트 왕을 위해 켄터베리에 계속 머물렀으며, 이 때문에 오늘날까지도 앵글리칸 교회의 가장 중요한 교구로서의 위치를 차지하고 있다). 그 뿐 아니라 어거스틴은 요크 감독(the bishop of York)을 임명할 수 있는 권한을 받았는데, 요크 감독은 북부 잉글랜드에 12명의 감독을 임명할 수 있는 메트로폴리탄으로서의 권한을 가지고 있었다. 어거스틴은 이들 모두를 통솔할 수 있는 권한을 가지고 있었으며, 그 뿐 아니라 브리튼의 모든 성직자들까지도 그의 휘하에 놓이게 된다.[4]

어떤 이들은 감독들의 증가가 기독교의 전파와 불가분의 관계가 있을 것인가에 대해 의아해 할 것이다. 또 어떤 이들은 이들 없이는 기독교가 제대로 전파될 수 없을 것이라고 생각할 수도 있을 것이다. 현재 우리가 다루고 있는 시대에 있어서는 감독들의 임명이 복음의 전파와 거의 비례하는 모습을 보여주고 있다. 왜냐하면 상당 숫자의 그리스도인들이 속한 기독교 공동체가 존재한 후에야 이들을 통솔할 수 있는 감독이 임명되었으며, 그때도 대개는 해당 공동체가 먼저 감독을 요청하는 것이 관례였다. 어쨌든 잉글랜드에 24명의 감독들을 두고자 했던 그레고리의 계획은 그 후 오랫동안 종이 위의 청사진에 지나지 못하였다. 헨리 8세(Henry VIII) 때 이르러 비로소 잉글랜드는 이 숫자의 감독들을 갖게 되었다. 요크에 제2의 메트로폴리탄을 설치하고자 했던 그레고리의 꿈은 643년에야 비로소 실현된다. 그러나 그 후 얼마 안 되어 사라졌다가 745년에 다시 부활되어 현재까지 이르고 있다.

그레고리가 어거스틴에게 전체 브리튼 교회들을 통솔할 수 있는 권한을 주고자 했던 이유는 앵글인들의 침략으로 인해 두절되었던 그들 교회와 로

---

4) 비드, *Hist. Eccl.*, I, 29.

마 사이의 밀접한 사이를 다시 부활시키고자 한 것이다. 예배의식의 측면에서 볼 때 이러한 예배의식의 정책은 고올 교회(Galican Church)의 축출을 의미한다. 브리튼 교회들은 고올 교회들과 유사한 예배의식을 채택하였는데, 단지 어거스틴의 통제 아래 있었던 교회들만 로마 시의 예배의식이 사용된다. 그런데 그레고리는 당시 브리튼의 현실에 관해 별로 깊은 이해가 없었던 듯하다. 아일랜드 및 스코틀랜드에서 독립된 위치를 차지하고 있던 교회들은 적당한 시기에 교제가 이루어지면, 켄터베리 교구를 동등한 입장에서 대우할 준비가 되어 있다. 그러나 앵글족들의 침략으로 국토 서부로 쫓겨났던 원래의 브리튼 교회를 다루는 데에는 보다 외교적이고 조심스러운 접근 방법이 요청된다. 이들은 우선(당연하게도) 앵글족들의 침략을 혐오하였다. 이들은 또한 런던과 요크 등 원래 브리튼 교회에 속해 있던 교구들을 점령한 로마로부터의 새로운 선교정책에 분개하고 있다. 물론 이들 자신이 앵글족들을 복음화시키고자 시도한 점을 생각해 본다면, 로마의 앵글족 복음화 정책에 대해 분개할 아무런 이유도 없다고 생각할 수 있을지도 모른다. 이들은 브리튼 그리스도인들 – 혹은 보다 명료하게는 앵글족들이 불렀던 대로 웨일즈인들 – 에 대해 강한 편견을 가지고 있는 비드는 어이없게도 이들이 앵글 침략자들을 복음화시키지 못했다는 사실을 비난하고 있다.[5] 그러나 우리들의 가정에 침입하였던 강도들을 막아내고자 필사의 노력을 기울이는 동시에 이들에게 복음을 전한다는 것은 쉬운 일이 아니리라. 만약 기독교인 가장이 강도를 때려눕히고, 그 위에 앉아 경찰이 도착하기를 기다리고 있는 상태라면, 아마 그에게 복음을 설파할 수 있을 것이다. 그러나 강도가 가장보다 더욱 힘이 세서 가족들을 모두 묶어 놓고 있는 상태라면 강도에게 설교하기가 불가능할 것이다. 당시 브리튼인들에게 가장 시급했던 문제는 잉글랜드인들의 회심이 아니라 이들의 축출이다. 만약 이들을 쫓아낸 후 이들의 본토에 뒤따라가서 선교할 수 있다면 적극적이었을 것이다. 왜냐하면 다시는 침략행위를 저지를 엄두를 내지 못하였을 것이기 때문이다. 그러나 당시의 상황은 이와는 판이하였다. 잉글랜드인들은 이미 뿌리를 박고 정착하고 있었다. 그러나 역사를 뒤돌아보는 위치에 있는 우리들과는 달리 당시 브리튼인들은 이러한 상황을 확실히 깨닫지 못하고 있었을 것이다.

---

5) 비드, *Hist. Eccl.*, I, 22.

이것이 바로 어거스틴이 몇몇 브리튼인들의 감독들과 회견에 임했을 당시의 상황이다. 이들은 603년 레베른(Revern) 근처에서 그 후 오랫동안 "어거스틴의 상수리나무"(Augustine's Oak)라고 알려진 나무 아래서 만났다. 이 근처에는 당시로부터 25년 전 웨섹스(Wessex)인들의 저항이 무너졌던 글루체스터셔(Gloucestershire) 지방 두르함(Durham) 전장터가 자리 잡고 있다. 어느 모로 보아도 당시의 상황이야말로 가장 섬세한 외교적 조처를 필요로하고 있다. 그러나 비드에 의하면, 어거스틴은 브리튼인들에게 그들이 부활절 일자를 잘못 기념하고 있으며, "기타 많은 소행들이 교회의 통일성에 배치되고 있다"고 비난함으로써 말문을 열었다.[6] 브리튼 교회들과 로마 사이의 교제가 두절되어 있는 동안에 로마에서는 상이한 부활절 일자 계산 방법을 채택하였다.[7]

브리튼 감독들은 물론 어거스틴의 말 한 마디로 그들의 전통을 바꾸고 싶은 마음은 없었으나, 그들 자신이 고치지 못했던 한 앵글족 소경의 시력을 어거스틴이 회복시키는 광경에는 큰 감명을 받고, 자기 신자들과 해당 문제들을 의논하기로 동의하고, 다음 회담일자에 합의하였다.

두 번째 회담에는 일곱 명의 브리튼인 감독들과 플린트셔의 방골 이스코드(Bangor Iscoed)의 수도원장이던 디노쓰(Dinoth)가 거느리는 많은 학자들이 참석하였다. 브리튼인 대표들은 회담 장소로 향하는 도중 그 경건과 지혜로 명성을 떨치고 있던 한 노령의 은자를 찾아가, 과연 어거스틴의 요구대로 그들의 관습을 포기해야 될 것인가의 여부를 문의하였다. 그는 응답하였다. "만약 그가 하나님의 사람이라면 그렇게 해야지." 그들은 다시 물었다. "어떻게 우리가 그것을 알 수 있습니까?" 은자는 말하기를, "우리 주님께서 말씀하시기를, '내 멍에를 메고 내게 배우라. 나는 온유하고 겸손하니'라고 말씀하지 않으셨는가? 그렇다면, 만약 이 어거스틴이 온유하고 겸손한 자라면, 그가 당신들에게 지우기를 요구하기를 원하는 멍에를 자기 스스로도 지는 자일 것이 분명하다. 그러나 만약 그가 교만하고 강퍅한 자라면, 하나님의 사람이 아닐 것이 분명한데 우리가 그의 말에 순종하지 않을 것이 분명하지." 그들은 다시 물었다. "어떻게 우리가 그의 사람됨을 알 수 있습니까?" 은자는 다시 대답하였다. "당신들보다 그와 그의 일행이 먼저 회담 장

---

6) 비드, *Hist. Eccl.*, II, 2.
7) 제41장을 보라.

소에 도착하도록 하라. 그리하여 당신들이 접근할 때 그가 당신들을 영접하기 위해 자리에서 일어난다면, 그가 그리스도의 종임을 알 것이며, 그 말에 귀를 기울여야 할 것이다. 그러나 만약 당신들의 숫자가 더 많은데도 불구하고 당신들을 업수히 여겨 자리에서 일어나기를 거부한다면 그야말로 멸시를 받아 마땅한 인간이다." 계획은 그대로 진행된다. 그리하여 웨일즈인들이 회담 장소에 도착하였을 때 어거스틴은 결국 자리를 지키고 일어나지를 않았다. 그 후 벌어진 토론의 결과는 뻔한 것이다. 어거스틴은 기독교인으로서의 기본적인 예의범절을 지키지 않음으로써 대사를 그르친 것이다. 또한 선량한 성품의 비드 자신도 이 사실을 충실하게 기록하면서도 여기에 나타난 뚜렷한 교훈을 도외시한 것은 흥미있는 일이다. 비드에게는 어거스틴이 강요한 진로 대신, 고집스럽게도 자기들의 전통을 고수한 웨일즈인들이 옳지 못한 것으로 비쳤던 것임에 틀림없다. 이에 따라 그는 수 년 후(613) 웨일즈인들이 노드움브리아(Northumbria)의 이교도 왕 에텔프리드(Etheltfrith)에 의해 체스터(Chester)에서 참패하고 무장하지 않았던 성직자들이 학살당한 전투를 기록하면서도 이러한 참극이 어거스틴의 경고를 무시했던 결과라고 결론지으며, "그들에게 주어졌던 영원한 구원의 충고를 멸시했던 이 신앙 없는 자들의 육체적 죽음의 복수를 통하여 교훈을 얻어야 할 것" 이라고 기록하고 있다.[8]

이러한 측면에서 고려해 볼 때, 잉글랜드와 웨일즈 교회 사이의 불화가 수백 년 이상이나 계속된 것은 당연한 일이다. 결국 1188년에야 양자 간의 긴장은 극복된다.

어거스틴은 켄터베리로 돌아가 색슨족들의 복음화를 위한 노력을 배가하였다. 에텔베르트 왕은 이를 위해 각종 도움을 아끼지 아니하였다. 그는 어거스틴이 본부로 사용하도록 자기의 궁전을 하사하였는데, 그 근처에 옛 로마노-브리튼 교회당 건물이 있던 이 저택은 켄터베리 최초의 성당의 중심부가 된다. 시 근처에는 또 후에 세인트 어거스틴이란 이름으로 알려진 수도원이 지어졌다. 어거스틴은 로마 출신의 피터를 이곳의 원장에 임명하였다.

켄트의 기독교화는 이곳 왕국의 법전출판과 밀접하게 관련되어 있다. 전통적 법규들은 새로운 신앙의 빛 아래 새로이 개정되어 색슨 통용어(vernacular)로 기록된다. 이야말로 로마 제국의 영내에서 법전이 라틴어가 아

---

8) 비드, *ibid.*

닌 해당 지역 일상 구어로써 기록된 최초의 경우이다. 에텔베르트 법전은 영국 사회사를 연구하는데 기본적인 문서로 남아있다. 이를 통해 인구 대부분이 자유농 지주들로서 다른 제후나 봉신들을 거치지 않고 직접 왕에게 귀속하였음을 알 수 있다.

그러나 에텔베르트의 영향은 스스로 켄터베리 왕국을 넘어서까지 미치게 된다. 그는 브레트왈다(브리튼의 통치자라는 의미, Bretwalda)라는 칭호를 받고 있었는데, 이는 특별히 훔버(Humber) 남부에 결성되었던 7국 연합(heptarchy-Kent, Sussex, Wessex, Eessex, Northumbria, Eastanglia, Merica)의 동료 왕들에 의해 보다 우월한 권한을 인정받은 잉글랜드 왕만이 누리던 특권이다. 이는 곧, 그가 귀의했던 신앙이 그의 통치권을 인정했던 또 다른 영국 내에서도 존경과 호의로 대접을 받는다는 것을 의미한다. 물론 이를 통해 기독교 전도의 길이 보다 쉽게 확장된 것은 좋은 일이다. 그러나 이 때문에 일부 통치자들이 진정한 내심의 변화 없이 표면적으로만 기독교에 귀의하여 그 상부의 통치 기류가 변화할 때마다 편리한 대로 기독교 신앙을 배척할 가능성이 커졌다 하는 것은 안타까운 사실이다.

주위의 왕국들 가운데 켄트에서 처음 복음을 받아들인 것은 에섹스였다. 에섹스의 왕은 에텔베르트의 조카였는데, 이는 당시 영국 내 왕족들 가운데 행해지던 왕실 결혼이 복음을 전파하는 다리의 구실을 하던 첫 번째 경우이다. 604년 초대 런던 감독에 임명되었던 멜리투스는 601년 어거스틴에 합류하기 위해 로마에서 파견된 성직자였다. 런던 내에 소재한 최초의 교회당인 세인트 폴은 이 때쯤 건축된 것으로 보인다. 같은 해 켄트에서는 두 번째 감독 임명이 행해져 601년 로마에서 왔던 유스투스(Justus)가 로체스터(Rochester)의 초대 감독이 된다.

그 후 수개월 만에 어거스틴이 사망하였다. 그는 이미 자기의 사후에 대비, 동료이던 로렌스(Laurence)를 후계자로 지명한 바 있다. 로렌스 역시 아일랜드 교회와 교제를 수립하고자 하였는데, 이미 어거스틴 때 난관으로 봉착하였던 부활절 일자의 서로 다른 계산 방법이 또 다시 이를 불가능하게 하였다. 그 뿐 아니라 당시 아일랜드 그리스도인들은 잉글랜드 그리스도인들에 관한 당혹과 의심에 빠져 있었다. 이들은 잉글랜드인들이 브리튼에 침략하였을 때, 브리튼인들이 침략자들에게 엄숙한 저주를 발했음을 알고 있었다. 따라서 잉글랜드인들은 기독교로 개종한 후에도 계속 이러한 저주 아래 있는 것으로 생각하였다. 아마도 이러한 이유 때문에 아일랜드의 감독 대건(Dagan)은 (대륙을 향해 여행하는 도중에) 켄트 지방을 통과하면서도 잉글랜드 그리스도인들과 함께 식사하거나 혹은 같은 지붕 아래 거하는 것까지도 거부한 것으로 보인다. 로렌스는 또한 웨일즈 감독들과의 화해도 모색하였는데, 결국은 성과를 얻지 못했다.

약 50년 혹은 그 이상의 오랜 통치 기간 후 616년 에텔베르트가 사망하고, 이와 거의 같은 시기에 에섹스의 왕마저 죽게 되자, 켄트와 에섹스 양국의 왕들은 다시 이교 신앙에 젖게 된다. 이들 왕실의 본을 받아 많은 국민들이 그 뒤를 따랐다. 특별히 아직 기독교가 굳건히 뿌리박지 못했던 에섹스의 경우, 사태는 심각한 것이다. 불신자였던 죤 왕의 세 아들들은 아직 세례도 받지 않은 채 성만찬에 참여하려고 했던 이들을 거부한 런던 감독을 영내에서 추방해 버렸다. 이 세 형제들은 얼마 안되어 웨섹스와의 전투에서 살해당했으나, 이들의 통치 기간 중 기독교가 상실한 기반을 다시 찾는 데에는 상당한 시간이 요구된다.

켄트의 경우에는 수 년 후 이교도들이었던 에텔베르트의 아들이자 왕위 계승자 에아드발드(Eadbald)가 부친의 본을 따라 기독교로 개종하였다. 그러나 그는 비록 켄트의 왕위는 계승하였지만 브레트왈다(Bretwalda)의 칭호를 누리는 명예는 이어받지 못하였다. 이미 에텔베르트의 통치 기간 말기에 그의 영도권은 점차 이스트앵글리아(Eastanglia)의 왕 레드왈드(Redwald)의 손으로 넘어가고 있었다. 한동안 켄트 궁정에 머물렀던 레드왈드는 그 곳에 있는 동안 세례를 받았으나, 이스트앵글리아로 돌아오자마자 그는 내심 불신자였음을 분명히 드러내었다. 그는 그의 왕국 내에 유치하고 있었던 사원 가운데 두 개의 제단을 설치하여, 하나는 기독교 예배를 위해, 또 다른 하나는 예부터 전해 내려온 이교의 제사를 위해 사용했다고 기록되어 있다. 그러나 레드왈드의 우위는 오랫동안 계속되지 못하였다. 그는 에텔베르트 사후 1, 2년 만에 사망하였으며, 이에 따라 왕들 위에 군림하는 최상 통치권은 노드움브리아 왕 에드윈(Edwin)에게 넘어갔다.

노드움브리아에는 원래 두 개의 독립 왕국이던 북쪽의 베르티키아(Bernicia)와 남쪽의 데이라(Deira)가 포함되어 있다. 이들은 에드원의 선임자

에텔프리스의 북침에 의해 처음 통일되었는데, 그는 원래 자기의 영토이던 베르티키아에 데이라를 병합하여 통일 왕국을 593년 에텔프리스의 손에 넘겨주었다. 에드윈은 원래 에이라 왕실 출신이었으며, 그레고리가 로마의 노예시장에서 하얀 살결의 소년들에 관해 질문을 던지고 있던 그 당시 데이라를 다스리던 아엘라 왕의 아들이다. 그는 617년 레드왈드가 에텔프리스를 살해한 후 레드왈드의 비호 아래 노드움브리아 왕위를 차지하였다. 레드왈드는 원래 자기 수하의 봉신으로 삼아 노드움브리아를 다스리게 하고자 하였는데, 얼마 안 되어 레드왈드 자신이 사망하였고, 브레트왈다의 지위는 이스트앵글리아 왕국의 왕위 계승자에게 전해지는 대신 에드윈에게로 넘어갔다. 그 후 에드윈은 에이드왈드의 여동생과 혼인함으로써 켄트와 동맹을 이룩하였으며, 이에 따라 기독교는 비로소 노드움브리아에 소개된다. 그러나 이 이야기는 다음 장에서 다루도록 하자.

　잉글랜드의 복음사를 살펴보는 동안 특히 흥미로운 사실은 이들이 선교사들에게 보여준 너그러운 태도였다. 다른 게르만족 국가들의 경우들과는 달리 잉글랜드의 선교사에는 기나긴 순교자들의 명단이 없다. 이는 물론 당시 잉글랜드인들의 종교에 관한 자유를 인정하였거나 혹은 외국으로부터 종교에 관해 관용적 태도를 견지했기 때문은 아니었다. 그러나 이는 옛날의 이교들이 그 영향력과 매력을 상실해가고 있는 상태에 있었으므로, 이 곳의 주민들이 기독교 복음에 보다 기꺼이 귀를 기울일 태세가 되어 있음을 의미하는 것이다.

잉글랜드가 횃불을 들다

    노드움브리아 왕국의 앵글족 왕들은 북쪽으로는 픽트족들로부터, 그리고 서쪽으로는 브리튼인들로부터 무언가 기독교에 관해 배웠을 것임에 틀림이 없다. 왜냐하면 당시의 앵글족은 스코틀랜드의 남동부와 잉글랜드 북동부를 계속 잠식해 들어가고 있었기 때문이다. 그러나 이들이 기독교를 정식으로 받아들이게 된 것은 625년 노드움브리아 왕 에드윈이 켄트 왕 에텔베르트의 딸 에텔베르가(Ethelberga)를 왕비로 맞아들였을 때였다. 그 당시 에텔베르트는 이미 죽고 없었으나, 에드윈이 에텔베르가의 오빠 에아드발드 왕에게 청원하였을 때, 켄트 측에서는 그녀가 계속 기독교 신앙을 지킬 수 있다는 조건 아래에서 혼인을 승낙하였다.[1)] 이에 따라 에텔베르가가 에드윈의 아내로서 북쪽으로 이주해 왔을 때, 그녀는 어거스틴의 제2대 후계자 유스투스에 의해 감독직에 임명받은 폴리누스(Paulinus)를 동반하고 있다.

    다음 해 부활절 절기에 둘 사이에 딸이 탄생하여 횃선타이드(Whitsuntide)에서 폴리누스의 손에 의해 세례를 받았었는데, 그녀야말로 노드움브리아 출신으로서는 최초로 세례 교인인 셈이다. 얼마 후 에드윈 역시 상당한 망설임 끝에 그의 대사제 코이피(Coifi)를 비롯한 기타 왕국 내 지도자들과 함께 세례

---

    1) 나무로 지은 에드윈(Edwin)의 궁궐 잔해가 1951년 Cheviot hills 근처 Yeavering에서 항공 사진에 의해 발견되었다. 1953년 이후 계속 발굴 작업이 계속되고 있다.

를 받기로 결심하였다. 그들의 전통적 종교와 새로운 신앙 사이의 대조는 에드윈이 윗탄(Witan)이라 불리는 궁정회의를 소집했을 때, 이에 참석하였던 대신들 중 하나의 입을 통해 참으로 감동적으로 나타난다. 비드에 의하면, 기독교에 귀의하기로 적극 찬동하였던 그 인물의 발언은 다음과 같았다.[2]

> 국왕 폐하, 한 치 앞을 예측할 수 없는 우리들의 이 생애를 고려해 보건대, 이는 마치 폐하께서 겨울날 추장들과 신하들을 거느리고 만찬을 베푸셨을 때, 한쪽 문으로부터 날아들어와 재빨리 다른 창문으로 날아 나가는 참새를 연상시킵니다. 한가운데 피어진 화롯불로 인하여 식당은 훈훈하지만, 밖에는 폭풍과 비와 눈보라가 몰아치고 있습니다. 참새가 비록 식당 안에 있는 동안에는 겨울의 매서운 날씨를 느끼지 못하지만, 일단 그 조그만 광명한 공기와 온기에서 벗어나가면(그리고 그 순간은 얼마나 짧은지요) 참새는 겨울로부터 다시 겨울로 돌아가 우리의 시야에서부터 사라져버립니다. 마찬가지로 인간의 생애야말로 순간에 지나지 않는 것 같습니다. 그러나 우리들은 이승의 전에 무엇이 있었는지, 그리고 이후에 무엇이 있을 것인지 전혀 아무것도 알 수가 없습니다. 따라서 만약 이 새로운 가르침이 우리에게 보다 확실한 대답을 제시한다면, 우리는 이를 따르는 것이 마땅하다고 생각합니다.

이에 따라 에드윈 및 그의 많은 신민들은 627년 부활절 저녁 요크에서 세례를 받았다.

에드윈은 사려깊고도 실질적인 기독교인이었던 것으로 생각된다. 그는 자기가 다스리던 영토 전체에 걸쳐 길옆에 샘물이 솟는 곳마다 기둥을 세우고, 이 곳에 놋으로 만든 컵을 매달아 길가는 나그네들이 목을 축일 수 있도록 하였다. 이 뿐만 아니라(비드가 전하는 바에 의하면) 그의 치하에서 왕국은 평화로워 여인이 갓난아이를 안고도 아무런 위험 없이 국토의 끝에서 끝까지 왕래할 수 있었다. 그는 또한 이스트앵글리아 왕실에 복음을 전하여, 레드왈드의 아들이자 후계자이던 어프왈드(Earpwald)를 기독교에 귀의시켰다. 어프왈드의 후계자 시그베르트(Sigbert, 631~634)는 왕위에 오르기 전 한동안

---

[2] 비드(Bede), *Hist. Eccl.*, II, 13.

프랑크족들 중에서 생활하였으므로, 왕이 되자 버건디(Burgundy)에서 펠릭스(Felix)라는 감독을 이스트앵글리아에 초청하였다. 그는 펠릭스를 던윗치(Dunwitch)에 머물게 하였으며, 펠릭스는 그 곳에서 약 16년간 성공적으로 목회하였다.

한편 요크의 감독 교구를 설치했던 폴리누스는 링컨셔 일대에 선교 여행을 떠나 앵글족들의 정복 이후 최초로 링컨에 교회를 세웠다. 그의 업적을 높이 평가한 교황 호노리우스(Pope Honorius, 625~638)는 그에게 메트로폴리탄의 직함을 하사하였다. 그리하여 요크는 비로소 원래 그레고리 교황이 의도하였던 바대로 메트로폴리탄 교구로 등장하였는데, 이는 그다지 오래 계속되지는 못하였다.

633년 에드윈은 메르시아(Mercia) 왕 펜다(Penda)와 동맹을 맺었던 웨일즈 왕 카드왈론(Cadwallon)을 대항하여 싸우다 돈캐스터(Doncaster) 근처 햇필드(Hatfield)에서 전사하였다. 노드움브리아는 적국에 의하여 침노되었으며, 에텔베르가 왕비는 자녀들과 함께 폴리누스는 감독의 보호 아래 켄트로 도망하였다. 폴리누스는 이 곳에서 로체스터 교구를 맡게 되었으며, 요크는 그 후 30년 동안 감독 없이 지내게 된다. 베르니키아와 데이라는 다시 두 왕국으로 분리되어 각각 왕자들에 의해 통치되었는데, 두 왕자들은 모두 다음 해 카드왈론의 공격을 받고 전사하였다. 그러나 이로부터 얼마 안되어 카드왈론 자신도 헥삼(Hexham) 근처에서 에드윈의 전임자 에텔프리스의 아들 오스왈드(Oswald)의 습격을 받고 휘하 대다수 장병들과 함께 전사하였다.

브리튼인들을 향한 비드의 편견은 그가 카드왈론의 행위를 정당화시킨 것에서도 여실히 드러난다. 그는 우선 명목상으로나마 기독교 신자였던 카드왈론이 이교도 펜다와 동맹하여 기독교 왕 에드윈과 전쟁을 벌이고 노드움브리아 왕국을 약탈하여 이 곳의 기독교 세력을 약화시킨 것은 통탄할 만한 일이라고 말한다. 그러나 그는 계속하여 브리튼 그리스도인들은 앵글족 그리스도인들에게 너무도 깊은 적개심을 품고 있었으므로 어쨌든 곧 이교도화 되었을 것이라고 덧붙이고 있다.[3] 그러나 우리는 또한 이보다 4, 5년 전에 앵글씨(Anglesey) 및 맨 섬(Isle of Man)에 까지 진출하였던 에드윈에 의해 카드왈론이 체스터 일대의 자기 영토로부터 축출되었다는 사실을 기억할 필요가

---

3) 비드, *Hist. Eccl.*, II, 20.

있다. 카드왈론의 입장으로 볼 때 죽은 잉글랜드인들만이 좋은 잉글랜드인이 었는데, 그의 정책은 곧 노드움브리아에서 잉글랜드인들을 내쫓고 자기 국민들을 위한 영토를 다시 회복하는 것이다.

오스왈드는 에드윈의 재위 당시 달리아다의 스코틀랜드인들 사이에서 망명생활을 했는데, 그는 이 곳에서 기독교 신앙에 관해 배웠다. 634년 그가 노드움브리아의 왕위에 올랐을 때 그는 웨일즈인들의 침략 및 잠시 동안 베르니키아와 데이라를 통치하였던 두 왕자들의 영향으로 말미암아 국민들의 대부분이 다시 이교 신앙으로 복귀한 것을 발견하였다. 왜냐하면 에드윈의 죽음 후 이 곳을 다스렸던 왕자들은 한때 기독교에 귀의하였다가 그 후 다시 배교한 자들이었기 때문이다. 자신이 스코틀렌드인들 사이에서 기독교로 개종했던 그는 자기의 왕국을 복음화시키기 위해 켄터베리보다는 스코틀랜드인들에게 도움을 청하였다. 스코틀랜드인들이 처음에 파견한 선교사는 하도 성격이 못 되어 노드움브리아인들은 그의 말에 전혀 귀를 기울이지 아니하였다. 이에 따라 문제의 선교사는 이오나로 귀환하여 노드움브리아야말로 "전혀 교육의 가치가 없는 야만적 심성을 가진 자들"이라고 보고하였다.[4] 그러나 이러한 보고에 접한 수도사들 가운데 아이단(Aidan)은 문제가 노드움브리아인들 뿐만 아니라 선교사 자신에게도 있었을 가능성을 지적하면서 그들의 무지를 감안하여 처음부터 고기와 같은 단단한 식물을 먹이는 대신 우유로 양육해야 할 것이라고 주장한다. 아이단의 말을 들은 수도사들은 그렇다면 아이단 자신이 오스왈드의 요청에 따라 노드움브리아로 가서 그가 이오나에서 설교한 대로 실행해 보라고 촉구했다. 이에 따라 아이단은 635년 노드움브리아인들에게 감독으로 파송되었으며, 그를 환영한 오스왈드는 노드움버랜드(Northumberland) 해안 근처의 린디스파른(Lindisfarne)섬을 하사하였다. 린디스파른은 밀물이 들어올 때만 바닷물에 의하여 육지와의 교통이 두절되었고, 평상시에는 연결되어 있는 지대였다.

  밀물과 썰물의 변화에 따라
  섬도 되고 육지도 되네
  하루에 두 번씩 마른 모래를 밟고

---

4) 비드, *Hist. Eccl.*, III, 5.

> 순례자들은 성지를 찾아간다네
> 하루에 두 번씩 파도는 밀려와
> 이들의 지팡이와 샌들이 남긴 자국을 지워주네.[5]

아이단은 곧 이오나의 동료들에게 자신이야말로 그 사명에 적임자임을 행동을 통해 증명하였다. 그야말로 진정한 선교사의 성품과 신앙을 갖춘 인물이었으므로 노드움브리아인들은 그 가르침과 교훈을 듣기 위하여 기꺼이 몰려들었다. "그리하여 이 곳에는 참으로 아름다운 광경이 벌어지곤 하였는데, 왕 자신이 그의 추장들과 신하들에게 하늘의 복음을 전하는 통역으로 활약하였던 것이다. 왜냐하면 감독은 아직까지 잉글랜드어를 잘 몰랐으며, 왕은 오랜 망명기간 동안 스코틀랜어(게일어<Gaelic>)를 완전히 습득하였기 때문이다."[6]

기독교 신앙에로 개종하는 자들과 세례 받은 자들은 증가하였으며, 교회들은 설립되고 기독교는 이제 노드움브리아에 굳건히 그 뿌리를 박았다. 복음 사역이 점차 확장됨에 따라 아이단은 달리아다 및 아일랜드에 더 많은 도움을 요청하였으며, 이오나로부터 많은 수도승들이 내려와 그와 합류하여 린디스파른은 마치 제2의 이오나를 방불케 하였다. 그런데, 아이단 및 그 동료들은 스코틀랜드에 있는 모 수도원 이오나의 우위를 항상 인정하고 있다.

아이단이 노드움브리아에 기독교를 다시 부흥시켰을 즈음 웨섹스 주민들 역시 복음을 받아들였다. 이들에게 복음을 전한 전도자는 비리누스(Birinus) 감독이었는데, 그는 호노리우스 교황 허가 아래 잉글랜드에 도착하였다. 그는 교황에게 약속하기를, "현재 아직까지 아무도 진리를 전하지 않은 지방들, 곧 다른 종족들 너머에 살고 있는 잉글랜드인들의 가슴속에 성스러운 신앙의 씨를 뿌리겠다"라고 하였다.[7] 그 사역은 성공적이다. 웨섹스 왕 자신이 복음을 받아들이고 세례를 받았으며, 그의 세례식에는 당시 브레트왈다의 특권을 누리고 있던 노드움브리아의 왕 오스왈드가 후원자가 되었다.

비리누스에게는 옥스퍼드셔(Oxfordshire)의 도르체스터-온-테임즈(Dorchester-On-Thames)가 감독 교구로서 주어졌다. 10년 전 웨섹스는 메르시아

---

5) 월터 스콧(Sir Walter Scott), *Marmion*, Canto, ii, 8.
6) 비드, *Hist. Eccl.*, III, 3.
7) 비드, *Hist. Eccl.*, III, 7.

의 펜더에게 침략을 받아 그 왕 코엔월쉬(Coenwalch)가 쫓겨나게 된다. 648년 자기의 왕국을 다시 수복하게 되자 그는 도르체스터 감독에 프랑크 출신의 학자 아길베르트(Agilbert)를 임명하였는데, 그는 아일랜드에서 오랫동안 공부한 사람이다. 662년 코엔월쉬는 윈체스터(Winchester) 웨섹스에 제2감독좌을 만들어서 위니(Wini)라는 잉글랜드인을 감독에 임명하였다. 그로부터 약 4년 후 위니는 수치스럽게도 런던 교구의 감독직을 매수함으로써 영국 교회사에 있어서 최초의 성직 매매를 한 장본인으로서의 오명을 남기게 된다.

에섹스 왕국 내에 위치하던 런던 교구는 이 당시 다시 기독교권에 포함되어 있다. 일련의 이교도 왕들이 지나간 후 에섹스 왕 시그벌트(Sigbert)는 노드움브리아의 오스위의 영향을 통해 기독교에 개종하였으며, 653년 – 멜리투스 감독이 쫓겨난 지 36년 만에 – 노드움브리아 출신 기독교인 세드(Cedd)가 런던을 교구로 하여 동부 색슨족(이스트색슨)의 감독으로 임명된다. 세드는 그의 감독으로서의 임무 외에 그가 휫트비(Whitby) 근처 래스팅함(Lastingham)에 654년 설립한 수도원도 감독해야 했다. 그는 664년 이 수도원에서 사망하여 매장된다. 바로 그의 죽음 후 공석이 된 런던 감독 좌를 매수한 것이 위니였다.

탬워드(Tamworth)에 수도를 두고 있던 메르시아 왕 펜더는 평생 이교도로 남았다. 그러나 그는 자기 가족들이 기독교인이 되는 것을 막지는 않았다. 그는 그리스도인들이 말하는 대로 행하는 한 이에 대해 아무런 유감도 없다고 말하곤 했다. 그는 잉글랜드 왕국들 가운데 강력한 위치를 차지하였는데 이 때문에 복음전파에 장애가 생기지는 않았다. 그는 641년 노드움브리아를 공격하였으며, 오스왈드는 이때 전사하였다. 노드움브리아 왕국의 남반부 데이라는 메르시아의 속국이 되어 펜더의 공신이 되었던 기독교인 왕자 오스윈(Oswin)의 통치를 받았다. 그러나 북쪽에서는 오스왈드의 동생 오스위가 그 위를 계승, 베르니키아 왕의 위에 즉위하였다. 651년 오스위는 오스윈을 모살하였으며, 3년 후에는 베르니키아에 침입해 온 펜더를 맞아 싸워 그를 전사시켰다. 따라서 오스위는 노드움브리아 전체에 군림할 수 있었다. 펜더의 죽음과 함께 기독교 선교의 길은 노드움브리아로부터 메르시아에 뻗치기 시작한다. 한편, 아이단은 651년 사망하였다. 그는 아직까지도 뛰어난 겸손과 학식, 그리고 전도자로서의 사명감에 불탔던 인물로서 추앙되고 있다. 노드움브리아 왕족들은 그에게 많은 선물들을 베풀었으나, 그는 항상 이것을 가난한 자들에게 나누어주었다. 데이라 왕 오스윈이 그의 전도여행을 돕기 위하여 훌륭한 준마를 선물로 주었을 때, 그는 그 말을 그가 처음 만난 거지에게 주어버리고 말았다. 이에 대해 오스윈은 분노를 참지 못하고, "나에게는 다른 말들도 많이 있습니다. 이 중에 어떤 말이라도 당신이 원하기만 하면 가난한 자들에게 주었을 것입니다. 왜 하필이면 당신의 특별한 필요를 위해서 고르고 고른 준마를 거지에게 준단 말입니까?" 이에 대해 아이단은 대답하였다. "왜 황제 폐하의 눈에는 암말의 아들이 하나님의 아들보다 귀하게 보인단 말입니까?"[8]

콜롬바가 이오나에 설립한 철저한 금욕주의와 깊은 학식의 전통은 아이단에 의해 린디스파른에서 계속되었으며, 제9세기 데인족들이 침입해 오기까지 노드움브리아는 기독교 방문의 중심지 역할을 감당하였다.

아이단의 사망 후에는 이오나에서 온 수도승 피난(Finan)이 그 자리를 계승, 10년 동안 봉직하였다. 그가 감독직에 있을 때, 유명한 휫트비 수도원이 힐다(Hillda)에 설립된다. 힐다(이는 원래 색슨족들이 섬기던 전쟁의 여신 힐드<Hild>가 라틴어화한 형태이다)는 노드움브리아 왕 에드윈의 조카의 딸이다. 그녀는 627년 부활절 저녁에 13세로 다른 가족들과 함께 폴리누스의 손에 의해 세례를 받았다. 그녀는 수년 후에 수도원에 들어가기로 결심하였는데, 원래는 파리 근처의 수녀원에 살고 있던 그녀의 자매를 찾아갈 심산이었다. 그녀는, 아이단의 초청에 의해 노드움브리아로 귀환하였으며, 649년에는 하틀풀(Hartlepool) 근처 조그만 수녀원의 제2대 원장으로 지명된다. 그녀는 8년 후 고대 영어로 스트레아네쉘취(이를 번역하면 "등대의 만"이라는 의미가 된다, Streaneshalch)라고 불이우던 곳에 약간의 토지를 얻었는데, 이 곳의 지명은 그 후 (데인족의 영향을 받아) 휫트비라 불리게 된다. 그는 이 곳에 수녀원뿐만 아니라 수도사들을 위한 숙소가 있는 수도원을 설립하였다(잉글랜드 및 아일랜드의 초기 수도원들 가운데는 이러한 형태를 흔히 찾아볼 수 있다). 이 곳에서는 남자 수도사들보다 수녀들이 우위를 차지하였으며, 이들은 모두 수녀원장(abbess)의 감독을 받았다. 휫트비의 명성은 곧 널리 알려져 감독들은 자기 교회들을 위한 성직자들을 이 곳에서 찾았으며, 비드는 이곳 수도원의 설립 후

---

8) 비드, *Hist. Eccl.*, III, 14.

그가 『역사』(혹은 『사기』)를 집필하기까지 7,80년 동안 감독직을 차지하였던 5명의 휫트비 출신 수도승들의 명단을 기록하고 있다.

유명한 시인 캐드몬(Cædmon)이 휫트비 수도승단에 가입한 것도 힐다가 수녀원장으로 있을 때였다. 비드가 전하는 바에 의하면, 그는 원래 문학이나 음악에 전혀 자질이 없는 인물이다. 그런데 하룻밤은 파티에서 자기의 노래의 차례가 오는 것을 피하기 위하여 일찍 그 곳을 떠나 마구간에서 잠이 들었다 한다. 그는 꿈속에서 어떤 사람이 그의 옆에 서서 노래를 부르도록 명령하는 것을 보았다. 그는 물론 자기가 음치라서 노래 부를 수 없다고 거절하였는데, 그 사람은 계속 노래를 하도록 강권하였다. 그가 결국 무슨 노래를 불러야 하느냐고 물었을 때, 그는 창조에 관한 노래를 하도록 명령하였다. "그러자 그는 즉시 자기가 전에 전혀 들어보지도 못했던 노래인 창조주 하나님을 찬양하기 시작한다. 그 노래의 의미는 대략 다음과 같은 것이다.

> 자, 이제 우리 모두
> 우주를 지으신 조물주를 찬양하세
> 창조주의 지혜와 능력
> 영광의 성부의 역사를 찬양하세
> 어떻게 영원하신 하나님께서
> 모든 기적들을 이루셨는가
> 그는 우선 인간을 위하여
> 그들의 지붕인 하늘을 지으셨고
> 또한 지구를 창조하셨었는데,
> 그야말로 전능하신 인류의 보호자일세.

그 후 그는 잠에서 깨어난 후에도 그가 노래했던 내용들을 기억하였으며, 다시 하나님에게 합당한 찬양을 덧붙이게 된다."[9]

사람들은 캐드몬이 하나님으로부터 새로운 은사를 받은 것을 인정하였으며, 수녀원장은 이러한 은사를 더욱 더 잘 개발하고 사용할 수 있는 수녀원에 들어오도록 권고하였다. "그리하여 그는 우주 만물의 창조와 인류의 기원

---
[9] 비드, *Hist. Eccl.*, IV, 24.

과 기타 창세기의 모든 기사들, 그리고 이스라엘 민족의 출애굽과 약속의 땅으로의 진출, 그리고 성경으로부터 나온 많은 이야기들을 찬송하였는데, 곧 우리 주님의 성육신과 고난과 승천, 성령의 강림하심과 사도들의 교훈들이다. 그뿐 아니라 그는 앞으로 불 심판의 공포와 지옥의 고통과 천국의 영화, 또한 하나님의 축복과 징벌들에 관한 찬송들을 작곡하였다. 그는 이 모든 찬양들을 통하여 사람들이 악행으로부터 벗어나 선행을 사랑하기를 간구하였다."10)

 실제로 캐드몬의 찬송들은 평범한 사람들에게 성경과 같은 역할을 하였는데, 그들의 일상용어, 즉 이들이 쉽게 기억하고 노래할 수 있는 언어를 통하여 복음서의 대강을 교훈하는 것이다. 이와 같은 주제의 고어 영어 시편들이 아직까지 남아 있는데, 이들 가운데 일부는 아마도 캐드몬의 작품으로 보인다. 그러나 힐다의 수녀원은 초대 영국사에 있어서 보다 더 의미를 갖는 배경을 갖는다. 이는 곧, 663년에 개최되었던 휫트비 종교회의이다.

 당시의 상황으로 볼 때, 내륙 지방이던 켄터베리에 근거를 둔 로마의 선교활동과 노드움브리아에서 남쪽으로 진출하던 아일랜드인의 선교활동은 상호간에 별다른 교통이 없었다. 그러나 양측의 활동 무대가 확장되고 전국의 복음화가 이루어지기 시작함에 따라 양대의 흐름은 서로 만날 수밖에 없었으며, 이미 오랫동안 계속되던 양자 간의 상이점 등은 점차 곤란한 문제들을 표면화시켰다. 이들 중 하나는 참으로 하찮은 문제였었는데, 곧 양 집단에 의해 채택되었던 수도사들의 삭발 형태, 즉 통슈어(tonsure)에 관한 것이다. 캔터베리의 성직자들은 다른 서방 기독교권과 동일하게 정수리의 통슈어를 시행하였는데 반해, 아일랜드 교회에서는 패트릭 이래로, 혹은 그의 죽음 이래로 전면 통슈어를 채택하고 있다. 어떤 이들은 성직자들이 삭발을 하는 한 그 형태는 어찌되었든지 별 상관이 없는 것이었는데, 이 두 가지 전통이 함께 계속되도록 내버려 두는 것이 상책이라고 쉽게 생각해 버릴지도 모른다. 그러나 정수리의 통슈어의 경우 그 기원이 어찌되었든지간에 당시에는 이미 예수님의 가시 면류관을 상징하는 것으로 해석되고 있었던 것에 반해 전면 통슈어는 이에 비슷한 근거를 댈 수 없었다. 물론 아일랜드 교회에서는 사도 요한이 이를 채택, 혹은 허락했다고 주장하였는데, 로마 성직자들은 그

---
10) *Ibid.*

기원을 시몬 마구(Simon Magus)로부터 추출하였다.

또한 자세한 기록이 현재까지는 남아있지 않으나, 세례식 혹은 견신례에 관한 문제가 있다. 아일랜드 교회에서는 마치 동방 교회와 마찬가지로 장로들에게 견신례 때 성유를 바를 수 있는 권한을 허락하고 있었는데 반해 로마 교회에서는 오직 감독들에게만 이를 허락하고 있다.[11]

그러나 보다 실제적인 중요성을 갖는 것은 부활절 일자의 계산에 관한 문제였다. 브리튼과 아일랜드의 켈트족 출신 그리스도교도들은 브리튼 제도가 복음화 될 당시 일반적으로 행해지던 84년을 한 주기로 생각하였다. 그런, 그 후 525년 로마교회에서는 19년을 한 주기로 계산하는 것이 마땅하다고 결정하였다. 켄터베리 및 그 산하 교회들은 물론 로마의 결정을 채택하였다. 또한 웨일즈 및 아일랜드 신자들은 달의 변화를 기준으로 하여 제14일과 20일 사이의 춘분 다음 일요일을 부활절로 계산했는데 반해 로마교회에서는 달의 변화로 보아 15일과 21일 사이의 춘분 다음 일요일을 부활절로 계산하였다. 더구나 켈트족들은 3월 25일을 그리고 로마인들은 3월 22일을 각각 춘분으로 삼았으므로 상황은 더욱 복잡해질 수밖에 없었다.

이러한 계산 방법의 차이는 곧, 어떤 해에는 잉글랜드 내 그리스도인들이 두 갈래로 나뉘어 각각 다른 날 부활절을 기념하는 결과를 초래하였다. 따라서 비드는 어떤 해의 경우 오스위 왕이 아일랜드 기독교 전통대로 사순절 금식을 마치고 부활절을 지키고 있었던 시기에 켄트 지방에서 성장하였기 때문에 일방적 서방 교회의 계산을 따랐던 그의 왕비 에안프레다(에드윈과 에텔베르가의 딸, Eanfleda)는 아직도 금식을 계속하며 종려주일을 지켰다는 이야기를 전해준다. 이러한 양자 간의 불일치가 불러온 실제적 불편은 우리가 능히 짐작할 수 있는 바이니, 그 이유만으로도 개선의 여지가 있다 하겠다. 그러나 일부 교회지도자들은 이러한 상치들을 단순한 불편 이상으로 심각한 문제로서 받아들이고 있었다. 비드의 경우에는 이를 거의 부도덕한 행위로 여겼던 듯하다. 한 가지 예를 들어, 그는 아이단을 칭송하는 가운데 설명을 붙이기를, 비드 자신이 "절대로 아이단의 부활절을 완전히 이해하지 못하고 있었던 사실까지도 칭송하는 것은 아니며, 이 점만은 참으로 불쾌하게 생각한

---

11) 윌리엄스(H. Williams), *Christianity in Early Britain* (1912), 474.

다"고 하였다.[12] 호노리우스 교황과 그의 두 번째 후계자 요한 4세(John IV, 640~642)는 아일랜드 교회에 편지를 보내어, 이 점에서 그들이 서구 기독교권에서 보편적인 모습으로부터 벗어나 있음을 지적하고, 특히 이미 그들에게 (웨일즈 교인들과 함께) 켄터베리 제2대 대주교 로렌스(Laurence)를 통해 경고를 발했음을 강조하고 있다. 그러나 호노리우스의 편지를 받은 남부 아일랜드의 교인들은 634년경 로마식 부활절을 지키기 시작하였는데, 다른 아일랜드 신자들은 수 십 년 후에야 모범을 따랐다.

663년경 피난(Finan)이 사망하고, 이오나로부터 온 또 다른 수도승 콜만(colman)이 그를 린디스파른에서 승계한지 얼마 안 되어 이 문제는 잉글랜드에서 다시 부각된다. 콜만은 그의 선임자들과 마찬가지로 켈트식 부활절을 지켰다. 그러나 이 지방에는 로난(Ronan)이라는 이름의 또 다른 아일랜드 성직자가 있었는데, 그는 유럽을 여행하면서 로마식 부활절을 받아들이기로 결심하였다. 그뿐 아니라 요크 교회에는 에드윈 왕의 재위 시절 폴리누스 감독의 집사였던 제임스라는 나이 많은 성직자가 있었는데, 그는 폴리누스가 떠난 후에도 계속해서 노드움브리아에 잔류하였다. 제임스는 그동안 계속해서 로마식 부활절을 준수하고 있다. 이러한 양파 성직자들 간의 갈등은 오스위 왕의 귀에까지 들어가게 된다. 물론 그의 가족들 사이에서도 문제가 이미 발생하였던 점을 생각한다면, 그가 이전부터 이 문제에 관하여 관심을 갖고 있음을 추측할 수 있다. 당시 켈트 기독교 전통에 대항하여 반론을 편 중심인물은 다름 아닌 오스위의 아들 알취프리드(Alchfrid)였었는데, 그는 부왕 아래 데이나를 통치하고 있다. 알취프리드의 스승이었던 리폰(Ripon)수도원장 윌프리드(Willfrid)는 로마의 리용에 거주한 바 있었던 인물로서 로마식을 따르고 있다. 윌프리드의 가르침을 받은 알취프리드는 노드움브리아 전역에 아일랜드식 대신 로마식 관행을 시행하기도 결심하였다. 그러나 반면 부왕 오스위는 아일랜드 성직자들이 옳다고 확신하고 있다. 어쨌든 이 문제를 시급히 해결해야 할 필요가 있었으므로 양측 대표자들을 소환하여 휘트비

---

12) 비드, *Hist. Eccl.*, III, 17. 우리들은 부활절 일자 및 기타 문제들에 관해 보다 더 합리적인 태도를 견지했던 교회사가 Socrates의 모습을 이에 대조시켜 볼 수 있을 것이다. "아무도 이들에 관해 성문화된 명령을 제시하지 못하고 있다. 따라서 사도들은 이 문제를 각자의 재량에 맡긴 것이 분명하다. 따라서 우리들은 아무런 공포나 강제 없이 각자가 옳다고 믿는 바에 따라 행동할 수밖에 없다"(*Hist. Eccl.*, V, 22).

에서 회의를 소집하였다. 회의를 주재하였던 휫트비는 린디스파른 수도원장에게 먼저 발언할 기회를 주었다. 콜만은 전통을 주장하면서, 아일랜드식 관행은 사도 요한의 권위에 기초하고 있다고 이론을 전개하였다.

그런데 이러한 주장은 이미 부활절을 유대인들의 유월절과 같은 날인 니산월 제14일이라고 주장하였던 제14일주의자들(쿼토데시만스 <Quartodecimans>)의 그것과 흡사하였다. 또한 켈트 교회에서 이러한 주장을 펴게 됨으로, 켈트 교회가 마치 제14일주의에 물들어 있는 듯한 인상을 주게 되었다.[13] (그리하여 이들은 이 점에서 이단이라는 혐의를 받게 된다. 왜냐하면 제14일주의는 이미 니케아 종교회의에서 금지되었기 때문이다). 예를 들어, 교황 요한 4세는 아일랜드 교회들에 보낸 편지 가운데 이들이 옛날의 이단을 다시 부활시키고 있다고 비난하였다. 그러나 이는 이들의 입장을 잘못 이해한 것이다. 비드 자신도 아일랜드인이 부활절을 주일날로 지켰으며, (유대인들이나 제14일주의자들과는 달리) 요일에 관계없이 달을 기준으로 하지 않았음을 분명히 지적하고 있다.

콜만 후에는 웨섹스 감독 아길베르트가 발언할 차례였다. 그러나 그는 자기보다 영어에 능통하였던 리폰의 윌프레드에게 로마측의 입장을 대변하도록 부탁하였다. 이에 따라 윌프레드는 조리있게 로마측의 관행을 변호하였다. 그는 "안식일이거나 혹은 또 다른 날이거나를 막론하고 제1월의 제14일 저녁에 유월절 절기를 지키기 시작하는" 요한의 제14일주의적 관행은 요한은 전혀 다른 아일랜드 교회의 관행을 정당화시키는 근거가 될 수 없음을 지적하였다. 그러나 한편에서 요한의 권위를 주장하면, 로마측에서는 베드로를 들고 나왔다. 콜만과 윌프레드가 여러 위대한 성인들의 이름들을 열거하기 시작함으로써 보다 깊은 토론이 계속 전개된다. 윌프레드는 우선 콜롬바 및 기타 이오나의 성자들이 부활절 문제에서는 흠이 있으나, 그럼에도 불구하고 하나님의 사람이었다는 사실을 인정하였다. 그러나 그들의 소행은 무지에서 비롯된 결과라고 하였다. 그 반면 현재 콜만 및 그의 동료들은 그들 앞에 올바른 길이 명백히 제시되어 있는데도 불구하고 이를 거부하는 것은 오만과 고집이 빚은 죄라는 것이다. "당신들의 콜롬바 – 우리들의 콜롬바가 (만약 진정 그리스도에게 속해 있다면) – 가 의심할 바 없이 여러 기적을 이룬 성자

---

13) 제20장, 28장을 보라.

일지도 모른다. 그러나 그의 위치가 예수님의 수제자, 사도들 중의 사도 베드로와 비견될 수 있단 말인가? 주님께서는 그에게 '너는 베드로라… 내가 너에게 천국의 열쇠를 주리라'고 말씀하셨다." 이 말을 들은 오스위 왕은 질색을 하고 질문하였다. "진실로 우리 주님께서 베드로에게 그렇게 말씀하셨는가?" 이에 대해 양측은 모두 그렇다고 대답하였다. 그러나 하나님께서는 콜로바에게는 이와 비슷한 권위를 주신 일이 없다는 대답을 받자, 그는 다음과 같이 판결하였다. "흠, 나는 이 천국의 문지기의 뜻에 어긋나고 싶은 마음은 추호도 없다. 나의 지식과 능력이 허락하는 한 그의 명령을 지키기 위해 최선을 다할 뿐이다. 만약, 그렇지 않고 내가 이 열쇠들을 가지고 있는 인물의 비위에 거슬리게 된다면, 내가 언젠가 천국의 문 앞에 이르게 될 때, 그 문이 열리지 않으면 어떡하란 말인가?"[14] 그리하여, 베드로의 권위에 겁낸 오스위 왕은 전에 따르던 아일랜드식 관행 대신 로마식을 따르기로 결정하였으며, 회의는 그의 판결을 받아들였다.[15] 그러나 그 후에도 아일랜드 교회는 계속 잉글랜드에 영향을 미쳤다. 이러한 영향은 단순히 부활절 일자의 계산 방법 혹은 통수어나 견신례의 실행 형태 등에 달려 있는 것이 아니었다. 이는 이미 신자들의 전통과 교회 조직 가운데 깊이 스며들어 있었는데, 휫트비와 같은 종교회의의 판결로 금방 제거될 수 있는 성질의 것이 아니었다.

콜만은 아마도 휫트비 회의의 결정을 자기에 대한 개인적 불신임으로 받아들인 듯하다. 그는 린디스파른을 떠나 카운티 메이요(County Mayo)에 있던 수도원의 원장이 된다. 그리고(이미 로마식 부활절 계산 방법을 받아들였던) 남부 아일랜드 출신 투다(Tuda)가 린디스파른 감독직을 계승했으며, 이미 멜로즈(Melrose) 수도원장이던 또 다른 켈트족 에아타(Eata)가 린디스파른 수도원장이 된다. 당시 린디스파른 수도원과 원장은 감독의 통제를 받지 않았다. 힐다는 회의의 결정을 받아들여 휫트비 수도원장으로 남았다.

---

14) 비드, *Hist. Eccl.*, III, 25.
15) 잉글랜드 외에서도 부활절 일자의 계산 및 기타 문제들에 관해 점차 로마의 관행을 좇는 경향이 두드려졌다. 아담난(Adamnan)이 이오나의 수도원장직을 맡고 있을 동안(679~704) 이오나를 따르던 수도원들은 모두 로마식 관행을 받아들였다. 그러나, 이오나는 716년까지 자체의 전통을 고수해냈다. Ceolfrid와 서신 왕래를 했던 픽트족의 왕 넥탄 4세(Nechtan IV)는 710년 로마의 관습을 받아들였다. 북아일랜드나 웨일즈 지방과 마찬가지로 스코틀랜드에서도 몇몇 지방들은 노르만족(Norman)의 침입을 받기까지 계속 옛 전통을 지켜내었다.

그러나 단지 로마식 부활절 준수가 아니라 아일랜드에 대한 노드움브리아의 영향력을 완전히 불식시키고자 했던 알취프리드와 윌프레드의 입장으로 볼 때 결코 완전한 승리가 아니었다. 그러나 알취프리드는 회의 직후에 사망하였다. 그는 원래 데이나의 기독교 중심지로서 요크의 감독자를 다시 부활시켜 그 곳에 윌프레드를 감독으로 임명하고자 하였다. 그러나 오스위는 이 자리를 최근 형이었던 세드의 뒤를 이어 라스팅햄 수도원장직을 계승하였던 채드(Chad)에게 주었다.16)

그 이름이 순수한 영국식일 뿐 아니라 노드움브리아 그리스도인들에게 크게 존경을 받아온 성자 쿠드베르트(Cuthbert) 같은 이도 로마라기보다는 아일랜드의 전통을 대표하고 있다. 그는 에아타 수도원장 안에 멜로즈와 린디스파른 수도원들의 부원장직들을 맡았으며, 후에는 헥산 및 린디스파른의 감독직들을 역임하였다. 그러나 그의 진정한 욕구는 켈트식 전통대로 은자의 생활을 영위하는 것이다. 그리하여 그는 결국 린디스파른 감독직을 사임한 지 얼마 안 되어 687년 3월 20일 그가 평생 원해던 바대로 은자로서의 생을 마쳤다.

노드움브리아에서 아일랜드 교회의 영향이 그토록 오래 지속될 수 있었던 것은 당시 아일랜드의 교육이 잉글랜드 혹은 서구 유럽에 비해 월등히 뛰어났기 때문이다. 노드움브리아의 성직자들 뿐 아니라 왕실 출신들까지도 교육을 받기 위해 아일랜드로 유학하였다. 린디스파른의 에아드프리드 감독(Bishop Eadfrith of Lindisfarne, 698~721)의 작품이라고 전해지는 린디스파른 복음서만 살펴보아도 글자를 아름답게 새기거나 서적을 장식하는데 있어서 잉글랜드가 얼마나 아일랜드의 덕을 입었는지를 알 수 있다. 이 사본은 흔히, "현재까지 남아있는 모든 서적들 가운데 『켈스서』(The book of Kells)17) 다음으로 가장 뛰어난 것이며… 이 작품의 영감과 기술은 켈트족의 것이나, 이를 직접 제작하였던 것은 잉글랜드인이라 전해진다."18)

---

16) Chad는 669년 요크의 감독좌에서 밀려나 Mercia 감독좌를 차지하였다(처음에는 Repton에서 그 후 Lichfield로 이전). 한편 York 감독좌는 Wilfrid의 손으로 넘어갔다.

17) Meath에 있는 Kells 수도원의 이름을 따 The Book of Kells라고 불리운 책은 제 7, 8세기경 저작된 복음서의 사본으로서 아일랜드어 필사본들 가운데 가장 완전하게 보존되어 있는 것이다. 현재 Dublin의 Trinity College에 보관되고 있다.

18) 메이싱거(Meissner), op. cit., 219. 또한 A.A. Luce, "The Book of Kells and the Gospels of Lindisfarne," Hermathena, May 1952, 61ff.; Nov. 1952, 12ff.

제 7세기 말, 웨어마우트(Wearmout)와 재로우(Jarrow) 등에 자매 수도원이 설립된 이유들 가운데 하나도 바로 이러한 문화적 영향에 대항하고자 한 때문이다. 이들의 설립자 베네딕투스파 비스콥(Biscop)은 원래 노드움브리아 출신으로서 이 두 수도원들에 대륙으로부터의 베네딕트 규율을 소개하였다. 이들은 켈트 전통이 만연한 상황 가운데 로마 및 대륙식 전통을 대표하는 기독교 학문 전통을 대변할 중심지로서 계획되었는 바, 재로우의 비드의 이름만 보아도 설립자의 꿈이 제대로 실현된 것을 알 수 있다. 또한 현재 플로렌스에 소장되어 있는 바 제롬의 벌게이트 사본들 가운데 가장 믿을만한 코덱스 아미아티누스(Cadex Amiatinus) 역시 이들 두 수도원들 가운데 하나에서 제작된다. 아마도 그가 이탈리아로부터 가져온 사본들에 기초하여 이 사본 제작을 직접 감독하였던 케올프리드(Ceolfrid) 원장은 이 사본을 716년 그레고리 2세 교황에게 증정하였다.

이 시기를 전후하여 잉글랜드 남부에서도 기독교 문화의 부흥이 이루어졌다. 668년에는 헬라어 어근에 관한 뛰어난 학자인 타르수스의 테오도레(Theodore of Tarsus)가 이탈리아 교황의 임명을 받고 캔터베리 대주교로 부임하였다. 테오도레는 노르만족들의 정복시까지 비잉글랜드인 출신으로는 마지막으로 캔터베리 대주교가 된 인물이다.[19] 테오도레는 우선 잉글랜드 교회의 재조직을 그 목표로 삼았다. 그 감독 아래 잉글랜드는 정치적 통일을 이룩하기 그 오래 전에 이미 종교적 통일을 성취하였다. 그는 663년 허트포드(Hertford)에 최초의 범 잉글랜드 종교회의를 소집하였다. 이 회의에서는 테오도레가 이미 결정하였던 바, 당시까지 시행되던 지나치게 넓은 교구들을 보다 작은 면적으로 배분하여, 운영하기 쉽도록 한다는 안을 비준하였다. 그 전에는 7국 연합에 속한 각 왕국들마다 감독을 하나씩 두는 것이 통례였다. 테오도레의 재조직 결과 16개의 교구가 생기게 된다. 예를 들어, 노드움브리아만 4개의 교구가 포함된다. 그 후 테오도레는 이들 감독직들을 담당하기에 적당한 인물들을 찾기 시작하였는데, 그는 특히 켈트족 출신 성직자들을 대거 포함시켰다. 그는 지혜롭게도 노드움브리아의 다양한 전통을 다루는데 있어서는

---

19) 또한 테오도르(Theodore)가 원래는 Eastern Style로 삭발했으나, 그 후 캔터베리 감독에 임명된 후 일단 머리를 길렀다가 다시 Roman Style로 삭발해야 했던 것은 흥미있는 일이다.

무조건 켈트족의 영향을 무시하는 것보다 철저히 감독하는 것이 옳다고 결정하였던 것 같다. 그가 대주교로 있는 동안, 또한 그의 임종 후 45년 동안 캔터베리는 잉글랜드 내에서 유일한 메트로폴리탄 감독좌의 위치를 차지하였다. 735년에야 비로소 요크가 다시 메트로폴리탄 감독좌로 부활하였다.

그러나 테오도레의 업적이 단지 교구 조직에 국한된 것은 아니었다. 그는 사제들을 집단적으로 배치하여 각 지역을 돌보도록 하였다. 그는 또한 아일랜드의 문화적 영향에 대응하기 위해서는 잉글랜드 자체의 문화를 개발하는 것이 필요하다고 생각하였다. 이미 노드움브리아의 웨어 마우스와 재로우 등은 이름을 떨치고 있었으나, 테오도레가 잉글랜드로 오는 길에 함께 데려와 세인트 어거스틴 수도원장에 임명하였던 나폴리의 하드리안(Hadrian of Napoles) 아래 캔터베리 역시 중요한 교육 중심지로 발전하기 시작한다. 테오도레 아래 잉글랜드에서는 헬라어 연구가 활발히 전개되었는데, 당시에는 유럽에서조차 이에 관해 교육이 없던 때였다.

캔터베리에서 두각을 나타낸 테오도레의 뛰어난 문하생 가운데 알드헬름(약 640~709)이 있다. 그는 웨섹스의 왕실 출신으로서 673년경 말름스베리(Malmsbury) 수도원장, 그리고 705년 세르본(Sherborne) 감독에 임명되었던 인물이다. 그는 학자로서도 대성하여 라틴어와 헬라어뿐만 아니라 히브리어까지도 능숙하게 구사하였다고 한다. 그의 정성어린 노력으로 8세기 전반 학문에 있어서 웨섹스, 노드움브리아에 필적할 만한 위치를 차지하였다.

이에 따라 잉글랜드인들의 복음화가 비록 늦게 이루어졌음에도 불구하고 잉글랜드에서는 서구 유럽의 여러 지방들보다도 암흑시대(Dark Ages)가 일찍 막을 내리게 된다. 잉글랜드의 학문은 널리 그 이름을 떨치게 된다. 잉글랜드에서 기독교의 발전사에 관해 가장 뛰어난 업적을 남긴 비드의 경우 평생 고향 노드움브리아를 떠난 일조차 없었으나, 그는 너무도 뛰어난 학문을 이루었으므로 당대에 있어서 가장 위대한 유럽인들 가운데 하나로 손꼽히기에 부족함이 없었다. 샤를마뉴 대제 궁정의 뛰어난 학자였던 알퀸(Alcuin, 735~804)은 비드의 영향을 크게 받았던 요크의 수도원 부속 학당 출신이다. 알퀸의 덕분으로 아헨(Aachen: 에익스-라-샤펠<Aix-la-Chapelle>)의 궁정은 학문의 부흥을 이루는 중심지로 등장하여 전체 중세 문화의 방향을 결정지었다. 알퀸은 샤를마뉴 대제가 직접 지시한 제롬의 벌게이트 판을 개정 보완함으로써 성경 연구에 크게 공헌하였다.

잉글랜드인들은 복음에 접한 지 얼마 안 되어 직접 선교에 또 참여하여 중요한 공헌을 하였다.[20] 특히 리폰의 윌프레드 같은 경우에는 아일랜드식 부활절 계산 방법에 대항한 논쟁보다도 이면에서 더욱 유용한 공헌을 했다고 볼 수 있다. 그는 678~679년간에 당시까지 이교도들이던 프리지아인들 사이에서 전도활동을 함으로써 잉글랜드 최초의 외국 선교사가 된다. 그후 681년부터 685년 사이에는 노드움브리아 왕에 의하여 요크 감독직 수행을 방해받자 잉글랜드에서 마지막 남아있던 이교도 지대였던 세섹스 왕국을 방문, 이곳 주민을 우상숭배에서 기독교로 개종시켰다. 그의 프리지아인들 선교는 695년 우트레흐트(Utrecht)초대 대주교가 된 그의 제자 윌리브로드(Willibrod, 약 658~739)에 의해 계속된다. 거의 같은 기간에 서부 게르만족들 사이에서 전도활동을 했던 선교사로는 웨섹스(전통적으로는 데본셔에 있는 크레디톤 출생이라 알려지고 있다) 출신인 보니페이스(Boniface, 약 675~754)가 있다.[21] 그는 라인 강 동부 지방에 기독교를 정착시킴으로써 "게르만의 사도"라는 칭호를 얻었으며, 732년 마인즈의 초대 대주교가 된다. 그는 생애의 말기에 일찍이 윌리브로드를 도와 선교활동을 하였던 프리지아인들에게 복음을 전하기 위해 돌아갔는데, 결국 754년 이 곳에서 이교도들의 손에 의해 최후를 맞았다.[22] 그는 풀다(Fulda: 744년 이곳에 사원을 설립한 바 있다)에 매장된다.

흔히 보니페이스야말로 그 후 거의 1000년을 두고 맥이 끊어졌던 바 잉글랜드에서 배출한 최후의 선교사라고 일컬어진다. 그러나 특히 사업상 기타 용무로 해외로 건너가 그 곳에서 "비공식적" 선교사 역할을 했던 수많은 그리스도인들을 생각해 보면, 이는 아마도 지나친 표현인지도 모른다.[23] 그러나 어쨌든 사도들의 횃불을 이어받아 이를 이방인들에게까지 전달한 우리 동포(잉글랜드인들)들을 기억하면서, 주후 초 수 세기를 무대로 한 우리들의

---

20) 탈봇(C. H. Talbot), *The Anglo-Saxon Missionaries in Germany* (1954)를 보라.
21) 그린어웨이(G, W. Greenaway), *Saint Boniface* (1955)를 보라.
22) Boniface 탄생 약 1300주년을 기념하는 3권의 책들이 Paternoster 출판사에서 간행되었다. 슬래든(J. C. Sladden), *Boniface of Devon: Apostle of Germany* (1980); 로이터 (T. Reuter<ed.>), *The Greatest Englishman: Essays on St. Boniface and the Church at Credition* (1980) ; 킵(D. Keep), *St. Boniface and his World* (1980).
23) 제12세기 중반에는 잉글랜드 출신의 Henry of Uppsala가 핀란드 지방의 선교활동을 감독하였다.

기독교의 기원과 발생에 관한 이야기를 결론짓는 것이 적당할지도 모르겠다. 이 섬들에 뿌려진 기독교의 위력은 우리의 조상들이 발휘한 선교열에 의하여 증명된다. 당시의 전도활동은 그 후 브리튼 제도에 자리잡은 모든 나라들에 명예롭게 존속하게 된다. 잉글랜드인들, 웨일즈인들, 아일랜드인들, 스코틀랜드인들은 선조들과 동일한 해방의 소식을 지구의 끝까지 전함으로써 이러한 전통에 부끄러움이 없는 후손들임을 또한 역사 속에서 보여주었다.

우리들은 이미 4세기 이후 그리스도인들이 이 세상에서 그들의 사역을 온전히 수행하는 과정에서 극복해 나가야만 했던 여러 가지 어려운 점들을 살펴보았다. 이들 가운데는 기독교인 자신들의 오류에서 비롯된 문제들도 있었고, 또한 기독교 외적인 난관들도 있다. 예를 들어, 서방에서의 제국 세력의 쇠망 및 야만족들의 침략은 그러한 측면에서 살펴보아야만 할 것이다. 그러나 기독교는 이러한 난관들을 돌파하면서 늠름하게 발전하여 갔는데, 어려운 재난의 시기들이야말로 오히려 기독교의 위대한 정신과 잠재력이 여실히 드러나는 계기가 된다. 기독교는 멸망의 운명을 같이 해야 할 만큼 제국의 세력에 결부된 존재는 아니었다. 그 반대로 로마 문명의 진정한 가치는 기독교에 의해 보존되어 암흑시대 이후로 전달된다. 유럽의 야만 국가들은 하나하나 기독교 복음에 정복된다. 이방인들은 광명을 찾게 된다.

이들 시대 속의 진정한 기독교의 정수를 찾기 위해 우리들은 종교정치가들의 정책을 살피거나, 종교회의들의 토론과 결정에 사로잡히지도 않는다. 우리들은 물론 "어느 시대에 있어서나 진정한 교회는 눈에 보이는 교회로부터 파문된 자들 가운데서만 찾을 수 있다"고 주장하였던 어느 17세기 저자와 입장을 같이 하는 것은 물론 아니다. 그러나 진정한 그리스도의 정신은 우리가 미처 기대하지 못했던 곳에서 발견되는 수가 있다. 그리스도 자신도 그 시대의 종교 지도자들에 의해 신념과 생활에 있어서 정통적이라는 판결을 받지 못했던 것을 생각한다면 어떤 의미에서 당연한 이야기인지도 모른다.

그러나 우리들은 이 책을 통하여 기독교 발전의 주된 흐름을 살펴보았는데, 이러한 과정을 통해서 역시 그리스도의 정신이 시대를 초월하여 계속 건전하게 살아 있음을 발견할 수 있다. 우리들은 패트릭의 사도적 사역들이나, 혹은 임종의 순간까지 요한복음을 고대 영어로 구술함으로써 기독교 학문의 발전에 최후까지 충실하고자 하였던 비드의 변함없는 노력들을 기억해야 할 것이다. 바로 이러한 인물들, 또한 이들만큼 알려지지 못한 수많은 증인들의 헌신적인 봉사의 결과로 로마 제국이 멸망한 후 이 곳 주민들을 둘러쌌던 암흑 가운데서도 진정한 진리의 불꽃은 계속 보존될 수 있다. 게네스 스콧 라토렛(Kenneth Scott Latourette) 교수는 기독교 확장사를 발전과 퇴보의 형태 가운데서 파악하고 있다. 그는 초대 기독교 발전 이후 최초이자 가장 거대한 퇴보를 약 주후 500년경 시작하여, 4세기 반 가량 계속되는 것으로써 계산하고 있다. 그러나 그는 퇴보기들 가운데서 다음 발전기의 시작을 또한 추적해 간다. 우리들은 마지막 장을 통하여 바로 그 최초의 퇴보기 동안 앞날의 발전을 약속하는 증거들이 얼마나 확실하게 났는가를 살펴보았다.

그러한 시대의 한가운데서도 기독교가 전하는 구속의 메시지는 흑암 속에 거한 백성 속에 마치 거대한 광명처럼 폭발하는 것이다. 이 복음이 이러한 시대인들에게 어떻게 비쳤는가는 우리가 이미 제40장에서 인용한 대로 노드움브리아 궁정의 한 신하의 입을 통하여 잘 표현되어 있다. 인간의 생명과 생애에 관한 그의 비유야말로 바로 오늘날 이 시대를 사는 현대인들에게도 그대로 적용이 되는 진리라 할 것이라. 그러나 순종하였고 고난받았던 종(the obedient and suffering Servant)이 명하신 사명을 감당할 준비가 되어 있는 남녀 기독교 신자들이 있는 한, 인간의 운명이 더 이상 회의와 의심 속에 묻힌 것이 아니다. 모든 나라들은 그의 진리의 빛에 접하게 될 것이다.

저자후기

본서의 저술을 위해 사용되었던 주요한 참고 도서들, 특히 해당 시대로부터의 기록들에 관해 몇 마디 첨부하고자 한다.

제1부의 주된 자료는 물론 신약성경이었다. 신약성경의 내용에 관한 역사적 신빙성에 대한 문제는 저자의 작품인 *The New Testament Document: Are They Reliable?*(1934년에 초판 발행)을 참조하기 바란다. 그 밖에도 당시 유대인들의 상황을 이해하기 위해서는 요세푸스(Josephus)의 작품들을, 그리고 이방인들의 상황을 위해서는 로마의 역사가 타키투스(Tacitus)의 작품들을 반드시 살펴보아야 한다.

제2부를 위한 가장 중대한 자료는 제4세기 초 가이사랴의 감독이던 교회사가 유세비우스(Eusebius)의 기록들이다. 그가 약 324년경 서술한 『교회사』(*Ecclesiastical History*)는 그리스도의 강림하심부터 콘스탄틴 재위까지의 기독교 역사를 추적하고 있다. 그의 교회사는 후기 시대로 갈수록 보다 정확한 모습을 보여주고 있으나, 초기 시대의 경우 특히 주후 70년 전후의 사정에 관한 기록들은 신빙성이 결여된 것을 볼 수 있다. 그러나 그는 우리들이 현재 손에 넣을 수 없는 자료들(주후 70년경 까지를 포함하여)을 이용할 수 있었을

뿐만 아니라, 이들 자료들을 성실하게 복사하여 그 자신의 작품들 가운데 인용함으로써, 후대의 사가들에게 큰 도움을 주었다. 사도 시대부터 콘스탄틴 시대의 사이에 남겨진 기독교 문학들은 물론 엄밀한 의미에서의 역사는 아니다. 그러나 역시 이들을 통해 그 시대의 기독교 확장에 관한 우리들의 지식을 보다 넓혀 갈 수 있다.

제 3부에 관해서는 보다 권위있는 서적과 자료들을 많이 찾아 볼 수 있다. 이 시대의 많은 기독교 지도자들은 방대한 양의 저술을 통해 역사적 자료들을 남겨 주었다. 그런데 이들 역사적 기록의 자료들을 남겨준 인물들 가운데서도 특히 세 사람이 중요하다. 313년부터 324년 사이의 사건들에 관한 주요 기록들은 유세비우스의 『교회사』 가운데서 찾아 볼 수 있으며, 콘스탄틴의 전기 또한 그의 『콘스탄틴의 생애』를 통해 완성되었다. 그보다 후대의 역사가인 콘스탄티노플의 소크라테스(Socrates of Constantinople)는 유세비우스의 『교회사』가 끝난 부분부터 그 뒤를 이어 역사를 저술, 325년의 니케아 종교회의에서 시작하여 439년까지의 기간을 취급하였다. 소크라테스는 당시의 자료들 가운데 몇몇을 자기의 작품 속에 포함시켰는데, 그는 이 과정에서도 날카로운 판단력과 정확성을 유감없이 발휘하고 있다. 특히 평신도의 신분이던 그는 교회 내의 각종 분쟁들이 불러일으키는 부작용들을 비판하고자 하였다. 우리들이 이해할 수 있는 바대로 이러한 논쟁들이 교회에 미친 폐해들을 보여주는 증거는 도처에 산재해 있다.

본서의 마지막 부분은 당대 제일의 학자들 가운데 하나였던 재로우 온 타인(Jarrow-on-Tyne) 수도원의 수사였던 버너러블 비드(Venerable Bede, 692~735)가 라틴어로 저술한 『영국 교회사』(Ecclesiastical History of the English Nation)에 혜택을 입은 바 크다. 이 책은 영국인에 의해 저술된 최초의 본격적인 "업적"이라 할 수 있는 것으로서 로마 시대부터 731년까지의 브리튼 역사를 취급하고 있다. 본 작품이야말로 비드가 단순한 사실의 기록자가 아니라 진정한 의미에서의 역사가라는 사실을 유감없이 보여주고 있다. 그의 『교회사』의 많은 부분은 597년 어거스틴이 켄터베리에 상륙했던 시기로부터 시작하는 시기에 할애되고 있는데, 특히 이 부분에 관한 그의 권위는 아무도 필적할 만한 인물이 없다.

각 시대에 기록된 자료들을 직접 살펴보기 원하는 독자들은 C. K.

Barrett의 *The New Testament Backsground: Selected Documents*(1956), J. Stevenson의 *A New Eusebius: Documents illustrative of Evidence of Tradition*(1957) 등과 (본서에서 취급한 마지막 시대들에 관해서는) W. Levison의 *England and the Continent in the Eighth Century*(1946)를 읽어야 할 것이다.

초대교회 역사
The Spreading Flame

2009년 3월 15일 초판
2011년 3월 4일 수정판

지은이 | F. F. 브루스
옮긴이 | 서 영 일

펴낸곳 | 사)기독교문서선교회
등록 | 제16~25호(1980. 1. 18)
주소 | 서울시 서초구 방배동 983-2
전화 | 02) 586-8761~3(본사) 031) 923-8762~3(영업부)
팩스 | 02) 523-0131(본사) 031) 923-8761(영업부)
홈페이지 | www.clcbook.com
이메일 | clckor@gmail.com
온라인 | 국민은행 043-01-0379-646, 기업은행 073-000308-04-020
　　　　　예금주: 사)기독교문서선교회

ISBN 978-89-341-1025-5(93230)

*낙장·파본은 교환해 드립니다.